GB

한길그레이트북스

인 류 의 위 대 한 지 적 유 산

인류의 위 대 한 지 적 유 산

라다크리슈난

인도철학사 Ⅱ

이거룡 옮김

한길사

Indian Philosophy II

—

Sarvepalli Radhakrishnan

—

Translated by
Lee Geo Lyong

업(karma)을 씻는 목욕

어슴새벽 갠지스 강가에 서면, 종교란 실로 인간의 지식으로 헤아릴 수 있는 그 무엇이 아님을 느낀다. 여기에는 그럴듯한 이론이나 설명도 무의미하다. 다만 갠지스가 있을 뿐, 업을 씻어내리는 갠지스가 있을 뿐이다.

힌두교도들은 갠지스 강에서의 목욕을 자기 정화의 수단으로 믿는다. 이들은 일생에 한 번 이 강에 몸과 마음을 씻으며 모든 업에서 자유로워질 수 있기를 원한다.

불교 석굴사원
인도에는 기원전 2세기경부터 7세기 사이에 조성된 800개 이상의 석굴사원이 있다.
위의 것은 불상을 모신 차이티야(chaitya)석굴이며,
아래의 것은 수행자들이 기거하는 비하라(vihara)석굴이다.

아잔타 석굴사원 내부의 기둥에 있는 벽화(5세기경)
아잔타 석굴사원은 인근의 엘로라 석굴사원과 함께 인도의 대표적인 석굴사원이다.
엘로라 석굴사원이 그 웅장함으로 유명하다면, 아잔타 석굴은 내부의 화려한 벽화로 유명하다.
천여 년이 지난 지금에도 그 색채가 살아 있는 듯 생생하다.

초전법륜상
붓다가 깨달음을 얻은 후 다섯 비구에게 최초로 설법한 것을 나타낸다.
회백색 사암으로 된 5세기 굽타 왕조시대의 작품이며 현재 사르나트 박물관에 소장되어 있다.
인도 불상의 백미라 해도 과언이 아닐 것이다.

사르나트의 다메크 스투파
붓다가 다섯 비구에게 처음으로 법을 설한 곳에 세워진 것으로 전해진다.
원래 아쇼카 왕에 의하여 조성되었으나 그후 굽타 왕조시대에 증축되어 오늘에 이른다.
기단부 지름 28.5미터, 높이 33.5미터의 거대한 규모이다.
오늘날 사르나트 초전법륜지 유적의 상징이다.

(위) 마하발리푸람 사원
마드라스 부근의 해안에 인접해 있는 사원으로, 남인도 힌두교 사원 양식의 전형으로 꼽힌다.
(아래) 카주라호 사원
북인도 사원 양식의 전형으로 꼽히며, 외벽의 미투나(mithuna, 男女交合像)로도
널리 알려져 있다.

쉬바-파르바티(카주라호 사원)
힌두교의 삼신 가운데 하나인 쉬바와 그의 배우자 파르바티가 일체를 이룬 형상으로 왼쪽은 여성,
오른쪽은 남성으로 묘사되어 있다.

바라나시의 아침
이미 기원전 6세기부터 동북 인도의 중심이었던 이곳은 아직도 고대가 살아 숨쉬는
힌두교 최대 성지 가운데 하나이다. 또한 불교와 자이나교가 성행하던 곳이기도 하다.

인도의 젖줄 갠지스 강
히말라야에서 발원하여 벵골만으로 흘러드는 길이 2,400킬로미터의 강으로,
이 강을 따라 하르드와르, 알라하바드, 바라나시 등 수많은 힌두교 성지들이 있다.

붓다의 열반(아잔타 석굴사원 제26굴)
쿠시나가르의 두 그루 사라나무 사이에 자리를 마련한 붓다는 머리를 북쪽으로, 얼굴을 서쪽으로,
오른쪽 옆구리를 침상에 붙이고 두 발을 포개어 고요히 옆으로 누운 채 열반에 들었다.

라지기르에 있는 영축산
이곳에서 붓다는 『법화경』『보적경』『대집경』 등의 대승경전을 설하였다고 전해진다.
라지기르에는 이외에도 죽림정사터, 칠엽굴 등의 불적이 남아 있다.

이거룡(李巨龍)은 동국대학교 대학원에서 인도철학을 공부한 뒤 인도 마드라스 대학

라다크리슈난 연구소에서 「제한 불이론 베단따학파의 세계전개설 비판으로」로 석사학위를,

델리 대학 대학원 철학과에서 「라마누자와 화이트헤드의 비교연구」로 박사학위를 받았다.

동국대학교 연구교수, 서울불교대학원대학교 교수를 거쳐 지금은 선문대학 통합의학대학원

교수로 있으며, 요가학교 리아슈람 교장을 맡고 있다.

지은 책으로는 한길사에서 펴낸 『아름다운 파괴』 『이거룡의 인도사원순례』 『몸 또는 욕망의 사다리』

(공저)를 비롯하여 『구도자의 나라』(공저), 『두려워하면 갇혀버린다』 등이 있다.

옮긴 책으로는 한길사에서 펴낸 라다크리슈난의 명저 『인도철학사』(전4권)가 있다.

GB
한길 그레이트북스

인류의 위대한 지적유산

라다크리슈난

인도철학사 Ⅱ

이거룡 옮김

한길사

제7장 초기 불교의 윤리적 관념론

제8장 서사시의 철학

제11장 불교의 부파

부록

- ## 반(反)베다적 자유사상의 성립과
  『바가바드기타』의 통합

1. 『인도철학사Ⅱ』에 대하여

S. 라다크리슈난의 *Indian Philosophy*(전2권)는 모두 3부로 이루어져 있다. 제1부는 베다와 우파니샤드의 철학, 제2부는 서사시 시대의 철학, 그리고 제3부는 육파철학에 대한 논의를 담고 있다. 지난 1996년 3월에 펴낸 『인도철학사Ⅰ』은 이중에서 제1부에 대한 우리말 번역이며, 이번에 펴내는 『인도철학사Ⅱ』는 제2부에 대한 우리말 번역이다. 이로써 제1권에 대한 우리말 번역이 끝난 셈이다.

『인도철학사Ⅱ』에서 다루어지고 있는 내용은 대개 기원전 6세기로부터 2세기까지의 사상이다. 당시 인도에서는 이른바 외도(nāstika)의 사상이 흥기하고 있었으며, 정통사상(āstika)에서도 자체의 전통에 대한 자기 반성과 이를 통한 사상 체계의 재정립이 요청되고 있었다. 철학적 실험 정신이 팽배하던 이 시대에는 그 어느 때보다 다양하고 많은 학파들이 생겨났으며, 일반 대중들 사이에는 성전서(聖傳書, smṛti)가 널리 유행했다. 수 세기 동안 지속되어온 믿음에 대한 회의가 일어나고, 갠지스 강 유역을 중심으로 곳곳에서 새로운 사조가 태동하고 있었다. 지난 시대 베다인들의 현세지향적이고 낙천적이던 사상이 탈속적인 우파니샤드의 사상으로 전환되어, 그후 인도 사상의 일반적인 특징으로 자리잡게 되는 것도 이 시기의 일이다. 당시의 사상적인 혼란과 격동은 정치적인 혼란과도 무관하지 않다. 당시에 세워진 군소 부족국가들 간에 사소한 분쟁과 알력이 끊이지 않았다. 외부의 침략과 이민족의 유입도 적지 않았다. 이 시대의 타락상과 군주들의 물욕, 혹은 탐욕스런 사람들에 대한 불평과 비난의 목소리가 컸다.

라다크리슈난은 이 시대를 연속적인 세 단계의 사유층으로 구분하여 고찰한다. ① 먼저 유물론, 불교, 자이나교와 같은 외도 사상이 갠지스 강 동부에서 유행하게 된다. 기원전 600년경의 일이다. ② 곧 이어서 이에 대한 반작용으로 우파니샤드 철학의 유신론적인 측면을 강조하려는 시도가 이루어졌으며, 이것은 『바가바드기타』와 후기 우파니샤드의 유신론적인 재정립의 형태로 나타난다. 이러한 경향은 기원전 500년경에 주로 갠지스 강과 야무나 강 사이의 도압(Doāb) 지방을 중심으로 전개되며, 이 지역은 지금까지도 바라문교 전통의 고향으로 남아 있다. ③ 마지막으로 베다와 우파니샤드의 가르침이 수트라(sūtra, 經)로 집약되어 나타나는 육파철학의 사색적인 발전을 본다. 이 단계는 기원전 300년경에 시작되어 3세기 말엽에 완전한 형태를 갖추게 되며, 이에 대한 논의는 인도 중세의 육파철학 사상과 함께 *Indian Philosophy* 제2권에서 상세하게 다루어진다.

제1부 『인도철학사 I』의 내용이 베다와 우파니샤드로 나타나는 아리아적인 사색의 결실이라면, 제2부 『인도철학사 II』는 비아리아적인 요소, 다시 말하여 인도의 토착적인 요소가 인도 사상의 전면으로 부상하는 시기의 사상을 다루고 있다. 이미 후기 베다 시대의 『아타르바 베다』에서도 강하게 나타나는 토착적인 사색의 단편들이, 이 시기에 이르러서는 보다 체계적으로 나타나며, 이것은 또한 이전의 사문(沙門, samaṇa) 전통을 계승한다는 의미를 지닌다. 이러한 사상적 경향에 대한 반작용의 성격을 지니는

『바가바드기타』와 후기 우파니샤드의 유신론적인 재정립 역시 이런 맥락에서 이해되어야 할 것이다. 그것은 아리아적인 요소와 토착적인 요소의 종합이라는 성격을 띤다.

2. 유물론

흔히 차르바카라고 불리는 유물론은 인도철학의 대표적인 예외로 취급된다. 우리가 '인도의 모든 철학'이라는 표현 대신에 '극소수의 예외를 제외한 인도의 모든 철학'이라고 말할 때, 여기서 '극소수의 예외'는 대개 차르바카를 두고 하는 말이다. 이렇듯 차르바카 사상이 인도 사상의 대표적인 예외로 다루어지고 있는 것은, 그 자체의 사상이 지니는 이질성에 일차적인 원인이 있다 하겠지만, 이러한 판단의 배경에는 그것이 다른 어떤 사상보다도 베다의 권위에 정면으로 도전한다는 측면이 부각된 것이다. 베다의 권위는 차르바카에 의하여 가장 혹독한 표현으로 비난된다. 차르바카에 따르면, 베다는 세 가지 오류, 즉 거짓과 자기 모순 그리고 동어 반복으로 점철되어 있다.

일견하여 차르바카는 이른바 인도철학적이라고 할 수 있는 모든 요소들에 역행하는 특징을 보인다. 인도 사상의 근간이라 할 수 있는 업과 윤회를 받아들이지 않으며, 이의 당연한 결과로 내세나 해탈을 부정한다. 영혼이나 내세는 직접적인 감각에 의하여 지각되는 것이 아니므로 존재한다고 볼 수 없으며, 영혼이 미래에 그 행위의 결과를 거두게 될 것이라고 생각하는 것은 실로 어리석은 짓이라는 것이다. 이 학파에서는 현재의 쾌락이 삶의 주요 관심사이며, 무제한의 쾌락주의는 이 학파의 윤리적인 이상이다. "먹고 마시고 즐겨야 한다. 왜냐? 우리의 삶을 마감하는 죽음은 누구에게나 닥치기 마련이기 때문이다." 이들에게 종교는 정신이상이며 정신 질환이다. 그것은 내세를 상정하게 만드는 일종의 판단 착오이다. 현재의 삶 이외에 내세의 삶이란 있을 수 없으며, 지옥이나 천국도 있을 수 없다. 이러한 개념들은 사기꾼들의 조작이다. 모든 사람은 동일한 재료로 만들어졌기 때문에, 어떤 한 사람이 지배하고 다른 사람이 복종한다는 것은 불공평한 것이다. 도덕법이란 사람들의 인습이다. 우리가 단식이나 고행과 같은 부정적인 방법을 택할 때, 삶의 본질적인 목표, 즉 쾌락을 잊어버린다.

이와 같이 유물론은 인도철학의 일반적인 특징에 부합되지 않는 것이 사실이지만, 그렇다고 하여 유물론이 부당하게 대우받을 이유는 없다. 차르바카의 경전은 전해지지 않으며, 이들의 사상은 다른 학파들의 비판을 통하여, 비판의 눈에 비친 반영을 접할 수밖에 없다는 한계가 있다. 이런 점에서 차르바카의 사상은 있는 그대로가 아니라, 다소의 과장이나 왜곡이 가미된 것일 수도 있다. 수세기 동안 진지하게 가르쳐진 하나의 철학이 이렇듯 조잡하고 터무니없는 것일 리는 없다는 추론적인 평가는 그만두고라도, 인도 사상사에서 유물론은 결코 과소평가될 수 없는 여러 측면을 지닌다.

엄격히 말하여 차르바카는 인도 사상의 예외일 수 없다. 라다크리슈난이 지적하고 있는 것처럼 유물론은 이미 인도 사상의 시원에서부터 있었으며, 그 이후에도 수많은 숨은 유물론자들이 있었다는 것을 고려한다면, 우리가 '차르바카를 제외한 모든 인도 사상'이라고 말할 때, 이것은 사실 인도 사상에서 너무 많은 부분을 제외하고 인도 사상을 말하는지도 모른다. 차르바카는 인도 사상의 예외가 아니라, 인도 사상을 형성하는 한 부분으로 대우받아야 마땅하다. 차르바카는 인도의 다른 사상들에 의하여 항상 비판의 대상이 된다는 것만으로도 충분히 그 의미를 지닌다. 어떤 사상이건 이에 대한 내외의 비판이 없을 때, 발전이 없다는 것을 우리는 본다. 비판이 튼튼하고 거셀수록 사상의 발전은 한층 더 비약할 수 있는 것이다. 인도철학의 각 학파들이 자기의 사상을 말하기 전에 반드시 이와 관련된 다른 사상들에 대한 비판을 필수로 하는 것도 이런 이유이다. 이러한 비판은 비판 그 자체에 의미를 두기보다는 오히려 비판을 통해 자신의 선 자리를 확인한다는 점에 더욱 큰 의미가 있다. 적어도 차르바카는 인도의 다른 모든 사상들에 대한 반명제로 작용한다는 점에서 중요한 의미를 지닌다.

   표면상으로 보이는 여러 가지 결함에도 불구하고, 유물론은 당시 인도인들의 신념 체계에 큰 영향을 미쳤으며 과거에 대한 환상에서 깨어나게 했다. 그것은 철학의 주요 문제들에 대하여 신학의 가정과 권위의 명령에서 자유로운 판단을 적용하는, 인도 사상사의 신선한 충격이다. 이전 시대의 교조적인 권위를 허물고 종교적인 믿음의 완전한 자유를 선언하는, 인도 사상의 새벽이다. 라다크리슈난에 의하면, 유물론은 인간의 독립적인 이성이 철학의 문제들을 대면함에 있어서 어느 정도 유용할 수 있는가 하는 물음에 대한 첫 대답이다. 우리는 이들의 견해에서 모든 속박에서 벗어나는 자유분방한 사고방식을 본다. 이들이 다소 극단적인 입장으로 치닫고 있는 것은, 깨부수고자 하는 전통과 관습의 벽이 그만큼 높고 견고했기 때문일 것이다. 말하자면 차르바카는 새로운 사상의 태동을 알리는 파괴의 전주곡이다. 브라흐마의 창조가 가능한 것은 쉬바의 파괴가 있었기 때문인 것처럼, 차르바카의 파괴가 없었다면, 그 이후의 자이나교나 불교와 같은 고도의 윤리 종교는 불가능했을지도 모른다.

3. 자이나교 철학

   인도 종교철학 전통에 외도 자이나교를 자리매김하면서 라다크리슈난은 세 가지 측면의 접근을 시도하고 있다. 먼저 자이나교의 역사 특히 초기 역사에 대해 개괄적으로 서술한 후에, 자이나교와 불교의 관계에 대하여 분석·검토하고 있으며, 마지막으로 자이나교와 고전 인도철학파들의 관계에 대하여 간략하게 언급한다. 이중에서 특히 중점적으로 다루어지는 부분은 두번째, 즉 자이나교와 불교의 관계에 대한 부분이다. 라다크리슈난은 세 가지 사실, 즉 ① 자이나교가 단지 불교의 한 분파에 불과하다는 오해, ② 불교와 자이나교를 특징짓는 윤리적 개념들에서 발견되는 괄목할 만한 유사성, ③ 이 두 전통과 관련된 주요 성지들이 지리적으로 서로 중복되거나 인접해 있다는 사실을 분석의 출발점으로 삼고 있다. 이러한 논의 과정에서 라다크리슈난은 특히 자이나교가 독자적인 기원을 지니지 않으며, 상당 부분에 있어서 불교로부터 차용했다는 오해에 관심을 집중한다.

불교와 자이나교는 의식적인 제1원인자의 존재를 부정하고, 출가 수행자 집단을 지니며, 어떤 명분으로든 산 생명을 죽이는 것을 죄악시하는 점에서 상당한 유사성을 지닌다. 실천적인 윤리가 철학적인 사색과 결합되어 나타나는 것도 공통적이다. 두 종교의 개조들은 자기 완성을 이룬 성자로 받아들여진다. 이들은 베다의 권위에 대하여 냉담하다. 이렇듯 붓다와 바르다마나(Vardamāna)의 삶이나 가르침에서 보이는 깊은 유사성 때문에, 때로는 불교와 자이나교의 두 교단이 하나라고 주장되거나, 또는 자이나교는 단지 불교의 분파에 불과하다고 말해지기도 한다. 그러나 자이나교와 불교의 관계에 대한 라다크리슈난의 결론은 자이나교의 개조 바르다마나가 붓다와는 다른 역사적인 인물이며, 자이나교는 불교와는 완전히 독립적인 종교라는 것이다. 그는 이러한 사실이 야코비(H. Jacobi) 등의 연구 결과이기 이전에 인도의 오랜 전통이라는 것을 강조한다. 그의 견해에 따르면, 자이나교가 물활론적인 사고를 수용하고 있다는 것은 그 기원에 있어서 불교보다 더 오래되었다는 것을 의미한다.

자이나교를 논하면서 오히려 불교에 대한 언급이 더 많다는 생각이 들 정도로 라다크리슈난은 양자의 관계를 중요시하고 있다. 엄격한 고행과 불살생의 교의로 인도 문화에 큰 영향을 끼쳤으며, 지금도 인도에서 살아 있는 종교 전통으로서의 자이나교는 여러 가지 점에서 불교와 대비되는 점이 많다. 특히 자이나교는 인도에서 불교의 쇠퇴와 관련하여 시사하는 바가 크다. 비슷한 시기에 비슷한 교의와 계율로 출발한 두 종교를 놓고 볼 때, 하나는 인도에서 사라지는 대신에 세계적인 종교로 성장했으며, 이에 비하여 다른 하나는 인도 밖으로 나간 적은 없지만 국내에서 지금까지 명맥을 유지하면서 상당한 영향력을 행사하고 있다는 사실에 주목할 필요가 있다. 이것은 왜 불교는 인도에서 사라지게 되었는가에 대한 어떤 단서를 제공할 수도 있을 것이다. 이와 관련하여 여러 가지 견해가 있으나, 우선 자이나교는 불교에 비하여 힌두교 전통에 가까운 형이상학을 지니고 있었으며, 카스트에 대해서 보다 긍정적인 입장에 있었다는 것이 지적된다. 불교는 힌두교의 여러 학파와 활발한 논쟁을 통하여 상호 교류가 있었음에 비하여, 자이나교는 초기 단계를 무시한다면, 여타의 힌두교 철학파들과 그다지 큰 교류가 없다. 단지 비슈누교와 관련을 지닐 뿐이다. 자이나교도들 사이에도 신조나 철학에서의 약간의 차이가 있었던 것이 분명하지만, 불교처럼 수많은 부파로 갈라지지는 않았다는 것도 큰 차이점으로 꼽을 수 있을 것이다.

자이나교 사상에서 특히 주목되는 부분은 부정주의(不定主義, syād-vāda)로 대변되는 지식론이다. 어떤 하나의 견해는 실재의 본질을 드러내는 데 적합하지 않다는 것이 자이나교의 일관된 입장이다. 이런 점에서 자이나교는 인도 사상 가운데 다양성에 대한 배려가 가장 두드러지게 나타나는 사상이다. 특히 지극히 독단적일 수도 있는 종교적 견해의 다양성을 인정하고 있다는 점은 오늘 우리의 종교 상황에 비추어 높이 평가되어도 좋을 것이다. 이웃 종교와의 상호 이해와 관용은 하나의 진리에 이르는 여러 길이 있을 수 있다는 것을 인정할 때 가능할 수 있을 것이다.

라다크리슈난은 자이나교의 상대주의에 대한 정통학파의 비판에 대하여 오히려 자이나교의 입장을 옹호하고 있다. 이것은 외도 전통에 그의 자세를 보여주는 단적인 예가 될 것이다. 그는 어떤 하나의 사상을 그 자체의 내적인 논리의 일관성에서 평가하고 판단하려 하며, 이러한 원칙은 정통 사상이든 외도 사상이든 예외를 두지 않으려는 노력을 보인다. 다시 말하여 자신이 선 자리가 정통 베단타임에 분명하지만, 그렇다고 하여 자이나교가 외도이기 때문에 비판되거나 부당한 대우를 받는 일은 없다. 그는 다만 자이나교 사상의 내적인 논리를 추구해볼 때 이러저러해야 한다는 판단과 평가를 내리고자 노력한다.

4. 불교

제2부 『인도철학사Ⅱ』의 절반 이상이 불교에 대한 논의로 이루어져 있다는 것은, 불교에 대한 라다크리슈난의 관심이 어느 정도라는 것을 짐작하게 한다. 논의의 분량으로 본다면 제2부의 중심은 불교에 있다고 해도 틀린 말은 아닐 것이다. 여기서 우선 주목되는 점은 자이나교에 대한 논의가 주로 불교와 관련하여 이루어지고 있음에 비하여, 불교에 대한 논의는 주로 우파니샤드와 관련하여 전개되고 있다는 점이다. 이것은 그의 관심이 정통 힌두교 철학에 대한 불교의 관계에 있다는 것을 간접적으로 보여준다. 라다크리슈난은 곳곳에서 불교와 정통 힌두교 철학 간의 친화성을 증명해 보이고자 노력하고 있다.

라다크리슈난에 의하면, 불교는 힌두교의 발전 혹은 변형이다. 그 둘은 공동의 토대를 지니며, 붓다는 우파니샤드 전통 위에 서 있다. 이러한 해석의 근저에는 붓다의 사상이 아무리 독창적이라 해도, 그 시대의 역사적인 상황을 떠나서는 이해될 수 없다는 전제가 놓여 있다. "위대한 성인은 그 시대를 창조하는 사람인 것과 마찬가지로, 그는 또한 그 시대의 산물이기도 하다"는 것이다. 라다크리슈난은 붓다의 침묵에 대한 불가지론적 해석이나 단멸론적인 해석을 부정하며, 그것이 단지 판단 중지이거나 진리를 말할 수 있는 때를 기다리고 있었다는 것도 부정한다. 형이상학적 문제에 대한 붓다의 침묵이 이 문제에 대한 그의 무지를 의미한다는 것도 부정한다. "만일 붓다가 절대자의 본질을 정의하거나 부정적인 정의를 내린다면, 그것은 단지 모든 한정을 초월하여 있는 절대 존재를 가리키는 것일 뿐이다." 그리고 붓다의 이 절대 존재는 우파니샤드의 아트만 혹은 브라흐만과 다르지 않다는 것이 라다크리슈난의 일관된 논리이다.

라다크리슈난의 주장대로 불교의 출현이 그 이전의 우파니샤드 전통과 완전한 단절을 의미하지 않는다는 것은 받아들일 수 있을 것이다. 그러나 불교와 우파니샤드 전통 간에 분명한 차이점이 있다는 것도 인정되어야 할 것이다. 라다크리슈난은 양자의 관계에 대한 논의에서 이러한 차이점을 충분히 강조하지 않고 있으며, 어떤 의미에서는 그는 이 점을 의도적으로 극소화시키고 있다는 인상이 짙다. 이것은 특히 우파니샤드와 붓다의 관계, 그리고 베단타와 중관학파의 절대주의 및 유식학파의 관계를 다루는 과정에서 더욱 현저하게 드러난다. 비록 불교와 우파니샤드 간의 일반적인 공통점은 부정할 수 없다 할지라도, 분명한 차이점마저 간과해버리는, 이른바 '초기 불교의 베단타화'는 여러 학자들에 의하여 지적된 바 있다.

붓다의 침묵이 모든 현상의 토대로서의 초월적 실재를 의미한다는 것을 받아들인다 할지라도, 이것이 곧 붓다가 우파니샤드의 전통을 그대로 받아들였다는 것을 의미한다고 해석되어야 할 이유는 없을 것이다. 붓다는 어디에서도 이 초월적 실재와 우파니샤드의 아트만을 동일시한 적이 없으며, 스스로가 우파니샤드나 그외의 다른 사상에 영향을 받았다는 것을 인정한 적이 없다. 초기 불전에 브라흐마(Brahmā) 신에 대한 언급은 있을지라도 형이상학적 실재로서의 브라흐만(Brahman)에 대한 언급이 없다는 것도 이 사실을 뒷받침한다. 불교의 여러 학파는 교의상 상당한 차이를 보이고 있지만, 한 가지 공통점이 있다면 그것은 아(我, ātman)에 대한 부정이다. 이러한 경향은 어떤 의미에서 대승불교로 오면서 더욱 심화되는 감이 있다. 상주 불변의 자기 실체가 있다는 것을 부정하는 무아설은 불교의 형이상학과 윤리의 축이라고 말할 수 있으며, 불교를 불교라 할 수 있는 교의이다.

사실 라다크리슈난의 불교 이해는 전통적인 인도 사상가들의 이해와는 상당한 차이가 있다. 이미 샹카라는 『베단타 수트라』에 대한 주석에서 불교를 무아설로 특징짓고 있으며, 라마누자(Rāmānuja)도 이 부분에 대해서는 거의 샹카라의 입장을 따르고 있다. 마드와(Madhva)의 『전철학강요』(全哲學綱要, Sarvadarśanasaṁgraha)에서도 불교에 대한 견해는 이와 다르지 않다. 인도 사상사를 통하여 불교는 언제나 힌두교 정통 학파의 주요 비판 대상이었으며, 비판의 핵심은 언제나 불교의 무아설과 이의 근저에 놓인 찰나설이었다. 그럼에도 불구하고 라다크리슈난은 붓다의 침묵을 우파니샤드의 아트만에 대한 묵인으로 해석하고 있다. 라다크리슈난에 의하면, 붓다의 침묵이 부정적으로 해석된 것은 나가세나(Nāgasena)의 책임이 크다.

이와 같이 초기 불교를 우파니샤드의 연속선상에서 보는 다소 편향된 해석에도 불구하고, 라다크리슈난의 불교 이해는 오늘 우리에게 시사하는 점이 많다. 특히 불교를 그 출발에서부터 힌두교와는 완전히 다른 종교 전통으로 보는 견해가 드물지 않다는 현실을 고려한다면, 불교와 우파니샤드 간의 친화성을 강조하는 라다크리슈난의 입장이 오히려 강조되어야 하지 않은가 싶다. 적어도 초기 불교는 힌두교와의 관련에서 이해될 필요가 있을 것이다. 라다크리슈난이 강조하고 있는 것도 바로 이 점이다.

인도에서 불교는 시작에서 끝까지 힌두교와 서로 영향을 주고받는 가운데 역사를 지속한다. 물론 영향을 받는다는 것이 반드시 어떤 교리를 받아들이거나 차용하는 것을 의미할 필요는 없다. 심지어 반대·대립된다는 것도 이를 통하여 상대편에게 자극을 준다는 점에서 수용한다는 것만큼이나 큰 영향으로 나타날 수 있으며, 사실상 인도에서 불교와 힌두교 정통 철학파들은 대개 이러한 관계 속에서 영향을 주고받는다. 말하자면 힌두교와 불교는 상호 대립과 논쟁 속에서 발전했다. 다스굽타(S. Dasgupta)는 중관학파의 공설(śūnyavāda)에 대한 쿠마릴라(Kumārila)와 샹카라의 논쟁 이후에 인도 철학 자체 내에서는 독자적인 철학 활동이 거의 없었다(*A History of Indian Philosophy*, vol. i, p.167)고 말할 정도로 인도 사상사를 통하여 불교와 힌두교 제파 간의 사상적인 논쟁은 의미가 크다. 힌두교 사상의 근본 전제라 할 수 있는 아트만에 대한 체계적인 사색은 불교의 무아설에 의하여 시작되고 발전했으며, 역으로 불교의 무아설은 힌두교 제파의 비판을 통하여 더욱 심화되었다는 것을 인정해야 한다. 특히 불교는 힌두교 전통의 정태적인 실재관에 역동적인 측면을 고려하게 했다는 점에서 의의가 크다. 물론 힌두교와의 논쟁을 통한 불교 사상 자체의 체계적인 발전도 간과할 수 없다.

5. 『바가바드기타』의 철학

붓다와 불교에 대한 라다크리슈난의 평가가 인도의 그 어떤 사상가 혹은 철학파보다도 높다는 것은 분명하다. 그럼에도 불구하고 그는 인도에서 '불교나 자이나교가 심오한 영적인 욕구와 감성에 어떤 충족을 주는 데 실패했다'고 본다. 이것은 그가 인도에서 불교의 소멸이라는 역사적인 사실에 입각한 해석일 것이다. 그의 견해에 따르면, 인도에서 불교의 소멸은 자연사(自然死)이다. 다시 말하여 인도에서 불교는 차츰 힌두교에 동화되었으며, 결과적으로 힌두교와는 구별되는 자기 정체성을 상실했다는 것이다. 이것은 곧 인도에서 불교의 실패를 의미하며, 불교의 실패는 또한 『바가바드기타』의 성공을 의미한다. 그가 제2부의 제목을 '불교 시대'가 아니라, '서사시 시대'로 한 것도 이러한 맥락에서 이해될 수 있을 것이다. 제2부의 절반 이상이 불교에 할애되고 있음에고 불구하고 이 시대를 서사시 시대라고 명명하는 것은, 그만큼 그가 『바가바드기타』에 큰 비중을 두고 있다는 증거이다. 그의 견해에 따르면, '대중들의 영감이 우파니샤드의 무미건조한 추상 혹은 베다의 찬란한 만신전에 의해서 채워질 수 없게 되고, 더욱이 불교와 자이나교의 윤리가 지니는 모호한 관념들에 흥미를 잃게 되었을 때, 당시에 이해된 우파니샤드의 제식보다 덜 형식적이고 보다 큰 만족을 주는 종교를 표방하는 개혁이 있었으며, 모호하고 건조한 절대자 대신에 살아 있는 인격신을 제시하는' 『바가바드기타』가 나타났다.

거룩한 자의 노래 『바가바드기타』는 인도에서 가장 널리 애송되는 경전이다. 인도의 모든 지역 모든 계층에서 받아들여지고 있는 경전은 오직 『바가바드기타』뿐이라고 해도 크게 틀린 말은 아닐 것이다. 경전의 권위로 본다면, 천계서에 속하는 베다와 우파니샤드가 이보다 우위에 있는 것이 분명하지만, 일반 대중들에 대한 영향력이라는 면에서는 오히려 이들을 능가하는 것이 바로 『바가바드기타』라는 것 또한 분명한 사실이다. 전통적으로 베다와 우파니샤드는 하층 천민들이 접할 수 없는, 따라서 이들의 삶과는 동떨어진 세계일 수밖에 없었다. 이에 비하여 『바가바드기타』는 언제나 일반 대중의 삶 속에서 호흡해온, 대중들의 경전이다. 특히 『바가바드기타』
는 불촉 천민을 포함한 모든 사람의 해탈 가능성을 인정하고 있다는 점에
서 인도 사상사에 특별한 의미를 부여한다. 말하자면 베다와 우파니샤드에
서 버림받은 하층민까지도 『바가바드기타』는 감싸안고 있는 것이다. 이런
점에서 그것은 분명 인도인들의 살아 있는 성경이다.

이렇듯 『바가바드기타』가 인도를 하나로 묶는 것은 우연이 아니다. 『바
가바드기타』는 인도의 모든 사상이 흘러들어 어우러졌다가 다시 강줄기를
이루어 신천지로 뻗어가는 사상의 원류이다. 인도 사상과 문화의 두 주류
라 할 수 있는 아리아적인 요소와 드라비다적인 요소가 하나로 녹아 있는
것도 『바가바드기타』이다. 베다에서는 아리아인들의 신 인드라의 대적으로
규정되었던 크리슈나가, 『바가바드기타』에 이르러서는 베다의 신 비슈누의
화신으로 받아들여진 것도 이러한 의미를 지닌다. 오늘날 크리슈나는 인도
전역 모든 계층에서 가장 사랑받는 신 가운데 하나이다. 그야말로 『바가바
드기타』는 인도의 모든 종교 사상을 압축해놓은 결정판이라 할 만하다. 우
파니샤드의 브라흐만과 대중적 신앙의 인격신 이슈와라(Īśvara)가 푸루숏
타마(Puruṣottama, 지고한 인격)로 태어나는 것도 『바가바드기타』의 메
커니즘을 통해서이다. 물론 이러한 종합이 싸구려 절충주의이거나 마구잡
이 수입일 리는 없다.

라다크리슈난이 지적하고 있는 것처럼, 『바가바드기타』의 큰 흐름은 우
파니샤드의 정신이다. 그것은 카르마(karma), 상사라(saṃsāra), 다르마
(dharma), 무크티(mukti)라는 우파니샤드의 네 가지 근본 원리 위에 세
워져 있으며, 흔히 우파니샤드의 요체를 뽑아놓은 것으로 간주된다. 『바가
바드기타』는 후기 우파니샤드 가운데서 특히 『슈웨타슈와타라 우파니샤드』
와 같은 유신론적인 우파니샤드를 중심으로 우파니샤드의 사상을 종합하고
있다. 이의 결과로 『바가바드기타』에는 우파니샤드의 전체적인 성격에 비
하여 종교적인 측면이 현저하게 나타나고 있는 것이 사실이다. 짐작건대
『바가바드기타』의 저자는 우파니샤드의 논리적인 추상이 인간 영혼의 다면
적인 욕구에 대한 응답으로 부족하다고 생각하고 있으며, 삶의 신비를 풀

어 알려는 시도는 그 성격에 있어서 오히려 유신론적이어야 한다고 보는 것 같다. 우파니샤드의 종교적인 함축들을 뽑아내고, 이것을 대중들의 신화 및 정서와 통합시킴으로써 살아 있는 체계로 활력을 불어넣은 것이 곧 『바가바드기타』이다. 『바가바드기타』는 우파니샤드의 진리에 의거한 삶과 행위를 뒷받침할 수 있는 영적인 종합을 시도한다. 이러한 종합의 정신은 그후 라마누자를 중심으로 일어나는 유신론적 베단타 학파에 의하여 계승 발전한다.

*　　　*　　　*

매듭지었다는 홀가분함보다는 두려움이 앞선다. 나의 생각을 담아내는 글이 아니라, 남의 말로 씌어진 것을 우리말로 옮겨내는 일이니 두려움은 오히려 더한 듯싶다. 힘 닿는 데까지 노력했으나 역자의 역부족을 통감할 뿐이다. 독자 여러분의 질정을 기다린다. 두 권 가운데 이제 한 권이 끝났으니 어찌 보면 매듭을 지은 것이 아니라, 도리어 한가운데로 들어선 셈이다. 혹 돌아서고 싶다 해도 돌아서기에는 너무 멀리 와버린 중간이다. 배수의 진을 칠 수밖에 없다.

흔쾌히 이 책의 출판을 허락해주신 한길사 김언호 사장님께 감사드리며, 이 책의 원고를 꼼꼼히 읽어주신 편집부의 윤양미, 김경애 두 분께 감사드린다. 그밖의 여러분께도 감사의 뜻을 표한다.

1996년 11월 28일
이거룡

제5장
유물론

1. 서사시 시대—기원전 600년부터 기원후 200년까지

두 서사시 『라마야나』(*Rāmāyaṇa*)와 『마하바라타』(*Mahābhārata*)는 대개 초기 아리아(Ārya)인들이 동진하여 갠지스 강 유역에 정착하던 베다 시대의 사건들과 관련을 지니며, 델리 근방의 쿠루(Kuru)족, 카노우즈 (Kanouj) 부근의 판찰라(Pañcāla)족, 오우드(Oudh) 부근의 코살라 (Kosala)족, 그리고 바라나시의 카쉬(Kāśi)족이 번성하던 시대를 배경으로 하고 있다. 그럼에도 불구하고 이 서사시들이 기원전 6세기 이전에 편집되었다는 사실을 보여주는 증거는 없다.

베다는 아리아인들이 갠지스 강 유역으로 팽창하던 시대에 편집된 것이며,[역주1] 아마도 그것은 『마하바라타』의 주제가 되는 쿠루족과 판다바

[역주1] 베다 찬가가 형성된 연대에 대해서는 여러 가지 이견이 있으나, 라다크리슈난은 그것을

(Pāṇḍava)족 간의 대전쟁과 동시대였을 것이다. 인도의 전통이나 서사시가 전하는 내용에 따르면, 베다의 편집자인 비야사(Vyāsa)는 이 전쟁과 동시대의 인물이었다. 『라마야나』는 아리아인들과 당시 이들의 문명을 받아들이는 입장에 있었던 토착민들 간의 전쟁을 다루고 있다. 『마하바라타』는 베다 찬가들이 그 본래의 힘과 의미를 잃고 제의식 종교가 사람들의 마음을 사로잡던 시대, 카스트 제도가 사회 전반에 확립되던 시대의 산물이다. 따라서 우리는 서사시 시대의 시작을 기원전 6세기경으로 잡아야 할 것이다. 그후 서사시들이 최종 형태로 정착되는 기원후 2세기까지는 당시의 시대상을 반영하는 여러 가지 변화가 가미되었다.

1) 지적인 혼란과 격동

당시는 지적인 관심이 충만하여 무한한 철학적인 활동과 여러 측면에서의 발달이 있었던 시대였다는 것을 시사하는 여러 흔적들이 있다. 우리가 당시의 복합적인 상황을 충분하게 묘사한다는 것은 불가능하다. 사람들은 외부 사물과 내면에서 느끼는 모순과 씨름하고 있었으며, 온통 익숙하지 못한 변칙과 다양성으로 가득 찬 시대였다. 또한 지적인 열정과 도덕적인 진지함이 정신적인 불균형이나 격정과 더불어 나타나기도 하였다. 불교도들의 시대였을 뿐 아니라, 유물론자 차르바카(Cārvāka)들의 시대이기도 하였다. 주술과 과학, 회의론과 믿음, 방종과 엄격한 고행이 뒤섞여서 나타났다. 격동하는 삶의 에너지가 현저해질 때, 억제되지 않은 상상이 난무하는 것은 조금도 이상하지 않다. 이 모든 사실에도 불구하고 사조와 경향의 복잡성은 삶을 풍요롭게 하는 데 기여했다. 자유로운 탐구의 정신을 강조함으로써 그 시대의 지적인 충동은 전통에 대한 권위를 약화시켰으며, 진리 운동을 촉진시켰다. 의심을 품는 것은 더 이상 위험한 것으로 간주되지 않았다.

기원전 15세기경으로 잡는다(『인도철학사 I』, pp.99~102를 보라).

2) 자유로운 사색과 우파니샤드의 영향

직관은 탐구심으로 대체되고 종교는 철학에 압도되었다. 존재에 대한 믿기 어려운 불확실성과 애매성, 세계를 체계화하려는 각양각색의 시도, 미지의 세계에 대한 호기심과 두려움에 사로잡혀 고뇌하는 인간을 반영하는 터무니없는 샛길이나 도피처의 당혹스런 혼돈, 들끓는 정열의 한가운데 불신·피로·냉담의 사막, 젊음과 모험, 이 모든 것들이 서사시 시대를 인도 사상사에서 획기적인 시대로 만든다. 병약한 마음가짐의 사람들과 무기력의 고통에 시달리던 사람들은 예술·지식·윤리를 통하여 휴식과 평온, 구원과 니르바나(nirvāṇa, 涅槃)를 추구하거나, 그렇지 않으면 도취·무아경·광희(狂喜)에 의하여 자신의 고뇌를 치유하려고 노력하게 된다. 이와 같이 철학에 있어서 실험정신이 팽배하던 이 시대에는 그 어느 때보다 다양하고 많은 학파들이 생겨났다. 견해에 대한 견해가, 이상에 대한 이상이 나타났다. 사고방식에서의 변화는 어떤 하나의 영향에 의해서가 아니라 여럿의 조합에 의하여 비롯된다.

이미 『리그 베다』에서 자유로운 사색과 회의론의 단초가 나타나고 있으며,[원주1] 브라흐마나(Brāhmaṇa)문헌에서도 철학적인 논의에 대한 대담한 열망이 감지된다. 후자는 숭배에 있어서 형식적인 것에 대하여 과도하게 몰두한 결과이다. 사람들의 지적인 호기심을 억누르려는 시도가 있었을 때, 인간 정신은 이에 반발하였으며, 이러한 반작용은 모든 형식적인 권위에 대한 불인(不忍)으로 나타났다. 또한 제의식 종교의 엄격한 규범에 오랫동안 억눌려온 정서적인 삶의 폭발로 나타났다. 우파니샤드는 탐구정신을 발전시켰지만, 대체로 그것은 고대 베다의 믿음에 따르도록 가르쳤다. 일단 자유로운 사고가 허용되면, 그것은 어떤 한계 속에 가두어질 수 없다. 새로운 탐구방식을 받아들이고 새로운 사조를 형성함으로써, 우파니샤드의 사상가들은 당시의 경향을 형성하는 데 있어서 누구보다도 큰 기여를 했다. 그 자체의 철학적인 논쟁을 통하여 그것은 변화를 꾀하였으며, 그때까

[원주1] 『리그 베다』(Ṛg-Veda), vii.89.3~4.

지 가려져 있었던 완전한 의미와 방향을 정립하였다. 한 가지 지적할 것은 우파니샤드의 사상이 갠지스 강 유역의 서부에서 발달한 반면에, 동부에서는 그것을 수용할 만큼 그 사상에 아주 익숙하지 않았다는 점이다. 서부의 사상이 아무런 논쟁이나 토론없이 동부 지역에서 그대로 받아들여지지는 않았다.

3) 당시의 정치적 상황

사람들의 마음을 어수선하게 하는 정치적인 혼란이 있었다. 당시에 형성된 군소 부족국가들 간에 사소한 분쟁과 알력이 끊이지 않았다. 외부의 침략자들이 나라의 평화를 뒤흔들었다. 시대의 타락상과 군주들의 물욕, 혹은 탐욕스런 사람들에 대한 불평과 비난의 목소리가 컸다. 한 불교 경전은 "나는 세속에서 부자들을 본다"고 말한다.

그들이 스스로의 어리석음 때문에 얻었던 소유물 가운데, 그들은 아무 것도 다른 사람들에게 나누어주지 않는다. 그들은 탐욕스럽게 부를 축적하고, 갈수록 점점 더 쾌락의 추구에 빠져든다. 왕은 비록 지상의 왕국을 정복한다 할지라도, 비록 그가 바다 이 편에서 대양의 나라에 이르기까지 모든 땅의 군주가 된다 할지라도, 그의 욕망은 여전히 채워지지 않으며, 바다 너머의 그 무엇을 갈망할 것이다. 왕과 채워지지 않는 욕망을 지닌 다른 수많은 사람들은 죽음의 먹이로 떨어지리니…… 친척도 친구도 그외의 어느 누구도 죽어가는 그를 구할 수 없다. 상속자들은 그의 재물을 물려받을 것이지만, 그는 자신의 행위에 대한 응보를 받는다. 그 어떤 보물도 사자(死者)와 함께하지 않으며, 아내나 아이들 혹은 재산이나 왕국도 그를 따라가지 않는다.[원주2]

좌절감, 나라와 사회의 실패, 세상에 대한 희망의 상실, 인간성에 대한

[원주2] Oldenberg. *Buddha*, p.65.

불신은 개개인이 자신의 영혼과 자신의 감성에 의지하도록 만들었다. 성스러움을 추구하고, 불완전하고 덧없는 삶을 부정하며, 과거·현재·미래가 일관되게 죄악과 타락을 완전히 초월한 어떤 꿈의 세계에 도달하고자 하는 사람들도 있었다. 대개는 피곤과 역겨움과 절망으로 가득 찬 삶을 외면하게 되었다. 초월적인 것에 대한 매력이 현실에 대한 애착을 압도하였다. 사람들은 구원에 이르는 지름길에 애착의 눈길을 보내고 있었다. 세속에 대한 깊은 좌절감이 그 시대의 팽배한 분위기였다. 선신(善神)의 개념은 세상의 도덕적인 정부와 병행하는 것이 이치이다. 이와 마찬가지로 세속적인 삶의 본질에 대한 의혹이 일어날 때, 신에 대한 믿음은 약화되기 마련인 것이다. 모든 사람들이 삶이란 고통, 혹은 적어도 확신할 수 없는 축복이라고 여길 때, 지난 믿음은 지속되기 어렵다.

4) 서사시 시대의 다면적인 철학 활동

수세기 동안 지속되어온 믿음이 마치 꿈속의 일처럼 사라지고 있었다. 권위의 장악이 느슨해지고 전통의 결속력은 약화되었다. 믿음의 붕괴와 인본주의적인 사고방식의 결과로 생기는 사상의 대혼란 속에서, 수많은 형이상학적 공상과 헛된 망상이 끊임없이 일어났다. 도덕적 무력감에 빠진 이 시대는 어떤 도덕적 버팀목을 잡으려고 열망한다. 감각의 세계를 강조하는 유물론자들이 나타나는가 하면, 심오한 정신과 고매한 윤리를 표방하는 불교도들이 있었다. 물에 빠진 사람의 절박한 심정으로 베다에 매달리는 사람들이 있는 반면에, 개혁자들은 의도적으로 초월세계의 가능성에 관한 사색을 거부하면서, 청정한 삶과 선행에 혼신의 힘을 기울였다. 고행자들, 티르탕카라(Tīrthaṅkara)들, 즉 여울을 가로지른 자들은 새로운 길을 연 개조(開祖)로 세상에 알려지게 되었다. 가우타마(Gautama)와 바르다마나(Vardhamāna)는 가장 탁월한 개혁자였다.

불교문헌들에서는 다른 외도(外道) 스승들에 대하여 언급하고 있는데, 이들은 다음과 같다. ① 자아에 대한 모든 형태의 지식을 부정하면서 자신의 물음을 단지 심적인 평온의 획득에 한정시키는 회의론자 산자야

(Sañjaya),[원주3] ② 직관에 의한 지식을 부정하고 인간이란 죽음의 순간에 네 요소로 분해되어 흩어진다고 보는 유물론자인 아지타 케샤캄발린(Ajita Keśakambalin), ③ 도덕적인 선악의 구별을 인정하지 않으며 무인론(無因論, ahetuvāda) 혹은 우연론[원주4] 및 영혼의 수동성을 주장한 도덕부정론자 푸라나 카쉬야파(Pūraṇa Kāśyapa), ④ 인간이 생사를 극복하는 것은 불가능하다고 주장하며, 모든 만물은 그들이 완전함을 얻을 때까지 스스로의 내재적인 에너지에 의하여 결정되는 끊임없는 변화의 과정 속에서 살아가는 지바(jīva, 靈魂)라고 믿는 운명론자 마스카린 고살라(Maskarin Gosāla),[원주5] ⑤ 지·수·화·풍·공, 그리고 변화의 원리로서의 고락(苦樂)을 지니는 영혼, 개체의 형성과 해체라는 존재의 구성 요소들을 인정하는 동시에, 이들 간에 질적인 차이가 있다는 것을 주장한 파쿠다 카티야야나(Pakuḍa Kātyāyana) 등이다.[원주6] 수많은 스승들이 나라 곳곳에서 일어났으며, 구원의 비밀에 대한 복음을 전했다.

5) 도덕적 쇄신, 종교적 재건, 체계적 철학

초기 서사시 시대에 이르면, 여러 사상들에 대한 재건운동이 일어나게 되고, 이것은 그 다음 시대를 풍미하게 될 철학적 사유의 단초가 된다. 이 시대에도 여러 다양한 사유의 맹아들이 존재했던 것이 사실이지만, 그것이

[원주3] 산자야의 회의론은 형이상학에 대한 붓다의 태도와 자이나교의 7표현법(Saptabhaṅgī)에 상당한 영향을 주었다. 그는 말한다. "만일 당신이 나에게 다른 세계(atthi paraloka)가 있느냐고 묻는다면, 글쎄, 만일 내가 그렇다고 생각한다면, 나는 그와 같이 대답할 것이다. 그런데 나는 그것이 이러저러하다고 생각하지 않는다. 나는 그것이 그렇지 않다고 생각하지 않는다. 나는 그것을 부정하지 않는다"(*Sacred Books of the Buddhists*, vol. ii, p.75).

[원주4] 「사만나팔라숫타」(Sāmaññaphalasutta, 沙門果経), 『디가 니카야』(*Dīgha Nikāya*), i.

[원주5] 『맛지마 니카야』(*Majjhima Nikāya*), i. 또한 『수트라크리탕가』(*Sūtrakṛtāṅga*)를 참조.

[원주6] 이 견해는 엠페도클레스의 철학과 비교해볼 수 있다. 그는 네 요소와 변화의 원리들, 즉 이 요소들을 결합하는 사랑과 그들을 분리시키는 증오를 말한다.

완전하게 발현하는 것은 서사시 시대 말기에 가서야 가능하게 되었다. 신성한 삶의 질서 속에는 병폐와 이에 대한 처방은 동시에 나타나며, 해악한 오류의 강이 흐르는 곳에는 또한 사람들의 치유를 위한 생명의 나무가 자라나기 마련이다.

베다 성선(聖仙)들과 우파니샤드의 가르침은 수트라(sūtra, 經典)로 집약되어 나타났다. 지극히 논리적이며 헌신적인 사상체계들이 선포되었다. 먼저 차르바카(Cārvāka, 유물론자)들, 불교도들, 그리고 자이나교도들이 출현하였으며, 이들에 대한 반작용으로 곧이어서 우파니샤드 철학의 유신론적인 측면을 강조하려는 시도가 이루어졌다. 윤리적인 측면을 강조하는 불교나 자이나교는 심오한 영적인 욕구와 감성에 어떤 충족을 주는 데 실패했다. 대중들의 영감이 우파니샤드의 무미건조한 추상 혹은 베다의 찬란한 만신전에 의해서 채워질 수 없게 되고, 더욱이 불교와 자이나교의 윤리가 지니는 모호한 관념들에 흥미를 잃게 되었을 때, 당시에 이해된 우파니샤드의 제식보다 덜 형식적이고 보다 큰 만족을 주는 종교를 표방하는 개혁이 있었으며, 모호하고 건조한 절대자 대신에 살아 있는 인격신을 제시하는 사상체계들이 나타났다.

크리슈나(Kṛṣṇa)가 비슈누(Viṣṇu)의 화신인 동시에 우파니샤드의 영원한 브라흐만으로 나타나는『바가바드기타』, 판차라트라(Pāñcarātra) 종파의 철학,『슈웨타슈와타라 우파니샤드』(Śvetāśvatara Upaniṣad)와 후기 우파니샤드들에 의거한 쉬바(Śiva)교, 그리고 붓다가 영원한 신이 되는 대승불교는 이와 같은 종교적인 반작용의 일환으로 나타난 것이다. 이 시대에 몇몇 사색적인 사람들이 철학적인 계통을 이어서 새로운 빛을 향하여 나아가고 있었다. 체계적인 철학의 단초들이 싹을 틔우고 나왔다.

초기 형태의 상키야(Sāṃkhya), 요가(Yoga), 니야야(Nyāya), 바이셰쉬카(Vaiśeṣika) 철학이 각자 독립적인 계통으로 발전하였다. 물론 이들은 모두 베다에 의거하고 있다는 것을 나타내 보임으로써 자신들의 지위를 공고히 하려고 하였다. 두 미망사(Mīmāṃsā) 철학파들은 그 성립에 있어서 베다의 해석에 보다 직접적인 연관을 지닌다.[역주2] 분명히 이 모든 철학파들은 서사시 시대 말엽에 형성된 것이다. 그 시대의 모순들은 서로 갈등하는 철학체계 속에 나타났으며, 이들 각자는 당시 시대정신의 일면을 대변한다. 이 시대의 서로 다른 세 가지 사유층들——연대기적으로나 논리적으로 연속적인——을 구분할 필요가 있다. ① 차르바카의 유물론, 불교, 그리고 자이나교와 같은 반(反)베다적인 철학(기원전 600년), ②『바가바드기타』와 후기 우파니샤드의 유신론적인 재건(기원전 500년), ③ 육파철학의 사색적인 발전(기원전 300년). 육파철학은 3세기 말엽에 완전한 형태를 갖추게 된다.

2. 당시의 공통 관념들

유물론과 자이나교, 그리고 불교의 철학사상을 논의하기 전에, 당시의 공통된 개념들에 관하여 간략하게 언급할 필요가 있을 것이다. 인생의 무상함과 고통, 그리고 재생의 개념이 널리 유행하고 있었다. 인생은 고통이며 외계 대상이란 단지 미혹이요 고통이라는 것은 우파니샤드의 유산이었던 것으로 보인다. 야마(Yama)에게 묻는 나치케타스(Naciketas)의 질문을 보자. "오, 죽음의 신이여, 우리가 당신 앞에 서게 될 때, 여색이나 말(馬), 아니면 재물이나 왕권이 우리를 행복하게 할 수 있겠습니까?"[원주7]

〔역주2〕 광의로 이해되는 베다는 만트라(Mantra, 讚歌)뿐만 아니라, 여기에 붙어 있는 브라흐마나(Brāhmaṇa, 祭儀書), 아란야카(Āraṇyaka, 森林書), 우파니샤드(Upaniṣad, 奧義書)를 포함한다(『인도철학사 I』, p.96 참조). 이 중에서 만트라와 브라흐마나는 베다의 제사편(祭祀篇, karma-kāṇḍa)을, 그리고 우파니샤드는 베다의 지식편(知識篇, jñāna-kāṇḍa)을 구성하며, 아란야카는 브라흐마나에서 우파니샤드로 이행하는 과도기의 산물이다. 정통 육파철학이 성립되는 과정에서, 베다의 제사편에 의거하여 제식의 규정과 실행에 대한 해석을 주로 하였던 학파를 푸르바(pūrva, 前) 미망사라고 한다. 이에 비하여 베다의 지식편에 의거한 철학을 웃타라(uttara, 後) 미망사라고 한다. 이들 두 미망사 학파가 이렇게 불리는 것은, 베다의 제사편과 지식편이 그 순서에 있어서 선후 관계에 있기 때문이다. 흔히 웃타라 미망사는 베단타(Vedānta) 학파, 그리고 푸르바 미망사는 미망사 학파로 불린다.

윤회는 고통의 교의를 정교하게 만든 것이다. 하나의 생에서 또 다른 하나의 생으로 끝없이 옮겨다닌다는 개념은 존재의 의미를 박탈하고 삶의 기쁨을 앗아가는 무미건조한 공상처럼 보였다. "인간은 자기의 운명을 단호하게 결정하는 사고력을 지닐 수 있으며, 영원을 얻기 위한 고통을 감내할 수 있다. 그러나 한 세계에서 다른 세계로, 한 존재에서 다른 존재로 이어지는 끝없는 윤회, 저 끝없이 일어나는 파괴의 무력감에 대한 투쟁의 끝없음, 이와 같은 생각은 용기있는 사람이라도 이 끝없는 존재의 순환이 지니는 무익성에 진저리치지 않을 수 없게 할지도 모른다."[원주8]

이 시대에 일어난 모든 철학파들은 이러한 비영속성의 개념을 도입하였으며, 이것은 자가드비야파라(jagadvyāpāra), 상사라(saṁsāra), 비야바하라(vyavahāra), 프라판차(prapañca) 등과 같은 말로 표현되었다. 카르마의 법칙은 비영속성 개념의 당연한 귀결이다. 이러한 윤회의 수레바퀴에서 벗어나는 길, 즉 죽음으로부터의 어떤 구원이 있는가에 대한 의문이 불가피하게 된다. 초자연적인 힘을 얻고자 『아타르바 베다』(Atharva-Veda)에 언급된 고행법들이 행해졌다. 타파스(tapas), 즉 고행이 지니는 청정하게 하는 힘에 대한 믿음이 강했다. 엄한 고행으로서의 타파스는 우파니샤드에서 가르치는 명상의 과정을 대체하였다. 신비경 속에서 신을 감득하려면, 우선 고행을 통하여 영혼이 고요해지지 않으면 안된다는 것이다. 고행을 실천하는 수행자 집단이 도처에 나타났다. 카스트(caste)는 점점 더 확고해졌다.

[원주7] 『카타 우파니샤드』(Kaṭha Upaniṣad).
[원주8] 올덴베르크, 앞의 책, p.45.

48

3. 유물론

1) 유물론적 사유의 단초

유물론은 철학 그 자체만큼이나 오래된 것이며, 이 이론은 붓다 이전 시대에도 나타난다. 이러한 사유의 단초는『리그 베다』의 찬가에서 발견된다. "여러 흔적들은 붓다 이전의 인도에서도 순수 유물론적인 교의들이 나타났다는 것을 보여준다. 그리고 이러한 교의들이 그후에 수많은 숨은 추종자들을 만들어냈다는 것은 의심할 나위 없다."[원주9] 초기 불전에 이 교의에 대한 언급들이 있다. "사람은 네 요소로 이루어져 있다. 사람이 죽을 때, 흙의 요소는 흙으로 돌아가고, 물의 요소는 물로 돌아가고, 불의 요소는 불로 돌아가며, 바람의 요소는 바람으로 돌아간다. 그리고 감각들은 허공으로 사라진다. 육신이 해체될 때 지혜로운 자와 어리석은 자는 똑같이 소멸하며 더이상 존재하지 않게 된다."[원주10]

가장 초기의 불전들도 유물론자들에 대하여 언급하고 있는 것으로 보아 그들이 불교 이전에 이미 있었다는 것은 분명하다.[원주11] 서사시들에도 이 교의에 대한 언급이 있다.[원주12] 『마누』(*Manu*)는 나스티카(Nastika, 허무주의자)들과 파산다(pasanda, 外道)들에 대하여 말하고 있다.[원주13] 유물론에 대한 고전적인 전거는 브리하스파티(Bṛhaspati)의 경전이라고 말해지나,[원주14] 이것은 소실되고 없다. 우리의 주요 자료는 다른 철학파의 논서들이다. 『전철학강요』(*Sarvadarśanasaṁgraha*)는 그 첫번째 장(章)

〔원주9〕 Garbe, *The Philosophy of Ancient India*, p.25.
〔원주10〕 Rhys Davids, *Dialogues of Buddha*, ii., p.46.
〔원주11〕 Rhys Davids, *American Lectures*, p.24.
〔원주12〕「샨티파르바」(Śāntiparva), 1414와 1430~1442, 그리고「샬야파르바」(Śalyaparva), 3619를 참조. 또한『비슈누 푸라나』(*Viṣṇu Purāṇa*), iii.18, 14~26을 보라.
〔원주13〕『마누』, ii.11 ; iii.150, 161 ; iv.30, 61, 163 ; v.89 ; viii.22, 309 ; ix.65, 66 ; xii. 33, 95, 96.
〔원주14〕 바스카라(Bhāskara)는『브라흐마 수트라』(iii.3.53)에 대한 주석에서 브리하스파티 의 경전을 언급하고 있다.

에서 이 교의를 개술하고 있다.

2) 로카야타

성직(聖職)의 독점을 허물고 종교적인 믿음의 완전한 자유를 선언하고자 하는 열망에서, 유물론자들은 그 반대편 극단으로 치달았다. 우리는 그들의 견해에서 모든 속박에서 벗어나는 자유분방한 사고방식을 본다. 이 교의의 요체는 풍자극『프라보다찬드로다야』(*Prabodhacandrodaya*)에 나오는 한 인물에 의하여 요약된다. "로카야타(Lokāyata)는 언제나 유일한 경전(śāstra)이다. 그 속에서는 언제나 감각적인 증거만이 지식의 근거이며, 지·수·화·풍의 네 요소들이 인정된다. 재물과 쾌락이 인간 존재의 목적이다. 물질은 사유 기능을 지닌다. 내생이란 있을 수 없으며, 죽음은 모든 것의 끝이다."[원주15] 여기서 경전이 로카야타라고 불리는 것은,[원주16] 그것이 이 세계, 즉 로카(loka)만이 존재한다고 주장하기 때문이다. 그리고 유물론자들은 로카야타들이라고 불린다. 그들은 또한 개조(開祖)의 이름을 따서 차르바카(Cārvāka)들이라고 불리기도 한다.[원주17]

3) 지식론

직접적인 감각에 의하여 얻어진 것이 진리이며, 그것만이 존재한다. 지각되지 않는 것은, 지각되지 않기 때문에 존재하지 않는다. 추론이란 전혀 있을 수 없다. 우리가 연기를 볼 때, 과거의 지각에 대한 연상이나 기억을 통하여 불을 상기한다. 추론이 때로는 참이고 때로는 거짓인 것은 바로 이러한 이유 때문이다. 후기 유물론자들은 추론에 대한 그들의 견해를 뒷받침하는 근거를 제시하였다. 만일 우리에게 전칭명제에 대한 지식이 없다면, 추론은 불가능할 것이다. 감각적인 지각은 우리에게 그것을 부여하지

[원주15] Act ii.

[원주16] 감각의 세계를 지향하는 로카야타는 인도 유물론자들에 대한 범어 별칭이다.

[원주17] 만일 차르바카가 고유명사라면, 그것은 아마 브리하스파티의 제자 이름일 것이다. 그것은 흔히 보통명사로 간주된다. MacDonell, *Sanskrit Literature*, p.450을 보라.

50

않으며, 또한 그것이 추론에 의한 것일 리도 없다. 왜냐하면 그와 같은 추론은 또 다른 하나의 전칭명제를 필요로 하기 때문이다. 다른 방법들도 아무런 쓸모가 없다. 유비(類比, analogy)는 추론을 설명할 수 없다. 따라서 추론은 타당성이 없다. 혹 있다면 그것은 단지 우연히 정당화될 수 있는 주관적인 연상에 불과한 것이다.

4) 유일한 실재―물질

감관에 의한 지각만이 지식의 유일한 형태이기 때문에 물질이 유일한 실재이다. 물질만이 감관에 의하여 인지될 수 있다. 물질적인 것은 실재적이다. 궁극적인 것은 네 요소들, 즉 지·수·화·풍이다. 이 요소들은 영원하며, 원생동물에서부터 철학자에 이르기까지 세계의 모든 현상들을 설명할 수 있다. 지성이란 네 요소들의 변형일 뿐이며, 그 요소들이 해체될 때 지성도 사라진다. "비지성적인 요소들의 변형된 형태로 구체화되어 나타나는 지성은, 붉은색이 비틀(betel)·빈랑나무 열매·라임(lime)의 혼합으로 만들어지는 것과 마찬가지의 방식으로 생성된다."[원주18] 취하게 하는 힘이 어떤 성분들의 혼합에서 생겨나는 것과 마찬가지로, 의식은 네 요소들의 혼합에서 발생한다. 마치 알라딘이 그의 램프를 문지를 때 수호신이 그 모습을 드러내는 것처럼, 네 요소들이 주어지면 자의식적인 생명이 신비하게 생겨난다. 사유는 물질의 기능이다. 카바니스(Cabanis)의 유명한 말을 빌리자면, 간장(肝臟)이 담즙을 분비하듯이 두뇌는 생각을 낸다.

5) 몸과 마음

우리가 정신을 몸과는 다른 것으로 간주할 아무런 이유도 없다. 그것은 단지 지성으로 제한된 몸일 뿐이다. "아트만은 '나는 튼튼하다' '나는 젊다' '나는 어른이다' 등의 표현에서 시사되는 속성들로 특징지어지는 육신 그 자체이다."[원주19] 우리에게는 영혼과 육신이 분리된 존재라는 것을 보여주

[원주18] 『사르바싯단타사라상그라하』(*Sarvasiddhāntasārasaṃgraha*), ii.7.

는 아무런 증거도 없다. 우리는 육신없는 자아를 보지 못한다. "누가 육신에서 분리된 상태에 있는 영혼을 본 적이 있는가? 생명이란 물질의 궁극적인 형상에서 파생되는 것이 아닌가?"[원주20] 의식은 하나같이 육신과 관련하여 발견된다. 그러므로 그것은 육신이다. 인간이란 그가 먹는 음식물 그 자체이다.

6) 내생의 부정

사다난다(Sadānanda)는 네 부류의 유물론 학파를 언급한다. 주요 논점은 영혼의 개념에 관한 것이다. 한 학파는 영혼을 육신과 동일시하며, 또 다른 한 학파는 감관, 세번째 학파는 호흡, 그리고 네번째 학파는 사유기관과 동일시한다.[원주21] 어떤 견해는 영혼을 단지 자연현상으로 간주하기도 한다. 이러한 입장을 견지함에 있어서 유물론자들은 우파니샤드의 가르침을 인용한다. "이 네 요소들에서 생겨난 후 그것은 파괴된다. 그들이 파괴될 때, 즉 사후에는 지성이 더 이상 남아 있을 수 없다."[원주22] 이와 같이 볼 때, 영혼이 미래에 그 행위의 결과를 거두게 될 것이라고 생각하는 것은 실로 어리석다는 결론이 된다. 그것은 내세를 상정하게 만드는 일종의 판단 착오이다. 현생 이외의 다른 생이란 있을 수 없으며, 지옥이나 천국도 있을 수 없다. 이러한 개념들은 사기꾼들의 조작이다. 종교는 정신이상이며 정신질환이다.

7) 무신론

세계를 설명하기 위하여 신이 꼭 필요한 것은 아니다. 종교적인 편견에 사로잡혀 있기 때문에 사람들은 내세나 신의 개념에 길들여지며, 따라서 종교적인 환상이 사라질 때 상실감을 느끼고 공허와 허탈에 빠지게 된다.

[원주19] 같은 책, ii.6.
[원주20] 『프라보다찬드로다야』(*Prabodhacandrodaya*), ii.
[원주21] 『베단타사라』(*Vedāntasāra*).
[원주22] 『브리하드아란야카 우파니샤드』(*Bṛhadāraṅyaka Upaniṣad*), ii. 4. 12.

자연은 모든 인간적인 가치들에 대하여 철저하게 무감각하며, 그것은 선악에 대하여 개의치 않는다. 태양은 선한 자에게나 악한 자에게 똑같이 빛난다. 만일 자연이 어떤 속성을 지니고 있다면, 그것은 초월적 비도덕성일 것이다. 스스로의 나약함 때문에 대개의 사람들은 신이 있다고 믿으며, 선을 보호하고 악을 보복하는 자—설득과 아첨을 금방 받아들이는—가 있다고 여긴다. 이 모든 것들은 얕은 생각 때문이다. 우리는 세계 어디에서도 초월적인 존재의 간섭을 볼 수 없다. 자연현상을 신이나 악마와 관련짓는 것은 그릇된 해석이다.

이들 유물론자들에게는 자연을 선한 신의 증거인 것처럼 여기는 것, 역사를 신성한 이법(reason)의 현현인 것처럼 해석하는 것, 혹은 인간적인 경험들을 신의 섭리로 설명하는 것은 있을 수 없는 일이었다. 역사를 정의로운 신에 대한 증거로 혹은 세계 내의 사건들을 영혼의 구원을 위한 신의 섭리로 다루는 것은 위선에 지나지 않는다. 자연은 신에 의한 어떤 간섭 없이도 스스로 운행된다. 세계의 다양성은 그 자체의 산물이다. 불이 뜨겁고 물이 찬 것은 그것이 그 본질이기 때문이다. "누가 공작을 그와 같이 아름답게 색칠할 수 있으며, 누가 뻐꾸기를 그와 같이 잘 울게 할 수 있겠는가? 이러한 점에서는 자연 이외의 그 어떤 이유도 있을 수 없다."[원주23] 대담하고도 독단적인 입장에서 철학은 세계에서 그 모든 가치들을 일소해버렸으며,[원주24] 신이나 내세에 대한 믿음을 허위, 남녀 동권주의, 나약, 비겁, 혹은 부정직의 표징으로 평가절하했다.

8) 쾌락주의

이 이론에서는 쾌락과 고통이 삶의 주요 관심사이다. 무제한의 쾌락주의

[원주23] 『사르바싯단타사라상그라하』, ii. 5.

[원주24] 베나르지(Banerjee)에 따르면, 니야야(Nyāya), 바이셰쉬카(Vaiśeṣika) 학파는 비록 오늘날의 옹호자들이 이 학파들에 유신론적인 교의를 가미하고 있다 할지라도, 원래는 무신론적이었다. 쿠마릴라(Kumārila)에 따르면, 무신론적인 경향은 푸르바 미망사(Pūrva-mīmāṃsā) 학파의 추종자들 사이에도 일반적이었다.

는 유물론 학파의 윤리적인 이상이다. 먹고 마시고 즐겨라. 왜냐? 우리의 삶을 마감하는 죽음은 누구에게나 닥치기 마련이니까.

> 삶이 너희의 것일 때, 즐기며 살자.
> 빈틈없는 죽음의 눈초리를 벗어날 수 있는 자는 아무도 없다
> 그들이 이 육신을 불태워버리기만 하면
> 어떻게 그것이 다시 돌아올 수 있겠는가?[원주25]

덕행은 미혹일 뿐이며 쾌락만이 유일한 실재이다. 현재의 삶이 삶의 끝이며 그 목적이다. 올바르고 고매하며 청정하고 자비로운 모든 것에 대한 불신이 팽배하였다. 유물론은 감각주의와 이기주의, 그리고 야비한 의지에 대한 무분별한 긍정을 대변한다. 격정이나 본능은 인간의 자연적인 유산이므로, 전혀 제어되어야 할 필요가 없다. 우파니샤드가 속된 삶의 포기와 그 엄정함, 그리고 보편적인 자비와 사랑의 증진을 규정하고 있음에 비하여, 유물론자들은 무절제한 에너지, 자기주장, 그리고 모든 권위에 대한 무분별한 무시를 나타내는 이론을 주장하였다. 모든 사람은 동일한 요소로 만들어졌기 때문에, 어떤 한 사람이 지배하고 다른 사람이 복종한다는 것은 불공평한 것이다. 도덕법이란 사람들의 인습이다. 우리가 단식이나 고행과 같은 부정적인 방법을 택할 때, 삶의 본질적인 목표인 쾌락을 잊어버린다. "감각적인 즐거움을 탐닉하기 위하여 산 생명을 죽일 것인가 말 것인가, 또는 다른 사람에게 속한 것을 빼앗는 것이 합법적인가 아닌가를 묻는 사람들은 삶의 주요 목표에 합당하게 행동하는 것이 아니다."[원주26]

쾌락이란 고통을 동반하는 법이라는 불교의 이론에 대하여 유물론자들은 대답한다. "그들은 인생의 즐거움이 고통을 동반하기 때문에 그것을 내던져버려야 한다고 생각한다. 그러나 어느 분별력 있는 사람이 찧으면 훌

[원주25] 『사르바다르샤나상그라하』. p.2.
[원주26] 『프라보다찬드로다야』. ii.

54

룽한 쌀이 되는 벼를 단지 그것이 껍질에 싸여 있다는 이유로 버리겠는가?"[원주27] "당신은 감각적인 쾌락이란 언제나 모종의 고통과 섞여 있기 때문에 그것이 인간의 목적이 아니라고 말할 수는 없을 것이다. 가능한 한 순수한 쾌락은 추구하고 여기에 불가피하게 동반되는 고통은 그대로 내버려 두는 것도 현명한 방법 중의 하나일 것이다. 그러므로 우리의 본성이 본능적으로 알맞은 것으로 받아들이는 쾌락을 고통에 대한 두려움 때문에 거부하는 것은 옳지 않다."[원주28]

9) 베다의 권위에 대한 부정

베다에 대한 권위가 가장 혹독한 표현으로 비난된다. 베다 문헌들은 세 가지 오류, 즉 거짓, 자기모순, 그리고 동어 반복으로 점철되어 있다.

천계도 없고, 궁극적인 구원도 있을 수 없으며, 또 다른 세계에서의 어떤 영혼도 없으며, 사성(四姓)계급에 따른 행위나 의무의 실천 등이 어떤 참된 결과를 낳는 것도 아니다.

아그니호트라(Agnihotra, 祭火), 세 베다, 고행자의 세 가지 맹세, 자기 몸에 재를 칠하는 것,

이러한 것은 지혜와 인간성이 결여된 사람들의 삶으로서 자연에 의하여 만들어졌다.

지요티슈토마(Jyotiṣṭoma, 소마祭)에서 목이 잘리는 짐승이 천국으로 가게 된다면

왜 희생제의를 드리는 자는 자기 아버지를 잡아 바치지 않는가?

만일 슈랏다(Śrāddha, 제사)가 죽은 자들에게 만족이 생겨날 수 있도록 만든다면,

저승길 떠나는 나그네들의 경우에, 그들이 도중에 먹을 양식을 굳이

[원주27] 앞의 책, 같은 곳.
[원주28] 『사르바다르샤나상그라하』, p.4.

챙겨줄 필요가 없을 것이다.

만일 천계에 있는 자들이 여기서 우리가 주는 슈랏다에 의하여 만족한다면,

왜 그들은 지붕 꼭대기에 서 있는 사람들에게 음식을 내려주지 않는가?

생명이 붙어 있는 동안에 사람이 즐겁게 살도록 배려하고, 설사 빚을 지고 있다 할지라도 그가 기(ghee)를 먹을 수 있게 하라.

일단 육신이 재가 되면, 어떻게 그것이 다시 돌아올 수 있겠는가?

만일 육신을 떠난 영혼이 다른 세계로 간다면,

가족에 대한 사랑이 간절한 나머지 다시 돌아오지 않는 것은 무슨 까닭인가?

이 세상에서 브라흐민들이 규정한, 죽은 자를 위한 이 모든 예식들은 단지 생계의 수단에 불과한 것이기 때문에, 다른 어떤 세계에서 그 결과가 생겨날 리 만무하며

세 베다의 저자들은 익살광대, 무뢰한, 그리고 악마들이다.

판디트(pandit), 자르파리(jarphari), 투르파리(turpari) 등의 유명한 모든 신조들, 그리고 아슈바메다(aśvamedha)에서 명해지는 여왕을 위한 음란한 제의들,

이 모든 것들은 익살광대들에 의하여 고안된 것이며, 사제에게 주어지는 온갖 선물들도 이와 같다.

한편, 수육을 먹는 것은 밤에 배회하는 악마들에 의해서도 마찬가지로 명해졌다.(『사르바다르샤나상그라하』, ⅰ)

분명히 이 설명은 차르바카의 입장을 풍자적으로 전하고 있는 일면이 있다. 그러나 수세기 동안 진지하게 설해진 하나의 철학이 여기서 말하는 것과 같이 조잡한 것일 리는 없을 것이다.[원주29]

[원주29] Rhys Davids, *Dialogues of Buddha*, ⅰ. pp.166~172를 참조.

4. 유물론에 대한 일반적인 평가

1) 인도사상사에서 유물론의 의의와 영향

유물론은 관습과 주술의 고대종교에 대한 부정과 상당한 관련을 지닌다. 만일 수세기 동안의 무관심과 미신이 차르바카의 가르침과 같은 폭발적인 힘에 의하여 각성되지 않았다면, 전통적으로 받아들여지고 사람들의 습성 속에 뿌리 깊은 기존의 제도를 개선하려는 자유로운 노력은 쓸데없는 것으로 남고 말았을 것이다. 유물론은 개인의 정신적인 독립에 대한 선언이며 권위의 원리에 대한 부정을 의미한다. 이성의 판단에 부합되지 않는 것은 개인에 의하여 받아들여질 필요가 전혀 없다. 그것은 인간 본래의 정신으로 복귀하는 것이며, 단지 외적이고 비본질적인 모든 것에 대한 거부이다. 차르바카 철학은 그 시대를 억누르고 있었던 과거의 무게를 제거하려는 열의에 찬 노력이다. 독단의 제거는 위대한 사색의 건설적인 노력의 여지를 마련하기 위하여 필연적인 것이었다.[원주30]

2) 유물론에 대한 후대의 비판

후대 인도사상에서 유물론은 자연히 혹독하고 경멸적인 대우를 받게 되었다. 선재하는 주관없이는 그 어떤 객관도 있을 수 없기 때문에 객관으로부터 주관이 도출되는 것은 불가능하다는 고전적인 비판이 반복되었다. 의식은 자연력의 소산일 수 없다. 육신과 별개로 어떤 자아도 있을 수 없다는 이론은 다음과 같은 근거에서 비판된다.

첫째, 우리가 육신과 분리된 의식을 인식할 수 없다는 사실이 곧 의식은 육신의 산물이라는 것을 의미하지는 않는다. 왜냐하면 육신이란 의식의 실재를 파악함에 있어서 단지 보조물에 불과할 수도 있기 때문이다. 빛에 대한 지각은 빛 없이 불가능하다.

〔원주30〕『아르타샤스트라』(*Arthaśāstra*, 實利論), i.2에서, 유물론은 상키야학파나 요가학파와 함께 분류된다.

둘째, 만일 의식이 육신의 한 속성이라면, 육신에 대한 의식은 결코 있을 수 없을 것이다. 왜냐하면 의식은 의식적인 것의 속성이 아니라 의식적인 것이기 때문이다. 다시 말하여, 주관은 객관 혹은 그 속성으로 전환될 수 없다.

셋째, 만일 의식이 육신의 속성이라면, 그것은 몸의 주인 이외의 다른 사람들에 의해서도 지각될 수 있어야 할 것이다. 왜냐하면 우리는 물질적인 것의 속성들이란 다른 사람들에 의해서 지각될 수 있다는 것을 알기 때문이다. 그러나 어떤 한 사람의 의식은 그 자신의 개별적인 속성이며, 그 자신에 의하여 지각되는 것과 마찬가지로 다른 사람들에 의하여 알려지는 것은 불가능하다.

넷째, 인위적인 육신조차도 그것을 통제하는 어떤 사람을 암시한다. 의식은 그 통제자에게 귀속된다. 유물론자의 입장은 자기 파괴적이라는 것이 판명된다. 만일 인간이 단순한 자연의 산물이라면, 어떻게 그가 도덕적인 이상들을 형성할 수 있었는가를 설명할 수 없게 된다.

감각적인 지각이 유일한 지식의 수단이라는 이론은 여러 사상 학파들에 의하여 비판된다. 『상키야탓트바카우무디』(*Sāṃkhyatattvakaumudī*)에서 한 예를 살펴보자. "유물론자들이 감각적인 지각만이 지식의 수단이라고 단정할 때, 어떤 사람이 무지하다는 것, 의혹을 품고 있다는 것, 혹은 그릇된 생각을 하고 있다는 것을 어떻게 알 수 있겠는가? 왜냐하면 무지, 의혹, 그릇된 생각은 능히 감각적인 지각에 의해서 다른 사람들에게 알려질 수 없기 때문이다. 그러므로 유물론자에 의해서도 다른 사람의 무지 등은 반드시 그의 언행으로부터 추론해야 하며, 따라서 추론은 지식의 수단으로 인정될 수밖에 없다." 허무주의와 회의주의는 지식에 대한 감각적 지각의 이론을 고집하는 데서 오는 결과이다. 보이지 않는 세계를 움직이는 관념들은 이 이론에 있어서는 실재가 아니다. 왜냐하면 그것은 결코 감각에 의해서는 파악될 수 없기 때문이다.

표면상으로 보이는 이와 같은 수많은 결점에도 불구하고, 이 학파는 당시 사람들의 신념체계에 지대한 영향을 미쳤으며 과거에 대한 환상에서 깨어나게 했다. 그것은 철학의 주요 문제들에 대하여 신학의 가정과 권위의 명령에서 자유로운 판단을 적용하였다. 사람들이 가설과 종교적인 미신에서 자유로운 사색을 하기 시작할 때, 그들은 쉽게 유물론적 신념으로 기울게 된다. 물론 보다 깊은 사색은 그들을 이로부터 벗어나게 만든다. 유물론은 우리의 독자적인 이성이 철학의 문제들을 대면함에 있어서 얼마만큼 우리에게 도움이 될 수 있는가 하는 물음에 대한 첫 대답이다.

제6장

자이나교의 다원론적 실재론

1. 자이나교

깨달은 자 붓다의 추종자들을 불교도라고 하는 것과 마찬가지로, 지나(Jina, 勝者)의 추종자들을 자이나교도라고 일컫는다. 지나는 자이나교의 마지막 예언자 바르다마나(Vardhamāna)에게 주어진 경칭이다. 그것은 또한 자기의 저급한 속성을 정복하고 궁극자를 실현한 선남 선녀들에게도 적용할 수 있다. 자이나교라는 명칭은 이 철학체계가 지니는 강한 윤리적 성격을 시사한다.

2. 바르다마나

1) 바르다마나의 생애

붓다와 동시대에 살았으나 그보다 연장자였던 것으로 전해지는 바르다마나는 마가다(Magadha), 즉 오늘날 베하르(Behar) 지방 크샤트리야 족장의 둘째 아들이었다. 전통에 의하면 그는 기원전 599년에 태어나서 기원전 527년에 죽었다.[역주1] "바르다마나는 그의 아버지 카쉬야파(Kāśyapa)를 경애했다. 그는 양친이 타계하기 전까지 그들과 함께 살았던 것으로 보이며, 그의 형 난디바르다나(Nandivardhana)가 아버지의 지위를 계승하였다. 28세 되던 해에 출가하게 되는데, 이것은 서구의 교회처럼 젊은이들에게 야망을 불어넣어주기 위한 인도 전통에 따른 것이었다. 그는 심지어 라다(Rādha)라 불리는 야만족을 방문하면서까지 12년 동안 고된 수행의 삶을 지속하였다. 첫해의 수행을 마친 후 그는 나체로 유행(遊行)하였다. 12년 간 자기 극기의 준비기간이 끝나면서 바르다마나의 깨달음이 완성된다. 이로부터 그는 전지자, 자이나교의 조사(祖師), 즉 티르탕카라(Tīrthaṅkara)[역주2]로 인정되었으며, 지나(Jina, 정신적 승리자), 마하비라(Mahāvīra, 대영웅) 등의 칭호를 얻었다. 이러한 호칭은 또한 샤키야무니(Śākyamuni)에게도 주어졌다.

그의 일생 가운데 마지막 30년 동안, 그는 고행 집단을 조직하여 자기의

[역주1] 붓다의 경우와 마찬가지로, 바르다마나의 출생이나 입멸 연대에 대해서는 여러 가지 설이 있다. 라다크리슈난은 그의 출생을 기원전 599년으로 보지만, 히리야나(M. Hiriyanna, *Essentials of Indian Philosophy*, p.60)와 바샴(A.L. Basham, *The Wonder That was India*, p.290)은 그의 출생 연대를 기원전 540년경이라고 본다. 심지어는 자이나교의 두 교파 간에도 그의 생애에 대한 일치된 견해가 없다. 그의 입멸 연대에 대하여 백의파에서는 기원전 527년으로, 그리고 공의파에서는 이보다 18년 이후인 기원전 509년으로 잡는다. 한편 다스굽타(S. Das Gupta, *History of Indian Philosophy*, vol I, p.173)는 그의 입멸을 기원전 480년경으로 본다.
[역주2] 이 말은 '걸어 건널 수 있는 얕은 여울을 만든 자, 혹은 그 여울을 가로지른 자'라는 의미를 지닌다. 즉 사람들이 윤회의 강을 건널 수 있게 하는 뱃사공과 같은 성자라는 뜻이다.

종교 철학을 가르치면서 보냈는데, 이 집단은 주로 그의 어머니를 통하여 관련되었던 제후와 왕자들에 의하여 비호되었다.”[원주1] 바르다마나는 자기를 이 세상에 나타나기 이전에 있었던 23명의 티르탕카라들——이들의 역사는 다소간 전설적이다——의 교의를 설하는 자라고 말했다. 그는 새로운 종교를 연 개조(開祖)라기보다는, 기원전 776년에 죽었다고 전해지는 파르슈바나타(Pārśvanātha)의 가르침을 개혁한 성자라고 할 수 있다.[역주3] 자이나교 전통은 교단의 기원을 바르다마나보다 수세기 전에 살았던 리샤바(Ṛsabha)에게 돌린다. 기원전 1세기 이전에 이미 첫번째 티르탕카라인 리샤바데바(Ṛsabhadeva)를 숭배하는 사람들이 있었다는 것을 보여주는 증거가 있다. 바르다마나 혹은 파르슈바나타 이전에도 자이나교가 성행하였다는 것은 의심할 나위 없다. 『야주르 베다』(Yajurveda)는 세 명의 티르탕카라, 즉 리샤바, 아지타나타(Ajitanātha), 아리슈타네미(Ariṣṭanemi)의 이름을 언급한다. 『바가바타 푸라나』(Bhāgavata Purāṇa)는 리샤바가 자이나교의 개조였다는 견해를 시인하고 있다. 어디까지가 진실이든 간에 자이나교도들은 그들의 교학이 이전에 일련의 위대한 스승들에 의하여 끊임없이 전해져내려왔다는 것을 믿는다.

2) 공의파와 백의파의 분열

바르다마나의 추종자들은 주로 크샤트리야 귀족계급으로 구성되었으며, 이들은 남녀 모두 재가자와 출가자의 공동체로 조직되었다. 바르다마나의 영향하에 두 가지 각기 다른 신조를 따르던 사람들이 교단을 결성하였다는 것은 신빙성이 있다. 이들 가운데 한 부류는 그를 동의하여 모든 의복의 포기를 포함한 완전한 무소유를 실천하는 사람들이었으며, 다른 한 부류는 이러한 극단적인 무소유를 금하고 의복을 필수적인 것으로 간주하는 파르슈바

[원주1] Jacobi, 서론, p.xv, The Sacred Books of the East, vol.xxii. 또한 pp.217ff 를 참조.

[역주3] 일반적으로 자이나교의 24명 조사(祖師) 가운데 파르슈바나타와 바르다마나 두 사람만 역사적인 인물로 간주된다.

62

나타의 집단이었다. 아마 『웃타라디야야나』(*Uttarādhyayana*)[원주2]에 언급된 케쉬(Keśi)와 가우타마(Gautama) 두 교단의 연합에 대한 설명은 이 사실에 대한 언급일 것이다. 착의(着衣)에 대한 문제는 기원후 79년 혹은 82년에 자이나교가 백의파(Śvetāmbara, 白衣派)와 공의파(Digambara, 空衣派)로 크게 분열되는 요인이 되었다.

이 두 종파들은 철학적 관점에 의해서라기보다는 윤리적인 교설에 의해서 구별된다. 공의파에 따르면 케발린(Kevalin), 즉 완전한 성자는 아무런 음식도 먹지 않고 살며, 의복과 같은 어떤 소유를 지닌 수행자는 니르바나(nirvāṇa, 열반)에 이를 수 없다. 또한 여인은 어떤 경우에도 해탈을 얻을 수 없다. 그들은 티르탕카라를 나형(裸形)에 아무런 장식도 하지 않고 눈을 내리뜬 모습으로 표현한다. 그리고 그들은 바르다마나가 미혼이었다고 생각한다. 또한 백의파의 경전들을 부정하고 아무것도 소유하지 않았다.

3. 경전

여느 때처럼 믿음은 사람들의 마음속에 간직되었다. 경전에 대한 지식이 점차 희미해져가고 있었으며, 기원전 4세기에 이르러서는 정경(正經)을 확정해야 할 필요가 강하게 일어났다.[역주4] 이러한 목적으로 기원전 4세기 말경에 파탈리푸트라(Pāṭaliputra)에서 집회가 열렸다. 물론 정경의 최종 형태가 결정된 것은 이로부터 약 800년 후인 454년경 데바릇디(Devarddhi)가 주재한 발라비(Valabhī) 집회에서이다. 84가지 문헌들이 정경에 속하는 것으로 인정되었다. 이들은 41종의 수트라(Sūtra, 經), 다수의 미분류

[원주2] Lecture ⅹⅹⅲ.

[역주4] 전통에 의하면, 자이나교의 진리는 마하비라 시대에까지 구전되었으며, 바드라바후(Bhadrabāhu)가 그것을 완전하게 아는 마지막 인물이었다. 그가 죽은 후 스툴라바드라(Sthūlabhadra)가 경전 결집을 위한 회의를 소집했다(A.L. Basham, 앞의 책, p.291). 바드라바후는 마하비라 입멸 후 제8대 교단을 이끌었던 지도자이다.

문헌(Prakīrṇaka), 12종의 주석(Niryukti),[원주3] 그리고 한 개의 대주석 (Mahābhāṣya)으로 이루어져 있다. 41종의 수트라는 11종의 앙가(Aṅga), 12종의 우파 앙가(Upāṅga), 5종의 체다(Cheda), 5종의 물라(Mūla) 그리고 바드라바후(Bhadrabāhu)의 칼파수트라(Kalpasūtra)[원주4]와 같은 8종의 논문을 포함한다.

이 문헌들은 아르다 마가디(Ardha-Māgadhi)[역주5]로 씌어져 있으나, 서력기원 이후에는 범어가 자이나교의 주요 언어로 자리잡는다. 공의파에 따르면, 구전되어온 신성한 전통이 글로 기록된 것은 57년의 일이며, 이때 유일하게 근거가 된 것은 사람들이 기억하고 있었던 바르다마나와 해탈자들의 말이었다. 7탓트와(tattva, 진리), 9파다르타(padartha, 범주), 6드라비야(dravya, 실체), 그리고 5아스티카야(astikaya, 延長的 實在)[원주5]와 관련하여 경전들이 형성되었다.[원주6]

〔원주3〕 때로는 자이나교가 다수의 주석서뿐만 아니라 10종의 『니룩타』(*Nirukta*)를 지닌다고 말해지기도 한다.

〔원주4〕 Jacobi 역, Sacred Books of the East, vol. xxii.

〔역주5〕 반(半)마가디(Māgadhi)어를 말하는 것으로, 마가다(Magadha) 지방 언어의 변종이다. 아르샤(Ārṣa)라고도 한다. 이 언어는 주로 자이나교의 고대 경전 언어이며, 후대의 주석이나 평신도들의 일상적인 작품에서는 대개 마하라슈트리(Mahārāṣtrī)어가 사용된다. M. Winternitz, *A History of Indian Literature*, vol. i , p.41을 보라.

〔원주5〕 Jaini, *Outlines of Jainism*, appendix v.

〔원주6〕 슈웨탐바라의 외전(外典) 가운데 아래의 문헌들은 철학적인 성향을 보인다. ① Umāsvāti 의 *Tattvārthādhigama Sūtra*(3세기 이후). 이 경전은 10장으로 이루어져 있으며, 많은 저자들에 의하여 주석된 바 있는 매우 대중적인 문헌이다. ② Siddhasena Divākara의 *Nyāyāvatāra*(5세기). ③ Haribhadra의 *Ṣaḍdarśanasamuccaya*(9세기). ④ Merutuṅga (14세기)의 *Ṣaḍdarśanavicāra*. 저자 불명의 *Navatattva*도 이 시대에 속한다. 디감바라의 주요 철학서는 다음과 같다. ① Kundakundācārya의 *Pañcāstikāyasāra*(기원전 50년?). Kundakundācārya는 *Tirukkural*의 저자 Elacārya이며, Tiruvaḷḷuvar는 단지 그 출판 업자였다고 전해진다. ② Vidyānanda의 *Jainaślokavārtika*(8세기). ③ Guṇabhadra의 *Ātmānuśāsana*(9세기). ④ Amitacandra의 *Tattvārthasāra*. ⑤ *Puruṣārthasiddhyupāya* (9세기). ⑥ Dravya, 즉 실체에 대하여 다루고 있는 Nemicandra의 *Dravyasaṃgraha* (10세기). ⑦ *Gommaṭasāra*. 이 문헌은 다섯 가지 주제—bandha(속박), badhyamāna (속박이란 무엇인가), bandhasvāmin(속박하는 것), bandhahetu(속박의 원인), bandhabheda(속박을 깨치는 방법)—를 논의한다. ⑧ labdhi, 즉 성취를 다루고 있는

4. 다른 철학파와의 관계

1) 불교와의 관계

불교와 자이나교는 의식적인 첫 원인자의 존재를 부정하고, 신격화된 성자들을 섬기며, 출가 수행자 집단을 지니며, 어떤 명분으로든 산 생명을 죽이는 것을 죄악시한다. 이들 두 종교의 개조들은 자기를 완성한 자이다. 또한 이들은 베다의 권위에 대하여 냉담하다. 붓다와 바르다마나의 삶이나 가르침에서 보이는 깊은 유사성 때문에, 때로는 불교와 자이나교의 두 교단이 하나라고, 또는 자이나교는 단지 불교의 분파에 불과하다고 주장되기도 한다. 바르트(Barth)는 말한다.

바르다마나, 혹은 흔히 알려진 이름으로 대영웅 마하비라의 전설은 가우타마 붓다에 대한 전설과 상당 부분 맞닿는 점이 있기 때문에, 직감적으로 우리는 그 두 전설의 주체가 동일인이라는 결론에 도달하게 된다. 둘 다 왕족이며 그들의 친척과 제자들 중에는 동일한 이름이 중복되어 나타난다. 그들은 동시대에 동일한 지역에서 태어나고 죽었다. 일반적으로 인정된 자료에 따르면, 지나(Jina)의 니르바나는 기원전 526년에 일어났고, 붓다는 기원전 543년에 니르바나에 들었다. 만일 우리가 이 연대들이 지니는 불확실성을 참작한다면, 그 두 연대가 동일한 것으로 간주될 수도 있을 것이다.

아주 유사한 사건들이 이 두 전통에서 동시적으로 발생한다. 불교도들과 같이 자이나교도들은 마우리야(Maurya) 왕조에 의하여 비호되었음

Labdhisāra. ⑨ kaṣāya(격정)가 제거될 수 있는 수단과 방법을 논하고 있는 *Kṣapaṇasāra*. ⑩ 三界에 대한 묘사를 담고 있는 *Trilokasāra*. ⑪ Sakalakīrti의 *Tattvārthasāradīpikā*(1464년). Malliṣeṇa의 *Syādvādamañjari*(13세기)와 Devasūri의 *Pramāṇanayatattvālokālaṁkāra*(11세기)는 비교적 중요한 다른 저작들이다. 이들 가운데 다수의 문헌들이 영어로 번역되어 The Sacred Books of Jains 叢書로 출판되었다.

을 주장한다. 전자에 있어서 성지는 거의 언제나 후자의 경우에도 성지
로 받아들여지고 있으며, 베하르(Behar), 구제라트(Guzerat) 반도,
라자스탄에 있는 아부(Abu) 산이나 그외의 여러 곳에 있는 이들의 성지
는 서로 인접해 있다. 만일 우리가 교의, 조직, 종교적 의무와 전통들에
서 보이는 이러한 일치점들을 종합해본다면, 두 종교 중의 하나가 다른
하나의 한 종파이거나 그것의 모방이라는 추측이 가능해진다.

　뿐만 아니라 우리가 붓다의 전기와 바라문 전통들 간의 복합적인 관계
——마하비라의 전기에는 없는——를 생각할 때, 또한 불교 교단을 옹호
하는 아쇼카 왕의 칙령이 새겨지고, 이때, 즉 기원전 3세기부터 불교가
이미 문헌을 소유하였음에 비하여, 자이나교에 관한 명백한 성격의 가장
오래된 증거는 기원후 5세기 이전으로 거슬러 올라갈 수 없다는 점을 고
려할 때, 또한 불교의 중심 종교 언어, 즉 팔리(Pāli)어는 이 칙령들과
거의 마찬가지로 고대의 것임에 비하여, 자이나교의 아르다 마가디어는
명백히 보다 후대의 프라크리트(Prakrit) 방언이라는 것을 염두에 둘
때, 그리고 이 모든 사실에 자이나교의 교의 자체에서 보이는 보다 성숙
된 체계화, 색다른 경향, 항상 그 자체의 고대성을 증명하기 위하여 고심
하는 것과 같은 내적 특성을 감안한다면, 두 학파 중에서 불교가 더 본래
적인 것이라는 사실을 받아들임에 있어서 조금도 망설일 필요가 없을 것
이다.[원주7]

　한편, 콜브룩(Colebrooke)은 자이나교가 모든 것에 영혼이 있다는 물
활론적인 믿음을 받아들이고 있기 때문에, 불교보다 더 오래된 것이라고
주장한다.[원주8] 이 두 견해는 모두 불교와 자이나교가 서로 다른 두 가지
믿음체계라는 인도 전통에 상반된다. 힌두교 경전들은 이 두 종교를 결코 혼
동하는 법이 없으며, 이러한 사실은 궤리노(Guérinot), 야코비(Jacobi),

[원주7] Barth, *The Religions of India*, pp.148~150.
[원주8] Colebrooke, *Miscellaneous Essays*, ii. p.276.

뷔러(Bühler) 등의 연구에서도 분명해진다. 오늘날에는 바르다마나가 가우타마 붓다와는 다른 역사적인 인물이며, 자이나교는 불교와 완전히 다른 철학체계라는 것이 결론적으로 받아들여지고 있다. 궤리노는 출생, 어머니의 죽음, 이욕행, 깨달음, 그리고 죽음이라는 다섯 가지 점에서 바르다마나와 가우타마 붓다 간에 중요한 차이점이 있다는 것을 강조하였다.

바르다마나는 기원전 599년경에 바이샬리(Vaiśālī)에서 태어났으며, 이에 비하여 가우타마는 기원전 567년경에 카필라바스투(Kapilavastu)에서 태어났다. 바르다마나의 양친은 장수하였으나, 가우타마의 어머니는 그를 낳자마자 죽었다. 바르다마나는 그의 친척들의 동의로 출가하였으나, 가우타마의 출가는 아버지의 뜻을 거스른 것이었다. 바르다마나는 깨달음을 위하여 12년 동안 고행을 하였으나, 가우타마는 6년 동안의 고행 끝에 깨달음을 얻었다. 바르다마나는 기원전 527년에 파와(Pawa)에서 죽었고, 가우타마는 기원전 488년경에 쿠시나가르(Kusinagar)에서 죽었다.

야코비는 불교에 대한 자이나교의 선재와 독자성을 여러 각도에서 입증하려고 시도한다. 이를 간단하게 살펴보기로 하자.[원주9] 불교 경전에 나오는 속박에서 자유로운 자(Nigganṭha)들은 바르다마나의 추종자들이며, 적어도 기원전 4세기 이전에 있었다. 팔리 불전에 나오는 나타풋타(Nātaputta)는 바르다마나를 가리킨다. 정경으로 인정받는 불전에서 나타나는 바와 같이, 니간타들의 교의에 대한 언급은 니간타들이 곧 자이나교도들이라는 것을 분명하게 한다. "니간타 나타풋타는…… 모든 것을 알고 이해하며, 완전한 지혜와 믿음을 선언하며, 고행에 의한 지난 카르마의 지멸과 이욕행에 의한 새로운 카르마의 방지를 가르친다. 카르마가 멎을 때, 불행이 사라진다."[원주10]

[원주9] The Sacred Books of the East, vols. xxii, xlv의 서론을 참조.

[원주10] The Sacred Books of the East, vol. xxii, pp. xv ff. 『디가 니카야』(Dīghanikāya)의 「브라흐마잘라숫타」(Brahmajālasutta, 梵綱經)에 대한 붓다고샤(Buddhaghoṣa)의 주석은 생명을 지닌 물에 대한 견해를 피력하고 있으며, 「사만냐팔라숫타」(Sāmaññaphalasutta)는 어쩌면 파르슈와나타(Pārśvanātha)의 네 서원에 대하여

아쇼카(Aśoka) 왕의 포고령들은 자이나교 종파에 대해 언급한다.[원주11] 여러 불전들에서는 자이나교를 불교의 적수로 간주한다. 내적인 논리체계도 양자의 독자성을 분명하게 한다. 영혼과 지식에 관한 자이나교의 이론은 자이나교만의 독특한 것이며 불교의 입장과는 사뭇 다르기 때문에, 한 입장을 다른 한 입장의 차용으로 간주하기 어렵다. 업과 윤회의 문제에서 보이는 이들 두 종교 간의 유사성은 큰 의미가 없다. 왜냐하면 이것은 모든 인도 철학파들의 공통된 모습이기 때문이다. 이런 이유로 우리는 자이나교를 불교 이전의 종교사상으로 간주한다. 푸생(M. Poussin)은 자이나교도들이 "샤키야무니(Śākyamuni)보다 몇 년 앞서서 일어났거나 재조직된 엄격한 탁발수행자 집단"[원주12]이라는 견해를 보인다.

2) 상키야 및 우파니샤드 철학과의 관계

콜브룩에 의하면, 자이나교와 상키야(Sāṃkhya) 철학은 몇 가지 공통점을 지닌다. 이 두 학파는 공히 물질의 영원성과 세계의 영속을 믿는다. 전자의 이원론은 후자의 것과 다르지 않다. 단지 상키야학파가 물질 세계와 생물계의 전개를 푸루샤와 프라크리티의 두 원리들로부터 끌어내고 있음에 비하여, 자이나교는 이 모든 것의 근원을 원물질(原物質)에서 구한다는 차이가 있을 뿐이다.[원주13] 그러나 유사성은 단지 피상적인 것일 뿐이다. 영혼의 능동성에 대한 자이나교의 개념은, 영혼을 부동의 관조자로 보는 상키야의 입장보다는, 오히려 니야야 바이셰쉬카(Nyāya-Vaiśeṣika) 학파와 공통점을 지닌다. 또한 인과론과 같은 중심교의에서도 이들 두 학파 간에 어떤 현저한 공통점이 발견되지 않는다.

언급하고 있는 것 같다. 『맛지마 니카야』(*Majjima Nikāya*, 56)와 『마하박가』(*Mahā-vagga*, vi. 31)에서 우리는 바르다마나의 속가 제자들에 대한 붓다의 교화에 관한 설명을 볼 수 있다.

[원주11] Vincent Smith, *Aśoka*, pp.192~193을 참조.

[원주12] *The Way to Nirvāṇa*, p.67.

[원주13] 『탓트와르타디가마 수트라』(*Tattvārthādhigama Sūtra*), iii. 6에 대한 주석.

자이나교를 교묘하고 파렴치한 브라흐민 계급——다른 모든 사람들이 인생의 네번째 과정인 산야신(sannyāsin, 遊行者)이 되는 권리를 인정하지 않으며 제의식에 대한 독점적인 통제를 주장하는——에 대한 비판적이고 공평무사한 크샤트리야 계급의 반항으로 해석하려는 시도가 자이나교 학자들에 의하여 종종 시도되었다. 이러한 이론은 우리가 브라흐민 계급이 산야신 과정에 대해서 그와 같은 주장을 하지 않았다는 것을 안다면, 전혀 근거없는 것이 되고 만다. 왜냐하면 상위의 모든 계급들에게는 아슈라마(āśrama)의 네 과정이 허용되었기 때문이다.[역주6] 만일 브라흐민 계급의 배타성이 반발의 원인이라면, 그것은 이 점에 있어서 브라흐민 계급과 마찬가지로 선하거나 악했던 크샤트리야 계급에 의해서가 아니라 다른 계급에 의해서 주도되었어야 할 것이다.

우리에게는 대중들의 고통이 자이나교를 일어나게 했다고 믿을 아무런 이유도 없다. 그것은 서사시 시대 초기에 널리 유포되었던 사상의 일반적인 동요에 대한 표현이었으며, 우리가 그 기원을 설명함에 있어서 반(反)브라흐민적인 어떤 편견을 애써 고안해낼 필요는 없다. 다양한 인생관과 여러 사람들이 설한 교의가 서로 접촉할 때, 감정과 신념에 있어서의 색다른 발전을 야기하면서 사상 간의 상호침투가 있기 마련이며, 자이나교는 이러한 정신적인 불안의 한 발현이다.

우파니샤드에 설해진 재생의 교의는 세계의 모든 만물이 영혼을 지니고 있다는 개념으로 이끈다. 때로는 이것이 아주 극단적인 형태로 나타나기도 한다. 자연히 자이나교도들은 불, 바람, 초목과 같은 물질적인 모든 것들도 그 안에 영혼을 지니고 있다고 믿었다. 이런 관점에서는 지난 시대 사람들의 소박한 즐거움이 더 이상 지속될 수 없었다. 말하자면 변혁의 기운이 무르익어가고 있던 시대였다. 동물과 곤충, 초목과 나뭇잎 등 모든 존재가 영혼을 가지고 있다는 믿음이 재생의 관념과 결합될 때, 그것은 어떤 식으로든 살생에 대한 두려움을 불러일으켰다. 바르다마나는 유희로든 고행으로

[역주6] 아슈라마의 네 과정에 대해서는 『인도철학사 I』, p.189~190을 보라.

든 우리가 살생을 금해야 한다고 주장했다. 이러한 입장을 강화하기 위하여 자이나교는 신을 부정하였는데, 이것은 신에게 드리는 희생제의를 금하고자 하는 것이었다. 신은 삶의 고통과 슬픔을 책임질 수 없다. 자이나교는 내적인 금욕과 외적인 고행을 통하여 삶의 고통에서 벗어나는 길을 보여주고자 하였다. 우리가 완전해질 때, 우리는 무(無)의 니르바나로 떨어지는 것이 아니라 아무런 속성이나 관계를 지니지 않는 상태, 재생의 가능성이 완전히 배제된 상태로 들어간다.

자이나교 사상은 베다의 권위를 받아들이지 않으므로 비정통(avaidika)으로 간주된다. 따라서 자이나교가 자체의 사상체계를 지나(Jina)에 의한 단순한 계시로 간주하는 것은 있을 수 없다. 세계에 대한 자이나교의 사상체계는 논리와 경험에 근거한 것이라고 주장된다. 자이나교도들은 그들의 형이상학에서 베다의 실재론을 수용한다. 물론 그들은 우파니샤드의 정신에서 그것을 체계화하지는 않는다. 프라크리티는 분석되어 원자적인 구조가 주어진다. 푸루샤는 수동적인 관조자이기를 그만두고 능동적인 행위자로 된다. 자이나교 철학의 핵심적인 내용은 존재에 대한 실재론적인 분류, 부정주의(不定主義, syādvāda)와 술어의 일곱 가지 양태에 대한 이론(saptabhangi)으로 유명한 지식론, 그리고 고행지향적인 윤리학이다. 여타의 인도사상에서와 마찬가지로, 여기서도 실천적인 윤리가 철학적인 사색과 결합되어 있다. 짐작하건대 실재론적인 형이상학과 고행지향적인 윤리는 바르다마나 이전의 스승들에 의하여 그에게 전해졌을 것이다. 그러나 지식론은 그에게 귀속되어야 할 것이며, 이것은 철학사를 연구하는 현대 학자들에게 흥미있는 주제 가운데 하나이다.

5. 지식론

1) 5종의 지식
자이나교는 5종의 지식을 받아들인다. 감관지(感官知, mati), 성전지(聖

典知, śruti), 직관지(直觀知, avadhi), 타심지(他心知, manaḥparyāya), 그리고 완전지(完全知, kevala).[원주14]

첫째, 감관지는 일상적인 감관에 의해 얻어지는 인식이다. 그것은 기억 (smṛti)과 인식(saṃjñā, 혹은 pratyabhijñā), 관찰에 의한 귀납(curita, 혹은 tarka),[원주15] 연역적 추론(abhinibodha, 혹은 anumāna)을 포함 한다.[원주16] 감관지는 때로는 지각(upalabdhi), 회상(bhāvana), 이해 (upayoga)[역주7]로 구분된다.[원주17] 그것은 감관(indriya)과 마음에 의한 지식이다. 마음은 감관과 구별하기 위하여 비감관(非感官, anindriya)이 라고 불린다. 우리에게 감관지가 일어나기 이전에 우리는 언제나 감각적 표상을 지닌다.

둘째, 성전지(śrutijñāna)는 부호, 상징, 그리고 말을 통하여 도출되는 지식이다. 감관지는 우리에게 숙지한다는 의미에서의 지식을 부여함에 비 하여, 이것은 단지 서술적 묘사라는 차원의 지식을 줄 수 있을 뿐이다. 성 전지는 이른바 연상(聯想, labdhi),[역주8] 주의(注意, bhāvanā),[역주9] 이 해, 그리고 사물의 의미에 대한 측면들(naya)[역주10]의 4종을 말한다.[원주18]

〔원주14〕 Umāsvāti, 『탓트와르타 수트라』, i .9. 그리고 『드라비야상그라하』 5.

〔원주15〕 귀납적인 사실들은 '그 반대를 생각할 수 없음'(anupapatti)으로부터 도출된다. 『프라 메야카말라마르탄다』(*Prameyakamalamārtāṇḍa*), p.40, p.50, pp.100~101을 보라.

〔원주16〕 『판차스티카야사마야사라』, 41. 연역법에 대한 자이나교의 입장에 대해서는 이 책의 제 2권 제2장 '니야야(Nyāya)의 논리적 실재론'을 보라.

〔역주7〕 엄격한 의미에서 새로운 인식 대상에 대한 본래의 식별을 말하는 것으로, 통합과 숙고의 과정 이전의 단계를 말한다. 이것은 다시 apprehension(nirākāra-upayoga)과 compre-hension(sākāra-upayoga)으로 나누어진다.

〔원주17〕 『판차스티카야사마야사라』, 42.

〔역주8〕 비교 능력, 혹은 사고력을 의미한다.

〔역주9〕 유사한 현상의 본질을 재고함으로써, 이와 관련된 것으로 알려지는 새로운 현상이 바르게 이해될 수 있도록 하는 단계이다. 바이셰쉬카 학파에 따르면, 그것은 상스카라(saṃskāra) 의 구나(guna, 屬性)의 일종이다. 그것은 어떤 것이 끊임없이 행해지고 기억되며 인식되는 자아의 그러한 속성을 말한다.

〔역주10〕 자이나교에 따르면, 나야(naya)는 다른 관점을 배제하지 않는 어떤 개별적인 견해 혹 은 관점을 일컫는다. 각각의 관점은 하나의 실체에 대한 부분적인 진리이다. 그것은 어떤 특

여기서 나야가 주목되는 것은 경전에 대한 다양한 해석들이 쟁점으로 떠오르기 때문이다.

셋째, 직관지는 시공간적인 격리에도 불구하고 일어나는 사물에 대한 직접적인 지식이다. 그것은 투시에 의한 지식이다.

넷째, 타심지는 텔레파시적인 지식처럼 다른 사람의 생각에 대한 직접적인 지식을 말한다.

다섯째, 완전지는 모든 실체들과 그 변형들에 대한 통전적인 이해를 말한다.[원주19] 그것은 시공간이나 어떤 대상에 제한되지 않는 전지(全知)이다. 완전한 의식에 있어서 전체 실재는 분명하다. 감각에 독립적이며, 묘사될 수 있는 것이 아니라 단지 느낄 수 있을 뿐인 이 지식은 오직 속박에서 벗어난 청정한 영혼에게 가능하다.

앞의 세 가지 지식은 오류를 범하기 쉬운 반면에, 마지막 두 가지 지식에는 결코 오류가 있을 수 없다.[원주20] 지식의 타당성은 우리가 선을 행하고 악을 피하는 실제적인 효능에 놓여 있다. 타당한 지식은 대상을 있는 그대로 나타내는 것이며, 따라서 실제적으로 유용하다.[원주21] 우리가 새끼줄을 뱀으로 오인했을 때, 우리의 오류는 실제로 뱀이 아닌 것에서 뱀을 보는 것에 있다. 그릇된 지식은 모순을 지니는 반면에 타당한 지식은 그렇지 않다. 그것은 (감관지와 성전지에 악영향을 미치는) 의혹(saṃśaya), (직관지에서 발견될지도 모르는) 착오 혹은 허구(viparyaya), 그리고 부주의와 무관심에서 기인되는 그릇된 지식(anadhyavasāya)으로 특징지어진다. 우리는 8종의 지식, 즉 5종의 바른 지식과 3종의 그릇된 지식을 지닌다. 그러나 한순간에는 오직 한 가지 지식만이 가능하다.[원주22]

수한 상황과 관련 속에 있는 사물에 대한 지식이다.
[원주18] 『판차스티카야사마야사라』, 43.
[원주19] Umāsvāti, 『탓트와르타 수트라』, i.29.
[원주20] 같은 책, i.31 ; 『판차스티카야사마야사라』, 42.
[원주21] 지식의 타당성은 대상을 있는 그대로 충실하게 나타내고 있는가 하는 점에 놓여 있지만, 그것은 실제적인 효용성이라는 측면에서 검증되지 않으면 안된다.

지식은 그것이 즉각적일 때 직접적(pratyakṣa)이며, 그것이 어떤 다른 지식에 의하여 매개될 때는 간접적(parokṣa)이다. 5종의 지식 가운데 감관지와 성전지는 간접지(間接知)이며, 나머지는 직접지(直接知)이다.[원주23] 감관지, 즉 감관과 의근에 의하여 얻어지는 일상적인 지각은 감관에 대한 의존이 있기 때문에 간접지이다.[원주24] 그러나 어떤 사람들은 감각적 지식을 직접적인 지식으로 본다. "지각 혹은 다르샤나(darśana)에는 시각을 통한 지각, 시각 이외의 감관을 통한 지각, 직관 혹은 투시력을 통한 지각, 그리고 무제약적이며 모든 실상을 파악하는 무한한 지각(kevala)의 4종이 있다."[원주25]

의식(caitanya)은 지바(jīva, 個我)의 본질이며, 의식의 두 가지 현현이 지각(darśana)과 지식(jñāna)이다.[원주26] 다르샤나에서는 세세한 것들이 인식되지 않는다. 이에 비하여 갸나에서는 그러한 것들이 인식된다. 전

〔원주22〕 Umāsvāti, 『탓트와르타 수트라』, i.30.

〔원주23〕 같은 책, i.11과 12.

〔원주24〕 같은 책, i.14.

〔원주25〕 『판차스티카야사마야사라』, 48. 또한 Siddhasena Divākara의 『니야야바타라』(*Nyāyāvatāra*), 4를 보라. 때로는 지각(pratyakṣa)이 경험적인 것(saṁvyavahārika)과 절대적인 것(pāramārthika)의 2종으로 말해지기도 한다. 후자는 아바디, 마나하파리야야, 그리고 케발라를 포함한다. 그리고 전자는 감관에 기인하는 것(indriyanibandhana)과 감관에 기인하지 않는 것(anīndriyanibandhana) 둘 다 포함한다. 경험적 차원의 지각은 우리가 일상 생활에서 지니는 것이며, 일반적인 지각과 기억은 이에 의존한다. 그것은 『프라마나미망사브릿티』(*Pramāṇamīmāṁsāvṛtti*)에서 인식하고자 하는 욕구를 만족시키는 행위로 정의된다(Samīcīnaḥ pravṛttinivṛttirūpo vyavahāraḥ saṁvyavahāraḥ. 프라티야크샤는 케발린(kevalin)의 지식의 경우에는 사칼라(sakala) 혹은 완전하며, 그 외의 경우에는 비칼라(vikala) 혹은 불완전하다). 파로크샤는 5종으로 나누어진다. ① 우리가 전에 보았던 사람을 기억하는 것과 같이 이미 경험한 것에 대한 기억(smṛta), ② 우리가 전에 읽었던 것에 대한 어떤 것과 새로운 대상을 일치시킬 때와 같이 사물 간의 유사점에서 도출되는 지식(pratyabhijñā) ③ 전칭명제로부터의 추론(tarka), ④ 중성명사에 의한 지식(anumāna), ⑤ 전승된 경전(āgama). 『프라마나나야탓트와로카람카라』(*Pramāṇanaya-tattvālokālaṁkāra*, II와 III)에서, 직접적인(pratyakṣa) 지식과 간접적인(parokṣa) 지식 간의 구분은 명료함의 정도에 대한 구분으로 말해진다. 자이나교 사상에 따르면, 그것은 외적 감각 행위란 단지 지각적 지식의 생성에 간접적인 보조일 뿐이기 때문이다.

〔원주26〕 『드라비야상그라하』(*Dravyasaṁgraha*), 4.

자는 단순 판단이며 후자는 개념적 지식이다. "사물의 특수성(viśeṣa)에 대한 파악 없이 그 보편성(sāmānya)만을 지각하는 것, 즉 세밀한 파악이 없는 지각을 다르샤나라고 한다.[원주27] 그것은 여러 단계를 지닌다. ① 자극이 감각기관의 말초에 작용하여 주관을 객관과의 어떤 관계 속으로 인도하는 단계(vyañjanāvagraha), ② 의식이 일깨워지고 감각이 느껴지며, 사람이 겨우 대상을 의식하게 되는 단계(arthāvagraha), ③ 마음이 대상에 관한 세부 사항, 즉 다른 것과의 유사성과 차이점을 알고자 하는 단계(īha), ④ 현재와 과거의 재통합, 그리고 저것이 아니라 이것으로서의 대상에 대한 인식이 일어나는 단계(avāya), 감각이 사물의 속성을 밝혀낸다는 것을 인식하는 단계(dhāraṇa).[원주28]

인상[원주29]은 우리가 후에 그 대상을 기억할 수 있게 하는 결과를 낳는다. 이러한 분석은 지각의 간접적인 특성을 드러내 보이며, 또한 사물이 정신 외적인 실재라는 것을 우리에게 말해준다. 의식의 범위 밖에 지각에 의하여 파악되고 지성에 의하여 이해되는 어떤 객관적 실재의 존재가 자이나교도들에 의해 주장된다. 어떤 사물이 지니는 속성과 관계는 경험 속에 직접적으로 주어지는 것이며, 생각 혹은 상상의 산물이 아니다. 인식의 과정은 지식의 대상을 변화시키지 않는다. 물질적 대상에 관한 한, 지식과 그 대상 간의 관계는 외적인 관계이다. 물론 자의식의 경우에는 이와 다르다. 개아의 의식은 언제나 활동적이며, 이러한 활동은 대상의 속성뿐 아니라 그 자신의 본질을 드러낸다. 지식의 대상(jñeya)에는 자아와 비아(not self)가 모두 포함된다. 등불이 그 자체뿐 아니라 다른 대상들을 비추는 것과 마찬가지로, 지식(jñāna)은 그 자체뿐 아니라 다른 대상들을 밝힌다.

지식은 그 자체를 드러내는 것이 아니라 단지 외적인 관계를 밝히는 것

〔원주27〕 같은 책. 43.
〔원주28〕 "이 다섯 단계들은 어떤 의미에서 모두 동일하다 할지라도, 각기 특수한 국면들이기 때문에 서로 다른 명칭을 지닌다. 어떤 경우에는 이러한 단계들이 급속하게 일어나기 때문에 그 연속이 관찰되지 않는 경우도 있다"(*Pramāṇanayatattvālokālaṁkāra*, ii).
〔원주29〕 saṁskāra.

일 뿐이라는 니야야 바이셰쉬카 학파의 이론은 자이나교에 의하여 부정된다. 어떤 대상을 인식함에 있어서 자아는 스스로를 동시에 인식한다. 만일 자아가 그 자신의 존재를 모른다면, 그외의 누구도 이 지식을 자아에게 줄 수 없다. 지각과 지식의 모든 행위는 "나는 이러저러하여 그것을 안다"는 진술을 의미한다. 지식은 언제나 자아에 의하여 전유(專有)된다. 의식이 어떻게 의식없는 대상들의 본질을 밝혀낼 수 있는가 하는 질문은 터무니없는 것으로 간단히 처리해버린다. 왜냐하면 대상을 드러내는 것이 지식의 본질이기 때문이다.

자의식의 경우 지식(jñāna)과 지식의 대상(jñeya) 간의 관계는 매우 긴밀하다. 지식의 주체(jñānin)와 지식은 구별할 수 있기는 하지만, 양자는 본질적으로 불가분의 관계이다. 자의식에서 지식의 주체와 지식의 대상, 그리고 지식 그 자체는 구체적인 한 통일체의 다른 측면들이다. 지식없는 개아는 있을 수 없다. 왜냐하면 그것은 개아에서 의식성(cetana)을 박탈하는 것이며, 결국 개아를 비아(ajīva dravya)의 차원으로 끌어내리는 것이기 때문이다. 자아 없는 지식 또한 있을 수 없다. 왜냐하면 그것은 지식을 토대없는 것으로 만들기 때문이다.

완전한 상태의 영혼은 순수의식이요 다르샤나(지식과 직관)이며,[원주30] 이 둘은 동시발생적이며 상호공존한다. 경험적 차원의 개아에게 지식은 다르샤나에 후속한다.[원주31] 완전한 지식은 의혹(saṃśaya), 착각(vimoha), 그리고 불확정(vibhrama)에서 자유롭다.[원주32] 여러 다양한 다르샤나를 모호하게 만드는 카르마(karma)는 이해를 흐리게 하는(darśanāvaraṇīya) 카르마라고 말하며, 여러 유형의 지식을 모호하게 만드는 카르마는 지식을 가리는(jñānāvaraṇīya) 카르마라고 한다.[원주33]

[원주30] 『드라비야상그라하』, 6.
[원주31] 같은 책, 44.
[원주32] 같은 책, 42.
[원주33] 이 분류에 관해서는 자이니(Jaini)의 『자이나교 개설』(*Outlines of Jainism*), pp.30~31을 보라.

모든 지식은 영혼 속에 있지만, 그것은 오직 장애요소들이 제거될 때 그 자체를 드러낸다. 장애요소란 물질의 유입을 야기시키고 영혼이 그 자체의 본질적인 기능을 충분히 발휘하지 못하도록 하는 갈망과 감정들, 그리고 우리의 지식을 직접 유용한 것에만 한정시키는 물질적인 삶에 대한 관심 등을 말한다. 그래서 우리가 흥미를 갖지 않는 실재의 측면들은 선별적인 관심 때문에 차단되고 만다. 영혼이 지식을 가리는 물질에 의하여 방해되지 않고 자유롭게 기능을 발휘할 때, 그것은 과거·현재·미래의 모든 것에 대한 지식, 즉 전지(全知)를 지닌다. 우리의 경험적인 삶 속에서 영혼의 청정함은 의식없는 실체, 즉 물질에 대한 탐닉으로 더럽혀진다. 그것을 깨트려 허물어버리고 그 원동력을 소멸시킴으로써, 우리는 자기의 지식을 증진시킨다. 지식에 반하는 원동력이 완전히 잠재워질 때, 영혼은 그 본래의 리듬으로 떨리며, 무한한 앎의 기능을 수행한다. 개개의 영혼은 지성으로 특징지어지며, 그들의 차이는 물질과의 관련 정도에서 기인한다.

2) 나야(naya)이론 — 지식의 상대성

지식에는 두 가지 형태, 즉 사물 그 자체에 대한 지식(pramāṇa)과 관점에 따라 상대적으로 형성되는 지식(naya)이 있다. 관점에 관한 교의는 자이나교 논리학이 지니는 독특한 모습이다. 관점은 우리가 어떤 사물에 대하여 진술하는 입장을 말한다. 우리는 추상적 개념에 의하여 우리의 관점들을 규정짓고 가른다. 그 관점들에 속해 있는 것, 혹은 부분적인 견해들은 우리가 추구하는 목적의 산물이다. 지식의 상대성은 바로 이러한 특별한 목적에 대한 추상 작용과 선별적인 집중에서 오는 결과이다.

하나의 특수한 관점을 지닌다는 것이 곧 다른 관점들에 대한 부정을 의미하는 것은 아니다. 어떤 목적에 있어서 태양이 지구를 돈다는 관점은 다른 관점, 즉 지구가 태양을 돈다는 것 못지 않게 아주 유효하다. 심지어 우파니샤드에서도 우리는 어떻게 실재가 지식의 여러 단계에서 다양한 방법으로 그 자체를 드러내게 되는가에 대한 언급을 볼 수 있다. 불교의 혼돈은 대개 절대적인 진리에 상대적인 유동 원리(the relative principle of flow)를 지나치게 확장하는 데 그 원인이 있다. 하나의 관점에서 보아 참인 것이 다른 하나의 관점에서 보면 참이 아닐 수도 있을 것이다. 개별적인 측면들은 결코 전체 실재를 드러내는 데 충분할 수 없다. 상대적인 해석들은 실재가 고려되는 추상에 불과하며, 결코 우리에게 그것에 대한 완전하고 충분한 설명을 주지 않는다. 자이나교는 진리란 우리의 관점에 상대적이라는 것을 근본으로 한다. 실재에 대한 총체적인 속성은 여러 부분적인 견해로 주어진다.

관점을 분류하는 데에는 여러 가지 방법이 있다. 여기서 우리는 몇 가지 중요한 것만 주목하기로 한다. 대표적인 한 견해에 따르면 7종의 관점이 있다. 이 중에서 4종은 대상 혹은 의미와 관련된 것이며, 나머지 3종은 단어와 관련된 것이다.[역주11] 그런데 이들 각각의 관점이 절대적이고 완전한 것으로 간주될 때 오류(ābhāsa)가 발생한다. 대상 혹은 의미(artha)와 관련된 관점들은 다음과 같다.

① 목적론적 관점 혹은 보편 특수 관점(naigamanaya). 이 관점은 두 가지 방법으로 해석된다. 이것은 시종일관하여 있는 행위의 목적과 관계된다고 주장된다. 우리가 물, 불, 주방용구 등으로 작업하고 있는 사람을 보고, "당신은 무엇을 하고 있는가?"라고 물을 때, 그는 "나는 음식을 만들고 있소" 한다.[역주12] 여기서 우리는 보편 특수 관점의 일례를 본다. 이것은 우리에게 일련의 행위를 관통하는 보편적인 목적을 말해주며, 삶의 목적론적인 성격을 강조한다.[원주34] 이 관점은 푸지야파다(Pūjyapāda)[역주13]에 의하여 받아들여졌으며, 싯다세나(Siddhasena)는 다른 입장에서 해석한다. 후자에 따르면, 우리가 어떤 사물을 일반적인 속성과 특수한 속성 양자 모

〔역주11〕 전자를 아르타 나야(artha-naya), 후자를 샤브다 나야(śabda-naya)라고 말한다.
〔역주12〕 이 경우 물, 불, 주방용구 등으로 하는 개개의 행위들이 하나의 목적, 즉 음식을 만든다는 목적에 의하여 통제되고 있다.
〔원주34〕 Umāsvāti, 『탓트와르타 수트라』, i .33.
〔역주13〕 4세기경에 활동했던 공의파 자이나교 승려이며, 『이슈토파데샤』(Iṣṭopadeśa)의 저자이다.

두를 지니는 것으로 이해하며, 이 두 가지 측면을 구별하지 않을 때, 우리는 보편 특수 관점을 지닌다.[역주14]

② 집합 관점(saṁgrahanaya)은 공통성을 강조하는 관점이다. 집합(class)이 개체와 별개로 실재하지 않는다는 것은 사실이지만, 때로는 공통적인 특성에 주목하는 것이 편리하다. 집합 관점에는 두 가지가 있는데, 이 가운데에 궁극적 집합 관점(parasaṁgraha)은 일체 만유가 실재의 본질에 참여한다는 사실을 고려한다. 또 다른 하나는 하위 집합 관점(aparasaṁgraha)이다. 추상적 절대론자의 입장은 집합 관점의 반영(反影, ābhāsa)으로 간주된다. 자이나교는 보편(sāmānya)과 특수(viśeṣa) 간의 구별—비록 상대적인 것으로 간주된다 할지라도—을 인정한다. 상키야 학파와 아드와이타(Advaita) 베단타 학파는 특수를 부정한다. 이 반면에 불교는 보편을 부정한다. 니야야 바이셰쉬카 학파는 양자 모두를 받아들이며, 구체적인 사물을 보편과 특수로 이루어진 복합체로 본다. 그러나 자이나교는 양자 간의 구분을 상대적인 것으로 보는 반면에, 니야야 바이셰쉬카 학파는 그것을 절대적인 것으로 본다.

③ 경험 관점(vyavahāranaya)은 경험지에 의거한 일반 대중의 관습적인 관점이다. 우리는 사물을 온전히 그대로 알며 그것의 두드러진 개별성을 강조한다. 별난 측면들은 관심을 끈다. 유물론, 그리고 아마 다원론의 전제는 이 관점의 반영들이다.

④ 찰나 관점(rjusūtranaya)은 경험 관점보다 범위가 좁다. 그것은 어떤 특정 시점이나 시간에 있는 사물의 상태를 고려한다. 그것은 모든 형태의 연속성과 자기 동일성을 간과해버린다. 이 관점에 있어서 실재는 순간이다. 하나의 사물은 그것이 현재의 순간에 있는 것이다.[역주15] 자이나교도들은 그것을 불교 철학의 전제로 간주한다. 이 관점은 '존재'에 대한 추상적

[역주14] 이 관점에 의하면, 특수한 측면은 반드시 보편적인 측면을 고려하고, 보편적인 측면은 반드시 특수한 측면을 고려하지 않으면 안된다. 따라서 이 두 측면의 종합이 강조된다. 이러한 관점으로 보면 절대적인 동일이나 절대적인 차별은 피해져야 한다.
[역주15] 이 관점은 관찰대상의 과거나 미래를 전혀 고려하지 않는다.

인 철학의 공허함을 드러내는 데는 유용하지만, 진리에 대한 궁극적인 설명으로는 쓸모없는 것이다.

나머지 셋은 동의어와 관련된 관점(śabdanaya)들이다. 자이나교에 따르면, 이 관점은 우리가 어떤 언어에서 마주치는 동의어의 중요성을 언급한다. 시제나 격(格) 등의 차이에도 불구하고, 의미의 유사성이 있다. 예를 들어 '쿰바'(kumbha)와 '가타'(ghata)는 동일한 대상, 즉 항아리를 가리킨다.

⑤ 동의어 관점은 하나의 명칭이란 그 명칭에 의하여 지칭되거나 암시되는 특별한 대상을 우리 마음속에 상기시키는 기능을 지닌다는 사실에 토대를 둔다. 각각의 명칭은 그 나름의 의미를 지니며, 또한 여러 단어가 동일한 대상을 가리킬 수도 있을 것이다. 말과 그 의미의 관계는 상대적인 것이다. 만일 우리가 이것을 망각한다면 오류가 발생할 것이다.

⑥ 어원 관점(samābhirūḍhanaya)은 어근에 따라서 말을 구별한다. 그것은 동의어 관점의 응용이다.[역주16]

⑦ 동종(同種, such-like) 관점(evambhūtanaya)은 어원 관점의 특수한 형태이다. 한 사물의 현시에 있어서 여러 다양한 측면과 등급 가운데 단지 하나가 어떤 용어의 어근에 의하여 심사숙고되며, 현행 용법에 있어서 한 용어의 정당한 의미는 바로 이 측면이다. 다른 입장에 있는 동일한 사물은 완전히 다른 용어로 표현되어야 한다.[역주17]

이 일곱 가지의 관점은 각기 그것에 후속되는 것보다 넓은 범위를 지닌다. 따라서 목적론적 관점이 최대의 범위를 지니며, 동종 관점은 최소의 범위를 지닌다. 각각의 관점은 어떤 하나의 사물이 고찰될 수 있는 여러 방법 가운데 하나를 나타낸다. 만일 어떤 하나의 관점이 전체인 양 착각되면 우

[역주16] 이 관점은 단어 간의 차이점에 집중한다. 동의어 간에도 그 어원을 검토해보면 차이점이 있다. 따라서 각 단어는 이 관점에서 보면 오직 하나의 정확한 의미만을 지닌다.

[역주17] 이 관점은 어떤 단어의 어원에 의하여 제시되는 실제적인 기능의 수행에 관심을 집중한다. 그래서 만일 어떤 사람이 비마(Bhīma)라고 불린다면, 그가 실제로 강함(bhīma)을 나타낼 때만 이 이름에 의하여 지칭될 수 있다.

리는 관점의 오류(nayābhāsa)를 범한다. 자이나교에 따르면, 니야야 바이셰쉬카, 상키야, 아드와이타 베단타, 그리고 불교는 각각 첫 네 가지 관점을 택하고 있으며 그것을 전체 진리로 착각한다.

관점들은 또한 실체 관점(dravyārthika)[역주18]과 변형 혹은 양태 관점(paryāyārthika)[역주19]으로 구분되기도 한다. 이들 각자는 여러 세분된 관점을 지닌다. 실체 관점은 사물의 영원한 본질을 고려함에 비하여, 양태 관점은 사물의 변화가능한 측면들을 말한다.

이 모든 관점은 상대적이므로, 우리에게는 이른바 참되고 완전한 관점(nayaniścaya)이 요청된다. 완전 관점에는 순수 완전 관점(suddhaniścaya)과 불순 완전 관점(aśuddhaniścaya)이 있다. 전자는 순수 무제한의 실재를 다루며, 후자는 제한적인 존재를 고려한다.

철학을 범주들에 대한 비판으로 생각하는 데 익숙한 사람들에게, 우리는 관점에 관한 교의가 논리적인 것이라고 말할 필요가 없다. 자이나교도들은 코끼리의 각각 다른 부분을 더듬어보고 코끼리 전체에 대하여 말하려 하는 여섯 소경에 대한 옛날이야기를 즐겨 인용한다. 코끼리의 귀를 잡은 소경은 그것이 곡식을 까부르는 키를 닮았다고 생각했으며, 다리를 만져본 소경은 그가 둥근 기둥 따위에 달라붙어 있다고 여겼다. 각자 진리의 일부만을 지니고 있다는 것을 안 것은 전체 코끼리를 본 사람이었다.[역주20]

철학적인 논쟁은 거의 대부분 관점의 혼돈에서 야기된다. 흔히 제기되

〔역주18〕 관찰대상을 그 본질의 측면에서 고찰하는 것으로, 보편 특수 관점, 집합 관점, 경험 관점은 여기에 속한다고 볼 수 있다.

〔역주19〕 실체가 그 양태라는 관점에서 분석될 때 가능한 무수한 관점들을 가리킨다. 찰나 관점, 동의어 관점, 어원 관점, 동종 관점이 여기에 속한다.

〔역주20〕 이 유명한 우화는 초기 불교 경전인 『우다나』(Udana, 68~69)에 나온다. 몇몇 학자들은 이 우화의 기원이 원래 자이나교 전통에 있다고 보기도 한다. 자이나교 경전인 『탓트바르타슬로카바르티카』(Tattvarthaslokavartika, 116)에는 이런 말이 있다. "바다에서 길어다가 항아리에 담아둔 물은 바다라고, 혹은 바다가 아니라고 말할 수도 없으며, 그것은 단지 바다의 일부라고 말해야 한다. 이와 마찬가지로 하나의 교설—비록 그것이 절대적인 진리에서 나온 것이라 할지라도—은 진리가 아니며 진리가 아닌 것도 아니다."

는 질문 중의 하나는 결과가 그 질료인과 같은가 아닌가에 대한 것이다. 그것이 원인에 이미 선재하며 원인이 겪는 작용에 의하여 나타난다고 보는 것이 베단타학파와 상키야학파에서 받아들여진 인중유과설(因中有果說, satkāryavāda)이다. 바이셰쉬카학파의 인중무과설(因中無果說, asat-kāryavāda)은 결과란 새로운 어떤 것이며 이전에는 존재하지 않았다고 주장한다. 자이나교는 이 두 가지 견해에 수반된 관점의 차이를 언급함으로써 논쟁을 해결한다. 만일 우리가 금목걸이와 같은 결과물을 하나의 순수한 실체로 간주한다면, 그것은 그 원료인 금과 동일한 것이다. 그러나 만일 우리가 그 목걸이를 하나의 변형으로 본다면, 그것은 새로운 것이며 금이라는 순수한 실체 속에 존재하지 않았다. 개별적인 관점이 만들어내는 진술은 언제나 추상의 과정에 의하여 도달되는 부분적인 견해일 뿐이다.

3) 7종 표현

이러한 관점들의 가장 중요한 용도는 역시 부정주의(不定主義, syād-vāda) 혹은 7종 표현(saptabhaṅgī)이다. 그것은 아무런 자기 모순없이 엄격하면서도 연합적으로 긍정하고 부정함으로써 어떤 사물의 여러 속성을 변별하는 일곱 가지 다른 판단법으로 사용하는 것이다. 자이나교의 이론에서는 단정의 어려움이 극복되는데, 그것은 이 이론이 본질이라는 관점에서는 주부와 술부가 동일하며 변형이라는 관점에서는 양자가 다르다고 주장하기 때문이다.

이 견해는 모든 지식을 단지 가정(假定)적인 것으로 주장하기 때문에 부정주의라고 말한다. 개개의 모든 명제는 우리에게 단지 '어쩌면', '아마', 즉 '시야드'(syād)만을 제공하기 때문이다. 우리는 어떤 대상에 관한 어떤 것을 절대적으로 긍정 혹은 부정할 수 없다. 사물들이 지니고 있는 무수한 복잡성 때문에 확실한 것이라고는 아무것도 없다. 그것은 실재의 극단적으로 복합적인 속성과 그 불확정성을 강조한다. 그것은 단정의 가능성을 부정하는 것은 아니지만, 절대적이거나 무조건적인 단정을 불허한다. 실재의 역동성은 상대적이고 조건적인 단정과 양립 가능하다. 모든 명제는 참이지만, 단지 어떤 상황하에서, 즉 가설적으로 참일 뿐이다.

그것은 관점에 따라서 하나의 사물 혹은 그 속성에 대하여 말하는 일곱 가지 방법이 있다고 말한다. 실체 혹은 속성이 ① '존재한다', ② '존재하지 않는다', ③ '존재하며 존재하지 않는다', ④ '진술불가능하다', ⑤ '존재하며 진술불가능하다', ⑥ '존재하지 않으며 진술불가능하다', 그리고 (7) '존재하는 동시에 존재하지 않으며, 진술불가능하다'라는 관점들이 있을 수 있다.

1. 아마 그것은 존재할 것이다(Syād asti). 하나의 사물은 그 자체의 질료·장소·시간·본질이라는 관점에서 볼 때, 그것은 존재한다. 즉 그 자체로 존재한다. 그 항아리는 지금 내 방에 이러저러한 모양과 크기로, 찰흙으로 된 것으로 존재한다.

2. 아마 그것은 존재하지 않을 것이다(Syād nāsti). 하나의 사물은 다른 어떤 사물의 질료·장소·시간·본질이라는 관점에서 볼 때, 그것은 존재하지 않는다. 그 항아리는 다른 장소와 시간 혹은 다른 모양과 크기로, 혹은 쇠로 된 것으로 존재하지 않는다.

3. 아마도 그것은 존재하면서도 존재하지 않을 것이다(Syād asti nāsti).[역주21] 하나의 사물 그 자체와 다른 하나의 사물에 관하여 동일한 질료·장소·시간·본질이라는 관점에서 볼 때, 아마 그것은 존재하며 존재하지 않는다고 말할 수 있을 것이다. 어떤 의미에서 그 항아리는 존재하며, 또 어떤 의미에서 그것은 존재하지 않는다.

4. 아마 그것은 진술불가능할 것이다(Syād avaktavya). 앞의 세 관점에서 우리는 하나의 사물이 그 자체로 존재하며, 다른 것으로는 존재하지 않는다고 진술할 수 있다. 그러나 이러한 진술들을 동시에 하는 것은 불가능하다. 이런 의미에서 하나의 사물은 진술불가능하다. 하나의 항아리에는

[역주21] 이 명제를 서양 논리학의 이른바 동일률과 모순율에 어긋나는 것으로 생각해서는 안된다. 왜냐하면 이 두 법칙은 오직 실재를 단순 정위(定位)된 것으로 간주하는 경우에만 적용되며, 자이나교의 부정주의(不定主義) 입장처럼 실재를 지극히 복합적이고 변화무쌍한 것으로 보는 경우에는 적용되지 않기 때문이다. M. Hiriyanna, *Essentials of Indian Philosophy*, p.68을 보라.

그 자체의 본질이 실재하며 다른 본질은 부재한다는 사실에도 불구하고 우리는 그것을 표현할 수 없다.

5. 아마 그것은 존재하며 진술불가능할 것이다(Syād asti avaktavya). 하나의 사물은 그 자체의 질료·장소·시간·본질이라는 관점에서, 그리고 동시에 그 자체와 무(無)의 공통적인 질료·장소·시간·본질이라는 관점에서 볼 때, 그것은 존재하며 진술불가능하다. 여기서 우리는 어떤 사물의 존재와 그것의 표현불가능성 양자에 주목한다.

6. 아마 그것은 존재하지 않으며 진술불가능할 것이다(Syād nāsti avaktavya). 하나의 사물은 무(無)의 질료·장소·시간·본질이라는 관점에서, 그리고 동시에 그 자체와 무(無)의 질료·장소·시간·본질이라는 관점에서 볼 때, 그것은 존재하지 않으며 또한 진술불가능하다. 여기서 우리는 어떤 사물의 진술불가능성뿐 아니라 그것이 존재하지 않는다는 것을 주목한다.

7. 아마 그것은 존재하고 존재하지 않으며 진술불가능하다(Syād asti nāsti avaktavya). 하나의 사물은 무(無)의 질료·장소·시간·본질뿐 아니라 그 자체의 질료·장소·시간·본질이라는 관점에서, 그리고 동시에 그 자체와 무(無)의 질료·장소·시간·본질이라는 관점에서 볼 때, 그것은 존재하며 존재하지 않으며 진술불가능하다. 우리는 그것이 존재한다는 것과 존재하지 않는다는 것뿐 아니라 그것의 표현불가능성을 말한다.[원주35]

하나의 사물 혹은 그 속성에 대하여 가능한 이 일곱 가지 표현법 가운데, 첫 두 가지가 중요하다. 이것은 하나의 사물이 자기 형태(svarūpa), 자기 질료(svadravya), 자기 장소(svakṣetra), 자기 시간(svakāla)에 존재한다는 단순 긍정과, 다른 형태(pararūpa), 다른 질료(paradravya), 다른 장소(parakṣetra), 다른 시간(parakāla)에는 존재하지 않는다는 단순 부정이다. 후자는 부정적인 사실이다. 이 교의는 긍정과 부정의 상관성을 주장한다. 모든 판단은 그 성격에서 두 가지로 이해된다. 모든 것은 비

[원주35] 『탓트와르타 수트라』, 14 ; 『판차스티카야사마야사라』, 16.

존재이며 존재이다(sadasadātmakam).[원주36] 하나의 사물은 그것으로 존재하며, 그것이 아닌 것으로는 존재하지 않는다. 이 견해에 따르면, 모든 부정은 긍정적인 토대를 지닌다. 심지어 '하늘꽃'과 같이 순수하게 상상적인 개념들도 '하늘'과 '꽃'이라는 두 실재——비록 이 둘의 조합은 실재가 아니라 할지라도——에서 긍정적인 토대를 지닌다. 그것은 사유작용에 있어서 분별이란 불가피하다는 근본 진리를 강조한다. 구별될 수 있는 것이라고는 아무것도 없는 어떤 사물이란 상상불가능하다. 외적으로뿐 아니라 내적으로 전혀 아무런 차별도 지니지 않는다는 것은 실로 생각할 수 없다. 왜냐하면 사유의 모든 대상은 어떤 의미에 있어서 존재하며 또 다른 의미에 있어서는 존재하지 않기 때문이다.

샹카라와 라마누자[원주37]는 하나의 사물에 상호 모순되는 속성들이 공존할 수 없다는 이유로 7종 표현 교의를 비판한다. 라마누자는 말한다. "존재와 비존재처럼 상호 모순되는 속성들이 동시에 하나의 사물에 속할 수 없다. 이것은 빛과 어둠이 그렇다고 주장하는 것과 마찬가지이다." 자이나교는 하나의 사물이 동시에 그리고 동일한 의미에서 자기 모순적인 속성들을 지닐 수 없다는 것을 인정한다. 다만 그들이 주장하고자 하는 것은 모든 사물이 본질적으로 복합적이라는 것, 차별 가운데에 동일(identity in difference)이라는 것이다. 실재는 차별상 그 자체를 포함하며 조화시킨다. 추상 속에 모순적인 속성들은 삶과 체험 속에서 공존하고 있다. 나무는 그 가지가 움직인다는 점에서는 움직이고 있다. 그런데 그것은 땅에 자리가 고정되어 있으므로 움직이고 있는 것이 아니다.

우리는 하나의 사물을 다른 대상들과의 관계에 있어서뿐 아니라 그 자체의 존재에서도 명료하게 알지 않으면 안된다. 7종 표현 교의가 전혀 실용성이 없다는 베단타 학자들의 두번째 주장은, 우리가 더 이상 언급할 필요

[원주36] 자기 형태에 근거하여 판단하면 존재이기 때문에, 또한 다른 형태에 근거하여 판단하면 비존재이기 때문에(Svarūpeṇa sattvāt, pararūpeṇa ca asattvāt).
[원주37] 『베단타 수트라』 ii.2.33에 대한 샹카라의 주석 ; 같은 책 ii.2.31에 대한 라마누자의 주석.

가 없는 개인적인 견해의 표현이다. 7종 표현 교의가 자이나교 철학의 다른 입장과 불일치한다는 것 또한 주장될 수 없다. 그것은 실재에 대한 다원론(anekāntavāda)의 논리적인 필연이다. 실재는 여러 형태이며 끊임없이 변하기 때문에 언제 어디서나 존재하는 것이라고 간주될 수 있는 것은 아무것도 없으며, 따라서 우리 스스로가 단정적인 신조를 주장하는 것은 불가능하다.

6. 자이나교 논리학의 가치

1) 자이나교 지식론에 대한 비판

다음 단원으로 넘어가기 전에 여기서 자이나교 논리학에 의하여 제시된 소수의 비판적인 성찰들을 정리해보는 것이 편리할 것이다. 우리는 부수적으로 자이나교의 지식론이 지니는 강점을 언급하였으며, 베단타 학자들의 공격에 대하여 그것을 방어한 바 있다. 그럼에도 불구하고 우리의 견해로 볼 때, 자이나교의 논리는 우리를 일원론적인 관념론으로 인도한다. 그리고 자이나교도들이 이러한 귀결을 피하는 한, 그들은 자신의 논리에 충실하지 않은 것이다. 우리는 나중에 형이상학적인 측면에서 이러한 비판을 강화할 것이다. 먼저 자이나교 논리학의 함축적인 의미들을 알아보도록 하자.

절대에 대한 가정이 없다면 부정주의(不定主義) 혹은 상대주의 이론은 논리적으로 지탱될 수 없다. 자이나교 논리학이 서 있는 모순율은 사고 작용을 위하여 구별이란 불가피한 것이지만, 다른 것과 절대적으로 다른 어떤 사물 또한 다른 것과 절대적으로 동일한 어떤 사물과 마찬가지로 사고에 있어서 비실재적이라는 것을 내포한다. 사유는 단순한 구분이 아니라, 그것은 또한 관계이다. 모든 것은 오직 타자와의 관련 속에서 그리고 그것과 구별되는 것으로서 가능할 뿐이다. 모순율은 자동률의 부정적인(negative) 측면에 불과하다. 모든 차별은 통일을 전제로 한다.

자이나교도들의 경우 사고는 실재에 대한 실마리를 제공하기 때문에, 실재에 대한 궁극적인 표현은 반드시 모든 존재를 설명하는 구상적 일원론(a concrete monism)이어야 한다. 그것은 '다자'(多者)를 배제하는 어떤 '일자'(一者)이거나, 질서 혹은 통일을 배제하는 '다자'가 아니다. 자이나교 논리학은 모든 형태의 추상에 대한 반항이며, '일'(一) 아니면 '다'(多)라는 양자택일의 허구적인 구분을 받아들이지 않을 것이다. 자이나교도들에 따르면, 개개의 모든 사물은 그것의 유(類)적인 측면(jāti 혹은 kāraṇa)에서 하나이며, 그것의 개별적인 측면(vyakti 혹은 kārya)에서는 다수이다. 그들에게 이 두 가지 견해는 모두가 부분적인 것이다. 따라서 실재의 다수성은 상대적인 진리이다. 우리는 완전한 관점으로 떠올라야 하며, 무한한 속성을 지닌 전체를 조망할 수 있어야 한다. 만일 자이나교가 기껏해야 상대적이고 부분적인 진리에 불과한 다원성에서 갑자기 중단한다면, 그리고 세계 내의 대상들—본질적이고 내재적으로 상호 연관되어 있는—속에 자기를 개별화하는 어떤 일자(一者)를 가리키는 보다 높은 차원의 진리가 있는가를 추구하지 않는다면, 그것은 그 자체의 논리를 왜곡하는 것이며, 상대적인 진리를 절대적인 진리로 오인하는 것이다.

2) 일원론적 함축

오직 어떤 유형의 일원론만이 관계—관계되는 것에 독립적이거나 외적일 수 없는—에 대한 자이나교의 이론과 양립할 수 있다. 의미는 실재의 일부가 되며, 주관과 객관 사이에는 긴밀한 관계가 있다. 마음과 외부 세계에 대한 이원론은 그것이 심리학적인 차원에서 어떤 진리를 지니든 간에 우리가 지식론으로서의 논리학의 관점으로 떠오를 때 극복된다. 만일 주관과 객관 혹은 개별적인 마음과 독립적인 실재라는 양자가 분리된다면, 아무런 지식도 있을 수 없다. 지식이 터무니없고 근거없는 것이 되거나, 아니면 이원론은 그릇된 것이라고 해야 한다. 주관과 객관은 외적인 매듭으로 결속된 분리된 존재가 아니다. 그 둘은 이원성 속의 통일이며, 통일 속의 이원성이다. 만일 우리가 둘 중 어느 한 쪽이라도 없애버린다면 전체는 사라져버린다. 주관과 객관의 구분은 독립된 두 실체들 간의 어떤 관계가 아니라, 지식 그 자체의 영역 안에서 지식에 의하여 만들어진 구분에 불과하다. 만일 자이나교 논리학이 이 원리——그 안에 주관과 객관의 구별을 포함하는——의 필요성을 인정하지 않는다면, 그것은 자이나교 논리학이 전체 진리에 대한 단편적인 견해를 취하기 때문일 것이다.

만일 우리가 자이나교 논리학에 있어서 상대주의 원리에 대한 위의 해석을 받아들인다면, 다양한 관점을 취하는 자아는 개별적인 경험적 자아일 수 없으며 보다 심원한 어떤 것임에 분명하다. 지식은 단순히 개별적인 것이 아니다. 만일 실재에 대한 분석이 주관적인 것 이상이라면, 우리는 우리가 경험적으로 지식의 대상으로 파악하는 여러 자아 속에서 한 자아의 활동을 받아들이지 않을 수 없을 것이다. 지식에 대한 어떤 질문이 일어나기 이전에 이 자아는 주관과 객관의 모든 구분이 일어나는 궁극적이고 최종적인 사실로서 전제되지 않으면 안된다. 그리고 이 자아는 지나가는 느낌이거나 의식의 일시적인 단계가 아니다.

우리가 스스로의 상대성을 알고 있다는 사실은 우리가 보다 완전한 개념에 도달해야 한다는 것을 의미한다. 하위의 상대적인 관점들이 설명되는 것은 상위의 절대적인 관점에서이다. 모든 진실한 설명은 위로부터 아래로 향한다.

우리가 가치의 척도를 상대적인 개념들에 적용하고 그 값어치를 평가할 수 있게 되는 것은 오직 이러한 절대적인 원리의 입장에서이다. 모든 진리는 절대적인 진리와 비교될 때 상대적이다. 모든 지식은 소여(所與)를 초월하며 그 자체 이상을 가리킨다. 보다 완전한 진리로 점점 나아감에 따라서 그 대상 자체는 피상적인 소여성을 상실하게 된다. 우리가 완전한 지식에 도달할 때, 주관과 객관의 구분은 극복된다. 오직 그와 같은 절대적인 기준에서 우리는 하위의 지식들이 지니는 추상성을 바로잡을 수 있다. 그 때 우리는 여러 상대적인 개념들이란 단지 영혼의 궁극적인 자유를 실현해가는 계속적인 과정의 여러 단계라는 것을 알게 될 것이다. 모든 형태의 지식이 결국 다른 어떤 것으로 전이해가는 상대적인 것이라는 사실을 인정하는 것은, 보다 광범위한 실재, 즉 모든 상대적인 것들이 귀입되는 절대자의 존재를 상정하지 않을 수 없게 한다.

그러면 이러한 절대자의 본질을 파악할 수 있는 어떤 방법이 있는가? 우리 각자의 부분적인 견해를 합계한다고 해서 긍정적이고 완전한 실재에 대한 어떤 관념을 얻을 수는 없다. 다양한 관점의 진술들에 대한 단순한 조합은 우리를 진리 그 자체로 인도할 수 없다. 만일 우리가 자이나교 논리학의 정신을 따른다면, 사고작용은 상대적인 것과 밀접한 관계에 있으며, 우리에게 절대자에 대한 지식을 줄 수 없다. 만일 사고작용이 절대자를 파악할 수 없다면, 그것을 할 수 있는 어떤 다른 힘이 있는가? 이 질문은 명백하게 제기되지는 않지만, 이에 대한 긍정적인 대답이 함축적으로 주어진다. 완전지(完全知, kevalajñāna), 즉 해탈자의 지식에 대한 면밀한 검토는 자이나교의 이론이 함축적으로 직관의 방법과 절대주의 철학을 수용하고 있다는 것을 우리에게 말해줄 것이다.

자이나교의 이론에 따르면, 경험 속에 나타나는 모든 속성들을 종합하는 최고의 지식이 완성자(完成者, kevalin)에게 일어난다. 그것은 영혼이 청정하고 아무런 제한도 지니지 않는 상태인 완전한 지식이다. 영혼의 본질을 이루는 이 완전지는 물질의 외적인 영향력 때문에 다양한 종류의 존재에 다양한 정도로 그 자체를 나타낸다. 물질과의 관련이나 결합이 영혼의 명료한 지식을 억제하는 결과를 가져오는 것이다. 이 의식없는 물질은 그것이 영혼과 결합될 때, 속박 혹은 영혼과 물질의 혼돈에 따라서 영혼의 본래적인 힘을 무력하게 만든다. 의식의 다양한 양태는 물질의 대항력의 작용에 달려 있다. 이러한 대항력은 완전하게 나타나는 차원에서부터 완전히 제거되고 없는 차원에 이르기까지 실로 다양하다. 전자의 경우에는 쇠붙이 등의 경우처럼 영혼의 인식능력이 단지 촉각이라는 하나의 통로를 통하여 나타날 뿐이지만, 후자의 경우에는 전지(全知)의 광휘가 그 본래의 모습을 드러낸다. 이들 두 극단적인 경우의 중간 형태들은 지식을 방해하는 전체적이거나 부분적인 에너지의 파괴력에 의하여 결정된다.

영혼의 본질인 지식은 그것에 대한 물질의 억제력에 따라서 감추어지거나 드러난다. 모든 것은 자아 속에 잠재적으로 내재해 있으며, 단지 지식의 현현을 방해하는 원인들에 대한 제거가 요청될 뿐이다. 모든 장애가 제거될 때, 영혼은 시공간에 제한되지 않는, 모든 것을 포괄하는 지식이 된다. 본질적으로 의식 그 자체가 된 영혼의 완전한 광휘를 가리는 어떤 관심이나 그것을 어지럽히는 감정이란 결코 있을 수 없다. 우리는 이 완전한 상태에 어떤 차별의 흔적이 있다고 말할 수도 없을 것이다. 지식의 대상은 실재의 총체이며, 인식 주관은 그 어떤 한계나 차별도 불가능한 순수 지성이 된다. 경험 세계의 비실재적인 차별상은 더 이상 그 속에 존재하지 않는다. 간단히 말하면 그러한 차별상은 영속하지 않는 어떤 요소들에서 기인되며, 영속하는 것은 그 본질이 의식인 영혼이다. 자이나교도들은 논리적으로 다원론을 견지할 수 없다.

7. 심리학

자이나교도들의 형이상학적인 관점을 논의하기 전에, 그들의 심리학적 견해를 살펴볼 필요가 있다. 그들은 마음과 육신 간의 이원론을 받아들인다. 오관은 물질적 감관(dravya indriya)과 심리적 감관(bhāva indriya)으로 나누어진다.[원주38] 형태를 향수(享受)하는 시각 기관과 그 대상 간의 공통 요소는 색깔이다. 시각은 물질의 한 속성인 색깔에 감응하기 위하여 적응된다. 감관은 단지 영혼(jīva)의 외면화하는 힘 혹은 그 도구에 불과하기 때문에, 모든 대상에 대한 향수를 가능하게 하는 요소들은 영혼 그 자체의 구성물 속에 있다. 감관은 향수하는 능력이며, 외부에 있는 지각 가능한 특

[원주38] Umāsvāti, 『탓트와르타 수트라』, ii.19. 마찬가지로 마나스(manas, 意根)도 물질적이고 심리적인 두 측면을 지닌다. 영혼이 육신 전체를 점유한다고 말할 때, 그것은 영혼과 육신이 하나의 실체에 대한 심리적·물질적 상대물들이라는 것을 의미한다. 물질적 대상에 대한 심리적 지각을 설명하는 것은 하나의 공허한 장치에 불과하다. 우리는 개개의 모든 감관으로 양자의 속성들을 반복함으로써 영혼과 육신에 대한 문제를 해결할 수 없다.

성들은 향수의 대상들이다. 덥고 차가운·거칠고 매끄러운·부드럽고 단단한·가볍고 무거운 촉감에 대한 8종의 구분에서, 얼얼한·신·쓴·단·톡쏘는 맛에 대한 5종의 구분에서, 좋고 나쁜 냄새에 대한 2종의 구분에서, 흑·청·황·백·홍색에 대한 5종의 구분에서, 그리고 샤드자(ṣadja, 도)·리샤바(ṛṣabha, 레)·간다라(gāndhāra, 미)·마디야마(madhyama, 파)·판차마(pañcama, 솔)·다이바타(daivata, 라)·니샤다(niṣāda, 시)라는 7종의 소리에 대한 구분에서 우리는 상당할 정도의 심리학적인 분석을 볼 수 있다.

감각적 지각은 감관과 대상 간의 접촉에서 오는 결과라고 말한다. 그러나 이러한 기계적인 접촉은 심리적인 지각을 완전히 설명할 수 없다. 그것은 단지 영혼의 지식을 덮고 있는 베일을 제거하는 데 도움이 될 뿐이다. 인식 주관은 행위자(kartṛ)일 뿐 아니라, 아는 자(jñānin)요, 향수자(bhoktṛ)이다. 지(知), 정(情) 혹은 카르마(karma, 業力)의 결과에 대한 향수,[원주39] 그리고 의(意)라는 세 가지 유형의 의식이 인정된다.[원주40] 의욕과 느낌은 긴밀하게 연합된다. 대개 우리는 처음에 느낌을 지니고 그런 다음에 의욕을 지니며 마지막으로 지식을 지닌다.[원주41] 영혼과 물질(pudgala)의 관계는 객관에 대한 주관의 관계이다. 그 둘의 결합을 야기시키는 힘이 지식인 것은 아니다. 왜냐하면 우리가 어떤 것을 알고 있음에도 불구하고, 그것에 대하여 행위하도록 강요하지 않을 수도 있기 때문이다. 완전한 자아(Siddhātman)의 전지(全知)는 의식 속에 우주에 대한 성찰을 지닌다. 그러나 이것이 영혼의 본질적인 속박을 의미하지는 않는다. 상호 작용은 지바의 의욕에 달려 있다. 이와 같이 의욕에 주관되고 결과적으로는 속박에 들게 되는 것은 지바에게 본질적인 것이 아니다. 왜냐하면 욕망을 제어하는 것이 가능하기 때문이다.

〔원주39〕 karmaphalacetana.
〔원주40〕 『판차스티카야사마야사라』, 38.
〔원주41〕 같은 책, 39.

각 개아는 모두가 육신과 영혼의 복합체이다. 여기서 육신은 영혼의 비활동적이고 수동적인 짝인 반면에, 영혼은 육신의 활동적인 짝이다. 자이나교는 정신과 물질의 상대성을 인정함으로써, 유심론과 유물론의 결함을 극복한다. 그러나 자이나교는 자아와 비아의 구분이 정신의 본질적 속성의 산물이라고 보지 않는다. 그것은 지식을 자아와 비아 간에 일어나는 과정과는 별개의 것으로 간주함으로써, 명백하게 두 실체 이론(two substance theory)을 받아들인다. 더욱이 자이나교는 보다 높은 차원에 있는 육신이 새로운 특성을 나타내는 것에 따른 발전의 개념을 인식하지 않는다. 그것은 정신과 육신의 이원론으로 만족하는 데 그칠 수밖에 없으며, 심리학적인 관점에서 멈추지 않을 수 없다. 그것은 상호 작용의 이론을 채택할 수 있는 것이 아니라, 수많은 난점을 지니는 병행론의 입장을 받아들여야 한다. "카르마적인 물질은 그 자체의 본질을 통하여 스스로의 변화를 가져온다. 이와 마찬가지로 영혼 또한 카르마에 의하여 제한되는 그 자체의 불순한 사고 상태를 통하여 스스로의 생각에 변화를 가져온다."[원주42] 그 둘은 자족적이고 완전한 두 가지 독립된 연속체를 형성한다.

만일 그 둘이 상호독립적이라면, 왜 영혼이 카르마의 결과를 감수해야 하는가에 관한 질문에 대해서는, 일종의 '선재적인 조화'(pre-established harmony)가 제시된다.[원주43] 현상 세계에서 우리는 크고 작은 물질적인 육신을 지니며, 이 가운데 일부는 영혼을 유인하는 카르마적 물질이다. 영혼과 카르마적 물질의 공존에 의하여, 이 둘은 서로 결합된다. 영혼에 카르마적인 물질이 들러붙는 것은 바로 이러한 접촉적인 상호 공존 때문이다. 정신이 능동적인 영향력을 발휘한다고 말할 수 없다. 『판차스티카야사마야사라』(Pañcāstikāyasamayasāra)에 대한 주석자는 그 관계를 세안약(洗眼藥) 가루에 닿아서 검게 변하는 작은 상자를 비유로 들어 설명한다. 자기 결정적인 그 둘은 아무튼 조화롭게 뒤섞인다. 이 두 가지 연속체 간에는 직

〔원주42〕 같은 책, 68.
〔원주43〕 같은 책, 70~77.

접적인 인과관계가 부정되기 때문에, 신비적인 조화 이상의 그 어떤 설명도 불가능하다.

이러한 입장에서 볼 때, 지식은 하나의 신비가 된다. 그것은 우리를 더이상 나아갈 수 없는 궁극적인 사실에 도달하게 하는 것이 아니다. 우리는 의도적으로 제한적인 입장을 채택하고, 주관과 객관 간의 대립을 상정하면서 정신을 이른바 환경이라는 다른 것과 대면해 있는 어떤 것으로 여긴다. 우리는 외부에 있는 사물을 지각하는 것이 아니라, 단지 외부 세계를 나타낸다고 생각되는 것들에 대한 이미지를 지닐 뿐이다. 관념과 실재 간에 어떤 공통 요소가 없는 한, 그 둘 간의 어떤 일치도 있을 수 없다. 그러나 이 경우에 자기의 세계에서 이질적인 세계를 관조하는 마음에 대한 이론은 완전히 실패로 돌아간다.

영혼은 여러 차원을 지니며, 팽창과 수축이 가능한 것으로 주장된다. 영혼은 물질적인 육신보다 더 작을 수 없다. 왜냐하면 이 경우에 영혼은 육체적인 겉모양을 자기 것으로 느낄 수 없기 때문이다. 영혼은 자궁 속에서 삶을 시작할 때는 매우 작지만, 육신과 더불어 차츰 확장되어서 마침내 완전한 크기를 지닌다. 지상의 삶이 끝날 때마다, 영혼은 다시 그것이 겪어야 하는 내생의 씨앗 속으로 수축된다. 육신 속에 영혼의 확산은 본질적으로 어떤 다른 확산과 전혀 다르다. 왜냐하면 영혼은 분해될 수 없는 것이며 부분을 지니지 않기 때문이다. "진홍색 연꽃을 우유가 든 컵에 담갔을 때, 그 광채가 우유에 전해지듯이, 이와 마찬가지로 육신 속에 살고 있는 지바는 육신 전체에 그 자신의 광채, 즉 지성을 던진다."[원주44] 보통 크기[원주45]의 무수히 많은 영혼은 현세(lokākāśa)의 공간에 수많은 점들을 차지한다.

[원주44] 같은 책, 33. 마헤르(Maher)는 자신의 『심리학』(*Psychology*)에서 이렇게 말한다. "영혼은—비록 질적인 방식으로는 아니라 할지라도—육신 전체에 두루 퍼져 있다. 더욱이 그것은 자기의 본질 그대로 모든 곳에 그와 같이 존재한다. 물론 거기서 영혼이 편재적으로 자기의 모든 기능을 수행하는가 하는 것은 별개의 문제이다."

[원주45] madhyamaparimāṇa, 즉 완전히 편재하는 것이 아니며 그렇다고 원자적인 것도 아닌 크기를 말한다.

샹카라에 따르면,[원주46] 육신과 동일한 크기를 지니는 영혼에 대한 가정은 타당성이 없다. 왜냐하면 영혼이 육신에 의하여 제한되어 있다는 것은 곧 영혼 그 자체가 육신과 마찬가지로 덧없다는 것이며, 만일 덧없다면 그것은 궁극적인 해탈을 얻을 수 없기 때문이다. 게다가 어떤 특별한 육신을 떠나는 영혼은 재생의 과정에서 그것이 보다 큰 육신에 깃들어야 할 때 어려움을 당하게 될 것이다. 우리는 영혼이 어떤 부분들을 가감함으로써 보다 크거나 작게 될 수 있다고 생각할 수도 있을 것이다. 새로운 입자들이 끊임없이 스며들 것이며 묵은 입자들은 방출될 것이다. 그래서 우리는 결코 동일한 영혼이 단 일 초 동안이라도 계속된다는 것을 확신할 수 없다. 만일 어떤 본질적인 입자들이 불변으로 남는다고 말해진다 해도, 본질적인 것과 우유적인 것을 구별할 어떤 방법이 있을 것 같지 않다. 자이나교도들은 이러한 비판들에 대하여 비유를 들어 대답한다. 등불은 그것이 조그만 항아리 속에 놓아두든 큰 방에 걸어두든 그 전체 공간을 비추듯이, 마찬가지로 영혼은 다양한 육신의 차원에 따라서 수축되거나 확장된다.

8. 형이상학

형이상학에 있어서 자이나교는 윤리적 책임을 강조하지 않는 모든 이론들에 반대된다. 인간의 자유 문제에서도 윤리적인 관심은 핵심적인 고려사항이다. 신에 의한 세계 창조의 이론, 프라크리티(Prakṛti)로부터의 세계 전개설, 혹은 세계가 비실재라는 이론은, 그것이 고통의 기원 혹은 소멸을 설명할 수 없다는 이유로 비판받는다.[원주47] 이성적인 주체를 5요소의 산물로 간주하는 것은, 세계의 다양성을 의식적인 한 원리의 다양한 표상으로 이해하는 것 못지 않게 쓸모없다.[원주48] 도덕적인 공덕은 영혼의 수동성에

〔원주46〕『베단타 수트라』(*Vedānta Sūtra*, ii.2.33~36)에 대한 샹카라의 주석.
〔원주47〕『수트라크리탕가』(*Sūtrakṛtāṅga*), i.1.3.5~9.

대한 가정하에서는 그 가치를 상실한다.[원주49] 영혼은 영원히 안전하며 세계의 사상(事象, event)들이 기계적인 이합집산의 결과라고 말하는 것은, 영혼의 독창성을 거세하고 도덕적인 책임을 무의미하게 만들어버릴 것이다.[원주50] 모든 것이 본래 정해져 있다고 보는 숙명론은 명백히 개아의 노력에 대한 여지를 남기지 않는다.[원주51] 윤리적인 가치들은 개아가 세계에서 자기를 실현하거나 그렇게 하지 않을 수 있을 때, 영혼이 심지어 궁극적인 상태에서도 없어지지 않는 자기 동일성을 지닐 때 의미를 지닐 수 있다.[원주52] 실재에 대한 형이상학적 이론은 실체(dravya)와 양태(paryāya)의 본질에 대한 예비적인 논의로 접근될 수 있을 것이다.

1) 실체와 속성

자이나교도들은 존재가 생성이나 변화도 없고 끝도 없는 영원한 것이라고 주장하지 않는다. 모든 것은 만들어지고 계속되며, 또한 파괴된다. 실체에 대한 정의는 우리의 관점에 달려 있다. 그것은 언제나 존재하며 시작이나 끝도 없는 것이다. 그것은 속성과 변화의 주체이다. 시작과 존재와 파괴를 지니는 어떤 것이 실체이다. 또한 그것은 어떤 기능을 수행하는 것이다. 일반적으로, 존재하는 것은 그 실체에 관해서는 영원한 것으로, 그리고 그 변화가능한 측면들에 대해서는 우유적인 것으로 간주된다. 물질적인 사물은 물질이라는 점에서는 계속하여 존재하지만, 하나의 특수한 사물이라는 점에서 그것은 변화한다. 존재는 본질적으로 불변이 아니다.

자이나교도들은 초월적인 존재가 아니라 단지 경험 속에서 발견되는 것으로서의 존재에 관심을 가진다. 세계 내의 사물들은 새로운 속성을 얻고 오래된 것을 버리는 가운데 변화를 겪는다. 어떤 공통된 속성을 지니고 있

〔원주48〕 같은 책. i .1.1.7~10. 11~12 ; ii.1.16.17.
〔원주49〕 같은 책. i .1.1.13.
〔원주50〕 같은 책. i .1.1.15 ; ii.1.22~24.
〔원주51〕 같은 책. i .1.2.1~5 ; i .1.4.8~9 ; ii.1.32.
〔원주52〕 같은 책. i .1.3.11.

다는 사실에서 우리는 새로운 것과 이전의 것이 하나의 실체에 대한 양태들이라고 말하게 된다. 그들에게서 실재는 차별 가운데 통일이며, 그 이상 아무것도 아니다. 그들은 동일 속의 차별(bhedābheda, difference in identity) 이론을 도입한다. 실체는 그 자체의 속성과 변형으로, 그리고 그것을 통하여 지속하는 것이다. 실체와 속성은 불가분의 관계에 있다. 하나의 사물은 여러 속성을 지니는 것으로 정의된다.[원주53] 그것은 역동적인 실재이며, 변화하는 동일이다.[원주54] "실체는 하나이며, 모든 것의 고유한 본질이며, 여러 형태로 자신을 나타내며, 창조·파괴·지속의 세 가지 속성을 지니며, 상호 대립되는 술어들에 의하여 묘사될 수도 있는 것이다."[원주55]

속성(guṇa)은 원자 속의 물질성으로 실체에 부여되어 있으며, 그것은 결코 자존할 수 없다. 주요 속성들은 ① 존재성, ② 향수(享受) 가능성, ③ 실체성, ④ 인식 가능성, ⑤ 특수성 혹은 정체성(正體性), ⑥ 어떤 종류의 형태를 지니는 속성이다. 이러한 일반적인 속성들은 모든 실체(dravya)에 공통적이며, 각각의 실체는 또한 그 자체의 특수한 측면들을 지닌다. 우리는 이 속성들의 어떤 것을 추상해서, 그것을 실체의 차원으로 끌어올려서는 안된다. 거듭 말하지만 "실체없는 속성은 있을 수 없으며, 속성없는 실체 또한 있을 수 없다."[원주56]

실체와 속성 간의 절대적인 구분을 주장하는 니야야 학파의 이론이 자이나교도들에 의하여 비판된다. 하나의 사물은 속성으로, 그리고 그것을 통하여 존재하며, 속성은 그 사물을 구성한다. 그 차이는 존재의 차이가 아니라 관계(reference)의 차이일 뿐이다. "만일 실체가 그 속성으로부터 완전히 분리된 별개라면, 그것은 무수한 다른 실체들로 변형될 수도 있을 것이며, 또한 만일 그 속성이 실체와 떨어져서 존재할 수 있다면, 어떤 실체에

[원주53] 『판차스티카야사마야사라』, 8. 또한 같은 책 9와 11을 보라.
[원주54] 같은 책, 6.
[원주55] Haribhadra, 『샷다르샤나사뭇차야』(Ṣaḍdarśanasamuccaya), 57. "Ananta-dharmātmakam vastu"(실체는 무한한 속성을 지닌다).
[원주56] 『판차스티카야사마야사라』, 13.

있어서 그 어떤 필연성도 도무지 있을 수 없을 것이다."[원주57] 찰나설(kṣaṇikavāda)뿐만이 아니라, 무속성(無屬性, nirguṇa) 브라흐만 이론도 은연중에 비판된다.[원주58] 실체와 속성은 '데바닷타(Devadatta)의 암소'의 경우처럼 외적으로 관련되어 있거나, 아니면 '큰 암소'의 경우처럼 내적으로 연결되어 있을 것이다. "부(富, dhana)와 지식(jñāna)이 그 소유자를 풍요롭고 지혜롭게 만드는 것과 마찬가지로, 비록 통일성과 다양성이라는 두 가지 관계 방식을 표현하고 있다 할지라도, 실체와 속성 간의 관계는 동일과 차이의 두 측면을 의미한다."[원주59] "실체와 속성의 관계는 동시적인 동일, 통일, 불가분, 그리고 본질적인 단일의 하나이다. 실체와 속성의 통일은 연합이나 결합의 산물이 아니다."[원주60]

속성을 지니는 실체는 반드시 어떤 형태 혹은 상태로 존재해야 한다. 존재의 이러한 양태를 파리야야(paryāya)[역주22]라고 말하며, 이것은 변화를 겪는다. 연성(軟性)과 황색의 속성을 지니는 금의 실체는 변화를 겪지 않는다. 파리야야, 즉 양태가 변화하는 가운데 속성은 계속된다. 파리야야 혹은 변형에는 2종이 있다. ① 어떤 사물 혹은 실체의 본질적인 속성에 있어서의 변형.[원주61] 비록 색깔은 불변의 속성이라 할지라도, 물의 색깔은 변할 수 있을 것이다. ② 흐림(muddiness)과 같은 우유적인 속성의 변형.[원주62]

[원주57] 같은 책, 50.

[원주58] 비셰샤(viśeṣa, 특수성)없는 사만야(sāmānya, 보편성)는 있을 수 없으며, 사만야 없는 비셰샤 또한 있을 수 없다. 마니바드라(Maṇibhadra)는 하리바드라(Haribhadra)의 『사드다르샤나사뭇차야』, 46에 대한 자신의 『브릿티』(Vṛtti)에서 다음의 한 구절을 인용하고 있다. "실체는 양태와 별개이며, 양태는 실체를 지니지 않는다. 그러면 어디서, 어떻게, 무엇에 의하여, 왜 형태가 관념에 의해서 혹은 다른 어떤 것에 의해서 지각될 수 있겠는가라고 말해진다." Dravyam paryāyaviyutam, paryāyā dravyavarjitāh kva kadā kena kim rupā dṛṣta mānena kena ceti.

[원주59] 『판차스티카야사마야사라』, 53.

[원주60] 같은 책, 56.

[역주22] 실체의 속성에 일어나는 변화를 가리키는 용어이다.

[원주61] 지속적이고 일관된 존재 양태(sahabhāvin paryāya)를 말한다. 그것은 실체 및 그 속성과 공존한다.

물이 언제나 흐릴 필요는 없다.

2) 영혼과 비영혼

전체 존재계는 영혼(jīva)과 비영혼(ajīva)[역주23]의 두 범주로 이루어져 있으며, 이들은 영속·무시(無始)·공존이지만, 상호 독립적이다. 영혼은 향수자(享受者)이며, 비영혼은 향수되는 대상이다. 의식을 지니는 자가 영혼이며, 의식을 지니지 않지만 촉각·미각·시각·후각의 대상이 될 수 있는 것이 비영혼이다. 후자는 3종의 의식이 결여되어 있다. 그것은 대상이다.[원주63] "다양한 대상을 인식하고 지각하며, 즐거움을 바라고 고통을 꺼리며, 호의로 혹은 악의로 행위하며, 이의 결과를 향수하는 것, 그것이 영혼이다."[원주64] 영혼과 비영혼이 아(我, I)와 비아(非我, not-I)에 상응하는 것은 아니다. 근본적으로 영혼과 비영혼 간의 구별은 세계 내의 존재에 대한 객관적인 구분이다. 살아 있는 존재는 영혼과 육신으로 되어 있으며, 비영혼과 구별되는 영혼은 영원하다. 비영혼은 크게 형태를 지니는 것과 형태를 지니지 않는 것으로 구분된다. 운동의 조건(dharma), 정지의 조건(adharma), 공간(ākāśa), 그리고 시간(kāla)은 형태를 지니지 않는 비영혼이며, 물질(pudgala)은 형태를 지니는 비영혼이다.

3) 공간, 운동의 조건, 정지의 조건

우선 논의의 대상이 되는 비영혼 혹은 생명없는 실체는 공간이다. 그것은 ① 사물의 세계에 의하여 점유된 부분(lokākāśa), ② 이를 초월한 공간(alokākāśa)으로 나누어진다.[원주65] 후자는 완전히 텅 빈 무(無)의 심연이다. 공간 혹은 연장(延長, pradeśa)의 한 점에 대하여 다음과 같은 정의가

[원주62] 잇따른 변형(kramabhāvin paryāya)을 말한다. 그것은 다른 변형에 계속된다.
[역주23] 자다(jada)라고도 말하며, 의식없는 존재를 가리킨다.
[원주63] 『판차스티카야사마야사라』, 132.
[원주64] 같은 책, 129.
[원주65] 같은 책, 97. 또한 『드라비야상그라하』, 19~20을 보라.

주어진다. "물질(pudgala)의 한 원자—더 이상 나누어질 수 없는—에 의하여 가로막히며, 모든 입자에게 장소를 제공하는 어떤 것을 공간(pradeśa)으로 알아라."[원주66] 이와 같은 공간 안에는 다르마의 한 성분, 아다르마의 하나, 칼라(kāla, 시간)의 입자, 미세한 상태에 있는 다수의 물질 원자가 존재할 수 있을 것이다. 공간 그 자체는 운동 혹은 정지의 조건이 아니다.[원주67]

공간에 함께 던져져 있는 사물들은 무질서에 빠질 것이다. 조화와 질서를 이루기 위하여 그들은 운동과 정지의 법칙에 의하여 묶여야 한다. 다르마는 운동의 원리이다. "다르마는 맛, 색깔, 냄새, 소리, 감촉의 속성을 지니지 않는다. 그것은 전 세계에 편재하며, 불가분성 때문에 영속적이며, 공간과 동일한 시간에 걸쳐 있기 때문에 연장을 지닌다. 그것은 본질적으로 한 점의 연장(ekapradeśa)을 지니는 것이지만, 그럼에도 불구하고 경험계(vyavahāra)에서는 다수의 연장을 지닌다."[원주68] 그것은 무형(amūrta)이며, 계속적이고 비합성적이다. "그것은 무형 세계의 무한한 현현들을 지니기 때문에, 그리고 나타남과 사라짐을 통하여 지속하는 그 변증법적인 본성 때문에 그것은 실재적인 존재이다. 그 자체는 운동에 영향을 받지 않으면서, 움직일 수 있는 사물, 물질, 그리고 생물의 운동이 가능할 수 있는 조건을 설정한다."[원주69] 이것은 "마치 운동과는 무관한 물이 물고기에게 운동의 조건이 되는 것과 같다."[원주70] 다르마는 물질의 특성 가운데 어느 것도 지니지 않는다. 그럼에도 불구하고 그것은 지각 가능한 모든 속성이 결여된 자존적인 실재이다. 그것은 비록 운동의 원인은 아니라 할지라도, 운동의 매질(媒質)이다.

〔원주66〕『드라비야상그라하』 27.

〔원주67〕『판차스티카야사마야사라』, 99, 100.

〔원주68〕같은 책, 90.

〔원주69〕같은 책, 91.

〔원주70〕같은 책, 85, 95. 또한『드라비야상그라하』, 17과『바르다마나 푸라나』(*Vardhamāna Purāṇa*), xvi.29를 보라

아다르마는 정지의 원리이다. 이것 또한 감각적인 속성들이 결여되어 있으며, 무형이며, 사물의 세계에 의하여 점유된 부분과 동일 연장을 지닌다.[원주71] 다르마와 아다르마의 두 원리는 비활동적, 비물질적, 비원자적이며, 그리고 구조상 연속적이다. 그 둘은 운동과 정지에 대해 중립적인 상황(udāsīnahetu)이다. 다시 말하여 동력인(動力因)은 다르다. 만일 그렇지 않다면 대상들은 언제나 움직이고 있거나 정지하고 있을 것이다. 다르마와 아다르마는 단순히 운동과 정지의 부대상황에 그치는 것이 아니라, 움직이거나 정지해 있는 모든 것들의 배경을 형성하는 우주적인 원리로 나타난다. 그 둘은 제각기 분리되어 있는 단편들의 무질서한 혼돈을 질서정연한 전체로 묶는 연접 매질(媒質)이다.

한 가지 주목할 것은, 자이나교 철학에서 다르마와 아다르마가 공덕과 비공덕을 나타내지 않는다는 사실이다. 공덕과 비공덕에 대해서는 푼야(puṇya)와 파파(pāpa)라는 말이 사용된다. 다르마와 아다르마는 운동과 정지를 야기시키는 힘이다. 공간은 다르마 및 아다르마와 함께 영혼과 물질에 속하는 모든 것의 존재를 위한 상황을 형성한다. 공간은 사물이 존재할 여지를 제공하고, 다르마는 사물이 움직이거나 움직여질 수 있게 하며, 아다르마는 그것이 정지할 수 있게 한다. 현대 철학에서 존속·운동·정지의 세 기능은 공간에 귀속된다. 이 세 기능은 서로 스며든다. 소재(所在)의 관점에서 보면, 그 셋은 동일한 크기와 형태를 지니는, 하나의 불가분적 통일이다. 그들은 기능의 차이 때문에 구별될 뿐이다.

4) 시간

시간 혹은 칼라(kāla)는 가끔 의사(擬似) 실체로 구분된다.[역주24] 그것은 우주의 두루 편재하는 형태를 말하며, 그 위에 세계의 연속적인 운동들

[원주71] 『판차스티카야사마야사라』, 94.

[역주24] 일반적으로 자이나교의 비영혼은 다르마, 아다르마, 공간, 물질의 4종이라 말하며, 때로는 이에 시간을 부가하여 5종이라 말하기도 한다.

이 매달려 있다. 그것은 일련의 비연속적인 변화의 합계가 아니라, 존속의 과정이며 과거로부터 현재로의 영속이다.

시간은 존재성(astitva)을 지니지만, 크기(kāyatva)는 지니지 않는다. 그것은 일면적인 비연장체이다.[원주72] 형태나 시작 혹은 끝도 없는 영원한 시간과, 시작과 끝, 그리고 시, 분 등의 여러 가지 변형을 지니는 상대적인 시간을 구분한다. 그리고 전자를 칼라, 후자를 사마야(samaya)라고 부른다. 칼라는 사마야의 실체적인 원인이다. 변화의 연속(vartana)은 전변(轉變, parinama)으로부터 추론된다.[원주73] "상대적인 시간은 사물의 변화 혹은 운동에 의하여 결정된다. 이러한 변화 그 자체는 절대적인 시간의 결과이다."[원주74] 시간은 수레바퀴(cakra)라고 불린다. 시간의 추이에 따라서 모든 사물은 해체되기 마련이기 때문에, 시간은 또한 파괴자라고 말해진다.[원주75]

5) 물질

고찰되어야 할 그 다음의 범주는 물질 혹은 푸드갈라이다. "감각에 의하여 지각되는 모든 것, 감각기관, 여러 유형의 몸(śarīra), 물질적인 마음(physical mind), 카르마 등은 유형의 대상(mūrta)이다. 이들은 모두가 푸드갈라이다."[원주76] "소리, 결합, 미세, 조대(粗大), 모양, 구분, 어둠, 그리고 상(像)은 푸드갈라로 알려지는 실체의 변형들이다."[원주77] 물질은 양

[원주72] 『드라비야상그라하』, 25를 보라. 물질의 한 원자는 한 프라데샤를 지니며, 따라서 그것을 카야(kāya, 集合體)라고 말할 수 없다고 말한다면, 다음과 같이 대답될 것이다. "하나의 원자는 비록 한 프라데샤를 지닌다 할지라도, 그것은 다수의 스칸다(skandha, 集積)에 프라데샤로 존재함으로써 다수의 프라데샤로 나타난다. 이런 이유로 일상적인 관점에서 전지자는 그것을 카야라고 부른다"(『드라비야상그라하』, 26).
[원주73] 『판차스티카야사마야사라』, 23~26.
[원주74] 같은 책, 107, 108.
[원주75] 『바가바드기타』, xi.32. "Kalo'smi"와 비교하라.
[원주76] 『판차스티카야사마야사라』, 89.
[원주77] 『드라비야상그라하』, 16.

과 질에 관하여 미결인 영원한 실체이다. 그것은 입자에 있어서 어떤 가감 없이 부피의 증가 혹은 삭감이 가능할 것이다. 그것은 어떤 형태를 띨 수 있으며, 여러 가지 속성을 확장시킬 수도 있다. 그것은 본질적으로 역동적이고 운동성을 지닌 에너지의 수레이다. 이 운동은 푸드갈라 실체에 속하며, 단순한 운동(parispanda)과 전변(pariṇāma)의 2종으로 구분된다. 푸드갈라는 세계의 물질적인 토대이다. 물질 그 자체는 미세함과 가시(可視) 가능성의 다양한 정도에 따라서 여섯 가지 형태로 존재한다고 말한다. 촉감, 맛, 냄새, 색깔, 그리고 소리 등의 속성들은 푸드갈라와 관련된다. 자이나교도들은 영혼과 공간을 제외한 세계의 모든 것이 물질에서 생겨난다고 주장한다. 우리가 지각하는 사물은 조대한 물질로 이루어져 있다. 또한 우리의 감관에는 잡히지 않는 미세한 물질이 있으며, 이것은 다양한 정도의 카르마로 변형된다.

6) 원자론

자이나교의 물리학은 그 중추 원리로 우주의 원자적 구조를 지닌다. 감각으로 파악되는 물질적 대상은 원자(paramāṇu)로 구성되어 있다. 차별화에 의하여 질적으로 결정되는 여러 종류의 원자들로 나누어지는, 완전히 동질적인 물질의 집적이 상정된다. 원자는 시작이나 중간 혹은 끝도 없다. 그것은 지극히 미세하고 영원하며 궁극적이다. 그것은 창조되거나 파괴되지도 않는다. 그것은 모든 형태(mūrta)의 토대이지만 무형(amūrta)이다. 때로는 그것이 완전자에 의하여 지각된다는 의미에서 형태를 지닌다고 말해지기도 한다. 원자는 무게를 지닌다고 한다. 무거운 것은 아래로 내려오고 가벼운 것은 위로 올라간다. 각각의 원자는 공간의 한 점 혹은 연장을 지닌다.[원주78] 미세한 상태에 있을 때, 무수한 원자들은 조대한 한 원자의 공간을 점한다. 각각의 원자는 일종의 맛과 색깔과 냄새, 그리고 촉감을 지닌다.[원주79] 이러한 속성들은 영구적이거나 고정적인 것이 아니다.

[원주78] 『판차스티카야사마야사라』, 84.

  물질적인 사물은 서로 끌어당기는 속성을 지니는 원자들의 조합에 의하여 생겨난다. 점성(粘性)과 건성(乾性)의 두 원자가 있을 때, 혹은 각각 다른 정도의 점성과 건성을 지닌 두 원자가 있을 때, 그 둘은 하나의 혼합물을 형성한다. 원자적인 결합은 오직 그 원자들이 각기 다른 성질을 띨 때 일어난다. 원자 간의 끌어당기는 힘과 밀어내는 힘이 자이나교도들에 의하여 받아들여진다. 원자의 운동은 공간, 운동의 조건, 그리고 정지의 조건을 매개로 일어난다. 원자들의 집적(skandha)은 다른 것들과 결합한다. 그러므로 푸드갈라는 원자와 집적의 두 가지 형태로 존재한다. 스칸다는 2개의 원자로 된 것에서부터 무수한 원자로 된 것에 이르기까지 수많은 종류가 있다. 지각 가능한 모든 대상은 스칸다이며, 물질 세계 전체는 하나의 대집적(mahāskandha)이다.

  물리적인 세계에서 일어나는 변화는 모두가 원자들의 이합집산에 따른 것이다.[원주80] 이미 언급한 바와 같이 원자는 본질적으로 불변이 아니다. 원자는 변화(pariṇāma)를 겪으며, 이러한 과정에서 새로운 속성들을 부가하게 된다. 이것은 지·수·화·풍의 요소에 합치하는 여러 종류의 원자가 있는 것은 아니라는 결론이 된다. 원자들은 요소들의 특수한 속성들을 발달시킴으로써 차별화되고 요소들을 형성한다. 니야야 바이셰쉬카 이론은 요소들의 숫자만큼 다양한 원자들이 있다고 주장한다. 이에 비하여 자이나교도들은 동질의 원자들이 다양한 결합에 의하여 여러 가지 요소들을 만들어낸다고 생각한다. 기본 원자들 간의 질적인 차이는 부정된다.[원주81] 이 점에서 자이나교도들은 레우키포스(Leukippos)와 데모크리토스의 견해에 일치한다. 원자의 배열에 의하여 집적을 이루는 형태는 다양하다. 원자의 운동은 지극히 빨라서, 한 순간에 전 우주를 이쪽에서 저쪽 끝까지 가로지를 수 있다고 말한다.

〔원주79〕 같은 책, 57.
〔원주80〕 같은 책, 80~83.
〔원주81〕 같은 책, 85.

7) 카르마

자이나교도들에 따르면, 카르마(karma, 業)는 물질적(paudgalika)이다. 그들은 생각과 관념이 우리의 성격에 영향을 미치며 영혼의 성향을 형성하거나 변화시킨다고 생각하는데, 이것은 카르마를 물질적인 것으로 보는 것과 불가분의 관계를 지닌다. 카르마는 실체적인 힘이며, 미세한 형태의 물질이다. 카르마를 발현시키기에 적합한 여러 가지 종류의 물질이 우주 공간에 충만해 있다. 그것은 공덕과 비공덕의 결과를 발현시키는 독특성을 지닌다. 영혼은 물질 세계와 접촉함으로써 미세한 물질의 입자들이 실제로 그 속에 스며들게 된다. 이러한 것들이 카르마가 되며, 업신(業身, kārmaṇaśarīra)이라고 불리는 특수한 몸을 형성한다. 또 이 업신은 영혼이 완전한 해탈에 들 때까지 그것을 떠나지 않는다. 이와 같은 카르마 물질은 영혼의 광채를 가로막는다. 존재 카르마(bhāvakarma)[역주25]는 영혼에 직접적인 반면에 실체 카르마(dravyakarma)[역주26]는 육신에 속한다. 이 둘은 비록 의식(cetana)과 무의식(acetana)처럼 서로 구별되고 분리되는 것이라 할지라도, 함께 결합되기도 한다.

8) 업감(業感, leśyā)

카르마는 일어나는 모든 행위가 그 유기체 속에 남아서 미래의 행위에 대한 토대가 되는 어떤 흔적을 남기는 방식으로 작용한다. 다섯 종류의 카르마 상태가 언급되며, 각각의 상태는 그것에 상응하는 정신상태(bhāva)를 결정한다. "생기(生起), 억제, 쇠퇴, 혼합된 억제, 걸림없는 사고 때문에 개아는 다섯 가지 정신상태를 지닌다."[원주82] 마지막 상태는 카르마에 영향 받지 않는 반면에, 나머지 넷은 물질적인 측면의 변화에 의하여 결정된다. 사물의 일상적인 과정을 통하여 카르마는 효력을 나타내며, 이에 적합한

〔역주25〕 미세한 카르마 물질을 만들어내는 신(身), 구(口), 의(意)의 행위를 말한다.
〔역주26〕 실제로 그 자체가 미세한 물질로 변형되어 영혼에 들러붙는 신(身), 구(口), 의(意)의 행위를 말한다.
〔원주82〕『판차스티카야사마야사라』, 62, udāya, upaśama, kṣaya, kṣayopaśama, pariṇāma.

결과를 만들어낸다.

그때 영혼은 아우다이카(audayika) 상태에 있다고 말한다. 적절한 노력에 의하여 카르마가 그 효력을 나타내는 것을 얼마 동안 막을 수도 있다. 마치 불씨가 재로 덮여 있듯이, 비록 카르마가 효력을 나타내지 않는 중립적인 것으로 된다 할지라도, 그것은 여전히 남아 있다. 그때 영혼은 아우파샤미카(aupaśamika) 상태에 있다고 말한다. 카르마가 억제될 뿐 아니라, 완전히 단멸되면, 영혼은 해탈에 이르는 크샤이카(kṣāyika) 상태로 들어간다. 영혼의 네번째 상태, 즉 크샤요파샤미카(kṣāyopaśamika) 상태는 앞의 세 상태들이 지닌 성격을 복합적으로 지닌다. 이 상태에서 어떤 카르마는 소멸되고, 어떤 것들은 중립적이 되며, 또 어떤 것들은 활동적이 된다. 그것은 이른바 선한 사람들의 상태이다. 이에 비하여 크샤이카와 아우파샤미카 상태들은 거룩한 사람들에게 속한다.[원주83]

이와 같이 비영혼은 5종의 실체, 즉 공간, 시간, 다르마, 아다르마, 푸드갈라로 구성된다. 이 가운데 앞의 4종은 무형적·비물질적이며, 마지막의 것은 유형적·물질적이다. 이 다섯 범주들이 세계(loka)를 구성하며, 이를

[원주83] 카르마가 영혼에 스며들면, 그것은 카르마나샤리라(業身)를 형성하는 8종의 프라크리티로 변형된다. 이 8종의 카르마는 다음과 같다. ① 영혼의 본래적인 지식을 가리고, 다양한 차원의 지식과 무지를 만들어내는 갸나바라니야(jñānāvaraṇīya), ② 바른 직관을 가리는 다르샤나바라니야(darśanāvaraṇīya), ③ 영혼의 환희성을 가리고 온갖 즐거움과 고통을 낳는 베다니야(vedanīya), ④ 믿음과 행위와 감정에 대한 영혼의 바른 입장을 흐리게 하고 의혹과 오류 및 여타의 정신적인 혼란을 초래하는 모하니야(mohanīya), ⑤ 하나의 생에서 삶의 장단을 결정하는 아유슈카(āyuṣka), ⑥ 개체를 집합적으로 형성하는 여러 가지 상황과 요소들—보편성과 개별성을 지니는 육신—을 만들어내는 나마(nāma), ⑦ 개인이 속할 민족, 계급, 사회적인 지위를 결정하는 고트라(gotra), 그리고 ⑧ 영혼 본래의 에너지를 가로막아 선행을 하고 싶어도 하지 못하게 방해하는 안타라야(antarāya). 마지막 네 가지는 개인의 신분과 관련된 것이다.

카르마 이론은 레쉬야(leśyā, 업감)—6종이 있다—의 교의와 연관된다. 한 영혼에 의하여 축적된 카르마의 총합은 그 안에 육안으로는 볼 수 없는 초경험적인 색깔을 유인한다. 이러한 것들은 윤리적인 의미를 지닌다. 영혼의 상태는 그 타고난 본성과 카르마—영혼과 관련을 지니는—에 의하여 만들어진다. 각종의 카르마는 그것이 반드시 제거되어야 하는 필연적인 한계를 지니고 있다.

초월하여 아로카(aloka)라고 불리는 무한한 절대 영역이 있다.[원주84]

9) 영혼의 유형

물질이나 물질적 사물과 다른 것이 영혼, 즉 지바(jīva)이다. 지바란 문자적으로 '살아 있는 것'을 의미한다. 자이나교 문헌에서 지바라는 말은 다양하게 사용되며, 생명, 생기, 영혼, 혹은 의식을 가리키기도 한다. 지바는 외부 세계의 물질적인 사물과는 완전히 다른, 살아 있는 경험이다. 무수히 많은 영혼이 있으며, 그 종류도 여러 가지이다. ① 영원히 완전한 영혼(nityasiddha), ② 해탈된 영혼(mukta), ③ 속박된 영혼(baddha).

이 가운데 두번째 유형의 영혼은 더 이상 육신을 지니지 않는다. 그들은 청정함을 얻었으며, 세속적인 일에 무관심한 초경험적인 완전함으로 산다. 현상계의 영혼은 환영(幻影)의 희생물이며, 억겁으로 이어지는 삶을 통하여 물질의 족쇄에 묶이도록 운명지어진다. 자유롭게 된 영혼은 청정 무구하며 어떤 형태의 물질적인 오염에서도 벗어나 있다. 그들에게서 영혼과 물질 간의 동반관계는 완전히 사라지고 없다. 그들은 아무런 속박 없는(nirupādhi) 영혼으로서, 순수 존재·순수 의식의 삶을 영위하며, 무한한 지식(anantajñāna), 무한한 직관(anantadarśana), 무한한 힘(anantavīrya), 무한한 기쁨(anantasukha)을 지닌다. 존재의 순환 속에 방황하는 제약적인(sopādhijīva) 영혼에는 고통의 원인이 되는 비참한 기생(寄生) 물질이 따라다닌다. 무지로 인하여 영혼은 자기를 물질과 동일시한다. 자유롭게 된 자라는 의미에서의 영혼은 의심할 나위없이 청정 무구한 순수 주체를 가리킨다. 그것은 우파니샤드의 아트만, 즉 모든 인식과 느낌과 의지에 선행하는 자존 불변의 주체와 일치한다. 업에 물들어 윤회하는 자(saṁsārin)를 가리키는 말로서의 영혼은 삶에 의하여 제한되는 경험적인 범주이다.[역주27]

[원주84] 『판차스티카야사마야사라』, 3.
[역주27] 정통 베단타 철학에서 핵심 개념으로 사용되고 있는 아트만이라는 용어가 자이나교 철

이와 같이 다양한 용법은 자이나교 형이상학에 상당한 혼란을 초래한다. 궁극적인 해탈의 상태를 제외하고 영혼은 언제나 물질과 관련을 지니며, 양자 간의 연결고리는 카르마이다. 영혼은 모든 변화를 통하여 존속하며, 그것은 육신의 산물이 아니다. 자이나교 철학은 어느 경우에도 새로운 실체의 창조 혹은 지난 것의 파괴란 있을 수 없다는 것을 받아들인다. 그것은 단지 새로운 형태로 요소들이 혼합된 것일 뿐이다. 영혼은 다수이나, 똑같이 영원하다. 그들의 현저한 본질은 외적인 요인들에 의하여 아무리 흐려진다 할지라도 결코 소멸되지 않는 의식(cetana)이다. 그들은 다양한 크기를 지니는 것으로 간주된다. 그들은 잠정적으로 결합되는 육신의 크기에 따라서 수축·팽창한다.

자이나교도들에게 다양한 종류의 영혼에 대한 문제는, 아힝사(ahiṁsā, 不殺生)에 대한 그들의 관점에서 보아 중요한 의미를 지닌다. 영혼은 그것이 지니는 감각기관의 수에 따라서 분류된다. 최고의 영혼은 촉각·미각·후각·시각·청각의 5종 감관을 지니며, 최하위의 영혼은 촉감을 느끼는 1종의 감관만을 지닌다. 이 둘 사이에 2종, 3종, 4종의 감관을 지니는 영혼들이 있다. 고등동물, 인간, 그리고 신들은 제6의 내적 인식수단(manas)을 지니며, 이성적이라고 말해진다.[원주83] 감관과 육신은 영혼의 본질을 구성하지 않으며, 영혼은 그러한 모든 것들의 근저에 깔려 있는 의식에 있다.[원주84]

영혼은 그것의 속성인 지식(jñāna)과 구별되지 않는다. 그리고 지식의 방법은 다양하기 때문에, 실재의 세계는 또한 현자들에 의하여 복합적인 우주(multiverse)로 말해진다.[원주85] 자아와 그 지식은 분리될 수 없다.

학에서는 거의 사용되지 않으며, 그 대신에 영혼(soul)을 가리키는 지바(jīva)라는 용어가 주로 사용된다. 짐작하건대 이러한 차이는 근본적으로 경전 언어의 차이에서 오는 것으로 보인다. 전자는 범어를, 그리고 후자는 아르다 마가디(Ardha-māgadhī)어를 사용한다. 나중에 범어가 인도 전역에서 일반적으로 사용되면서 이러한 어법의 차이는 다소 완화된다.

[원주83] 『판차스티카야사마야사라』, 118~126.

[원주84] 같은 책, 128.

구제되지 못한 영혼들 속에서 지식과 기쁨은 수축된다. 인간과 동물뿐 아니라, 태양계에서 이슬 방울에 이르기까지 모든 것은 영혼을 지닌다. 기본(elemental) 영혼들——예를 들어 땅 원소의 영혼, 불 원소의 영혼——이 있는데, 이들은 생사를 거듭하며, 동일한 기본 육신 혹은 다른 기본 육신에서 다시 태어난다. 이들은 조대하거나 미세하다. 후자의 경우에 그들은 보이지 않는다. 식물은 1종의 감관을 지니는 영혼이다. 각각의 식물은 한 영혼의 몸이거나, 체화된 다수의 영혼을 지닐 수도 있다.

다른 몇몇 인도철학자들도 식물이 영혼을 지니고 있다는 것을 받아들이기는 했지만, 자이나교 사상가들은 이 이론을 괄목할 만하게 발전시켰다. 오직 하나의 영혼이 체화된 식물들은 언제나 조대하며, 세계에서 발육 가능한 부분에만 존재한다. 그러나 하나하나가 식물 생명의 군체(群體)인 식물들은 미세하여 지각할 수 없으며, 온 세계에 퍼져 있다. 이 미세한 식물들은 니고다(nigoda)라고 불린다. 그들은 공히 호흡과 자양분을 지니고 아주 작은 무리를 형성하는 수많은 영혼들로 이루어져 있다. 무수한 니고다들은 하나의 작은 방울을 형성하며, 세계는 이들로 둘러싸여 있다. 이 니고다들은 니르바나를 얻은 자들 때문에 생긴 빈 곳에 영혼들을 보충한다. 단지 한 개 니고다의 지극히 작은 단편이 무시의 과거로부터 현재까지 해탈에 든 자들 대신에 영혼들을 메워넣었다고 말해진다. 그러므로 우리는 세계가 언제라도 생물이 완전히 없어질 것이라고 생각할 수 없다.[원주86] 자이나교 이론의 특징은 심지어 쇠붙이나 바위와 같은 무생물에도 영혼이 있다고 한 점이다.

영혼의 상태는 그 몸의 상태에 달려 있다. 무기물에 있는 영혼의 의식은 정지 상태에 있다. 이에 비하여 유기적인 몸에서 그것은 아주 역동적이다. 인간 존재의 경우에 의식은 활발하다. "모든 육체가 다 동일한 것은 아니다. 인간의 육체, 야수의 육체, 물고기의 육체, 새의 육체는 각각 다르다."

[원주85] 같은 책, 49. 또한 같은 책, 58을 보라.
[원주86] 『로카프라카샤』(Lokaprakāśa), vi.31 ff를 보라.

영혼은 지식으로 특징지어지며, 그것은 형태를 지니지 않지만, 그럼에도 불구하고 카르마의 결과를 향수하고 육신과 동일한 크기를 지니는 행위자이다.[원주87] 그것은 실재적인 변화를 겪는다. 만일 그렇지 않다면 그것은 원인적인 행위자일 수 없을 것이다.[원주88] 그것은 사유작용(bhāva)의 질료인(upādānakartṛ)이다. 한편, 카르마 물질은 결정인(決定因, nimitta)이다.[원주89] 옹기장이는 관념(bhāva)을 가지고 있으며, 옹기는 그의 의식 속에 있다. 그리고 재료가 되는 찰흙으로 실제의 옹기가 생겨난다. 영혼은 수많은 형태를 거치는 중에도 그 본질과 자기 동일성을 유지한다. 생사는 다만 영혼의 변형 혹은 양태(paryāya)에 불과하다. 자유롭게 된 영혼은 상사라 속에 있던 영혼과 본질적으로 다르지 않다.[원주90] 영혼이 언제나 변증법적인 전변 과정의 올가미에 걸려 있어야 하는 것은 아니다. 다시 말하여 그것은 육신에 독립적인 그 자체의 존재를 영위할 수 있다. 의식은 물질에 독립적인 실재이며, 어떤 의미에서도 그 산물이 아니다. 그것은 무시무종이며 영원하다. 다만 혼합물들이 부서지고 소멸될 뿐이다.

지금까지 우리는 5종의 비영혼 실체(ajīva dravya)와 영혼(jīva)에 대하여 간단하게 살펴보았다. 이들 6종의 실체 가운데 시간을 제외한 나머지는 모두가 연장적 실체(延長的 實體, astikāya),[원주91] 즉 공간적인 존재이며 공간적인 관계의 가능성을 지닌다. 시간은 실재적이지만 비연장적이다. 다시 말하여 그것은 독립적인 존재를 지니는 실체이지만, 연장적 실체가 아니다. 여러 실체들이 동일한 장소에서 움직일 수 있으며, 그들의 본질적 속성을 잃지 않고 상호 침투할 수 있다. 자이나교의 6종 실체는 바이셰쉬카 이론의 9요소와 다르다. 후자는 지·풍·화·수·공간·시간·방위(方位, dik)·의근·영혼을 말하는데, 이 가운데 앞의 네 가지는 자이나교도

[원주87] 『드라비야상그라하』, 2.
[원주88] 『판차스티카야사마야사라』, 65.
[원주89] 같은 책, 64.
[원주90] 같은 책, 20.
[원주91] 'asti'는 '존재하다'라는 의미이며, 'kāya'는 '공간을 점유하고 있는'이라는 뜻이다.

108

들에 의하여 물질에 귀속된다. 이 네 가지는 각각의 감각기관에 상응하는 물질의 공통적인 특성들이다. 다양한 입자들이 서로 융합될 수 있는 변형 가능성 때문에, 물질이 하나의 단위로 간주된 것이다. 바이셰쉬카 학파는 공간을 소리의 원천으로 보고 있음에 비하여, 자이나교도들은 소리를 물질적인 입자들의 진동에 의하여 생겨나는 것으로 여겼다.[원주92]

영혼과 비영혼은 우주의 모든 것을 포함하는 두 범주이다. 6종의 실체 가운데 영혼과 물질(pudgala)이 가장 중요하다. 그외의 것은 이 두 실체의 행위의 원리이거나 상호 작용의 결과이다. 윤회는 단지 영혼이 물질에 연루된 것에 불과하다. 지바와 푸드갈라는 이리저리 움직이게 하는 동인(動因, sakriya dravya)이다. 다르마와 아다르마는 운동의 요건을 이루지만, 변화의 직접적인 원인이거나 간접적인 조건도 아니다. 따라서 이 둘은 사크리야니슈크리야(sakriyāniṣkriya)라고 말한다.

영혼과 비영혼 간의 결합 고리는 카르마이다. 영혼, 비영혼과 함께 카르마의 유입·향수·단멸은 자이나교의 원리(tattva)들이다.[원주93] 물론 이 가운데서 영혼과 비영혼은 주요 원리들이다. 대개 이 둘은 결합되어 있으며, 비영혼으로부터 영혼이 완전히 벗어나는 것이 모크샤이다. 그것은 모든 노력의 궁극적인 목표이며, 이러한 이상은 오직 카르마를 멈추고 그것을 완전히 떨쳐버릴 때 실현될 수 있다. 상바라(saṁvara)는 멈추게 하는 것이다. 이를 통하여 우리는 카르마가 영혼 속으로 유입되는 통로를 차단한다. 니르자라(nirjarā)는 이전에 지은 모든 죄를 완전히 떨쳐버리는 것이다. 이 둘이 필요하게 된 것은 아스라바(āsrava)와 반다(bandha) 때문이다. 아스라바는 이질적인 물질이 영혼 속으로 흘러들어오는 것이며, 반

[원주92] 『판차스티카야사마야사라』, 7.

[원주93] 7종의 탓트와는 지바, 아지바, 아스라바(āsrava, 카르마 입자의 유입), 반다(bandha, 속박), 상바라(saṁvara, 카르마 입자의 유입을 역전시키는 과정), 니르자라(nirjarā, 카르마의 단멸), 그리고 모크샤(mokṣa, 해탈)이다(『탓트와르타 수트라』, 4). 때로는 파파(pāpa, 죄)와 푼야(puṇya, 공덕)를 부가하여 9종의 파다르타(padārtha, 범주)를 말하기도 한다(『판차스티카야사마야사라』, 116 ; 『드라비야상그라하』, 28).

다는 영혼을 육신에 잡아매는 것이다. 그것은 그릇된 믿음(mithyā-darśana), 방종(avirati), 부주의(pramāda), 격정(kaṣāya), 마음·육신·말을 통하여 영혼에서 일어나는 동요(yoga)에서 기인된다.[원주94] 환영(幻影, mithyātva)은 단지 어떤 것을 그것이 아닌 것으로 착각하는 것이다.[원주95] 유입과 속박이 그릇된 카르마의 결과임에 반하여, 억제하고 떨쳐버리는 것은 올바른 행위의 결과이다. 철두철미하게 우리는 정신적인(bhāva) 변화와 물질적인(dravya) 변화를 구별한다. 사고방식은 카르마를 결정한다.[원주96]

영혼이 육신과 결합하는 것은 그 속에 카르마의 입자가 있기 때문이다. 영혼의 중립적인 속성과 지식 그리고 직관을 흐리게 하는 것은 바로 이것이다. 영혼은 마지막 해탈에 들기 전까지 물질에서 완전히 분리될 수 없다. 영혼의 오염은 이렇게 발생한다. 카르마로 변형될 준비가 된 미세한 물질이 영혼으로 흘러든다. 개개의 특정한 카르마가 선하거나 악한, 혹은 중립적인 어떤 행위에 의하여 야기되듯이, 이번에는 그것이 어떤 고통이나 즐거운 결과를 낳는다. 어떤 특정한 카르마가 그 결과를 낳을 때 그것은 영혼에서 제거된다. 그리고 만일 이러한 정화의 과정이 끊임없이 계속하여 일어난다면, 물질의 모든 오염이 제거될 것이다. 그러나 불행하게도 정화와 속박의 과정은 동반해서 일어나며, 영혼은 윤회 전생을 계속하게 된다. 죽는 순간에 영혼은 그 업신(業身)과 더불어 순식간에 새로운 태생을 위한 장소로 이동하며, 거기서 새로운 육신을 취한다. 그리고 영혼은 그 새로운 육신의 크기에 따라서 팽창하거나 수축한다. 현세의 영혼은 그 태어나는 장소에 따라서 4종으로 분류된다. ① 지옥에 태어난 영혼, ② 축생계에 태어난 영혼, ③ 인간계에 태어난 영혼, ④ 신계에 태어난 영혼.[원주97]

〔원주94〕 Umāsvāti, 『탓트와르타 수트라』, vii.1.
〔원주95〕 Asatī satbuddhi. 은폐(āvaraṇa)와 가현(vikṣepa)에 대한 아드와이타(Advaita) 학파의 이론은 자이나교의 이 교설과 어떤 유사성을 지닌다.
〔원주96〕 『드라비야상그라하』, 29 ff를 보라.
〔원주97〕 『판차스티카야사마야사라』, 16.

110

9. 윤리

1) 금욕적 윤리

해탈이 이루어지면 저급한 물질은 고차원의 정신에 의하여 정복된다. 영혼이 자기를 억누르던 무게에서 벗어날 때, 그것은 해탈자들이 사는 우주의 꼭대기로 떠오른다. 영혼의 근본적인 전환은 자유에 이르는 길이다. 윤리적 장치는 인간의 본성을 개조하고 새로운 카르마의 형성을 저지하는 데 필수적이다. 열반에 이르는 길은 지나(Jina, 승리자)에 대한 믿음, 그의 교설에 대한 바른 지식, 그리고 완전한 행위라는 삼보(三寶, triratna)를 통하여 마련된다. "참된 실재(tattva)에 대한 믿음이 바른 믿음이다. 한 점 의혹이나 오류없이 참된 본질을 아는 것이 바른 지식이다. 외부 세계의 대상들에 대한 욕망이나 혐오가 없는, 중립의 자세가 바른 행위이다."[원주98] 이 셋은 서로 어우러져 한 길을 이루며, 동시에 추구되어야 한다.

덕행은 지식과 믿음을 지닌 자의 다섯 가지 행위에 있다. ① 무해(無害) 혹은 아힝사(ahiṁsā, 불살생), 이것은 단지 소극적인 자제가 아니라, 모든 존재에 대한 적극적인 사랑이다. ② 자비와 진실한 언행 ③ 불투도(不偸盜)와 같은 지조가 바른 행위. ④ 신(身), 구(口), 의(意)의 행동에 있어서 금욕. ⑤ 모든 세속적인 관심에 대한 포기. 이 다섯 가지 행위는 훌륭한 사람의 표징이 된다. 이 가운데 마지막의 것은 가끔씩 극단적으로 해석되어 훌륭한 사람이 되려면 의복도 입지 말고 다녀야 한다고 말해진다. 그것은 다만 우리가 분별심이 있고 부끄러운 감정에 사로잡히는 한, 해탈은 우리에게 요원하다는 것을 의미할 뿐이다.

자이나교 윤리는 믿음과 행위 모두에 강조점을 둔다. 평신도를 위한 계율과 수행자에 대한 계율 간에 차별을 둔다.[원주99] 마음의 평화를 가져오는 모든 행위는 공덕(功德, puṇya)이다. 굶주린 자에게 음식을 주고, 목마른

[원주98] 같은 책, 115. 또한 『탓트와르타 수트라』, i.1을 보라.
[원주99] 『탓트와르타 수트라』, vii.20 ff.

자에게 물을 주며, 헐벗은 자에게 옷을 주고, 수행자에게 거처를 제공하는 등과 같은 공덕을 쌓는 아홉 가지 방법이 있다. 고통을 가하는 것(hiṃsā)은 중죄(pāpa)가 된다. 이외의 다른 죄로는 거짓말, 부정직, 음란, 탐욕이 있다. 분노, 자만, 사기, 그리고 탐욕은 우리를 세속의 일에 붙잡히게 하지만, 이에 반대되는 인내, 겸손, 근면, 그리고 자족은 영적인 본성의 성장을 북돋운다. 증오, 싸우기 좋아함, 중상(中傷), 비방, 타인을 학대함, 자제심의 결여, 위선과 거짓된 믿음 등과 같은 죄도 언급된다. 죄는 신에 대한 위반이 아니라, 단지 인간의 본성을 그르치는 것이다.

> 사람과 새와 짐승을 모두 사랑하는 자,
> 그의 기도는 훌륭하다.
> 크고 작은 모든 만물을 사랑하는자,
> 그의 기도가 최선이다.
> ● 콜리지(Coleridge)

2) 자이나교 윤리와 불교 윤리

자이나교의 윤리체계는 불교의 그것보다 더 엄격하다. 그것은 인내를 최선으로 간주하며, 즐거움을 죄의 원천으로 본다.[원주100] 인간은 즐거움과 고통에 무관심해야 한다. 참된 자유는 모든 외적인 것들에 대한 독립에 있다. "바깥 사물들에 대한 욕망을 통하여 즐겁거나 고통스러운 상태를 경험하는 영혼은 본래의 자아를 상실하고 혼란에 빠지며, 바깥 사물들에 이리저리 끌려다닌다. 그는 타자에 의하여 주관된다."[원주101] "자기 본래의 지각과 이해를 통하여 다른 것과의 관계에서 벗어나고 외적인 생각을 여의며, 자신의 영원한 실상이 그러하다는 것을 아는 영혼은 완전히 자기 결정적인 행

[원주100] 『아차랑가수트라』(*Ācārāṅgasūtra*), The Sacred Books of the East, vol. xxii, p.48. 또한 『판차스티카야사마야사라』, 76~77을 보라.
[원주101] 『판차스티카야사마야사라』, 163.

위를 했다고 말해진다."[원주102] "여보게! 그대가 곧 그대 자신의 벗이거늘, 그대 밖에서 친구를 구하려 하는가?"[원주103]

우리가 절대적 숙명론에 빠지는 것은 아니다. 왜냐하면 비록 카르마가 모든 것을 결정한다 할지라도, 우리의 주관 아래 있는 현재 우리의 삶은 과거의 결과를 변경시킬 수 있기 때문이다. 우리는 특별한 노력을 통하여 카르마의 결과를 피할 수 있으며, 신의 개입은 있을 수 없다. 고행 정진하는 영웅이 청정해지는 것은 자의적인 신의 변덕 때문이 아니라, 우주의 질서 때문이다. 명상이 명해지는데, 그것은 우리가 서원(誓願)을 실행하는 힘을 얻을 수 있도록 해주기 때문이다.[원주104] 수행의 엄격성은 11단계로 된 재가자의 삶이나, 14단계를 거치는 영혼의 발달과정에서 쉽게 짐작할 수 있을 것이다. 이러한 고행의 엄격한 이상은 인도에서 수많은 위대한 헌신자들에 의하여 실천되었다.

자이나교의 주요 특징은 아힝사, 즉 생명 있는 모든 것을 귀하게 여기고, 그것을 상하게 하지 않는 것이다. 이 계율에 대한 철저한 강요는 극단적인 많은 실천행위들을 만들어냈으며, 이것은 자이나교에 대하여 부정적인 사람들의 비난의 대상이 되기도 했다. 어떤 자이나교도들은 그들이 지나갈 때 생명을 다치지 않도록 땅을 쓸며 지나가며, 숨을 들이쉴 때 생명체가 빨려들어오지 않도록 입가리개를 하고 걷는다. 그리고 물을 걸러서 마시며, 심지어 벌꿀도 먹지 않는다. 사실 엄격한 의미에서의 아힝사는 실천할 수 없다. 『마하바라타』(Mahābhārata)는 말한다. "세계는 비록 논리적으로는 추론된다 할지라도 육안으로는 볼 수 없는 피조물로 가득 차 있다. 우리가 눈을 깜박거릴 때, 그들의 사지가 부러져 떨어진다."[원주105] 『바가바타 푸라나』(Bhāgavatapurāṇa)는 "생명은 생명의 생명이다"[원주106]라고 주장한다.

[원주102] 같은 책, 165.
[원주103] 『아차랑가수트라』, The Sacred Books of the East, vol. xxii, p.33.
[원주104] 『탓트와르타 수트라』, vii.4~10.
[원주105] 「샨티파르바」(Śāntiparva), 15. 26.
[원주106] i. 13. 46. "Jīvo Jīvasya jīvanam."

이 단순한 진리가 망각될 때, 삶은 거의 불가능하게 된다. 어쩌면 어떤 생명을 어떤 곳에서 다치게 할지도 모른다는 병적인 두려움이 정통 자이나교도들의 행위를 지배한다.

불교가 자살을 비난함에 비하여, 자이나교는 그것이 삶을 확장시킨다고 주장한다. 만일 고행이 실천하기 어려운 것이라면, 우리의 감정을 자제하고 시련을 견뎌낼 수 없다면, 자살이 허용된다.[역주28] 12년 동안의 고행을 통한 준비가 갖추어지면 열반이 보장되므로, 자살을 받아들일 수 있다고 주장하기도 한다. 당시 여러 철학파들의 경우처럼, 여자는 마음을 미혹시키는 대상으로 간주된다.[원주107] 인도 종교사상의 다른 학파들과 마찬가지로 자이나교는 누구나 정해진 윤리 규범을 준수하기만 한다면, 자이나교도가 아니라도 마지막 목적지에 도달할 수 있다고 믿는다. 라트나셰카라(Ratnaśekhara)는 자신의 『상보다삿타리』(Sambhodhasattari)에서 ·이렇게 말한다. "백의파 자이나교도(Śvetāmbara)이든 공의파 자이나교도(Digambara)이든, 불교도든 또는 그외의 다른 신조를 따르는 자든, 자아의 자기 동일성을 실현한 자, 즉 모든 만물을 그 자신의 자아로 보는 자는 해탈을 얻는다."

3) 카스트 제도

자이나교도들은 카스트 제도를 반대하지 않으며, 단지 그것을 인간의 성품에 따른 것으로 보려 한다. "자기의 행위에 의해서 우리는 브라흐민, 크샤트리야, 바이쉬야, 혹은 슈드라가 된다……. 모든 카르마에서 벗어난 자, 그를 우리는 브라흐민이라고 부른다."[원주108] "자이나교도와 불교도들은 브

[역주28] 자이나교에서는 단식을 통한 죽음을 살레카나(sallekhana)라고 하여, 거룩한 행위로 받아들이는 전통이 있다. 살레카나는 이생에서 내생으로 옮겨감에 있어서 스스로 자기의 죽음을 주관한다는 의미를 지니는 것으로, 열반에 이르게 하는 한 길로 받아들여진다. 육신이 노령이나 불치병으로 쇠약해지기 시작할 때, 수행자뿐 아니라 평신도라도 살레카나를 택할 수 있으며, 합당한 감독과 정해진 예식에 따라 죽음을 맞이한다. 『웃타라디야야나 수트라』(Uttarādhyayana Sūtra), iv.7을 보라.

[원주107] 『아차랑가수트라』, The Sacred Books of the East, vol. xxii, p.33.

라흐민이라는 말을 존칭으로 사용하며, 브라흐민 계급에 속하지 않았던 사람에게도 쓴다."[원주109] 카스트에서 생겨난 배타성과 자만은 자이나교도들에 의하여 비난을 받았다. 『수트라크리탕가』(*Sūtrakṛtāṅga*)는 태생에 대한 자만을 사람이 죄를 범하는 8종의 자만 가운데 하나로 비난한다.[원주110]

4) 자이나교 교단

자이나교 교단은 비구·비구니·우바새·우바이를 포함하는 사중(四衆)으로 구성된다. 불교의 경우와 같이, 평신도는 성직자들과 조직적으로 연계되지 않았다. 불교보다 더 적은 수의 지지 기반과 포교에 대한 열정없이도 자이나교는 인도에서 살아남았지만, 불교는 모습을 감추었다. 스티븐슨 (Stevenson) 부인은 이 사실에 대하여 다음과 같이 말한다.

자이나교의 성격은 어려울 때에 스스로가 촉수(觸手)를 뻗어 도움을 받을 수 있게 하는 그러한 것이었다. 불교도들과는 달리 자이나교도들은 결코 주변의 신앙으로부터 스스로를 차단하지 않았다. 그들은 언제나 브라흐민을 가정의 제관으로 청하여 탄생식을 주관하게 하고, 때로는 장례식이나 결혼식 혹은 사원 숭배에서 사제의 직분을 행하게 하였다. 또한 그때 그들은 자이나교 전통의 주요한 영웅들과 함께 라마(Rāma), 크리슈나(Kṛṣṇa) 등과 같은 힌두교의 몇몇 대중적인 신들을 안치할 수 있는 자리를 마련하였다.

조직 관리에 대한 마하비라의 비범성은 또한 자이나교를 굳건한 토대 위에 세워놓는 요인이 되었다. 그는 평신도들을 공동체에서 없어서는 안될 부분으로 확립시켰다. 이에 비하여 불교에서 그들은 교단에서 중요부분을 차지하지 않는다. 그래서 박해의 폭풍이 나라를 휩쓸고 지나갔을

[원주108] The Sacred Books of the East, vol. xlv, p.140.
[원주109] 『아차랑가수트라』, The Sacred Books of the East, vol. xxii, p.xxx.
[원주110] 그러나 자이나교도들은 그들의 성직자를 다른 가문에 우선하여 소수의 어떤 특정 가문에서 충원한다. 그들은 공동체 내에서 카스트를 준수한다.

때, 자이나교는 힌두교에 피난하였으며, 힌두교는 그 포용력 있는 가슴을 열고 그것을 받아들였다. 그리고 정복자들에게 그것은 힌두교의 방대한 체계 내의 구분할 수 없는 한 부분처럼 보였다.[원주111]

카르마를 물질적인 것으로 보는 입장은 자이나교가 불교와는 대조적으로 내적인 동기보다는 외적인 행위에 더 큰 중요성을 두게 하였다. 불교와 자이나교는 공히 삶과 개체성에 대한 부정을 이상으로 받아들인다. 양자 모두에 있어서 삶은 어떻게 해서든지 벗어나야 할 재난이다. 그들은 우리를 물질적인 것에 묶어 슬픔을 가져오는 모든 속박에서 우리가 벗어나야 한다고 가르치며, 청빈, 평화, 그리고 인내의 고통을 높이 평가한다. 홉킨스(Hopkins)는 자이나교를 풍자하여 "신을 부정하고 사람을 숭배하며 온갖 해로운 짐승들을 보호해야 한다는 것을 요체로 하는 종교"[원주112]라고 말한다. 윤리적인 측면에서 자이나교와 불교 간의 괄목할 만한 유사성은, 그들 모두가 바라문교 전통의 동일한 문헌에서 여러 가지 교의나 실천 수행법을 차용하고 있다는 사실에 그 원인이 있다. "브라흐민 고행자는 그들이 중요한 여러 실천 수행법과 금욕 생활 제도를 차용했던 전형이었다."[원주113]

10. 유신론에 대한 입장

1) 초월신에 대한 부정

세계의 전개는 존재의 불확정성 및 실체 간의 상호 작용에 관한 교의로 가능하게 된다. 창조나 파괴에 있어서 필수적인 신은 부정된다. "존재하는 사물의 파괴는 있을 수 없으며, 무(無)로부터의 창조 또한 있을 수 없다.

[원주111] *The Heart of Jainism*, pp.18~19.
[원주112] *The Religions of India*, p.297.
[원주113] 『아차랑가수트라』, The Sacred Books of the East, vol. xxii, p. xxiv.

사물이 생겨나고 사라지는 것은 그것의 속성과 양태들 때문이다."[원주114] 실체들은 그들의 상호 작용에 의하여 일단의 새로운 속성을 만들어낸다. 자이나교도들은 무로부터 혹은 일련의 우연으로부터 세계가 창조된다는 이론을 비판한다. 자연법칙의 질서정연한 운행은 요행 혹은 우연일 리가 없다.

어떤 신학자들의 경우처럼 우주의 제1 원인자를 상정할 필요가 없다. 우리는 비창조적이던 신이 돌연 창조적이 되는가를 이해할 수 없다. 그러한 가정에서는 세계가 창조되는 원물질에 대한 질문에 답하기 어렵다. 세계의 창조에 앞서 그것은 있었는가, 아니면 없었는가? 만일 그 모든 것이 신의 불가해한 뜻에 달려 있다고 말한다면, 우리는 모든 과학과 철학을 그만두어야 한다. 만일 삼라만상이 오직 신의 뜻에 맞게 기능할 수 있다면, 각각의 사물이 별개의 속성들을 구비해야 할 아무런 이유도 없을 것이다. 다양한 실체들은 각자에게 고유한 특정 기능을 지녀야 할 필요가 없다. 만일 그것이 신의 뜻이라면, 물이 불태울 수 있고 불이 차갑게 할 수 있을 것이다. 그러나 실상 우리는 개개의 실체들이 각자 본질에 속하는 고유한 기능들을 지니고 있으며, 만일 그 기능이 제거되면 실체 그 자체도 파괴되고 만다는 것을 본다.

만일 존재하는 모든 것이 반드시 어떤 제작자를 지닌다고 말한다면, 그 제작자 자신 또한 다른 하나의 제작자를 필요로 하는 입장이 되며, 우리는 결국 제작자의 제작자를 추구하는 끝없는 소급의 과정에 떨어지고 말 것이다. 이러한 순환을 피하는 방법이 자존의 제작자, 즉 그외의 모든 것을 만든 자의 실재를 상정하는 것이다. 그러나 자이나교 사상가는 묻는다. 만일 한 존재가 자존 영원할 수 있다면, 보다 많은 사물과 존재가 자존 영속할 수도 있지 않겠는가? 그는 수많은 실체를 전제로 하며, 세계는 스스로를 현시하는 여러 실체의 필연에 대한 이론으로 설명된다. 정신적·물질적인 요소들로 이루어진 전체 우주는 어떤 영원한 신의 간섭없이 그 본래의 힘으로 생겨나는 수많은 변화를 겪으면서 무시무종으로 존재했다. 세계의 다

[원주114] 『판차스티카야사마야사라』, 15.

양성은 시간, 본질(svabhāva), 필연(niyati), 행위(karma), 그리고 존재와 행위에 대한 욕망(udyama)이라는 상호 협력적인 다섯 가지 조건에서 기인된다. 씨앗은 힘으로 충만해 있을 것이다. 그러나 나무로 자라나려면 그것은 시기 혹은 계절, 자연환경, 그리고 그것을 땅에 심는 행위의 도움을 받지 않으면 안된다. 그 나무 자체의 본질은 그것이 자라날 나무의 종류를 결정한다.

세계와는 별개로 이른바 신이라는 존재는 있을 수 없다 할지라도, 세계의 요소들 가운데 어떤 것들은 올바르게 발달되었을 때 신성시된다. 이들이 아라한(arhat), 즉 지극히 높은 주(主)이며, 모든 결함을 극복하고 모든 것을 아는 영혼이다. 신의 창조적인 영혼이 있는 것은 아니지만, 그럼에도 불구하고 개개의 영혼은 그것이 최상의 완전에 이르렀을 때 최고아(最高我, Paramātman)가 된다.[원주115] 신은 단지 인간의 영혼에 잠재해 있는 여러 가지 힘의 가장 높고 고귀하고 완전한 현현일 뿐이다. 모든 완전한 인간은 신적이며, 그들 간에는 아무런 등급도 있을 수 없다. 모두가 동등하기 때문이다.

2) 종교

엄격히 말하여 자이나교 체계에는 박티(bhakti, 信愛)의 여지가 없다. 그 교리에 따르면 모든 집착이 중단되어야 한다. 인격적인 사랑은 고행의 불길 속에 태워 없어져야 한다. 그러나 아무리 엄격한 논리가 그것을 금한다 할지라도, 나약한 인간은 위대한 조사(祖師, tīrthaṅkara)들에 대한 일종의 신애를 나타내 보이지 않을 수 없다. 평신도들은 그들의 윤리적·종교적인 상황에 적합한 어떤 신조와 예식을 필요로 하였다. 자이나교가 그 발상지를 넘어 각지로 전파되기 시작했을 때, 보통 사람들의 종교적인 열망을 충족시켜주어야 할 필요가 더욱 절박해졌다. 만일 그렇게 하지 못했

[원주115] 알렉산더(Alexander) 교수의 천사들에 대한 이론(*Space, Time and Deity*, vol. ii, p.346, p.365)과 비교하라.

다면, 다른 신을 숭배하고 있던 사람들은 자이나교로 개종할 수 없었을 것이다. 크리슈나 종파를 따르는 자들이 자이나교의 품안으로 들어왔을 때, 제22대 티르탕카라인 아리슈타네미(Ariṣṭanemi)와 크리슈나 간에 모종의 관계가 확립되었다. 많은 힌두교 신들이 유입되었으며, 오늘날 자이나교가 비슈누교 자이나교도와 비(非)비슈누교 자이나교도로 구분되는 것을 보게 되는 것도 바로 이런 까닭이다.

천계에 있는 신의 삶은 영혼이 공덕을 쌓아서 영위할 수 있는 삶의 형태 가운데 하나일 뿐이다. 공덕이 다하면 그 삶은 사라진다. 개개의 신은 단지 인간이나 동물처럼 체화된 영혼에 불과하다. 이들의 차이는 유(類)적인 것이 아니라, 단지 정도 혹은 등급의 차이일 뿐이다. 신성한 몸과 유기체에 속해 있는 위대한 힘과 완전성은 전생의 선행에 따른 대가이다. 해탈된 영혼들은 신보다 상위에 있다. 그들은 결코 다시 태어나지 않는다. 그들은 더 이상 세계와 어떤 관련을 지니지 않으며, 그것에 아무런 영향도 끼치지 않는다. 그들은 위로 향한 길에서 분투하는 사람들에게 해탈에 이르는 수직 상승을 도모하거나 도움의 손길을 뻗치지도 않는다. 완성을 이루어 변화와 고통의 세계를 벗어난 뛰어난 지나(Jina, 승리자)들에게 기도를 드릴 때, 그들은 그 기도에 대답하지 않으며 대답할 수도 없다. 왜냐하면 그들은 세계에서 일어나는 모든 일에 완전히 무관심하며, 모든 감정에서 벗어나 있기 때문이다.

그러나 참다운 수련을 지켜보고 주관하는 신들이 있다는 언급 또한 있다.^[원주116] 그들은 기도를 듣고 조력한다. 지나들에 관한 한, 최선의 숭배 형태는 그들의 충고를 받아들이는 것이다. 조사들에 대한 숭배가 아니라, 자기의 참된 자아를 실현하는 것이 자유에 이르는 길이다.^[원주117] 지나에 대한 명상 혹은 숭앙은 영혼을 성스럽게 만든다. 자이나교도들의 엄격하고 간소한 종교는 은총 혹은 탕감(蕩減)을 인정하지 않았기 때문에 그것을 대

[원주116] Śāsanādhiṣṭhāya devatāḥ.
[원주117] 『판차스티카야사마야사라』, 176 ff.

중들에게 호소할 수 없었으며, 따라서 앞뒤가 맞지 않는 타협이 이루어질 수밖에 없었다.

11. 열반

열반(nirvāṇa)은 영혼의 소멸이 아니라, 영혼이 무한한 행복의 상태로 들어가는 것이다. 그것은 존재 그 자체에서 벗어나는 것이 아니라 할지라도, 육신으로부터 벗어나는 것이다. 우리는 해탈된 존재가 모든 감정을 떨쳐버림으로써 그의 동료들의 삶에 관여하거나 그들을 도우려고 하지도 않는다는 것을 이미 언급한 바 있다. "해탈자는 길지도 않고 작지도 않으며…… 검지도 푸르지도 않으며, 쓰거나 얼얼하지도 않으며, 차갑거나 뜨겁지도 않다……. 몸이 없으며 다시 태어나지도 않는다……. 그는 지각하며, 그는 인식한다. 그러나 (우리가 해탈된 영혼의 본성을 알 수 있는) 그 어떤 유비(類比)도 없다. 그것의 본질은 무형이다. 조건지어지지 않은 자의 조건이란 있을 수 없다."[원주118] 완전한(siddha) 상태는 윤회 전생의 원인 혹은 결과가 아니다. 그것은 완전히 무조건적이다.[원주119] 해탈된 영혼에는 결코 인과율이 적용되지 않는다. "일상적인 관점에서 볼 때, 완전한 믿음과 지식과 행위는 해탈의 원인이다. 그러나 실상은 이 셋으로 이루어진 우리 자신의 영혼이 (해탈의 원인이다)."[원주120]

우리는 해탈된 영혼에 관하여 적극적인 어떤 것을 말할 수 없으며, 엄격히 말하여 우리는 해탈된 영혼의 다수성도 알 수 없다. 해탈의 상태는 소극적으로 행위와 욕망이 없는 상태, 완전한 적정(寂靜)의 상태, 그 어떤 변화나 끝도 모르는 휴지(休止) 혹은 이루 말할 수 없는 평화의 상태로 묘사된

〔원주118〕『아차랑가수트라』, The Sacred Books of the East, vol. xxii, p.52.
〔원주119〕『판차스티카야사마야사라』, 36.
〔원주120〕『드라비야상그라하』, 39. 또한 같은 책 40을 보라.

120

다. 지난 카르마의 힘이 소멸되고 영혼은 여전히 존재하지만 다시 체화되는 일은 없다. 시종일관하게 그런 것은 아닐지라도, 해탈된 영혼에 대한 적극적인 묘사가 주어지며, 그것을 무한한 의식, 순수한 지식, 완전한 자유, 그리고 영원한 지복이라고 말한다.[원주121] 그것은 지각하고 인식할 수 있다. 왜냐하면 지각과 지식은 감각기관이 아니라 영혼의 기능이기 때문이다. 해탈된 영혼은 유시무종임에 비하여, 속박된 영혼은 무시유종이다. 해탈된 영혼은 지위의 통일성 때문에 일종의 상호 침투적인 존재를 누린다. 이러한 통일적인 영혼 실체를 구성하는 무한한 영혼은 상호 배척없이 존재할 수 있는 힘을 지니고 있다. 해탈된 자들의 통일성은 과거의 육체적인 삶의 형태를 간직하는 살아 있는 리듬에 의하여, 그리고 과거의 지식에 의하여 규정된다. 해탈의 이상은 24명의 자이나 조사들의 삶에서 가장 완전한 정도로 나타난다.

세계(loka)는 초월계(aloka)의 한복판에, 머리가 있는 꼭대기 부분에 싯다쉴라(siddhaśila)가 있는 인간의 형상으로 지탱된다. 이 싯다쉴라는 전지한 영혼들의 거소이며, 우주의 영적인 눈이라고 부를 수 있을 것이다. 이에 '해탈은 영원한 상승 운동'이라고 말한다.[원주122] 해탈의 순간에 영혼은 그 이전의 행위에 기인하는 추진력 때문에,[원주123] 그것을 내리누르는 요소들의 부재 때문에,[원주124] 속박이 끊어졌기 때문에,[원주125] 그리고 위로 상승하는 그 본래의 성향 때문에[원주126][역주29] 위로 올라간다.

〔원주121〕『판차스티카야사마야사라』. 28.

〔원주122〕 "Nityordhvagamanam mukti."

〔원주123〕 pūrvaprayogāt.

〔원주124〕 asaṅgatvāt.

〔원주125〕 bandhacchēdāt.

〔원주126〕 tathāgatipariṇamāt. Umāsvāti의 『탓트와르타 수트라』, x.8을 보라. 완전한 (siddha) 영혼에는 다섯 부류가 있다. ① 체화된 상태로 자이나교를 설했던 티르탕카라들, ② 카르마나샤리라(kārmaṇaśarīra, 業身)를 탈각한 후에 니르바나의 획득을 기다리는 아르하트(arhat, 阿羅漢)들, ③ 아차리야(ācārya), 즉 고행자 집단의 우두머리들, ④ 우파디야야(upādhyāya, 敎師), 그리고 ⑤ 그 나머지를 포함하는 사두(sādhu)(『드라비야상그라하』, 50~54).

12. 자이나교 철학에 대한 평가

자이나교는 우리에게 세계의 사물들에 대한 경험적인 구분을 제공하며, 따라서 영혼의 다수성을 주장한다. 우리가 이미 본 것처럼, 논리학에서 자이나교는 외계 대상 간의 관계가 고정된 것 혹은 상호 독립적인 것이 아니라 단지 다양한 해석의 결과일 뿐이라는 명백한 사실로서 지식의 상대성을 견지한다. 더욱이 실재와 의미는 불가분적이라는 이론은 형이상학에 있어서 다원론이 아니라 일원론을 지향하고 있다. 사실 자이나교에서 다원론적인 우주는 단지 상대적인 관점에 불과한 것이며, 궁극적인 진리가 아니다. 라이프니츠가 세계는 무수히 많은 단자(單子, monad)로 가득 차 있다고 생각했던 것처럼, 자이나교는 우주가 영혼들로 가득 차 있다고 본다.

물질의 극미립자 속에 생물들, 활력들(entelechies), 혹은 영혼들의 세계가 있다. 물질의 각 부분은 초목으로 가득 찬 정원, 혹은 물고기로 가득 찬 연못으로 생각될 수 있을 것이다. 그러나 모든 식물의 가지 하나, 어떤 동물 한 마리, 그 액체로 된 부분의 물방울 하나는 또한 그와 같은 정원 혹은 연못이다. 그리고 정원의 초목 사이에 있는 흙과 공기, 혹은 연못의 물고기 사이에 있는 물은 식물도 아니고 물고기도 아니다. 그럼에도 불구하고 그들 또한 식물과 물고기들을 포함하고 있다. 물론 이러한 것들은 너무 미세하여 우리가 지각할 수 없다. 그러므로 우주에는 묵혀둔 것, 불모의 어떤 것, 혹은 죽어 있는 것이라고는 아무것도 없으며, 외관상으로 보이는 것을 제외하고는 혼돈이나 무질서란 결코 없

〔역주29〕 자이나교 전통에 따르면, 아차리야의 주요 임무는 사람들이 영적인 수행 과정을 시작하도록 인도하는 것으로서, 그들을 안내하고 가르치며 교도한다. 또한 수행자 집단 전체를 통괄하는 수장이기도 하다. 우파디야야 또한 교사로서 영적인 문제에 대한 강의를 할 수 있는 권한이 주어지지만, 아차리야와는 달리 개개의 수행자들을 교도하는 권한은 없다. 사두는 철저하게 수행에 전념하는 사도들이며, 이들은 다른 사람들에게 강의하는 것이 허용되지 않을 뿐 아니라, 그들과 자유롭게 섞이지도 않는다.

다. 얼마간 그것은 멀리 떨어져서 연못 속에 있는 것처럼 보일지도 모르며, 우리는 개개의 물고기를 각각 구별하지 않고 혼란스러운 운동과 연못 속에 있는 물고기 떼를 보고 있을 것이다.

우리는 자이나교의 형이상학적 체계가 라이프니츠의 단자론이나 베르그송의 창조적 진화론(creative evolutionism)에 가깝다는 것을 알게 된다.[원주127]

영혼은 살아 있는 모든 것, 즉 기계적이지 않은 모든 것이다. 그것은 베르그송의 생명 요소(life element)와 일치한다. 그것은 또한 경험의 주체이며, 라이프니츠의 단자에 상응한다. 그것은 기계적인 설명이 부적절한 어떤 것이다. 자이나교는 철학적인 작업이 충분히 성숙되지 못한 시대의 산물이기 때문에, 우리는 그것이 영혼(jīva)과 아트만(ātman), 그리고 비영혼(ajīva)과 물질(matter) 간의 정확한 구분을 분명하게 의식하지 않는다는 것을 발견한다. 지바는 특수한 종류의 존재자이다. 이에 비하여 물질에서 벗어나 해탈된 영혼은 아트만이라고 부른다. 아트만은 물질에 물들지 않은 순수의식이다. 그것은 모든 유형의 공간과 외형을 배제한다. 그것은 청정하게 되어 그 최고의 영적인 지위로 고양된 지바이며, 무형의 의식이다.

푸드갈라(pudgala)는 의식에 닿지 않은 순수 물질이 아니다. 그것은 이미 영혼의 인상을 담고 있다. 아트만은 영혼 혹은 존재이며, 물질은 비존재에 대한 부정적인 원리이다. 후자는 베르그송의 공간 혹은 라이프니츠의 원물질(materia prima)과 일치한다. 푸드갈라의 순수 물질성은 영혼과 정반대이다. 그것은 단지 겉으로 보이는 차별상에 지나지 않으며, 따라서 자이나교 논리에 따르면 그것은 비실재적이다. 지바는 그 둘의 조합이다.

[원주127] 초기 단계의 자이나교 철학은 다소 조잡한 물리학이었던 것으로 보인다 할지라도, 후에 자이나교 사상가들은 명료하게 서술되고 방어될 수 있는 확고한 철학적 토대를 구축하였다.

그것은 물질-정신적이다.[원주128] 그것은 물질을 실은 영혼이며, 속박에 연루되어 있다. 윤회 속에 있는 모든 지바는 이 부정적인 물질 요소와 연관된다. 자이나교는 이들 세 가지, 즉 아트만(순수 영혼), 순수 물질, 그리고 이 둘의 조합인 지바가 존재한다는 것을 믿는다. 이들 중에서 우리가 인식할 수 있는 것은 오직 지바뿐이라고 한다. 우리가 볼 수 있는 물질적인 집적(pudgala skandha) 또한 의식의 한 요소를 지니며, 그 본질에 관한한 그외의 다른 어떤 것 못지 않게 지바라고 할 수 있다.

자이나교의 지바와 아지바는 아트만 혹은 의식과 물질 혹은 비(非)의식에 대한 경험적인 추상물들이 아니라, 그 둘 간의 상호작용의 산물들이다. 푸드갈라는 그 위에 자아의 인상을 담고 있으며, 지바는 이미 물질로 물들어 있다. 우리로 하여금 지바와 아지바를 존재와 비존재로 혼동하게 만드는 것은 바로 부정확한 용법이다. 엄격히 말하여 아트만과 비(非)아트만은 근본적인 요소들이며, 그 둘은 서로 융화될 수 없는 대립적인 원리들이다. 지바는 자아를 보다 많이 지니며, 아지바는 비아를 보다 많이 지니고 있다. 그들은 전체 속에 있는 두 가지 배합 체제이다.

경험적인 시각에서 보면, 지바는 우주를 구성하며 개개의 모든 지바는 하나의 구체적인 통일체 혹은 복합적인 실체이다. 그것은 다자(多者) 속의 일자(一者)이며, 일자 속의 다자이다. 그 둘의 관계는 무시(無始)이다. 경험의 세계에서 그 둘은 결코 분리되지 않는다. 모든 지바가 추구하는 목표는 모든 물질을 떨쳐 없애는 것이다. 살아 있는 몸짓을 하는 모든 창조물은 지바이다.

세계에서 아트만과 물질, 주관과 객관은 언제나 함께 발견된다고 한다. 경험을 통하여 우리는 하나가 다른 하나를 압도하려는 이 둘 간의 투쟁을 안다. 한 가지 흥미로운 사실은, 자이나교에 따르면 지바의 영적인 요소는 위로 상승하는 성향을 지니는 것에 반하여 물질적인 요소는 아래로 가라앉는 성향을 지닌다는 것이다. 인간의 몸 속에 깃들어 있는 지바는 물질로 무

[원주128] 『자이나교 개설』(*Outlines of Jainism*), p.77을 보라.

거워져서 지상의 삶 속으로 가라앉게 되는 것이다.

지바가 나타내 보이는 비아에 대한 자아의 지배력이 어느 정도인가에 따라서 우리는 그들의 등급을 구분한다. 신성한 존재의 최고 단계, 즉 신들의 차원에서 우리는 자아의 가장 많은 지배력을 보며, 비아는 우리가 생각할 수 있는 최하점에 있다. 물론 이 단계는 물질에 전혀 물들지 않은 청정한 영혼(siddhātman)과 구별된다. 최하의 단계에서 우리는 물질에 대한 물질의 단순한 외면성을 보며, 여기서 비아는 최고점에 있다. 식물과 동물의 차원으로 올라감에 따라 우리는 보다 많은 자아와 이와 반비례적으로 적어지는 비아를 본다. 그들은 스스로의 개별성을 구성하는 통일성과 단일성을 지닌다. 그들은 자기의 현재 행위 속에 스스로의 과거를 진행시킨다. 우리가 신의 지위를 얻을 때, 비아는 그 최하점에 있다. 삶의 환희는 우주에 충만한 신의 떨림으로 고양된다. 쇠붙이와 신 사이의 온갖 사물들 속에는 자아와 비아의 투쟁이 있다. 순수한 영혼과 순수한 물질에서 우리는 완전히 영적인 것과 완전히 물질적인 것을 보게 되지만, 그들만이 존재의 실상인 것은 아니다.

이러한 가정 위에 있는 영혼의 다수성이 형이상학의 궁극적 진리라고 말할 수 있는가? 우리는 영혼 속에 작용하는 분리된 두 가지 경향이 존재한다는 말을 듣는다. 우리에게 열려 있는 세계는 자아와 비아, 사트(sat)와 아사트(asat)의 이러한 이원성을 지니고 있다. 사트는 실재적이며, 전지성을 지닌 영혼이다. 아사트는 이 전지성을 가려서 영혼을 제한된 것으로 만드는 요소이다. 영혼은 그 고유한 본질에 있어서, 그리고 그 전지성의 넘쳐 흐름에 있어서, 전체 우주에 편재해 있다고 말한다. 그러나 영혼은 우주가 그 중심에 반영되는 한 점으로 축소된다. 개별성의 토대가 되는 것이 바로 아사트이다. 그것은 영혼을 관심의 분리된 중심으로 만들고, 전지한 영혼의 제한된 표현, 심리적인 상태의 한 존재로 만드는 부정적인 원리이다.

육신은 불완전의 정도를 구성하며, 영혼에게 관점을 준다. 다양한 종류의 영혼, 금속, 식물, 동물, 인간, 그리고 신들이 구별되는 것은 그들의 육신이 다르기 때문이다. 육신에 깃든 영혼은 모두가 동일하다 할지라도, 물질이라는 부정적인 원리가 개체의 경험적인 차별성을 만들어낸다. "영혼 간의 분리성과 개별성은 경험적인 관점(vyavahāra)의 차원에만 있다. 사실 모든 영혼의 본질은 의식이다."[원주129] 영혼의 다수성은 우리가 감각과 느낌과 속박에 주안점을 둘 때, 마치 이러한 것들이 실재의 유일하게 참된 순간들인 것처럼 실재가 나타내는 상대적인 개념이다.

자이나교의 지식론에서 우리는 경험적인 중심에 대한 개념을 초월하고 어떤 논리적 주관으로 떠오르지 않을 수 없었다. 이와 같은 주관은 실로 지속적인 사실(fact)이기 때문에, 전체 세계가 단지 그것으로 인하여 존재한다.[원주130] 불완전한 추상에 의한 반성이 주관을 유한한 마음——하나의 유기체로 굴레가 씌워지고, 특정한 시공간적인 좌표를 지니는——으로 떨어뜨릴 때, 우리는 영혼의 독립이라는 개념을 얻는다. 다시 말하여 샹카라의 유명한 표현을 빌리면, 지바의 다수성에 관한 교의는 오직 우리가 주관을 객관——세세히 조사될 수 있는——으로 간주할 때 있을 수 있다. 만일 우리가 생각의 여실한 함축을 있는 그대로 따르며, 감각과 느낌으로 체화된 주관을 풀어놓고 그것을 대상과의 접촉에서 벗어나게 한다면, 실상은 오직 하나의 주관이 있다는 것을 알게 될 것이다. 자이나교는 이러한 높이의 차원을 실현하고자 하거나 이러한 이상을 지향하지 않았다. 사실 우리의 수준에서 이러한 생각을 추구한다는 것은 쉽지 않다. 인간의 사유에는 이상과 현실 사이에 어떤 장막이 드리워져 있다. 우리는 스스로의 유한성 때문에 우리가 떨쳐버릴 수 없는 특수한 것들로부터 시작하도록 강요당한다.

자이나교 또한 절대자의 일원성에 대한 이론을 염두에 두고 있으며, 그것에 대하여 논의한다. "만일 모든 존재에 공통된 오직 하나의 영혼이 있다면, 서로 알려질 수 없을 것이며, 다른 부분을 경험할 수도 없을 것이다.

[원주129] 『드라비야상그라하』. 3. 7. 8.
[원주130] 보상케(Bosanquet)의 언급과 비교하라. "인식에 있어서 자아가 보편적이라는 것이 거리낌없이 받아들여진다. 그것은 그 자신의 주어진 존재를 초월하는 세계로 뻗어나가며, 거기서 만나는 것을 다른 자아들과 공유한다. 그리고 이때 그것은 자기 충족적이고 배타적인 단일체의 모습을 탈각한다"(*Gifford Lectures*, Second Series, chap. ii).

브라흐민(Brāhmin, 사제 계급), 크샤트리야(Kṣatriya, 통치자 계급), 바이쉬야(Vaiśya, 평민 계급), 혹은 슈드라(Śūdra, 천민 계급)도 없을 것이며, 벌레나 새 혹은 뱀도 없을 것이다. 모든 것이 인간이며 신이라고 해야 할 것이다. 우리는 지탄받을 삶을 영위하는 사람들과 이 세계에서 정행을 실천하는 사람들을 똑같이 취급하지 않을 수 없다."[원주131] 오직 카르마의 결과를 향수하는 문제가 일어날 뿐인 심리학적인 차원 혹은 경험적인 차원에서 다수성을 부정할 필요는 없다. 마음이 유기적인 상황에 속박되어 있을 때 다수성의 이론이 의미를 지닌다.

그러나 우리의 질문은 이와 같이 제한된 영혼을 궁극적인 진리로 간주할 수 있는가 하는 것이다. 만일 이러한 제한이 결코 떨쳐버릴 수 없는 본질적인 조건이라면, 영혼의 다수성은 실재적일 것이다. 그러나 자이나교도들은 이 제한이 단지 영혼의 본질과는 무관하다는 의미에서 우유적인 것이며, 해탈의 상태에서 영혼은 이로부터 완전히 벗어난다는 것을 믿는다. 그 경우에 만일 우리가 영혼의 우유적인 다수성을 진리의 궁극적인 표현으로 간주하는 것은 비논리적이 될 것이다. 처음에 혹은 끝에 존재하지 않는 것은 그것의 현재 과정에서 실로 존재한다고 말할 수 없다[원주132]는 것은 형이상학적 비평에서 받아들여진 정설이다. 다수성은 실제적이거나 존재하는 것일 수는 있지만, 그것은 실재적이 아니다.

궁극적인 상태에 어떤 구별의 근거가 있는가의 여부를 알아낼 방법이 없을 때, 우리가 영혼의 다수성에 대한 이론을 주장하는 것은 불가능하다. 해탈은 분리된 개체성과 모순된다. 그것은 외적이고 우연적인 것에 철저히 제한되고 신체 기관과 물질 자체에 속박된 개체성과 양립될 수 없다. 자아의 특수성은 오류와 죄악으로 가는 길을 열며, 해탈은 이러한 특수성의 절멸을 의미한다.

형이상학적으로 일원론 혹은 이원론의 문제는 세계 내에 작용하는 두 경

[원주131] 『수트라크리탕가』, ii.7.48과 51. 또한 같은 책 i.1.1을 보라.
[원주132] "Ādāv ante ca yan nāsti vartamāne pi tat tathā."

향과 관련하여 결정된다. 자이나교도들은 기원의 문제를 취급하지 않는다. 우리는 범주들을 연역하거나 그 범주들의 궁극성에 대한 엄격한 증거를 들려고 시도하지 않는다. 그들은 변덕스러운 독재자로 상정되는 초우주적인 신에 대한 이론을 비난한다. 만일 우리가 자이나교 철학이 신과 자연과 영혼을 동일한 것의 여러 측면으로 간주한다고 말하지 않는다면, 우리는 그것을 잘못 해석하고 있다. 이상적인 완전함을 구족한 영혼 외에 그 어떤 신도 있을 수 없다. 이와 다른 방법으로 신을 생각하는 것은 그를 유한한 차원으로 끌어내리는 것이다.

인간의 마음은 스스로를 다른 사람들과 격리시키며, 제한된 성격을 지닌다. 그러나 한계에 구속되는 것이 아니라 그 완전성을 있는 그대로 나타낼 수 있는 마음을 얻는다면, 인간의 경험을 특징짓는 제한은 사라지고 말것이다. 영원한 의식이 인간의 경험 안에 있다. 그것은 우리가 모든 유한한 형태들을 초월하도록 명령하는 힘이다. 그와 같은 영원한 의식이 모든 인간정신에 대하여 확립하는 내용의 통일성을 인식할 때, 우리는 심리학적인 자아—타자에 대하여 배타적인—너머로 떠오른다. 시공간으로 조건지어진 마음으로부터 우리는 본원적인 마음—오직 이로부터 시공간적인 관계들이 일어나는—에 도달한다. 무한자는 유한자에 본래적이다. 이러한 이유로 유한자는 그 자신의 유한성을 깨부수고 완전한 자유의 상태에 도달하고자 끊임없이 노력하는 것이다. 그리고 영혼의 자유가 성취될 때, 모든 것이 극복된다.

우리의 경험세계에서 상호 대립하고 있는 정신적 경향과 물질적 경향의 관계는 무엇인가? 이 둘은 하나의 전체가 지니는 차별상인가? 이 둘은 서로 잘 조화하면서 전체의 발전을 도모하는 것으로 보인다. 이 둘은 서로 반(反)하지만, 양자의 종합인 전체에 대해서는 대립되는 것으로 보이지 않는다. 이와 같은 사실을 강조함으로써 자이나교 철학은 구체적인 보편(concrete universal), 즉 분리된 동시에 결합된 실재에 대한 가설로 귀결되었을 것이다. 이러한 입장에서는 완전히 정신적인 것도 없고, 완전히 물질적인 것도 없다. 이 둘은 모두 논리적인 추상 개념이다. 실재는 구체적인 전체이며, 순수 존재와 순수 물질이란 그것에 대한 추상적인 개념이다. 여러 차원의 실재는 전체 내에 있는 보편적이고 대립적인, 그러나 불가분적인 요소들의 순간들이다. 보편자는 스스로를 세계의 삶 속에 현현한다. 대립되는 것들 간의 투쟁은 실재의 모든 차원에 존재하며, 이러한 대립은 절대자의 조화 속에서 극복된다.

만일 자이나교의 논리가 사유를 궁극적인 범주로 간주하고, 실재의 핵심적인 본질을 사유에 의하여 드러내진 것으로 본다면, 구체적인 일원론(concrete monism)이 그 귀결일 것이다. 순수 정신, 투쟁할 아무것도 없는 추상적인 절대자, 정지된 영적 에너지, 운동없는 존재는 단지 무(無)에 불과하다. 그럼에도 불구하고 자이나교는 물질을 완전히 탈각한 영혼의 상태, 하강의 가능성을 전혀 지니지 않는 상승 운동을 주장한다. 쿠마릴라(Kumārila)[역주30]는 완전하며 청정한 자아(siddhātman)의 실재는 논증으로 확립할 수 없다는 것을 역설한다. "그 어떤 전지한 존재도 여기 우리에게 지각될 수 없다. 더욱이 그의 실재는 추론에 의하여 확립될 수도 없다."[원주133]

자이나교도들은 모든 장애가 제거되었을 때 나타날 수 있는 영혼의 고유한 본성을 주장한다. 심지어 쿠마릴라도 영혼이 모든 것을 파악하는 본성적인 능력을 지니며, 우리가 이러한 능력을 발달시킬 수 있는 방법과 수단이 있다는 견해에 동의한다. 만일 우리가 자이나교의 이러한 측면을 강조한다면, 그리고 완전자(kevalin)의 직관적인 지식 ─ 사유작용보다 고차원적인 ─ 이 있다는 것을 상기한다면, 우리는 절대적이고 제한 없는 일원론에 도달할 것이다. 그리고 이러한 일원론은 우리가 투쟁하는 세계 ─ 모든 것이 실재와 무(無) 사이의 중도(中途)에서 떠도는 ─ 를 비실재적인 것

[역주30] 기원후 750년경의 인물이다. 『미망사 수트라』에 대한 샤바라스와민(Śabarasvamin)의 주석에 다시 복주(復註)하여 『바룻티카』(Vārttika)를 남겼다. 그는 이 주석을 통하여 자이나교와 불교를 공격하고 정통사상을 고취함으로써 샹카라와 함께 바라문교의 부흥에 전력하였다.

[원주133] 『사르바다르샤나상그라하』(Sarvadarśanasaṁgraha), pp.41~42.

으로 간주할 수밖에 없도록 만든다. 단지 우리가 순수한 영혼의 최고 측면을 눈감아버릴 때, 세계를 실재적인 것으로 볼 수 있다. 만일 우리가 그것을 인정한다면, 비아는 단지 자아에 반대되는 것이며, 자아만큼 아주 실재적이지 않은, 단지 자아에 대한 어떤 반영에 불과한 것으로, 궁극적으로는 탈각되어야 하는 어떤 것이다. 이때 세계는 비아의 힘에 의하여 만들어진 가현이 된다. 이런 식으로 우리는 샹카라에 의하여 제창된 엄격한 일원론으로 인도된다. 그러나 한 가지 분명한 사실은 자이나교가 다원론적인 실재론을 펼 수 있는 것은 오직 논리 추구 과정의 중도에 멈추어 서서 그 이상을 묻지 않을 때뿐이라는 점이다.

제7장

초기 불교의 윤리적 관념론

1. 초기 불교

철학사를 통하여 초기 불교가 가장 독창적인 사상 가운데 하나라는 것은 의문의 여지가 없다. 근본 관념이나 본질적인 정신에 있어서, 그것은 19세기의 발달된 과학사상에 상당할 정도로 근접해 있다.[원주1] 쇼펜하우어와 하르트만(Hartmann)이 주도한 근세 독일의 염세주의 철학은 단지 고대 불교의 수정판에 불과하다. 때로는 그것이 '통속화된 불교' 정도로 말해지기도 한다. 실재의 역동적인 개념에 관한 한, 불교는 베르그송의 창조적 진화론[역주1]에 대한 놀라운 예언이다. 초기 불교는 오늘날의 실용적인 욕구에

[원주1] 사운더스(K.J. Saunders)는 말한다. "오늘날 우리의 현대 과학적인 사고, 인과율, 그리고 우주의 통일성에 대한 근간은 설사 가우타마(Gautama)가 처음으로 체계화한 것은 아니라 할지라도, 그에 의해서 대중화된 것은 분명하다"(*Epochs in Buddhist History*, p.ix).

부합하며 신앙과 과학 간의 갈등을 화해시키는 데 기여할 수 있는 철학의 요체를 제시한다. 이것은 만일 우리가 초기 불교의 주요 원리들에 관심을 집중시키고, 그 발달의 여러 단계나 개조, 즉 붓다 자신의 주변에 형성된 신화적인 전설 등을 강조하지 않는다면 명백하게 나타날 것이다.

2. 불교사상의 발전

불교사상은 심지어 인도 내에서도 천 년 이상의 발달과정을 지닌다. 리스 데이비스(Rhys Davids)는 "불교는 시대의 추이에 따라 거의 모든 문헌에서 약간씩 다르게 나타난다"고 지적한다. 붓다 입멸 후 2세기경에는 18개 이상의 불교 부파가 출현한다.[원주2] 사상의 세계에 있어서 생명은 변화를 의미한다. 우리가 불교사상의 전체 발달과정을 이 시대에 귀속시키는 것은 불가능하다. 초기 불교와 그것의 소승(小乘, Hīnayāna) 및 대승(大乘, Mahāyāna) 형태는 이 시대에 속하지만, 불교사상을 대표하는 네 학

[역주1] 베르그송은 진화의 역사적 실재를 받아들였으나, 그것을 기계론적이거나 유물론적인 시각으로 설명하는 것을 거부했다. 따라서 그는 다윈이나 스펜서의 설명을 비판했다. 이러한 과정에서 그는 특히 프랑스의 활력론(Vitalism)에 영향을 받았으며, 또한 플로티노스로부터 영감을 얻었다. 베르그송은 우리가 진화 과정에 대한 올바른 이해를 얻으려면 무엇보다도 생물학적인 지식이 형이상학적인 통찰로 보완되어야 한다고 주장한다. 가장 중요한 단서는 직관이 우리 자신의 내적인 본질을 생명체로 드러내는 사실에서 발견된다. 우리는 우주의 가장 전형적인 구성물이며, 우리 내면에 작용하고 있는 힘은 또한 모든 사물 속에서 작용한다. 우리가 직관이 우리 자신에 대해서 말하는 것에 주목할 때, 우리는 끊임없는 생성과 실재적인 지속뿐 아니라, 시간 속에서 우리 자신의 진화에 대한 살아 있는 충동(elan vital)을 발견한다. 그러므로 우리는 전체 진화 과정을 관통하는 '생명에 대한 원초적 충동'(an original impetus of life)의 관념에 도달한다. 따라서 생물의 역사는 기계적이 아니라 창조적인 것으로 이해하지 않으면 안된다(*The Encyclopedia of Philosophy*, ed. by Paul Edwards, New York, Macmillan Publishing Co., Inc. & The Free Press, vol. Ⅰ, p.292).

[원주2] Rhys Davids, "The Sects of the Buddhists", *Journal of the Royal Asiatic Society*, 1891.

파는 그렇지 않다. 그러나 우리는 이 시대를 논의함에 있어서 불교 학파들을 언급할 것이다. 왜냐하면 이 시대의 말엽에 즈음하여 이 학파들이 이미 상당할 정도로 발달된 모습을 갖추었기 때문이다.

3. 문헌

1) 삼장

초기 불교에 대한 설명은 삼장(三藏, three Piṭaka)[원주3]에 의거할 수밖에 없다. 여기에 설해진 견해들은 설사 붓다 자신이 설한 교설이 아니라 할지라도, 우리가 지닌 문헌 가운데 이보다 더 붓다의 가르침에 근접한 것은 없다. 삼장은 초기 인도 불교도들이 스승의 말씀과 행적이라고 믿었던 것을 담고 있다. 그 속에서 우리는 삼장이 편찬되던 당시에 널리 유행하던 붓다에 대한 믿음과 그의 가르침에 대한 기술을 접할 수 있다. 짐작건대 삼장은 제3차 결집이 있었던 기원전 241년 이전에 편찬이 완료되었을 것이다. 삼장이 붓다의 가르침을 전하는 현존 문헌 가운데 가장 초기의, 가장 권위있는 기록이라는 것은 의심의 여지가 없다.

[원주3] 삼장(三藏)은 다양한 시대의 산물을 담고 있다. 현존하는 형태의 경장과 율장이 제1차 결집회의에서 형성되었든 아니든, 신심 깊은 장로들이 불멸 후 얼마 안 있어 함께 모여 교의와 실천수행에 관하여 논의했다는 것은 분명하다. 불멸 후 백 년경 베살리(Vesali)에서 있었던 제2차 결집회의에 관해서는 보다 확실한 근거로 말할 수 있다. 이 회의는 특별히 그 당시 불교 교의에 스며들고 있었던 십사(十事)에 대한 비판을 목적으로 소집되었다. 경장이 실제로 편집 작성된 것은 팃사(Tissa)가 주재했던 파탈리푸트라(Pataliputra)의 제3차 결집회의에서였다고 보아도 무방할 것이다. 이 회의가 열린 것은 아쇼카 왕 치세 동안이었으며, 그 무렵에는 이미 스승의 가르침에 입각하여 여러 부파들이 발달하고 있었다. 아쇼카 왕의 명문(銘文)은 당시 승가의 분열 경향을 경고하고 있다. 실론 불교 전통은 제3차 결집회의에서 기록된 경전이 마힌다(Mahinda)——팃샤의 제자이며 아쇼카 왕의 동생 혹은 또 다른 전통에 따르면 아쇼카 왕의 아들이라고도 한다——에 의하여 실론으로 전해졌으며, 밧타가마니(Vattagāmani) 왕의 감독하에 기록되었다고 전한다. Keith의 *Buddhist Philosophy*, p.3, pp.13~32를 보라.

후기 불교 전통에 따르면, 붓다 입멸 직후 혹은 '진리의 등불이 무상(無常)의 바람에 의하여 꺼진' 후에, 붓다의 추종자들 가운데 교리 문제에 대하여 논쟁이 일어났다. 이 문제를 해결하기 위하여 마가다(Magadha) 근처의 라자그리하(Rājagṛha)에서 회의가 소집되었다. 전체 대중이 모였을 때, 붓다의 제자들 중에 가장 학식이 높았던 카쉬야파(Kāśyapa)는 논장(論藏, Abhidhammapiṭaka)에 기술된 형이상학적인 견해를 낭송하게 되었다. 붓다 재세시 제자들 가운데 가장 연장자였던 우팔리(Upāli)는 율장(律藏, Vinayapiṭaka)에 나타난 수행상의 기율을,[역주2] 그리고 오랫동안 붓다 가까이에서 시봉했던 아난다(Ānanda)는 붓다의 설법 가운데 말해진 이야기와 우화를 담고 있는 경장(經藏, Suttapiṭaka)을 낭송하게 되었다. 붓다의 가르침은 오랫동안 스승과 제자의 계통적인 연속을 통하여 전승되었으며, 서책의 형태로 기록된 것은 기원전 80년 밧타가마니(Vattagāmani) 왕이 통치하던 실론에서였다. "이전에는 삼장을 담은 경전과 이에 대한 주석이 현명한 비구들에 의하여 구전되었다. 그러나 사람들이 정확한 교의에서 멀어져가고 있다는 것을 알고, 비구들이 모였다. 그들은 참된 교의가 지속될 수 있도록 이것을 문헌으로 기록하였다."[원주4]

팔리(Pāli) 불전은 ① 경(經, Sutta), ② 율(律, Vinaya),[역주3] ③ 논(論, Abhidhamma)[원주5]의 세 가지로 구분된다. 경장은 다섯 니카야(Nikāya)로 나누어진다.[원주6] 이 가운데 앞의 네 가지는 대개 담화 혹은

[역주2] 흔히 우팔리는 지율제일(持律第一)이라고 불린다.

[원주4] 『마하방샤』(*Mahāvaṁśa*), chap. xxxiii.

[역주3] 율(律)은 승가의 구성원이 지켜야 할 행위규범을 말한다. 흔히 이와 유사한 의미로 사용되는 계(戒)는, 엄격히 말하여 율과 다른 것이다. 율은 타율적인 성격을 지니는 것이며 이를 범하면 외적으로 벌이 주어지지만, 계는 자율적이며 주체적인 성격을 지니는 것으로, 평신도의 경우에는 이를 범한다 해도 어떤 벌칙이 가해지지 않는 것이 원칙이다.

[원주5] 키스 교수는 논장이 분별설부(分別說部, Vibhajyavādin)가 쓴 작품이라고 생각한다. *Buddhist Philosophy*, pp.152~153을 보라.

[원주6] 다섯 니카야는 아래와 같다.

　(a) 『디가 니카야』(*Dīgha Nikāya*, 長部)는 긴 설법을 엮은 것으로 34숫타를 담고 있으며, 각각의 숫타는 붓다의 교설에 대한 한두 가지의 요점을 다루고 있다. 이 중에서 첫번째

대화 형식으로 된 붓다 자신의 교법(sutta)으로 되어 있으며, 여기서 강조되는 가르침에는 큰 차이가 없다. 경장에 대하여 리스 데이비스는 다음과 같이 말한다. "철학적 통찰의 깊이에 있어서, 자주 사용되는 소크라테스식 문답법에 있어서, 진지하고 고상한 전반적인 논조에 있어서, 당시의 가장 세련된 사상을 제공하고 있다는 명백한 증거에 있어서, 이 설법들은 끊임

는 「브라흐마잘라 숫타」(Brahmajāla sutta)이며, 두번째는 (고행의 대가에 대한) 「사만나팔라(Sāmaññaphala) 숫타」이다. 「암밧타(Ambaṭṭha) 숫타」는 카스트에 대한 붓다의 입장을 말하고 있으며, 「쿠타단타(Kūṭadanta) 숫타」는 바라문교와 불교의 관계를 설한다. 「테빗자 숫타」는 바라문적인 문화를 불교와 대조시키고 있으며, 「마하니다나(Mahānidāna) 숫타」는 인과율에 대하여 언급한다. 「시갈로바다(Sigālovāda) 숫타」는 불교 재가신자의 의무에 대하여 말하며, 「마하파리닙바나(Mahāparinibbāna) 숫타」는 입멸에 대한 기술을 담고 있다.

 (b) 『맛지마 니카야』(*Majjhima Nikāya*, 中部)는 보통 길이의 설법을 엮은 것으로, 불교의 종교적인 제반 문제를 다루는 152개 가량의 설법과 대화로 이루어져 있다.

 (c) 『상윳타 니카야』(*Saṁyutta Nikāya*, 相應部)는 결합된(combined) 설법을 모은 것으로 유명한 담마찻카파밧타나(Dhammachakkapavattana) 숫타, 즉 '초전법륜(初轉法輪)에 대한 설법'을 담고 있다. 이것은 흔히 바라나시의 설법이라고 불리며, 율장에도 나온다.

 (d) 『앙굿타라 니카야』(*Aṅguttara Nikāya*, 增支部)는 2,300개 이상의 숫타가 들어 있으며, 11개 부분으로 나누어져 있다. 첫번째 부분에서는 한 종류의 법들이 다루어지고 두번째 부분에서는 두 종류가 있는 법들이 다루어지는 식으로 배열된다.

 (e) 『쿳다카 니카야』(*Khuddka Nikāya*, 小部15經)는 단편적인 설법들을 엮은 것이다. 열다섯 부분으로 되어 있다. ① 「쿳다카파타」(Khuddakapāṭha, 小誦), ② 「담마파다」(Dhammapada, 法句經), ③ 「우다나」(Udāna, 感興偈), ④ 「이티붓타카」(Itivuttaka, 如是語), ⑤ 『숫타니파타』(*Suttanipāta*, 經集), ⑥ 「비마나밧투」(Vimānavatthu, 天宮事), ⑦ 「페타밧투」(Petavatthu, 餓鬼事), ⑧ 「테라가타」(Theragāthā, 長老偈), ⑨ 「테리가타」(Terīgāthā, 長老尼偈), ⑩ 「자타카」(Jātaka, 本生經), ⑪ 「닛데사」(Niddesa, 義釋), ⑫ 「파티삼비다막가」(Paṭisambhidāmagga, 無碍解道), ⑬ 「아파다나」(Apadāna, 譬喩經), ⑭ 「붓다방사」(Buddhavaṁsa, 佛種姓), ⑮ 「차리야 피타카」(Cariyā piṭaka, 所行藏). 테라가타와 테리가타는 대단한 시적인 가치와 인간적인 흥미를 지닌다. 여기에 나오는 해탈과 환희의 노래들은 붓다 재세시에 아르핫타(arhattā), 즉 언설을 초월한 완전한 평화와 기쁨을 얻은 상가(Saṅgha, 僧團)의 일원들에게 돌려진다. 『자타카』는 붓다의 전생담을 설하고 있으며, 민속학자들에게도 매우 귀중한 자료로 평가된다. 「담마파다」(The Sacred Books of the East, vol. x)는 붓다의 교설이 지니는 근본 원리들의 정수를 담고 있다. 삼장(三藏)을 독파할 인내심과 능력이 없는 사람들은 불교 윤리에 대한 이 개술서에 의지하게 된다.

없이 독자들에게 플라톤의 대화를 상기시킨다……. 가우타마(Gautama)의 대화를 엮은 이 경전이 올바르게 번역되고 이해되는 순간에, 그것은 당연히 우리 철학사에서 플라톤의 대화편과 같은 지위를 지니게 될 것이다."

비구의 생활을 단속하기 위한 규율을 다루고 있는 율장은 크게 세 부분으로 나누어지며, 이들 가운데 둘은 아래와 같이 다시 나누어진다. ①『숫타비방가』(*Suttavibhaṇga*, 經分別)는 (a)「파라지카」(*Pārājika*)와 (b)「파칫티야」(*Pācittiya*)로 구분된다. ②「칸다카」(*Khandaka*, 健度部). 이것은『마하박가』(*Mahāvagga*, 大品)와「출라박가」(*Cullavagga*, 小品)로 구분된다. ③『파리바라』(*Parivāra*, 附隨).

논장[원주7]은 심리학적인 윤리와 형이상학 및 철학을 다루고 있으며, 다시 7부분으로 나누어진다. ① 기원전 4세기 초반 혹은 중반에 속하는『담마상가니』(*Dhamma Saṇgaṇi*, 法集論), ②『비방가』(*Vibhaṇga*, 分別論), ③『카타밧투』(*Kathāvattu*, 論事), ④『풋갈라팟낫티』(*Pugglapaññatti*, 人施設論), ⑤『다투』(*Dhātu*, 界論), ⑥『야마카』(*Yamaka*, 雙論), ⑦『팟타나』(*Paṭṭhāna*, 發趣論). 이것은 팔리 불전이며, 테라바다(Theravāda)로 알려지는 교의를 설하고 있다.[원주8] 이것은 장로(長老, Thera)들에 의하여 제1차 결집회의에서 집성된 것이기 때문에 테라바다, 즉 장로들의 교법이라고 명명된 것이다.

2)『밀린다 왕의 질문』

샴(Siam)에서처럼, 때로는『밀린다 팡하』(*Milinda Pañha*, 밀린다 왕의 질문)[원주9]가 팔리 불전에 포함되기도 한다.[역주4] 이 경전은 법사이자

〔원주7〕 아비담마(Abhidhamma)는 일반적으로 '형이상학'(metaphysics)으로 번역되지만, '교의'(doctrine)라는 말이 원래의 팔리어 의미에 더 가깝다.

〔원주8〕 올덴베르크, 『디파방샤』(*Dīpavaṁsa*, 島史), p.37을 보라.

〔원주9〕 The Sacred Books of the East, vols. ⅩⅩⅩⅤ와 ⅩⅩⅩⅥ.

〔역주4〕 한역에서는 미린다왕문경, 나선비구경 등으로 불리며, 일반적으로 삼장에 포함되지 않지만, 그렇다고 하여 주석서로 보기도 어려운, 독특한 형태의 문헌으로 주목된다.

예리한 논사였던 나가세나(Nāgasena, 那先比丘)와 기원전 125년경부터 기원전 95년경까지 인더스 강 유역과 갠지스 계곡을 지배했던 메난데르(Menander) 왕의 대론을 담고 있다. 실론에서 널리 통용되고 있으며, 여기서는 표준적인 경전으로서의 권위를 지닌다. 그것은 서력기원을 전후하여 기록되었다. 이 경전을 붓다의 가르침에 대한 발췌로 간주할 필요는 없다. 이 경전의 논의는 불멸 후 400년경에 있었던 것으로 보이며, 붓다 재세시가 아닌, 상당히 후대에 성행했던 불교 형태를 보여주고 있다. 리스 데이비스에 의하면 『밀린다 왕의 질문』(*Questions of King Milinda*)은 "인도 산문문학의 대표작이며, 문학적으로 보아 그것은 실로 전 세계를 통하여 이 분야의 최고 걸작이다." 붓다고샤(Buddhaghoṣa, 佛音)는 그것을 팔리 삼장 이후의 가장 권위있는 저술로 평가한다.[원주10]

팔리 삼장은 대체로 붓다 자신의 가르침과 동일시할 수 있음에 비하여, 『밀린다 왕의 질문』에서 우리는 불교의 가르침에 대한 보다 부정적인(negative) 해석을 보게 되는 것 같다. 나가세나는 붓다를 영혼, 신, 그리고 해탈자의 내세를 부정하는 부정적인 독단론과 관련짓고 있는 것으로 보인다. 그는 엄격하게 과학적인 방법을 채택하고, 진리의 상징 주변에 그 추한 부분을 감추기 위하여 신앙심 깊은 손길들이 짜맞추어둔 가장(假裝)을 쥐어뜯는, 철저한 합리주의자였다. 진리를 구하는 자는 적어도 진실해야 한다는 것을 실감한 그는 종교의 허식으로는 결코 인간이 고통에서 벗어날 수 없다는 것을 주장한다. 분명하지 않은 사실에 대하여 붓다는 판단을 보류했을 것이다. 나가세나는 붓다의 신중한 판단중지에 의혹을 품었으며, 적극적으로 부정적이 되었다. 그에게 있어서 어떤 견해에 대한 증거의 결여는 그것을 불신할 충분한 이유가 된다. 왜냐하면 불완전한 증거를 믿는 것은 중대한 오류일 뿐 아니라 하나의 죄악이기 때문이다. 보류된 판단은 붓다의 입장이었으며, 무모한 부인(否認)은 나가세나의 수정이었다. 붓다의 생각에 대한 결말을 무자비한 논리로 해석함에 있어서, 그는 자기도 모

[원주10] The Sacred Books of the East, vol. ⅹⅹⅹⅴ, p. ⅹⅵ.

르게 그것이 지니는 부적당함을 드러낸다.

3) 『청정도론』

붓다고샤의 『비숫디막가』(*Visuddhimagga*, 淸淨道論)——불교로 개종한 어떤 브라흐민에 의하여 편집된——는 비교적 후기(기원후 400)에 속하는 작품이다. 그것은 소승 불교의 아라한 이상을 설하고 있으며, 이전의 교의를 발전시킨다. 붓다고샤는 최초의 불교 주석가로 평가된다.[원주11] 그의 『앗타살리니』(*Atthasālinī*)는 『담마상가니』에 대한 귀중한 주석으로 평가된다. 상좌부(上座部, Theravāda) 불교는 붓다고샤 시대가 지나면서 큰 발전을 보지 못했다. 이외의 팔리 문헌 가운데 철학서는 아니라 할지라도, 역사서로 중요한 것으로는 4세기경의 『디파방샤』(*Dīpavaṁsa*, 島史)와 5세기경의 『마하방샤』(*Mahāvaṁśa*, 大史)가 있다. 여기서 초기 불교에 대한 우리의 설명은 주로 삼장과 정통 주석서들에 국한될 것이다. 『밀린다 팡하』 또한 참조되겠지만, 그렇다고 무조건적으로 따르는 것은 아니다. 후기 문헌들이 사용될 때에도 우리는 초기 문헌에 들어 있지 않은 어떤 관념이 끼어들지 않도록 유의할 것이다.

4. 붓다의 생애와 개성

우파니샤드에서 초기 불교로 넘어갈 때, 우리는 여러 사람의 정신이 결집된 문헌으로부터 한 인간의 깊은 통찰이 밴 교의로 넘어간다. 우리는 우파니샤드에서 우주에 대한 놀라운 연구를 보며, 불교에서는 한 사람의 삶 속에서 사상의 구체화를 본다. 이러한 사상과 삶의 통일은 당시의 세계에 놀라운 영향력을 발휘하였다. 붓다의 비범한 인격과 생애는 초기 불교의

[원주11] 붓다고샤는 『디가 니카야』에 대한 주석 『수망갈라빌라시니』(*Sumaṅgalavilāsinī*)를 저술했다.

발전과 무관하지 않다.

기원전 6세기 인도에 영적인 초탈, 심원한 관념론, 고매한 삶, 그리고 인류에 대한 사랑에 있어서 전무후무한 왕자가 살고 있었다는 것을 안다면, 누구나 놀라지 않을 수 없을 것이다. 아는 자 혹은 깨달은 자를 의미하는 '붓다'(Buddha)라는 명칭은 유행승(遊行僧) 가우타마가 그의 제자들에게 알려지면서 그들을 통하여 세계에 두루 알려진다.[원주12] 그는 기원전 567년에 태어났다.[역주5] 어린 시절의 이름은 '스스로의 목적을 성취한 사람'이라는 의미의 싯다르타(Siddhārtha)였으며, 성(姓)은 가우타마이다. 아버지는 숫도다나(Śuddhodana, 淨飯王), 어머니는 마야(Māyā)이다. 그는 샤키야(Śākya) 왕국의 왕자였으며, 수도 카필라바스투(Kapilavastu)에서 양모 마하야파티(Mahayāpatī)에 의해 양육되었다. 그의 어머니는 출산 후 7일 만에 사망하였다. 그는 자기의 사촌 야쇼다라(Yaśodharā)와 결혼하여 아들 라훌라(Rāhula)를 낳았다고 전해지며, 후에 라훌라는 그의 제자가 된다.

일찍이 이 불가해한 세계의 무거운 짐과 고통이 그의 마음을 억눌렀다. 그는 인생의 덧없음에 대하여 고뇌하였으며, 대다수의 사람들이 어둠과 죄악으로 사라져가는 암흑의 심연을 강하게 의식하게 되었다. 가우타마가 카필라바스투의 길거리에서 만났던 네 장면의 이야기, 즉 나이가 들어 허리가 굽은 노인, 고열에 시달리는 병자, 머리를 풀어헤치고 곡하는 사람들이 따라가는 시체, 탁발 수도사에 대한 이야기는, 세상의 고통이 그의 감수성에 자극을 주었던 우의(寓意)를 나타낸다.[원주13] 고통의 장면들은 그의 마

[원주12] '붓다'는 깨달은 자를 의미하며, 인도에서는 여러 사람들에게 붙여지는 보통명사이다. 그것은 '주의 기름부음을 받은 자'를 의미하는 그리스도와 같은 말이다.

[역주5] 붓다의 출생 연대에 대해서는 이설이 많다. 남방불교 계통의 문헌에서는 기원전 6세기 중엽이라고 하며, 북방불교 계통의 문헌에서는 기원전 5세기 중엽이라는 설이 지배적이다. 입멸 연대에 대해서도 50여 종 이상의 이설이 있다.

[원주13] 이와 마찬가지로 숙명의 힘은 조지 샌드(George Sand)를 자극하여 세상의 슬픔에 대하여 깊이 성찰하게 하였다. "슬픔과 굶주림, 절망, 그리고 인간 사회에 가득 찬 악이 내 앞에서 일어날 때, 나의 생각이 더 이상 내 자신의 운명이 아니라 세계—나는 단지 한 원자에

음속에 인간 존재의 뿌리 깊은 짐—선한 사람들을 심하게 짓누르고, 인간이 할 수 있는 최선의 노력조차도 좌초시킬 듯이 위협하는—을 일깨워주기에 충분하였다. 붓다에게 개개인의 고통은 곧 보편적인 문제에 대한 예시였다. 그의 마음속에 확고부동했던 모든 것이 흔들렸으며, 그는 삶 그 자체에 대하여 전율하지 않을 수 없었다.

감각적인 것의 무상을 절감한 그는 궁중의 안일과 권세, 그리고 부를 버리고 영원한 것에 대한 명상을 시작하였으며, 그의 동포들이 하찮은 삶과 몽환의 세계에서 벗어날 수 있는 길을 열고자 하였다. 당시의 구도자들은 대개 방랑 은둔자가 되었다. 빛을 추구하는 자는 반드시 세속의 값진 것들을 내버림으로써 자기의 구도 행각을 시작해야 한다. 고대의 관습에 따라 붓다는 집을 떠나 고행자의 삶을 시작했다. 그는 자신의 존엄을 벗어던지고, 황색 가사를 입고 진리와 평화를 구하여 이리저리 유행하며 탁발했다. 그가 출가하여 고행자가 된 것은 29세 때의 일이다.[원주14] 그는 철학적인 사색을 통하여 정신적인 평온을 찾으려 하였으며, 수년 동안 이런저런 색다른 사상들을 편력하였지만 큰 성과가 없었다. 난해한 변증법은 결코 정신적인 불안을 치유할 수 없다. 이를 벗어나는 다른 하나의 방법은 육체적인 고행을 통한 것이었다. 가우타마는 신의가 두터운 다섯 도반들과 함께 우루벨라(Uruvelā) 숲 속의 한적한 곳으로 갔다. 그리고 그곳에서 극단적인 고행을 통하여 영혼의 평화를 구하려는 단식과 여타의 육체적인 고행에 전념하였다. 이로부터 그는 아무런 위안도 얻지 못하였다. 그는 점점 기력을 잃어갔으며, 극도의 피곤과 굶주림으로 죽음 직전까지 이르게 되었다.

불과한—의 운명에 쏠려 있을 때, 나의 개인적인 절망은 모든 만물에게 확장되며, 숙명의 법칙은 나의 이성이 그것으로 인해 흔들리는 것과 같이 소름끼치는 양상으로 내 앞에서 일어난다"(W.S. Lilly, *Many Mansions*). 『마하파다나숫탄타』(*Mahāpadānasuttanta*)와 리스 데이비스의 『붓다의 대화』(*Dialogues of Buddha*), vol. ii를 보라.

[원주14] 한 유명한 이야기는 이 출가의 순간을 생동감있게 묘사한다. 그는 한밤중에 일어나 아내의 방문 앞으로 가서 아기의 이마에 한 손을 얹은 채 잠들어 있는 아내를 보았다. 그는 마지막으로 아들을 안아보고 싶었지만, 아내가 깨어서 자신을 붙잡을까 두려워 돌아섰다. 그리고는 진리를 찾아 밤길을 떠났다.

진리는 여전히 먼 곳에 있는 숙제였으며, 삶은 이에 대한 물음으로 남아 있었다.

여섯 해 동안의 극심한 고행 끝에 붓다는 이 수행방법이 쓸모없다는 것을 확신하게 되었다. 부귀영화의 공허함, 여러 학파들의 가르침, 그리고 혹독한 고행, 이 모든 것들이 가늠되었으며, 제각기 부족한 점을 지니고 있다는 것이 밝혀졌다. 고행으로 청정하게 된 몸과 겸손으로 정화된 마음, 그리고 독거(獨居)로 다스려진 가슴으로써 그는 황야에서 지혜를 추구하였다. 만일 그가 여명의 아름다움과 태양의 장려함, 자연의 생명이 지니는 풍요로움으로부터 우연히 진리를 배울 수 있었다면, 그는 어쩌면 신의 세계 창조에 의지했을지도 모른다.

전설적인 이야기는 붓다의 마음을 산만하게 하고 그의 목적을 잃어버리게 하는 마라(Māra, 악마)의 유혹을 말한다. 마라는 결국 성공을 거두지 못했다. 보리수 아래 풀더미 위에 앉아서 가우타마는 미동도 없이 오로지 한 목적에 마음을 전일하면서 동쪽을 향해 있었다. "지고·궁극의 진리를 얻을 때까지 나는 이 자리에서 결코 일어나지 않으리라." 그는 그 나무 아래서 7주를 보냈다. "우리의 정신이 심각하고 난해한 문제와 씨름할 때, 그것은 거의 의식하지 못하지만 한걸음 한걸음 나아가고 있으며, 이것은 마침내 돌연한 깨달음을 가져온다. 이러한 일이 가우타마에게 일어났던 것 같다."[원주15] 깊은 삼매에 들어 보리수 아래에 정좌하고 있을 때, 한 새로운 빛이 그의 마음을 꿰뚫었다. 그가 추구하던 목적이 마침내 이루어진 것이다. 후에 그를 따르는 사람들은 이 보리수를 보디난다(Bodhinanda), 즉 깨달음의 자리라고 불렀다.

수년 동안의 부단한 정진과 명상 끝에 깨달음을 얻게 되자, 그는 고통 속에 있는 대중들이 영원한 지복에 이르는 길을 선포해야 한다는 사명감을 느꼈다. 그는 거룩한(Aryan)[역주6] 네 가지 진리(四聖諦)와 여덟 가지 바른

[원주15] Wells, *The Outlines of History*, p.207.
[역주6] 붓다는 자기가 깨달은 네 가지 진리를 '아리야 사티야'(Ārya satya)라고 했다. 여기서

길(八正道)을 설했다. 형이상학의 복잡한 사변에 연루되지 않고, 그는 윤리적인 실천의 길을 가르쳤으며, 이를 통하여 죄악 속에 살고 있는 대중들을 구제하고자 했다. 얼굴에 서린 고요와 고결함, 청정함과 위엄으로 충만된 삶, 진지하고도 열렬한 사랑, 지혜로 가득 찬 그의 가르침은 대중들의 가슴을 사로잡기에 충분했다.

그는 첫 제자로 한때 도반이었던 다섯 고행자들을 택했다. 그들에게 그는 '전법륜'(轉法輪, dharmacakrapravartana)에 관한 첫 설법을 했다. 그들은 그의 가르침을 받아들였으며, 정식으로 첫 불교 교단, 즉 상가(saṅgha, 僧伽)를 형성하게 되었다. 제자들의 숫자는 차츰 늘어났다. 포교사들이 새로운 다르마(dharma, 法)를 전하기 위하여 사방으로 파송되었다. 초기의 제자들 가운데 사리풋타(Sāriputta)와 모갈라나(Mogallāna)[역주7]가 가장 유명하였다. 이들은 라자그리하의 고행자로서 다섯 직제자 가운데 하나인 앗사지(Assaji)에게 가르침을 받았으며, 붓다가 몸소 그들을 교단으로 인도하였다.

초기 불교 교단에서 중요한 위치에 있었던 또 다른 제자들로는 우팔리(Upāli), 카쉬야파(Kāśyapa), 그리고 아난다(Ānanda)이다. 우팔리는 붓다 입멸 후 제1차 결집회의에서 율을 낭송하였다. 카쉬야파는 이 회의의 주재자로 전해지며, 그가 도착할 때까지 붓다의 화장이 연기되었다고 전해지는 것으로 보아 그는 당시 교단의 핵심인물이었던 것으로 보인다. 붓다의 사촌이자 그의 주요 제자들 가운데 하나였던 아난다는 오랫동안 정성을 다하여 붓다를 모셨으며, 붓다 입멸시에도 곁에 있었다. 수많은 대중들이 그의 제자가 되기를 원하였으며, 상당수의 바라문교 스승들이 불교로 개종하기도 하였다. 붓다가 아버지의 왕궁을 떠난 지 12년 만에 다시 그곳을 방문하였을 때, 그것은 단지 부모와 처자를 그의 품안으로 받아들이기 위

'아리야'라는 말은 어떤 종족을 지칭하는 것이 아니라, 단지 '최선' 혹은 '최고'라는 의미를 지닌다(P.T. Raju, *The Philosophical Traditions of India*, p.115).

[역주7] 이들은 붓다의 10대 제자의 하나로 각각 지혜제일(知慧第一), 신통제일(神通第一)이라는 칭호를 얻었다.

한 것이었다. 많은 사람들이 재가 신자가 되었으며, 소수의 여성들을 중심으로 한 비구니 승단의 형성도 허락되었다.

정각을 얻은 후 사십여 년 동안 사람들에게 가르침을 설한 후에, 육신을 버리고 반열반(parinirvāṇa)[원주16]을 이루어야 할 때가 되어, 그는 아난다와 거기에 모인 여러 비구들에게 법을 설하고 가르침을 내렸다. 유행승 수바드라(Subhadra)는 최후의 순간에 그의 가르침을 들었으며, 붓다 자신에 의하여 개종하게 된 마지막 제자였다. 붓다는 제자들에게 의문점이나 어려움이 있으면 말하도록 하였다. 그들은 아무 말이 없었다. 그러자 세존은 대중들에게 말하였다. "대중들아, 이제 나는 그대들을 떠난다. 존재하는 것은 무엇이나 무상하지 않은 것이 없다. 부지런히 정진하여 자기를 구제하라."[원주17] 그는 팔십 세에 입멸한 것으로 전해진다. 대성 붓다는 평온·온유·적정·대자비로서 모든 시대를 통하여 동양 정신의 표본이 된다. 그는 여러 가지 이름으로 알려지는데, 흔히 샤키야무니(Śākyamuni) 혹은 타타가타(Tathāgata, 如來)라고 불린다. 전자는 샤키야(Śākya)족의 성자라는 의미이며, 후자는 진리에 도달한 자라는 뜻이다.

여기서 언급된 사실들은 믿을 만한 것으로 받아들여질 수 있을 것이다. 『랄리타비스타라』(*Lalitavistara*)[원주18]와 『자타카』(*Jātaka*)에는 이외에 부수적인 사건들이 언급되고 있지만, 다소 전설적인 색채가 강하다.[원주19]

[원주16] 니르바나는 살아 있는 중에도 얻을 수 있는 것임에 비하여, 파리니르바나는 오직 죽음의 순간에, 즉 육적인 삶의 소멸과 함께 이루어질 수 있다. 「파리닙바나 숫타」(*Parinibbāna Sutta*), The Sacred Books of the East, vol. xi을 보라.

[원주17] 「마하파리닙바나숫타」, vi. 1. 플라톤의 대화편 『파이돈』(*Phaedon*)에 따르면, 철학이란 죽음에 대한 명상이다. 마르쿠스 아우렐리우스(Marcus Aurelius)는 이렇게 말하고 있다. "우리 모두는 결국 썩어 악취를 풍기게 되고 마침내는 폐물이 된다…… 모든 것은 서로 비슷하며, 덧없이 사라져가는 지푸라기와 같다. 머지않아 흙이 우리 모두를 덮을 것이다. 그러면 이번에는 흙이 변할 것이다. 그러면 그 변화의 결과로 생기는 것이 변할 것이며, 이러한 관계는 영구히 지속될 것이다. 변화의 물결이 살처럼 쾌속무비하게 지나가고, 그것을 깊이 헤아려 생각하는 사람들은 모든 것을 덧없는 것으로 하찮게 여길 것이다." 에드윈 베번(Edwyn Bevan)의 『헬레니즘과 기독교』, p.185에서 재인용.

[원주18] Edwin Arnold, *Light of Asia*.

우리가 붓다의 생애를 전하고 있는 불전들이 나타나기 시작한 것이 불멸로부터 200년 이후라는 것을 상기한다면, 이러한 문헌들이 비록 근거가 명백한 사실들과 섞여 짜여져 있다 할지라도, 상당 부분 전설적인 내용을 담고 있다고 해서 그다지 놀라운 일은 아닐 것이다.[원주20] 그를 따르는 사람들의 풍부한 상상력이 그의 생애에 대한 이야기를 무수한 전설들로 윤색하였던 것이다. 후자는 스승의 실제적인 삶을 전하고 있다기보다는 그가 그들의 내적인 정신세계와 상상력을 두드렸던 방법을 묘사하고 있다.[원주21]

5. 시대 상황

1) 사상적 경향

모든 사상체계는 그 시대의 경향을 반영하고 그것을 구현한다. 따라서 어떤 사상을 이해하려면, 먼저 그것이 세계를 바라보는 관점과 그것을 가능하게 만든 당시의 사상적 경향을 이해하지 않으면 안된다. 나중에 문자로 기록되는 구전문학에서 우리는 붓다가 태어난 당시의 상황을 추측해볼

[원주19] 니다나카타(Nidānakatha, 『자타카』의 제1권)와 아슈와고샤(Aśvaghoṣa)의 『붓다차리타』(*Buddhacarita*, 佛所行讚).

[원주20] 붓다의 생애에 대한 최초의 기술은 『마하파다나 숫탄타』(『디가니카야』, 설법 No.14)이다. 그것은 붓다의 자서전을 담고 있다고 말해진다.

[원주21] 우리가 붓다에 관한 이야기들의 많은 부분들이 전설적이라는 견해에 전적으로 동의한다 할지라도, 이것은 곧 그 이야기들이 모두가 하나의 전설이라고 보는 최근의 견해를 그대로 수용하자는 것은 아니다. 스나르(M. Senart)에 의해서 시작되고 몇몇 다른 학자들에 의하여 확립된 이론──붓다에 관한 전체 이야기는 후대에 자연 성장한 종교에 부가된 단순한 신화에 불과하다는──을 살펴보자. 스나르는 붓다의 생애에 관한 이야기에서 다른 여러 이질적인 경향들과 혼합된 태양신화를 볼 수 있다고 말하지만, 우리는 이 가설에 전혀 동의할 수 없다. 붓다의 이야기와 관련된 사건들은 자연적인 것이며, 본래적인 전통에 속한다. 우리에게는 그 문헌들이 이미 초기부터 존재했다는 증거가 있다. 붓다의 종교는 그것이 정신적인 도야를 가르치는 진정한 천재의 일로 간주하지 않는 한 이해될 수 없다. 기실 스나르 자신도 스승으로서의 붓다를 인정하고 있지만, 태양신화가 그의 생애에 섞여 짜여져 있다고 생각한다. 그러나 붓다의 생애에 관한 주요 사건들은 신화적일 수 없다.

수 있다. 하나의 통일된 인도 제국이 아니라, 개개의 종족을 중심으로 하는 여러 군소 왕국들이 있었다. 산스크리트(Sanskrit, 梵語)가 하나의 거룩한 언어로 인정되고 있었지만, 여러 가지 방언들이 통용되었으며, 베다는 이미 신성시되고 있었다. 『마누 법전』에 성문화된 관습과 법령들은 아직 후대에서 보이는 엄격성을 띠는 것은 아니라 할지라도 어느 정도 강제력을 지니고 있었다. 육파철학이 가능할 수 있었던 사색의 단초가 싹트고 있었지만, 아직 발달된 형태는 아니었다. 형이상학적인 사변과 신학적인 논쟁이 사람들의 주된 관심사였기 때문에, 윤리적인 삶은 등한시되었다.

어떤 사람들에게는 긍정되고 또 어떤 사람들에 의해서는 부정되는 개별적인 성향, 감정, 그리고 바람을 반영하는 온갖 이론과 사색이 난무하였다. 모든 사람이 인정하는 어떤 사실이나 원리도 없었으며, 단지 반박과 부정을 위한 소견과 직감이 있을 뿐이었다. 과연 세계와 자아가 유한인가 아니면 무한인가, 유한도 아니고 무한도 아닌가, 아니면 유한인 동시에 무한인가에 대한 논쟁이 활발하였으며, 현상과 실재의 구분, 초월 세계의 실재성, 사후 영혼의 계속성, 그리고 자유의지의 문제에 대한 논의도 무르익고 있었다. 어떤 사상가들은 정신과 영혼을 동일한 것으로 보는가 하면, 이 둘을 구분하는 사상가들도 있었다. 어떤 사람들은 신의 절대성을, 또 어떤 사람들은 인간의 존엄을 말하였다. 어떤 사상가들은 우리가 그것에 관하여 아무것도 알 수 없다고 주장하는가 하면, 반대로 자신의 지지자들로 하여금 이에 대하여 분명하게 알 수 있다는 자신감으로 우쭐하게 만드는 사상가들도 있었다. 어떤 사람들은 형이상학적인 이론을 확립하느라 분주한 반면에, 그것을 무너트리기 위하여 애를 쓰는 사람들도 있었다.

베다의 전통과는 무관한 수많은 이론들이 일어났다. 속박에서 자유로워진 자들(Niggaṇṭha),[역주8] 바라문 조직에 속하지 않은 고행자들(Samana), 세속을 버림으로써 영혼의 평화를 구하려 하는 자들, 장기간의 단식을 통

[역주8] 'Niggaṇṭha'는 팔리(Pali) 불전에서 자이나교도들을 일컫는 말이다. 초기 범어문헌에서는 이와 동일한 의미로 니르그란타(Nirgrantha)라는 표현이 사용된다.

하여 자기 고행을 실천하는 사람들, 정신적 초탈을 구하는 사람들, 이론가, 논객, 유물론자, 회의론자, 그리고 삿차카(Saccaka)처럼 제딴에는 현자라고 여기는 사람들이 있었다.[원주22] 그는 대담하게도 이와 같이 말한다. "나는 사문(沙門)이나 바라문을 도무지 모르며, 스승이나 대가(大家) 혹은 어떤 학파의 수장도 모른다. 거룩하고 지존한 붓다라고 자칭하는 자라도, 만일 그가 논쟁에서 나와 맞부딪친다면 비틀거리지 않을 자가 없으며, 진땀을 빼지 않을 자가 없을 것이다. 그리고 만일 내가 나의 언변으로 생명없는 돌기둥을 공격한다면, 그것조차도 공포에 질려 전율할 것인데, 하물며 인간 존재는 어떠하겠는가!"[원주23] 이 시대는 사상의 혼란기로 특징지울 수 있을 것이며, 문득 나타났다 사라지는 온갖 형태의 신학과 알맹이없는 논쟁이 만연하던 시대였다.[원주24]

2) 형이상학의 무용성

형이상학적 정신을 지닌 사람들의 풍부한 상상력은 시공간과 영원을 희롱하였으며, 이것은 결국 고매한 철학을 통속적인 차원으로 끌어내렸다. 위대한 진리는 오리무중의 형이상학 속으로 숨어버렸다. 허구의 노상에서 큰소리로 외치는 것은 진리를 보지 못한 자들이다. 붓다는 요란한 광신과 상충하는 사상체계들, 그리고 믿음의 성쇠에 충격받았으며, 형이상학적 사유의 무용성에 관한 그의 모든 가르침은 여기에서 기인된 것이다. 영혼의 구제는 형이상학적 독단의 세세한 구분이나 끊임없이 따져 묻는 기질, 혹은 각 종파에 대한 치밀한 논박을 통한 이성의 순화에 달려 있는 것이 아니

〔원주22〕 Silacara, *Discourses of Gotama, the Buddha,* vol. ii, xxxv, xxxvi을 보라.

〔원주23〕 Oldenberg, *Buddha,* p.70 ; 「출라삿차카 숫타」(Cūlasaccaka Sutta), 『맛지마 니카야』(35), i.237을 참조하라.

〔원주24〕 「브라흐마잘라 숫타」(Brahmajāla sutta)에 언급되어 있는, 가우타마 붓다 시대에 유행하던 62가지 견해는 Rhys Davids, *American lectures on Buddhism*에서 상세하게 분석된다.

다. 생각의 우유부단은 비록 그것이 인간의 지성에 치명적인 부담을 주는
것은 아니라 할지라도 인간의 윤리적인 행동영역에 있어서는 유해한 것이
다. 생각에 있어서의 무질서는 윤리에 있어서의 무질서로 귀결된다. 그러
므로 붓다는 무익한 형이상학적 논의를 피하고자 했다. 우리가 불교에서
발견하는 모든 형태의 형이상학은 본래적인 담마(Dhamma)가 아니라 그
것을 해석하고 부언한 것(abhidhamma)[원주25]이다. 불교는 본질적으로
심리학, 논리학, 그리고 윤리학이며, 형이상학이 아니다.

3) 종교 상황

광활한 인도 대륙에서 온갖 신을 만들어내는 인간의 놀라운 능력과 다신
론에 대한 끈질긴 충동이 무한히 펼쳐졌다. 복을 주고 용기를 북돋울 뿐 아
니라 해를 가하거나 고통을 내리는 힘을 지닌 신과 악령들이 사람들의 삶
을 지배했다. 대중들은 베다의 종교와 제의식을 높이 받들었다. 자신들의
열번째 소유물이 풍성해지도록 서원하는 유럽의 다신교도(pagan)들이나
병의 치유를 위하여 아스클레피우스(Asclepius)[역주9]에게 비는 수탉처럼
그들은 신들에게 간청하기에 바빴다. 심지어 일신교 신자들의 전능한 신조
차도 비록 영웅의 전형을 따른다 할지라도, 그의 길을 따를 때는 친절하다
가도 이를 그르칠 때는 진노하며, 그의 진노가 달래졌을 때는 다시 자비를
보이는, 아주 인간적인 성격을 띠는 신이다.[원주26]

유일신과 그 숭배자들의 관계는 주종의 관계이다. 그는 복수심에 불타는
전쟁의 주(主)요, 그가 뜻하는 대로 우리를 다룰 수 있는 권능을 지니며,

〔원주25〕 아비(abhi)는 '-의 범위를 넘어서'(beyond)를, 그리고 담마(dhamma)는 물리적 현
　　　상에 관한 학문(physics)을 의미한다. 메담나(Medhamna)들은 아비담나(Abhidhamna)
　　　에서 보다 상세하게 분석된다. 아리스토텔레스를 참조하라. 『앗타살리니』(*Atthasālinī*) 서
　　　두의 설법을 보라.
〔역주9〕 로마 신화에 나오는 의술의 신이다.
〔원주26〕 우리는 『자타카』에서 소를 제물로 드리는 제사(i.144)와 심지어는 인간을 제물로 바치
　　　는 제사(iii.314)의 예를 본다.

우리가 전선에서 적과 대항하여 싸우도록 명한다. 그는 다소 지나칠 정도로 세상사에 간섭한다. 혜성들은 죄악의 세상을 경고하는 그의 노여움을 나타내는 것이다. 만일 그 경고가 무시된다면, 그는 무고한 사람들의 목숨을 앗아가는 역병을 내릴지도 모른다. 기사 이적(奇事異蹟)이 오히려 이 시대를 지배하는 원리였으며, 보편적인 법칙——비록 우파니샤드에서 상정되고 있다 할지라도——은 아직 살아 있는 믿음으로 통용되지 못하였다. 더욱이 완고한 일신론은 신의 어깨를 더욱 무겁게 만들었다. 만일 우리가 악하다면 그가 책임질 것이며, 선한 것도 또한 그가 책임질 것이다. 순전한 변덕에서 혹은 어떤 먼 조상의 악행에 의하여 그에게 드려진 사소한 일을 응징하려는 욕망에서 그는 대다수의 사람들이 절망과 고통에 빠지도록 운명지웠다.

4) 도덕적 삶의 의미

모든 죄는 신의 법에 대한 위반을 의미하며, 그를 달래는 유일한 길은 참회와 무조건적인 복종뿐이다. 죄는 오직 자기의 만족을 구하는 신의 뜻을 거역하는 것이다. 카르마의 법칙에 대한 입에 발린 충직이 있었을 뿐, 사람들은 죄의 필연적인 결과에 대해서 무관심하였다. 인간의 모든 행위 위에는 진노한 신의 먹구름이 걸려 있었다. 이의 결과로 종교는 삶에서 소외되었으며, 신과 세계는 대립되고 말았다.

숭배 행위에 반드시 동반되었던 무자비한 제의식은 붓다의 마음에 큰 충격을 가져왔다. 신에 대한 맹신에 의하여 인간의 도덕적인 본성에 가해진 엄청난 손상이 있다. 선량한 많은 사람들이 악마의 행위를 그것이 신성한 정화의 힘을 지닌다는 믿음으로 스스럼없이 행한다. 이 세상에서 도덕과 종교의 혼동으로 야기된 악이 어느 정도였는가 하는 것은 이루 말할 수 없을 정도이다. 아브라함(Abraham)은 그의 아들을 번제하라는 신의 명령을 받았으며,[역주10] 사울(Saul)은 그의 포로들을 무자비하게 대량 학살하

[역주10] 『구약성서』, 「창세기」 22.1~2. 아브라함은 이스라엘의 믿음의 조상이라고 불린다.

도록 요구받는다.[역주11] 종교라는 미명하에 우리의 삶에 스며들어서 영성의 불꽃을 거의 없애버릴 정도로 만연했던 잘못된 소견들은 붓다의 가슴을 사무치게 했다.

이러한 이론에 회의적인 생각을 품는 사람들은 반드시 윤리적일 필요는 없다. 윤리가 불가사의하게 전달되는 신의 명령에 근거하는 한, 모든 과학적 발명이나 사상의 발달은 도덕적 규범의 토대를 손상시키는 것으로 받아들여질 것이다. 믿음이 견고하지 못한 자들은 도덕의 제재를 거부할지도 모른다.

5) 형이상학과 신학에 독립적인 윤리

루크레티우스(Lucretius)[역주12]처럼, 붓다는 이 세계가 초자연력 숭배에 대한 자연적인 이법의 승리로 귀결될 것이라고 생각했다. 개개의 모든 사람들이 사제의 매개나 신의 도움없이 자력으로 구원을 얻을 수 있다는 종교를 선포함으로써, 그는 인간 본성의 존엄을 고양시키고 도덕의 풍조를 드높였다. "타자(他者)가 행·불행을 가져다줄 수 있다고 여기는 것은 어리석은 생각이다."[원주27] 붓다의 활동 이후에, 자연적인 이법의 영원성과 보편성에 대한 믿음은 인도인의 정신 속에 거의 본능처럼 남게 되었다.

나중에 우리는 세계가 그 자체에 대한 설명을 위하여 신을 필요로 하지 않는다는 붓다의 입장을 살펴볼 것이다. 세계에 대한 설명은 카르마의 법칙으로 족하다. 궁극자의 존재에 대한 암시가 있지만, 그것은 논리적인 증명의 문제가 아니다. 붓다는 우파니샤드의 전제를 시인하고 보증하며, 사

[역주11] 『구약성서』, 「사무엘상」 15.2∼3. "만군의 야훼께서 하시는 말씀이오. '아말렉 사람들이 이스라엘 사람들에게 한 짓, 즉 이집트에서 올라오는 이스라엘을 공격한 그 일 때문에 나는 그들에게 벌을 내리기로 하였다. 그러니 너는 당장에 가서 아말렉을 치고 그 재산을 사정 보지 말고 모조리 없애라. 남자와 여자, 아이와 젖먹이, 소떼와 양떼, 낙타와 나귀할 것 없이 모조리 죽여야 한다.'" 사울은 이스라엘 통일왕국시대의 제1대 왕이다.

[역주12] 고대 로마 전설에 등장하는 열녀(烈女).

[원주27] 『보디차리야바타라』(*Bodhicaryāvatāra*).

도 바울의 판단을 예기한다. "오, 신의 풍요와 지혜와 지식은 심오합니다. 누가 그의 판단을 헤아릴 수 있을 것이며 그가 하는 일을 이해할 수 있겠는 가?"[원주28]

우파니샤드는 대개의 사람들에게 하나의 신비였으며, 그 가르침은 당시에 만연하던 미신의 혼돈 속에서 자취를 감추고 말았다.[원주29] 신들을 자기의 뜻대로 굴복시키기 위한 타파스(tapas)를 외치는 사람들이 있었다. 어떤 고행자와 붓다의 한 대화는 음식과 관련하여 22종, 그리고 의복에 있어서 13종의 자기 고행법을 언급하고 있다. 이욕행(離慾行, renunciation)의 드높은 이상은 차츰 야만적인 미신으로 가려졌다. 자기의 영혼을 고양시키고자 하는 사람들이 오히려 스스로를 짐승으로 전락시키는 결과를 자초하였다. 대중들은 신심 깊은 신앙자들이 제공하는 음식으로 살아가는 자들이 만든 예식과 계율에 빠져 있었으며, 붓다는 이들을 "사기꾼, 거룩한 말씀을 팔아 삯을 챙기는 게으름뱅이,[원주30] 돈벌이에 정신이 팔린 점쟁이,

---

[원주28] 「로마서」, xi.33.

[원주29] 『랄리타비스타라』는 붓다가 설법하던 당시의 인도 상황을 다음과 같이 기술하고 있다. "우루벨라 숲 속에서 샤키야(Śākya)가 모든 형태의 고행 —— 당시의 사람들이 흔히 실천하고 있었으며, 인간의 정신을 모든 육욕에서 자유롭게 고양시켜준다고 여겼던 —— 에 몰두하고 있는 동안에, 그는 이와 같이 생각했다. '지력을 통한 구원에 대한 아무런 전망도 지니고 있지 않은 채, 온갖 소망을 지니고 티르티카(Tirthika) 혹은 진리를 드러내 보이는 자들 주변에 모여든 사람들 가운데, 그리고 그 티르티카들의 능력이 육적인 욕구에 사로잡힌 위선자들의 손아귀에서 몸부림치고 있는 때에, 여기 잠부드비파(Jambūdvīpa)에서 내가 태어난다. 온갖 양태의 고행을 통하여 사람들을 정화시키려 하고 똑같은 것을 되풀이하여 가르치는 어리석은 사람들이 있다. 그들 가운데 어떤 이들은 자기가 외는 만트라를 이해하지 못하며, 어떤 이들은 아첨하는 일에 몰두하며 음란한 행위를 일삼는 자들도 있다. 어떤 이들은 만트라조차도 가지고 있지 않으며, 또 어떤 이들은 온갖 사상 학파를 찾아 이리저리 돌아다닌다. 어떤 이들은 암소, 사슴, 말, 돼지, 원숭이, 혹은 코끼리를 숭배한다. 어떤 이들은 한곳에서 가부좌를 틀고 조용히 앉아서 고귀함을 꾀한다. 어떤 이들은 연기 혹은 타는 불꽃을 들이마시거나 태양을 정면으로 응시함으로써, 또 어떤 이들은 한 발로 서 있거나 한 팔을 끝없이 치켜들고 있음으로써 자기의 고행을 완성하고자 한다…… 어떤 이들은 브라흐마(Brahmā), 인드라(Indra), 루드라(Rudra), 비슈누(Viṣṇu), 데비(Devī), 쿠마라(Kumāra)에게 경배하는 것을 자랑스럽게 여긴다 …….'"

[원주30] 『자타카』는 브라흐민의 타락과 금전에 대한 집착을 자주 언급하고 있다. i.77에서 왕

귀신 쫓는 무당"^[원주31]으로 묘사한다.

신의 권능을 매개하는 통로라고 자처하는 사제들이 온 나라의 종교를 압도하였다. 붓다는 단지 "은이든 금이든 내게는 아무것도 없다"고 말할 수 있는 영적인 예언자, 참된 브라흐민에게 경의를 표할 뿐이다. 그러나 예언자가 사제가 되어 금은보화를 축적했을 때, 그는 영적인 재능에서 나오는 그 힘과 권능을 잃어버렸으며, 더 이상 앉은뱅이에게 "일어나 걸어라"고 말할 수 없었다. 그는 병자들을 영적인 삶으로 인도하여 병을 치유하는 것이 아니라, 고자세를 취하고 자기가 마치 신의 두터운 신임을 받고 있는 체하면서 궁핍한 사람들에게 말하였다. "여러분, 신에게 희생제의를 드리고, 나에게는 그 대가를 내시오. 그러면 여러분의 죄가 사해질 것입니다." 금전을 통한 구원의 방식은 인간 내면의 보다 깊은 욕구를 충족시킬 수 없었다. 대중들에게 종교는 규칙적인 예배, 기도와 참회, 재계(齋戒), 그리고 인간의 삶에 있어서 거의 모든 관계에 적용가능한 금제에 놓여 있다. 붓다는 사람들이 흔히 신조로 간주하는 여러 신앙체계들의 공허함을 절감했다. 그는 사람들이 아무런 쓸모도 없는 것을 위하여 바보 노릇을 해야 한다는 것을 유감으로 여겼다. 그는 미신과 무분별에 대한 분노에 찬 저항을 감행하였으며, 제자들로 하여금 하찮은 것들에 사로잡히지 말고 세계의 영적인 법칙을 실현하라고 가르쳤다. 그는 신들의 신성을 부정했으며 베다의 권위를 무시했다.

붓다는 고대의 믿음이 뿌리째 흔들리고 신학적인 공상들이 백일몽처럼 스러져가는, 비판과 계몽의 시대가 지니는 불가피한 약점들을 절감했다. 사람들의 마음은 불안과 모순으로 가득했으며, 믿음을 지닐 수 없었던 사

의 사제는 희생제의에 반대하는 젊은 브라흐민을 설득하기 위하여 이렇게 말한다. "여보게 젊은이, 이것은 우리에게 돈, 거액의 돈을 의미하네." 이와 마찬가지로 왕족 사제의 제자가 동물 희생제의에 대하여 항의할 때, 그는 이런 말을 듣는다. "우리는 맛있는 음식을 풍부하게 얻을 것이다. 다만 침묵을 지키라"(iii.314). 「스리갈라 자타카」(Srigala Jātaka)에서 재 칼(Jackal)은 "브라흐민들이 부(富)에 대한 탐욕으로 가득 차 있다"라고 말한다(i .142. 또한 iv.496을 참조하라).

[원주31] Rhys Davids, *Buddhist India*, p.215 ; 또한 *Dialogues of Buddha*, 15를 보라.

람들은 어떤 교의나 학설에 관심을 두게 되었다. 이 시대의 관심사는 초기 불교의 정신에 반영되었다. 붓다는 진·선·미에 대한 본질적인 욕구를 정확히 지적했다.

6) 붓다의 실증주의적 방법

교의가 무너지고 학설이 붕괴되는 과정에서, 윤리에 대한 확고한 토대를 제공하는 것이 붓다의 과제였다. 그리스 세계에서 스토아 철학파와 에피쿠로스의 윤리적인 사색이 플라톤과 아리스토텔레스의 방대하고 포괄적인 형이상학 체계에 잇따라 일어났듯이, 고대 인도에서도 이러한 일이 일어났다. 철학의 토대가 흔들리게 될 때, 행위의 원리가 사상가들의 관심을 끌었다. 만일 윤리학이 형이상학이나 신학의 유사(流沙) 위에 세워진다면, 그것은 확실한 미래를 기약할 수 없게 된다. 붓다는 그것을 사실의 바위 위에 확립하고자 했다. 고대 불교는 그 중심을 신에 대한 숭배에서 인간에 대한 기여로 전환시키고자 한다는 점에서 실증주의와 유사하다.

붓다는 새로운 우주관을 확립하려 하기보다는 의무에 관한 새로운 의미를 가르치고 실천하는 일에 전념하였다. 도그마와 사제, 희생제의와 성례에 관계없이 한 종교를 연 것이 그의 특징적인 장점이었으며, 그것은 일종의 내면의 변화를 추구하는 자기 함양의 체계였다. 그는 구원이란 모호한 도그마의 수용 혹은 진노한 신을 달래기 위한 맹목적인 행위에 달려 있지 않다는 것을 분명히 했다. 그것은 성품의 완전함과 선에 대한 헌신에 놓여 있다. 도덕률은 어떤 비범한 정신의 우연한 고안물이거나 불가해한 계시의 도그마가 아니라, 진리에 대한 필연적인 표현이다. 붓다에 의하면, 진리에 대한 무지야말로 모든 불행의 원인이다. 극단적인 고행주의의 도덕적 가치를 부정하는 것, 베다의 의식존중주의를 경멸하는 것, 간단히 말하여 종교철학을 확립하는 것은 우리가 감히 평가할 수 없는 위대한 사색적 모험이다. 우리는 초기 불교의 가르침에서 세 가지 특징적인 모습, 즉 윤리적인 진지함, 신학적 경향의 부재, 그리고 형이상학적인 사색에 대한 회피를 발견한다.

7) 붓다의 합리주의

붓다는 초자연적인 것과 신앙의 관념에 대한 의미의 쇠퇴를 고려하지 않을 수 없었다. 사람들이 지금까지 무비판적으로 수용했던 모든 것을 예리한 시각으로 검토하고자 하는 자기 성찰과 자기 검증의 시대에, 신앙 또한 비판에서 제외될 수 없다. 진지한 사상가들이 영혼을 허깨비로, 불멸을 환상으로 내던져버릴 때, 그 실재를 증명하려 하는 것은 아무 소용이 없다. 붓다는 그 비판정신을 받아들였지만, 그것에 대한 한계를 설정하고자 했다. 그의 입장은 회의론자의 정신과 유물론자를 특징지우는 무관심 또는 경박함과 완전한 대조를 이룬다. 그럼에도 불구하고 그는 당시의 빛을 한데 모으고 응집하는 가운데 우리에게 전통적인 믿음체계들에 대한 하나의 일관된 비판을 보여준다.

결국 사상과 실천의 체계는 끊임없이 이어지는 각 시대가 염원을 충족시키고 진보하는 지식과 내적인 통찰의 여러 결과를 조화시키는, 하나의 작업 가설에 불과한 것이다. 환경이 바뀌고 지식이 증가했다. 회의론적인 경향이 일어나고, 전통 종교는 불신받게 되었다. 뜻있는 사람들은 삶을 헤쳐나가고 인간 본성의 뿌리 깊은 열망을 경험 속의 명백한 사실과 조화시키는, 어떤 광범위한 이론들을 궁리하고 있었다. 붓다는 당시의 대변자로 일어섰다. 그는 대중적인 신앙에 대하여 일기 시작한 반발에 깊은 영향을 받았으며, 어떤 의미에서 그의 역할은 이미 형성되어 흘러가고 있는 시대의 큰 물결의 흐름을 더욱 세차게 만들었을 뿐이다. 그는 시대정신에 초점을 맞추었으며, 생각 있는 사람들의 불분명하고 비체계적인 느낌들을 토로했다. 붓다는 선지자인 동시에 시대정신의 대변자였다.

헤겔은 그의 시대에 관하여 천재적인 사람을 궁륭에 최후의 머릿돌을 놓는 사람에 비유한다. 하나의 구조물을 짓는 과정에는 수많은 일손들이 동원되지만, 오직 그의 손을 통해서 그것은 완전하게 된다. 그와 같은 명인의 손이 바로 인도의 가장 위대한 사상가 가운데 하나인 붓다의 손이었다. 붓다와 그 이전 사상가들의 관계는 소피스트들에 대한 소크라테스의 관계로 비유된다. 어떤 의미에서 그의 사상은 당시에 널리 유행하던 비판의 풍조를 표현하고 있는 것이라 할 수 있지만, 그것은 또한 실재에 대한 종교적인 견해가 아니라 할지라도 영성을 강화시킴으로써 시대정신을 몰아가도록 운명지어져 있었다. 불멸은 믿기 어렵고 신은 불가해할 수도 있겠지만, 의무에 대한 요구는 절대적이다.

우리는 붓다를 일반적인 의미에서의 합리주의자로 간주할 수 없다. 합리주의는 "종교적인 신앙을 허물기 위해 이성을 사용하는 정신적 경향"[원주32]으로 정의된다. 붓다는 어떤 부정적인 결과에 도달하려는 의도로 시작하지 않았다. 진리에 대한 사심없는 추구자로서 그는 어떤 편견을 가지고 출발하지는 않았다. 그럼에도 불구하고 그가 초자연적인 계시에 의존하지 않고 실재 혹은 경험을 탐구하려 했다는 점에서는 합리주의자라고 볼 수 있다. 이 점에서 붓다는 현대 과학자들과 의견을 같이한다. 후자의 견해에 따르면 초자연적 간섭의 개념이 자연현상에 대한 논리적인 해석에 도입되는 것은 금물이다. 사물의 상호 유기적 관련을 깊이 통찰하고 있었기 때문에 붓다는 우주질서에 대한 불가해한 간섭 혹은 정신적인 삶에 대한 신비적인 교란을 인정할 수 없었을 것이다.

8) 이성적인 종교

붓다는 신앙에 대한 모든 믿음을 상실한 시대에 또한 신앙에 호소한다는 것은 아무런 소용이 없다는 것을 알았기 때문에, 그는 이성과 경험에 의지하였으며, 단지 논리의 힘으로 사람들을 설득하고자 했다. 그는 '순수이성의 범위 내에 있는 종교'를 확립하고, 그래서 미신과 회의주의를 추방하려고 했던 것이다. 그는 좀처럼 예언자적인 역할을 띠지 않는다. 그는 반대자들과의 논쟁을 통하여 그들을 속박에서 벗어나게 만드는 변증가였다. 그는 자기의 추종자들에게 그 자신이 몸소 겪었던 경험을 제시하고, 그들 스스로가 자기의 견해와 결론을 검증하도록 촉구했다. "그의 교의는 소문에 의

[원주32] Benn, *History of English Rationalism in the Nineteenth Century*, vol. i, p.4.

거한 것이 아니다. 그것은 '와서 보라'는 것을 의미한다."[원주33] "붓다는 사람들을 해탈시키는 것이 아니라, 그가 스스로 해탈에 도달했던 것처럼 그들이 스스로 해탈에 이를 수 있는 길을 가르친다. 사람들이 진리에 대한 그의 가르침을 지지하는 것은 그것이 그로부터 나오는 것이기 때문이 아니라, 그가 가르치는 개인적인 지식이 그들의 마음 가운데 드러나기 때문이다."[원주34]

붓다의 방법은 심리학적 분석의 방법이다. 그는 비논리적인 모든 사색을 떨쳐버리고, 있는 그대로의 경험에 의거하며, 자신의 사색과 경험의 결과들에 대한 편견없는 표현을 통하여 고통받는 인류의 영적인 성장에 기여하고자 열망했다. 그는 말한다. "만일 어떤 사람이 사물의 실상을 여실히 본다면, 그는 허상을 좇지 않을 것이며 심원한 선(善)의 실재를 굳게 지킬 것이다." 형이상학적인 사색을 접어두고, 그는 경험 세계의 법칙과 질서의 실상을 추구한다. 그에 의하면 지력은 경험의 영역, 그것이 탐구해낼 수 있는 법칙들에 국한되어야 한다.

6. 붓다와 우파니샤드

정신의 몸무림과 영혼의 체험을 드러내 보이기 위하여 붓다는 저 위대한 인도 사상의 정수, 우파니샤드를 곁에 두지 않을 수 없었다. 초기 불교는 완전히 독창적인 어떤 교설이 아니다. 그것은 인도 사상의 발달과정에 갑자기 나타난 돌연변이가 아니다. 붓다는 자신이 살았던 시대와 나라의 영적인 관념들에서 완전히 이탈한 것이 아니었다. 당시의 인습적이고 형식적인 종교에 대하여 공공연하게 반발한다는 것과, 그 배후에 놓인 살아 있는 정신을 버린다는 것은 별개의 문제이다. 붓다는 스스로 자기 단련의 용맹

[원주33] 『상윳타 니카야』(*Saṁyutta Nikāya*), iii.
[원주34] Oldenberg, *Buddha* ; 『맛지마 니카야』, i .265를 참조하라.

정진을 통하여 발견했던 다르마(진리)가 고대의 길, 아리아인의 도(道), 영원한 다르마라는 것을 인정한다. 붓다는 새로운 다르마를 창조해냈다기보다는 고대의 규범을 재발견한 것이다. 한 시대의 특수한 필요에 대처하기 위하여 다르마가 새롭게 해석되는 것은 인도의 유서깊은 전통이다. 자신의 교의를 펴기 위하여 붓다는 우파니샤드에서 베다 종교와의 모순된 타협을 제거하고, 그 초월적인 측면은 우리의 이성으로 증명 불가능하며 윤리에 필수적인 것이 아닌 것으로 무시해버리며, 우파니샤드의 윤리적 보편주의를 강조할 수밖에 없었다.

우리가 감히 짐작건대 초기 불교는 우파니샤드의 사상을 새로운 관점에서 재해석한 것에 불과하다. 리스 데이비스는 말한다. "가우타마는 힌두교인으로 태어나고 양육되었으며, 그렇게 살다가 죽었다……. 이런저런 정통 철학체계들에서 발견되지 않는 가우타마 자신의 형이상학과 원리들은 많지 않으며, 그가 가르친 윤리 규범의 대부분은 초기 혹은 후대의 힌두교 경전들과 같은 맥락을 지닌다. 가우타마의 독창성은 이미 다른 사람들에 의하여 충분히 말해진 것들을 골라서 내용을 보다 풍부하게 하며 그것을 체계화한 사실에 놓여 있다. 그가 그들의 논리적인 결론에 대하여 행했던 식으로 평등과 정의의 원리들은 탁월한 힌두교 사상가들에 의하여 이미 인식되고 받아들여진 것이다. 다른 스승들과 그의 차이는 주로 그의 심원한 열정과 만민에 대한 박애정신에 놓여 있다."[원주35] "불교가 자체의 가장 중요한 몇몇 도그마뿐 아니라 그 종교사상과 정서——이것은 말로 표현되기 보다는 오히려 쉽게 이해될 수 있는 것이다——또한 바라문교의 유산으로 받았다는 것은 확실하다."[원주36]

의식주의(儀式主義)에 대한 경멸은 붓다와 우파니샤드의 공통점이다. 인도의 모든 아리아인들과 함께 불교는 카르마의 법칙과 열반의 가능성에 대한 믿음을 공유한다. 현실적인 삶의 여실한 실상이 슬픔과 고통이라는 것

〔원주35〕 Rhys Davids, *Buddhism*, pp.83~84.
〔원주36〕 Oldenberg, *Buddha*, p.53.

은 우파니샤드를 포함한 인도의 모든 철학파들에게 받아들여진다. 붓다 자신은 그의 가르침과 우파니샤드의 사상 간에 어떤 모순이 있다고 여기지 않았다. 그는 자기가 우파니샤드와 그 추종자들과 공감대를 형성하고 있다고 생각했다. 그는 브라흐민(brāhmin, 사제)을 불교 수행자와 함께 분류하고 있으며, 이 용어를 불교 아라한이나 성자와 관련하여 명예로운 호칭으로 사용한다. 불교는 적어도 그 기원에 있어서 힌두교의 한 분파이다. "불교는 정통 신앙의 품안에서 성장하고 번성하였다."[원주37] 초기 불교에 대한 이러한 설명을 통하여 우리는 어떻게 우파니샤드의 정신이 불교의 원천인가를 보이려고 노력할 것이다.

7. 고통

붓다는 자신의 정신적인 체험에서 네 가지 거룩한 진리,[원주38] 즉 고통이 있다는 것,[원주39] 그것은 원인이 있으며,[원주40] 극복될 수 있다는 것,[원주41] 그리고 이것을 극복하는 방법이 있다는 것[원주42]을 확신하게 되었다.

1) 일체개고(一切皆苦)

그 첫번째 거룩한 진리는 고통의 횡포이다. 인생은 고통이라는 것이다. "이것이 고통에 관한 거룩한 진리이다. 태어나는 것이 고통이며, 늙는 것이 고통이며, 질병이 고통이며, 미워하는 이와 만나는 것이 고통이며, 사랑하

[원주37] Rhys Davids, 앞의 책, p.85.
[원주38] 불교의 사성제(四聖諦 : 苦諦, 集諦, 滅諦, 道諦)를 의학적 주제의 구분, 즉 질병, 질병의 원인, 건강, 치료방법과 비교하라. 『요가 수트라』, ii.15를 참조하라.
[원주39] duḥkha(苦).
[원주40] samudaya(集).
[원주41] nirodha(滅).
[원주42] mārga(道).

158

는 이와 헤어지는 것이 고통이며, 채워지지 않는 것을 갈망하는 것이 또한 고통이다. 간단히 말하여 집착에서 생겨나는 오온(五蘊)[원주43][역주13]이 고통이다."[원주44] 붓다 시대에 예리한 지성과 깊은 감수성을 지닌 사람들은 존재를 둘러싸고 있는 이 모든 괴로움이 무엇을 의미하는가를 묻고 있었으며, 붓다는 여기서 벗어나 사악한 요소가 제거되고 괴로움이 완전히 사라지는 열반에 이르는 길을 갈구하는 사람들에게 그의 가르침을 전했다. 붓다가 고통을 이례적으로 강조한 것은 사실이지만, 그렇다고 하여 고통에 대한 주장이 불교 고유의 것은 아니다.

전체 사상사를 통하여 그 누구도 붓다만큼 인간 존재의 고통을 어둡게 채색했던 사람은 없다. 우파니샤드에서 단초를 보였던 우울한 색조가 여기서는 핵심적인 위치를 차지한다. 짐작건대 빈곤에 대한 무분별한 찬양, 자기 희생의 강조, 그리고 포기에 대한 집념이라는 금욕주의적 이상들이 붓다의 마음에 최면 암시를 던졌을 것이다. 사람들이 이 세계에서 벗어나려는 욕망을 강하게 지닐 수 있도록, 그 어두운 면이 다소 지나치게 부각된 것이다. 우리는 안락과 행복을 널리 펴고 사회적인 모든 불의를 잠재우기 위하여 할 수 있는 모든 노력을 기울일 수 있을 것이다. 그럼에도 불구하고 인간은 만족할 수 없을 것이다. 붓다는 결론짓는다. 존재 자체가 고통이요, 개체를 유지하려는 투쟁이 고통이며, 행복과 불행 사이를 오락가락하는 것이 두려움이다.[원주45]

[원주43] 색(色, body), 수(受, feeling), 상(想, perception), 행(行, will), 식(識, reason)을 말한다.

[역주13] 색은 육신을 말하며, 수, 상, 행, 식은 심식(心識)의 요소로서 이 다섯 가지가 모여서 사람의 심신을 이룬다고 한다.

[원주44] *Foundation of the Kingdom of Righteousness*, p.5.

[원주45] 붓다는 말한다. "일체 중생의 윤회 전생(saṁsāra)은 영원 속에 그 시작이 있다. 달아날 그 어떤 출구도 보이지 않는다. 미망에 빠져 존재에 대한 갈망으로 족쇄채어진 일체 중생은 길을 잃고 이리저리 방황한다. 제자들아, 어떻게 생각하는가, 영겁의 윤회 속에서 길을 잃고 방황하며 슬픔에 잠기고 눈물짓는 동안에 너희가 흘린 눈물과 너희가 흘리게 한 눈물이 많겠는가, 아니면 사(四)대양의 바닷물이 더 많겠는가? 어미의 죽음, 형제의 죽음, 일가 친척의 죽음, 재산을 잃음, 이 모든 것들을 너희는 영겁을 통하여 겪어왔다. 이런 일들을 겪는

『담마파다』에서는 이렇게 말한다. "높은 하늘이나 바다 밑바닥에도, 심산의 깊은 동굴 속으로 들어간다 할지라도, 이 세상에서 죽음이 덮치지 않는 곳은 없다." 아무리 위대한 성인 군자나 예술의 거장이라도 언젠가는 쓰러져 죽음에 이른다. 모든 것은 사라져간다. 우리의 꿈과 희망, 두려움과 욕망, 이 모든 것은 마치 없었던 것처럼 잊혀지고 말 것이다. 대(大)영겁이 엄습할 것이며 끝없이 이어지는 세대는 과거를 재촉하여 밀어낼 것이다. 누구든 지고무상(至高無上)의 죽음에 맞설 수 있는 자는 없다. 죽음은 모든 생명에 대한 불변의 법칙이다. 일체 중생의 덧없음이 대개의 사람들을 지배하는 슬픔의 원천이다. 우리의 마음은 그것이 목적하는 여실한 실상을 파악할 수 없으며, 우리의 삶은 그것이 보는 시각을 깨닫지 못한다. 욕망의 성취는 무엇이나 고통을 수반하기 마련이다. 언제나 우리가 이룰 수 있는 것보다 더 많은 것을 요구하는 끝없는 욕망을 지닌 인간 본성의 비애는, 우리에게 삶이 하나의 저주라는 생각을 떨쳐버릴 수 없게 만든다. 생각에 고통당하고 요행에 속으며, 거대한 자연의 힘 앞에 좌절하고 엄청난 의무에 짓눌리며, 죽음의 공포와 비극이 계속될 뿐인 장차의 삶에 대한 두려움에 우리는 이렇게 외치지 않을 수 없다. "나를 벗어나게 해달라, 나를 죽게 해달라."

　현세의 모든 고뇌에 대한 유일한 처방은 여기에서 벗어나는 것이다. 사상가들에게 인생의 덧없음에 대한 형언할 수 없는 슬픔과 미덕의 무력감은 명백한 사실이다. 칸트는 「신정론(神正論)[역주14]에 있어서 모든 철학적 시도의 실패」(Failure of Every Philosophical Attempt in Theodicy, 1971)라는 논문에서 라이프니츠의 낙천주의를 비판하며 이렇게 묻는다. "긴 세월을 통하여 인간 존재의 가치에 대하여 깊이 생각해본, 건전한 이해력을 지닌 어떤 사람이 과연 인생의 하찮은 유희를 다시 겪으려 하겠는가?

　　동안에 사대양의 바닷물을 합친 것보다 더 많은 눈물을 너희가 흘렸으며, 또한 흘리게 만들었다. 그것은 너희가 지긋지긋하게 싫어하는 것은 너희의 몫이며, 너희가 즐거워하는 것은 너희의 몫이 아니기 때문이다." 『상윳타 니카야』: Oldenberg, *Buddha*, pp.216~217.
〔역주14〕 악의 존재를 신의 섭리로 보는 신학적 견해를 말한다.

나는 지금 이와 다른 어떤 조건에서 말하고 있는 것이 아니라, 바로 이와 똑같은 조건에서 말하고 있지 않는가?" 위대한 철학자의 고뇌와 슬픔은 아마 그의 생각의 산물일 것이다. 느끼되 깊이 생각하지 않는 사람들이 오히려 행복하다.

2) 불교는 염세적인가

우리는 붓다가 존재의 어두운 측면을 지나치게 강조했다는 느낌을 떨쳐 버리기 어려울 것이다. 불교의 인생관에는 용기와 자신감이 결여되어 있는 것처럼 보인다. 불행에 대한 불교의 강조는 참이 아니다. 즐거움에 대한 고통의 우세는 하나의 가설이다. 니체가 "그들은 한 병자, 혹은 한 노인, 혹은 한 시체를 만난다. 그리고는 즉시 인생은 부정된다고 말한다" 한 것은 붓다를 염두에 둔 말이었다. 결국 인생의 가치는 그것이 소멸됨으로써 부각되는 것처럼 보인다. 만일 청춘의 아름다움과 노년의 존엄이 덧없는 것이라면, 출생의 진통이나 죽음의 고통도 또한 하찮은 것이다. 불교에는 어두운 색조를 더욱 짙게 하고, 회색을 어두운 색조로 물들이는 경향이 있다. 그 외관은 도덕적 견지에서 삶의 모든 괴로움과 고통에 한정된다.

그러나 불교는 종교의 목적이 죄와 고통으로부터의 구원이기 때문에 모든 종교가 인생의 고통을 강조할 수밖에 없다고 말함으로써 붓다의 입장을 정당화할 수 있을 것이다. 만일 세계가 온통 행복으로 충만해 있다면, 종교는 전혀 필요하지 않았을 것이다. 어떻게 우리가 이 죽음의 세계에서 벗어날 수 있겠는가? 이것이 우파니샤드의 주된 질문이며, 이제 붓다는 그것을 재삼 강조하여 묻는다. 『카타 우파니샤드』(*Katha Upaniṣad*)에서 브라흐민 나치케타스(Naciketas)가 야마(Yama)에게 죽음에 관하여 묻는다. "온갖 탈것들이 당신의 것이며, 춤과 노래가 또한 당신의 것입니다. 우리가 당신을 만난다면, 이러한 것으로 행복하다 하겠습니까?"[원주46] 불교도는 묻는다. "온 세상이 언제나 불타고 있는데, 어떻게 웃음이 있을 수 있겠는가,

---

[원주46] i.1.26.

어떻게 기쁨이 있겠는가? 어둠에 둘러싸인 너희는 왜 빛을 구하지 않는가? 이 몸은 쓸모없으며, 질병과 연약함으로 가득 차 있다. 이 부패한 몸뚱이는 마침내 흩어질 것이다. 인생은 실로 죽음으로 끝난다."[원주47]

만일 염세주의라는 말이, 온갖 탐욕과 집착에 사로잡힌 이 세상의 삶은 살아야 할 아무런 가치도 없다는 것을 의미한다면, 불교는 염세주의이다. 만일 그것이 이승의 삶 그 너머에 있는 지극한 즐거움을 위하여 여기서 삶을 영위하는 것이 최선이라는 것을 의미한다면, 불교는 염세주의라고 할 수 있다. 그러나 이것은 진정한 의미의 염세주의가 아니다. 만일 어떤 사상 체계가 모든 희망을 억눌러 없애고, "이승의 삶은 괴로운 것이며 그 너머에 아무런 행복도 없다"는 것을 주장한다면, 그것은 염세주의적이다. 몇몇 불교 학파들이 이러한 주장을 하며, 이들을 염세적이라고 부르는 것은 정당하다.

그러나 초기 불교에 관한 한 그것은 그렇지 않다. 초기 불교가 우리의 삶을 끝없는 고통의 연속으로 간주하는 것은 사실이지만, 그것은 또한 윤리적인 수행이 해탈을 가져올 수 있으며, 마침내 인간의 본성은 완성될 수 있다는 것을 믿는다. 거듭 말하여 일체 중생의 고통이 붓다의 마음에 무거운 짐이 되지만, 그것이 아무런 목적이 없는 것이 아니다. 욕망이 있는 것은 우리가 모든 욕망을 버릴 수 있게 하기 위한 것이다. 개개인은 자기가 감내해야 할 무거운 짐이 있으며 모두가 자신의 고통을 알고 있다. 그럼에도 불구하고 그것을 통하여 선이 자라나고 마침내 완성을 이루게 된다. 고통으로 가득 찬 이 세계는 선을 증장시키기 위하여 만들어진 것처럼 보인다. 붓다는 단순히 인생의 무가치성을 설하거나, 피할 수 없는 숙명 앞에 고개 숙이라고 가르치지 않는다. 그의 가르침은 결코 절망의 교의가 아니다. 그는 우리가 악에 항거하고 고차원의 삶, 즉 아르하타(arhata) 상태를 성취해야 한다고 촉구한다.

[원주47] 『담마파다』, xi.146, 148.

8. 고통의 원인

불교는 고통의 원인에 대한 문제를 대면함에 있어서 심리학적 분석과 형이상학적 사색에 의존한다. "이것이 고통의 원인에 대한 거룩한 진리이다. 거듭되는 재생의 원인은 타는 갈애이다. 감각적 쾌락을 수반하며, 여기저기서 만족을 구하는, 이른바 감각을 만족시키려는 갈애 혹은 재물에 대한 갈애가 바로 그 원인이다."[원주48]

1) 제행무상(諸行無常), 제법무아(諸法無我)

우파니샤드에서 이미 고통의 원인이 지적되고 있다. 여기서는 영원한 것이 행복이며 무상한 것이 고통이다. 영원불변이 진리요 자유며 행복이다. 그러나 생로병사의 세계는 고통에 지배된다. 실재는 생성과 소멸에 지배되는 비아(not-self)에서 발견되지 않는다. 그것은 생성과 소멸이 지배하지 않는 곳에 있다. 모든 존재는 덧없기 때문에 슬픔과 괴로움이 있다. 그들은 생성과 동시에 소멸한다. 인과의 법칙은 영속적인 생성 소멸의 상태에 있는 모든 존재를 조건지운다.

"오, 왕이여, 이 세상에서 당신이 발견할 수 없는 세 가지가 있습니다. 쇠퇴와 죽음에 지배되지 않는 것, 그것을 당신은 발견할 수 없을 것입니다. 살아 있든 죽어 있든 무상하지 않은 어떤 것의 속성을 당신은 찾아볼 수 없을 것입니다. 그리고 궁극적인 의미에서, 존재를 지니는 그런 것은 없을 것입니다."[원주49] "오, 비구여, 그러면 무상한 것, 그것은 고통인가 아니면 즐거움인가?" "고통입니다."[원주50] 슬픔은 곧 덧없음이다. 영속하지 않고 소멸하는 것을 우리가 갈망하기 때문에, 갈망이 고통을 낳는다. 절망과 후회의 원인은 욕망하는 대상의 비영속성이다. 모든 즐거움은 문득 사라져간다.

[원주48] *Foundation of the Kingdom of Righteousness*, p.6.

[원주49] 『밀린다팡하』, iv.7.12. 또한 「비쿠니상윳타」(Bhikkhunīsaṁyutta) ; 『담마파다』, v.47~48 ; 그리고 Oldenberg, *Buddha*, pp.218~219를 보라.

[원주50] 『맛지마 니카야』, iii.19 ; 붓다고샤, 『앗타살리니』(영어 번역), p.74를 보라.

인생이 고통이라는 불교의 근본 전제는 우파니샤드로부터 교의적으로 수용된다.

2) 무명(無明)

붓다에 의하면, 영원한 것은 아무것도 없으며, 만일 영원한 것만이 자아 혹은 아트만이라고 불릴 수 있다면, 이 세계에서 자아라고 불릴 수 있는 것은 아무것도 없다. 모든 것이 무아(無我, anattā)이다. "모든 것이 무상하다. 육신, 감각, 지각, 상카라(saṅkhāra, 作意)와 의식, 이 모든 것들이 괴로움이다. 이 모두는 자아가 아니다." 이 모든 것들은 본질적이 아니다. 이들은 실체 혹은 실재를 지니지 않는 가현에 지나지 않는다. 우리가 자아라고 여기는 것은 너무나 하찮은 것이어서 논할 가치조차도 없는 공허한 망상의 연속이다. 만일 사람들이 그것에 관하여 논쟁한다면, 그것은 그들의 무지 때문이다. "어떻게 노사(老死)가 있으며, 그것은 어디에 달려 있는가? 생(生)이 있으므로 노사가 있다. 노사는 생에 달려 있다……. 무명(無明)이 사라질 때 행(行)이 사라진다. 행이 사라질 때 식(識)이 사라진다."[원주51] 무명은 그릇된 욕망이 생겨나는 주된 원인이다. 무지와 그릇된 욕망은 한 사실의 이론적인 측면과 실천적인 측면들이다. 그릇된 의지의 공허하고 추상적인 형태가 곧 무지이며, 무지의 구체적인 실현이 그릇된 의지이다.

현실적인 삶에서 그 둘은 하나이다. 대개의 인도 사상가들의 경우처럼, 불교도들에게 지식과 의지는 아주 밀접하게 연관되어 있기 때문에, 그 둘 간에는 아무런 구분도 없다. 의식(cetanā)이라는 한 용어가 사유작용과 의지작용 둘 모두를 나타내는 데 사용된다. 앞으로 우리가 보게 되는 것처럼, 사유에 있어서의 훈련은 곧 심정과 의지를 정화하는 준비과정으로 간주된다. 진리에 대한 무지가 모든 삶의 전제 조건이다. 실상을 꿰뚫는 단 한 차례의 통찰은 이 세계에서 추구할 만한 가치가 있는 것은 아무것도 없다는

[원주51] 『랄리타비스타라』.

것을 깨닫게 하기에 족하다. 그것이 설사 아내 혹은 자식이거나, 명예나 사랑 혹은 재물이든 간에 무상하기는 마찬가지이다. "모든 것은 집착하기에 부족하다."[원주52]

3) 역동적인 실재관

하나의 놀라운 역동설 철학이 2,500년 전 붓다에 의하여 확립되었으며, 그것은 근대 과학의 발견과 근대 사상의 과감한 시도에 의하여 오늘 우리에게 재현되고 있다. 물질에 대한 전자기 이론은 물질적인 실재의 본질에 대한 일반적인 개념에 혁명을 가져왔다. 그것은 정적인 재료가 아니라 복사 에너지이다. 이와 유사한 변화가 심리학 분야에도 일어났으며, 베르그송(M. Bergson)의 최근 저술 『정신력』(*Mind Energy*)은 심리적 실재에 대한 이론의 변화를 지적하고 있다. 외계 대상의 덧없음, 사물의 끊임없는 변화에 깊은 인상을 받은 붓다는 변화의 철학을 확립했다. 그는 실재에 대한 동적인 개념을 도입함으로써, 실체, 영혼, 단자(單子, monad), 사물 등을 힘, 운동, 연속 및 과정으로 해석한다. 삶이란 생성과 소멸의 연속적인 현현[원주53]에 불과하다. 그것은 생성의 흐름이다.[원주54] 감각과 과학의 세계는 찰나 간에 있다. 그것은 생과 사의 반복적인 순환이다. 존재 상태의 지속은 그것이 섬광처럼 짧든 억겁으로 길든 간에, 모두가 생성 과정이다. 모든 것은 변한다. 불교의 모든 학파는 인간이든 신이든 영원한 것은 아무것도 없다는 것에 동의한다. 붓다는 세계라 불리는 생성의 끝없는 흐름을 지적하기 위하여 불[원주55]에 관한 설법을 한다.[원주56]

[원주52] 『맛지마 니카야』, 32.
[원주53] Pātubhāvo-uppādo.
[원주54] "모든 것은 흐름의 상태에 있다." "실재는 불안정 상태이다"(Heraclitus, *Fragments*, 46과 84).
[원주55] 헤라클레이토스에 따르면, "이 세계는 영원히 타고 있는 불이다." 붓다와 헤라클레이토스는 공히 생성의 형이상학적 원리를 나타내기 위하여 요소들 가운데 가장 변하기 쉬운 불을 사용한다.
[원주56] 『마하박가』(*Mahāvagga*), ⅰ.121.

중중첩첩 세계는 창조에서 소멸로
끝없이 흘러가고 있다.
부글부글 끓으며, 일어났다 부서지는
강물 위의 물거품처럼.[원주57]

4) 외계 대상의 자기 동일성과 과정의 연속성

타는 불꽃은 외견상 아무런 변화없이 그 자체를 유지한다 할지라도, 매 순간에 그것은 같은 불꽃이 아니다. 강물은 끝없이 새로운 물로 그 흐름을 지속한다. 존재는 모두가 생성이라는 것이 불교의 중심된 가르침이다. 영원한 실재성이란 현상세계에 있는 어떤 것의 속성이 아니다. "태어난 것이 죽지 않는다는 것은 불가능하다."[원주58] "기원이 있는 것은 또한 소멸이 있다."[원주59] 생겨난 것은 무엇이나 소멸하기 마련이며, 이것은 움직일 수 없는 필연이다. 차이는 다만 지속의 정도에 있을 뿐이다. 어떤 것은 수년 동안 지속되며, 또 어떤 것들은 잠시 동안 지속된다. 변화는 실재의 재료이다. 이 세계에 관한 한 영원이나 자기 동일성은 있을 수 없다. 그것은 힘의 변이일 뿐이다. 끊임없는 변화야말로 의식적인 우리 삶의 실상이다. 흐르고 있는 우주는 우리 마음의 반영이다. 개개의 현상은 단지 서로 연이어 맺어진 연쇄의 한 고리, 즉 진화의 일시적인 한 단계에 불과하며, 여러 연쇄가 하나의 전체(dharmadhātu) 혹은 영적인 우주를 구성한다.

붓다는 여기서도 중도를 택한다. "오 캇차나(Kaccana)여, 흔히 이 세계는 '있다'거나 '없다'는 이원으로 치닫기 쉽다. 그러나 오 캇차나여, 누구나 진리와 지혜를 얻어 사물이 어떻게 이 세계에 생겨나는가를 깨달은 자, 그의 눈에는 '그것은 없다'고 할 수 있는 것은 아무것도 없다……. 캇차나여, 누구나 진리와 지혜를 얻어 사물들이 어떻게 이 세계에서 사라지는가를 깨

[원주57] Shelley, *Hellas*.
[원주58] 『아비다르마코샤비야키야』(Abhidharmakośavyākhyā).
[원주59] 『마하박가』, 1~23.

달은 자, 그의 눈에는 이 세계에서 '그것은 있다'고 할 수 있는 것은 아무것도 없다……. '모든 것은 있다', 이것이 한 극단이며, '모든 것이 없다'는 또 다른 하나의 극단이다. 진리는 중도이다."[원주60] 그것은 무시무종의 생성이다. 생성이 존재성을 획득하는 멈추어진 순간이란 있을 수 없다. 우리가 이름과 형태라는 속성들로써 그것을 지각하는 순간, 그것은 이미 다른 어떤 것으로 변해 있다.[원주61]

어떻게 해서 우리는 이 절대적인 흐름 속의 과정들이 아니라, 멈추어 있는 사물들을 생각하게 되는가? 그것은 사상(事象)의 연속적인 진행에 우리의 눈을 닫아버리는 까닭이다. 변화의 흐름 속에 구획을 만들고 그것을 사물이라고 부르는 것은 인위적인 입장이다. 외적 대상의 자기 동일은 비실재이다. 상황과 관계를 재료로 우리는 외견상 정지해 있는 우주를 만든다. 세계를 다룸에 있어서 우리는 서로 연루되어 있는 여러 다양한 관계들, 예를 들어 실체와 속성, 전체와 부분, 원인과 결과 등을 끌어온다. 우리가 절대적인 것으로 잘못 알고 있는 여덟 가지 주요 관계 개념들은 발생과 소멸, 지속과 단절, 통일성과 다원성, 그리고 오는 것과 가는 것이다. 심지어 존재와 비존재의 양태들조차도 상호 의존적이며, 따라서 하나는 오직 다른 하나와 관련하여 가능하다. 이 모든 관계는 우유적이며 필연적이 아니다.

칸트의 견해와 같이, 이러한 관계들은 물(物) 그 자체의 실상이 아니다.[원주62] 이들은 다만 우리의 세계, 즉 가현 혹은 현상의 세계에서만 작용한다. 이 제한되고 상대적인 개념들을 절대적인 것으로 간주하는 한, 우리는 인생의 괴로움을 낳는 무지의 손아귀에 있다. 사물의 여실한 실상을 알게 될 때, 우리는 일련의 끝없는 변화과정의 소산들을 마치 영원히 실재하는 것처럼 숭배하는 것이 얼마나 터무니없는 짓인가를 깨닫게 될 것이다. 삶은 결코 정지된 사물이거나 그 상태가 아니라, 끊임없는 운동 혹은 변화

[원주60] 『상윳타 니카야』; Oldenberg, *Buddha*, p.249.

[원주61] 같은 책, xxii.90.16을 보라.

[원주62] 붓다고샤(Buddhaghoṣa)에 의하면, 시간이란 "이런저런 사상(事象)으로부터 단순한 관행에 의하여 추상된 하나의 개념"이다. 『앗타살리니』(영어 번역), p.78.

이다. 그것은 베르그송 철학의 입장이다.

사물의 자기 동일성은 단지 생성의 연속성에 대한 별칭에 불과하다. 한 어린아이가 소년에서 청년으로, 청년에서 장년으로, 장년에서 노인으로 성장하지만, 이들은 하나이다. 씨앗과 나무는 하나이다. 천 년 묵은 반얀(banyan) 나무는 그것이 생겨난 씨앗과 동일한 식물이다. 중단되지 않는 자기 동일의 가현을 낳는 것은 바로 연속이다. 우리 영혼의 내면뿐만 아니라 육신의 구성물 또한 매 순간마다 변한다 할지라도, 우리는 여전히 그것을 이전의 동일한 육신 혹은 동일한 사람이라고 말한다. 하나의 사물은 다만 처음이 두번째의 원인이라고 불리는 일련의 상태일 뿐이다. 왜냐하면 그 일련의 상태들이 동일한 본질을 지니는 것처럼 보이기 때문이다. 외견상의 자기 동일은 우리가 끊임없이 변하는 자기 동일이라고 부를 수 있는 순간들의 연속에 놓여 있다. 세계는 끊임없이 변화하며, 순간 순간 새로워지며, 찰나 간에 사라지며, 단지 유사한 것들로 대체될 뿐인 수많은 사건으로 이루어져 있다.

이와 같이 빠른 연속의 결과로, 이것을 지켜보는 자는 우주가 영원한 존재라는 망상에 빠져들게 된다. 이것은 마치 빠르게 돌아다는 불기둥이 완벽한 원의 가현을 만들어내는 것과 같다. 우리가 어떤 개체에 이름과 형태를 부여하는 것은 편의에 따른 습관이다. 그러나 이름과 형태의 자기 동일이 곧 내적인 실재의 자기 동일을 보증하는 것은 결코 아니다. 다시 말하여 우리는 자기도 모르는 사이에 어떤 영원한 실재를 상정하도록 이끌리지만, 그것은 사유작용의 추상이다. 우리는 'It rains'라고 말한다. 하지만 'it'는 결코 없다. 다만 운동이 있을 뿐, 생성 이외에 행위자도 행위도 없다.

5) 인과율

영원한 실체가 없는 세계의 연속성을 설명하기 위하여 붓다는 인과율을 말했으며, 그것을 연속성의 토대로 삼았다. 영원한 생성의 연속에 대한 통찰과 함께, 보편적인 인과율은 인도사상에 대한 불교의 중요한 공헌이다. 존재는 변형이다. 그것은 일련의 연속적인 상태이다. 모든 것은 생성

(utpāda), 지속(sthiti), 성장(jarā), 그리고 소멸(nirodha)로 말해지는 일련의 변화를 겪는다.[원주63] "이것을 알아라, 존재하는 모든 것은 원인과 조건으로 인하여 일어나며, 모든 점에서 일시적이다."[원주64] 원인이 있는 것은 무엇이나 소멸이 있기 마련이다. "생겨나 유기적인 형태를 지니는 모든 것은, 그 안에 본래적인 파괴의 필연을 지닌다." "모든 성분의 사물은 노쇠하기 마련이다." 모든 사물은 유기적이며, 그것의 존재는 변화의 연속일 뿐이다. 개개의 연속은 그것의 선재하는 조건들에 의하여 결정된다. 하나의 사물은 다만 하나의 힘, 하나의 요인, 하나의 조건에 불과하다. 그것을 다르마(dharma)라고 부른다. 붓다는 말한다. "너희에게 법을 설하리라. 저것이 있으므로 이것이 있고, 저것이 생함으로 이것이 생하며, 저것이 없으므로 이것이 없고, 저것이 멸하므로 이것이 멸한다."[원주65]

우파니샤드의 경우처럼 붓다는 전체 세계가 여러 원인에 의하여 조건지어진다고 가르친다. 우파니샤드는 모든 사물이 그 자체로 자존하는 것이 아니라 시작도 끝도 없는 인과관계의 연속이 만들어내는 것이라고 말하는데 비하여, 붓다는 그것이 여러 조건에 기인하여 생겨나는 것이라고 가르친다. 초기 불교 못지 않게 우파니샤드 또한 부단한 변화와 영원한 생성의 이 세계에 인간에 대한 확고부동한 위치가 있을 수 없다는 것을 분명히 말한다. 사물의 물질적인 영역에 있어서 존재를 구성하는 것은 다만 연기(緣起, paṭiccasamuppāda)뿐이다. 인과관계는 언제나 자기 변화 혹은 생성이다. 사물의 본질, 즉 그 다르마는 그것에 내재하는 관계의 원리이다. 변화하는 '존재'란 결코 없다. 다만 자기 변화 혹은 자기 형성이 있을 뿐이다.

〔원주63〕 순서에 따른 진전의 관념이 우파니샤드 ──『카타 우파니샤드』를 보라── 에 나타나고 있다 할지라도, 불교의 인과 공식은 그것을 강하게 주장하고 있다.

〔원주64〕 후기 불전에서는 원인 일반(paccha)과 고유한 원인(hetu) 간에 중요한 구분을 짓고 있다. 전자는 조건, 공동작인, 보조적인 원인이며, 후자는 결과를 실재로 생산하는 원인이다. 『팟타나』(Paṭṭhāna)는 조건을 24종으로 분류한다. 하나의 관념이 다른 하나의 관념에 끼치는 영향력은 후기 불교에서 삿티(satti, 能力)라고 불린다.

〔원주65〕『맛지마 니카야』, ii.32. 또한 『앙굿타라 니카야』, i.286 ;『상윳타 니카야』, ii.25 ; 『디가 니카야』, ii.198을 보라.

니야야 철학에서처럼, 우리는 하나의 사물이 다른 어떤 것의 원인이라고 말할 수 없다. 세계 과정이 의식적인 성장과 연관되듯이, 이와 마찬가지로 인과율의 힘은 내적인 동기와 관련이 있다. 유기적인 성장은 모든 생성의 양식이다. 과거는 역동적인 흐름 속으로 빨려들어간다. 외적인 인과율의 어려움은 외계에 있어서 우리의 지식이 현상들의 관계에 제한되기 때문에 일어난다.

그러나 우리의 내적인 의식세계에서는 우리의 의지가 행위를 결정한다는 것을 안다. 하나의 동일한 힘이 지속적으로 작용한다. 쇼펜하우어는 그것을 '의지'라고 불렀으며, 붓다는 그것을 '카르마'(業)라고 불렀다. 그것은 유일한 실재, 전체 우주가 이로 인하여 운행되는 물(物) 자체이다. 외부 세계에 있어서 인과관계는 일관된 전제가 된다. 그것은 다른 것이 일어나는 원인으로 주어진다.

결국 현대 철학의 난문제인 인과관계는 보다 적절한 용어로 정의되지 못하고 있다. 칼 피어선(Karl Pearson)과 같은 자연과학도들은 우리에게 인과관계 개념을 상관관계의 범주로 대체할 것을 요구한다. 원인과 결과는 계속되는 과정의 선행하는 단계와 후속하는 단계를 나타낸다. 우리는 사건들의 과정(the course of events)을 인과관계의 공식을 통하여 묘사한다. 그러나 왜 사물들이 그와 같이 일어나는가에 대해서는 설명하지 못한다. 궁극의 원인들은 형이상학의 영역에 있을 것이다. 그렇지만 관찰은 이차적인 원인들에 제한된다. 불교의 목적은 철학적인 설명이 아니라, 과학적인 묘사에 있다. 그러므로 붓다는 어떤 사물이 생겨나는 조건들을 우리에게 말함으로써, 사물의 어떤 주어진 상태의 원인에 대한 문제에 대하여 답한다. 이것은 오히려 현대 과학의 정신에 가깝다.

인과관계의 전개는 세계 과정이 일련의 소멸과 새로운 창조로 되는 운동의 기계적인 연속으로 간주되는 것이 아니라, 다른 상태로 발전해가는 한 상태이다. 그것은 과거에 의한 현재의 한정이다. 불교는 한 상태가 그 원인적 에너지(paccayasatti)를 어떤 새롭게 잉태되는 배아(胚芽)에 전하는 추이적 인과관계(transitive causation)를 믿는다. 인과관계는 씨앗이

170

나무로 자라나는 식이며, 이때 후자는 전자에 대하여 필수적이다. 모든 생명은 힘이다. 비록 우리가 그 힘의 작용을 볼 수 없다 할지라도 그것은 거기에 있으며, 의식 속에서 우리는 그것을 느낀다. 세계 과정은 본질적으로 자동적인 발전이다. 그것은 일련의 끊임없이 계속되는 현상들인 것처럼 보인다. 하지만 그것은 서로 떼어놓을 수 없는 멜로디에 비유될 수 있는 계속적인 발전이다. 그런데 자연에 대한 우리의 외적인 취급에 있어서는 선후의 연속으로 나누어지는 현재와 과거의 결합이 있다. 그렇다면 삶은 단지 잇따라서 일어나는 사건들이며, 나가세나가 주장하는 것처럼, 인과관계는 단순한 연속에 불과하다.

6) 무상(無常)과 찰나

우파니샤드와 초기 불교에서 공통으로 주장되고 있는 덧없음에 대한 교의는 후기 불교에서 찰나의 개념으로 발전된다. 그러나 모든 사물이 비영속적(anitya)이라고 말하는 것과, 그것이 순간적(kṣanika)이라고 말하는 것은 다르다. 붓다는 오직 의식만이 찰나적일 뿐, 사물은 그렇지 않다고 주장한다. "육신이 일 년…… 백 년 혹은 그 이상 지속된다는 것은 명백하다. 그러나 이른바 마음, 지성, 의식이라는 것은 이것으로 소멸하여 저것으로 생겨나며 밤낮 끊임없는 순환을 계속한다."[원주66]

붓다의 주된 관심사는 육신이나 마음 등은 참된 자아가 아니라는 것을 밝히고자 하는 것이었다. 육신이나 마음은 영원하지 않다. 비영속(impermanence)이라는 말이 일반적인 사물에 대한 술어로 사용될 경우에, 그것은 찰나를 의미하지 않는다. 붓다가 불의 비유를 사용하는 것은 오직 그가 마음에 관하여 말할 때뿐이다.[원주67] 램프의 불꽃은 단지 한 순간만 지속하

[원주66] 『상윳타 니카야』, ii.96. 의식과 물질 양자 간의 차이란 단지 긴장, 리듬, 혹은 활동성의 정도에 따른 차이일 뿐이라는 입장을 표명함에 있어서, 붓다는 베르그송만큼 분명하게 말하지는 않는다.

[원주67] 『마하박가』, i.21 ; 『상윳타 니카야』, i.133 ; iv.157 및 399. 찰나설이 언제 체계화되었는가에 대해서는 분명하게 말하기 어렵다. 『카타밧투』(Kathāvattu, viii.8)는 이 교의

는 불꽃들의 연속이며, 사유(citta) 과정도 이와 같은 양식을 지닌다. 붓다는 정신적 과정의 찰나성과 물질적 요소의 비영원성을 명백히 구분한다. 이 찰나성이 모든 존재에 확대 적용될 때, 우리는 찰나설(kṣaṇikavāda)을 지니게 된다. 후기 불교도들은 모든 존재가 찰나적이라고 믿으며, 영원한 존재란 자기 모순이라고 주장한다.

존재(sattva)는 실제적인 효과성(artha kriyākāritva)을 의미한다. 존재는 사물의 상태에 있어서 어떤 변화를 가져올 수 있는 힘이다. 씨앗이 존재하는 것은 그것이 새싹을 내기 때문이다. 그러나 영원한 존재는 이와 같이 변화를 가져오는 힘을 지닐 수 없다. 만일 어떤 사물이 과거, 현재, 미래에 불변이라면, 이것이 다른 시점에 다른 결과를 내야 할 아무런 이유도 없을 것이다. 만일 잠재력은 영원하며 다른 조건들이 충족될 때 실제적이 된다고 주장된다면, 어떤 것을 하는 힘을 지닌 것은 모두 그것을 하며, 그것을 하지 않는 것은 모두 아무런 힘을 지니지 않는다고 대답될 것이다.

만일 그 조건들이 변화를 일으킨다면, 단지 그러한 조건들이 존재한다고 할 수 있으며, 영원한 사물이 존재한다고 말할 수 없다. 만일 존재가 인과적 효과성을 의미한다면, 존재하는 모든 것은 찰나적이다. "엄격히 말하여 살아 있는 인간의 삶이란 단지 한 생각이 일었다 사라지는 동안 지속되는 지극히 짧은 것이다. 돌아가는 수레바퀴가 타이어의 오직 한 점에서 돌아가듯이, 정지한 수레바퀴가 오직 한 점에 정지해 있듯이, 사람의 삶 또한 오직 한 생각이 일었다 사라지는 동안 지속될 뿐이다. 그 생각이 일었다 멎는 순간에 그는 소멸되었다고 말해진다."[원주68] 불교가 이미 그 초기부터 인식하고 있었던 이 찰나설에 입각할 때, 운동의 실상은 파악되기 어렵다. 어

에 관하여 이미 잘 알고 있는 것으로 보인다. '모든 사물은 하나의 심적 상태와 같이 순간적이다'(Ekacitta kṣaṇika sabbe dhammā). 소멸은 존재의 본질이다. 존재하는 것은 무엇이나 그 다음 순간에 소멸한다. 모든 것은 무(無)에서 나와 무로 사라진다(『니야야빈두티카』 Nyāyabindutīkā, p.68). 또한 라트나키르티(Ratnakīrti)의 『크샤나방가싯디』 (Kṣaṇabhaṅgasiddhi)를 보라.

[원주68] 붓다고샤, 『비숫디막가』(Visuddhimagga), chap. viii

떤 사람의 육신이 성장하고 있는 것처럼 보일 때, 실제로 그것은 끊임없이 새로 태어나고 있다. 마치 언제나 새로우며 결코 한 순간도 동일하게 남아 있지 않는, 타는 불꽃처럼, 그것은 매 순간 거듭 태어난다.

자연은 일종의 연속적인 진동, 인과의 철칙에 묶여 있는 무한한 발전이다.[원주69] 그것은 불가분의 연속적인 전체이다. 일어나는 어떤 하나는 끊임없는 변화에 대한 다른 이름일 뿐인 존재의 전 범위에 떨림을 보낸다. 영혼이 없는 우주의 단순한 메커니즘 속에서조차도 불교는 영원한 보편법칙 혹은 질서정연한 운행을 본다. "그것은 거대한 미궁, 그러나 계획이나 청사진 없는 미궁이 아니다."[원주70] 우주 질서의 수레바퀴는 "제작자도 없이, 시작도 없이, 인과 연쇄의 본질에 의하여 계속하여 존재한다."[원주71]

7) 우주관

우주의 이법은 팔리(Pāli) 혹은 니야마(Niyama)라고 한다. 삼장(三藏)이 수집된 후, 그리고 붓다고샤(기원후 5세기)의 시대 이전에 다섯 차원의 이법이 구별되고 있는 것을 볼 수 있다. 그것은 ① 행위의 니야마 (kammaniyama, 행위와 결과의 이법), ② 물질의 니야마(utuniyama, 물질적 비유기체의 원리), ③ 종자의 니야마(bijaniyama, 식물 유기체의 원리), ④ 마음의 니야마(cittaniyama, 의식적 생명의 원리), ⑤ 진리의 니야마(dharmaniyama, 완전을 실현하는 이법)이다. 선악의 행위들이 행·불행의 결과로 귀결된다고 언명하는 것이 바로 행위와 결과의 체계이다. 그것은 육체적이거나 정신적인 어떤 행위가 마침내 행위자와 그의 동료들에게 고통을 가져다주는 데 비하여, 그외의 행위는 그들 모두에게 행복을 가져다준다는 보편적인 사실을 나타낸다. 업이 강조하는 것은 행위와

[원주69] 찰나성의 관점에서 볼 때, 인과관계는 원인이 결과로 진전되는 것이 아니며, 원인이 그 자체와는 다른 결과를 창조하는 것도 아니다. 그것은 단지 결정된 결과들의 필연적인 연속일 뿐이다.

[원주70] Pope.

[원주71] 붓다고샤, 『비숫디막가』, xvii.

결과의 필연적인 귀결이다.[원주72]

이 거대한 생명과 운동의 세계는 언제나 생성, 변화, 성장, 발전하고 있지만, 그럼에도 불구하고 그 중심에 법칙을 지닌다. 이것은 초기 불교와 베르그송 철학 간의 중요한 차이점이다. 베르그송에게 생명은 곧 법칙의 결여를 의미하지만, 붓다에게는 모든 생명이 보편 법칙에 대한 하나의 예시이다. 생명과 법칙에 대한 불교의 개념은 과학의 발견에 찬란한 빛을 던지며, 인간의 가장 심원한 직관에 의미를 부여한다. 법칙의 확실성은 삶의 고통이 인간의 영혼을 짓눌러온 엄청난 무게를 들어올리고 희망찬 미래를 기약할 수 있게 한다. 왜냐하면 그것은 개아가 만일 노력하기만 한다면, 삶에서 분리할 수 없는 투쟁과 고통을 뛰어넘을 수 있다는 것을 보여주기 때문이다.

8) 불교와 우파니샤드에서 존재와 생성

불교와 우파니샤드의 근본적인 차이는 불변하는 본질 —이것은 또한 인간의 참된 자아이기도 하다—의 형이상학적 실재성에 대한 견해 차이에 놓여 있는 것 같다. 우리는 세계 과정을 무(無)로부터 나와서 무로 돌아가는 것으로 보는 것이 과연 붓다 자신의 입장이었는가를 검토해보아야 한다. 붓다가 삶의 흐름과 세계의 소용돌이 속에서 영원한 실재 혹은 원리의 중심을 찾지 않는다는 것은 사실이다. 그러나 이것이 곧 이 세계에 힘의 동요 이외에는 아무것도 실재적인 것이 없다는 결론이 되는 것은 아니다. 중요한 질문은 과연 누가 수레바퀴를 움직이는 근본 원인인가 하는 것이다. 누가 자극을 주는가? 만일 마음이란 어떤 흐름이며 대상 세계와는 별개라면, 그 둘이 자기의 존재를 지니는 하나의 전체가 있는가 없는가? 만일 우리가 현상세계에만 주목한다면, 우리는 세계가 무엇에 의존해 있는지, 코

[원주72] 『카타밧투』(xvii.3 ; xxi.7 및 8)는 결과 없는 행위의 가능성을 받아들이는 것처럼 보인다. 또한 xii.2 ; xvii.1을 보라. 『밀린다 팡하』에서 아라한은 자기가 극복할 수 없는 고통을 겪는다고 말해진다(pp.134 ff). 이것은 명백히 우연성(animitta)을 주장하는 것이다(pp.180 ff).

끼리가 거북이에 의존해 있는지 아니면 거북이가 코끼리에 의존해 있는지, 세계의 인과관계가 신의 창조인지 아니면 어떤 실체의 전개인지, 또 아니면 그 자체의 내면으로부터 자연적인 발현인지 말할 수 없다.

붓다는 경험의 사실들을 솔직히 받아들인다. 모든 사물은 변한다. 세계에 결코 존재는 없으며 오직 생성이 있을 뿐이다. 이와 같은 상태에서 궁극적 실재는 변화의 법칙이며, 그것이 인과율이다. 붓다는 어떤 궁극의 원인이나 계기를 말하지 않는다. 우주는 필연에 지배된다. 무질서한 혼돈 혹은 변덕스러운 간섭이란 있을 수 없다. 올덴베르크는 바라문교와 불교 개념들 간의 차이를 다음과 같이 말한다. "브라흐민들의 사색은 모든 생성 가운데 있는 존재를 파악했으며, 불교도들은 현상적인 모든 존재에서 생성을 파악했다."[원주73] 이 설명은 이들 두 철학체계의 현저한 측면을 지나치게 강조하고 있다.

강조점의 차이는 있다 할지라도, 근본적인 개념들에 있어서 바라문교와 불교는 서로 일치한다. 붓다의 경우와 마찬가지로, 우파니샤드에 있어서 "우주는 하나의 살아 있는 전체이며, 어떤 명백한 구획을 지니는 대상들로 나누어지는 것을 거부한다."[원주74] 그것은 분리되지 않는 운동이다. 우파니샤드는 모든 생성이 결여된 순수 존재를 상정하지 않는다. 그것은 생성의 세계를 환영(幻影)으로 간주하지 않는다. 심지어 올덴베르크 자신도 우파니샤드의 사상가들이 모든 생성 속에서 존재의 측면을 지각했다는 것을 받아들인다. 그들은 생성의 세계를 단절된 상태들의 행진으로 보지 않는다. 그것은 가현이지만, 그럼에도 불구하고 그것은 실재의 가현이다. 우파니샤드는 끊임없는 흐름의 근저에 놓인 어떤 영원한 것이 있다는 사실에 주목함으로써, 절대적인 변화의 개념을 부정한다. 변화란 영원한 실체의 부수적인 사건이다. 전체는 불변이라 할지라도 변화는 전체가 지니는 여러 측면들에 대한 상대적인 한정이며, 이 연속적인 단계들은 법칙에 묶여 있다.

[원주73] Oldenberg, *Buddha*, p.251.
[원주74] Bradley, *Proceedings of the Aristotelian Society*, 1919, p.236.

붓다는 모든 변화가 변화하는 어떤 영원한 것을 수반한다고 말하지 않으며, 또한 그의 몇몇 추종자들이 해석하는 것처럼 변화만이 영원하다고 말하지도 않는다. 그는 사물의 '존재'에 무관심하며, 우리의 실제적인 관심과 관련된 실상을 발견한다. 그러나 나가세나(Nāgasena)처럼 우리에게는 단지 인과적 연쇄만 있다고 주장한다 할지라도, 우리는 묻지 않을 수 없다. 만일 모든 것이 조건지어져 있다면, 무조건적인 어떤 것이 있는가? 그것이 없다면 인과율은 자기 모순이다. 만일 개개의 현상이 그 자체의 충분한 계기로서 다른 것과 관련되어 있으며, 그 계기가 또한 계기의 계기로서 다른 것과 관련되어 있다면, 이 경우에 우리는 어떤 것에 대한 충분한 계기를 발견해낼 수 없다.

우리는 아무튼 원인의 범주를 넘어선 어떤 존재, 그 자체가 자기 원인이며 모든 변화 가운데서도 자기 동일성을 유지하는 존재에 도달하지 않으면 안된다. 덧없는 것이 덧없는 것으로 알려질 때, 우리는 그것을 영원한 것에 대립시키고 있으며, 영원한 것의 실재에 대한 의문이 일어난다. 우리는 궁극적 실재를 성장하는 어떤 원리로 간주하든가, 혹은 변화의 전 과정을 통하여 그 자체를 현현하고 유지하는 어떤 영원한 요소를 받아들여야만 한다. 어떤 경우든 존재 혹은 자기 동일의 원리는 인정되지 않을 수 없다.

9) 아리스토텔레스, 칸트, 베르그송

아리스토텔레스에 의하면, 자기 동일성은 모든 변화에 있어서 필수적이다. 모든 변화는 변화하는 영원자를 수반한다. 우리는 영원자가 없는 변화를 생각할 수 없다. 그것은 칸트의 『경험에 대한 두번째 유추』(*Second Analogy of Experience*)에 담긴 진리이기도 하다. "영원한 것이 없다면, 시간 속의 어떤 관계도 불가능하다." 'A'에 이은 'B'의 연속이란, 'B'가 시작되기 전에 'A'가 끝났다는 것을 의미한다. 연속이라 하는 그들 간의 관계는 'A'에 대해서나 'B'에 대해서도 존재할 수 없으며, 오직 그들 각자에게 있는 어떤 것에 대하여 존재할 수 있다. 세계 내에 단지 연속적인 계기들 외에 아무것도 없다면, 'B'가 시작되기 전에는 사라지는 'A'가 있을 뿐이며, 'C'가 시작되기 전에는 'B'가 있을 뿐, 결코 연속이란 있을 수 없을 것이다. 어떤 연속의 가능성은 상대적인 영원을 함축한다. 사라지는 연속의 순간 순간들을 주관하고 그것을 후속하는 순간에 더해줄 수 있는 영원한 어떤 것이 있음에 틀림없다. 설령 모든 변화는 상대적으로 영원한 것을 함축한다 치더라도, 상대적으로 영원한 모든 것의 가능성은 여전히 절대적인 영원을 함축한다. 우리는 전체를 관계의 망상(網狀) 조직, 혹은 아무런 관계도 지니지 않는 연결 부분들의 순수 집적으로 치환할 수 없다. 그것은 새 없는 비행과 같은 것이다.

존재성 그 자체는 상호 관계만으로는 속속들이 규명되지 않는다. 자신의 관심을 경험의 세계에 한정시키는 붓다는 존재를 끊임없는 과정으로 간주한다. 현상의 실재가 관찰되는 사물이 아니라 변천 혹은 생성에 놓여 있다는 것은, 현대 철학에 있어서 베르그송에 의하여 대중화된 견해이다. 무지는 우리에게 정지된 실체라는 미혹된 견해를 준다. 참된 지식은 우리에게 사물의 덧없음에 대한 통찰을 주지만, 그럼에도 불구하고 변화는 모두가 내재적인 인과율에 따르는 자기 변화이다.

10) 찰나설에 대한 샹카라의 비판

만일 우리가 찰나설을 받아들인다면, 우리는 영원 불변의 상관물을 지니는 인과관계와 계속성을 인정하지 않을 수 없을 것이다. 그렇지 않으면, 우리는 세계를 광포한 악마의 춤으로 내던져버리고, 그것을 이해하려는 모든 시도를 포기해야 한다. 샹카라는 영원을 함축하고 있는 인과관계와 찰나설 간의 모순을 지적한다. "불교도들에 의하면, 모든 것이 찰나 간에 생멸한다. 그래서 두번째 순간이 도래할 때, 첫번째 순간에 존재하고 있었던 것이 소멸하고 완전히 새로운 어떤 것이 생겨난다. 따라서 당신은 앞서는 것이 뒤따르는 것의 원인이라고 하거나, 후자가 전자의 결과라고 주장할 수 없다. 찰나설에 따르면, 앞서는 것은 뒤따르는 순간이 시작될 때 이미 소멸하고 없다. 다시 말하여, 전자는 뒤따르는 순간의 사물이 생겨날 때 이미 비존재가 되며, 따라서 후자를 생산한 것으로 간주할 수 없다. 왜냐하면 비존

재는 존재의 원인이 될 수 없기 때문이다."[원주75]

그의 비판에 대한 타당성은 몇몇 후기 불교도들[원주76]에 의하여 받아들여 졌으며, 그들은 모든 변화의 근저에 놓인 영원한 요소가 있다고 주장한다. 소겐(Sogen) 씨는 말한다. "모든 만물의 토대는 영원불변하다. 매 순간 변하는 것은 단순히 어떤 사물의 양상에 지나지 않으며, 따라서 불교가 주장하는 것처럼 두번째 순간이 도래할 때 첫번째 순간은 소멸한다고 주장하는 것은 옳지 않다."[원주77]

11) 생성의 본질

관심을 상대적인 생성의 세계에 한정시켰기 때문에, 붓다는 우파니샤드의 사상가들과는 달리 모든 인간의 가슴속에 고동치며 모든 생명을 떠받치고 있는 보편자를 상정하지 않았다. 그러나 단지 절대자의 실재가 지식의 대상이 될 수 없다는 이유만으로 우리가 그것을 부정할 수 있는 것은 아니다. 만일 존재하는 모든 것이 조건지어져 있다면, 그 조건들이 다 사라져버릴 때 우리에게 남는 것은 다만 빈 공백뿐일 것이다. 올덴베르크는 말한다. "조건적인 것은 오직 그외의 다른 것 —이것 또한 조건적이다—을 통하여 조건지어지는 것으로 생각될 수밖에 없다. 만일 우리가 오직 이 변증법적 연쇄과정을 따라가기만 한다면, 어디서 어떻게 이 일련의 조건들이 흘러나왔는가를 생각할 수 없을 것이다."[원주78]

우파니샤드와 마찬가지로, 붓다는 우리의 지성에 알려지는 세계가 단지 조건부의 실재를 지닌다는 것을 주장하고 있다. 우리의 지성은 우리가 경험적인 시리즈의 전제조건으로 무조건적인 어떤 존재를 상정하도록 강요한다. 이 필연적인 존재는 그 시리즈의 한 구성요소가 아니다. 우연과 의존의

[원주75] 『베단타 수트라』, chap. ii.11 ff에 대한 주석.
[원주76] 그 예로 사르바스티바딘(Sarvāstivādin), 즉 설일체유부(說一切有部) 교도들을 들 수 있다.
[원주77] *Systems of Buddhistic Thought*, p.134.
[원주78] Oldenberg, *Buddha*, p.277.

법칙에 지배되지 않기 위해서, 그것은 분명히 비경험적인 상태일 것이다. 그럼에도 불구하고 그것은 완전히 경험적인 시리즈에서 분리될 수 없다. 왜냐하면 이 경우에 후자는 비실재적인 것으로 전락하고 말 것이기 때문이다. 모든 것은 존재인 동시에 비존재이다. 모든 사상(事象, event)은 우리가 그것을 넘어 존재의 어떤 선재 형태——그 사상(事象)이 전개되어 나왔던——로 나아가도록 부추긴다. 존재하는 모든 것은 있는 것인 동시에 없는 것이며, 실재적인 동시에 비실재적이라는 이 이론은 다만 존재의 전개일 뿐인 생성에 대한 관념론적인 입장을 시사한다.

이것이 붓다의 가르침에 나타나는 주된 경향이다. 모든 존재는 양 극단의 중간이며, 현상 세계에 관한 한 우리가 존재와 비존재를 분리하는 것은 불가능하다. 만일 우리가 그 둘을 분리시켜서 하나씩 엄격하게 구분짓고자 한다면, 그것은 단지 무(無)만 남긴 채 부서져버리고 말 것이다. 붓다는 감각이나 사유의 대상을 영원한 과정의 무수한 단계들이 아니라 마치 고정불변의 실체인 것처럼 다루려고 하는 논리의 무용성을 확신한다. 절대자에 대한 그의 침묵은 그가 볼 때 영원한 실체는 현상에 대한 설명에 쓸모없다는 것을 가리킨다. 경험은 우리의 지식이 닿을 수 있는 전부이며, 무한정자는 경험을 초월하여 있다. 언제나 인간 지성의 그물을 빠져 나가는 것을 잡기 위하여 쓸모없는 노력으로 시간을 낭비할 이유가 없다. 인간 지식의 상대성에 대한 엄격한 판단은 우리가 존재 혹은 영원한 요소를 증명해낼 수 없다는 것을 받아들이지 않을 수 없게 한다.

비록 불교와 우파니샤드는 공히 끊임없이 변화하는 인과적 연쇄에서 존재의 궁극적인 실재성을 찾는 것을 거부한다 할지라도, 적어도 우파니샤드는 변화와 생성의 너머에 있는 어떤 실재를 주장하고 있음에 비하여, 불교는 이 문제에 대한 판단 중지를 택하고 있다는 차이가 있다. 그 어떤 의미에서도 이 건전한 침묵이 궁극적인 존재에 대한 부정으로 해석되어서는 안 된다. 붓다가 이 변화무쌍한 세계에서 어떤 영원한 것——편재하는 혼란의 우주 가운데서 고뇌에 찬 인간이 쉴 수 있는 안식처——을 전혀 인정하지 않았다고 생각하는 것은 불가능하다. 현상 세계의 범주들을 초월하여 있는 궁극적 실재에 대한 질문에 대하여, 붓다가 아무리 그 대답을 회피하려고 했다 할지라고, 그가 이 문제에 대하여 전혀 아무런 의문도 지니지 않았던 것으로 보이지는 않는다. "태어나지 않은 자, 생겨나지 않은 자, 만들어지지 않은 자, 합성되지 않은 자가 있다. 오 수행자들이여, 태어난 자, 생겨난 자, 만들어진 자, 합성된 자의 세계에서 벗어남은 없을 것이다."[원주79] 붓다는 보이는 세계의 덧없는 현상들의 근저에 놓인 존재론적인 실재를 믿었다.

9. 변화의 세계

생성의 세계는 실재적이고 객관적인가. 붓다의 주된 경향은 우주를 비실재(nissatta), 무영혼(nijjīva)의 끊임없는 흐름으로 나타내고자 하는 것이다. 존재하는 모든 것은 다르마, 즉 조건의 집합체이다. 그것은 비실재적이지만 비존재가 아니다. 그러나 붓다의 초기 가르침 중에는 세계에 대한 순수 주관적인 해석을 허용하는 구절들이 있다.[원주80] 객관 세계는 주관으로서의 개체에 의하여 조건지어진다. 그것은 우리 각자 속에 있다. "실로 내가 너희에게 말한다. 필멸 그 자체인 이 육신——단지 한 길 높이에 불과하지만, 의식적이고 마음을 지닌——으로 인하여 세계와 그것으로부터 차고 기우는 것, 그리고 그것으로부터 사라져가도록 하는 길이 있다."[원주81] 붓다는 해탈 후에 남는 것이 무엇인가 걱정하는 한 비구에게 말한다. "질문은 이와 같이 던져진다. '지·수·화·풍이 더 이상 존재하지 않는 곳은 어디인가? 어디서 대소·장단·선악이 모두 사라지는가? 어디서 주관과 객

[원주79] 『우다나』(*Udāna*), viii.3.
[원주80] 연기설(緣起說), 즉 무명(無明, avidyā)을 제1항목으로 지니는 인과관계의 원리는 세계에 대한 주관적인 견해를 뒷받침한다.
[원주81] Rhys Davids, *Dialogues of the Buddha*, i, p.279. 깨달은 자에게는 세계가 존재하지 않는다는 것 또한 시사된다.

관이 완전히 남김없이 녹아 없어지는가?' 대답은 이렇다. '의식의 완전한 지멸로 모든 것이 녹아 없어진다.'"[원주82]

세계는 주관에 달려 있다. 주관으로 인하여 세계가 일어나고, 주관으로 인하여 세계가 사라진다. 경험의 세계는 철저하게 꿈과 같은 것이다. 세계의 구체적인 사실은 일련의 감각적인 사건이다. 우리는 자기의 관념이 가리키는 사물이 있는지 아니면 없는지 그 실상을 알지 못한다. 세계의 순환은 업력과 무지의 결과로 생겨나는 것이다. 세계의 개체들은 특수성도 개별성도 없는 한 실재의 개별화라는 해석을 뒷받침하는 구절도 있다.[원주83] 이들 각자는 그것이 지식의 대상이 될 때, 실재가 띠는 양태이다. 전자의 견해는 세계를 꿈으로 해석하고, 그 흐름의 뒤에 아무것도 상정하지 않음에 비하여, 후자의 견해는 지식의 세계를 초경험적인 실재의 가현으로 만든다.[원주84] 후자는 칸트의 입장에 보다 가까운 반면에, 전자는 버클리의 철학에 가깝다. 우리는 후자의 해석이, 형이상학적 원리는 살려는 의지이며, 개개의 사물과 인간은 살려는 의지가 다양하게 대상화된 것이라는 쇼펜하우어의 전제에 부합한다고 말할 수 있을 것이다. 또한 때로는 근원적인 무지라고 불리는 우리의 불완전함이 연속적인 우주과정을 개별적인 인간이나 분리된 사물들로 각각 떼어놓는다고 주장되기도 한다.

참된 지식이 일어날 때, 합성물은 본원적 요소들에 대한 진실만 남기고 사라진다는 언급은 흔하게 볼 수 있다. 단순물(simple thing)은 영원하며 복합물(complex thing)은 반드시 분해된다는 라이프니츠의 관점은 초기 불교의 사색과 유사하다. 그러나 그것은 영혼 또한 하나의 복합물이며, 따라서 해체될 수밖에 없는 것으로 간주한다. 단일 불멸의 요소는 지 · 수 ·

〔원주82〕 Dahlke, *Buddhist Essays*, p.310.

〔원주83〕 초기 문헌(『맛지마 니카야』, iii.242)에서 제시되는 지각론은 세계를 실재론적으로 보는 견해를 지지한다.

〔원주84〕 옹(Aung)과 리스 데이비스(Rhys Davids) 여사에 의하여 『쟁점들』(*Points of Controversy*)이라는 제목으로 번역된 『카타밧투』(*Kathāvatthu*)는 무한한 실재들 중에서 공간, 열반, 그리고 사성제를 언급하고 있다.

화·풍과 같이 물질적인 것으로 생각되며, 유부(有部) 학자들은 여기에 제5요소로 공간을 추가했다.[원주85] 절대 공(śūnya) 혹은 텅 빈 추상적인 공간이 실재성을 지닌다는 것은, 지진의 원인을 묻는 아난다에 대한 붓다의 대답과 같은 몇 구절에서 추적해볼 수 있다. "아난다야, 이 광대한 땅은 물 위에 놓여 있고, 물은 바람에, 그리고 바람은 허공에 의존해 있다."[원주86] "존경하는 나가세나여, 이 세상에는 카르마를 통하여 있게 된 존재, 어떤 원인의 결과인 존재, 그리고 또한 계절에 의하여 생겨난 존재들이 보인다. 말해 보시오, 이들 세 범주에 들지 않는 어떤 것이 있는가?" "예, 그런 것이 두 가지 있습니다. 그것은 공간과 열반입니다."[원주87]

붓다는 생성의 세계에 대한 명확한 설명을 남기지 않았다. 다수의 함축적인 언급이 있으며, 이들은 모두가 후기 불교 학파들에 의하여 파행적인 방식으로 발전된다. 나가세나는 지극히 주관적인 입장을 취했다. 그에게 있어서 하나의 사물은 단지 그 속성들의 복합에 지나지 않는다. 우리의 육신에서 덧없는 감각 이외에 실재적인 것은 아무것도 없다. 사물은 단지 감각의 복합에 대한 정신적인 표상일 뿐이다.

불교의 네 학파 가운데 하나는 물질이 정신적인 현상의 허깨비 놀음이라고 주장한다. 또 다른 하나는 마음이 모든 것이라고 한다. 세번째 학파는 공(空)의 철학(śūnyavāda)을 내세운다. 붓다는 외적인 실재의 문제를 해결해야 할 필요를 느끼지 않았다. 그는 인간이 저지하거나 통제할 수도 없는 생성의 흐름 한가운데 서 있으며, 생에 대한 갈애에 사로잡혀 있는 한, 상사라의 깊이 모를 어두운 심연으로 내던져질 수밖에 없으며, 이 세계에는 평화의 가능성이 전혀 없다는 것을 언급하는 것으로 충분하다고 생각했다. "실제로 불구덩이 속에 있는 사람들이 불에 대해서 논의할 때가 아니

[원주85] 논장은 4요소를 비파생적인 것으로, 그리고 공간(ākāśa)을 파생적인 것으로 간주한다 (『담마상가니』 ; 『맛지마 니카야』, i.423 ; ii.17). 때로는 통상의 4요소에 공간과 의식을 부가하여 6요소가 언급되기도 한다(『이티붓타카』, 44, 51, 73을 보라).
[원주86] 『디가 니카야』, 207.
[원주87] 『밀린다 팡하』, iv.

라, 불에서 뛰쳐나가야 할 시간이다."[원주88]

10. 개아

1) 몸과 마음

몸과 마음의 이원(二元)은 생성의 일부이며, 전체가 지니는 두 측면에 대한 구분이다. 왜냐하면 모든 존재는 하나의 계속적인 전개의 측면으로 서로 연관되기 때문이다. 생명은 영원하지만, 그것이 언제나 의식과 결합되어 있는 것은 아니다. 우주 속의 어떤 한 점은 우주의 다른 모든 것이 이와 관련하여 작용중에 있는 것으로 간주될 수 있는 판단 기준이 된다. 그리고 이 판단 기준이 또한 의식적일 때, 우리는 그것을 개별 주체라고 부른다. 사물의 실상에 대한 지각은 주관적인 중심을 요한다.

개체적 주관은 생성·변화하는 인간의 경험적인 생명이다. 우파니샤드는 인간의 참된 자아가 성장·변화하는 육신이나 정신적인 삶과 동일시되어서는 안된다는 것을 강조하여 말한다. 그렇지만 정신적인 속성과 물질적인 속성의 연합이 개체를 형성한다. 개개의 모든 사물과 마찬가지로, 모든 개인은 하나의 합성체이며 복합물이다. 불교도들은 그것을 상스카라 (saṁskāra), 유기조직이라고 부른다. 모든 개체에는 예외없이 서로에게 구성부분인 관계가 끊임없이 변화하고 있다. 그것은 연속적인 매 순간마다 결코 동일할 수 없다. 인간은 살아 있는 계속적인 복합체로서, 한 순간도 동일하게 유지되는 법이 없지만, 그럼에도 불구하고 완전히 다르지는 않은 무한한 존재를 통하여 계속된다.[원주89] 몸과 마음 모두가 끊임없이 변하고 있는 동안에, 몸보다는 마음에서 그 덧없음이 더욱 현저하며, 그 흐름도 더

[원주88] 『맛지마 니카야』, i.29. 또한 i.426을 참조하라.
[원주89] 『마하닛데사』(*Mahāniddesa*), p.117 ; 『비슷디막가』, viii ; Warren, *Buddhism in Translations*, p.150을 보라.

욱 빠르다. 따라서 만일 우리가 어떤 것을 영원하다고 말하려 한다면, 그것은 마음보다는 몸이어야 할 것이다.[원주90]

2) 경험적 개체

개체는 끊임없이 성장하는 존재의 불안정한 상태이다. 리스 데이비스는 말한다. "집적이 없다면 개체는 있을 수 없고, 생성이 없다면 집적이나 조합도 있을 수 없으며, 다른 생성이 없다면 아무런 생성도 있을 수 없으며, 조만간에 불가피하게 끝나기 마련인 해체와 소멸이 없다면 그 어떤 다른 생성도 있을 수 없다."[원주91] 그것은 영원한 것은 아무것도 없는 끝없는 과정이다. 여기서 아무것도 영원하지 않으며, 이름이나 형태 또한 그렇다.[원주92] 바라나시에서, 콘단냐(Koṇḍañña)가 이끌던 이시파타나(Isipatana)의 다섯 고행자에게 영혼의 비존재에 관한 두번째 설법이 행해진다.

"육신은 불멸의 영혼이 아니다. 왜냐? 그것은 파괴되기 마련인 까닭이다. 감각이나 지각, 혹은 기질이나 지성 또한 불멸의 영혼을 구성하지 않는다. 왜냐? 만일 그렇다면, 의식 또한 파괴된다는 것이 경우에 맞지 않게 될 것이기 때문이다." "우리의 신체, 감각, 표상, 의향, 그리고 지성은 모두가 덧없는 것이며, 따라서 악한 것이며, 영원하고 선한 것이 아니다. 일시적이고 악하며 변하기 마련인 것은 불멸의 영혼이 아니다. 그러므로 물질적인 모든 형태는 무엇이나, 과거, 현재 혹은 미래의 것이든, 주관적 혹은 객관적인 것이든, 멀리 있거나 가까이 있든, 높이 있거나 낮게 있든, '이것은 내 것이 아니다. 나는 이것이 아니다. 이것은 나의 영원한 영혼이 아니다' 라고 말해야 한다."[원주93] 「벳달라 숫타」(Veddalla Sutta)에서 담마딘나

[원주90] 『상윳타 니카야』, ii.94와 95. 소승불교의 『아비다르마마하비바샤샤스트라』(*Abhi-dharmamahāvibhāṣāśāstra*)에 따르면, 24시간의 하루는 64억 9만 9천 9백 8십 순간(kṣaṇa)으로 이루어져 있으며, 오온(五蘊, pañcaskandha)은 매 순간마다 생멸을 거듭한다(Yamakami Sogen, *Systems of Buddhistic Thought*, p.11을 보라).

[원주91] *The Religious Systems of the World*, p.142.

[원주92] 『마하박가』(*Mahāvagga*, 大品), i.4.38 ff.

184

(Dhammadinna, 法授)가 말한다. "불법을 받아들이지 않는 무지한 사람은 자아를 신체적 형태(色), 신체적인 형태를 지니는 어떤 것, 자아 속에 있는 존재로서의 신체적 형태, 혹은 신체적 형태 속에 있는 존재로 간주한다. 또한 그는 자아를 감각(受), 감각을 지니는 어떤 것, 자아 속에 있는 존재로서의 감각, 혹은 감각 속에 있는 존재로 간주한다."

이러한 논의는 색(色) 이외의 다른 요소(skandha)들, 즉 상(相), 행(行), 식(識)에 대해서도 똑같이 반복된다. 영원한 자아(Ātman), 영원한 인아(人我, pudgala), 영원한 유(有, sattva), 혹은 영원한 생명 원리(jīva)는 없다. 인간에게 불변의 실체 혹은 영원한 원리와 같은 것은 있을 수 없다.[원주94] 우리는 다만 무수한 인과의 연쇄를 지닐 뿐이다. 인간은 오온(五蘊)으로 이루어진 복합물로 간주된다. 오온의 이론은 우파니샤드의 명색(nāmarūpa)에서 발전된 것이다. 여기서 우리가 지적하고자 하는 것은 구성 요소들, 즉 물질적인 형태(rūpa)와 비물질적인 명칭(nāma) 이외에 우리에게는 더 이상 아무것도 없다는 것이다.

3) 무아

「수랑가마 숫타」(Surangama Sutta)에서는 영혼을 육체의 안이나 밖, 혹은 감각기관 등의 배후에 위치를 정하려는 아난다(Ānanda)의 무모한 시도들이 논의된다.[원주95] 우리는 뇌를 이루고 있는 물질 속에서, 혹은 감각의 배후에서, 혹은 개체의 구성 요소들에서 불멸의 영혼을 찾으려는 공허한 노력을 기울인다. 영혼이라 불리는 조리가 맞지 않는 어떤 힘에 대한 가정은 불교도들에게는 카르마의 법칙에 역행하는 것으로 비쳤다. 왜냐하면 사람들은 영혼이란 뚜껑을 열면 인형이 튀어나오는 장난감의 일종——어쨌

[원주93] 『마하박가』, i.21. 또한 「마하니다나 숫타」(Mahanidāna Sutta), 『디가 니카야』, ii.66 ; 『맛지마 니카야』, i.138, 300 ; 『상윳타 니카야』, iii.66, iv.34를 참조하라.
[원주94] 『상윳타 니카야』, iv.54를 보라.
[원주95] 서양의 심리학자들은 영혼을 육체 속에, 신경조직이나 뇌수, 혹은 그 속의 한 특수한 지점에 위치시키려는 시도를 즐겨한다.

든 모든 행위에 있어서 주된 행위자——으로 간주하기 때문이다. 리스 데이비스 여사는 말한다. "불교의 무아 논쟁은 끊임없이 주로 영혼의 개념에 대한 반박에 집중된다. 여기서 영혼은 영속·불변·지복이며, 윤회하는 초자연적 존재일 뿐 아니라, 그 속에 궁극의 아트만 혹은 세계혼이 내재하고, 그것과 하나이며, 본질적으로 그리고 물질적 혹은 정신적 요소로서 자기의 명령을 내리는 존재로 간주되었다."[원주96]

그러나 우파니샤드의 아트만은 윤회하는 자아가 아니다. 우파니샤드의 영혼 개념에 대한 붓다의 또 다른 오해는, 그가 아트만을 무차별의 추상적인 통일로 간주하고 있다는 것이다. 만일 그렇다면 이미 오래 전에 인드라가 말했던 것처럼 그것은 분명히 비실재일 것이다.[역주15]

붓다가 영혼에 대하여 침묵하게 했던 다른 한 이유는, 일상적 자아를 긍정하는 주된 본능이야말로 정신적인 모든 악의 숨은 뿌리라는 확신이었다. 그는 개체적 자아에 대한 망상을 부정했으며, 표면적인 자아의 실재를 반박했다. 그는 자아에 대한 그릇된 견해들에 대하여 단호하다.[원주97] 우리가 자기와 동일시하는 대상들은 참된 자아가 아니다. "대중들아, 자아 혹은 자아에 속한 무엇이든 실로 받아들일 수 없으므로, 이렇게 주장하는 것은 사견(邪見)이 아니겠는가. '이것이 세계며, 이것이 자아이다. 그리고 나는 미래에도 영속·불변·영원할 것이며 아무런 변화도 알지 못하는 본질로 계속될 것이다. 실로 나는 영원히 살 것이다.' 이것은 단지 그리고 전적으로 어리석은 자들의 교설이라 해야 하지 않겠는가?"[원주98]

붓다가 논파하고자 했던 것은 소아(小我)의 영속을 부르짖는 그릇된 견

[원주96] *Buddhist Psychology*, p.31.

[역주15] 『찬도기야 우파니샤드』, viii.3~12에서 프라자파티와 인드라 간의 대화를 보라. 또한 『인도철학사 I』, 215~226쪽을 참조하라.

[원주97] 「알라갓투파마 숫타」(Alagaddūpama Sutta), 『맛지마 니카야』, i.140에서 붓다는 자아와 세계를 동일시하는 범신론을 부인한다.

[원주98] 『맛지마 니카야』, i.138. 『바가바드기타』, iii.27과 비교해보라. Inge, *Proceedings of the Aristotelian Society*, vol.xix, p.284를 보라.

해이다. 우리는 결코 단 한 순간도 동일하게 있을 수 없는데, 우리가 영원히 지속되기를 갈망하는 것은 무슨 자아인가? 붓다는 자아를 모든 대상에 투영시키는 물활론을 배격한다. 그는 어떤 사람들이 속성의 바탕으로 상정하는, 알려지지 않은 토대의 존재를 부정한다. 왜냐하면 그것의 본질이 우리에게 가려져 있기 때문이다. 붓다는 이 쓸모없는 신비, 알려지지 않고 알려질 수도 없는 실체를 마땅히 부정한다. 때로는 인간 존재에 대한 유추에 따라 해탈된 영혼이 상정되기도 한다.

초기 수행 과정에서 붓다는 유명했던 현자 알라라 칼라마(Āḷāra Kālama)를 찾아가 그의 제자가 된 적이 있으며, 그로부터 연속적인 단계를 통하여 법열(法悅)에 드는 명상법을 배운 적이 있다. 알라라는 개별 영혼 그 자체가 소멸될 때, 그것이 자유롭게 된다는 견해를 가르쳤다. "스스로 자기를 없애버릴 때 그는 아무것도 존재하지 않는다는 것을 알게 되며, 허무주의자로 불린다. 새장에서 빠져나온 새처럼, 육신에서 벗어난 영혼은 자유를 얻었다고 말해진다. 이것이 영원·불변·무차별의 브라흐만이며, 실재를 아는 현자들이 해탈이라고 말하는 것이다." 붓다는 해탈된 영혼 또한 여전히 영혼일 수밖에 없다는 근거로 이 교의를 반대한다. 다시 말하여 알라라의 해탈된 영혼이 얻게 되는 상태가 무엇이든, 그것은 재생의 손아귀를 벗어날 수 없으며 "우리의 목적에 대한 완전한 성취는 오직 모든 것의 포기에서만 발견될 수 있다"는 것이다.

붓다는 비록 자아가 무엇이라는 것을 분명하게 언급하지는 않는다 할지라도, 자아가 아닌 것에 대해서는 우리에게 명백히 말하고 있다. 그러나 붓다의 가르침에 의하면 결코 자아란 있을 수 없다고 생각하는 것은 옳지 않다. "그때 탁발 수행자 밧차곳타(Vacchagotta)가 세존에게 말하였다. '존경하는 가우타마여, 어떻게 물체가 서 있는가, 자아(ego)가 있는가?' 그가 이렇게 물었을 때, 세존은 침묵했다. '그렇다면 자아가 없다는 것인가?' 세존은 여전히 침묵했다. 그러자 탁발 수행자 밧차곳타는 자리에서 일어나 가버렸다. 존자 아난다가 세존에게 물었다. '무슨 이유로 세존께서는 탁발 수행자 밧차곳타가 한 질문에 대답하지 않습니까?' '아난다야, 탁발 수행자 밧차곳타가 나에게 "자아가 있는가?" 하고 물었을 때, 만일 내가 "자아가 있다"고 대답했다면, 아난다야, 그러면 그것은 상주 불변하는 것을 믿는 사문(Samaṇa)과 바라문(Brāhmaṇa)들의 교설을 긍정하는 결과가 될 것이다. 아난다야, 탁발 수행자 밧차곳타가 나에게 "에고가 없는가?" 하고 물었을 때, 만일 내가 "에고는 없다"고 대답했다면, 아난다야, 그러면 그것은 완전한 소멸을 믿는 사문과 바라문들의 교설을 긍정하는 결과가 되었을 것이다."[원주99]

이 대화에 관하여 올덴베르크는 말한다. "만일 붓다가 자아의 존재에 대한 부정을 피했다면, 그것은 마음이 약한 대상에게 충격을 주지 않기 위해서 그랬을 것이다. 자아의 존재 혹은 비존재에 대한 질문을 회피한다는 사실을 통하여, 불교의 가르침의 전제가 지향하는 대답, 즉 자아가 없다는 것을 알게 된다."[원주100] 우리는 붓다가 의도적으로 진리를 숨겼다는 이 견해에 동의할 수 없다. 만일 올덴베르크가 옳다면, 열반은 붓다가 부정했던 완전한 소멸을 의미할 것이다. 열반은 공으로 떨어지는 것이 아니라, 윤회에 대한 부정이며 나아가서는 자아가 본래의 그 자체로 돌아가는 것이다. 이로부터의 논리적인 결론은 비록 경험적인 자아는 아니라 할지라도 어떤 것이 있다는 것이다. 이것은 또한 자아는 오온과 같지도 않고 완전히 다르지도 않다는 붓다의 언급과 일치한다. 그것은 단순히 몸과 마음의 합성이 아니며, 변화의 추이를 완전히 여읜 영원한 실체도 아니다.[원주101] 짐과 그것을 진 자에 대한 논의는 짐으로서의 오온과 짐을 진 자로서의 푸드갈라

〔원주99〕 밧차곳타의 대화에 관하여는 「앗기밧차곳타 숫타」(Aggivacchagotta Sutta), 『맛지마 니카야』, 72 ; i.484~489를 보라. 또한 Dahlke, *Buddhism and its Place in the Mental Life of Mankind*, pp.37 ff를 보라.

〔원주100〕 *Buddha*, p.273.

〔원주101〕 『풋갈라팟낫티』(*Puggalapaññatti*)에서 우리는 아트만의 본질에 관한 세 가지 주요 이론, 즉 영혼이 이승과 내생에서 참으로 존재한다고 믿는 샤슈와타바다(śāśvatavāda, 常住論), 영혼은 오직 이승에서만 참으로 존재한다고 믿는 웃체다바다(ucchedavāda, 斷滅論), 그리고 영혼이 이승이나 저승에서도 존재하지 않는다는 제3의 이론을 본다. 『맛지마 니카야』, i.256.

(pudgala, 人我)가 구별되는 실체라는 것을 입증한다.[원주102] 만일 그 둘이 동일하다면, 양자를 구분할 아무런 필요도 없을 것이다. "오, 탁발 수도자들이여, 내가 너희에게 짐뿐만 아니라, 짐을 지고 가는 자를 지적하고자 한다. 다섯 가지 존재의 구성요소는 짐이며, 푸드갈라는 짐을 지고 가는 자이다. 그러므로 영혼이 없다고 주장하는 자는 그릇된 개념을 지니고 있는 사람이다."[원주103] 태어나는 것은 등에 짐을 지는 것이며, 그것을 내려놓는 것이 곧 지복 혹은 열반이다.

4) 아트만의 본질

우리가 현상의 배후에 놓인 영혼에 관하여 단정할 때, 붓다는 이러한 단정이 경험의 범위를 벗어난다는 사실을 강조한다. 생성·소멸하며 고통으로 가득 찬 세계가 영혼의 참다운 안식처가 아니라는 우파니샤드의 명제에 동의하지만, 그럼에도 불구하고 붓다는 우파니샤드에서 선언된 아트만에 관하여 침묵한다.[원주104] 왜냐하면 우리가 냉철한 논리에 매달리는 한, 아트

[원주102] 독자부(犢子部, Vajjiputtaka)는 경험적 개체의 일시적인 요소들 위에 푸드갈라 혹은 사람을 인정하는 견해를 채택한다. 그들은 인간이 경험적 개체의 요소에 연루되어 있다 할지라도, 그 요소들과는 완전히 다르다고 주장한다. 이것은 마치 불꽃은 타고 있는 막대기와 동일하지도 않고 다르지도 않으며, 타고 있는 막대기 이상인 것과 마찬가지이다. 푸생(M. Poussin)은 말한다. "나는 무아설(無我說, nairātmyavāda)보다 푸드갈라설(說)이 고(苦)의 진리와 업의 법칙에 보다 더 조화 일치된다고 생각하지 않을 수 없다"(*Journal of the Royal Asiatic Society*, 1901, p.308). 경량부의 바수반두는 비활동적이며 아무런 영향력도 없는 자존·영원·불변의 자아에 대한 견해에 반대한다.

[원주103] Warren, *Buddhism in Translations*, p.161 ; 웃디요타카라(Uddyotakara)의 『니야야바룻티카』(*Nyāyavārttika*)에 인용된 『사르바비사마야수트라』(Sarvābhisamaya-sūtra).

[원주104] 리스 데이비스 여사는 이 문제에 관한 자신의 견해를 다음과 같이 요약한다. (1) 우리가 불교적인 것으로 부를 수 있는 최초기의 가르침은 '영혼 혹은 자아를 부정하지 않았다.' 이것을 이해하려면, 우리는 지금도 우리에게 남아 있는 18세기적 관점에서 벗어나지 않으면 안된다. 우리는 기원전 7세기의 교양 있는 인도인이 어떤 종교적 스승에 의해서 '자아를 탐구하라'고 권장받았을 때, 자아(ātman,attan)라는 말이 지니는 의미를 생각하지 않으면 안된다. 십중팔구 그것은 그에게 '신을 탐구하라' 혹은 '너 자신 안에 있는 성스러운 영혼을 탐구하라'고 명령하는 것과 마찬가지였을 것이다. 이것은 불교의 창시자가 한 최초기의 설법

만으로서의 영혼의 실재를 증명할 수 없다. 자아의 밑바닥에 놓여 있다고 말해지는 아트만은 하나의 불가해한 수수께끼이다. 어떤 사람들은 그것이 있다고 말하고, 또 어떤 사람들에게는 그것이 없다고 말할 수 있는 여지가 있다. 붓다는 우리가 철학을 추구함에 있어서 그 한계를 알아야 한다는 것을 가르친다. 참다운 심리학은 단지 우리가 영혼을 긍정하거나 혹은 부정하는 형이상학적 편견을 배척할 때 가능해진다. 물리학자와 생리학자들이 물질 혹은 생명에 한정하지 않고 그들의 주제를 다루는 것과 마찬가지로, 19세기 중엽의 심리학자들은 붓다의 정신에서 심리학적인 문제들을 논의하려고 노력했다. 붓다는 심리현상에 대한 묘사로 만족했으며, 영혼에 대

가운데 하나였다고 한다. Vinaya, i.23(「마하박가」, i.14) ; *Buddhist Psychology*, pp.28 ff. 그것은 역사적으로 깊은 의미가 있으며, 4종의 주요 아함경과 『담마파다』에 나오는 여러 구절에 의하여 지지된다. 이 구절들에서 주제는 인간이 자기 자신과 교감하는 것, 자기 자신을 아는 것이며, 또한 후기의 가르침에서는 주장되지 않는 표현방법도 사용된다.

애초부터 부정되었던 것은 인간, 즉 영혼 혹은 자아가 몸이나 마음으로 간주될 수 있다는 그릇된 견해였다. 만일 그가 몸과 마음이라면, 이 둘과 마찬가지로 나약하고 덧없는 존재로서, 그는 (자기가 원했던 것처럼) 존재하기를 바랄 수 없을 것이며, 자신의 운명을 선택하는 자일 수도 없을 것이다. 그러나 이것은 '인간 속의 인간', 즉 인간의 영혼을 부정하는 것이 아니다. 이렇게 말해야 한다. '당신이 실로 존재한다는, 그와 같이 그릇된 견해를 짓지 말라.' 그러나 만일 당시 인도에서 '당신은 몸도 아니고 마음도 아니다. 그러므로 당신은 도무지 존재하지 않는다. 바꿔 말하여 당신은 단지 그 둘의 묶음에 불과하다'라고 말했다면, 그것은 새로운 복음을 터무니없는 것으로 전락시키는 것이요 듣는 사람에 대한 모욕이었을 것이다.

(2) 그럼에도 불구하고 심지어 현재에도 아시아의 남방 불교도들과 최근의 서양 불교학자들은 이 문제에 있어서 불교 전반에 불치의 암처럼 퍼져 있는 왜곡을 인식하지 못하고 있다.

(3) 고결하고 지혜로운 이 구세자의 진실을 입증할 사람은 아무도 없는가? 우리가 종교라고 부르는 새로운 메시지를 인간에게 가져온 자가, 단지 그와 같이 가르칠 수 없었기 때문에 어떤 것은 가르치지 않았다는 것을 이해할 사람은 아무도 없는가? 만일 우리가 교의를 설하는 자, 교의, 교의를 듣는 자의 관계에 대한 바른 견지로서 내가 위에서 제시한 것을 받아들인다면, 법을 설하는 자가 '인간 속의 인간', 즉 인간의 영혼에 대한 관심을 불러일으킴에 있어서 법을 듣는 자에게 '그'는 실재가 아니며 비존재라고 말할 수 없을 것이라고 믿어야 할 것이다. 오히려 법을 설하는 자는 인간이 자기 자신에 대한 지식을 확장시킴으로써 자기 자신의 실재에 대한 믿음을 강화시킬 것이다. 이와 마찬가지로 확실한 것은, 법을 설하는 자가 이와 같이 인간의 지식을 확장시키고 이로써 새로운 생성, 인간 내면에 일어나는 새로운 변화를 야기함에 있어서, 법을 듣는 자에게 인간 속에는 영원불변한 것이 있다고 말할 수 없었을 것이라는 점이다(*Calcutta Review*, 1927. 11).

한 어떤 이론을 세우는 일에 큰 관심을 보이지 않았다. 합리적인 심리학자들은 영혼의 본질이 유한하다거나 혹은 그 반대의 경우라는 것을 묘사하려고 하지 않는다.[원주105] 붓다가 보기에 영혼을 상정하는 것은 서술적인 입장을 넘어서는 것이다. 우리가 아는 것은 현상적인 자아이다. 붓다는 그외의 어떤 것이 있다는 것을 안다. 그는 결코 영혼이 단지 요소들의 조합에 지나지 않는다는 것을 받아들이지 않지만, '그외의 어떤 것'에 대한 추론을 거부한다.

우파니샤드는 자아를 둘러싸고 있는 중첩된 우유성의 베일을 벗겨냄으로써 모든 존재의 근원에 도달한다. 이러한 과정의 끝에서 모든 유한 존재의 토대이지만, 그럼에도 불구하고 유한 존재에 속하지 않는 보편아를 발견한다. 붓다는 비록 분명하게 언급하지는 않지만, 우파니샤드와 동일한 견해를 주장한다. 그는 경험적인 개별 복합체를 구성하는 덧없는 요소들의

〔원주105〕 이 두 입장 간의 차이는 우리 시대의 가장 위대한 심리학자 가운데 하나인 스타웃(Stout) 교수의 언급에서 잘 드러난다. "개아의 살아 있는 역사 속으로 들어오는 다양하고 변화무쌍한 경험들은, 어떤 의미에서 그러한 변화 속에서도 자기 동일성을 유지하는 자아 혹은 에고에 의하여 소유된다. 그러나 우리가 개아에 귀속되는 통일성 혹은 자동성의 정확한 본질을 묻기 시작할 때, 그리고 그러한 경험들이 개아에 귀속된다는 것이 정확히 무엇을 의미하는가를 묻기 시작할 때, 우리는 근본적인 견해 차이를 보게 된다. 대개 두 입장으로 나누어볼 때, 먼저 한 입장은 하나의 삼각형이나 멜로디 혹은 하나의 유기체가 단지 그 부분들이 서로 연관되어서 일종의 특수한 복합체를 형성하는 것과 똑같이, 개아라는 것은 우리가 그것의 경험이라고 부르는 것들이 서로 결합되는 어떤 독특한 방식으로 구성된다고 주장한다. 이 견해에서 보면 우리가 어떤 욕망이 어떤 사람의 욕망이라고 말할 때, 이것은 단지 그 욕망이—물질적인 사물이 아니라 오직 경험에만 속할 수 있는 일종의 통일성 혹은 연속성을 지니면서—결합된 경험의 총체 속으로 들어가서 한 구성요소가 된다는 것을 의미할 뿐이다. 이 이론에 반대하여, 다른 사람들은 자동적인 경험의 주체가 단지 결합된 경험의 복합체에 불과한 것이 아니라, 그러한 경험들이 그 자체의 통일성을 도출하는 별개의 원리—그 경험들을 통하여 지속되고 그들을 하나로 묶는 어떤 것—라고 끊임없이 주장한다. 이 견해를 지지하는 사람들에 의하면, 다양한 경험들이 스스로의 결합을 통하여 하나의 자아를 형성하는 것이라고 말하는 것은 진리에 반하는 것이다. 사실 그 경험들이 서로 결합되는 것은 그 경험들의 공동적인 중심이 되는 하나의 자아에 대한 그들의 관계를 통해서이다. 서로 대립되는 이 두 가지 이론 중에서 나는 후자보다는 전자를 택하고 싶다. 내가 볼 때 자아의 통일성은 그 경험들의 복합적인 총체의 통일성과 구별할 수 없는 것 같다"(*Some Fundamental Points in The Theory of Knowledge*, p.6).

불멸을 부정한다. 그는 가끔 우파니샤드에서 주장되는 아트만에 대한 비철학적이거나 신학적인 주장, 즉 아트만의 크기는 엄지손가락만하며, 사람이 죽는 순간에 두개골의 구멍을 통하여 빠져나간다는 견해를 부정한다. 붓다는 또한 주체적 자아가 자명하다는 것을 받아들인다. 우리의 내성(內省)은 그것을 파악할 수 없다. 그럼에도 불구하고 우리는 그것을 상정하지 않을 수 없다. 왜냐? 그외의 모든 것을 보는 것은 바로 주관이기 때문이다. 그것이 없다면 우리는 심지어 경험적인 자아도 설명할 수 없다. 관념의 연속, 묶음, 집적, 모음—이러한 것들은 모두 비유이며, 통합하는 어떤 작인(作因)을 수반한다. 만일 이 내재적인 원리가 없다면, 인간의 삶은 설명할 수 없는 것이 되고 말 것이다. 그러므로 붓다는 영혼의 실재에 대한 부정을 거부한다. 고대의 불교 사상가들은 자아에 대한 붓다의 이 불확실한 입장을 분명히 알고 있었으며, 어떤 사람들은 붓다가 방편으로 자아의 실재와 비실재 모두를 가르쳤다고 주장했다.

나가르주나(Nāgārjuna, 龍樹)는 『반야경』(*Prajñāpāramitā Sūtra*)에 대한 주석에서 다음과 같이 말한다.

때로는 여래(如來, Tathāgata)께서 아트만이 존재한다고 가르쳤고, 또한 때로는 아트만이 존재하지 않는다고 가르쳤다. 그가 아트만이 존재하며 자기 업의 결과인 연속적인 삶 속에서 행·불행을 향수한다고 설할 때, 그의 목적은 사람들이 단멸론(ucchedavāda)의 이설에 떨어지지 않게 하고자 하는 것이었다. 오온의 모임에 주어진 습관적인 이름과는 별개로, 창조자, 향수자, 혹은 절대적으로 자유로운 행위자라는 의미에서의 아트만이란 결코 없다고 설할 때, 그의 목적은 사람들이 상주론(śāśvatavāda)에 빠지는 것을 구하고자 하는 것이었다. 자, 그러면 이 두 가지 견해 가운데 어떤 것이 진리를 나타내는가? 그것은 의심할 나위 없이 아트만을 부정하는 교설이다. 지극히 이해하기 어려운 이 교설은 지혜가 떨어지고 아직 선근기(善根氣)가 바로 서지 못한 사람들에게 붓다가 설하려고 의도했던 것이 아니다. 그러면 왜냐? 그와 같은 사람들은 무아의 교설을 들음으로써 단멸론의 이설에 떨어지고 말 것이기 때문이다. 이 두 교설은 아주 다른 두 부류의 대상을 위하여 붓다가 설한 것이었다. 그는 청중들에게 관습적인 교설을 전하고자 할 때 아트만의 존재를 가르쳤으며, 그들에게 수승한 교설을 전하고자 할 때 무아의 교설을 가르쳤다.[원주106]

11. 영혼에 관한 나가세나의 견해

붓다의 직접적인 교설이 나가세나(那先比丘)와 붓다고샤(佛音)에 의하여 해석되면서, 붓다의 침묵 혹은 그 불가지론에 부정적인 색조가 깃들여진다. 불교 사상은 그 원줄기에서 분기(分岐)하여 철저하게 이성적인 토양에 이식된다. 생성의 철학이 내포하는 논리적인 결론들이 엄밀하게 추궁된다. 흄을 연상하게 하는 현상학적인 교의들이 정교하고 탁월한 형태로 전개된다. 붓다는 심리학을 형이상학적인 문제들이 접근되는 근본 학문으로 삼았다. 그에 의하면 우리의 관심이 형이상학적인 사색의 절대적인 정신으로부터 심리학적인 관찰의 인간적인 정신으로 옮겨져야 한다.

[원주106] 이와 마찬가지로 다르마팔라차리야(Dharmapālācārya)는 『비갸나마트라샤스트라』 (*Vijñānamātraśāstra*)에 대한 주석에서 다음과 같이 말하고 있다. "아트만과 다르마, 즉 자아와 현상 세계의 존재는 거룩한 경전에서 단지 잠정적으로 혹은 가정적으로 긍정되고 있을 뿐이며, 결코 그것이 영원 실재하는 본질을 지니고 있다는 의미에서가 아니다." 또한 나가르주나의 제자 가운데 가장 탁월했던 아리야데바(Āryadeva)는 『마디야미카샤스트라』 (*Mādhyamikaśāstra*)에 대한 주석에서 이렇게 말한다. "붓다들은 그들의 전지(全知)로 모든 중생의 자성을 보며, 여러 가지 방편으로 그들에게 선법(善法)을 설하니, 때로는 아트만의 존재를 긍정하기도 하고 때로는 그것을 부정하기도 한다. 우리의 지력에 대한 적절한 향상이 없다면, 아무도 니르바나를 얻을 수 없으며, 그 누구도 왜 악이 행해지지 않아야 하는가를 알 수 없을 것이다. 붓다가 아트만의 존재를 설한 것은 이와 같은 단계에 이르지 못한 사람들을 위한 것이다." 야마카미 소겐(Yamakami Sogen), 『불교 사상의 학파들』 (*Systems of Buddhistic Thought*), pp.19~20을 보라.

1) 추상적인 영혼

인간의 의식은 여실하게 일어났다 사라지는 관념들의 운동장이다. 관념과 의식의 끊임없는 변화와 움직임에 주목하고, 심리학적인 관찰의 정교한 방법을 강조하면서, 나가세나는 불멸의 영혼을 하나의 부적절한 추상으로 내던져버리며, 인간의 영혼을 끊임없는 역사적인 연속을 드러내 보이는 하나의 통합된 복합체로 간주한다. 따라서 그에게 있어서는 영혼의 비존재에 대한 부정적인 입장이 명백히 받아들여진다. 심지어 그는 자기의 이름 나가세나가 아무것도 영원한 것이 없다는 것을 가리킨다고 할 만큼 극단적이 된다.[원주107] 사물은 이름이며, 어쩌면 개념일 뿐이다. 수레는 나가세나와 마찬가지로 단지 이름에 불과하다. 보다 실재적인 속성들 외에는 아무것도 없다. 의식에 대한 직접적인 사실들이 우리가 상상할 수 있는 어떤 통일체의 존재를 담보하지 않는다.

그러자 밀린다 왕이 묻기 시작했다. "존자는 어떻게 하여 세상에 알려지며, 또한 그대의 이름은 무엇이라고 합니까?"

"오 대왕이여, 저는 나가세나라는 이름으로 알려져 있습니다. 그리고 저의 도반들이 저를 부를 때도 바로 그 이름으로 부릅니다……. 그러나 이것은 단지 일반적으로 알려진 명칭이며 통칭일 뿐입니다. 왜냐하면 육신 속에 있는 영원한 개체(영혼)란 있을 수 없기 때문입니다."

그러자 밀린다 왕은 요나카(Yonaka) 사람들과 비구들을 찾아가 말했다. "이 나가세나 존자는 자기의 이름 속에 내포된 영원한 개체를 인정할 수 없다고 말합니다. 지금 그의 말이 옳다고 할 수 있겠습니까?" 그리고 나서 밀린다 왕은 나가세나 존자를 향하여 질문했다. "존자여, 만일 영원한 개체를 인정할 수 없다고 한다면, 그대에게 의복과 음식과 잠자리와 병자를 위한 약 따위의 필수품을 제공하는 자는 누구이며, 또 그것을 받아서 사용하는 자는 누구입니까? 수행에 전념하는 자는 누구이며,

---

[원주107] 『밀린다 팡하』, ii.1.1.

의로운 삶을 지속하는 자는 누구입니까? 수행의 결과로 열반에 이르는 자는 누구입니까? 또한 살생을 하는 자는 누구이며, 남의 것을 훔치는 자는 누구입니까? 세속적인 욕망으로 인하여 그릇된 행위를 하는 자는 누구이며, 거짓말을 하는 자는 누구입니까? 술을 마시는 자는 누구이며, 심지어 이승에서 혹독한 응보를 받을 다섯 가지 중죄를 저지르는 자는 누구입니까? 만일 영원한 개체가 없다면, 공덕이나 죄도 없고 선행과 악행의 과보 또한 없을 것입니다. 나가세나 존자여, 설사 그대를 살해하는 자가 있더라도 거기에 살생은 없다고 해야 할 것입니다. 따라서 그대의 승단(僧團)에는 실로 화상도 수계사도 없으며, 계율 또한 무의미하다는 결론에 도달하지 않을 수 없습니다……. 승단의 비구들이 그대를 나가세나라고 부르는 것은 도대체 무슨 까닭입니까? 그 나가세나는 무엇입니까? 머리털이 나가세나라는 말입니까?"

"대왕이여, 그런 말이 아닙니다."

"그렇지 않다면, 그대의 몸에 난 털이 나가세나입니까?"

"그렇지 않습니다."

"그렇지 않다면, 손톱, 치아, 피부, 살갗, 신경, 뇌, 혹은 그외의 어떤 것이 나가세나입니까? 아니라면 이들 전체가 나가세나라는 말입니까?"

그러자 나가세나 존자는 그 어느 것도 아니라고 대답했다.

"그렇다면 외적인 형태(rūpa)가 나가세나입니까? 아니면 감수작용(vedanā), 표상작용(samjñā), 의지작용(saṁskāra), 혹은 식별작용(vijñāna)이 나가세나라는 말씀입니까?"

나가세나 존자는 그 어느 것도 아니라고 대답했다.

"그러면 지금 말한 오온을 합한 것이 나가세나라는 말입니까?"

"대왕이여, 그렇지 않습니다."

"그렇다면 이 오온 외에 다른 어떤 것이 나가세나입니까?"

나가세나 존자는 여전히 아니라고 대답했다.

"존자여, 나는 물을 수 있는 데까지 물었으나, 끝내 나가세나를 찾아낼 수 없었습니다. 실로 나가세나란 빈말에 지나지 않습니다. 그런데 우리 앞에 있는 나가세나는 누구입니까?"

그러자 나가세나 존자는 밀린다 왕에게 질문했다. "대왕이여, 그대는 이곳까지 걸어서 왔습니까, 아니면 수레를 타고 왔습니까?"

"나는 걸어서 온 것이 아닙니다. 수레를 타고 왔습니다."

"대왕이여, 그대가 수레를 타고 왔다면, 무엇이 수레인가 설명해주십시오. 수레채가 수레입니까?"

"나는 그렇게 말하지 않았습니다."

"굴대가 수레입니까?"

"아닙니다."

"바퀴, 차체, 차틀, 멍에, 밧줄, 바퀴살, 혹은 채찍이 수레입니까?"

왕은 이 모두가 아니라고 대답했다.

"그렇다면 이 모든 것을 합친 것이 수레입니까?"

"그러면 그밖의 어떤 것이 수레입니까?"

왕은 여전히 아니라고 대답했다.

"대왕이여, 나는 그대에게 물을 수 있는 데까지 물었으나 수레를 찾아낼 수 없습니다. 수레란 단지 빈말에 지나지 않습니다. 그렇다면 그대가 타고 왔다는 수레는 도대체 무엇입니까?"

그런 후에 나가세나 존자는 요나카 사람들과 비구들을 찾아가 말했다. "밀린다 왕은 여기까지 수레를 타고 왔다고 말했습니다. 그러나 무엇이 수레인가 설명해달라는 요청을 받았을 때, 그는 무엇이 수레라고 단정적인 주장을 펼 수 없었습니다. 이 경우에 그대들은 왕의 말을 받아들일 수 있겠습니까?"

그러자 밀린다 왕이 말했다. "존자여, 나는 거짓말을 한 것이 아닙니다. 수레가 통칭 수레라고 이해되는 것은 그것이 이 모든 것들, 즉 수레채, 굴대, 바퀴, 차체, 차틀밧줄, 멍에, 바퀴살, 채찍 따위를 지니고 있기 때문입니다."

"옳은 말씀입니다. 대왕께서는 수레라는 명칭의 의미를 바로 파악하셨습니다. 이와 마찬가지로 제가 나가세나라는 통칭으로 이해되는 것은 그대가 나에게 질문한 모든 것, 즉 인체의 서른두 가지 유기물과 존재의 다섯 구성요소 때문입니다. 대왕이여, 이런 까닭에 바기라(Vagira) 비구니는 세존 앞에서 이렇게 말했습니다. '수레라는 말이 사용되는 것은 그것의 여러 부분이 함께 모여 있기 때문이듯이, 이와 마찬가지로 우리가 존재에 대해서 말하는 것은 오온이 거기에 있기 때문입니다.'"[원주108]

영혼의 문제에 대한 붓다의 침묵은, 나가세나에 의하여 영혼이 없다는 부정적인 추론으로 귀결되고 있다. 자아라는 말은 완전히 빠져버리고 단지 자아의 여러 상태가 거론될 뿐이다. 자아는 의식의 흐름이다. 자아의 여러 상태는 공통적인 속성을 지니며, 우리는 이 공통요소를 추상화하고 그것을 자아라고 부른다. 만일 자아의 의식 혹은 자아의 직관 같은 것이 있다고 주장한다면, 불교도들은 그것이 심리학적으로 불가능한 사실이라고 대답할 것이다. 우리가 수레 등과 같은 것을 대할 때, 그것을 이루고 있는 구성물의 근저에 어떤 것이 있다고 생각하는 것처럼, 이와 마찬가지로 우리는 정신적인 상태들의 밑바닥에 영혼이 있다고 잘못 생각하게 된다. 육신이 속성들로 이루어진 체계에 대한 이름이듯이, 영혼은 우리의 정신적인 존재를 구성하는 상태들의 총합에 대한 이름이다.[원주109] 양편의 강둑과 물, 그리고 모래가 없으면, 강이 있을 수 없으며, 바퀴와 축과 차체가 없으면 수레가 있을 수 없는 것과 마찬가지로, 속성들이 없으면 우리의 영혼도 있을 수 없다.[원주110]

[원주108] 같은 책, 같은 곳. ii.1.1.

[원주109] 버클리에 의하면, "관념들의 실재가 바로 영혼을 구성한다"(*Works*, vol.iv, p.434). 물론 이것이 그의 후기 견해를 나타내는 것은 아니다.

[원주110] 보디샷트와(Bodhisattva, 菩薩)가 한 순례자에게 말한다. "숲의 향내가 가득한 갠지스 강물 한 잔 하시지 않겠습니까?" 그 순례자가 대답한다. "갠지스란 무엇입니까? 모래톱이 갠지스입니까? 물이 갠지스입니까? 아래 강둑이 갠지스입니까? 건너편 강둑이 갠지스입니까?" 보디샷트바가 응수했다. "만일 당신이 물, 모래톱, 그리고 이쪽저쪽 강둑을 제외시킨다면, 어디서 당신은 어떤 갠지스를 볼 수 있겠습니까?"(*Jātaka Tales*, No. 244).

2) 나가세나와 흄의 유사성

나가세나는 사유와 사물 간의 구분을 인정한다. 모든 개체에서 그는 이름과 형태, 마음과 몸을 인정한다. 여러 가지 관념과 상태, 그리고 변화가 오고 간다. 잠시 우리의 마음을 끌고 관심을 사로잡지만 곧 사라지고 만다. 우리는 자신의 모든 상태를 묶어 통합하고 그 모두를 보존하는 영원한 자아가 있다고 생각하지만, 이 가정은 실제적인 경험에 의하여 정당화되지 않는다. 흄의 방식으로 그는 우리의 경험 어디에서도 자아의 개념에 상응하는 것을 발견할 수 없다고 주장한다. 우리는 단일 지속적인 어떤 것을 발견하지 않는다. 대응하는 심상(impression)을 지니지 않는 관념은 비실재이다. 사물이란 그것이 있다고 지각되는 것이다. 흄은 말한다.

나로서는 내가 이른바 내 자신의 가장 내밀한 곳으로 침잠할 때, 나는 언제나 이런저런 특정한 지각, 예를 들어 춥다거나 덥다는 지각, 밝다거나 어둡다는 지각, 사랑한다거나 미워한다는 지각, 괴롭다거나 즐겁다는 지각을 조우하게 된다. 나는 결코 어떤 지각없이 내 자신을 파악할 수 없으며, 지각 이외의 어떤 것도 볼 수 없다. 깊은 잠에 빠져 한동안 나의 지각작용이 사라지고 없을 때, 그 시간 동안 나는 내 자신을 감지할 수 없으며, 따라서 존재하지 않는다고 말해야 옳을 것이다. 그리고 만일 죽음으로 나의 모든 지각작용이 제거되고, 더 이상 생각하지도 느끼지도 못하고, 보지도 못하며, 사랑하거나 증오하지도 못하면, 나의 육신이 흩어진 후에 나는 완전히 사라질 것이며, 더욱이 내 자신을 완전한 비실재로 만들기 위하여 더 이상 무엇이 필요한지도 알 수 없을 것이다. 만일 어떤 사람이 진지하고 편견없는 내성에 입각하여 그 자신에 대한 다른 개념을 가지고 있다고 생각한다면, 나는 더 이상 그를 설득할 수 없다고 고백하지 않을 수 없다. 내가 그에게 할 수 있는 것이라고는 단지 내가 옳은 만큼 그도 옳다는 것, 그리고 우리는 이 점에서 본질적으로 다르다는 것뿐이다. 내가 확신하건대 내게는 결코 단일 지속적인 본체가 있을 수 없다 할지라도, 아마 그는 스스로가 자기 자신이라고 부르는 단일 지

198

속적인 어떤 것을 지각할 것이다. 그러나 이러한 유형의 몇몇 형이상학자들을 별개로 한다면, 내가 감히 말하건대 그 나머지 다른 모든 사람들은 느낄 수 없을 정도로 빠르게 서로 연속되며, 영원한 흐름과 운동중에 있는 다양한 지각작용의 묶음 혹은 집합에 불과하다. 우리의 두 눈은 우리의 지각이 바뀌지 않고는 눈구멍 속에서 움직일 수 없다. 우리의 사유는 시각보다 훨씬 더 변화무쌍하며, 다른 모든 감각과 기능들이 이러한 변화에 기여한다. 짐작건대 한 순간이라도 움직이지 않고 완전히 정지해 있는 자아의 어떤 힘이나 기능은 없다.[원주111]

또한 흄은 말한다. "이른바 마음이라는 것은, 서로 관련되어 있는 다양한 지각작용의 집적 혹은 집합에 불과한 것인데, 흔히 그것이 어떤 단일성과 자기 동일성을 지니고 있는 것으로 잘못 생각한다."

나가세나는 흄과 마찬가지로 모든 용어를 무의미한 ─ 상상 가능한 어떤 의미도 부여될 수 없는 ─ 것으로 간주하는 것이 자신의 지적인 의무라고 생각하며, 따라서 그에게는 불가능한 의미를 나타내는 감지할 수 없는 영혼의 실재를 배제하지 않을 수 없다. 감지되지 않는 것은 실재적이 아니다. 우리는 단지 고통이 있다는 것을 알 뿐이며, 고통을 당하는 주체가 있다는 것을 알 수는 없다.[원주112] 나가세나가 자아 실체(self substance) ─ 데카르트에 의하면 속성들이 포함되어 있는 실체 혹은 로크의 알려지지 않은 토대 ─ 를 알 수 없다는 것은 타당하다. 우리는 그것에 대해서 전혀 알 수 없으며, 우리는 속성들에 대한 그것의 관계에 대하여 어떤 이해 가능한 설명을 줄 수 없다. 근대 심리학은 영혼이 배제된 표현 심리학(expression psychology)을 실행하여왔으며, 영혼이란 다만 감각, 감정, 그리고 감성

[원주111] Hume, *Works*, vol. i. pp.3 ff.
[원주112] 텐(M.Taine)은 말한다. "에고 속에는 계기(event)들의 연속 외에는 아무것도 없다." 볼테르(Voltaire)에 의하면, 영혼은 "우리에게 느껴지고 알려지는 결과들이 아닌 실체에 대한 애매하고 불확실한 용어임에도 불구하고, 그것은 일반적으로 생명의 기원 혹은 생명 그 자체로 간주되어왔다."

의 묶음에 붙여진 라벨일 뿐이다. 윌리엄 제임스(William James)에 의하면, 영혼이라는 용어는 아무런 실재도 귀속시킬 수 없는 단지 말의 외양(figure of speech)에 지나지 않는다고 생각한다. "말은 아무것도 설명하지 않으며, 아무것도 보장하지 않는다. 그것의 연속적인 사유작용들은 단지 그것에 대한 불가지의 것일 뿐이다."

초기 불교의 과학적인 정신으로 철학의 문제를 접근하는 어떤 실재론자들은 영혼의 이론을 받아들이지 않는다.[원주113] 외적인 감응과 다르거나 그것과 불가사의하게 연관된 내적인 원리에 대한 개념은 미신으로 간주된다. 비경험적인 본질들은 모두 배제된다. 그래서 자아는 정신적인 상태들의 모음을 나타내는 총칭 관념이다. 그것은 의식적인 내용들의 총합이다.[원주114] 나가세나는 철저하게 논리적이다. 플라톤처럼 만일 우리가 수레와 같은 모든 개개의 사물 배후에 놓인 보편적인 토대가 있다고 주장하지 않는다면, 복합체로서의 인간이 그 배후에 자아를 지닌다고 생각할 필요가 없다.

3) 주관의 본질

만일 우리에게 감각이 만유의 척도라면, 경험은 각 순간의 느낌이 된다. 자아는 분리된 순간적 지각에 지나지 않는다. 흔히 마음이라 부르는 자아의 삶은 단지 더 이상 나누어질 수 없는 순간적인 의식이 지속되는 만큼 지속될 뿐이다. 윌리엄 제임스에 의하면 현재 순간의 박동(pulse)이 참다운 자아이다. "의식은 하나의 흐름으로 나타낼 수 있을 것이다……. 함께 알려지는 온갖 사물은 그러한 흐름의 한 박동 내에서 알려진다." 참다운 주체는 "지속적인 존재가 아니다. 각 주체는 단지 한 순간만 지속될 뿐이다. 그 자

〔원주113〕 Perry, *Philosophical Tendencies*, pp.271 ff.
〔원주114〕『비숫디막가』에는 이런 말이 있다. "수레라는 말이 서로 어떤 관계를 유지하는 축과 바퀴와 다른 구성요소들에 대한 표현양태에 불과하며, 우리가 그 구성요소 하나하나를 검토해 볼 때 궁극적인 의미에서는 결코 수레가 없는 것과 마찬가지로, 가옥, 주먹, 류트(lute), 군대, 도시, 나무라는 말들이 이런저런 식으로 배열된 어떤 것들의 집합들에 대한 표현의 양태에 불과하듯이, 이와 마찬가지로 생물이나 에고라는 말들은 육체적이고 비육체적인 구성요소들의 복합체에 대한 표현의 양태에 지나지 않는다."

리는 즉각 또 다른 하나의 주체로 대체된다. 대체되는 주체 또한 그 자체의 기능을 수행하고 있는, 즉 통일체의 매개자로 활동하는 주체이다. 그 주체는 당분간 그것의 선행자를 알고 취하며, 그렇게 함으로써 그 선행자가 취했던 것을 자기 것으로 취한다."[원주115]

논리적으로 자아는 의식의 일시적인 상태가 된다. 마음이라 불리는 개개의 의식적인 현상은 어떤 영원한 마음 바탕의 변형 혹은 아트만의 현현이 아니라, 단지 끊임없이 변화하고 새로운 조합을 생성하는 지극히 복잡한 합성물이다. 이런 관점에서는 우리가 상대적인 영원과 경험의 통일을 설명할 수 없다. 러셀(Bertrand Russell)에 의하면, 이른바 동일인의 경험이라고 하는 두 경험 사이에는, 그 존재를 구성하는—경험적으로 주어지는—관계가 있다. 그러므로 우리는 그 사람을 단지 이 관계가 유지되는 것 사이에 있는 특수한 경험의 연속으로 간주해야 할 것이다. 자기 동일성이 아니라 연속성이 있을 뿐이다. 연속적인 두 순간의 의식은 아무런 본질적인 동일성도 지니지 않는다. 찰나 전에 느꼈던 것은 이미 사라지고 없으며, 바로 이때 우리는 스스로의 경험이 소멸되었다고 생각한다. 각각의 상태는 순식간에 일어났다 순식간에 사라지는, 그리고는 비슷한 운명의 또 다른 하나의 상태에 그 자리를 내주는 분리된 개체들이다. 인상의 연속은 인상들이 밀집되어 있는 데서 생겨나는 것이다. 이것은 마치 원주의 연속이 수많은 작은 점들로 이루어져 있는 것과 같다.

러셀의 견해에 의하면, 우리 각자는 개인이 아니라, 각자 단 한 순간만 존재하는 무수한 사람들의 연속이다. 의식의 연속적인 상태에서 우리는 매 순간 다른 존재이며, 심지어 각 상태 사이의 연속은 포착하기 어렵다. 후속하는 상태가 일어날 때, 선행했던 상태는 이미 사라지고 없다. 도대체 과거가 어떻게 현재를 조건지을 수 있단 말인가?[원주116] 정신적인 상태들의 찰

[원주115] *Principles of Psychology.*

[원주116] 웅(Aung) 씨가 아누룻다(Anuruddha)의 『아비담맛타 상가하』(*Abhidhammattha Sangaha*)를 번역하면서 붙인 유용한 해설에서, 기억현상에 대한 아누룻다의 설명을 다음과 같이 요약하고 있다. "각각의 정신상태는 적어도 네 가지 다른 양태의 관계(paccaya)에

나성뿐 아니라 그 연속성을 강조하는 것은 모순으로 보인다. 카르마의 법칙에서 시사되는, 현재 속에 과거의 지속이 설명되지 않는다.

4) 샹카라와 칸트

불가사의한 영혼은 소멸되는 것을 거부한다. 그것 없이는 지각작용과 기억이 불가능하다. 우리는 지각을 바르게 정의할 수 없으며 의식이 하나의 연속이라는 것조차도 알 수 없다. 만일 마음이 단지 연속적인 지각작용이라면, 지각하는 것은 아무것도 없다. 하나의 지각이 다른 하나의 지각을 지각하는 것은 불가능하다. 현대 사상에 대한 칸트의 가장 큰 공헌은 여러 다양한 종류의 경험적인 의식이란 반드시 하나의 자의식에 연관되어야 한다는 원리이다. 이것은 개아로서의 우리 자신에 대한 지식이든, 아니면 법칙에 따라 체계적으로 연결되어 있는 것으로서의 세계에 대한 지식이든, 모든 지식의 토대이다. 지식이란 연속에 연루되지 않은 주관에 의하여 연속적인 느낌들을 한정하는 것을 의미한다. 자아의 종합이 없다면, 경험은 따로 떨어져 있는 지각작용들의 단순한 랩소디에 그칠 것이며, 결코 지식이 되지 않는다. 우리가 단지 연속적인 느낌을 지닐 뿐인 어떤 경험은 결코 대상에 대한 경험이 아니다.

모든 관념론의 핵심이 되는 이 진리는 칸트보다 수세기 이전에 위대한 인도 철학자 샹카라에 의하여 분명하게 언명되었다. 샹카라는 『베단타 수트라』(*Vedānta Sūtra*)에 대한 주석에서 찰나설(kṣaṇikavāda)을 비판한다.[원주117] 그는 우리의 의식이 영원한 개아에 속하는 것이기 때문에 순간적

서 그 후속되는 것과 관련된다. 근접(anantara), 접촉(samanantara), 부재(n'atthi), 그리고 정지(avigata). 이 네 가지 상호관계는 소멸하는 하나하나의 상태가 후속되는 상태에 기여(upakāra)하는 것을 의미하는 것으로 이해된다. 바꿔 말하면, 사라지는 각 상태는 그 자체의 모든 에너지를 후속하는 상태에 넘겨준다는 것이다. 그러므로 후속자는 선행자의 모든 잠재력과 그 이상을 지니게 된다. 그렇다면 기억과정에 관련되는 개개의 정신상태에서 정신적인 요소나 인식 혹은 지각의 원리는 유리한 상황하에서, 재생된 상(像)에서, 혹은 원래 대상의 부활된 관념에서 인식하는 것이다. 그래서 인식 주체는 그 상을 모방으로, 그 관념을 직관되거나 반영된 원래 대상의 상대물로 간주한다"(p.14).

일 수 없다고 주장한다. 만일 개아가 존재하지 않는다면, 인식과 기억은 이해할 수 없게 된다. 마치 어제 우리가 했던 것을 오늘 기억할 수 있는 것처럼, 어느 한 순간에 일어난 것은 어떤 다른 순간에도 기억될 수 있기 때문에 이러한 현상들이 반드시 영원한 개아를 필요로 하지 않는다고 말한다면, 우리의 판단은 언제나 "나는 '내가' 어제 어떤 특정한 일을 했다는 것을 기억한다"가 아니라, "나는 '어떤 사람'이 어제 어떤 것을 했다는 것을 기억한다"는 것이어야 할 것이지만, 현실적으로 그렇지 않다는 것이 샹카라의 주장이다.

어제 한 순간의 인식과 오늘 그와 같은 또 하나의 인식 간에 우리가 지각하는 의식으로 그릇 해석하는 유사성이 있기 때문에, 자기 동일성에 대한 의식은 착각이라고 말할 수도 있을 것이다. 그러나 이와 같은 주장은 타당성이 없다. 왜냐하면 만일 찰나설이 사실이라면 비교되는 두 실체——선후의 관계에 있는——의 존재를 동시에 인정할 수 없고, 그렇다면 유사성에 대한 판단은 불가능하기 때문이다. 과거의 인식과 현재의 인식이 함께 있어서 서로 비교될 수 있고, 그 결과로 유사성에 대한 판단이 가능하게 될 수 있는 아무런 다른 방법이 없으므로, 우리는 지각하는 의식의 영원성을 받아들이지 않을 수 없다는 결론이 된다. 과거가 현재 속에 인정될 수 있으려면, 인식자의 영원성은 필수적이다. 설사 그와 같은 인식이 유사성에 대한 토대로 받아들여진다 할지라도, 유사성에 대한 인식 그 자체는 인식 주관의 자기 동일성을 필요로 한다.

또한 우리는 유사성에 대한 판단이 모든 것을 설명한다는 것을 받아들일 수 없다. 나는 내가 어제 만났던 사람을 알아본다고 말할 때, 이것은 단지 나의 인식이 그 전날의 인식과 유사하다는 것이 아니라 그 두 인식의 대상들이 동일하다는 것을 의미한다. 단순한 유사성만으로는 그 이전에 인식했던 것을 다시 알아보는 경험을 완전히 설명할 수 없다. 또한 우리 자신의 자아에 대해서도 의심의 여지가 전혀 없다. 설사 내가 오늘 본 것이 어제

〔원주117〕 ii.2.18~32.

본 것과 동일한 것인지에 대해서는 의심할 수 있다 할지라도, 오늘 어떤 것을 본 내가 어제 어떤 것을 보았던 동일한 자아라는 것을 의심하지는 않는다. 그러므로 샹카라는 인식 주관에 적용되는 것으로서의 찰나설을 반대하며, 인식 주관 없이는 아무런 종합이나 지식 혹은 인식도 불가능하다고 주장한다.[원주118]

나가세나는 지식에 대한 의문을 제기하지 않았으며, 결과적으로 이러한 문제들을 피해갔다. 그렇지 않았다면, 그는 지식이 타당하기 위하여 꼭 필요한 주관과 객관이라는 두 용어들이 동일한 것을 나타낼 수 없다는 사실을 깨달았을 것이다.

12. 심리학

1) 이름(nāma)과 형태(rūpa)

영혼의 형이상학적 실재에 대한 견해가 어떠하든, 불교도들은 대개 영원한 자아에 대한 어떤 적극적인 언급없이 개인의 삶을 다루려고 한다. 왜냐하면 설사 그것이 어떤 의미를 지닌다 할지라도, 너무나 난해하여 우리에게 아무런 기여도 할 수 없을 것 같기 때문이다. 우리는 이제 자아에 대한 불교의 분석을 언급하지 않을 수 없다. "어떤 사람이 '나'라고 말할 때, 그가 한 것은 결합된 오온(五蘊)의 전부 혹은 그 일부를 가리킨 것에 불과하다. 그런데 그는 그것이 '나'였다는 미혹에 빠진다."[원주119] 존재를 경험하는 유(有)는 존재의 구성요소(skandha, 蘊)——인간의 경우에는 그 수가 다섯이며, 다른 존재들은 이보다 적은 숫자이다——로 형성된 합성물이다. 마음은 하나의 체계적인 통일성을 지니며,[원주120] 그것은 정신적인 힘들의 합성

〔원주118〕『베단타 수트라』, ii.2.25에 대한 주석.

〔원주119〕『상윳타 니카야』, iii.130.

〔원주120〕 맥도골(Mcdougall) 박사는 이렇게 적고 있다. "우리는 마음을 정신적 혹은 목적 지향적인 힘들의 체계로 정의할 수 있다"(*Psychology*).

물이다.

개아의 구성요소들은 크게 이름(nāma)과 형태(rūpa)로 구분된다. 우파니샤드에서도 이 둘은 현상적인 자아의 구성요소이다. 이들을 통하여 브라흐만의 순수 존재가 대상 세계로 뻗어나간다. 이름은 정신적인 것에 상응하며, 형태는 물질적인 것에 해당한다.[원주121] 몸과 마음은 상의적인 것으로 간주된다. "조대한 모든 것은 모두 형태이며, 미세한 모든 것은 이름이다. 이 둘은 서로 연관되어 있으며, 따라서 더불어 일어난다. 암탉이 달걀 껍질과 그 속을 따로 따로 낳는 것이 아니라, 그 둘이 하나로 나오며 서로 의존적이듯이, 이와 마찬가지로, 만일 이름이 없다면 형태도 결코 있을 수 없다. 그 표현에 있어서 이름이 뜻하는 것은 형태가 뜻하는 것에 아주 밀접하게 연결되어 있으며, 그들은 함께 일어난다. 그리고 이것은 태곳적부터 그 둘의 본질이다."[원주122] 대개의 인도 심리학자들과 마찬가지로 불교도들은 마음(manas)의 물질적인 혹은 유기적인 속성을 믿는다.

외계 대상과 내면 세계, 객관과 주관의 구분에 대하여는 다음의 구절이 적절할 것 같다. "인격적·주관적·내적(ajjhatta) 상태란 어떤 것인가? 이러저러한 존재에 있어서, 자아, 그것의 개체, 그것의 소유에 관련된 상태는 그 개인에게 속하는 것으로 된다……. 객관적·외적(bahiddha) 상태란 어떤 것인가? 이러저러한 다른 존재에 대하여, 다른 개체들에 대하여 자아, 그것의 개체, 그것의 소유에 관련된 상태는 그 개체에게 귀속될 수 있다." 모든 것은 다르마(dharma) 혹은 정신적인 표상이며, 로크적인 의미의 관념들이다. 무엇이나 지각과 감각과 오성의 직접적인 대상이다. 형태와 이름, 몸과 마음으로 구성된 인간이라는 개체는 정신적 상태들의 한

[원주121] "그것은 현현되기 때문에(rūpyati), 형태(rūpam)라고 불린다"(『상윳타 니카야』, iii. 86). 스스로를 감각기관에 드러내는 것을 형태라고 한다. 그것은 물질 및 물질적인 속성들, 지각되는 대상들, 그리고 리스 데이비스 여사가 '희석된 물질계'(realms of attenuated Matter)라고 부르는 것을 가리키는 데 사용된다. Warren, *Buddhism in Translations*, pp.184 ff를 보라. 여기서 형태는 네 요소들, 육신, 감각, 그리고 심지어는 감정까지도 포함하는 것으로 간주된다. 『맛지마 니카야』, ii.62를 참조하라.

[원주122] 『밀린다 팡하』, ii.8.

집적에 불과하다.

『담마상가니』 제1권에는 마음 혹은 이름(nāma)의 본질을 드러내는 상태 혹은 다르마, 다시 말해 내적 감관의 상태들이 논의된다. 제2권에는 형태(rūpa) 혹은 외적 세계를 드러내는 상태들에 대한 설명이 주어진다. '다르마'는 외부의 대상과 내적 감관을 포함하는 포괄적인 개념이다. 세계의 현상들은 두 부류로 나누어진다. ① 형태를 지니는 것(rūpiṇo), 즉 4원소와 그 파생물, ② 형태를 지니지 않는 것(arūpiṇo), 즉 의식의 양태 혹은 상태를 말하며, 수(受)・상(想)・행(行)・식(識)이 여기에 해당된다. 일견하여 형태는 정신적인 세계와 구별되는 시공간에 펼쳐진 세계, 보이지 않는 마음과는 구별되는 보이는 세계를 의미한다. 점차로 그것은 우리가 윤회 전생하는 세계를 의미하게 된다. 왜냐하면 이 세계는 또한 가시적인 것이기 때문이다. 한 가지 주목할 만한 사실은, 초기 불교도들은 주요 관심사가 윤리적인 것이었기 때문에 이러한 문제에 대하여 깊은 연구를 시도하지 않았다는 점이다. 다만 그들은 자기 자신의 생존에서 관찰되는 물리적 사실을 근거로, 외부 세계의 본질에 대한 논의를 전개하고 있다.

정신적인 측면, 즉 이름(nāma)은 심리적인 정서(citta), 의식(vijñāna), 의근(意根, manas)을 포함한다. 우리는 또한 이름과 형태(nāmarūpa)에 대한 구분으로서 오온(五蘊), 즉 ① 물질적 속성(rūpa, 色), ② 감수작용(vedanā, 受), ③ 지각(saṁjñā, 想), ④ 심리적 의향 및 의지(saṁskāra, 行), ⑤ 이성(vijñāna, 識)이 있다는 것을 안다. 이러한 용어들은 어떤 고정된 의미로 사용되지 않으며, 자아의 복합체를 구성한다. 또한 의지(cetana)는 수많은 공동 작인(作因)을 지닌다. 행(行)은 지적・정적・의지적인 온갖 성향들을 포함하며, 종합이라는 특수한 기능을 지닌다. 식(識)은 추상적인 내용들을 이해하는 지성이다.[원주123] 감수작용, 지각작용, 그리

[원주123] 그것은 89종으로 다시 구분이 되며, 선과 악, 그리고 무기(無記)에 대한 분별뿐 아니라, 눈(眼)・귀(耳)・코(鼻)・혀(舌)・몸(身)의 다섯 감관과, 제6식 의(意)를 통하여 들어오는 것에 대한 분별 의식으로 구성되어 있다. 193종으로 다시 나누어지는 이 집적들은 개아의 물질적・지적・윤리적인 모든 요소들을 망라한다. Rhys Davids, *Buddhism*,

고 정신적인 기질과는 달리 식(識)은 감각적인 접촉에 의하여 조건지어지지 않는다.

2) 현대 심리학과의 관계

고차적인 내적 분석력의 수준을 보여주는 이 구조는 그 근본에 있어서 현대 심리학과 궤를 같이한다. 그것은 대개 몸과 마음, 즉 개아의 물리적인 측면과 심리적인 측면을 인정한다. 물리적·심리적 유기체에 있어서 상대적으로 안정되고 고정적인 부분을 몸(rūpakāya, 色身)이라 하고 불안정한 부분을 마음이라 한다. 정신적인 측면에는 지각, 개념 작용, 감성 혹은 성향, 그리고 의욕 혹은 의지작용이 있다. 앞의 세 가지는 상·행·식에서 쉽게 찾아볼 수 있다. 수(受)는 감성적인 반응이다.[원주124] 그것은 정신적인 경험·각성·향수(享受)이며, 감각적인 대상과의 접촉에서 기인되는 쾌·불쾌·중립이라는 세 가지 속성을 지닌다. 상(想)은 감각적이거나 정신적인 모든 유형의 지각뿐 아니라, 그 일반적인 관계에 대한 인식이다.[원주125] 우리는 여기서 명료한 인식작용을 지닌다. '마음의 연속'(cittasaṃtāna)이라고 불리는 일련의 인식작용은 연속하는 존재를 통하여 끊임없이 계속된다. 의식의 대상은 감각의 대상이거나 아니면 사유의 대상일 것이다.

붓다고샤에 따르면, 의식이 그 대상과 접촉하게 되고, 그 다음에 지각, 감수작용, 그리고 의지작용이 일어난다. 그러나 하나의 의식상태를 감수, 지각 등에 상응하는 여러 영속적인 단계로 나누는 것은 불가능하다. "하나의 전체적인 의식에 있어서 이것이 먼저이고 저것은 나중이라고 말할 수 없다."[원주126] 한 가지 흥미로운 것은 붓다고샤가 감수작용을 대상에 대한

---

pp.90~93 ; Aniruddha, *Compendium of Philosophy*, Pāli Text Series, p.16, p.88을 보라.

[원주124] 『밀린다 팡하』, ii.3.10. 또한 붓다고샤의 『앗타살리니』(*Atthasālinī*, 영어 번역), p.54를 보라.

[원주125] 『밀린다 팡하』, ii.3.11.

[원주126] 『앗타살리니』, pp.143~144.

가장 완전한 앎이며 향수로 간주하고 있다는 사실이다.[원주127]

3) 감각적 지각

여기서 초기 불교의 감각적 지각에 대한 이론을 살펴보자. 푸른 이미지에 대한 시각은 임의의 청색과 시각기관, 즉 눈이 마주칠 때 일어난다. 때로는 원인(hetu)과 조건(pratyaya) 간의 구분이 만들어지기도 한다. 시각적인 감각은 눈과 그 대상, 그리고 청색에 의하여 조건지어지는 반면에, 그것은 선행하는 인식에 의하여 기인되는 것으로 설명된다. 감각의 대상에는 다섯 가지 감각, 즉 시각, 청각, 후각, 미각, 촉각에 상응하는 대상들이 있다.

붓다고샤는 이 대상들을 아삼팟타루파(asaṃpattarūpa)와 삼팟타루파(saṃpattarūpa)로 나누고 있다. 전자는 시각이나 청각의 대상처럼 감관이 대상의 물질적인 요소와 접촉하지 않는 것을 말하며, 후자는 미각이나 후각 등의 대상을 가리키는 것으로 이들은 단지 촉각의 대상의 변형에 불과한 것이라고 한다. 데모크리토스는 모든 감각작용을 촉각 혹은 그것의 확장으로 간주한다. 다섯 부류의 감각적인 대상들을 오처(五處, pañcā-rammaṇa)라고 한다. 감관과 그 대상이 마주칠 때 감각이 일어난다.[원주128]

[원주127] 감수작용은 "① 경험을 특징으로 지니고, ② 즐김을 기능으로 지니며, ③ 정신적인 맛을 지닌 것으로 나타나며, ④ 고요함을 그 근인(近因)으로 지닌다. ① 존재의 네 단계에 있어서 경험의 특징을 지니지 않는 것과 같은 감수작용이란 있을 수 없다. ② 대상을 향수하는 기능이 오직 유쾌한 느낌에서 얻어지는 것이라고 주장한다면, 우리는 이 견해를 부정하고 이렇게 말할 것이다. 유쾌한 느낌이거나 불쾌한 느낌 혹은 그 중간이든 상관없이, 이 모든 것은 대상에 대한 향수(anubhavana)의 기능을 지닌다. 어떤 대상에 대한 맛의 향수에 관하여, 나머지 관련 상태들은 단지 그것을 부분적으로 향수할 뿐이다. 접촉에 있어서는 단지 접촉의 기능이 있을 뿐이고, 지각에 있어서는 단지 지각작용이 있을 뿐이며, 의지작용의 경우에는 단지 조정의 기능이 있을 뿐이며, 의식에 있어서는 단지 인식이 있을 뿐이다. 그러나 감수작용만은 통할, 능숙, 지배를 통하여 어떤 대상의 맛을 향수한다……. 그러므로 향수 혹은 경험은 그것의 기능이라고 말해진다. ③ 감수작용 그 자체의 단순한 나타남은 '정신적인 것을 맛보는 것'(cetasika)으로 표현된다. ④ 고요해진 몸이 더 없는 행복을 향수하는 한, 감수작용은 그것의 직접적인 원인으로 적정(寂靜)을 지닌다"(『앗타살리니』, 영어 번역, pp.145~146).

사실 의식의 흐름이란 단지 "감각과 대상의 우유적인 접촉으로 야기되는 연속적인 마음상태에 불과하다. 접촉(phassa)은 "두 마리 숫양이 함께 머리를 들이받는 것처럼 일어난다." 눈과 그 대상은 별개이며, 접촉은 그 둘의 결합이다."[원주129] 『담마상가니』는 외적인 현상이란 감각에 의하여 내적·인격적인 형태(rūpa)가 접촉하고 변형됨으로써 야기된다고 주장한다. 눈과 그 대상을 상호간의 조건으로 보는 다른 견해도 있다. 눈이 없다면 보이는 세계가 있을 수 없고, 세계가 없다면 보는 눈이 있을 수 없다.[원주130]

[원주128] 『맛지마 니카야』, i.190에 따르면, 지각에는 대상, 감각기관, 그리고 주의하는 행위의 3요소가 포함된다.

[원주129] 『밀린다 팡하』, ii.3.9. 또한 『맛지마 니카야』, i.3을 보라.

[원주130] 리스 데이비스 여사는 『담마상가니』에 담긴 감각적 지각에 대한 설명을 다음과 같이 요약하고 있다.

　A. 감각기관

　첫째, 하나하나의 감각을 차례로 ① 물질세계(4요소들)에 관련짓고, ② 그것을 개별적인 유기체에 관련짓고 그것의 불가시성과 그 접촉의 힘을 언명하는 일반적인 언급.

　둘째, 각 경우에 있어서 감각상의 과정에 대한 분석. ① 접촉에 대하여 반응할 수 있는 인격적인 행위자 혹은 기관. ② 접촉의 형태 혹은 어떤 특수한 유형의 접촉을 낳는 형태. ③ ①과 ②의 접촉. ④ 정신적 연속체에 있어서 결과로 생겨나는 변형, 즉 처음에 (특정한 종류의) 접촉이 있고, 그런 다음에 쾌락적인 결과나 지적인 결과, 혹은 대개는 두 가지 성격을 모두 지니는 결과. 상호 접촉에 강조점을 두면서, 변형은 각 경우에 두 번, 즉 처음에는 변형을 야기시키는 것으로, 그 다음에는 영향받은 사람의 변형된 의식에서 관심의 대상을 구성하는 것으로 언급된다.

　B. 감각의 대상

　첫째, 각종의 감각적 대상을 차례로 물질세계에 관련짓는 일반적인 언급. 이 과정에서 몇몇 전형적인 것들에 대하여 설명하고, 시각적인 대상 이외의 경우에는 감각의 대상이 불가시적이며, 그것은 접촉을 야기시키는 힘을 지닌다고 언명한다.

　둘째, 위의 감각기관에서 다루었던 것과 같은 각 경우에 있어서—그러나 감각적 대상 편에서—감각작용의 과정에 대한 분석. ① 개별적인 유기체의 특정 기관에 접촉을 야기시킬 수 있는 형태 혹은 감각적 대상의 양태. ② 그 기관의 접촉. ③ 반응 혹은 감각적 대상의 보완적인 접촉. ④ 정신적인 연속체에 있어서 결과로 생겨나는 변형, 즉 처음에 (특정한 종류의) 접촉이 있고, 그런 다음에 쾌락적인 결과나 지적인 결과, 혹은 대개는 두 가지 성격을 모두 지니는 결과. 변형은 각 경우에 두 번, 각 경우 상호 접촉에 강조점을 두면서, 처음에는 변형을 야기시키는 것으로, 그 다음에는 영향받은 사람의 변형된 의식에서 관심의 대상을 구성하는 것으로 각각 언급된다(*Buddhist Psychology*, pp.li.~liv).

사유의 대상 또한 다섯 부류로 나누어진다. ① 마음(citta),[원주131] ② 마음의 속성(cetasika, 心所), ③ 육체의 감각적인 속성(pasāda rūpa)과 육체의 미세한 속성(sukuma rūpa), ④ 이름, 관념, 개념(paññatti), ⑤ 열반(nirvāna). 이러한 대상들은 담마람마나(dhammārammaṇa)이며, 여기서 담마(dhamma)는 정신적인 표상을 의미한다. 감각적 경험이 의미와 관념들에 대한 지식으로 변형되는 방식에 대해서는 아무런 분명한 설명도 주어지지 않는다. 물질적인 기관으로 간주되는 마음이 감각작용들로부터 지적인 관념과 개념들을 형성한다고 주장된다. 우리는 어떻게 그것이 일어나는지 모른다. 물질이며 사유작용인 마음이 감각을 의식의 구체적인 흐름으로 집성시킨다고 말한다. 논장(論藏)의 제7권은 『팟타나』(Paṭṭhāna), 혹은 관계론이라고 불린다. 불교도들은 어떻게 모든 의식이 주관과 객관의 관계인가 하는 것을 인식하고 있다. 이 모든 과정에서 우리는 지식(vijñāna)의 작용, 즉 인식의 특수기능—순수하게 지적인 반응이다—을 상정하고 있다.[원주132]

4) 감정, 의지, 지식

근대 심리학의 의욕 혹은 의지는 불교적인 분석에서 쉽게 추적되지는 않는다. 그러나 그것은 인식 혹은 감정만큼이나 아주 근본적이고도 궁극적인 것이다. 그것은 불교 이론에 있어서 의식의 가장 현저한 측면이며, 인간 삶의 토대가 되는 요소이다. 불교 심리학에서는 의지가 오온의 통합에서 생겨나는 것이라고 생각할 아무런 근거가 없다. 우리는 식(識), 수(受), 행(行)이 대체로 지식(knowledge), 느낌(feeling), 의지(will)에 각각 상응한다고 말할 수 있을 것이다. 차일더스(Childers)는 자기의 사전에서 현대적인 의미의 의욕에 해당하는 개념들을 행(行)에 귀속시키고 있다. 그

[원주131] 『담마상가니』에서 마음(citta)은 감각적 인식의 5가지 형식과 정신의 활동, 그리고 통괄적 인식을 포함한다. 이에 비하여 마음의 속성(cetasika)은 감수(感受), 지각(知覺), 의향이라는 다른 3가지의 집합을 지닌다.

[원주132] 『밀린다 팡하』, ii.3.12.

개념들에는 욕망(chando)과 노력(viriyam)이 포함된다. 리스 데이비스 여사에 의하면, 여기서 말하는 욕망과 노력은 다른 모든 기능들을 돕는다. 아리스토텔레스 철학에서 우리는 의욕적인 노력이 욕구, 열정, 선택, 혹은 의지작용에 있어서 결정적인 요소라는 것을 본다. 리스 데이비스 여사에 의하면, 불교 심리학이 비록 욕구(appetite)와 욕망(desire)과 선택(choice) 간의 정밀한 구분을 지닌 고도로 발달된 심리학을 시사하지는 않는다 할지라도, 우리는 의지작용이라는 심리학적인 사실과 그것에 대한 윤리적 판단 간에 명백히 그어진 주요 경계선들을 볼 수 있다.

그녀의 생각으로는 삼장(三藏)의 경우 "의욕이라는 의미를 함축하는 용어들을 사용함에 있어서 심리학적인 함축만을 지니는 것과 윤리 도덕적 함축을 지니는 것 간에 상당히 일관된 구분이 있다. 예를 들어 『담마상가니』의 두 병행 구절에서는 있는 그대로의 순수 의욕 혹은 의식적인 힘이라는 의미를 가장 잘 담고 있는 용어, 이른바 '비리얌'(viriyam)이, 도덕적으로 선하거나 악한 마음상태 모두를 묘사하기 위하여 사용된다. '비리얌'의 동의어 혹은 보완적인 용어들, 즉 노력과 분투, 진력과 근면, 열심과 열정, 활력과 저항, 불굴의 노력, 그리고 지속적인 욕망과 노력이라는 개념 또한 이와 같다. 이러한 용어들이 심리학적인 행위에 대해서 사용되는 경우, 불교는 이 용어들에 대하여 우리가 일반적으로 이해하는 이상의 어떤 부정적인 의미를 부가하지 않는다.

한편 경전들이 의지적인 취지의 말로 윤리적인 가치를 전하고자 할 때에는, 분명하고 특정한 용어들이 사용되거나, 아니면 의지에 대한 용어는 왜곡된 욕망의 대상 혹은 의지의 병적 상태를 가리키는 것으로 분명하게 성격지어진다. 따라서 바람 혹은 욕구(ākaṅkhā)는 갈망 혹은 갈애(taṇhā)가 된다. 욕망(chando)에 대하여 우리는 갈망(chandorāgo), 육욕(kāmarāgo), 감각적 쾌락(nandirāgo)이라는 용어, 혹은 물질에 대한 욕망(rūpachando) 등과 같은 한정구(限定句)를 접하게 된다."[원주133]

[원주133] *Journal of the Royal Asiatic Society*, 1898, p.49.

　모든 것은 의지의 변형으로 만들어진다. 현대 심리학은 모든 정신적인 삶이 지니는 의욕적이고 목적지향적인 속성을 강조한다. 때로는 그 의욕이 이론적인 관심으로, 혹은 실천적인 관심으로 나타나기도 한다. 알렉산더(Alexander) 교수의 말을 빌리자면, "마음의 이론적인 작용이란 그 앞에 놓인 대상의 지속을 돕는 형태의 것이라면, 실천적인 작용은 그 대상을 변경하는 형태의 것이다." 인식과 의욕은 "모든 정신 상태에서 분명하게 구별할 수 있는 요소들이 아니라, 모든 종류의 의욕은 그것이 지니는 다양한 관심에 따라서 이론적이거나 실천적인 두 가지 다른 형태를 띤다."[원주134] 일반적으로 이론이란 실천에서 끝난다. 인식은 확실히 실천적이다. 불교 심리학이 연기설(pratītyasamutpādavāda)에서 지각작용이 욕망을 부추긴다고 말하는 것은 타당하다. 욕구가 지향하는 대상은 감지되고 지각될 것이며, 상상되고 기억되거나 혹은 사유될 것이다. 인식과 의지작용은 욕구의 여러 다양한 이론적·실천적인 변형이 될 것이다.

　생리학적 심리학은 감각 신경 회로(sensory-motor circuit)를 한 단위로 받아들인다. 그중에서 구심성(求心性)을 띠는 부분은 인식에 상응하며, 원심성(遠心性)을 띠는 부분은 의욕에 해당한다. 전체 과정은 하나로 간주되며, 이 둘은 그 속에 있는 요소로 구분된다. 정신적인 모든 삶이 의욕적인 경우에, 의지는 목적에 대한 능동적인 추구——이상으로서의 목적을 현실화하는——로 나타난다. 심지어 여기서도 실천적인 측면은 보다 현저한 측면이다. 이론적인 인식은 실천적인 표현이 억제되거나 금지될 경우에 일어난다. 묵상의 단순한 기쁨 또한 실제적인 흥미가 즐거움 그 자체인 의욕적 발달이다. 또한 느낌 혹은 감수작용은 의욕에 독립적이 아니다. 그것은 모든 행위에 수반된다. 스타웃(Stout) 교수는 정신상태에 대한 지난 시대의 3중 구분을 포기하고 마음에 대한 고대의 2중 구분으로 되돌아갔다. 그는 정서적·의욕적인 요소들을 흥미라는 범주로 묶고 있으며, 이 요소들을 인식의 요소와 구별되는 것으로 본다. 만일 우리가 인식의 분리성을 부정

〔원주134〕 *British Journal of Psychology*, 1911, p.244.

하고 그것을 의욕의 이론적 측면으로 간주한다면, 우리는 정신적인 삶의 핵심 요소로서 욕구를 강조하는 불교의 입장에 도달할 것이다.

푸생(M. Poussin)[원주135]에 의하면, 비록 초월적인 아트만은 존재하지 않는다 할지라도, 그 자리는 의식(vijñāna)으로 대체된다. 생(生)에서 생으로 전이하는 것은 의식이다.[원주136] 우리는 의식의 연속(vijñāna santāna)을 지닌다고 말한다. 이것은 영원불변하거나 윤회하는 실체가 아니라, 일련의 개별적·순간적인 의식이며 상황의 질서적인 진행이다.[원주137] 식(識)의 연속은 수(受), 즉 감수작용과 다른 것이다.[원주138] 그것은 자율적이며, 신체적 성장과 구별되며 이에 대하여 독립적이다.

5) 관념 연합

불교 심리학은 관념 연합론(associationism) 혹은 관계론이라고 말하는 것이 가장 적절한 표현일 것이다. 다르마의 각 집합에 대하여 의식 속에 그 자체의 출현을 결정하는 선재 사실들이, 확실한 어떤 법칙에 따라 추구되고 있으며, 그 당시로는 주목할 만한 설명이 제시된다. 어떤 특정한 인상이 일어날 때 왜 우리는 특정의 관념을 지니는가 하는 물음에 대해, 나가세

[원주135] *Journal Asiatique*, 1902. 짐작건대 이 견해는 삼장(三藏)보다 후대의 것이다.

[원주136] Warren, *Buddhism in Translations*, p.207.

[원주137] 붓다고샤는 지각(samjñā), 지성(vijñāna), 직관(prajñā)을 계단을 오르는 연속적인 진보로 간주한다. 이것은 진귀한 보석을 봄으로써 야기되는 여러 가지 반응에 비유된다. 즉 동일한 보석에 대해서 그것의 아름다운 외관을 보는 어린아이와 그것의 교환가치를 인식하는 성인, 그리고 그것의 생성과 변천에 관한 모든 것을 아는 전문가의 반응은 각각 다르다.

[원주138] 불교 경전에는 감성에 대한 체계적인 설명이 없다. 탐욕(lobha), 혐오(doṣa), 미망(moha)이 이 말들에 반대되는 무탐욕(alobha), 친애(adoṣa), 바른 지식(amoha)과 함께 언급되고 있다. 또한 우정 혹은 박애(metta), 고통에 대한 연민(karuṇa), 기쁨 혹은 행복에 대한 공감(muditā)이 언급된다. 연속성의 관념이 논장에 언급된다(『담마상가니』, 585, 643, 734 ;『카타밧투』, x.1 ; xi.6 ; x xi.4 ;『아비담맛타 상가하』, v.12, 15, 16). 대상에 대한 경험은 의식의 연속체에 씨앗 혹은 잠재 인상을 남기며, 때가 되면 그 씨앗은 원숙해져서 의식 속에 일어나며, 우리는 그것을 인식하게 된다. 이러한 의식의 연속은 오직 해탈에 이를 때 끝난다. 이와 같은 연속성의 견해는 개아를 마음의 계속(cittasaṁtāna)과 동일시하는 경량부(Sautrāntikas)에 의하여 발전된다.

나는 이렇게 대답한다. "그것은 어떤 성향이기 때문이며, 하나의 작인(作因)이기 때문이며, 하나의 습관이기 때문이며, 하나의 연상 혹은 관념 연합이기 때문이다." 성향은 현대의 생리학적 심리학과 여기서 말하는 신경 습관의 법칙(law of neural habit)을 연상하게 하는 방식으로 설명된다. "비가 올 때, 빗물은 어디로 흘러가는가?" "그것은 지표의 경사를 따라갈 것이다." "그러면 비가 다시 올 때, 빗물은 어디로 흘러가는가?" "그것은 처음의 물이 지나갔던 똑같은 길을 따라 갈 것이다."[원주139] 맥도골(McDougall) 박사는 말한다. "신경 회로를 통한 일시적인 충동의 흐름이, 그 흐름에 대한 신경 회로의 저항이 어느 정도 경감되도록 바꾸어놓는다. 이러한 변화는 다소간 영속적인 특징을 지니며, 우리에게는 이것을 믿을 만한 충분한 이유가 있다." 흐름이 일어나는 길은 신경 습관의 법칙에 따라서 저항이 저하된 길이 된다.[원주140] 물론 불교의 설명은 심리학적인 통찰이며, 뇌에 대한 해부학이나 생리학적인 연구의 결과가 아니다. 그때는 과학이란 거의 있을 수 없었을 것이다. 또한 상기(想起)의 제 조건에 대한 언급도 있다.

6) 심리상태의 지속

심리상태의 지속 기간에 대한 논의에서, 의식의 각 상태는 생기(生起, uppāda), 지속(thiti), 소멸(bhaṅga)의 세 단계를 지닌다고 주장된다. 이들 각 단계는 시간의 극미 단위, 찰나(kṣaṇa)를 점한다. 의식의 한 상태가 생기·지속·소멸하는 세 순간의 공간은, 한 단위의 '심리 순간'(cittakṣaṇa)이라고 불린다. 어떤 불교도들은 의식상태가 지속되는 단 한 순간도 있을 수 없다는 견해를 보인다. 아무리 짧은 순간이라도 결코 멈추어 있는 간격이란 있을 수 없으며, 그것은 단지 일어났다 사라질 뿐이라는 것이다. 『비숫디막가』는 말한다. "지난 한 순간의 생각은 존속했다. 그러나 그것은 현재 존재하거나 미래에도 존속하지 않을 것이다. 장차 한 순간의

〔원주139〕『밀린다 팡하』, ii.3.7.
〔원주140〕 *Physiological Psychology*, pp.125~126.

존재는 있을 것이다. 그러나 그것은 과거에 있었거나 현재에 존재하지도 않는다. 현재 한 순간의 생각은 존속한다. 그러나 그것은 과거에 있었거나 미래에도 존재하지 않을 것이다."[원주141]

7) 무의식

개개의 모든 의식상황은 잠재의식적 존재의 흐름, 즉 유(有)의 지속적인 흐름의 동요라고 말한다. 불교 심리학은 무의식적인 삶을 인정했다. 그것은 깨어 있는 의식(vidhicitta)과 구별되는 것이며, 그것은 진행으로부터의 자유(vidhimutta)라고 말한다. 그 둘은 의식의 문지방 혹은 마음의 문에 의하여 나누어진다. 단순한 유(有, bhavaṅga)[원주142]의 흐름이 단절 혹은 정지되는 곳은 바로 그곳이다. 단순한 유는 잠재의식적 존재, 또는 보다 정확히 말하여 각성상태의 의식으로부터 자유로운 존재이다.[원주143]

8) 재생

극단적인 현상론은 유사 인상들이 일반적인 개념으로 합성되는 것이나 다양성 속에서 통일을 인지하는 것을 설명할 수 없다. 불교 심리학은 우리에게 심리상태에 대한 분석을 제공하지만, 의도, 의지작용 등에 있어서 주체의 필연성에 대한 문제를 제기하지 않는다. 그것은 느낌이나 관계에 대해서 말하고 있지만, 그러한 것들이 어떤 하나의 결합하는 의식 없이 존재할 수 있는가의 여부는 묻지 않는다. 불교도들에 의하면, 행위의 주체는 유

[원주141] Warren, *Buddhism in Translations*, p.150.

[원주142] 바바(bhava)는 존재, 앙가(aṅga)는 부분을 뜻한다. 바방가(bhavaṅga)는 유기적 존재와 잠재의식적 존재 모두를 의미한다. 모든 것은 살아 있으며, 단지 어떤 경우에 우리는 의식을 지니며 또 어떤 경우에는 그렇지 않을 뿐이다.

[원주143] 19종의 바방가들이 있다. 이 가운데 10종은 욕계(kāma loka)에 속하고, 5종은 색계 (rūpa loka)에, 그리고 4종은 무색계(arūpa loka)에 속한다. 리스 데이비스 여사에 의하면, "의식은 단지 살아 있는 유기체와 연관된 심리적 고동들의 끊임없는 연속에 불과하다"(*Buddhist Psychology*, p.16). 바방가는 객관적으로 니르바나를 의미하는 것으로 받아들여진다 할지라도, 그것은 주관적으로 고찰할 때 잠재의식적인 존재이다.

기적·정신적인 성향과 행위들의 총합이다. "이름과 형태에 의해서 행위가 행해진다." 그리고 이것은 물론 끊임없이 변화하는 합성물이다. 심지어 우리는 누가 접촉을 경험하는가 하는 것을 묻지 말아야 하며, 단지 그 접촉에 의하여 조건지어져야 한다는 말을 듣는다.[원주144] 우리의 개체성은 하나의 미혹이다. 그럼에도 불구하고 우리는 마치 내가 재생을 겪고 열반에 도달하는 것처럼 말한다.

붓다고샤는 이것을 다음과 같이 설명한다. "나무라는 이름으로 통하는 통칭 나무라는 존재―여러 구성요소들로 이루어진―의 경우, 열매가 생겨나자마자, '나무가 열매를 맺는다' 혹은 '나무가 열매를 맺었다'라고 말해지듯이, 이와 마찬가지로 신이니 사람이니 하는 이름으로 통하는 그러한 집합의 경우에도 어느 한 순간 행복 혹은 불행의 열매가 생겨날 때, 신 혹은 인간이 행복하다 혹은 불행하다고 말해진다."[원주145] 비록 현재의 자아는 과거에 존재하지 않았다 할지라도, 그럼에도 불구하고 그것은 과거의 소산이며, 그러한 연속의 결과로 생겨난 것이다.[원주146]

영혼의 개념은 재생을 의미있게 만드는 충분한 의미를 지닌다. 만일 영원한 영혼이 없다면 응보가 무의미해진다는 어려움이 있는 것이다. 벌이 주어질 때, 그 개체는 더 이상 그 이전에 죄를 범했던 동일한 존재가 아니다. 그러나 벌을 정당화시키기에 충분한 자기 동일성이 있다. 벌을 정당화시키는 형이상학적인 실체는 결코 없지만, 그럼에도 불구하고 개아는 아무런 관련없는 현상들의 우연한 연속이 아니라, 살아 있는 복합체이며, 물리적·심리적·도덕적 인과의 연쇄로 되어 있다.

[원주144] 『상윳타 니카야』, ii.13을 보라.

[원주145] Warren, *Buddhism in Translations*, p.241.

[원주146] "오 대왕이시여, 어떤 사람이 초에 불을 붙일 때, 그 초는 밤새도록 타지 않겠습니까?" "그렇습니다. 그것은 밤새도록 탈 것입니다." "오 대왕이시여, 그러면 초경의 불꽃이 이경의 불꽃과 같은 것은 어찌된 일입니까?" "그렇지 않습니다……. 그러나 그 불은 동일한 물건에 들러붙어 밤새도록 탑니다." "오 대왕이시여, 사물을 구성하는 요소들의 연쇄가 함께 결합되는 것 또한 그와 같습니다. 한 요소가 일어나고 있는가 하면, 다른 한 요소가 소멸하고 있습니다. 무시무종으로 변화가 끊임없이 지속됩니다"(『밀린다 팡하』).

밀린다 왕이 나가세나에게 묻는다. "나가세나여, 태어난 자, 그는 동일한 존재로 존속하는가, 아니면 다른 것이 되는가?" "동일하지도 않고 다른 것이 되지도 않습니다." "나에게 한 예를 들어보시오." "오 대왕이여, 당신은 한때 아기였으며, 땅바닥에 누워 있던 키가 작은 아기였습니다. 그 아기는 지금 장성해 있는 당신과 똑같습니까?" "아니오, 그 아기와 나는 별개입니다." "만일 당신이 그 아기가 아니라면, 그것은 당신에게 어머니나 아버지 혹은 그 어떤 스승도 없었다는 결론이 됩니다."[원주147]

재생한 사람은 이전에 죽었던 사람이 아니다. 그럼에도 불구하고 그와 다르지 않다.[원주148] 그는 그로부터 생겨난다. 날마다 우리는 새롭지만, 그럼에도 불구하고 완전히 새롭지는 않다.[원주149] 끊임없는 변화뿐 아니라 지속적인 연속이 있다. 붓다고샤는 말한다. "만일 어떤 지속적인 연속을 절대적인 동일성을 지닌 것으로 취급한다면, 그러면 예를 들어 신맛의 크림이 우유에서 생겨날 수 없을 것이다. 그런데 만일 절대적인 차이가 있다면 그 우유는 당연히 신맛의 크림을 생기게 할 수 없을 것이다." 절대적인 동일도 없고 절대적인 차별도 있을 수 없다. 전체가 하나의 연속이다. 새로운 생성은 그 선행자에 대하여 즉각적이고 직접적이기 때문에, 현실적으로는 동일물의 연속으로 간주해도 무방할 것이다. 업의 연속이 인정된다. 이런 의미에서 재생은 새로운 태어남이다.

심지어 우파니샤드에서도 윤회의 세계를 떠돌며 인과응보의 정의를 감수하는 것은, 끝없이 성장하는 독특한 형태의 무상한 자아이다. 재생은 바로 이러한 자아의 존속을 필요로 한다. 무상성 및 인과성의 개념을 통하여

〔원주147〕『밀린다 팡하』.

〔원주148〕 재생은 새로운 탄생이라 할지라도, 그러나 출생시에 나타나는 의식과 임종시의 의식 간에는 연속성이 있다(『밀린다 팡하』, p.47). 이런 까닭에 흔히 임종시의 생각은 재생의 형태에 결정적인 영향력을 지닌다고 말한다.

〔원주149〕 개체는 매 순간마다 자기의 미래를 실어나르고 있다(『밀린다 팡하』, p.101). 인생의 순간순간은 과거의 영향력(satti)으로 충만하며, 잠재 인상(vāsana)이라는 말이 가리키는 바와 같이, 현재는 이를테면 마치 향을 뿌리는 것처럼, 후속하는 모든 것에 그 자체를 각인한다.

자아에 대한 역동적인 개념이 전개된다. 각각의 경험은 그것이 일어났다 스러질 때 또 다른 하나의 경험, 순간, 혹은 삶의 단계로 전이(轉移)·소멸 하며, 전체 과거로 축적된다. 불교는 베르그송의 기억론을 연상시키는 술 어들을 사용하여, 분리된 기억이란 있을 수 없다고 주장한다. 모든 과거는 현재 속에 원인이 되는 영향력으로 담겨져 있기 때문이라는 것이다. "우리 가 갓난아기 때부터 느끼고, 추구하고, 의도했던 모든 것이, 의식의 문을 밀 치고 그 속으로 녹아드는 현재 순간을 굽어보며 지금 여기에 있다."[원주150] 과거는 현재 속으로 녹아들며 그 위에 자취를 남긴다.

13. 연기

고통으로 규정되는 삶의 성립과 그 지멸은 연기설(緣起說, pratītya-samutpādavāda)로 설명된다. "그때 세존께서 초경 무렵에 인과의 연쇄 를 위에서 아래로 그리고 아래에서 위로 쉼없이 온 마음을 집중하여 응시 했다. '무명에서 행(行)이 일어나고, 행에서 식(識)이 일어나며, 식에서 명 색(名色)이 일어나며, 명색에서 육입(六入), 즉 눈·귀·코·혀·몸·마음 의 여섯 감관이 일어나며, 육입으로부터 촉(觸)이, 촉으로부터 수(受)가, 수로부터 애(愛)가, 애로부터 취(取)가, 취로부터 유(有)가, 유로부터 생 (生)이, 생으로부터 노사(老死), 슬픔, 고통, 절망이 생겨난다. 그렇다면 무명이 없어져 욕망이 완전히 끊어지면 행(行)이 사라지고, 행이 없어지면 식(識)이 사라지고, 식이 없어지면 명색이 사라지고, 명색이 없어지면 육 입이 사라지고, 육입이 없어지면 촉(觸)이 사라지고, 촉이 없어지면 수(受) 가 사라지고, 수가 없어지면 애(愛)가 사라지고, 애가 사라지면 취(取)가 없어지고, 취가 없어지면 유(有)가 사라지고, 유가 사라지면 생(生)이 없어 지고, 생이 없어지면 늙음과 죽음, 슬픔과 고통, 그리고 절망이 사라진다.

[원주150] *Creative Evolution*, p.5.

218

이 모든 고통이 일어나고 사라지는 것은 바로 이와 같다.'"[원주151]

워런(Warren)은 '현재의 연기법이 붓다 당시에 통용되던 것에 적어도 두 번 이상의 첨삭이 가해진 것'이라고 믿는다. 연기법은 인간이 삶의 수레바퀴에 속박되어 있으며, 인과의 과도적인 속성을 단절함으로써 이 속박에서 자유로울 수 있다는 진리에 토대를 두고 있다. 인과의 순환에 관한 이 이론과 유사한 견해가 우파니샤드에서 제시된다.[원주152] 인과의 수레바퀴가 때로는 지난 삶에서 도출되는 요소들과 현재의 삶에서 도출되는 것들, 그리고 미래의 삶에서 도출되는 것들로 구분되기도 한다.[원주153]

[원주151] 『마하박가』(Mahāvagga), i.1.1~3 ; The Sacred Books of the East, xiii. 또한 『밀린다 팡하』, ii.3.1을 보라. 『상윳타 니카야』, ii.10을 참조하라.

[원주152] 우파니샤드(『브리하드아란야카 우파니샤드』, iii.2)에서 언급되는 생기, 말, 혀, 눈, 귀, 마음, 손, 피부 등의 여덟 가지 속박과 그것의 보조기관들이 연기법의 토대일 수도 있을 것이다. 브라흐마의 수레바퀴(Brahmacakra)라는 말이 『슈웨타슈와타라 우파니샤드』 vi.1에 나타난다. 초기 불교에서 그것은 존재의 수레바퀴(bhavacakra)로 말해진다.

[원주153] 아래와 같은 설명이 이 구분을 나타낸다. 『맛지마 니카야』, 140 ; 『마하파다나 숫탄타』(Mahāpadāna suttanta), ii를 보라.

  1) 과거의 삶에 기인하는 것 : 무명(avidyā)

                   행(行, saṃskāra) - 기질 혹은 성향

  2) 현재의 삶에 기인하는 것 : 식(識, vijñāna) - 자아 의식

                   명색(名色, nāmarūpa) - 정신과 육체

                   육입(六入, ṣaḍāyatana) - 여섯 종 감관

                   촉(觸, sparśa) - 접촉

                   수(受, vedanā) - 감수 작용

                   애(愛, taṇhā) - 갈애

                   취(取, upādāna) - 탐착

  3) 미래의 삶에 기인하는 것 : 유(有, bhava) - 존재

                   생(生, jāti) - 재생

                   노사(老死, jarāmaraṇa) - 노사

새로운 생존의 최초의 요소는 자아 의식(vijñāna)이라고 불린다. 그러나 그것은 위의 도표에서 제3항목이다. 이에 선재하는 것들은 애초부터 그것에 달라붙어 있는 선악의 기질들이다. 이들은 출생 전의 힘(saṃskāra)이라고 불린다. 제1항목인 무명은 무지가 지니는 오염성을 나타낸다. 『상윳타 니카야』, v.388 ; 『앙굿타라 니카야』, i.177을 참조하라.

1) 12연기

삶에 대한 의지는 우리 존재의 토대이며, 그것의 부정이 곧 우리의 구원이다. 쇼펜하우어가 『칼데론』(*Calderon*)으로부터 즐겨 인용했던 것처럼, 인간의 가장 큰 죄는 태어났다는 것이다. 연기설이 애써 밝히고자 하는 것은 바로 이 단순한 사실이다. 그것은 고통이 욕망에서 일어난다는 집제(集諦)의 진리를 구체적으로 나타내고 있으며, 존재의 조건들을 요약하고 있다. 고통의 원인(nidāna)들은 연속적인 12원인이며, 여기서 각각의 원인은 그 다음 것을 조건짓는다. 첫번째의 무명(無明)과 마지막의 노사(老死)를 제외한 원인들을 10행위(karma)라고 말한다. 초기 불교에서 이들은 실체라기보다는 존재의 단계들이다. 이 원인들에 대한 어떤 고정된 숫자 혹은 순서는 없다. 연기(緣起)와 고통의 원인들에 대한 교의에서 우리는 의식적인 존재의 세계에 두루 적용되는 상호 관련 혹은 상호 의존의 질서 체계를 나타내는 일련의 용어들이 체계화되는 것을 본다.

이 연쇄에서 첫번째 요소는 무명이다. '나'라는 그릇된 의식이 개별 존재를 떠받치고 있는 중심 기둥이다. 그것은 업을 짓는 자요, 그것을 실어나르는 자이다. 마치 불꽃이란 타는 연료일 뿐 아니라 작열하는 섬광인 것처럼, 이와 마찬가지로 개별성은 무명과 업의 산물이다. 무명은 고해라는 삶의 본질을 은폐한다.[원주154] 무지에 대한 강조가 불교에만 고유한 것은 아니다. 버틀러(Butler) 주교가 말하는 것처럼, "사물은 있는 그대로이며, 그 귀결 또한 있는 그대로일 것이다. 그런데 왜 우리는 미혹에 빠지려 하는가?" 그럼에도 불구하고 우리는 매일 자기 자신을 속인다.

붓다는 우리가 있는 그대로의 사실을 직시하고 그 여실한 실상과 의미를 파악해야 한다고 가르친다. 생에 대한 갈망을 낳는 것은 실재하지 않는 것을 실재하는 것으로 여기는 무명이다. 그것은 우리가 살아야 하고 즐겨야 한다고 부추긴다. 붓다는 생에 대한 갈망을 어리석고 하잘것없는 정신적

[원주154] "그 어떤 세계, 그 어떤 것도 먼저 어리석음에 떨어지지 않고 고통에 빠지는 경우는 없다"(Carlyle, *Latter-Day Pamphlets*).

220

속박으로 본다. 만일 인간이 세속적인 존재의 고통에서 벗어난다면, 이 그
릇된 욕망은 뿌리뽑히고, 생에 대한 갈망 또한 스러질 것이다. 초기 불교에
서 무지는 아만(我慢) 혹은 '나'라는 의식의 원인이다. 그것은 개아가 스스
로 나머지 모든 존재들로부터 분리되어 있다는 생각을 하게 만든다. 우리
는 자신의 소아에 집착하며, 그것을 영속시키기 위하여 애쓴다.[원주155] 개별
적인 존재는 하나의 악이며, 욕망은 그 외적인 표현이다. 사람들이 불행한
것은 단지 그들이 살아 있기 때문이다. 고통의 모든 원천은 삶에 대한 긍정
이다. 무지의 힘은 너무 강하기 때문에, 극단적인 고통에도 불구하고 사람
들은 삶에 대한 끊임없는 탐착을 보인다.

　12연기의 두번째 고리는 행(行, saṃskāra)이다. 상스카라는 '준비하다'
혹은 '배열하다'라는 의미의 동사 어근에서 파생된 말이다. 그것은 생성 과
정을 나타낼 뿐 아니라 산물을 나타낸다. 그것은 어떻게 모든 존재가 단지
형성 도상의 존재만을 지니는가, 어떻게 해서 모든 존재가 생성인가 하는
것을 시사한다. 상스카라는 '종합' 혹은 '형성'으로 번역되며, 그것은 또한
순수하거나 불순한 행위, 이승이나 저승에서 상이나 벌을 받게 되는 공덕
혹은 악행을 의미한다. 광의로 새길 때 그것은 의지력 혹은 새로운 존재를
결정하는 정신적인 에너지를 의미한다.

　『맛지마 니카야』에서 우리는 이런 언급을 본다. "제자들아, 신실한 믿음
이 있고, 의로움과 교설에 대한 지식과 지혜를 구비한 비구 하나가 조용히
생각에 잠긴다. '내가 죽어 육신이 소멸할 때 권세있고 기품있는 가문에 다
시 태어났으면 좋겠다.' 그는 이 생각을 하게 되고, 이 생각에 골몰하며, 이
생각을 소중히 여기게 된다. 그에게 깊이 새겨진 이러한 잠재 인상과 내적
인 상태는 그가 그러한 존재로 다시 태어나도록 이끈다. 제자들아, 이것은
그러한 존재로 다시 태어나게 만드는 길이다." 이러한 일련의 생각은 여러

[원주155] "파도의 물보라가 바다와 분리되어 있지 않는 것처럼, 살아 있는 유기체의 한 세포가
　　그 유기체에서 분리되어 있지 않는 것처럼, 우리는 실로 분리되어 있지 않다는 것을 간과하
　　고 있다"(Rhys Davids, *The Religious Systems of the World*, p.144).

부류의 사람 및 신들과 관련하여 반복되며, 마침내 그것의 적용이 최고의 열반상태에까지 이르게 된다. 다시 말하여 상스카라는 또한 모든 상스카라의 절멸 혹은 지혜나 구원의 성취에 대한 것일 수도 있다.

인과의 연쇄에서 세번째 고리는 명색(名色)이 일어나는 의식(意識)이다. "아난다야, 만일 의식이 태내로 들어가지 않는다면 태내에 명색이 일어나겠는가?" "아닙니다." "아난다야, 만일 의식이 태내로 들어간 후에 다시 그곳을 떠나지 않는다면 명색이 이생에 생겨났겠느냐?" "아닙니다." "또한 아난다야, 만일 의식이 남자아이나 여자아이의 영향을 받지 않는다면 명색이 자라고 성숙하겠느냐?" "아닙니다."[원주156] 사람이 죽는 순간에 육신, 감수작용, 인식과 같은 다른 요소들은 모두 사라지지만, 의식은 이승과 저승의 연결고리로 지속된다.[원주157] 단지 우리가 열반을 얻을 때 그것은 완전히 사라진다. 지난 존재가 사멸할 때 새로운 존재의 싹이 되는 것이 바로 의식의 요소이다. 이 싹은 태내에서 존재의 새로운 상태가 형성되는 물질적인 재료를 찾는다. 만일 의식이 필수적인 질료를 구하지 못한다면 그것은 자라날 수 없다. "아난다야, 만일 의식이 그 안주처로 명색을 찾지 못한다면, 출생, 늙음, 죽음, 고통의 생성이 차례로 그 모습을 드러내겠느냐?" "아닙니다. 그렇지 않습니다."[원주158]

외계 대상은 의식적인 주체에 대립하여 존재한다. 만일 주체가 없다면, 객체도 있을 수 없다. 이미 언급한 바와 같이 여섯 감관의 작용은 그 감관들이 외계 대상과 접촉할 때 생겨나는 인상으로부터 일어나는 세계에 달려있다. 인상의 생기(生起)는 출생, 지속, 그리고 사멸을 구성한다. 의식과 명색은 상호 의존적이다. 그 둘로부터 눈·귀·코·혀·몸·마음으로 말해지는 육입(六入)이 일어난다. 그곳으로부터 외부 세계와의 교감을 위하여 필수적인 감관들과 형태·소리·색깔·맛·촉감·생각이 생겨난다. 생각

[원주156] 「마하니다나 숫타」(Mahānidāna Sutta), 『중아함경』, ii.63.
[원주157] 의식은 생(生)에서 사(死)로 넘어간다고 말하지만, 우리는 그 자체가 볼 수 있는 것인
　　　지 혹은 그것이 미세신(subtle body)을 동반하는지에 대해서는 확실하게 단정할 수 없다.
[원주158] 「마하니다나 숫타」와 『상윳타 니카야』, i.

222

은 마음(manas)에 대하여 객관적으로 존재한다고 말해지며, 이것은 마치 보이는 육신이 눈앞에 있는 것과 마찬가지라고 한다. 때로는 눈이 보는 행위의 산물이며, 귀는 듣는 행위의 산물이라고 말해지기도 한다.

수(受)로부터 갈애(渴愛, taṇhā)가 일어나며, 그것은 우리를 이 생에서 저 생으로 이끈다. 그것은 생과 고통의 잠재적인 원인이다. 우리는 존재에 대한 갈애로 인하여 있으며, 즐거움에 대한 갈망으로 인하여 고통을 당한다. "누구든지 이 세상에서 천박한 집착과 타는 애욕에 붙잡힌 자는 걱정 근심이 쉬지 않고 자라난다. 비 맞아 무성한 풀처럼. 누구든지……제어하는 자는 모든 근심 걱정에서 벗어나리라. 연잎에서 물방울이 떨어지는 것처럼."[원주159] "나무가 베어져 나가도 그 뿌리가 깊으면 새 움이 힘차게 돋아나듯이, 갈애의 잠재력을 뽑아내지 않는다면 생사의 고통은 거듭 되풀이된다."[원주160] 삼중(三重) 갈애는 모든 고통의 원인이다.[원주161]

갈애로부터 집착(upādāna)이 일어난다. 갈애의 타는 불꽃은 집착의 연료에 달라붙는다. 그것이 기승을 부릴 때마다 불꽃은 그것에 달라붙어 있는 연료를 지닌다. 해방은 갈애의 근절이며, 속박은 어떤 것에 대한 집착이다. 오직 집착을 끊음으로써 영혼은 죄로 물든 존재로부터 구제될 수 있을 것이다.

존재에 대한 집착으로부터 유(有, bhava)가 있으며, 찬드라키르티(Candrakīrti, 月稱)는 이것을 윤회를 야기시키는 업[원주162]으로 해석한다. 유로부터 생이 있고, 생으로부터 노사(老死), 고통과 슬픔, 근심과 번뇌가 있다.[원주163]

〔원주159〕『담마파다』, v.335.
〔원주160〕같은 책, v.338.
〔원주161〕『마하박가』, i.1.2를 보라.
〔원주162〕『마디야미카 브릿티』(*Mādhyamika Vṛtti*). 'punarbhavajanakaṁ karma.'
〔원주163〕인과관계의 연쇄에 관해서는 Keith, *Buddhist Philosopy*, pp.105~111을 참조하라.

2) 붓다의 형이상학에서 무명의 위치

12연기의 전체적인 체계는 도그마적인 것처럼 보인다. 그것은 '나'라는 의식이 영원한 영혼 안에 있는 것이 아니라, 인과에 의하여 일어나는 계속적인 현상에 불과하다는 것을 보여주기 위한 것이다. 그것은 고통의 생성과 소멸에 관한 두번째와 세번째의 진리, 즉 집제(集諦)와 멸제(滅諦)에 담긴 대답을 보다 상세하게 설명하고 있다. 존재의 고통이 완전히 사라질 수 있으려면, 우선 모든 존재의 공성(空性)이 체득되어야 한다. 우리가 집착하는 개체라는 것은 제1원인이 되는 무지에 의하여 우연히 일어나는 공허한 가현에 불과한 것이다. 무지의 지속은 개체성의 지속에 의하여 나타난다. 그것은 개별적으로 만들어내는 고통의 문제가 아니다. 개체 자체가 고통의 한 형태이다. 미혹을 일으키는 '나'라는 의식 그 자체가 하나의 미혹이다. 개체성은 질병 그 자체일 뿐만 아니라 그 징후이기도 하다. 우파니샤드에 따르면 오성에 무지가 있는 한, 그리고 영혼에 빈약함이 있는 한, 개아의 역사적인 삶은 지속된다. 『데오로기아 게르마니카』(*Theologia Germanica*)에 따르면, "지옥에는 오직 자아 의지(self-will)가 불타고 있다."

이 자아 의지는 그 자신을 구체화시키는 근원적 무지이다. 그것은 산물인 동시에 원인이며, 속임을 당하는 자인 동시에 속이는 자이다. 무지와 개체성은 상호 의존적이다. 개체성은 한정을 의미하며, 한정은 곧 무지를 의미한다. 무지는 이른바 개체성이라는 무지의 가능성을 끊음으로써 없어진다. 전체 세계는 무지의 희생물이며, 그래서 고통을 겪는다. 절대 군주에서 하인까지, 땅 위의 짐승에서 천계의 빛나는 신(神, deva)에 이르기까지 모두가 고통을 겪는다. "그 어떤 출가 수행자, 바라문, 혹은 신이라도 해내지 못하며, 악마(Māra)도 브라흐마(Brahmā)도, 혹은 우주의 그 어떤 존재도 해내지 못하는 다섯 가지가 있다. 그것은 늙을 수밖에 없는 것을 늙지 않게 하는 것, 질병에 걸릴 수밖에 없는 것을 질병에 걸리지 않게 하는 것, 죽을 수밖에 없는 것을 죽지 않게 하는 것, 쇠할 수밖에 없는 것을 쇠하지 않게 하는 것, 사라지기 마련인 것을 사라지지 않게 하는 것이다."[원주164] 무명의 소산인 개체성은 모든 생명에 있어서 최대의 난제(難題)이며, 모든 존재의 근원적 죄이다.

12연기의 전체 구조는 무명에 달려 있다. 그러나 우리는 정확히 어떻게 이 무명이 일어나는가에 대해서는 알 수 없다. 순환의 시작은 불분명하다. 우리는 그것의 원인을 찾을 수 없다. 그것은 맹목적인 존재 이유 혹은 우리가 아무런 생각없이 무조건 받아들여야 하는 불가해한 실재인 것처럼 보인다. 붓다에게 있어서 살아 움직이고 개체성을 드러내는 모든 것은 무명의 힘을 통하여 그렇다. 그것의 현존은 존재의 사실로 입증된다. 흔들리고 있는 추를 볼 때, 우리는 그것이 어떤 밀고 당기는 힘을 받았을 것이라고 추측한다. 우리는 무명이 모든 존재의 선재 조건이라고 추측한다. 그것보다 앞에 있는 것은 아무것도 없다. 왜냐하면 세계 과정이란 시작이 없기 때문이다. 붓다는 무명의 영원함을 주장했던 것으로 보인다. 인과의 연쇄에서 그것은 첫번째에 놓인다. 왜냐하면 그것을 통하여 의지가 있고, 의지를 통하여 존재가 있기 때문이다.

만일 우리가 무지의 내용이 무엇이냐고 묻는다면, 초기 불교는 우리가 '나'의 참된 본질과 사성제에 대한 진리를 알지 못하는 것이라고 말할 것이다. 존재의 원인은 사성제의 진리를 실현하지 못한, 현재와 동일한 이전 존재이다. 우파니샤드에서도 모든 고통의 원인은 근본적으로 소아와 대아를 동일시하는 무명(avidyā)이며, 그것은 아만(我慢, egoity)으로 귀결된다. 두 경우 모두에 있어서 아만은 무명의 결과이며, 그것은 참된 지식의 결여를 의미한다.

붓다는 무명이 결코 절대적인 것이 아니라는 것을 인정한다. 그것은 그 자체를 없애도록 작용한다. 무지의 기원에 대한 형이상학적인 문제는 피해가는 것처럼 보인다. 우리는 그것을 설명할 수 없다. 그것은 부정될 수 있으므로, 우리는 그것을 실재적이라고 말할 수 없지만, 그럼에도 불구하고 우리는 그것을 비실재라고 말할 수도 없다. 왜냐하면 만일 그것이 비실재라면 아무것도 생산할 수 없어야 하기 때문이다. 붓다에 의하면 무명은 형

─────────

〔원주164〕『앙굿타라 니카야』(*Aṅguttara Nikāya*), ii ; Oldenberg, *Buddha*, p.217.

식적인 원인이 아니라, 실로 모든 존재의 원천이다. 아마 우파니샤드의 이론이 보다 설득력이 있는 것으로 보인다. 다양성의 세계는 실재를 감추는 힘을 지니고 있는 동시에 그것을 드러낸다.[역주16] 이 힘은 실재를 외적인 현현으로 투사하는 중심적인 에너지이다. 이러한 설명은 우리가 근원적 실재를 명백하게 상정할 때 가능하게 된다. 그러한 근원적인 실재가 받아들여지지 않는 한, 무명의 본질과 그 기원의 문제는 해결되지 않은 채로 남을 수밖에 없을 것이다.

무명에 대한 불교의 설명은 우파니샤드의 전제에 적합하다. 무명은 전적으로 쓸모없는 것은 아니다. 그것은 그 자체로부터의 구원 가능성에 대한 여지를 제공한다. 만일 열반이 소멸 이상이라면, 진리가 단지 덧없는 그림자 이상이라면, 개체성은 절대적인 비존재가 아니라 존재와 비존재의 혼합이며, 무명은 거짓이라기보다는 지식의 결여라고 해야 한다. 그것이 사라질 때 진리가 남는다. 아슈와고샤와 같은 후기 불교 논사들은 진여(眞如, Tathatā)로부터 무명의 돌연한 출현, 즉 보편자로부터 개별 의지의 돌발적인 생성에 관하여 언급하고 있다. 바수반두(Vasubandhu, 世親)는 개아를 일자(一者)인 보편정신의 불완전한 반영으로 설명한다. 그러면 무명은 보편자로부터 개별 존재의 발현을 야기시키는 절대자의 힘(śakti)이다. 그것은 실재의 핵심에 놓여 있는 부정성의 원리(principle of negativity)이다. 그 너머로 우리의 유한한 지성이 꿰뚫어 나아가는 것은 불가능하다. 불교의 형이상학은 단지 그것이 어떤 유형의 절대적 관념론으로 완성될 때 만족스럽고 이해할 수 있는 것이 된다.

[역주16] 베단타 철학에 따르면, 무지는 실재를 은폐하는 힘과 그것을 거짓 투사하는 힘을 지닌다. 전자를 아바라나 샥티(āvaraṇa śakti), 그리고 후자를 비크셰파 샥티(vikṣepa śakti)라고 한다. 예를 들어 우리가 어두컴컴한 헛간에서 새끼줄을 뱀으로 잘못 알고 놀랐을 때, 무지는 두 가지 측면으로 설명될 수 있다. 그것은 우리가 새끼줄을 새끼줄로 알지 못하도록 가리는 측면이 있는가 하면, 다른 한편으로는 새끼줄을 뱀으로 투사시켜 우리가 그것을 뱀으로 착각하게 만드는 측면이 있다.

14. 윤리

피로에 지친 나그네에게
잠 못 이루는 자에게 밤은 길고,
진리의 빛을 보지 못하는 자에게는
윤회의 고통이 아득하여라.

불교의 잠언(箴言)에 이와 같이 적혀 있다.[원주165] 지상의 삶은, 진지(眞知)를 지닌 자라면 더 이상 오랫동안 머물려 하지 않을, 낯선 길 위의 여정이다. 붓다는 인간의 삶을 특징짓는 내적인 모순에서 벗어나는 길을 강조한다. 고통으로부터의 구제는 붓다의 가르침의 핵심 동기이다. 존재가 안고 있는 온갖 악에서 벗어나는 것이 윤리적인 삶의 목표이다. 구원은 우리 자신을 깨부수는 데에 놓여 있다. 열반은 최고의 목적이며, 적극적으로 여기에 이르게 하는, 혹은 윤회를 끊게 하는 모든 형태의 행위는 선이다. 그리고 그 반대는 악이다. 세속적인 가치의 일반적 기준에 대한 수정이 요청된다.

1) 불교 윤리의 심리학적 토대

불교의 윤리는 심리학에 토대를 둔다.[원주166] 모든 형태의 건전한 철학과 참된 윤리는 정확한 심리학적 분석을 요한다. 불교 심리학은 윤리적인 관심 때문에 정립된 것이다. 불교의 수행, 의지의 훈련 등은 지각이 생겨나고 집중력이 향상되는 방법에 대한 어떤 이론체계를 필요로 한다. 불교는 인간의 윤리적인 성격을 분석하고, 그것의 성장과정에서 작용하는 윤리적 인과의 원리를 발견한다. 심지어 아설(我說)에 대한 비판 역시 윤리적인 동기

〔원주165〕 Oldenberg, *Ancient India*, p.94 ;『담마파다』, 60.
〔원주166〕 마르티노(Martineau)가 "심리학적인 윤리학은 전적으로 기독교에만 독특한 것이다"(*Types of Ethical Theory*, vol. i, p.14)라고 말한 것은 옳지 않다.

를 지닌다.

불교에 따르면, 의지는 인간이 윤리적인 존재일 수 있는 특징적인 요소이다. 업설 혹은 윤리적인 인과설은 모든 존재가 욕망의 소산이라는 것을 보여준다. 칸트와 마찬가지로 불교는 세계에서 절대적인 가치를 지니는 유일한 것이 선한 의지, 즉 도덕률에 의하여 자유롭게 결정되는 의지뿐이라고 말할 것이다. 모든 사람은 선을 기꺼이 결심할 수 있다. 개체성은 의지가 잠잠해짐으로써 행위가 멎을 때 사라진다. 행위는 대상에 대한 감각의 즐거움이 멎을 때 사라진다. 즐거움은 삶의 덧없음에 대한 인식으로 멎는다. 우리는 재생을 막기 위하여 복합적인 자아를 깨부수고자 노력해야 한다. 윤회의 사슬에서 벗어나 영원한 삶의 지복에 드는 것이 곧 불교의 이상이며, 이것은 인도사상이나 그외의 사상들에서도 마찬가지이다. 오르페우스 교단은 통탄할 재생의 수레바퀴에서 벗어나기를 갈망했으며, 플라톤은 우리가 영원히 진·선·미의 원형을 도모할 수 있는 행복에 빛나는 상태를 믿었다.

2) 행위에 대한 분석

카르마는 지적이며 의지적인 행위이다. 그것은 어떤 결과를 낳는 정신적인 의도라는 점에서 이중성을 지닌다. 심리학적으로 모든 행위는 세 측면을 지닌다. ① 의지적인 준비, ② 행위 그 자체, ③ 이른바 행위의 결과, 바꿔 말하여 어떤 행위에 따른 양심의 가책 혹은 후회감 같은 것이 그것이다. 첫번째의 것은 의도 혹은 결심이다. 비록 그것은 행위 그 자체가 아니라 할지라도 결코 무의미한 것은 아니다. 또한 모든 선택 모든 행위는 시간적으로는 덧없지만 그 성격상 영원한 참된 가치를 지닌다. 어떤 행위는 즉각 그 응보를 받지만, 또 어떤 행위는 일정한 시간이 경과한 후에, 혹은 다음 생에서 그 응보를 받을지도 모른다.

행위는 ① 업의 유입(āsrava)이 없는 청정한 행위, ② 업에 물든 불순한 행위의 두 종류로 나누어진다. 감정과 욕망과 무지를 여읜 청정한 행위는 어떤 응보도 가져오지 않으며, 이것은 열반을 위한 길을 닦는다. 아라한의 길을 걷는 사람의 사성제에 대한 명상은, 선악의 결과를 초월한 청정행이다. 이러한 관점에서 보면 그외의 다른 모든 행위들은 불순하다. 현생에서 혹은 나중에라도 어떤 상이나 응보를 수반하는 불순한 행위들은 선행과 악행으로 구분된다. 다른 기준이 적용되기도 한다. 선행이란 에고의 격정, 욕망, 미혹을 제어하게 하는 행위이며, 악행이란 불쾌한 응보를 낳게 하는 행위이다.

또한 선행이란 다음 세계(lokottara)의 행복을 위한 동기로 행해지는 행위이며, 악행이란 지금 여기의 행복을 얻기 위한 생각으로 하는 행위이다. 전자는 욕망을 끊고, 어떤 행위에 있어서 그것에 대한 보상을 바라지 않게 한다. 이러한 행위의 궁극적인 결과는 열반이다. 또한 선행이란 이타적인 행위이며 악행이란 자기 이익을 위한 행위이다. 이러한 상이한 기준은 서로 통한다. 감정의 제어를 가능하게 하는 행위 혹은 실로 훌륭한 내생으로 인도하는 행위는 전체의 복지를 위한 행위가 아닐 수 없다. 이런 행위들은 욕망의 부재(alobha), 증오의 부재(adveṣa), 미망의 부재(amoha)라는 세 측면을 지닌다. 자기의 이익과 현세의 행복만을 목적으로 하며 생사의 속박에 잡아매는 악행은 거짓된 견해(mithyādṛṣti), 욕망, 그리고 증오의 산물이다.[원주167] 윤리적인 악은 무지 혹은 가치와 사물의 본질에 대한 그릇된 이해에서 일어난다.

3) 중도

붓다가 설한 가르침의 체계는 자기 탐닉과 자기 고행의 양 극단을 떠나 있다. 붓다는 6년 동안의 고행 끝에 진리란 '기력을 상실한 사람에 의해서는 얻어질 수 없다'는 것을 알게 된다. "수행자가 피해야 하는 두 가지 극단이 있다. 그 하나는 습관적으로 격정에 사로잡히거나 감각적인 대상에 대한 쾌락에 몰두하는 것이며, 또 다른 하나는 습관적인 자기 고행이다. 이둘은 모두가 고통스럽고 무익한 것이며 올바른 것이 아니다. 여래가 찾아

[원주167] Warren, *Buddhism in Translations*, pp.216~218.

낸 중도(中道)가 있다. 이 길은 개안(開眼)·개오(開悟)의 길이며, 평화와 심원한 통찰에 이르게 하는 길이며, 마침내는 열반에 드는 길이다. 기실 그 것은 팔정도이다. 다시 말하여 정견(正見), 정념(正念), 정어(正語), 정업 (正業), 정명(正命), 정정진(正精進), 정사유(正思惟), 정정(正定)이 그것 이다."[원주168] 이 팔정도는 불교의 윤리를 대변한다.

4) 팔정도

정견, 즉 바른 신념이 팔정도의 첫번째이다. 우리가 행하는 것은 우리가 생각하는 것의 반영이다. 그릇된 행위는 그릇된 믿음에서 나온다. 대개 우 리는 자아를 구성하는 요소들이란 죽는 순간에 하찮은 먼지와 같은 것이 된다는 것을 깨닫지 못하기 때문에, 결과적으로 개체에 집착한다. 그릇된 견해를 제거하기 위하여 바른 지식이 필요하다. 불교 심리학에서 의지와 지성은 공존한다.

정념은 바른 견해의 소산이다. "그것은 이욕(離慾)에 대한 열망이요, 일 체 중생과 더불어 사랑으로 살고자 하는 소망이며, 참된 인류애에 대한 열 망이다."[원주169] 구도자는 다른 존재와 분리되어 있다는 생각을 버리고 전체 를 위하여 행한다. 대승불교에 따르면, 구도자의 결심은 확고한 것이어야 하며, "나는 모든 중생의 무거운 짐을 져야 한다"[원주170]고 말할 수 있어야 한다.

열망은 행위로 전환되어야 한다. 그것은 반드시 정어, 정업, 정명으로 나 타나야 한다. "거짓말을 삼가고, 험담을 삼가며, 욕설을 삼가고, 천박한 말 을 삼가는 것, 그것을 정어라고 한다."

정업은 이기적이지 않은 행위를 말한다. 붓다는 제사, 기도와 예배, 주술 과 희생제의를 믿지 않는다. "다르마에 의거한 사람에게 예경을 드리는 것

〔원주168〕 전법륜(轉法輪)에 대한 첫 설법.
〔원주169〕 『숫타비방가』(*Suttavibhaṅga*).
〔원주170〕 「바즈라드와자 숫타」(Vajradvaja Sutta).

은 아그니(Agni)에게 백 년 동안 절하는 것보다 낫다." 이전에 어떤 바라문교 사제가 붓다에게 바후카(Bahuka) 강에 목욕하고 그의 죄를 씻으라고 말했을 때, 붓다는 이렇게 반박한다. "바후카 강, 아디카(Adhika) 강은 어리석은 자의 죄를 깨끗하게 할 수 없다. 그가 계속하여 끝없이 목욕한다 해도 그렇다……. 그 어떤 강이라도 악한 행위를 하는 자, 악의를 품은 자, 죄있는 자를 깨끗하게 만들 수는 없다. 청정한 자에게는 일년 사시 사철이 거룩한 팍구(Phaggu)월(月)이다. 청정한 자에게 그것은 영원한 단식이며, 선행자에게 그것은 영속적인 서원(誓願)이다. 여기서 목욕하라. 여기서라도, 오 브라흐민이여, 모든 존재에 대해 친절하라. 그대가 거짓을 말하지 않는다면, 그대가 생명을 죽이지 않는다면, 그대가 남의 것을 훔치지 않으며, 자기 부정(否定)으로 확고해진다면, 그대가 굳이 가야(Gaya)로 가서 무엇을 얻겠는가? 어떤 강물이라도 그대에게는 가야가 될 것이다."[원주171]

아쇼카 왕은 말한다. "미신적인 제사가 아니라, 하인과 아랫사람들에 대한 친절, 공경받을 만한 사람들에 대한 공경, 살아 있는 생명에 대한 자비, 그리고 이와 유사한 성격의 행위들은 실로 모든 곳에서 행해져야 할 제의식이다." "경건한 계율은 약소한 것으로 여겨지는 반면에, 명상은 수승한 것이다."[원주172] 붓다는 당시의 제식주의에 대하여 공공연한 논쟁을 의도하지는 않았지만, 그 형식에 윤리적인 의미를 주입함으로써 그 자체의 토대를 허물고자 했다. "살코기를 먹는 것이 부정한 것이 아니라, 노여움, 음주, 기만, 시기가 부정한 것이다."[원주173][역주17] 또한 "금욕, 나행(裸行), 삭발, 거친 옷, 승려에 대한 보시, 혹은 신에 대한 희생제의라도 미혹에서 벗어나지 못한 자를 청정하게 만들 수 없을 것이다."[원주174] 붓다는 어떤 병적인

[원주171] Laksmīnarsu, *Essence of Buddhism*, p.230.

[원주172] 아쇼카 석주 포고령, vii.

[원주173] "입으로 들어가는 것은 사람을 더럽히지 않는다. 더럽히는 것은 오히려 입에서 나오는 것이다"와 비교하라.

[역주17] 이 구절은 성경 「마태복음」, xv.11에 나오는 말이다.

[원주174] Śīlācāra, *Discourses of Gotama, the Buddha*, vol. i. p.41을 보라.

형태의 고행주의로 나타나는 추하고 역겨운 것에 대한 숭배를 부정했다. 그의 아름다운 중도는 과도한 형태의 고행에 대한 비난으로 나타난다.

불교는 삶에 있어서 동기의 청정성과 겸손을 주장한다. 우리를 열반에 이르게 하는 육바라밀(六波羅蜜, pāramitā) 가운데 지계(持戒, śīla)는 대단히 중요한 위치를 차지한다. 지계와 보시(dāna)의 구분은 수동적(nivṛtti)인 덕목과 능동적인(pravṛtti) 덕목 간의 구분이다. 지계는 불살생계와 같은 계율을 준수하는 것이며, 보시는 능동적인 자기 희생과 도움이 필요한 사람을 돕는 것을 의미한다. 그것은 선(善)과 모든 존재의 유익을 위한 삶이다. 이상적인 보시의 예는 현장(玄奘, Yuan Chwang)의 이야기에 잘 드러나 있다. 그는 여신 두르가(Durgā)의 제물로 바쳐지려 하는 순간에 이렇게 생각한다. "나는 다시 돌아와 여기 하계(下界)에 태어나기를 원하며, 이로써 내가 이 사람들을 교화하여 악행을 버리고 선행을 행하도록 하며, 법(dharma)의 이로움이 널리 퍼지게 하여 시방 세계에 안식을 줄 수 있기를 원합니다."[원주175]

정업은 정명(正命), 즉 거짓과 기만, 그리고 자만과 속임수가 없는 바른 삶으로 귀결된다. 지금까지는 강조가 도덕적인 행위에 있었다. 그러나 내적인 청정도 소홀히 다루어지지 않는다. 모든 행위의 목적은 고통의 원인을 제거하자는 것이다. 이를 위하여 주관적인 청정이 요청되는 것이다. 마지막의 정정진(正精進), 정사유(正思惟), 정정(正定)은 그것과 관련된다.

정정진은 나쁜 속성이 자라나는 것을 막기 위하여 감정의 제어를 닦는 것에 놓여 있다. 이것은 정신적인 제어와 집중을 통하여 그릇된 것을 삼가고 옳은 것을 증장시키는 것을 의미한다. 만일 우리가 마음속에 배회하는 바람직하지 못한 생각을 내쫓으려 한다면, 붓다는 다음의 다섯 가지 방법들을 권한다. ① 어떤 선한 생각에 몰두하고, ② 악한 생각이 실제의 행위로 나타나게 한 결과의 위험성을 깨닫게 하며, ③ 그 바람직하지 못한 생각

[원주175] 『밀린다 팡하』(p.95, p.117)는 공덕을 자기 자신이 지니는 대신에 다른 사람에게 넘겨줄 수 있다는 교의를 언급하고 있다.

232

에서 주의를 다른 곳으로 돌리며, ④ 그러한 생각이 일어났던 원인을 분석해보고 그 결과적인 충동을 없애며, ⑤ 육체적인 긴장의 도움으로 마음을 다잡는다. 악에 대한 내적인 성찰을 통하여 우리는 마음속에 그릇된 모든 것에 대한 혐오가 일어나게 할 수 있다. "세존이시여, 이 길을 지나가는 한 여인을 보았습니까?" 그러자 붓다가 말했다. "나는 이 길을 지나갔던 사람이 여자인지 남자인지 말할 수 없다. 단지 내가 알고 있는 것은 한 묶음의 뼈가 이 길을 지나갔다는 것뿐이다."[원주176] 바른 노력이 없이는 깨달음이란 있을 수 없다. 오직 그것을 통하여 우리는 노여움, 시기, 자만, 그리고 외계 대상에 대한 집착을 끊을 수 있다.

정정진은 정사유와 분리될 수 없다. 정신적인 동요를 피하기 위해서는 일렁이는[원주177] 마음이 다잡아져야 한다. 스토아 철학자들의 경우처럼, 붓다에게 감정은 "도덕적 건강의 상실 혹은 혼란이며, 만일 여기에 탐닉하게 되면 뿌리깊은 영혼의 병이 된다." 그것은 모든 형태의 건전한 노력을 무너뜨린다. 심지어 정신적인 자부심조차도 윤리적인 향상을 저해한다. "청정하나 자기의 청정함을 알고 그 청정함을 아는 것으로 기쁨을 구하는 자는 누구나 불순하게 되며 불순한 생각을 가지고 죽는다. 불순하나 그 불순함을 알고 청정해지기 위하여 노력하는 자는 누구나 청정한 생각을 가지고 죽는다." "마음은 법(dharma)에 달려 있고, 법의 실천은 깨달음에 달려 있다."[원주178]

[원주176] 푸생(M. Poussin)은 지적인 지식과 구별되는 것으로서 참된 통찰의 힘을 다음과 같이 묘사하고 있다. "고(苦)에 대한 진리를 이해한 사람은 누구나 통속적인 개념들의 허망함을 인정하게 되며, 쾌락과 존재란 단지 무상하고 고통스러운 것임을 알게 된다. 그러나 그는 쾌락에 대한 자기 본래의 욕구나 존재에 대한 갈애를 완전히 끊지는 않는다. 도달되어야 하는 것은 삶의 고통, 육체의 불순함, 보편적인 무(無)에 대한 보다 심원하고 역동적인 느낌이다. 이러한 차원에서 수행자는 여자를 있는 그 자체로, 신경조직과 살점을 걸친 하나의 뼈대로, 갈애로 이루어진 하나의 미망으로 보게 된다. 이로써 마음은 애증을 벗어나며, 모든 감정에서 자유롭게 된다"(*Transactions of the Third International Congress of Religions*, vol. ii. p.41).
[원주177] tatratatrābhinandinī.
[원주178] "Cittādhīno dharmo dharmādhīno bodhiḥ."

오온(五蘊)은 인간의 본질에 대한 완전한 설명이 된다고 주장되지만, 인간이 경험 세계의 한 단위로 간주되는 한, 우리는 직관지(prajñā)[원주179]에 대한 불교의 강조에 입각하여 이 견해에 대한 약간의 수정을 시도해볼 수 있다. 오온에 토대를 둔 불교의 지식론은 감각론이다. 직관지의 개념은 지식론에 어떤 변화를 가져오지 않을 수 없게 한다. 직관지는 인간 정신의 최고 행위이며, 종교적인 관점에서 최상의 가치를 지니는 것이다. 팔리 경전에서는 직관지를 오온의 한 요소에 귀속시키려는 시도가 있었다는 것이 분명하다. 경장(經藏)에서 그것은 식(識)과 연계되어 있고, 논장(論藏)에서 그것은 행(行)에 귀속된다. 『카타밧투』(Kathāvatthu, 論事)는 일종의 직관지 혹은 천안(天眼, divyacakṣu)을 오온 가운데 색(色, rūpa)으로 분류하는 이교의 가르침을 비판하고 있다.

붓다고샤 시대에 상(想), 식(識), 그리고 직관지는 인간 통찰의 단순하고 복잡한 양태들에 대한 표현이었으며, 그것은 가장 합리적인 해석이었다. 오온은 경험적인 관점을 나타내며, 개아가 자기 자신을 분리된 실체로 여길 때 지니게 되는 지식에 강조점이 있다. 개아의 본질이 전체와의 유기적인 통일체로 전환될 때, 직관지는 경험지를 대체한다. 새로운 차원으로 떠오르지 못한 사람은 분별지(vijñāna)를 닦지만, 새로운 차원으로 떠오른 사람은 직관지를 닦는다. 감각적인 지각에서 참된 통찰에 이르는 끊임없는 진전이 있다. 그 둘은 상호 독립적이 아니며, 후자는 전자의 연속이며 확장이다. 직관지는 깨달음(bodhi)에서 완성된다.

정신적인 함양은 감각의 억제라기보다는 진리를 꿰뚫어보도록 그것을 닦는 것이다. 「인드리야바바나 숫타」(Indriyabhāvanā Sutta)에서 붓다는 파라샤리야(Pārāsarya)의 제자에게 그의 스승이 가르치는 감각에 대한 훈련에 대하여 묻는다. 그 대답은 감각이란 그것이 그 자체의 기능을 수행하지 못하는 만큼 단련된다는 것이다. 눈으로는 아무것도 보지 않으며, 귀로는 아무것도 듣지 않는다. 이에 붓다는 이것은 소경과 귀머거리가 가장

〔원주179〕 직관은 지성과 밀접한 관계를 지닌다. 『맛지마 니카야』, i.292 ff를 보라.

잘 단련된 감각을 지니고 있다는 것을 의미한다고 대답한다. 감각을 다스리는 참된 단련은 모든 형태의 감각 의식을 분별하고 그것의 진정한 가치를 헤아리기 위하여 감각을 단련하는 것을 의미한다. 영적인 통찰은 지적인 분별지와 감각적인 지각의 확장이며 발전이다.

붓다는 우리가 직관지의 상태에서 직관하는 절대자의 실재를 받아들였던 것으로 보인다. "고요하게 전일된 마음으로 밝히 보라. 사리풋타여, 너는 어디로부터 왔는가?" "아난다야, 나는 홀로 생각에 잠겨 있었다……. 그때 나는 수많은 차원의 인식에 떨어지는 일 없이 지각 위로 떠올랐다……. 이것은 다시 무(無)로 녹아들었다……. 통찰이 일어났다. 나는 천안(天眼)으로 세계의 길을 헤아려 알았으며, 사람들의 품성과 그들의 과거, 현재, 미래를 보았다. 그런데 이 모든 것들이 나에게 일어났으나, 나라는 생각 혹은 나의 것이라는 생각을 일으키지 않고 사라졌다." 오직 초월적인 실재에 대한 이러한 통찰 위에 우파니샤드의 철학과 같은 철학이 세워질 수 있다. 붓다는 그것을 피했다. 왜냐하면 체계적인 철학은 훗날을 기약해야 했기 때문이다. 그는 우리에게 단지 일련의 관점과 예지에 빛나는 심리학적인 통찰을 제공할 뿐이다.

앞의 단계는 직관지와 연관되는 데 비하여, 그 다음 단계인 정정(正定)에서 우리는 적정(寂靜) 혹은 삼매(三昧, samādhi)에 들게 하는 선정(禪定, dhyāna)을 보게 된다. 선정은 최고의 정관(靜觀)이며, 불교에서 기도의 위치를 점한다. 초기 불교의 이러한 측면은 소승불교에서 한층 더 발전한다. 선정은 네 단계를 지닌다. 그 첫 단계는 통찰, 내성, 정관, 그리고 물음을 수반하는 독거(獨居) 생활에서 일어나는 기쁨과 환희라고 말할 수 있으며, 두번째 단계는 의기 양양, 내적인 고요함의 단계이며, 어떤 의식적인 반성도 없는 내면 깊숙한 평화의 상태이다. 세번째 단계는 모든 감정과 편견의 완전한 부재상태로서, 자아의 욕망(ātmamoha)이 완전히 스러지는 단계라고 할 수 있다. 네번째 단계는 근심이나 기쁨이 전혀 없는 완전 적정 상태를 말한다. 이것은 이 단계에서 기쁨 혹은 근심을 주는 모든 것들이 사라져버리기 때문이다.^[원주180] 선정은 마음을 모든 존재와 조화시키려는 지속적인 노력이다. 그것은 자의식을 제거하고 진리에 침잠하려는 의도적인 노력이다. 수많은 불교 승단의 일과 가운데 일부는 바로 선정을 닦는 일에 할애된다. 감정과 마음을 단련하는 방식은 당시에 유행하던 믿음체계들로부터 차용된다. 자비(maitrī), 사랑(karuṇā), 쾌활(muditā), 평정심(upekṣā)을 소중히 여겨야 한다고 주장된다. 이 덕목들은 네 가지의 거룩한 상태(brahma vihāra)로 간주되는 것이며, 사랑과 자비심 등을 함양하고, 그것을 모든 중생에까지 확대해 나아가려는 시도들이다. 명상에 대한 40종의 주제와 4종의 황홀감은 격정을 잠재우고, 감각의 영역에서 우리를 벗어나게 하자는 것이다. 궁극자에 대한 명상의 삶은 우리에게 참된 진리를 담보한다. 여기서 우리는 선정이 실행되는 대상이 무엇인가를 묻지 않을 수 없다.

불교에는 신의 은총에 대한 아무런 언급이 없다. 그것은 단지 자기 계발의 문제일 뿐이다. 인간은 부단한 노력과 훈련을 통하여 힘과 덕성을 키울 수 있으며, 이로써 다른 모든 존재에 대하여 독존할 수 있게 된다. 만일 어떤 사람이 스스로를 정복한다면, 아무도 그를 이길 수 없다. "스스로를 정복한 사람의 승리는, 신이라도 그것을 바꾸어놓을 수 없다."[원주181] 붓다는 어떤 종교적 구속력과는 무관하게 인간에 대한 사랑과 정신적인 수행을 촉구했기 때문에, 어떤 사람들은 가우타마 붓다를 2천 년 전에 태어난 실증주의자 콩트(A. Comte)였다고 말한다.

[원주180] 차일더스(Childers)는 명상을 다음과 같은 네 단계로 나누어 설명하고 있다. "수행자는 자기의 마음을 한 생각에 전념한다. 점차 그의 영혼은 초자연적인 엑스터시로 가득 차며, 한편 그의 마음은 여전히 묵상을 위하여 선택된 주제에 대하여 추론하고 궁리한다. 이것이 첫번째 단계의 명상(jhāna)이다. 생각을 여전히 동일한 대상에 고정한 채로, 자기의 마음을 추론과 궁리에서 자유롭게 하는 한편, 엑스터시와 적정은 그대로 머물게 한다. 이것이 두번째 단계의 명상이다. 그 다음에는 전과 마찬가지로 마음을 고정시킨 채 엑스터시를 떨쳐 없애버리는 상태로 들어가는 세번째 단계의 명상에 이른다. 이것은 완전 적정의 상태이다. 마지막으로 네번째 단계의 명상에 드는데, 이 단계는 고양되고 정화된 마음이 쾌·불쾌의 모든 감정에 무관심한 상태이다"(*Dictionary*, p.169).

[원주181] 『담마파다』, 105.

5) 불교의 선정과 요가철학

불교의 선정(禪定)과 요가의 가르침은 공히 정신적인 단련을 위한 육체적인 상태를 강조한다. 육신을 제어하는 것은 깨달음을 위한 준비작업이다. 극단적인 고행(tapas)은 영적인 통찰로 이끄는 정신적 실천수행으로 대체된다. 개아가 자신의 관심을 외계 대상으로부터 거두어들이는 정신적인 제어의 실천과 자아의 적정을 실현하는 것은 모든 요가 이론에 공통된다. 선정의 네 단계에는 다양성을 특징으로 하는 현상 세계로부터의 점진적이고 방법론적인 거두어들임(abstraction)이 놓여 있다. 선정은 일관성 없는 망상이 아니라, 감각의 통로들을 차단함으로써 마음의 힘을 강화하는 일단(一團)의 실천이다.

푸생은 말한다. "찰흙 원반으로 하는 수행이나 이와 유사한 형태의 수행에 의해 집중되고 단련된 마음은 그 자체의 내용과 범주들을 성공적으로 버리게 된다. 무아경은 추론 및 반성과 연계된 묵상의 상태로부터 시작된다. 그는 욕망, 죄, 주의 산만, 즐거움, 향락적인 느낌을 버린다. 그는 물질, 접촉, 차별에 관한 어떤 느낌도 초월한다. 허공 혹은 대상 없는 지식에 대한 명상과 무(無)에 대한 묵상을 통하여 그는 의식도 아니고 무의식도 아닌 상태로 들어가며, 마침내 느낌과 개념의 실제적인 소멸을 실현한다. 그것은 완전한 최면상태에 부합하는 심리적인 잠잠함이다."[원주182]

우리는 감각적 인상으로부터의 단절 혹은 외부 감각의 완전한 지멸을 통하여 보다 큰 마음의 자유와 생각의 명료함이 얻어지는가의 여부에 대하여 단정지을 수 없다. 이 분야에 있어서 현대 과학은 아직 걸음마 단계에 있다. 다른 인도 사상과 마찬가지로 불교는 이 문제에 대하여 긍정적인 입장이었으며, 이러한 믿음은 지금도 계속되고 있다. 정신이 다잡아지고, 감각적 인상들이 멎을 때, 경험적인 자아는 최하로 떨어지고 보편아가 밝게 빛난다는 것은 인도에서 일반적으로 받아들여지는 입장이다. 요가적인 실천수행의 이상은 형이상학 체계에 따라 다른 형태로 나타난다. 우파니샤드에

[원주182] *The Way to Nirvāṇa*, p.164.

서 그것은 브라흐만과의 합일 혹은 브라흐만을 실현하는 것이다. 파탄잘리(Patañjali)의 요가에서 그것은 진리에 대한 통찰이다. 불교에서 그것은 보살(菩薩, bodhisattva) 상태의 획득 혹은 세계의 공성(空性)을 실현하는 것이다.

붓다는 모든 형태의 무아지경이 반드시 좋은 것이라고 여기지는 않았다. 그것은 반드시 바른 목적, 즉 욕망의 제거를 목적으로 해야 한다. 붓다는 초자연력을 얻기 위하여 요가를 실천하는 사람들이 있다는 것을 알고 있었다. 붓다는 그들에게 그러한 힘조차도 오직 정의와 지혜의 실천을 통하여 얻어질 수 있다고 말함으로써 실천 수행을 보다 높은 차원으로 끌어올리고 있다.[원주183] 붓다는 제자들이 과시적인 기적을 행하는 것을 금했다. 초자연력의 획득은 정신적인 어떤 이득을 가져오지 않는다. 불교의 요가적인 믿음은 티베트의 라마교에서 분명하게 나타난다.

6) 열 가지 속박

때로는 팔정도가 네 단계로 나누어지기도 한다. 여기서 각 단계는 속박을 끊는 것으로 특징지어진다. 속박이란 사람을 지상에 묶는 것을 의미하며, 그 수는 열 가지로 말해진다. 이러한 속박 가운데 첫번째는 개별적인 자아에 대한 미혹(satkāyadṛṣṭi)이며, 이것은 모든 이기주의의 원천이다. 영원한 자아는 없다는 것, 즉 존재한다는 것은 단지 오온의 모임에 불과하다는 것에 대한 인식은 우리가 자기 탐닉과 회의주의의 길로 떨어지도록 유혹할 수도 있을 것이다. 이것은 경계되어야 한다.

그래서 두번째 장애는 회의주의(vicikitsā)라고 불린다. 그것은 게으름 혹은 사악을 은폐하는 겉옷이다. 우리는 또한 정화 의례의 효능에 대한 믿음을 버려야 한다. 제의식은 우리가 욕망, 증오, 그리고 무지에서 벗어나는 데에 도움이 되지 않는다. 에고에 대한 망상에서 벗어나고, 붓다와 그의 가르침에 대한 의심에서 벗어나며, 제의식에 대한 믿음에서 벗어난 사람은

[원주183] 「아칸케야 숫타」(Ākhaṅkheya Sutta), Sacred Books of the East, vol.xi.

238

거룩한 길의 첫 단계에 들어섰다고 말한다. 그는 흐름에 들어선 자(śrota-āpanna)라고 불린다. 이 상태에 대하여『담마파다』에서는 이렇게 말한다. "온 세상의 임금이 되기보다, 천상에 올라가기보다, 혹은 온 세상을 다스리기보다, 거룩함에 이르는 첫 걸음이 훨씬 수승하다."[원주184]

그 다음으로 극복해야 할 두 가지 장애는 욕망(kāma)과 악의(pratigha)이다. 이 두 가지가 정복될 때 그는 거룩한 길의 두번째 단계를 얻으며, 그는 인간계에 다시 한번 태어날 자(sakṛdāgāmin)가 된다. 부족한 점들이 완전히 사라지지는 않는다 할지라도 최소화된다. 이렇듯 탐욕, 분노, 성욕 등과 같은 근본적인 결함을 줄인 자는 궁극적인 해탈을 얻기 전에 다시 한번 이 세계로 돌아온다. 이 두 가지 장애가 완전히 제거될 때, 그는 다시 돌아오지 않는 자(anāgāmin)가 된다. 비록 모든 오류에서 벗어난 것은 아니라 할지라도, 그는 이제 더 낮은 차원으로 떨어질 가능성은 전혀 없다.

극복되어야 할 그외의 장애는 이승이나 저승에서 물질적 비물질적인 것에 대한 갈망(rāga), 자만(māna), 독선(auddhatya), 그리고 사물의 참된 본질에 대한 무지이다. 이러한 속박이 끊어질 때, 그는 목적지에 도달하여 아라한(arhat)[원주185]이 되며, 열반의 법열을 얻는다. 고통의 원인은 완전히 사라지고 불순한 것은 모두 없어진다. 그는 더 이상 윤회에 연루되지 않는다. 아라한의 상태는 법열이 넘치는 청정함이다. 열반은 불교의 목표이며, 아라한은 그것으로 완성된다. 열반에 따른 과실(upādhiśeṣa-nirvāṇa)이 곧 아라한과(阿羅漢果), 혹은 청정함의 과실이다. 아라한은 여전히 사람이다. 그가 존재를 멈추는 것은 그가 죽을 때이다. 그때 생명의 등불에 담긴 기름이 완전히 타 없어지며, 존재의 씨앗이 말라버린다. 그는 피조 세계에서 사라져 반열반(parinirvāṇa)을 얻으며, 존재의 요소는 완

[원주184]『담마파다』, 178.
[원주185] 아라한(arhat)은 불교 이전 시대에도 자신의 종교적 이상을 성취한 사람에 대하여 사용된 용어이다.

전히 없어진다.[원주186]

불교 윤리는 사회적이라기보다는 개인적이다. 삶 속에서 우리는 붓다의 예를 본받아야 한다. 관습이나 권위에 대한 강조는 찾아보기 어렵다. 승가(僧家)가 의지해야 할 가르침에 대하여 아난다가 질문했을 때, 붓다는 이렇게 대답했다. "너희 자신에게 등불이 되고, 너희 자신에게 의지처가 되라. 너희 밖에서 의지처를 구하지 말라. 법을 등불로 하고 법을 의지처로 하라. 너희 자신 이외의 다른 곳에서 의지처를 구하지 말라."

7) 선행과 악행

행위는 대개 선행과 악행으로 구분된다. 전자는 이타의 정신에서 일어나며, 사랑과 자비의 행위로 귀결된다. 이에 비하여 후자는 이기심에 뿌리박고 있으며, 악의에 찬 행위 등으로 나타난다. 행위는 10종의 위반을 피함으로써 선하게 된다. 살인, 강도, 간음 3종의 육체적인 범죄 ; 언어에서 비롯되는 거짓말, 중상, 욕설, 잡담 4종의 범죄 ; 마음에서 비롯되는 탐욕, 증오, 그릇된 생각 3종의 범죄. 또한 악행에 대한 다른 분류도 볼 수 있다. 육욕에 빠짐, 재생에 대한 갈망, 무지, 난해한 사변은 4종의 악행이다. 때로는 그 전체가 불살생, 불투도, 불사음, 불망어, 불음주라는 간결한 경구——얼른 보기에는 소극적이지만 기실 적극적인——로 집약되기도 한다.

이러한 규범들은 다섯 측면에 있어서 자기 제어를 강조한다. 적극적인 의미에서 그것은 노여움을 자제하고, 물질에 대한 소유욕을 이겨내며, 육욕을 삼가고, 거짓의 주요 원인이 되는 비겁과 증오심을 제어하며, 불건전한 쾌락에 대한 갈망을 끊는 것을 의미한다. 이러한 자제의 결과는 자신과 남에게 행복을 가져다주며, 적극적인 덕행을 계발시킨다. 노여움에 대한 자제는 친절한 마음씨를 증장시키고, 탐욕에 대한 자제는 자비행을 널리 실천하는 것으로 귀결되며, 육욕에 대한 자제는 사랑에 청정함을 잃지 않게 한다. 때로는 이상적인 덕행이 10종으로 말해지기도 한다. 자비, 청정

―――――――

[원주186] *The Religious Systems of the World*, pp.148~149.

행, 인내, 불굴, 명상, 지성, 바른 수단의 사용, 결단, 강인함, 그리고 지식이 그것이다. 때로는 덕행에 대한 함양이 윤리, 교양, 통찰이라는 세 가지 규범으로 규정되기도 한다. 『밀린다 팡하』에서는 덕행, 인내, 침착, 명상, 그리고 지혜가 바른 삶을 구성한다고 말한다.[원주187] 우파니샤드와 초기 불교의 의무 규정들은 본질적으로 다르지 않다.[원주188]

8) 윤리적인 삶의 동기

윤리적인 삶의 동기 혹은 영감에 대하여 살펴보자. 고통을 피하고 즐거움을 얻으려고 하는 것은 모든 행위의 원천이다. 열반은 최고의 법열(sukha)이다. 현대의 쾌락주의자들은 행복이 길이와 넓이에 있어서 삶을 확장시키는 것이라고 주장한다. 불교도들은 행복이 윤회의 원인이 되는 이기심과 무지의 상태를 없애는 데 놓여 있다고 주장한다. 붓다가 사람들에게 가르친 것은 바른 지식, 덕행, 그리고 극기의 끝에 오는 영원한 구원이며, 결코 재물 혹은 권력이라는 하찮은 목표가 아니다. 자아를 하찮은 이익과 결부시키도록 만드는 것은 미혹된 마음이다. 이러한 미혹이 세상에 두루 퍼져 있다. "나는 삼계에서 그 무엇보다 자신을 중히 여기지 않는 중생을 보지 못한다."[원주189]

이기심은 불완전하고 그릇된 지식과 이에 부수하는 개체성의 미혹에서 생겨난다. 이타심은 진리에 대한 바른 지각의 결과이다. 참다운 선(善)은 오직 자아의 주관성에 대한 제어와 보편의식의 함양으로 얻어질 수 있다. 승화된 이기심은 우리에게 이기적인 갈망을 버리라고 말한다. 다른 사람의 고통에 대한 연민은 이타행의 동기로 작용한다. 우리 모두는 고통 가운데 있으며, 같은 운명의 배를 탄 동료들이다. 하늘과 땅의 모든 중생들은 윤리적 완성의 법칙하에 있다. 신, 인간, 혹은 동물이든, 삼계의 모든 존재는

[원주187] ii.1.7~15.
[원주188] 자살은 옳지 않다. 왜냐하면 생명을 끊는 것이 결코 에고의 미혹을 치유하는 것일 수 없기 때문이다.
[원주189] 『상윳타 니카야』, i.

윤리적 인과관계의 연쇄에 의하여 서로 묶여 있다. 이러한 동체 의식은 붓다의 가르침 전체를 관통하는 흐름이다.

인간 본성의 원래 바탕이 완전히 이기적인 것은 아니다. 이타적인 행위는 별스런 그 무엇이 아니다. 우리는 오직 자기 본위의 행위가 납득할 수 있는 행위라고 생각할 필요는 없다. 각 개인이 자기 이외의 사람들과 떨어져 있다고 생각하는 것은 덜 된 진리에 불과하다. 모든 존재의 생생하고 유기적인 통일이 또한 있다. 이러한 동체 의식의 개발, 혹은 완전한 지식·평화·기쁨을 얻는 것이 열반이다. 자유는 우주 의식 속에 나의 개별 의식을 확장하는 것이며, 우리의 개별적인 느낌을 다른 모든 존재에 대한 연민으로 확대하는 것이다. "제자는 자기의 마음이 자비심으로 세상의 한 방면을 뒤덮게 하고, 또 한 방면을 이렇게 하며…… 이로써 온 세상이 그렇게 되도록 하여야 한다……."[원주190] 비록 평신도의 경우에는 사후의 생천(生天)에 대한 희망이 견고하게 유지된다 할지라도, 엄격히 말하여, 불교 윤리는 결코 초자연적인 측면에 대한 어떤 허용도 시사하지 않는다.

9) 내면 지향적인 불교 윤리

덕행의 조건은 외적인 것과 무관하다. 왕이건 농부건 간에 모두가 불완전하다는 점에서는 전혀 차이가 없다. 참되고 진실한 삶만이 계산될 뿐이다. 불교는 의무의 이행보다는 전존재의 전환에 강조점을 둔다. 전성기의 솔로몬처럼, 외양의 아름다움과 탁월한 지식을 갖춘 사람이라고 해서 반드시 위대한 것은 아니다. 겸손과 자비, 그리고 사랑이 없다면, 삶의 알맹이는 죽고 없는 것이나 마찬가지이다.

10) 지식에 대한 강조

주지주의에 대한 비난은 불교의 윤리에 대해서도 적용된다. 의심할 나위 없이 지식이 강조된다. 왜냐하면 무지가 슬픔과 고통의 원인으로 말해지기

[원주190] 「마하수닷사나 숫탄타」(Mahāsudassana Suttanta).

때문이다. 마음에 있어서의 전환을 가져오는 것은 진리를 지니는 것이다. 이기적인 욕망이 참된 지혜로 일깨워진 마음에 생겨나는 것은 불가능하다. 이에 해탈된 영혼은 붓다, 즉 깨달은 자라고 하는 것이다.[원주191] 덕(德)이란 선(善)에 대한 지식이다. 그럼에도 불구하고 붓다는 이 지식이 비록 새로운 업을 짓는 것을 막을 수는 있다 할지라도, 업으로 지어진 몸을 없애버릴 수는 없다고 본다.

우리는 또한 붓다가 지식을 단순한 지적인 학습을 의미하지 않았다는 것을 깨달아야 한다. 그것은 신학적인 도그마나 불가사의한 신비에 익숙해지는 것이 아니라, 윤리가 필수적인 토대를 이루는 지식이다. 그것은 우리가 스스로의 영혼을 격정과 충동의 어두운 영향으로부터 청정하게 함으로써 얻을 수 있는 진리의 삶이다. 지식은 우리의 머리 한 구석에 싸서 내팽개쳐 놓는 어떤 것이 아니라, 우리의 존재에 스며 있고, 우리의 감성에 배어 있으며, 우리의 영혼을 떠나지 않는 것이며, 삶 그 자체로서 우리와 불가분의 관계에 있는 것이다. 그것은 지력을 통하여 전체 인격을 형성하고, 감성을 단련하며, 의지를 훈련시키는 지배적인 힘이다. 지식이 의미하는 바가 교의적인 믿음이 아니라는 것은 「테빗자 숫타」(Tevijja Sutta)에 잘 나타나 있다.[원주192]

구제되기 위하여 나는 무엇을 해야 하는가? 이 질문에 대하여 붓다는 우파니샤드의 정신에서 대답하고 있다. 이기심의 극복, 즉 이론적으로는 그릇된 자아에 대한 망상을 버리는 것, 그리고 실제적으로는 존재에 대한 갈망에서 벗어나는 것에 놓여 있다. 붓다의 거듭된 강조는 진리 파지가 세 가

[원주191] "여기서 바라문적 사색은 사유에서뿐 아니라 용어 선택에 있어서도 불교를 예기하고 있다……. 『샤타파타브라흐마나』에서 아트만을 안 자는 구원된 자로 언급되며, 이때 앎에 대하여 사용된 용어가 바로 그 용어(pratibuddha)—또한 깨달음을 의미하는—이다. 이 용어는 또한 불교도들이 어떻게 붓다가 홀로 보리수(aśvattha tree) 아래서 구원에 이르게 하는 진리에 대한 지식을 얻게 되었는가, 혹은 구원에 이르는 진리를 깨닫게 되었는가를 설명할 때 흔히 사용하던 용어이다. '붓다', 즉 '앎을 얻은 자' 혹은 '깨달은 자'라는 명칭 또한 이 용어에서 유래된 것이다"(Oldenberg, *Buddha*, p.52).

[원주192] iii.1.2.

지의 조건에 달려 있다는 것이다. ① 신앙(śraddhā)[원주193]과 ② 통찰 (darśana). 단순한 신앙만으로는 충분하지 않다. 다른 사람을 근거로 해서 간접적으로 얻어진 진리는 우리의 마음 바깥에 머물기 마련이며, 우리 자신의 삶 그 자체의 일부가 되지 않는다. "자, 비구들아, 우리가 어떤 스승을 존경하며, 그에 대한 존경에서 우리가 이런저런 것을 믿는다고 말하겠는가? 그렇게 말해서는 안된다. 너희가 진실이라고 말하는 것은, 너희가 몸소 보아 알고 이해한 것이어야 하지 않겠는가?"[원주194] ③ 수행(bhavana). 우리가 실제로 진리와 하나되고 진리의 삶을 살게 될 때까지, 진리에 대한 끊임없는 명상과 내성이 요청된다. 보다 고차적인 삶은 수행없이 시작될 수 없다.

그럼에도 불구하고 인간의 삶의 절정은 모든 거짓 개념들을 사라지게 하는 직관적인 깨달음에 있다. 아리스토텔레스는 우리가 상대적인 선(善)에 대하여 오랫동안 살펴보게 한 후에, 지고선으로서의 명상으로 자신의 윤리학을 마감한다. 붓다는 직관적인 깨달음(prajñā)을 최상의 소유로 간주하지만, 사랑과 자비가 없는 깨달음이란 있을 수 없으며, 설사 있다 해도 지극히 메마른 것일 수밖에 없다는 것을 분명히 말한다. 실제적인 선(善)이 결여된 신비적 명상은 완전이 아니다.[원주195]

11) 금욕주의

불교 윤리에 대한 또 다른 비판은 그것이 금욕적이라는 것이다. 만일 금욕주의가 욕망의 억제를 의미한다면, 불교는 금욕적이다. 욕망은 존재의 집을 세운다. 끊임없이 부유하는 것이 욕망의 본질이며, 그것은 결코 평화를 모른다. 저급한 형태에 있어서 그것은 거듭나지 않은 충동, 갈애(taṇhā)이며, 합리화된 갈애는 욕망이다. 갈애의 지멸은 오직 욕망의 근절을 통해서

[원주193] 『맛지마 니카야』, i.72.
[원주194] 같은 책, i.
[원주195] 『담마파다』, 183. 또한 『맛지마 니카야』, i.124를 참조하라.

가능하다. 이것은 불굴의 의지(chanda)에 의해서 성취될 수 있다. 붓다는 단순히 수동적인 입장을 가르친 것은 아니었다. 그릇된 욕망은 무활동이 아니라, 오직 강한 의지와 결단에 의하여 제어될 수 있기 때문이다.

붓다는 의지의 지멸 혹은 탈속이 아니라, 욕망과의 싸움, 그리고 악에 대한 역동적인 분투를 가르쳤다. "만일 비판적인 시각을 지닌 사람이 불교 윤리에서 적극적인 경향에 대하여 깊이 숙고한다면, 그는 불교 성자의 외적인 고요함 속에서 마비되고 거세된 것이 아니라 깊은 믿음과 높은 이상 속에 녹아 있는 열정과 의지를 발견하게 될 것이다. 왜냐하면 삶 속에서, 지금의 삶 가운데서 완전에 대한 보다 큰 가능성을 찾는 철학 사상은 없기 때문이다. 플라톤 철학이라도 예외일 수 없다. 또한 사랑의 점진적인 발전과정에서 그러한 감정의 저급한 형태에 대한 보다 고양된 초월을 발견하는 어떤 형태의 교의체계도 없다. 기독교라도 예외일 수 없다."[원주196]

붓다는 감정과 욕망의 억제를 요구한 것이 아니라, 모든 중생에 대한 참된 사랑의 증장을 촉구한다. 이러한 열렬한 감정이 온 우주에 편만해서, 풍부한 선의지가 흘러넘치게 해야 한다. "마음에는 흔들림이 없어야 하고, 그 어떤 비열한 언행도 삼가야 한다. 우리는 항상 친절과 자비심을 잃지 않으며, 진정으로 사랑하며, 감추어진 악의라도 지니지 않으리라. 우리는 자비심으로 그와 같은 이를 끊임없이 감화시킬 것이며, 그로부터 계속하여 더할 나위없는 자비심, 악의나 가혹함이라고는 조금도 없는 사랑으로써 온 세계를 뒤덮으리라."[원주197] 『자타카』에 담긴 이야기들은 붓다가 그의 전생에서 보인 깊은 자비와 사랑을 예증한다.[원주198] 붓다의 가르침은 쾌락과 금

〔원주196〕 Rhys Davids, *Journal of the Royal Asiatic Society*, 1898, p.55.
〔원주197〕 『맛지마 니카야』, 21.
〔원주198〕 타라나타(Tāranātha)의 『인도불교사』(*History of Indian Buddhism*)에서 우리는 아리야상가(Āryasaṅgha) 비구에 대한 이야기를 본다. 아리야상가 비구는 덫에 걸려 하체가 벌레들에게 갉아 먹히고 있는 어떤 개 한 마리가 짖고 있는 것을 보았다. 자비의 마음이 일어난 그는 홀로 생각했다. "만일 내가 이 개에게서 벌레들을 떼어내지 않는다면 이 불쌍한 축생은 죽을 것이다. 그러나 만일 벌레들을 개에게서 떼어내어 던져버린다면 이 벌레들은 죽고 말 것이다." 이에 그는 자신의 몸에서 살점을 떼내어 벌레들에게 주기로 결심하고 실제

욕 사이의 중도를 지향했으며, 따라서 그는 모든 형태의 극단을 피하고자
했다. 그는 우리에게 욕망의 억제가 아니라 그것의 전환을 촉구했다. 감수
작용에 대한 불교의 분석은 이러한 사실을 보다 분명하게 보여준다. 어떤
하나의 의식 상태는 결코 그 자체로 선한 것이 아니라, 그 결과에 따라서
선하거나 악한 것이 된다. 만일 그 결과가 행복이면 우리에게는 즐거움
(sukha)이 있을 것이며, 만일 그 결과가 불행이면 우리에게는 고통
(duḥkha)이 있을 것이다. 그 두 가지 경우가 아니라면 우리는 중립적인
느낌을 지니게 될 것이다.

모든 중생은 행복을 바라기 마련이며, 그들은 대개 상대적인 행복으로
만족한다. 절대적인 행복을 열망하는 사람은 극소수에 불과하다. 붓다는
우리가 낮은 차원의 삶에 대한 의지를 억누르고 보다 고매한 삶에 대한 의
지를 함양하여, 마침내는 궁극적인 평화를 얻어야 한다고 가르친다. 만일
고요와 적정이 찬미된다면, 그것은 이러한 상태들이 마음의 집중에 도움이
되기 때문이다. 의지는 제어되어야 하는 것이지, 결코 억제되어야 하는 것
은 아니다. 의지의 단련없이 크게 이룰 수 있는 것은 아무것도 없다. 어떤
젊은 왕자가 붓다에게 그의 가르침을 익히는 데 얼마만큼의 시간이 걸리는
가 하고 묻자, 붓다는 승마술(乘馬術)에 있어서와 마찬가지로, 거기에도 배
우는 사람이 자신감, 건강, 선근(善根), 정력, 지력을 구비하고 있는가에
모든 것이 달려 있다는 것을 지적한다.[원주199]

우리의 모든 욕망이 억제되어야 하는 것이 아니라, 다만 그릇된 욕망이
의지의 끊임없는 노력을 통하여 제어되어야 한다.[원주200] "내가 가슴속의 악
한 모든 것을 태워 없애라고 가르친다는 점에서는 금욕주의를 설하는 것이
다." 게다가 붓다의 금욕적 수행은 인간의 내면세계를 염두에 두는 것이며,
외적인 육신의 고행에 중점을 두지 않는다. 사실 붓다는 비록 육신에 집착

로 그렇게 행했던 것이다.

[원주199] 『맛지마 니카야』, 65.

[원주200] 「마하파리닙바나 숫타」(Mahāparinibbāna Sutta), vii.

하는 것을 경계했다 할지라도, 육신의 건강을 도모하는 것까지 금하지는 않는다. "언제였든지 당신은 전쟁터에서 화살을 맞아본 적이 있습니까?" "그렇소, 그런 적이 있소." "그때 그 상처에 연고를 바르고 깨끗한 천으로 싸맸습니까?" "그렇소." "당신이 그렇게 한 것은 그 상처를 좋아했기 때문입니까?" "아니오." "이와 같습니다. 고행자가 육신을 유지하고 돌보는 것은 육신을 사랑해서가 아니며, 육신에 집착해서가 아니라, 다만 종교적인 삶을 잘 영위하기 위함입니다."[원주201]

12) 수행자의 삶

붓다는 비구에게도 남보기 흉하지 않는 적당한 의복, 일상의 끼니와 거처, 그리고 질병의 치료를 허용하였다. 그는 육체적인 심한 고통이 철학적 진리를 깨닫는 데에 필수적인 굳은 마음에 해롭다는 것을 알고 있었다. 붓다는 고행을 더욱 정제된 형태로 정립하였으며, 참된 고행과 거짓된 고행을 구분했다. 그는 위험하고 유별난 형태의 고행에 대한 병적인 강조를 비난했다. 칼날을 잡은 손은 오히려 그 칼날에 손을 벨 것이다. 이와 마찬가지로 그릇된 고행은 오히려 수행자를 더 낮은 차원으로 떨어지게 한다. 붓다에게 고행은 삶의 인연을 잘라버리는 것이 아니라, 이기심의 근절을 의미한다. 고행자는 육신을 고문하는 자가 아니라, 영혼을 정화시키는 자이다. 고행은 우리의 의욕을 흩뜨리는 것들, 즉 "세속에 대한 애착, 재물의 허구, 그리고 외적인 사물에 대한 탐욕"을 벗어나는 것이다.

우파니샤드에서 우리는 나치케타스(Naciketas)가 죽음을 초월하여 있는 브라흐만을 알려는 열망에서 세속의 무상한 즐거움을 지극히 하찮은 것으로 내던져버리는 것을 본다.[역주18] 이욕행에 대한 강조는 모든 건전한 삶

[원주201] 『밀린다 팡하』, p.73.

[역주18] 『카타 우파니샤드』에 실려 있는 이야기이다. 나치케타스의 아버지 바자슈라바스 (Vājaśravas)는 자기의 모든 소유를 신에게 바칠 수 있는 깊은 신심의 소유자로 알려진다. 그는 늘 자기의 가장 소중한 것을 신에게 바칠 수 있기를 서원(誓願)한다. 이에 나치케타스는 아버지에게 가장 소중한 소유인 아들을 누구에게 바칠 것인가 하고 자꾸 묻는다. 마침내

에 있어서 필수적이다. 여자 수행자 가우타미(Gautamī)가 붓다에게 다르마의 요체를 가르쳐달라고 청했을 때, 붓다는 말했다. "오, 가우타미야, 무엇이든 평화가 아니라 격정에 사로잡히게 하는 것, 겸손이 아니라 자만하게 하는 것, 더 많이 가지려는 욕망으로 인도하는 것, 혼자의 명상이 아니라 여럿이 어울려 다니는 것을 즐겨하게 만드는 것, 꾸준한 노력이 아니라 나태하게 만드는 것, 마음을 고요하게 하는 것이 아니라 산만하게 만드는 것, 그것은 법이 아니다."[원주202] 혼자의 명상은 정신적인 고요함을 증장하고 애착에서 벗어나게 하는 수단으로 권장되었다.

불교가 과거의 전통을 완전히 버리는 것은 불가능하다. 초기 베다 시대부터 인도에는 세속의 삶과 인연을 끊고 자유로이 유행하는 고행자들이 있었다. 우리는 우파니샤드에서 사람들이 어떻게 자식에 대한 바람, 재물에 대한 욕망, 그리고 세속의 행복을 버리고 단호하게 탁발 수행자의 길을 떠나는가 보았다. 바라문교 전통의 경전들은 일상적인 삶의 의무와 제의식을 그만둘 수 있는 권리를 인정하였다. 왕자건 농부건 모든 사람이 경의를 표하는 인도의 이상적인 인간은, 손에 바리때를 들고 이리저리 다니며 아무 말없이 유행하는 수행자이다. 탁발 수행자에 대하여 야코비(Jacobi)는 말한다. "그들에 대한 공경을 규정하고 있는 법으로 볼 때, 기원전 8세기경에

아버지는 나치케타스를 죽음의 신 야마(Yama)에게 바쳐버렸다. 나치케타스가 야마를 찾아갔을 때, 야마는 그에게 세 가지 부탁을 들어주겠다고 말한다. 나치케타스의 첫번째 부탁은 아버지와의 관계를 회복하고 그의 사랑을 되찾는 것이다. 두번째 부탁은 윤회를 초월한 세계에 이르게 하는 신비한 불의 비밀을 알고자 하는 것이며, 세번째 부탁은 사후의 세계에 대한 참된 지식을 얻고자 하는 것이었다. 야마는 앞의 두 가지 부탁을 들어준 후에, 세번째 부탁은 자기가 들어줄 수 있는 것이 아니므로 다른 부탁을 하라고 말한다. 그러나 나치케타스는 이를 거절하게 되고, 그 결과로 야마와 나치케타스 간에 범아일여(梵我一如)에 대한 긴 대화가 이어진다. 이야기가 끝나갈 무렵에 가서야 야마는 내생에 대한 주제로 다시 돌아오지만, 불멸의 상태란 모든 욕망과 집착을 끊는 것이라고 말할 뿐, 나치케타스가 알고자 열망했던 내생의 본질에 대해서는 아무런 정의도 내리려 하지 않는다. 그 대신에 우파니샤드는 이렇게 결론을 내리고 있다. 야마로부터 배운 이 지식과 요가에 대한 전체 수행법을 익힌 나치케타스는 감정과 죽음을 여의었으며, 마침내 브라흐만을 실현했다.

〔원주202〕 Dahlke, *Buddhist Essays*, p.215.

그들이 공인된 지위를 지니고 있었다는 것은 분명하다."

불교의 비구는 청빈을 서원하고 붓다의 복음을 널리 전하는 데 전념하며, 탁발로 삶을 영위하는 수행자이다. 물론 붓다는 모든 사람이 수행자가 되는 것을 기대하지 않았다. 그는 사람들을 두 가지 부류, 즉 세속적인 삶을 그대로 유지하는 우바새(優婆塞, upāsaka)와 출가하여 고행을 하는 사문(沙門, śramana)으로 나눈다.[원주203] 세속적인 덕목의 중요성을 인정했음에도 불구하고, 붓다는 세속적인 의무의 이행이 해탈에 직접적인 도움이 된다고 여기지는 않았다. "장애로 가득한 것이 가정의 삶, 즉 격정에 물든 길이며, 허공의 바람처럼 자유로운 것이 세속적인 모든 것을 버린 자의 삶이다. 가정에 거하는 자가 드높은 삶을 충만되고 청정하게, 그리고 더할 나위 없이 완전하게 살기란 얼마나 어렵겠는가! 나는 머리와 수염을 깎고, 황색 가사를 두르고 가정의 삶에서 벗어나 유행자가 되리라."[원주204]

그러나 이 점에 있어서 일관성이 부족하다. 왜냐하면『맛지마 니카야』에 따르면, 출가자가 되지 않고도 열반을 얻을 수 있다는 언급이 보이기 때문이다. 비록 붓다가 극단적인 고행을 비난하기는 하지만, 불교 비구들에게 요구되는 수행이 바라문교의 경전들에 언급되는 것보다 엄격하다는 것은 사실이다. 이론적으로는 붓다가 엄격한 고행없이도 해탈을 얻을 수 있는 가능성을 인정한다 할지라도, 그럼에도 불구하고 실제로는 그것이 거의 필수적인 것으로 보인다.

13) 승가

승가(僧伽)는 불교 교단을 말하는 것으로, 수행자들이 완전한 삶을 실현하기 위하여 결속한 것이다. 그것은 구성원들이 한마음으로 서원을 하고 믿음을 고백하는 종교 단체이며, 예외없이 모든 사람에게 열려 있다. 처음에 붓다는 다소 부정적인 여성관을 지니고 있었다. 아난다가 그에게 여자

[원주203] 이와는 다른 프란체스코회의 체계와 비교하라.
[원주204]『테빗자 숫타』(Tevijja Sutta), i.47.

에 대한 처신에 대하여 질문했을 때, 붓다는 이렇게 대답했다. "여자를 쳐다보지 말아라……. 만일 쳐다보는 것이 불가피하다면 말을 건네지 말아라. 말하는 것이 불가피하다면 정신을 바짝 차리거라."[원주205]

미망인이 된 숫도다나(Suddhodana) 왕비가 은둔자의 삶을 결심하고 5백 왕자의 아내들과 함께 붓다에게 왔을 때, 붓다는 세 번이나 거절하였다. 왜냐하면 그들을 받아들이는 것은 이미 교단에 들어와 있는 많은 사람들의 마음을 혼란하게 할 수 있다고 여겼기 때문이다. 그들이 피가 흐르는 발과 남루해진 의복으로 다시 찾아왔을 때, 아난다가 질문했다. "붓다께서 세상에 태어난 것이 단지 남자 덕분입니까? 분명히 그것은 여자 덕분이라 해야 할 것입니다." 그후에 그들은 교단에 받아들여졌다. 세속의 고통은 모든 사람을 괴롭히는 것이므로, 거기서 벗어나는 길은 그것을 받아들이는 모든 사람에게 열려 있지 않으면 안된다. 다만 질병에 감염된 자, 상습적인 범죄자, 또한 군인, 채무자, 하인 등과 같이 기득권자의 간섭이 예상되는 자, 부모가 승락하지 않는 자, 어린아이는 배제되었다.

승가는 수도사와 탁발 수행자로 이루어진 조직적인 교단이다. 바라문교의 고행자들은 그와 같이 어떤 조직적인 결속을 지니지 않았다. 불교도들에 의하여 의식적으로 시도된 전법의 정신은 이러한 조직적인 활동을 부른 것이다. 불교 승려는 결코 누구를 구제하거나 저주하는 힘을 지니지 않는다. 그는 기적을 행하는 자, 혹은 신과 인간을 잇는 중보자가 아니라, 다만 인도자에 불과하다. 승가는 평신도와 승려 모두를 포함한다. 평신도는 교의를 따르는 사람임에 비하여, 승려는 법을 전하는 사람이다. 불교 승가의 규율은 비록 포교의 목적이긴 하지만, 바라문교 전통의 경전에서 차용해왔다. 붓다와 그의 제자와의 관계, 혹은 승려와 평신도 간의 관계는 스승과 제자의 관계이다.

[원주205] 「마하파리닙바나 숫타」, v.23.

14) 카스트와 사회개혁에 대한 붓다의 입장

카스트 제도에 대한 붓다의 입장에 대해서 상당한 오해가 있다. 붓다는 카스트 제도를 반대하는 것이 아니라, 우파니샤드의 관점을 받아들인다. 브라흐민 혹은 사회의 지도층은 출생에 따른 것이라기보다는 성품에 따른 것이다. 붓다 시대에 카스트 제도는 혼란한 상태에 빠져 있었으며, 카스트 간의 구분은 자질이 아니라 출생 신분에 토대를 두었다. "모든 죄를 씻어버리고, 자만과 불결함에서 벗어나 있으며, 자기를 제어하고, 바른 지식을 얻고, 거룩한 의무를 완수한 브라흐민, 이와 같은 브리흐민은 스스로를 브라흐민이라 부를 수 있다. 쉽사리 노여워하고 증오심을 품는 자, 사악한 자, 위선자, 그릇된 견해를 품고 남을 기만하는 자, 이러한 사람이 바로 불촉천민이며, 그는 중생에 대하여 아무런 자비심도 지니지 않는다." "사람은 출생에 따라 브라흐민이 되는 것이 아니며, 출생에 따라 불촉천민이 되는 것도 아니다. 스스로의 행위에 의하여 브라흐민이 되며, 행위에 의하여 불촉천민이 된다."[원주206]

모든 사람은 스스로 완전하게 될 수 있는 힘을 지녔다. 붓다 자신은 어느 누구든 명상과 자기 제어로 얻을 수 있는 바른 지식을 성취한 그러한 완전의 전형이다. 어떤 사람은 천하고 악한 자가 되도록 운명지어져 있고, 또 어떤 사람은 덕있고 지혜로운 자가 되도록 운명지어져 있다고 여기는 것은 근거 없는 것이다. 이에 모든 카스트의 사람들이 승단에 받아들여졌던 것이다. 누구든 불법을 안을 수 있으며, 승가의 일원이 됨으로써 최고의 지위를 얻을 수 있다. 이런 식으로 붓다는 나중에 비인간적인 관습으로 발전하는 카스트 제도의 토대를 침식했다.

그러나 이것은 바라문교의 교의에 생소하지 않다. 여기서도 유행자(遊行者, sannyāsin)는 모든 카스트 위에 있는 최고의 지위로 간주된다. 우리는 붓다가 카스트를 완전히 폐지했다고 말할 수 없다.[원주207] 왜냐하면 그의

[원주206] 「바살라 숫타」(Vasala Sutta), 「바셋타 숫타」(Vāseṭṭha Sutta), 그리고 『담마파다』 제XXVI장을 보라.

종교는 상류계급의 종교이기 때문이다. 그것은 오직 배운 자들만 이해할 수 있었던 난해한 교의들로 가득 차 있으며, 붓다는 항상 사문과 브라흐민들을 염두에 두고 있다. 최초로 불법에 귀의한 자들은 브라흐민 계급의 사제와 바라나시의 부유한 젊은이였다. 우리는 붓다가 어떤 형태의 사회개혁을 가져왔다고 말할 수 없다. 심지어 붓다는 브라흐민 가문 태생을 가치있는 것으로 받아들였다.[원주208] 붓다는 가난한 자들과 낮은 계급의 사람들이 신의 왕국에 설 자리를 마련해주었다는 점에서 정신적인 개혁자였다고 할 수 있다.

지금도 만연하고 있는 개념 중의 하나는 불교와 자이나교가 원래 개혁운동이었으며, 특히 이 두 종교는 카스트 제도의 횡포에 대한 저항을 대변한다는 것인데, 이것은 아주 잘못된 생각이다. 그들은 단지 바라문교 고행자들의 카스트적인 배타성에 저항했을 뿐이며, 카스트 그 자체, 즉 교단 밖에서 통용되는 카스트 제도를 그들은 완전히 인정하였다. 심지어 초기에는 교단 내에서도 비록 외양으로는 모든 사람에게 열려 있었다 할지라도, 실제로는 입교가 상위 카스트에 한정되어 있었다. 바라문교 전통의 관습에 대한 이 두 교단의 입장 또한 의미 깊다. 정신적인 문제에 있어서 이 두 교단의 평신도들은 교단의 가르침을 따랐다 할지라도, 그럼에도 불구하고 출생식, 결혼식, 장례식과 같은 성례에 관해서는 이전과 마찬가지로 바라문교 사제들의 도움을 구했다.[원주209]

[원주207] "붓다가 사회제도로서의 카스트를 폐지하려고 했다는 증거는 없다. 사실 붓다에게는 그렇게 해야 할 아무런 이유도 없었다. 왜냐하면 참된 브라흐민은 덕이 있는 브라흐민이라는 것이 그의 일관된 가르침이었기 때문이다. 실제의 교단 내부에서는 카스트가 사라졌으며, 하층계급의 사람이 승려로 인정된 다수의 예를 볼 수 있다"(E.J. Thomas, *The Life of Buddha*, 128. 또한 『우다나』, v.5를 참조하라). 붓다의 초기 제자들 가운데 한 사람은 나중에 교단의 지도자가 된 이발사였다. 「악간냐 숫탄타」(Aggañña Suttanta), 『맛지마 니카야』, iii. 80 ff.에서는, 출생에 근거한 브라흐민 계급의 우수성에 대한 주장은 경멸적으로 배격된다.

[원주208] Hardy, *Manual of Buddhism*, p.446을 보라.

붓다는 사회개혁자가 아니었다. 그는 모든 고통이 자기 중심의 생각과 연루되어 있다는 것을 절감했으며, 이러한 자만을 뿌리뽑기 위한 윤리적 · 정신적인 수행을 설했다. 붓다의 전반적인 입장은 탈속적이었으며, 그에게는 사회개혁자 혹은 국가적 지도자에게 필수적인 지상왕국에 대한 타는 열정이 없었다. "붓다의 정신은 그러한 열정과 판이하다. 그것이 없다면 어느 누구도 억압자에 대항하는 억눌린 자들의 옹호자로 설 수 없다. 나라와 사회는 있는 그대로 둬라. 수행자로서 세속을 떠난 종교인은 그의 근심이나 직업과 전혀 관계가 없다. 그에게 카스트는 아무런 의미가 없다. 왜냐하면 세속적인 모든 것이 그의 관심 밖에 있기 때문이다. 그러나 세속적인 처지에서 꾸물거리고 있는 사람들에 대하여 있는 제도를 폐지하거나 그 가혹함을 완화하기 위한 영향력을 행사하는 것은 결코 그에게 있을 수 없다."[원주210]

사유의 세계에 있어서 우파니샤드와 불교는 공히 카스트 제도의 경직성에 저항하였다. 이 두 사상은 모두 가난한 자와 비천한 자에게 최고의 정신적인 존엄을 허용하였지만, 베다의 관행과 습속을 완전히 떠날 수는 없었다. 물론 이 점에 관한 한, 불교가 바라문교보다는 다소 성공적이었다. 그러나 사회 개혁에 대한 열정은 실제로 당시의 최고 지성들에게조차도 미지의 사실이었다. 사회적 평등이 개혁의 동기가 되는 것은 현대의 일이다.

15) 베다의 권위

붓다가 베다의 관습에 따라 계속적으로 행해지던 가정의례에 대하여 간섭하지 않았다는 것은 이미 언급한 바 있다.[원주211] 그러나 교의 문제에 관한 한 붓다는 베다의 권위를 인정하지 않았다. 대체로 그는 모든 형태의 비밀스럽고 신비적인 교의들을 배격한다. "제자들아, 신비하고 비밀스런 교설이 알맞은 자리를 차지하는 세 곳이 있으니, 그것은 여자에…… 사제의 지

[원주209] Hoernle, *Calcutta Review*, 1898, p.320.
[원주210] Oldenberg, *Buddha*, pp.153~154.
[원주211] Bhandarkar, *A Peep into the Early History of India*를 보라.

식에…… 거짓된 교의에 거한다."[원주212] "나는 법을 설함에 있어 비의적인 것과 그렇지 않은 것 간에 어떤 구분을 두지 않는다. 아난다야, 진리에 관하여 여래(如來)는 등 뒤에 숨겨둔 어떤 비의 같은 것을 지니지 않기 때문이다."[원주213] 붓다 자신은 베다를 배척하는 입장에 있었다. 그는 동물 희생 제의를 허용하는 베다의 입장에 저항하였다. 이설이 있기는 하지만, 『기타고빈다』(*Gītagovinda*)의 저자 자야데바(Jayadeva)[역주19]와 『붓다샤타카』(*Buddhaśataka*)라고 부르기도 하는 『박티샤타카』(*Bhaktiśataka*)의 저자 라마찬드라 바라티(Rāmacandra Bhāratī)는 이러한 견해를 지니고 있었다.

15. 업과 재생

1) 업의 윤리적 의미

업(業, karma)의 법칙은 바깥에서 가해지는 것이 아니라, 바로 우리의 본성 속에서 작용한다. 우리가 의식하든 안하든 간에, 습관의 형성, 악에 빠지기 쉬운 성향의 증가, 자아의 역동적인 자유를 침식하는 반복의 경직성은 업의 법칙 아래 포괄된다.[원주214] 우리는 자기 행위의 결과를 피할 수 없다. 과거는 실재적인 의미에서 현재와 미래를 낳는다. 업의 법칙은 인간 관계에 정의의 실체를 나타내는 원리이다.

[원주212] 『앙굿타라 니카야』.

[원주213] 「마하파리닙바나 숫타」.

[역주19] 12세기 인물이다. 주로 목가적인 시를 썼던 시인으로 알려지지만, 또한 그는 위대한 개혁자였다. 특히 초기 크리슈나 숭배에 지대한 영향을 끼쳤으며, 비슈누교의 다른 종파에도 영향을 주었다. 카스트 제도를 부정하는 힌두교의 선두주자 가운데 한 명이었다. 그의 저작으로 알려지는 『기타고빈다』(牧者의 노래)는 크리슈나와 목우녀(牧牛女) 간의 사랑을 노래한 것으로 벵골(Bengal)어로 씌어져 있다.

[원주214] 극소수이기는 하지만, 카르마의 법칙에 일치될 수 없는 우연한 사건들이 가능하다는 언급들이 있다. 『카타밧투』, xii.3 ; 『밀린다 팡하』, pp.135 ff., p.180.

254

"사람 사람이 모두 다른 것은 각자의 업이 다르기 때문입니다. 이런 연유로 어떤 이는 장수하고 어떤 이는 단명하며, 또 어떤 이는 건강하고 어떤 이는 병약한 것입니다."[원주215] 이러한 설명이 없다면 사람들은 자신이 무한한 불의의 희생물이라는 생각을 하지 않을 수 없을 것이다. 이것은 또한 고통당하는 자가 스스로의 고통을 감수하게 하는 측면도 지닌다. 왜냐하면 그는 고통을 통하여 과거의 빚을 깨끗이 갚고 있는 중이라고 여길 것이기 때문이다. 그것은 즐거움 가운데 있는 자가 함부로 행하지 않게 만든다. 왜냐하면 그는 그 즐거움을 유지하기 위하여 지속적으로 선을 행해야 하기 때문이다.

한 제자가 이교도의 박해로 머리가 깨지고 피를 흘리며 붓다에게 왔을 때, 붓다가 그에게 말했다. "오, 아라한이여, 고통을 고통으로 감내하라. 너는 지금 수겁 동안 너에게 연옥의 고통을 줄 수도 있는, 너 자신의 업의 결과를 감수하고 있는 것이다."[원주216] 업의 법칙은 업의 자기 책임성과 내세의 실재를 주장한다. 그것은 죄의 응보가 죄를 범하는 자의 사정에 달려 있다는 것을 인정한다. 만일 마음이 굳지 못하고 도덕심이 없는 사람이 악을 범한다면, 그것은 그를 지옥으로 떨어뜨릴 것이다. 만일 선한 사람이 그것을 행한다면 현생에서 작은 고통으로도 피할 수 있을 것이다. "그것은 마치 한 덩어리의 소금이 작은 컵 속의 물에 녹을 때 그 물 전체를 아주 짜게 만들어 마실 수 없게 만들지만, 똑같은 양의 소금이 갠지스 강에 녹았을 때는 갠지스 강물이 거의 짜게 되지 않는 것과 마찬가지이다."[원주217]

업설은 불교보다 더 오래된 것이다. 물론 그것이 논리적으로 정당화되는 것은 생성의 철학에서이다. 각 개인이란 기실 인과의 긴 연쇄 가운데 한 고리에 불과하며, 여기서 어느 고리도 그 나머지와 독립적으로 존재하지 않는다. 한 개인의 역사는 출생으로 시작되는 것이 아니라, 수많은 세월을 통

[원주215] 『밀린다 팡하』 ; 『맛지마 니카야』, iii.203 ; 붓다고샤(Buddhaghoṣa)의 『앗타살리니』(*Atthasālini*), p.88을 보라.

[원주216] 『맛지마 니카야』, ii.104를 보라.

[원주217] 『앙굿타라 니카야』, i.249.

하여 형성되어왔다.

2) 업과 자유

카르마가 신(god)이나 인간보다 우위에 있는 최고의 원리가 될 때, 인간의 자율성과 노력에 어떤 위상을 부여하는 것은 어렵다. 만일 일어나는 모든 것이 업에 의하여 결정된다면, 개아가 자신의 행위에 대하여 숙고해야 할 이유를 찾기 어렵다. 그는 단지 업의 법칙에 따라서 행할 수밖에 없으며, 구원이란 자연스러운 순응에 대한 다른 표현이다. 이러한 개념은 사상사를 통하여 계속적으로 나타난다. 그리스인들은 인간이나 신보다도 더 높은 불가해한 운명이 있다고 믿었으며, 그것은 노력이나 기도로 변경할 수 있는 것이 아니라고 생각했다.

이와 똑같이 무시무시한 운명이 칼뱅주의자들의 믿음과 이슬람교도들의 숙명(Kismet) 속에 나타난다. 붓다는 이미 붓다가 되도록 운명지어져 있었던 것인지, 아니면 그렇게 될 만한 충분한 공덕을 쌓아서 그렇게 된 것인지에 관하여는 아무도 알 수 없다. 우리는 붓다가 자유의지의 문제에 대하여 직접적인 대답을 하지 않고, 추측의 문제로 제쳐놓는다는 것을 인정한다. 그럼에도 불구하고 그의 교설은 자율적인 행위의 가능성과 업의 법칙 전체에 대한 궁극적인 극복을 허용하고 있다.[원주218] 그가 증오와 실수에 대한 부단한 노력과 열정을 강조하고 있다는 사실은 자유의지의 부정과 어울리지 않는다. 그의 교설은 참회(saṁvega)의 여지를 지니고 있다. 아래의 제안은 업에 대한 불교의 강조를 자유의지와 조화시킬 수 있을 것이다.

근대 사상에 있어서조차도 결정론을 지지하는 주요 논거는 인과율에서 나온다. 불교에 따르면, 카르마는 기계적인 원리가 아니라 유기적인 성격을 지니는 것이다. 자아는 성장하고 확장한다. 고정불변의 자아는 결코 있을 수 없으며, 단지 일련의 상태로 전개되는 의식의 흐름이 있을 뿐이다. 비록 현재는 과거에 의하여 결정된다 할지라도, 미래는 열려 있으며 우리

[원주218] 『밀린다 팡하』, iv.8.39~41.

의 의지의 방향에 달려 있다. 그러나 과거에 의한 현재의 결정이 단순히 기계적인 것은 아니다. 업의 법칙은 우리에게 과거와 현재 간에 연속성이 있다는 것, 그리고 현재는 과거와 화합한다는 것을 말해준다. 이것은 현재가 과거의 유일·가능한 산물이라는 것을 의미하지 않는다. "비구들아, 만일 어떤 이가 사람은 반드시 자기의 행위에 따른 응보를 받아야 한다고 말한다면, 이 경우에는 종교적인 삶이 있을 수 없으며, 또한 고통의 완전한 멸진을 위하여 정진할 아무런 기회도 있을 수 없다. 그러나 만일 어떤 이가 사람이 받는 응보란 자기의 행위에 달려 있다고 말한다면, 이 경우에는 종교적인 삶이 의미를 지니게 되며, 또한 고통의 완전한 멸진을 위하여 전념할 기회도 있다."[원주219] 업의 법칙에 대한 기계적인 해석은 윤리와 종교의 명제들과 상충한다.

문제의 전체적인 어려움은 붓다의 견해가 지니는 심리학적 지향에 기인한다. 자아를 속성, 성향, 기질의 총체로 분석하는 것은 심리학 분야에 완전히 타당하다. 정신적 표상들의 생기·성장을 추적하고, 그들 간의 인과적 관련을 확립하는 심리학에서는, 결정론이 타당성을 지닌다. 그러나 그것은 결코 전체적인 자아의 본모습을 적절하게 설명할 수 없다. 만일 우리가 주체적인 요소를 강조하지 않는다면, 우리는 자아의 본질을 그릇 해석하는 것이 된다. 우리가 주체적인 요소를 자아의 내용에서 분리시킨다면, 그것은 하나의 논리적 추상에 불과하며, 이러한 추상은 우리의 행위를 결정짓는 것이 아니다. 어쨌든 우리의 온전한 자아는 우리 행위의 주체이며, 그것은 자기의 지난 과거를 초월할 수 있는 능력을 지니고 있다. 내용없는 자아는 아무런 특성이 없으며 무력하다. 자아없는 내용만이 완전한 결정론에 부합된다. 왜냐하면 구체적인 자아에 있어서 자유는 하나의 사실이기 때문이다.

원인없이 일어나는 것은 아무것도 없다는 주장이, 자아의 현재상태가 원인 역할을 할 수도 있다는 주장과 모순되지 않는다. 불교는 다만 자유의지

[원주219] 『앙굿타라 니카야』, iii.99.

를 마음의 질서정연한 작용을 방해하는 예측불허의 힘으로 간주하는 비과
학적인 결정론을 배격한다. 비록 개아의 사상과 욕망에 대한 틀림없는 발
달 경로가 있다 할지라도, 세계에는 기계적인 법칙 이상의 어떤 것이 있다.
업은 정신적인 성장뿐 아니라 이러한 세계 과정의 질서정연함을 역설한다.
그것은 결코 책임을 없애버리거나, 노력을 쓸모없게 만들지 않는다. 왜냐
하면 노력없이 이룰 수 있는 것은 아무것도 없기 때문이다.

우리가 최고의 상태에 도달할 때, 업은 아무런 결과도 지니지 않는다고
말한다. 과거의 모든 행위는 그 결과와 함께 영원히 사라진다. 자유의 상태
는 선악을 초월한다. 윤리적 행위가 불가피하게 응보를 가져오고 존재의
순환을 지속하게 하는 한에 있어서, 그것은 궁극적인 지복에 대한 장애로
간주되며, 이때 윤리는 더 이상 초월적인 가치를 지니는 것으로 말해지지
않는다. 우리가 현존의 삶을 벗어나려면, 공덕이 되는 것과 그렇지 않은 것
모두를 없애지 않으면 안된다. 모든 도덕적 행위는 궁극적인 해탈을 위한
준비에 불과하다.[역주20] 궁극의 이상이 실현될 때, 노력은 끝난다. 장차의
어떤 존재 속에 발현할 아무런 결과도 없다. 해탈을 이룬 개아가 행하는 것
이 무엇이든, 그는 집착 없이 행한다는 것, 이것은 또한 우파니샤드의 가르
침이기도 하다. 결과를 낳는 것은 행위 자체가 아니라, 이기적인 욕망에 기
인하는 행위이다. 따라서 최고의 상태는 윤리 규범과 업의 법칙 위에 있다
는 것이 분명하지만, 그럼에도 불구하고 윤리는 궁극의 목표와 유기적인
관련을 지닌다.

3) 재생

돌아가는 수레바퀴는 업의 법칙에 의하여 결정되는 일련의 삶에 대한 상
징이다. 오래된 것의 해체는 곧 새로운 것의 형성이다. 죽음이란 타는 불꽃
속에 싹트는 탄생에 지나지 않는다. 삶을 통하여 줄곧 변화가 있다. 생사는

[역주20] 이런 점에서 불교의 인간관은 초윤리적인 성격을 지니며, 이 점은 우파니샤드 전통에서
도 마찬가지이다.

우리가 이름을 붙이는 극히 중대한 변화이다. 응보를 받을 수밖에 없는 행위의 모임이 남김없이 소멸될 때 죽음이 일어난다. 생의 수레바퀴는 우리가 선택하기만 한다면 자기의 운명을 개선할 수도 있는 새로운 기회를 우리에게 제시한다. 이 수레바퀴 속에서 인간뿐 아니라 모든 중생들이 끊임없이 부침하고 있다.

붓다는 바라문교의 이론에 따라서 사악한 자에 대한 지옥과 불완전한 자에 대한 재생을 제시한다. 천계 또한 인정된다.[원주220] "죽어서 육신이 소멸되는 순간에, 선행자는 천계의 어떤 행복한 곳에 다시 태어난다."[원주221] 때로는 천계와 지옥 모두가 재생이 일어나기 전의 일시적인 상태로 간주되기도 한다. 초기 불교는 붓다의 전생과 수많은 자기 희생의 행위——보리수 아래서 악을 이기고 궁극적인 깨달음을 얻기까지 그가 준비해왔던——와 관련된 『자타카』의 이야기를 통하여 윤회의 개념을 대중화시켰다. 만일 우리가 어떤 초자연력을 계발한다면 지나온 모든 삶의 무한한 과거를 알 수 있다고 한다.

4) 윤회의 메커니즘

불교에는 생에서 생으로 옮겨다니는 영혼, 혹은 개아의 이행(移行)과 같은 개념이 없다. 사람이 죽을 때 그의 신체기관은 해체되어 사라진다. 심리기관의 토대가 되는 육신이 소멸되어버렸기 때문에, 그의 심리적인 삶도 끝난다. 재생하는 것은 죽은 자가 아니라 다른 자이다. 옮겨가는 영혼이란 결코 있을 수 없다. 존속하는 것은 성향이다.[원주222] 불교는 업의 연속이 죽

〔원주220〕 초기 불교는 각각 욕망(kāma)의 세계(欲界), 물질적 형태(rūpa)의 세계(色界), 그리고 무형태(arūpa)의 세계(無色界)를 포함하는 눈에 보이지 않는 세계 체계들의 실재를 인정한다. 욕계는 정령(精靈, preta), 아수라(asura), 인간, 그리고 신들의 거처이다. 색계는 욕망에서 자유롭게 된 신들이 거처하는 곳으로, 이 신들에 따라 구분되는 16범계(梵界, brahmaloka)를 포함한다. 4종의 선정(禪定)을 닦아 재생에서 자유로워진 자들은 열반을 얻을 때까지 여기에 머문다. 무색계는 형태가 없는 선정을 실천하는 자들의 거처이다.

〔원주221〕 『마하파리닙바나 숫타』, i.24.

〔원주222〕 『아비다르마코샤』(Abhidharmakośa), iii.24를 보라.

음 현상으로 분리되는 두 삶 간에 유지되는 메커니즘을 설명하지 않는다. 불교는 단순히 이것을 상정하고 있을 뿐이다. 연속적인 삶은 자연적인 인과관계의 연쇄에 의하여 연결된다고 말한다. 결과로서 생기는 성향은 그것이 적합하게 되는 생의 상태로 자동적으로 내려앉는 새로운 개아를 확립한다. 죽어가는 자의 의식은 업력 때문에 미세한 유기조직과 결부된 일련의 의식상태를 생기게 하거나 시작하며, 마침내 어떤 자궁 속에 거소를 취하게 된다고 말해진다.[원주223]

일반적으로 결정적인 요소는 죽어가는 자의 윤리적·지적 삶의 본질이 되는 마지막 생각으로 간주된다. 그것은 죽음이 일어날 때 새로운 생에 대한 욕망으로 존속하는 힘이다. 이렇듯 행위의 결과로 생기는 업력뿐 아니라, 또한 존재에 대한 집착(upādāna)이 있음에 틀림없다. 생은 하나의 결합이기 때문에, 분리된 요소들이 결합되지 않는다면 생은 결코 있을 수 없을 것이다. 흩어진 요소들을 재결합시키려는 역동적인 힘이 있다. 우파다나라고 불리는 이 끌어당기는 힘에 몰려서 새로운 결합이 일어난다. 업은 그것 없이 아무것도 할 수 없을 것이다. 업은 결합할 재료를 기다리는 분별 원리이다.

"자연히 혹은 강제로 우리가 죽음의 문턱에 이를 때, 견딜 수 없이 혹독한 고통의 과정이 지속됨에 따라 사지 오체의 부분 부분들이 각각의 관절과 인대에서 빠지고 분리될 때, 햇볕에 타는 종려나무 이파리처럼 육신은 점차 말라 비틀어지고, 시각과 다른 감각기관들이 쇠약해져서 활동을 멈추고, 감정의 힘, 사고의 힘, 그리고 생명의 힘이 심장 속에서 꺼져갈 때, 그러한 때에 의식은 마지막 피난처에 자리를 잡으며, 마음은 잠재 성향이라고도 말해지는 업에 의하여 존속한다. 그러나 이 업은 여전히 그것이 의존하는 어떤 것을 유지하며, 이전에 중요했거나 많이 행했던 그러한 행위들로 이루어져 있으며, 바로 가까이에 있다. 그렇지 않다면, 이 업은 그 자체, 혹은 지금 들어가는 새로운 생존양식의 영상을 만든다. 그리고 그것을 대

[원주223] Poussin, *The Way to Nirvāṇa*, pp.83~84를 보라.

상으로 해서, 의식은 계속하여 존재하게 된다.

"자, 의식은 여전히 잔존한다. 그런데 한편 욕망과 무지가 제거되지 않고, 무지가 대상의 사악을 감추고 있는 한, 욕망은 의식으로 하여금 대상을 지향하게 만든다. 의식과 더불어 일어난 카르마는 의식이 대상을 향하여 나아가도록 충동질한다. 이러한 의식은 연속적으로 욕망 때문에 대상을 지향하는 경향을 지니게 되고 카르마에 의하여 대상을 향하여 나아가도록 내몰린다. 마치 높은 언덕 위의 나무에 달아맨 밧줄을 타고 몸을 날려 수로를 건너는 사람처럼, 처음 거처를 떠나서 감각의 대상과 다른 것들에 의존하여 존재를 계속하며, 카르마에 의하여 만들어지는 또 다른 하나의 거처를 조우하거나 혹은 그렇지 않을 수도 있다. 여기서 전자의 의식은 그것이 존재에서 빠져나간다는 점에서 보아 죽음이라고 불리며, 후자의 의식은 그것이 새로운 존재 속으로 태어난다는 점에서 보아 재생이라고 불린다. 그러나 분명히 알아야 할 것은, 여기서 후자의 의식은 이전의 존재로부터 현재의 존재로 오는 것이 아니며, 또한 그것의 현존 양태는 단지 과거의 존재 속에 포함되어 있는 여러 가지 원인, 이른바 카르마, 성향, 기질에 기인할 뿐이라는 점이다."[원주224]

한편으로 축생, 정령(精靈), 인간의 구분이 있으며, 다른 한편으로는 신들과 지옥에 사는 악귀들에 대한 구분이 있다.[원주225] 후자는 육체가 없는 허깨비 같은 것이며, 그들의 생을 지향하는 의식(birth-consciousness)은 혼자 힘으로 무기물로부터 새로운 육체를 만들 수 있다. 생을 지향하는 의식은 축생, 정령, 인간과 함께 자연환경을 전제조건으로 하며, 만일 죽는 순간에 이러한 전제조건이 실현되지 않으면, 죽어가는 의식은 새로운 존재

[원주224] 붓다고샤, 『청정도론』, 제17장 ; Warren, *Buddhism in Translations*, pp.238~239. 재생 혹은 수태(受胎)를 설명하기 위한 중세 불교 심리학적 시도의 한 예로, 아누룻다의 『아비담맛타상가하』(*Abhidhammatthasaṅgaha*, 옹 옮김), 특히 서론 부분을 들 수 있을 것이다.

[원주225] 옹과 리스 데이비스 공저, 『철학개론』(*Compendium of Philosophy*), pp.137~139를 보라.

의 생을 지향하는 의식 속으로 즉각 옮겨가서 지속될 수 없다. 그러한 존재에 대해서는 명이 짧은 건달바(Gandharva)[역주21] 형태의 중간 존재가 인정된다.[원주226] 육체가 없는 정령처럼 이러한 건달바는 수태를 위한 제 요소들의 도움으로 기회가 나는 대로 적합한 배아를 만든다.

연속성에 대한 인과적 설명 또한 재생을 설명한다. 다시 태어나는 사람은 죽은 자의 행위의 상속자이다. 그럼에도 불구하고 그는 새로운 존재이다. 영원한 자기 동일성이란 있을 수 없으며, 완전한 소멸 혹은 단절 또한 있을 수 없다. 새로운 존재는 그것의 행위가 그것을 만들었던 것이다. 업의 존속에 대한 이 이론은 우파니샤드에서 제시되고 있으며, 그 한 예로『브리하드아란야카 우파니샤드』에 나오는 아르타바가(Ārtabhāga)와 야갸발키야(Yājñavalkya) 간의 대화를 들 수 있을 것이다.[역주22]

불교의 주된 경향은 업을 존속하는 요소로 만들려 하는 것이지만, 또한 때로는 의식(vijñāna)이 그러한 기능을 하는 것으로 상정되기도 한다. "현재 우리의 모든 것은 우리가 생각했던 것의 결과이다." 의식은 실재적인 의미에서 우리 영혼의 본질을 구성하는 것으로 말해진다.[원주227] 그것은 단지 의식과 카르마, 사유와 의지 간의 긴밀한 관계를 보여줄 뿐이다. 궁극의 열반상태에서 우리는 의식뿐 아니라 카르마에서 자유로우며, 개아는 모든 고통에서 벗어난다. 카르마는 삶의 과정과 동반하며, 카르마가 완전히 없어질 때 개별 존재도 끝난다.

[역주21] 팔부중(八部衆)의 하나이며, 제석천(帝釋天)의 아악(雅樂)을 맡아보는 신.

[원주226] 유부(有部)는 이와 같이 반(半)물질적인 ──이송을 위한── 조직으로 이루어진 중간 상태를 인정한다.

[역주22] iii.2.1~13을 보라.

[원주227] 흄에 의하면, 인격적인 자기 동일성은 오직 "일련의 유관 관념들에 따른 사유의 지속적인 추이"로부터 일어난다.

16. 열반

1) 열반의 본질

"이것이 고통의 지멸에 대한 거룩한 진리이다. 실로 그것은 소멸하여 아무런 감정도 남지 않는 것이며, 포기, 벗어남, 해방이며, 더 이상 타는 갈애를 품지 않는 것이다." 붓다는 열반의 본질에 관한 문제를 직접적으로 다루지 않았다. 그는 자기의 사명이 사람들에게 지복의 비밀을 밝히는 것이라기보다는, 사람들이 그것을 실현할 수 있게 하는 것이라 생각했다.[원주228] 그의 중심 주제는 삶의 고통이었다. 열반이라는 말의 문자적인 의미는 '불어 끄는 것' 혹은 '냉각'이다. 불어 끄는 것은 소멸을 시사한다. 냉각은 완전한 절멸이 아니라, 단지 격정이 차차 스러지는 것을 의미한다. "해방된 마음은 마치 타는 불꽃의 꺼짐과 같다."[원주229] 열반에 대한 이 두 가지 함축은 하나의 궁극적인 상태에 대한 소극적인 측면과 적극적인 측면에 각각 부합한다.

어쨌든 불교에 따르면 열반이란 신과의 복된 친교가 아니다. 왜냐하면 그것은 단지 생에 대한 욕망을 영속화하는 것일 뿐이기 때문이다. 붓다가 의미한 것이 모든 존재의 소멸이 아니라 단지 거짓된 욕망의 지멸이라는 것은 수많은 구절에서 드러난다. 열반은 단지 타는 욕망과 증오와 무지의 절멸이다. 만일 열반이 이러한 의미로 받아들여지지 않는다면, 우리는 35세에 실현된 붓다의 깨달음, 그리고 그후 45년 동안의 활발한 설법과 실천을 바르게 이해할 수 없을 것이다. 때로는 열반이 두 가지로 구분되기도 한다. ① 단지 인간의 감정이 사라질 뿐인 유여열반(有餘涅槃, upādhiśeṣa),

---

[원주228] 『테라가타』와 『테리가타』의 아름다운 시심(詩心)은, 현세에서도 얻을 수 있는 열반의 지복에 대한 관념에 의하여 영감을 받은 것이다(『디가 니카야』, i .84를 보라).

[원주229] 『디가 니카야』, ii .15. 『맛지마 니카야』 72에서 붓다는 열반을 꺼지는 불꽃——더 이상 탈 나무나 건초가 없는——에 비유하고 있다. 『슈웨타슈와타라 우파니샤드』(iv .19)는 최고아(Paramātman)를 연료가 다한 불꽃이라고 말한다. 또한 『느리싱홋타라타파니야 우파니샤드』(Nṛsiṁhottaratāpanīya Upaniṣad) 2를 보라.

② 모든 존재가 소멸하는 무여열반(無餘涅槃, anupādhiśeṣa). 차일더스 (Childers)에 의하면, 전자는 비록 우리가 존재하도록 잡아끄는 욕망은 소멸되었다 할지라도 오온이 여전히 존재하는 완전한 성자의 상태를 가리킨다. 후자에서는 그의 죽음에 따라서 모든 존재가 지멸한다. 그것은 외적인 삶이 계속되는 해탈자와 그것이 완전히 멎은 해탈자 간의 구분인 것으로 보인다. 이 세계에서 열반을 얻었다고 말하는 것은 언제나 유여열반을 의미한다. 그것은 아라한이 덧없는 세계에서 사라질 때 반열반(般涅槃, parinirvāṇa)에 들게 되는 아라한의 지위이다. 따라서 유여열반과 무여열반의 구분은 열반과 반열반, 소멸과 완전한 소멸 간의 구분에 해당한다.[원주230]

그러나 이 문제에 대한 엄격한 어법은 없다.[원주231] 심지어 반열반조차도 절대적인 비존재를 의미할 수 없다. 그것은 단지 존재의 절대적인 완전을 의미할 뿐이다. "성자 붓다에 의하면, 궁극적인 구원은 결함없는 의식상태의 지속적인 흐름에 지나지 않는다."[원주232] 그것은 압박감과 갈등이 없는 정신적 영면(永眠)이다. 악한 성향의 제어는 동시적인 영적 진전을 수반한다. 영적인 추구의 절정인 열반은 적극적인 의미의 지복이다. 그것은 완전의 종착점이며, 소멸의 심연이 아니다. 우리에게 있는 모든 개체성을 탈각함으로써, 우리는 전체 우주와의 친교에 들어가며, 궁극 목적의 통합적인 일부가 된다. 이때 완전은 이미 있었던·지금 있는·장차 있을 모든 것과의 일체감이다. 존재의 지평은 실재의 극한으로 확장된다. 그것은 일종의 이기심 없는 존재이며, "확신, 평화, 적정, 지복, 고상함, 청정, 신선함"[원주233]으로 충만된 비시간적 존재이다.

『밀린다 팡하』에는 붓다의 반열반이 존재의 소멸이라는 것을 가리키는 몇몇 구절이 있다.[원주234] "세존께서는 또 다른 개체의 형성을 위한 어떤 뿌

[원주230] 『밀린다 팡하』, ii.2.4.

[원주231] Oldenberg, *Excursus on Nirvāṇa*, iii을 보라.

[원주232] 『사르바싯단타사라상그라하』(*Sarvasiddhāntasārasaṁgraha*), ii.4.21.

[원주233] 『밀린다 팡하』, ii.2.9 ; ii.1.6 ; iii.4.6.

리도 남기지 않는, 그런 죽음으로 열반에 드셨습니다. 세존께서는 소멸하였으며, 따라서 그가 여기에 있다고 하거나 저기에 있다고 하는 것은 있을 수 없습니다. 다만 그의 법신(法身)으로 나타낼 수 있을 뿐입니다."[원주235] 붓다는 더 이상 존재하지 않기 때문에 우리는 그를 숭배할 수 없으며, 따라서 그의 사리와 가르침을 숭배한다.[원주236]

나가세나(Nāgasena)는 열반의 개념을 소멸, 모든 활동의 정지(citta-vṛttinirodha), 혹은 모든 생성의 지멸(bhavanirodha)로 채색하고 있다. 그러나 우리가 보건대, 초기 불교도들에게 열반은 존재의 완전, 세상의 슬픔과 기쁨을 초월하여 있는 영원한 지복이었다. "오 밧차(Vaccha)야, 여래는 이렇듯 물질로부터 해방될 때, 대양과 같이 깊고 헤아릴 수 없으며, 잴 수가 없느니라." 비구니 케마(Khemā)는 코살라(Kosala)의 파세나디(Pasenadi)에게 죽음이 여래를 오온의 경험적 존재로부터 벗어나게 한다는 것을 확신한다. 사리풋타(Sāriputta)는 죄가 없어진 비구는 사멸한다는 사교의 견해를 주장하는 야마카(Yamaka)를 비난한다.[원주237]

막스 밀러(Max Müller)와 차일더스는 열반과 관련된 구절들을 체계적으로 검토한 후에 "그 의미를 사멸이라고 새겨야 할 한 구절도 없다"는 결론에 도달한다. 사라지는 것은 거짓된 개체성이며, 이에 비하여 참된 존재는 남는다는 것이 명백하다. 무지개는 사실과 상상의 혼합이듯이, 개체성은 존재와 비존재의 조합이다. 떨어지는 빗방울은 형태(rūpa)요 광선은 이름(nāma)이며, 이 둘의 교차로 생겨나는 것은 생성(bhava), 즉 가현이며

[원주234] 나가세나에 의하면, 재생하는 개체는 시간적 경험을 지니지만, 윤회에서 벗어난 자들은 시간적 경험을 지니지 않는다. 시간은 속세의 요소에 속한다(『밀린다 팡하』, pp.50 ff를 보라).

[원주235] 『밀린다 팡하』, iii.5.10. 이것은 조지 엘리엇(George Eliot)의 「보이지 않는 성가대」(Choir Invisible), 혹은 메테를링크(Maeterlinck)의 「파랑새」(Blue Bird)에 구체화되는 개념, 즉 이어지는 기억 속에 잔존을 시사하고 있다.

[원주236] 『밀린다 팡하』, iv.1. 또한 『상윳타 니카야』 i 을 보라.

[원주237] 『맛지마 니카야』, i .487 ; 『상윳타 니카야』, iv.347 ; iii.109를 보라. 또한 『파티삼비다막가』(Patisambhidāmagga), i .143~145를 참조하라.

환영인 무지개이다. 그러나 그것은 그 자체의 영원한 토대로서 실재적인 어떤 것을 지닌다. "세계는 그것이 객관으로서 주관인 나에게 대하여 있는 한에서만, 나에게 달려 있다. 알려지는 것은 오직 그 형태뿐이며, 그 토대는 알려지지 않는다. 그런 까닭으로 세계는 오직 지식을 통하여, 즉 그것이 형태인 한에 있어서 멸해질 수 있다. 오직 형태인 한에 있어서 그것은 일어나고 스러지는 생성이며, 생성은 끝날 수 있다. 그러나 형태가 토대를 두는 것, 그 요소는 존재이며, 존재는 어느 경우에도 결코 비존재로 떨어질 수 없다. 영원한 것은 어느 경우건 결코 끝날 수 없다."[원주238]

열반은 존재의 영원한 상태이다. 왜냐하면 그것은 만들어진 것이거나 결합된 것(saṁskāra)이 아니기 때문이다. 만들어지고 결합된 것은 무상한 것이다. 영원한 존재 상태는 그 자체의 현현이 바뀌는 중에도 자기 정체를 유지한다. 그것은 생사에 지배되는 오온의 세계를 초월하여 있다. 생멸의 환영은 열반의 실재에 의지해 있다. 그것은 모든 존재의 근본 원리이며, 따라서 정의될 수 없다. 붓다가 그것을 정의하려고 시도하지 않은 것도 바로 이런 이유 때문이다. 깊은 잠에 비유되기도 하는 열반 상태에서 영혼은 그 자체의 개체성을 잃어버리고 대상적 전체 속으로 녹아든다.[역주23] 후기 대승 경전에서 강조되는 견해에 따르면, 실재하는 것은 존재의 흐름(bhavāṅga)이다. 무지의 폭풍이 그 위를 할퀴고 지나가고, 존재의 대양에 파도를 일으키며 그 잔잔한 흐름을 휘젓는다. 잠자던 영혼이 놀라 일어나고 그 원융무애한 흐름이 속박된다. 그것은 깨어나서 사유하며, 아집을 짓고 스스로를 존재의 흐름에서 소외시킨다. 깊은 숙면 상태에서 이 장애들은 사라진다.

열반은 존재의 흐름으로 복귀하는 것이며, 끊임없는 흐름을 다시 시작하는 것이다.[원주239] 우리가 잠들어 있을 때는 어떤 생각도 존재의 흐름을 교

[원주238] Dahlke, *Buddhist Essays*, p.258.

[역주23] 화이트헤드(A.N. Whitehead)의 과정철학에서 객체적 불멸(objective immortality) 개념을 연상하게 하는 해석이다.

[원주239] 『밀린다 팡하』(p.271)에 따르면, 공간과 열반은 모든 인과의 형식과 무관하게 존속한다.

란시킬 수 없듯이, 열반의 상태에서 우리는 영면한다. 열반은 우리가 생각하는 소멸이거나 존재도 아니며, 영원한 실재와 하나된 생성이다. 물론 붓다는 이 점을 명시적으로 받아들이지 않는다. 다만 그것은 인간 사유의 지평 너머에 있기 때문에 우리는 그것을 묘사하는 데 부정적인 용어를 사용하지 않을 수 없다. 그것은 주관과 객관을 초월하는 상태이다. 그 속에는 전혀 자의식의 흔적이 없다. 그것은 무제한적인 자유이기 때문에, 인과율에 지배되지 않는 행위의 상태라고 할 수 있다.[원주240] 그것은 비록 시공간 속에 존재하는 것은 아니라 할지라도, 실재하고 지속적인 상태임에 분명하다.

장로와 비구니들의 시편은 모든 설명을 초월하는 열반의 지극한 즐거움과 영원한 기쁨으로 가득 차 있다. 개별 의식은 모든 상대적인 존재가 사라지는 상태로 들어간다. 그것은 침묵의 심연이다. 어떤 의미에서 그것은 자기 소멸이며, 또 어떤 의미에서는 절대적인 자유이다. 그것은 장려한 일출에 별이 빛을 잃음이며, 뜨거운 여름 공기에 흰구름이 녹아 없어지는 것이다. 붓다에 의하면, 열반이 소멸이라고 생각하는 것은 "하나의 사견(邪見)"이다.[원주241]

비록 열반의 상태가 최고 형태의 역동성을 의미하는 것으로 표현된다 할지라도, 그것을 부정적인 의미에서 수동적인 것으로 간주하는 입장이 현저하다. 떠들썩한 삶과 흥분으로 가득 찬 이 세계가 존재의 권태를 쌓아가는 사람들에게 아무런 희망도 주지 못했던 시대에, 완전한 상태는 역동적이기보다는 정적인 상태, 즉 평화와 행복, 고요와 적정, 안정과 재충전의 상태로 묘사되기 마련이다. 윤회의 영원한 흐름은 열반 혹은 그 흐름이 멎은 것으로 말해지는 상태가 축복받은 해방으로 인정되는 그러한 힘을 동경하게 한다.

[원주240] 공(空, śūnyatā), 무상(無相, animitta), 무원(無願, apraṇihita)과 비교하라.
[원주241] 『잡아함경』, iii.109.

2) 불교의 열반(nirvāṇa)과 우파니샤드의 해탈(mokṣa)

우파니샤드의 사상가들과 마찬가지로, 붓다는 열반을 얻은 자의 상태에 관한 어떠한 사색도 허용하지 않았다. 그것은 지식의 대상이 아니기 때문이다. 그럼에도 불구하고 그는 우파니샤드의 방식에서 그것을 긍정적이면서 부정적인 것으로 묘사하고 있다. 「테빗자 숫타」(Tevijja Sutta)에서 그는 심지어 열반이 브라흐마(Brahmā, 梵天)와의 합일로 불리는 것을 허용한다.

이와 같은 묘사는 붓다를 인간과 세계에 어떤 고정불변의 원리를 인정하지 않는 부정적인 사상가로 만드는 견해와 일치하지 않으므로, 리스 데이비스는 말한다. "보편적인 사랑의 실천 결과로서 브라흐마와의 합일에 대한 희망을 주장함에 있어서, 붓다는 불교적인 의미의 '범아일여'(梵我一如), 즉 한 개체로서 불교의 브라흐마와 누리는 일시적인 친교를 의미하고자 했을 것이다. 그것은 선행자와 의식적으로 자기 동일성을 지니지 않는 새로운 개체에 의하여 향수되는 일시적인 친교이다. 대인논증(對人論證)[역주24]이 「테빗자 숫타」의 이 부분에 적용될 수 있으며, 따라서 iii.1은 이런 의미로 새겨져야 한다. '이것(보편적 사랑)은 네가 원하는 네 자신의 브라흐마와 합일하는 유일한 길이다.' 그러나 진리에 대한 붓다 자신의 해석에 있어서 이러한 이교적인 견해는 거의 받아들이기 어려울 것이다."[원주242] 리스 데이비스는 붓다의 가르침에 의거할 때, 그것이 결코 이설이 아니라는 것을 간과하고 있다.

만일 우리가 열반을 긍정적인 상태로 간주한다면, 우리는 어떤 영원한 것의 실재를 인정하지 않을 수 없을 것이다. 논리는 엄격한 감독이다. 붓다는 어떤 영원한 원리를 받아들이지 않을 수 없다. "제자들아, 태어나지 않고, 생산되지 않으며, 만들어지지 않고, 복합되지 않은 어떤 것이 있다. 제

[역주24] 논자의 주의·성격·지위·환경·직업 등을 이용하여 그의 주장을 비판하거나 변호하는 방법을 말한다. 예를 들어, "그는 교육자이므로 그의 설은 바르다"든가 "그는 허풍쟁이이므로 그의 주장은 믿을 수 없다"는 등의 주장은 대인논증에 따른 것이다.

[원주242] 「테빗자 숫타」에 대한 서론. The Sacred Books of the East, vol.xi, p.161.

자들아, 만일 이 태어나지 않은 어떤 것이 없다면……태어나는 자에 대한 가능한 출구가 있을 수 없을 것이다."[원주243] 자아를 오온(五蘊)으로 환원시키는 것 또한 궁극적이 아니라는 것은 명백하다. 만일 자아가 단지 육신과 마음, 속성과 기능의 무상한 복합체라면, 그것이 사라질 때, 구원될 것이라고는 아무것도 남지 않을 것이다. 우리는 스스로의 욕망을 단멸하고 업을 불사르며, 그리고는 영원히 사라질 것이다. 그러나 열반은 무시간적 존재이며, 따라서 붓다는 무시간적 자아의 실재를 받아들이지 않을 수 없다. 무한한 존재, 경험적인 모든 범주를 초월하며, 어떤 결과를 낳거나 어떤 다른 것의 결과가 아닌 어떤 것으로서, 모든 존재의 근저에 놓인 한 존재가 있다. "열반에 대하여 우리는 그것이 일어났다고 하거나, 일어나지 않았다고 하거나, 그것이 일어날 수 있다고 말할 수 없으며, 그것이 과거, 현재 혹은 미래라고 말할 수도 없다."[원주244]

열반은 모든 연속을 유지하는 동시성이다. 구체적인 시간은 영원자 속에서 사라진다. 세계 과정의 변화성은 확고부동한 실재를 감춘다. 오직 이러한 입장에서 이해할 때, 열반에 대한 붓다의 설명이 완전해진다. 붓다는 그가 실재한다고 생각했던 이러한 초월적인 개념들을 정의하기 위하여 고심하지 않았다. 왜냐하면 이러한 개념들은 삶과 정신적인 진전에 그다지 도움이 되지 않는다고 여겼기 때문이다. 말룽키야풋타(Māluṅkyāputta)의 질문에 대한 그의 가르침에서, 그는 단지 평화, 청정, 깨달음을 향한 진전을 담고 있는 문제만 다루고자 하였으며, 궁극적인 목적지에 대한 질문을 피했다.[원주245] 그러나 이와 같이 극히 중대한 문제에 대한 의도적인 포기 혹은 회피적인 답변은, 그것을 알고 싶어하는 인간의 마음 자체를 억눌러 버릴 수는 없는 것이다. 그러한 의문을 품는 것은 인간의 본능에 속한다.

붓다가 정설을 제시하지 못하였기 때문에, 여러 학파들은 그의 입장에

[원주243] 『우다나』(*Udana*), viii.3, 그리고 『이티붓타카』(*Itivuttaka*), 43.
[원주244] 『밀린다 팡하』.
[원주245] 『맛지마 니카야』(63), i.427~432를 보라.

대하여 다양한 결론을 내릴 수밖에 없었다. 어떤 이들은 열반을 공성(空性, śūnyatā), 무(無), 혹은 허무로 해석한다. 예를 들어 비간데(Bigandet) 주교는 이렇게 말한다. "불가해하고 통탄스러운 괴변으로써, 이 학파는 사람들에게 그들 자신의 윤리적인 노력에 대한 상으로 사멸의 심연을 기약한다." 리스 데이비스 여사에 의하면, "불교의 열반은 단순히 소멸일 뿐이다." 올덴베르크는 부정적인 견해에 가깝다.[원주246] 달케(Dahlke) 또한 빈번히 이러한 입장을 시사하고 있다. 한곳에서 그는 이렇게 말한다. "오직 불교에서만 고통으로부터의 자유라는 개념이 외견상 긍정적인 것, 즉 천계의 지복이 아니라 순전히 부정적인 것으로 남는다."[원주247]

이들에 의하면, 열반이란 무(無)의 밤이며, 모든 빛이 사라져버린 어둠이다. 그러나 붓다의 교설에 대한 이와 같은 일방적인 해석은 새삼스러운 것이 아니다. 해탈자의 상태는 불가해하다는 것을 설한 후에, 이어서 붓다는 말한다. "나는 방편으로, 무리하게, 그릇되게 이것을 가르치고, 이것을 설명하며, 어떤 이들에 의하여 부당하게 비난된다······. '사마나 가우타마(samaṇa Gautama)는 회의론자이며, 그는 실재의 파괴, 단멸, 절멸을 가르친다.' 내가 아닌 것, 나의 가르침이 아닌 것, 그것으로 나는 비난받는다."[원주248]

다소 이상하게 들리겠지만, 불교의 열반을 적극적인 쾌락으로 간주하여 붓다를 쾌락주의자로 비난하는 자들도 있다. 분명한 것은, 붓다 자신의 언급에 근거하여 서로 다른 두 가지 견해가 아주 초기부터 이미 있었다는 사실이다. 짐작건대 붓다의 진정한 입장은 이러할 것이다. 열반이란 우리가 생각할 수 없는 완전한 상태이며, 만일 우리가 불가피하게 그것에 대한 묘사를 해야 한다면, 부정적인 묘사로써 그것의 불가해성을 그리고 긍정적인 술어들로써 그 내용의 풍부함을 드러내는 것이 최선이다. 그러나 이 경우

[원주246] 『붓다』(Buddha), p.273을 보라.
[원주247] Buddhist Essays, p.48.
[원주248] 「알라갓두파마 숫타」(Alagaddūpama Sutta), 『맛지마 니카야』, i.140~141.

우리는 언제나 이러한 묘사가 열반 자체가 아니라 기껏해야 그것에 근접한 의미에 불과하다는 사실을 염두에 두어야 할 것이다.

17. 신에 대한 태도

1) 초기 불교에 있어서 신

붓다 시대에 널리 유행하던 종교에서 현저한 측면은 여러 신과 인간 간에 확립된 물물 교환의 정신이었다.[역주25] 우파니샤드의 브라흐만은 드높고 고상한 것이었지만, 그럼에도 불구하고 수많은 신, 물질적인 요소뿐 아니라 천계의 행성, 동물, 식물, 산, 강들이 대중적인 차원에서 섬겨지고 있었다. 억제되지 않은 상상력은 세계의 가능한 모든 대상들을 거침없이 신격화했으며, 이것도 부족하여 여기에 온갖 형태의 악마와 공상적인 상징들을 보탰다. 의심할 나위 없이 사유의 세계에서 우파니샤드는 이러한 신들의 권위를 와해시켰지만, 실제의 삶 속에서까지 그들의 영향력을 제거한 것은 아니었다. 따라서 인간의 길흉화복에 영향력을 미칠 수 있는 세계의 창조자요 우주의 주관자로서의 신들을 찬양하는 사람들이 적지 않았다.

붓다는 신들에 대한 뿌리깊은 두려움과 미래에 대한 위협적인 고뇌를 없애고, 아첨과 입에 발린 찬양으로 신의 선의를 사려고 드는 인간 정신의 타락을 치유하기 위해서는, 신들을 영원히 구축(驅逐)하는 것이 유일한 길이라고 생각했다. 제1원인에 대한 관념은 우리의 윤리적인 진전에 아무런 도움이 되지 않는다. 그것은 오히려 무기력과 무책임을 유발한다. 만일 신이 있다면, 그는 선행과 악행 모두의 원인임에 틀림없고, 그렇다면 인간은 스스로의 자유를 지닐 수 없다. 만일 그가 사악함을 싫어하고 악의 실체와의 관계를 부인한다면, 그는 자유자재의 완전한 행위자라고 할 수 없다. 우리는 신에 의하여 용서받기를 원한다.[원주249] 만일 신의 은총이 전능하다면,

---

[역주25] 『인도철학사 Ⅰ』, pp.155~156을 보라.

만일 그것은 한 순간에 죄인을 성자로 바꿔놓을 수 있다면, 우리는 윤리적인 삶과 이를 통한 바른 성품의 함양에 무관심해지고 싶을 것이다. 인격도야는 헛수고가 된다. 천국과 지옥은 단지 선행과 악행에 대한 우연한 보상으로 나타난다. 만일 악행이 지옥을 낳는다면, 사람들은 지옥이 멀리 떨어져 있다고 생각할 것이며 이에 비하여 단순한 즐거움은 바로 우리 곁에 있다고 여길 것이다.

붓다는 당시에 유행하던 견해를 부정하고, 덕행과 행복, 악행과 고통이 유기적으로 연관되어 있다고 주장한다.[원주250] 온갖 종류의 공상에 탐닉하는 철학적 사변의 불확실성, 그리고 사람들이 자신의 노력에 의지하기보다는 신에게 무거운 짐을 지우는 당시의 믿음체계는, 붓다가 자신의 가르침을 이 세계에 한정하도록 만들었다. 엄격하게 과학적인 자세는 결코 번개와 천둥 속에서 신을 보거나 천사를 구하지 않는다. 종교적인 환상은 사물에 대한 있는 그대로의 해석에 의하여 와해되었다. 인격신에 대한 가정은 그것과 모순되는 것처럼 보였다. 업의 법칙은 우리가 편견, 변덕, 전횡에 대한 모든 개념을 버리도록 촉구한다. 신의 존엄과 섭리의 위력은 업의 법칙 앞에서 빛을 잃고 만다.[역주26] 카르마의 명령 없이는 한 가닥의 머리카락도 빠질 수 없고, 한 개의 돌멩이도 땅에 떨어질 수 없을 것이다. 선택이나 변경이 불가능한 신, 생산이나 변형도 불가능한 신은 더 이상 신이라고 할 수 없다.

더욱이 고뇌에 찬 현실적인 삶을 사랑의 신에 대한 믿음과 조화시키는 것은 쉽지 않다. 세계의 고통은 오직 업의 전제에서 설명이 가능하다. 그것은 생물계, 지옥에 거하는 자들, 동물, 유령, 인간, 천계의 존재들에 대한 모든 것을 설명한다. 카르마보다 더 우위의 것은 아무것도 없다. 비록 붓다

〔원주249〕 "신은 우리를 용서하리라. 왜냐? 그것이 그의 일인 까닭이다"(하이네).

〔원주250〕 『앙굿타라 니카야』, 6.1.

〔역주26〕 베단타(Vedānta) 등의 인도 정통 철학파들에서는 카르마의 법칙이 신의 의지의 표현으로 해석된다. 따라서 카르마의 법칙은 신의 존엄에 위배되지 않으며, 오히려 그것은 신의 정의가 세계 속에 구현되는 양식으로 받아들여진다.

가 인드라, 바루나 등과 같은 신의 존재를 받아들였다 할지라도, 그것은 단지 설명을 위한 것이며 전혀 필수적인 것이 아니었다. 이 신들도 심지어는 윤회에 연루되며, 엄숙한 윤리적 인과관계의 법칙을 벗어날 수 없다.[원주251] 우리 존재에 대한 신적인 창조자는 있을 수 없다. 인간은 자신의 행위로부터 태어난다. 부모가 누구냐 하는 것도 그 자신의 업에 달려 있다. "나의 행위는 나의 소유이며…… 나의 유산이며…… 나를 유지하는 거푸집이며…… 내가 속하는 종족이며…… 나의 피난처이다."

최고의 인격적 창조자 이슈와라(Īśvara)가 존재한다는 힌두교의 정통 교의와 세계의 전개가 선험적이고 독립적인 사물의 힘에 기인한다고 주장하는 유물론(svabhavavāda)은 불교에 의해 비판된다. 세계의 다양성과 차별상은 행위로부터 유래한다.[원주252] 행위는 영향력을 잉태한다. 그것은 그 자체의 응보에 필연적인 물질적 요소들을 만들고 조직한다.[원주253] 만일 어떤 사람이 태양신으로 태어나도록 운명지어진다면, 그는 단지 태어날 뿐만 아니라 그 영향력의 과실[원주254]로서 거주할 세계, 천계의 궁전, 탈것 등을 얻는다. 겁(劫)의 시작에서 전체 물질계가 행위의 영향력에 의하여 창조되는 것 또한 이와 같다. 세계라는 그릇(bhājanaloka)은 모든 생물(sattvaloka)의 행위들이 지니는 영향력의 과실(果實)이다.

2) 전통적인 신 존재 증명에 대한 비판

전통적인 방식의 신 존재 증명은 초기 불교도들에 의하여 반박된다. 시계의 존재는 시계를 만든 사람의 존재를 의미하는 것과 마찬가지로, 세계가 있다는 것은 곧 신의 존재를 의미한다는 주장은 그들에게 설득력이 없

〔원주251〕 *Dialogues of Buddha*, ⅰ. pp.280 ff. p.302를 보라.
〔원주252〕 『아비다르마코샤』(*Abhidharmakośa*), ⅳ.1. "Karmajaṁ lokavaicitryam."
〔원주253〕 우주의 전개에 있어서, 큰 공덕을 지닌 자는 신격의 계급을 확보한다. 심지어 자존(svayambhū)한다는 미혹을 지닌 브라흐마(Brahmā)의 출현 또한 이러한 이치에 따른 것이다.
〔원주254〕 adhipatiphala.

다. 우리가 반드시 어떤 의식적인 원인을 상정할 필요가 없다는 것이다. 씨앗이 싹이 되고 싹에서 가지가 나오듯이, 우리는 의식적인 원인 혹은 지배적인 섭리 없이 산물을 지닐 수 있다. 쾌·불쾌의 감정이 행위의 결과인 것과 똑같은 방식으로, 사유와 사물은 행위의 결과이다. 밀린다 왕은 업에 의하여 결정되는 존재의 순환을 제자리로 되돌아오는 수레바퀴에 비유하거나, 혹은 계란에서 암탉, 암탉에서 계란의 상호 생성에 비교한다. 눈, 귀, 육신, 그리고 영혼은 감각, 욕망, 행위 등을 야기시키면서 세계와 접촉하게 되며, 그 결과는 다시 새로운 존재를 형성하게 될 눈, 귀, 육신, 영혼이 된다. 이것은 영속하는 정의의 법칙이다. 우리는 이 과정을 바꾸어놓을 수 없다.

구세자라기보다는 스승이었던 붓다는 우리가 진리를 꿰뚫어보도록 도와준다. 그는 윤회의 연쇄가 시작되는 태초의 창세자(創世者)를 상정하지 않는다. 세계 과정은 그 자체 이외의 어떤 다른 원인을 지니지 않는다. 그에게 있어 우주론적인 논증[역주27]은 전혀 의미가 없다. 우리는 현상의 사물들이 어떻게 일어나는 것인가를 아는 것으로 충분하며, 세계의 저편까지 나아갈 필요는 없다. 비록 선행 조건들에 의한 설명이 궁극적인 진리는 아니라 할지라도, 인간에게는 더 이상의 여지가 없다. 그 자체로는 원인을 지니지 않는 최초의 원인은 자기 모순인 것처럼 보인다. 개개의 원인을 선재하는 것 속에 원인을 지니는 결과로 생각해야 하는 논리적인 필연은, 원인없는 원인의 개념을 전적으로 터무니없는 것으로 만든다.

이와 마찬가지로, 세계 내에 명백히 편재하는 불완전이라는 점에서 보아, 목적론적인 논증[역주28]도 이치가 닿지 않는다. 세계는 고통을 가하기 위

[역주27] 전통적인 신 존재 증명의 한 방법이다. 한 개의 시계가 존재하려면 그 제작자가 있어야 하는 것처럼, 이 복잡 다양한 세계는 신적인 창조자를 필요로 한다는 것이다. 토마스 아퀴나스(Thomas Aquinas)는 이 세계에 현저한 다섯 가지 특징으로부터 신의 존재를 증명하고자 한다. 즉 세계 내의 운동이라는 사실로부터 제일 운동자(Prime Mover)를 증명하고, 인과 법칙으로부터 제일 원인자(First Cause)를 증명하며, 우연적인 존재들로부터 필연적인 존재(Necessary Being)를 증명하며, 여러 등급의 가치들로부터 절대 가치(Absolute Value)를 증명하며, 목적성으로부터 신적인 설계자(Divine Designer)를 증명한다.

한 교묘한 고안품인 것처럼 보인다. 그 무엇도 이 고통의 음모보다 더 정교하고 지배적인 것은 없을 것이다. 완전한 창조자는 이 불완전한 세계의 창조자일 수 없다는 것이 분명하다. 사물에 대한 여실한 진리는 자애로운 신이거나 전횡적인 신이 아니라, 피할 수 없는 논리로 작용하는 법칙이다. 세계는 선도 악도 아니며, 냉혹하거나 불합리한 것도 아니며, 완전하지도 않고 아름답지도 않다고 보는 점에서, 붓다는 스피노자의 견해에 동의할 것이다. 인간이 우주과정을 일종의 인간적인 행위로 간주하는 것은 인간의 의인적(擬人的) 사유의 산물이다. 자연은 외부로부터 부과되는 어떤 법칙에도 따르지 않는다. 우리는 자연 속에서 오직 필연을 지닐 뿐이다.^[원주255]

〔역주28〕 인간을 포함한 이 세계의 모든 존재가 목적을 지니고 있으며, 이러한 사실은 목적을 부여한 신이 존재하지 않고서는 있을 수 없다는 추론에 근거한 신 존재 증명 방법이다. 이 방법은 이미 플라톤의 『티마에우스』(*Timaeus*) 대화편에서 찾아볼 수 있으며, 토마스 아퀴나스의 다섯 가지 방법 중에서 마지막 방법도 이에 해당한다고 볼 수 있다.

〔원주255〕 아나타핀디카(Anāthapiṇḍika)와의 대화에서 붓다는 다음과 같이 문제를 제기했던 것으로 전해진다. "만일 세계가 이슈와라(Īśvara, 自在神)에 의하여 만들어졌다면, 결코 변화라든가 파괴는 있을 수 없을 것이며, 순수하건 불순하건 모든 것이 그로부터 나왔으므로 슬픔과 재난, 의와 불의 같은 것은 있을 수 없을 것이다. 만일 의식있는 모든 존재에서 생겨나는 슬픔과 즐거움, 사랑과 증오가 단지 이슈와라의 작위라면, 그 자신이 슬픔과 즐거움, 사랑과 증오에 대하여 책임이 있다고 해야 할 것이며, 만일 이러한 것이 그에게 귀속된다면 어떻게 그를 완전하다고 할 수 있겠는가? 만일 이슈와라가 창조자라면, 그리고 만일 일체 만물이 그의 권능에 잠자코 복종해야 한다면, 덕행을 쌓아야 할 필요가 어디 있겠는가? 모든 행위가 이슈와라의 작위이므로 옳고 그른 모든 행위가 결국 같게 될 것이다. 그러나 만일 슬픔과 고통이 이슈와라 이외의 다른 원인에 귀속된다면, 이슈와라가 원인이 아닌 어떤 것이 있을 것이다. 그렇다면 존재하는 모든 것이 또한 자기 원인자라고 하지 말아야 할 이유가 무엇인가? 게다가 만일 이슈와라가 창조자라면 목적을 가지고 행하거나 혹은 아무 목적없이 행할 것이다. 만일 그가 목적을 가지고 행위한다면, 그는 완전하다고 말할 수 없을 것이다. 왜냐하면 목적은 필연적으로 만족의 결핍을 의미하기 때문이다. 만일 그가 아무런 목적없이 행위한다면, 그는 미치광이이거나 젖먹이 아기일 것임에 분명하다. 더욱이 만일 이슈와라가 창조자라면 왜 사람들이 경건하게 그를 따르지 않으며, 왜 사람들이 그에게 일용품을 달라고 간청해야 하는가? 왜 사람들이 여러 신을 섬겨야 하는가? 따라서 이슈와라에 대한 관념은 이성적으로 볼 때 거짓이라는 것이 판명되며, 이와 같이 모순된 모든 주장은 해명되어야 한다"(아슈와고샤의 『불소행찬』, xviii).

"유신론자들이 말하는 것처럼, 만일 신은 너무 위대해서 인간이 그를 이해할 수 없다면, 그의 속성 또한 우리 생각의 범위를 초월한다는 결론이 되며, 그렇다면 우리는 그를 알 수 없고, 그에게 창조자의 속성을 귀속시키는 것도 불가능하다"(*Bodhicaryāvatāra*). 만일 세계가 이슈와라에 의하여 창조된 것이 아니라면, 모든 존재는 절대 무한자의 현현, 혹은 모든 현상의 배후에 있는 불가사의한 자의 현현으로 볼 수도 있지 않겠는가? "아나타핀디카가 세존에게 말했다. '만일 절대자가 알려지는 모든 것과 무관한 어떤 것을 의미한다면, 그것의 존재는 어떤 추론(hetuvidyāśāstra)에 의하여 확립될 수 없을 것입니다. 우리가 어떻게 다른 것과 전혀 무관한 어떤 것이 존재한다는 것을 알 수 있겠습니까? 우리가 아는 것처럼, 전체 우주는 관계로 이루어진 하나의 유기체이며, 우리는 관계되어 있지 않은 어떤 것, 혹은 관계되지 않을 수 있는 어떤 것에 대해서는 전혀 알 수 없습니다. 아무것에도 의존하지 않고 아무것과도 관련을 지니지 않은 것이 어떻게 서로 의존하여 있고 서로 관련을 지니고 있는 것들을 만들어낼 수 있겠습니까? 더욱이 절대자는 일자(一者)이거나 다자(多者)일 것입니다. 만일 그것이 단지 하나라면, 우리가 알다시피 여러 다양한 원인에서 생겨나는 온갖 사물들이 있는데 어떻게 그것이 그들의 원인이 될 수 있겠습니까? 만일 사물이 있는 수만큼의 절대자가 있다고 한다면, 전자는 어떻게 서로 관련을 맺을 수 있겠습니까? 만일 절대자가 모든 것에 편재해 있으며, 모든 공간을 채우고 있다면, 그것은 그들을 만들 수 없을 것입니다. 왜냐하면 만들어야 할 아무것도 없기 때문입니다. 더욱이 만일 절대자가 무속성(nirguṇa)이라면 그것으로부터 생겨나는 모든 사물 또한 마땅히 무속성이어야 할 것입니다. 그러나 실상 세계의 모든 사물은 속성으로 가득 차 있습니다. 따라서 절대자는 그들의 원인일 수 없습니다. 만일 절대자가 속성과는 다른 것으로 간주된다면, 어떻게 그것이 그와 같은 속성을 지닌 사물들을 끊임없이 창조할 수 있으며, 그들 속에 자신을 현현할 수 있겠습니까? 또한 만일 절대자가 불변이라면, 일체 만물 또한 불변이라고 해야 할 것입니다. 왜냐하면 결과는 본질적으로 원인과 다를 수 없기 때문입니다. 그러나 세계의 모든 존재는 변화와 쇠퇴를 겪습니다. 그런데 어떻게 절대자가 불변일 수 있겠습니까? 더욱이 만일 일체 만물에 편재하는 절대자가 그들의 원인이라면, 왜 우리는 해탈을 추구해야 합니까? 왜냐하면 우리 자신이 이 절대자를 지니고 있으며, 절대자에 의하여 끊임없이 만들어지는 모든 고통과 슬픔을 참을성 있게 인내해야 하기 때문입니다"(아슈와고샤, 『붓다차리타』). 『사르바싯단타사라상그라하』는 니야야 바이셰쉬카 학파의 유신론적 철학체계에 대한 후기 불교의 주장에 대하여 언급하고 있다. ① 우리는 논리적으로 신의 창조성을 견지할 수 없다. ② 만일 신이 세계의 주(主)라면, 그는 사람들이 또한 불의를 행하도록 인도할 것이다. ③ 만일 그가 종교 경전의 근거라면, 어떻게 그의 모순적인 언어가 권위를 지닐 수 있겠는가? ④ 만일 그가 단지 덕행자에 대한 작인(作因)이라면, 그는 무한할 수 없을 것이다. ⑤ 창조에 있어서 그는 어떤 목적을 생각하는가? 만일 그렇다면 그는 불완전하다. 만일 그렇지 않다면, 그는 도대체 왜 창조로 골치를 썩이는가? 그는 아무 이득없는 것을 행하려고 하는가? 만일 그의 행위가 단순한 놀이에 지나지 않는다면, 그는 마치 어린아이처럼 노는 것으로 보일 것이다. ⑥ 신의 존재는 인간을 속수무책으로 만든다. 왜냐하면 인간은 신에 의하여 불가피하게 내몰려서 천국이나 지옥으로 가게 되기 때문이다. ⑦ 사람들이 신의 즐거움을 위하여 고통당하는 것을 가리키는 선의 의미는 무엇인가? ⑧ 만일 그가 마음대로 은총을 내릴 수 있다면, 그는 사악한 자들에게도 그렇게 할 수 있을 것이며, 그것은 또한 선한 자도 지옥에 보낼 수 있다는 것을 의미한다. ⑨ 만일 그가 개아의 업에 따라서 상을 내린다면, 모든 사람이 그와 마찬가지로 주(主)라고 해야 할 것이다. 상을 내림에 있어서 자유롭지 못하다면, 왜 그가 모든 존재의 주(主)로 간주

18. 카르마의 법칙이 지니는 절대론적 함축

기계적인 윤회의 압박감은 이로부터 벗어나고자 하는 열망을 낳았다. 이러한 염세적인 경향은 앞의 전제가 인정되는 한 불가피하다. 불교는 그 자체의 형이상학적 불가지론 때문에, 윤회에 대한 신의 섭리라는 우파니샤드적인 개념을 강조할 수 없었다. 영성의 토대가 없는 전체 개념은 우리가 모든 존재의 무목적성을 확신하게 하는 것 외에는 아무런 요점도 없는 것처럼 보인다. 그러나 업의 필연과 영혼의 실재는 하나의 진리를 나타내는 다른 방식이다. 업은 비일상적인 기적과 부합되지 않는다. 그러나 이것이 곧 지속적인 정신적 행위조차도 배제하는 것으로 해석될 필요는 없다. 그것은 단지 언제 어디서나 나타나는 것이 아니라, 여기저기 드문드문 나타나는 자의적인 신을 불허할 뿐이다.

관념과 개념의 표면을 부유하는 추상적인 지성은 여실한 세계의 실재를 지극히 막연한 용어들로 치환시켜버린다. 우파니샤드에서도 우리는 브라흐만을 생명과 의식 속에 녹아 있는 그것의 구체적인 실재에서 떼어 놓는 추상적인 표현들을 볼 수 있다. 무한자는 우리의 시각과 사유가 미치지 않는 곳에 있다. 우리가 무한한 제로(zero), 언표불가능의 실재, 정의불가능하고[원주256] 아(我)가 없으며[원주257] 토대가 없는[원주258] 이름지을 수 없는 무(無)라고 불러도 좋을 이 초월적인 개념은 우리의 삶에 아무런 쓸모가 없다. 붓다는 그것을 형이상학자의 허구라고 부른다.[원주259] 이러한 경고는 사람들이 절대자에 대한 무아경의 체험에 정력을 낭비하던 시대에 요청되는

되어야 하는가?(ⅳ.23~38). 한 가지 주의할 것은 여기서 인용한 세 문헌 모두가 후기 불교에 속한다는 점이다. Lakshminarasu, *Essence of Buddhism*, pp.261~262, pp.275~276을 참조하라.

[원주256] anirdeśyam.

[원주257] anātmyam.

[원주258] anilayanam.

[원주259] 「브라흐마잘라 숫타」(Brahmajāla Sutta), ⅰ.26.

것이었다. 그와 같이 무한한 어떤 것의 실재는 검증이 불가능한 것이므로, 우리는 결국 의문의 여지를 남기지 않을 수 없다. 붓다는 우리에게 지식이 닿지 않는 곳에 대한 판단을 보류하라고 촉구한다. 만일 상대성이 생각의 불가피한 조건이라면, 그것은 신에 대한 사유에도 적용되어야 한다. 그러므로 우리는 절대자를 정의하려는 시도를 그만두고 초월적인 것(parāk)이 아니라 여실한 현실(pratyak)을 직시해야 한다.

우리는 현상적인 흐름에 대한 분명한 지식을 지녀야 한다. 현상들 간의 인과적인 연관에 대한 강조 때문에, 그는 불가해할 정도로 상호 변화하고 있는 이 태고의 바다 저편에는 그 어떤 궁극적인 영혼도 없다는 견해를 주창하는 것으로 보이며, 또한 마야라는 변화무쌍한 신비력으로 모든 우주의 존재를 영원히 만들고 또 만들어내는 그 어떤 알 수 없는 신도 있을 수 없다는 입장을 지지했던 것처럼 보이는 것이 사실이다. 그럼에도 불구하고 우파니샤드의 명백한 가르침은 붓다의 가르침이 완전하게 되기 위하여 필수적이다. 그것은 어느 곳에서도 붓다에 의하여 부정되지 않는다.[원주260]

우파니샤드와 불교에 따르면, 불안정하여 부침(浮沈)을 거듭하며 슬픔을 겪는 것은 인생의 숙명이다. 그러나 이 고통은 인생의 전부가 아니다. 우파니샤드는 변덕과 비극으로 가득한 이 세계의 역설이 오히려 영적인 삶에 대한 증거라고 주장한다. 인생의 고통은 인간의 영성을 일깨우기 위하여, 그리고 마침내는 그에게 최후의 승리를 부여하기 위하여 거기에 있다. 모순이 세계의 근저에 깔려 있는 것은, 세계 그 자체가 영적이기 때문이다. 붓다는 우리가 영혼의 기쁨을 얻기 위하여 그릇된 열망을 정복해야 한다는 것을 인정한다. 하찮은 열정이 전부이며 변덕이 우주의 중심에 놓여 있다고 생각하는 것은 오해이다. 붓다는 인내가 영성의 본질이며 용기야말로 진리의 살아 있는 에너지라는 것을 받아들인다. 만일 우리가 신의 섭리 가

〔원주260〕 심지어 비판적인 목적에서조차도 우파니샤드의 브라흐만(Brahman)을 언급하고 있는 불전은 없다. "비록 불교도들이 브라흐마(Brahmā) 신을 자주 언급하고 있다 할지라도, 그들에 의하여 보편자로서의 브리흐만이 ─ 외래적인 요소로든 그들 자신의 교의로든 ─ 시사된 적이 없다"(Oldenberg, *Buddha*).

운데 어떤 중요한 요소만을 지나치게 강조하여 말한다면, 우리는 세계를 무신론적인 입장에서 바라보게 되는 경향을 지니게 된다. 이에 비하여 총체적인 관점은 우리가 이른바 자연의 변덕을 통해서도 활동하고 있는 영혼의 리듬과 맥박을 감지하는 것이 가능하다는 것을 보여준다. 만일 이러한 관념이 없다면, 세계에는 한 올의 목적도 있을 수 없을 것이며, 세계가 보다 고차원의 윤리와 보다 심원한 지혜를 향하여 나아가고 있다는 이론은 그 의미를 잃어버리고 만다.

실로 붓다는 세계를 목적 없이 흘러가는 불합리라고 여기지 않는다. 그것은 목적없는 과정이 아니며, 허무를 의미하는 빈말이 아니다. 그러한 견해는 모든 관념론의 죽음일 것이다. 붓다는 사상(事象, event)들의 연속에서 심원한 의도의 작용을 뚜렷이 인식하고 있었다. 일어나고 스러지는 현상 세계는 카르마 혹은 정의의 법칙이라고 부르는 한 개념의 실재를 반영한다. 이 법칙을 거스르는 법칙은 아무것도 없다. 이 절대적인 영원한 가치를 부정하게 되면, 현상 세계는 단순한 환영(幻影)으로 떨어지고 말 것이다. 카르마의 시련은 정화와 치유의 속성을 지닌다. 자신의 삶을 이 법칙과 조화될 수 있도록 그렇게 안배하는 것은 인간의 몫이다. 세계는 정의에 의하여 주관되어왔고, 주관되고 있으며, 또한 주관될 것이다.

인격적인 창조자는 붓다에 의하여 논박되지만, 이 영원한 원리, 즉 카르마의 법칙은 그렇지 않다. 붓다는 카르마의 원리가 전적으로 비이성적인 에너지라고 말하지는 않을 것이다. 그것은 이온과 전자를 짜맞추고 원자들이 모여서 분자와 세계가 되도록 하는 비지성적인 원리가 아니다. 붓다가 영원 자존하는 영혼의 실재, 역동적인 우주심(宇宙心)을 부정했다는 증거는 어디에도 없다. 우리는 신이 하나의 절대적인 법칙이라는 것 이상 그에 관하여 알 수 없는 반면에, 우리는 이 상대성의 세계로부터 보이지 않는 영혼의 실재를 인정할 수밖에 없다는 것을 충분히 감지한다. 만일 우리가 신학적인 용어를 아무 제약없이 빌려 쓴다면, 이 법칙은 단지 신의(神意)의 표현일 뿐이다.

만일 카르마의 법칙이 유신론에 모순된다고 말한다면, 이것은 오직 유신론이 자의적인 간섭, 그리고 법칙과 질서의 억압을 의미할 때만 타당하다. 신의 그러한 행위는 그 본성에 어긋난다. 어린아이나 미개인이 아니고서야 누가 그와 같이 자의적인 신을 믿겠는가? 무의미한 간섭에 대한 비판이 곧 지고한 영혼의 실재를 부정하는 것은 아니다. 자연적이든 윤리적이든 간에, 질서의 개념은 영혼의 궁극적인 작용을 배제할 수 없기 때문이다. 단지 우리가 이 영적인 원천을 파악할 수 없다는 이유만으로 그것의 실재를 부정할 필요는 없다. 붓다가 상정했던 도덕률의 절대성은 그가 침묵하는 어떤 중심 영혼을 요한다. 사건들이 이성의 예측에 따라 계속하여 일어날 것이라는 믿음, 그리고 장차의 일들이 해석불가능한 혼돈이 아닐 것이라는 믿음은 영적인 우주관에 토대를 둔다.

아무리 부정적인 측면에서 바라본다 해도, 우리는 붓다가 대체로 힘에 대한 두려움과 숭배에 의지하고 있는 통속적인 형태의 종교를 폐지하고, 정의에 대한 믿음이라는 의미에서의 종교를 강화했다고 말하지 않을 수 없다. 그는 세계를 단순한 기계장치가 아니라 생명으로 맥동하는 구체화된 법(dharmakāya), 즉 영적인 것이라고 주장하였다. 다르마(dharma, 法)는 살아 움직이는 모든 것의 기틀이다. 자연의 모든 원인은 역동적인 영혼의 현현이다. 세계의 영적인 토대에 대한 불가지론은 사심없는 행위와 모순된다. 그리고 붓다는 이와 같이 역설적인 입장을 떠맡을 이유가 없다.

19. 현실 속의 종교

1) 붓다의 신격화

인간의 종교적 본능은 신적인 존재를 요구하며, 따라서 붓다의 실천적인 종교에서 ─그의 당부에도 불구하고─ 그 자신은 신격화되었다. 사리풋타가 그에게 "세존이시여, 저에게는 당신보다 더 위대하고 지혜로운 수행자 혹은 범천(Brahmā)이 있을 수 없다는 그런 믿음이 있습니다"라고 말했을 때, 붓다는 이렇게 대답했다. "그대의 입에서 나오는 말이 오만하고 지나치다. 그대가 갑자기 황홀한 노래를 부르기 시작했다는 것을 알아라. 그런데 그대는 과거에 있었던 모든 붓다들을 알고 있는가?" "세존이시여, 그렇지 않습니다." "그대는 장차 올 모든 붓다를 알고 있는가?" "세존이시여, 그렇지 않습니다." "그대는 과거와 미래의 거룩한 붓다들을 모른다는 것을 알고 있다. 그런데 어째서 그대의 말이 그토록 오만하고 지나친가?"[원주261] 그럼에도 불구하고 인간의 본성은 억제되어 잠자코 있을 수 없다. 세상의 눈(lokacakṣus)이며, 우리가 본받아야 할 전형이며, 완전에 이르는 길을 우리에게 드러내 보인 사람이며, 자신은 그 길을 발견하여 다른 사람들이 그의 발자취를 따라 걸을 수 있도록 만든 현자에 불과하다고 생각했던 붓다는 대중들의 유일한 피난처인 신이 된다.[원주262]

2) 대중 신앙과의 타협

붓다가 브라흐마와 다른 신들의 실재를 인정할 때, 그는 저 세상을 상정함으로써 우리를 위안하는 대중적인 신학을 채택한다.[원주263] 다만 그는 모든 신들을 필멸자로 규정한다. 그는 우주의 제1원인자, 즉 창조자 혹은 카르마의 주관자를 부정하지만, 대중적인 믿음을 묵인하며, 또한 인간과 신들 간의 상호 교통을 말한다. 그는 우리가 유무형의 저급한 세계의 삶을 벗어나도록 하는 영적인 수행을 인정한다. 불교에 대한 보다 큰 신망을 담보하기 위하여 심지어는 브라흐마와 삭카(Sakka 혹은 Indra)와 같은 신들이 불교에 귀의한 신들이라고 주장된다.[역주29] 이 신들은 인간과 마찬가지

〔원주261〕 「마하파리닙바나 숫타」.

〔원주262〕 다음과 비교하라. "오 바라문이여, 그러므로 또한 무지 가운데 살아가는 자들, 말하자면 알 속에 갇힌 중생들 가운데 한 존재였던 나는 먼저 무지의 껍질을 깨고, 다만 우주 가운데서 궁극의 보편적인 불성을 얻었다. 오 바라문이여, 그러므로 나는 모든 존재 중에서 가장 오래된 자이며 또한 가장 고귀한 자이다"(Oldenberg, *Buddha*, p.325). 붓다는 단지 아마르가다르샤카(amārgadarśaka)이다.

〔원주263〕 「마하고빈다 숫타」(Mahāgovinda Sutta)와 「테빗자 숫타」를 보라.

〔역주29〕 『리그 베다』의 최고신 가운데 하나인 인드라는 불교에 받아들여지면서 제석천(帝釋天, Śākradevānāmindra)이 되어 범왕(梵王, Brahmadeva)과 함께 불법을 수호하게 된다.

로 구원을 위한 지식을 필요로 한다.

이 모든 것들은 바라문교 전통과 일치하는 것으로, 여기서는 신들이 경건한 행위, 희생, 그리고 고행 등을 통하여 신적인 지위에 이를 수 있다고 말한다. 이 신들은 천계에서 즐거움을 누리는 가운데 그들이 쌓은 공덕(puṇya)이 다하면 다시 다른 형태의 존재로 태어난다. 신들이 생존과 권력, 명망과 탁월을 위하여 싸우는 이야기들이 있다. 신적인 위격을 원하는 새로운 열망자들이 자신에게 신성을 부여하는 고행과 공적을 쌓을 때, 오래된 신들이 방해한다.[원주264][역주30] 불교는 이러한 신들을 열반을 목적하는 불교 승려에 종속시킴으로써, 옛 신들을 불교의 교의에 편입시킨다. "브라흐마는 무명에 압도되고, 비슈누는 분별하기 어려운 미혹에 사로잡힌다. 샹카라는 지나친 집착 때문에 개인 자격으로 파르바티(Pārvatī)[역주31]를 지니지만, 이 세계에서 위대한 무니(muni, 聖人), 주(主)는 무명을 여의었고, 미혹을 여의었으며, 집착을 여의었다."[원주265]

〔원주264〕 푸라나(Purāṇa)에 나오는 메나카(Menakā)와 비슈와미트라(Viśvāmitra)의 이야기는 이 사실을 예시하고 있다.

〔역주30〕 비슈와미트라는 힌두교 신화에 나오는 가장 위대한 리쉬(ṛṣi, 賢者) 중의 하나로 꼽힌다. 푸라나 문헌에 따르면, 그가 고행을 통하여 얻은 힘이 신들을 놀라게 했기 때문에, 인드라는 그를 유혹하여 파멸시키기 위하여 고혹적인 자태의 요정(apsara) 메나카를 보낸다. 영적인 수행에 몰두하고 있던 현자 비슈와미트라 앞에서 메나카는 속이 내비치는 옷을 입고 춤을 추며, 그를 유혹한다. 메나카는 유혹에 넘어간 그를 통하여 샤쿤탈라(Śakuntalā)의 어머니가 된다. 자신의 경거망동에 부끄러움을 느낀 비슈와미트라는 메나카를 쫓아버리고, 다시 한번 명상에 든다. 그를 유혹하기 위하여 람바(Rambhā)라는 요정이 보내지지만, 그는 더 이상 흔들리지 않는다(Benjamin Walker, *Hindu World*, vol. ii. pp.578~579 참조).

〔역주31〕 쉬바 신의 배우자. 전통에 따르면 샹카라(8세기)는 쉬바교도였다.

〔원주265〕 Rāmacandra, *Bhaktiśataka*, 3.

20. 지식론

1) 귀납적 일반화

불교의 지식론을 접할 때, 우리는 유물론자와는 달리 불교도들은 지각 이외에도 추론의 타당성을 받아들이고 있다는 것을 알게 된다.[원주266] 그러나 추론에 대한 불교의 입장은 니야야 학자들의 것과 다르다. 불교는 원인과 결과 간에 관계가 확립될 수 있다고 주장하는 반면에, 니야야학파는 다른 형태의 불변적 수반관계 또한 받아들인다. 전자에 따르면 우리는 결과로부터 원인을 논증할 수 있다. 한편 후자에 따르면 결과로부터 원인뿐 아니라 가리키는 것(sign)으로부터 가리켜지는 것(thing signified)도 논증이 가능하다. 이러한 차이는 불교의 연기설에 기인한다. 귀납적인 일반화가 언제나 타당한 것은 아니라 할지라도, 그것은 인과적 연쇄에 관한 한 타당하다. 모든 뿔 달린 동물이 갈라진 발굽을 가지고 있다는 것은 절대적으로 타당하지는 않을 수도 있다 할지라도, 그것은 우리의 경험 내에서 타당한 것으로 관찰되는 경험적인 일반화이다. 연기로부터 불의 추론에 관한 한, 그것은 부정될 수 없다. 왜냐하면 그것을 부정하면, 우리의 경험적인 삶이 불가능해지기 때문이다.

우리는 두 현상 간에 어떻게 인과적 관계를 확립할 수 있을 것인가? 초기 불교도들에 의하면, 만일 A가 B에 선행한다면 A의 사라짐은 다른 것은 그대로 있으면서 B가 사라지는 것을 의미하며, 이때 A는 B의 원인이다. 이것은 차별의 방법이다. 후기 불교도들은 원인의 즉각적인 선행 요소(immediate antecedent)들을 강조함으로써 이 이론을 발전시킨다. 그들은 또한 다른 어떤 상황도 변하지 않는다는 것을 유의해야 한다고 주장한다. 그러므로 그들은 5단계로 된 판차카라니(pañcakāraṇi)라고 불리는

[원주266] 『사르바싯단타사라상그라하』(*Sarvasiddhāntasārasaṁgraha*), iii.4.4.18~22를 보라. 그러나 초기 불교는 또한 유비(類比)와 성언량(聖言量)을 받아들였던 것으로 보인다. 마이트레야(Maitreya)는 유비를 부정했으며, 디그나가(Dignāga)는 성언량을 부정했다.

추론에 대한 교의를 가르친다. ① 제1단계에서 우리는 원인도 결과도 지각하지 않는다. ② 원인이 나타난다. ③ 결과가 나타난다. ④ 원인이 사라진다. ⑤ 결과가 사라진다.

물론 유개념과 종개념의 관계와 같은 공존 관계도 확립될 수 있다. 만일 우리가 어떤 하나의 속성이 다른 속성들과 연관을 맺고 있는 수많은 예를 인지한다면, 그리고 만일 우리가 항상 후자없는 전자를 지각하는 경우가 없다면, 우리는 그 둘 간에 어떤 근본적인 동일성이 있지 않은가 하고 생각하게 된다. 그리고 만일 이러한 의혹이 분명한 사실로 확인되고 동일성이 확립되면, 일반화가 뒤따른다. 만일 우리가 어떤 대상이 삼각형이라는 것을 안다면, 우리는 그것을 형태라고 부를 것이다. 왜냐하면 유개념은 반드시 종개념에 나타나야 하기 때문이다. 따라서 불교도들에 의하면, 연속하는 것들 가운데 인과적인 것, 그리고 상호 공존 가운데 유개념, 종개념의 공존은 일반화를 보증한다.

2) 실용주의적 불가지론

우리는 붓다가 진리에 대한 이러한 기준들을 주장했는가 하는 것에 대하여 자신할 수 없다. 염세적인 인생관, 윤회, 천계와 지옥에 대한 믿음은 모두가 그 당시에 유행하던 사상 학파에서 그대로 받아들여진 것이다. 그것은 실재에 대한 지극히 급진적인 설명이라도 과거의 사상을 완전히 떠날 수 없다는 것을 보여준다. 만일 우리가 붓다의 교의 가운데 과거의 사상으로부터 아무런 분석이나 비판없이 받아들여진 이 부분을 제쳐놓고 그 나머지 부분만을 고려한다면, 우리는 그의 사상이 다소간 일관된 논리를 지니고 있다는 것을 알게 된다. 그는 자기의 사상이 목적인(目的因)뿐 아니라 제1원인에 적용되는 것도 거부한다. 그는 실존에 관심이 있을 뿐, 궁극적 실재에 대해서는 무관심하다. 세계의 영원성과 무상성에 대한 철학적 사변에 빠진 어떤 브라흐민에게, 붓다는 자기 자신이 이론과는 전혀 무관하다고 말한다. 그의 가르침은 사변(darśana)이 아니라, 수레(yāna), 즉 해탈로 인도하는 실제적인 방법이다.[원주267] 붓다는 경험을 분석하고 그 본질을 직시한다. 불교도들은 분석의 방법을 선호했기 때문에, 때로는 분석적인 사상가(vibhajyavādin)들이라고 불리기도 한다. 붓다는 자기의 관심을 세계에 국한시키며, 신들을 언급하지 않은 상태로 놓아둠으로써, 이러한 문제에 연루되는 것을 피했다.

붓다는 초월적인 실재들에 대한 실용주의적 불가지론의 입장을 견지한다. 오직 이것만이 경험의 사실에 부합되며, 이성에 의한 연역과 도덕률에도 모순되지 않는다. 아무것도 부정되지 않으며, 다만 주장의 배경이 장차의 어떤 재구성에 대한 여지를 남긴다. 한 가지 주의할 것은 이것이 곧 붓다가 단지 부정(negation)에 안주하는 회의주의자라는 것을 의미하지는 않는다는 사실이다. 그가 말하고자 하는 요점은, 완성이라는 목적지에 대하여 논쟁함이 없이, 우선 우리 자신을 완전하게 만들자는 것이다. 이렇듯 붓다는 형이상학적 교설에 대하여 무관심했기 때문에, 우리는 초기 불교도들 가운데서 심지어 바라문교의 견해를 주장하는 사람들도 발견할 수 있다. 「브라흐마잘라 숫타」는 공공연하게 붓다의 견해에 반하는 주장을 펴는 제자들에 관하여 말한다.

붓다의 설법은 그를 따르는 브라흐민과 불교도에게 공히 행해진다. 우리가 이승에서 땅에 발을 디디고 사는 한, 붓다는 정의할 수 없는 것을 정의하려는 시도를 포기하고, '오성(悟性)의 연애'(love-affairs of the under-standings), 즉 형이상학적 문제에 대한 논의에 탐닉하지 말 것을 우리에게 촉구한다. 그는 믿음을 강요하는 어떤 것을 말하거나, 불신자들을 설득하기 위한 기적을 행하지 않는다. 내적인 충동은 진리로 나아가게 하며, 따라서 그의 제자들은 사랑과 자비를 실천하도록 인도되었다. 철학이 아니라, 오직 평화만이 영혼을 정화시킬 수 있다. 우리가 윤리적인 삶에서 일어나는 심원한 빛을 지니게 될 때, 우리는 참된 깨달음을 얻게 될 것이다. 그런데 왜 우리가 자신의 나약한 이성으로 그것을 막으려 해야 하겠는가?

[원주267] 『맛지마 니카야』.

3) 형이상학적 문제에 대한 붓다의 침묵

붓다는 모든 형이상학적 문제가 윤리적으로 중요하지 않다고 여겼기 때문에, 이에 대해서는 침묵으로 일관하고 있다는 사실을 주목할 필요가 있다. 붓다의 침묵이 지니는 의미는 무엇인가? 그는 진리를 알고 있었는데, 그럼에도 불구하고 그것을 누설하기를 거절했는가? 그는 영혼과 신을 부정하는 부정적인 독단론자였는가? 혹은 그는 그와 같은 논의를 부적절한 것으로 간주했는가? 사색적인 성향은 권장되지 말아야 할 결점이라는 것이 그의 생각이었는가? 다수의 초기 불교 연구자들은 붓다가 신을 부정하고 영혼을 내던져버렸다고 여겼으며, 그의 입장은 지금 우리가 여기서 말하고 있는 것보다 더 명백하게 무신론적이었다고 생각한다. 이러한 부정적인 해석은 불교를 비판하는 힌두교 사상가들뿐만 아니라, 나가세나와 붓다고샤(Buddhaghoṣa) 등에 의해서도 지지되었음은 주지의 사실이다.[원주268] 뿐만 아니라 우리는 불교가 아주 초기 단계부터 스스로의 교설을 부정적인 형이상학으로 간주하게 되었다는 것을 부정하지 않는다.

그러나 이러한 부정적인 견해가 실제로 붓다 자신에 의하여 설해진 것이 아니라, 궁극적인 문제들에 대한 그의 침묵에 대한 해석, 즉 초기 불교도들의 생각이었다고 말해야 한다. 붓다의 침묵은 궁극적인 진리에 대한 무지를 나타내거나, 아니면 형이상학적인 소양의 유무에 관계없이 모든 사람에게 열려 있는 해탈의 방법을 지적하려는 깊은 열망의 표시일 수도 있다. 그러므로 붓다의 침묵은 무신론, 불가지론, 혹은 인류에 대한 대자비의 표현으로 해석될 수 있을 것이다. 지금까지 불교를 설명하는 가운데, 우리는 자아의 부정에 반하고, 열반을 소멸과 혼동하는 입장에 반하는 붓다 자신의 언급이나, 우리가 조건적인 것으로부터 벗어날 수 있는 어떤 무조건적인 존재를 긍정하는 붓다의 입장이 부정적인 철학과 쉽게 조화될 수 없다는 것을 누차 말한 바 있다. 붓다는 자신이 진리를 지니고 있으며, 사람들을 진리로 인도할 수 있다고 생각했다는 사실은, 그의 침묵을 불가지론적인

[원주268] Pratt, *The Pilgrimage of Buddhism*, chap.v를 보라.

자세로 해석하는 두번째 견해를 받아들일 수 없게 만든다. 만일 붓다가 진리를 몰랐다면, 그는 스스로를 깨달은 자(Buddha)라고 여기지 않았을 것이다.

세번째 가정은 붓다가 궁극적인 문제들에 대하여 모든 것을 알고 있었으나, 대중들에게 말하지 않았다는 것이다.[원주269] 이 견해가 우리에게 가장 만족스러운 것으로 보인다. 어느 때 붓다는 손으로 마른 나뭇잎 몇 개를 집어들고, 제자 아난다에게 자기의 손 안에 있는 나뭇잎 외에 또 다른 나뭇잎이 있는가를 물었다. 이에 아난다가 대답했다. "가을의 낙엽은 온 사방에 떨어집니다. 지금 손 안에 있는 것 외에도 수없이 많은 나뭇잎들이 있습니다." 그러자 붓다가 말했다. "이와 마찬가지로 나는 너에게 단지 한 움큼의 진리를 주었다. 그러나 그외에도 이루 헤아릴 수 없이 많은 다른 진리가 있다."[원주270]

붓다에 의하면, 그가 설했던 현상계에 대한 진리 외에 또 다른 진리가 있다. 만일 어떤 사람이 윤리적이라면, 그는 그러한 다른 진리를 보게 될 것이다. 붓다 자신이 얻었던 유형의 깨달음에 필수적인 윤리적 준비를 주장하는 것은, 붓다의 자발적인 사명이다. 붓다의 이러한 입장은 철학적인 타당성을 지닌다. 그는 인간 지식의 한계를 인정했으며, 논리적으로 알 수 있는 것과 알 수 없는 것을 구분짓는 경계선을 그었다. 그는 우리의 감관이 생성(becoming)을 파악할 수 있으며, 생성되는 것은 실재적이 아니라고 생각했다.

그럼에도 불구하고 그는 우파니샤드와 마찬가지로 무한자의 신비를 인정한다. 유한한 지성이 영원을 시간 속에 가두고 무한을 공간 속에 제한시키는 일을 떠맡게 될 때, 그것은 역설에 의하여 마비되고 만다. 우리는 상상할 수 없는 것을 상상할 수 없다. 존재를 생각하고 실재를 파악하려는 모

[원주269] 『바가바드기타』, iii.26.
[원주270] 아난다차리야(Ānandācārya)의 『브라흐마다르샤남』(*Brahmadarśanam*), p.10에서 재인용.

든 시도는 결국 그것을 하나의 현상으로 치환시키는 것으로 끝난다. 실재
는 인간 정신의 파악을 벗어나지 않을 수 없다. 왜냐하면 인간 자신이 무지
(avidyā)의 산물이기 때문이다. 주객의 분별이 있는 지식은 궁극적이 아니
다. 진리로부터 인간을 소외시키는 난공불락의 장막이 있다. 그러나 우리
가 지각할 수 있고 알 수 있는 진리 혹은 지혜는 비실재적이 아니다. "'나가
세나(Nāgasena)여, 지혜는 어디에 있는가?' '대왕이여, 어디에도 없습니
다.' '존자여, 그렇다면 지혜 같은 것은 없습니다.' '오 왕이여, 바람은 어디
에 있습니까?' '존자여, 어디에도 없습니다.' '그러면 바람과 같은 것은 없다
할 것입니까?'" 붓다는 절대자의 실재란 논리적으로 증명할 수 있는 것이
아니라고 주장한다. 그러나 그는 결코 그것이 존재하지 않는다고 주장하지
는 않는다. 그의 견해는 괴테의 『파우스트』에 나오는 말로 대신할 수 있을
것이다.

> 누가 감히 그를 이름지을 수 있으며,
> 누가 감히 그에 대하여 '나는 믿는다'고 말할 수 있겠는가?
> 누가 감히 '나는 그를 믿지 않는다'고 말하는 용기를 지니고 살아갈 수
있겠는가?

붓다는 브라흐만의 실재를 베다의 권위에 의거하는 사고방식을 싫어했
다. 왜냐하면 일단 우리가 계시의 증거를 받아들이기 시작하면, 여기에는
끝이 없기 때문이다. 이에 「테빗자 숫타」에서 붓다는 베다의 권위에 의지
하여 브라흐만을 믿고 그와의 합일을 추구하는 사람들을, 어떤 높은 저택
―어디에 있는지, 어떻게 있는지, 무엇으로 만들어져 있는지, 혹은 그것
이 도대체 있기나 한 것인지 볼 수도 없고 알 수도 없는―에 올라가기 위
하여 네 도로의 교차점에 계단을 세우는 사람들에 비유한다. 붓다가 불가
사의한 것의 깊이를 헤아리려는 시도를 고무시키지 않는다는 것은 사실이
다.[원주271] 우리의 지성이 부적합한 문제들을 논의하는 것은 귀중한 시간을
낭비하는 것이다. 더욱이 형이상학적 논쟁의 역사를 통하여 붓다는 우리가

희박해진 사색의 대기 속으로 날아 오르려고 시도할 때, 견고한 대지와 도덕률이 우리의 발 밑에서 흔들리기 시작한다는 것을 알고 있었다. 이에 그는 우리가 대지로 돌아갈 것을 촉구하며, 우리의 무익한 날갯짓으로 절대의 진공 속으로 날아 오르려는 시도를 경계한다. 붓다가 볼 때 형이상학적 문제에 대한 지나친 관심을 보이는 사람들은 자기도 모르게 사변적인 성향을 드러내 보인다. 그러므로 그것은 다섯 가지 이설 중의 하나로 간주된다.[원주272] 형이상학적 문제들에 대한 붓다의 불명확한 태도의 원인은, 붓다의 윤리적인 강박관념이다. 당시의 사상적인 혼돈에 또 다른 혼돈을 보태지 않기 위하여, 붓다는 우리가 이해할 수 있는 범위 안에 자신을 한정시켜야 한다고 가르친다.

4) 칸트와 붓다

형이상학적인 문제에 대한 입장에 있어서 칸트와 붓다 간에 어떤 유사성이 있는 것으로 보인다. 이들은 모두 철학이 형이상학적 독단주의와 회의주의라는 서로 대립되는 두 영역으로 갈라졌던 시대에 살았다. 칸트와 붓다는 인간 이성의 독단적인 과정의 근본을 깊이 통찰해야 할 필요를 절감하였으며, 윤리적인 원리들의 타당성을 보호하려고 애썼다. 이들은 우리에게 초감각적인 실재들을 논리적으로 파악하려는 시도를 그만두라고 촉구한다. 이들에게 형이상학은 인간 이성이 사물의 숨은 속성에 대하여 시사하는 문제들을 풀 수 없다. 우리가 그것을 지적으로 파악하려 하는 순간에 우리는 이율배반과 모순에 빠지고 만다. 양자는 도덕률을 삶의 지고한 규준, 영원에서 영원까지 신들과 인간의 우위에 있는 법칙으로 간주한다. 도덕률에 대한 의심은 해탈에 치명적인 중대한 죄악이다.

[원주271] 붓다와 마찬가지로, 프랜시스 베이컨은 신에게 자신을 바쳤던 신녀(神女)들처럼 목적인이란 쓸모없는 것이라고 본다.

[원주272] 「출라박가」(Cullavagga), ix.1.4.

5) 형이상학의 불가피성

궁극적인 문제에 대한 명료성을 흐리게 하는 경향에 대하여, 우리는 그 것이 불행이었다고 말하지 않을 수 없다. 인간은 철학적으로 설명할 수밖에 없다. 붓다가 소여(所與)는 조건지어진다고 말할 때, 자연적으로 의문이 일어난다. 조건지어지지 않은 것이 있는가? 그 조건지어지지 않은 것은 조건지어진 자들의 총합에 불과한 것인가, 아니면 절대적인 제1원인인가? 세계는 시작이 있는가, 영혼은 불멸인가, 인간은 자유로운 행위자인가, 세계의 궁극 원인이 있는가 하는 문제들은 인간의 궁극적인 열망과 무관하지 않으며, 철학적으로 설명되지 않고 방치되는 것을 거부한다. 설사 우리에게는 이러한 문제를 해결할 여지가 없다 할지라도, 우리가 이러한 문제를 그냥 덮어두는 것은 불가능하다.

인간이 어떤 사실에 대한 진리를 모른다고 해서 인간의 존엄성이 손상되는 것은 아닐 것이다. 그럼에도 불구하고 바로 그 존엄은 인간이 그것에 대하여 무관심하지 말아야 한다는 것을 요구한다. 심연의 깊이를 헤아리는 것은 불가능하기 때문에, 붓다는 우리가 여기에 눈길을 던지고 싶은 유혹을 경계해야 한다고 말한다. 그러나 초경험적 물음들의 무용성에 대한 그의 독단적인 공공연한 비난은 그 목적을 이루지 못했다.^[원주273] 불교의 역사

[원주273] "저 멀리 떨어진 지식의 대상에 닿는 것이 가능하다고 생각되는 한은, 우리가 그것 없이도 잘 해나갈 수 있다고 생각하는, 현명하게 보이는 단순함은 아무 소용이 없다. 지식을 더해가는 즐거움은 쉽게 어떤 의무감을 지니게 만들며, 이성에 대한 의도적인 자제는 지혜의 단순함이 아니라 우리 본성의 고양을 방해하는 어리석음이다. 왜냐하면 영혼의 본질에 대한 의문, 자유와 예정, 그리고 미래 등에 대한 의문은 즉시 모든 형태의 지력을 가동시키고, 사람들을 전력으로 사색의 열정 ─ 세밀하게 구별짓고 결정하며 독단적인 주장을 하고 논쟁하는 ─ 으로 끌어들이기 마련인 까닭이다. 한계가 그어지고 경계를 표시하는 돌이 놓이며, 이로써 사색이 그 본래의 영역을 넘어가는 것을 방지하게 되는 것은, 오직 그러한 논의가 그 자체의 과정을 점검하고 대상뿐 아니라 그것과 인간 정신과의 관계를 설명하는 철학에게 자리를 양보할 때뿐이다. 그것은 여러 개념들을 둘러싸고 있는 어려움 ─ 일반적인 통념으로는 쉽고 단순한 것으로 다루어지는 ─ 을 알아채는 어떤 철학을 필요로 한다. 좀더 진전된 철학은 그와 같은 대상이 전적으로 인간 지성의 지평 너머에 있다고 우리를 설득하는 지식의 미혹을 내쫓아버린다"(Caird, *Philosophy of Kant*, vol. i , p.142).

는 형이상학의 불가피성을 드러낸다. 우리가 형이상학에 빠진다는 것은, 우리가 그것에 대항하여 싸운다는 사실에 대한 살아 있는 증거이다.

애매함 속에 언제나 미덕이 있는 것은 아니다. 왜냐하면 붓다의 형이상학이 지니는 불확정성은 그의 제자들이 다양한 사상체계를 그가 말했던 것에 잡아맬 수 있게 하였다. 신중하고 조심스러운 그의 입장은 부정적인 철학체계로 발전했으며, 그의 가르침은 자신이 피하고자 애썼던 바로 그 독단론의 희생물이 되고 말았다. 이미 앞에서 본 것처럼, 나가세나에게 궁극적 실재는 토대 없는 가설이 된다. 그는 알 수 있는 것 혹은 현상적인 것과 알 수 없는 것 혹은 본체적인 것 간의 구분을 거부했다. 사물에 대한 지식은 더 이상 상대적인 것으로 간주되지 않는다. 그것은 참되고 절대적이다. 경험을 초월하여 있는 것은 아무것도 없다. 실재와 경험은 하나이다. 참된 형이상학은 경험의 이론이어야 하며, 그 너머의 장막 아래 감추어진 것에 대한 어림짐작이어서는 안된다. 우리는 세계가 공간에 제한되거나 시간적인 시작을 지니지 않는다는 사실을 받아들이지 않을 수 없다. 우리는 세계를 설명하기 위하여 그와는 다른 어떤 원인을 가정해서는 안된다. 이외의 다른 불교도들 또한 이 세계의 본질에 대한 붓다의 언급을 그들 각자의 형이상학적 체계로 다듬고자 노력했다.

21. 불교와 우파니샤드

지난 시대의 사유 형태를 그대로 답습하고자 하는 탐구자는 그 자체에서 계속적인 발전이나 논리적인 추이가 그에게 줄 수 있는 확실한 열쇠를 지닐 수 없다. 무지에서 벗어나 진리를 성취하고자 했던 붓다는 모든 형태의 신비를 배격하고자 했다. 이러한 과정은 명료하고 정확한 사유를 선호했지만, 다른 한편으로는 그 자체의 결함을 안고 있었다. 붓다의 가르침은 그 깊이에 있어서 불충분하고, 또한 유기적인 성격을 결하게 되었다. 그의 관념들은 서로 침투하기 어려운 경계선 바깥에 놓여 있었으며, 따라서 유기적인 상호 관련이 불명확했다. 다양한 요소를 하나의 일관된 전체로 통합시킬 수 있는 분위기는 분명히 나타나지 않았다. 본질적으로 구체적인 인간 이성은 그 자체의 관념과 원리들을 어떤 가능한 체계의 일부로 간주하지 않을 수 없으며, 인간 정신의 이러한 본능은 붓다의 가르침이 어떻게 그 근저에 놓인 통일적인 원리를 지니는가 하는 것을 보고자 한다. 붓다의 윤리적 수행을 정당화하는 유일한 형이상학은 우파니샤드의 근저에 놓여 있는 형이상학이다. 불교는 이미 우파니샤드로부터 시작된 사상의 전체 흐름 가운데 후기 단계에 불과하다. "우파니샤드의 교의 가운데 다수는 의심할 나위 없이 순수 불교라고 말하거나, 아니면 차라리 불교는 여러 점에서 우파니샤드에 놓인 원리의 지속적인 발전이라고 해야 한다."[원주274]

붓다는 자신을 혁신자가 아니라 단지 옛 길, 즉 우파니샤드의 길을 복귀시킨 자로 여겼다. 불교와 우파니샤드는 그 철학에 관한 한, 베다의 권위를 부정한다. 그러나 사실상 양자는 그들의 정신에 이질적인 믿음체계와의 연합을 시도하였으며, 결과적으로 이론적으로는 그들의 가르침을 수용했던 많은 사람들이 실제로는 다른 신을 섬기고 있었다. 물론 이 점에 있어서는 불교가 우파니샤드보다 덜 타협적이었다. 불교와 우파니샤드는 공히 희생 제의와 지나친 제의식을 조장하는 이론들을 배격하며, 제의식이나 고행을 통하여 해탈이 가능하다는 입장을 강하게 부정한다. 윤회로부터 우리를 구제하는 것은 진리파지, 즉 모든 존재의 근저에 놓인 실재에 대한 지식을 통해서이다. 개아의 본질적인 실재에 대한 부정은 양자에 공통된 경향이다. 현실의 삶이 고통이라는 생각과, 우리가 동경하는 내생이 양자 모두에 의하여 인정된다. 그들은 우리가 변덕스런 삶의 흥분을 없애야 한다고 가르친다. 우파니샤드의 중심된 가르침, 즉 모든 존재의 통일성은 붓다에게· 수용된다. 불교와 우파니샤드에서 삶은 우리가 어둠의 나락으로 떨어지거나 아니면 높이 떠오를 수 있는, 하나의 위대한 순례여행이다.

[원주274] Max Müller, The Sacred Books of the East, vol. xv, Introduction, p. xx
　　xvii.

불교 윤리의 보편주의적 경향은 전혀 새로운 것이 아니다. 궁극적 실재는 지력으로 파악될 수 있는 것이 아니라는 것 또한 양자에 의하여 인정되고 있다. 절대자는 공(空)이 아니며, 공이 아닌 것이 아니며, 공이면서 공이 아닌 것이 아니며, 공도 아니고 공이 아닌 것도 아닌 것이 아니라고 하는 불교의 묘사는 우파니샤드의 여러 구절을 연상하게 한다. 만일 실재적인 아무것도 없다면, 만일 우리는 영원히 무지해야 한다고 운명지어져 있다면, 우리는 자신을 괴롭히는 덧없는 호기심을 지니지 않을 것이다. 영혼과 세계 또는 다른 문제에 대한 설명에서 우리는 명칭과 형태(名色, nāmarūpa), 행위의 결과(宿業, karmavipāka), 근원적인 무지(無知, avidyā), 정신적인 집착(upādāna), 아라한(阿羅漢, arhat), 출가 수행자(沙門, śramaṇa), 깨달은 자(buddha), 열반(nirvāṇa), 근본 물질(prakṛti), 자아(Ātman), 적멸(寂滅, nivṛti) 등 우파니샤드의 어휘들을 만난다.

불교는 그 당시만 해도 선택된 소수에게 국한되어 있었던 우파니샤드의 철학을 대중화시키는 데 일조하였다. 이러한 과정은 다수의 대중들이 명료하게 이해하기 어려운 깊은 철학적 진리가 실제적인 목적을 위하여 무시되는 결과를 가져왔다. 우파니샤드의 관념론을 최상의 형태로 받아들이고, 그것이 인간의 일상적인 필요에 소용될 수 있도록 만드는 것이 붓다의 일이었다.[원주275] 역사적인 불교는 대중 가운데 우파니샤드의 교의가 전파되는 것을 의미한다. 이로써 그것은 현재 속에 살아 있는 유산을 만들어내는 역할을 수행했다. 이와 같은 대중적 차원에서의 격변은 인도 역사의 일반적인 모습이다. 위대한 현자들의 값진 가르침이 소수에 의하여 독점되고 있었을 때, 비슈누교의 위대한 스승 라마누자(Rāmānuja)는 유현(幽玄)한 경전들을 심지어 최하층민들에게까지 설파했다. 불교는 바라문교가 그 본래의 근본적인 원리로 회귀한 것이라고 말할 수도 있을 것이다. 붓다는 우파니샤드의 이론에 대한 반작용의 파도 마루를 타고 성공한 개혁자라기보

[원주275] Holmes, *The Creed of Buddha*를 보라.

다는, 널리 유행하던 우파니샤드의 이론을 개조해서 수승한 측면이 드러나게 하고자 했던 개혁자였다. 붓다의 가르침이 지니는 결정적인 결함은 스스로의 윤리적인 진지함 때문에, 진리의 절반만을 취해서 그것이 마치 전부인 것처럼 확대했다는 것이다. 형이상학에 대한 그의 혐오는 그 부분적인 진리가 필연적인 보완을 필요로 하며, 그것이 스스로 부과한 한계 너머로 그 자체를 확장시키는 원리들에 의존하고 있다는 사실을 보지 못하게 가로막는다.

22. 불교와 상키야 철학

불교와 자이나교가 모두 상키야 철학에 토대를 두고 있다는 견해를 지닌 몇몇 사상가들이 있다. 뷔르누프(Burnouf)는 불교가 단지 상키야의 원리들을 수행하고 있을 뿐이라고 생각한다. 베버(M. Weber)에 의하면, 상키야 학파의 카필라(Kapila)와 가우타마 붓다가 동일인일 가능성이 없지 않다. 그는 이러한 추측을 뒷받침하기 위하여 붓다의 탄생지가 카필라바스투(Kapilavastu)라는 사실을 지적한다. 삶이 고통이라는 것은 이들 학파의 공통된 전제이다.[원주276] 이들은 모두 바라문교의 저급하고 덧없는 신들을 받아들이고 있지만, 궁극적이고 영원한 신의 존재에 대해서는 침묵한다. 윌슨(Wilson)은 물질의 영원성, 사물에 대한 원리, 그리고 최후의 죽음에 대한 어떤 전제들이 상키야 철학과 불교에 공통된다는 것을 지적한다. 야코비(Jacobi)와 가르베(Garbe)에 의하면, 상키야의 이원론적 전제와 세계 전개는 불교보다 오래된 것이다. 상키야의 전개설과 불교의 교의가 어떤 유사점을 지니고 있다는 것은 사실이다.[원주277] 불교의 사성제는 『상키

[원주276] 자연계가 연속적인 전개 과정이라는 상키야 학파의 개념은, 세계를 영속적 생성으로 간주하는 불교의 통찰과 비슷하다. 양자에 있어서 세계 과정을 지배하는 것은 인과율이다. 또한 무명을 모든 고통의 원인으로 강조하는 것도 두 학파에 공통된다.

[원주277] 무명(avidyā)은 원물질(pradhāna)에 상응하며, 행(行, saṁskāra)은 각(覺,

야프라바차나바쉬야』(*Sāmkhyapravacanabhāṣya*)에 표방된 상키야 철학의 네 진리에 상응한다. "① 우리는 고통으로부터 자신을 구제해야 한다. ② 구원은 고통의 지멸이다. ③ 고통의 원인은 프라크리티(prakṛti, 근본 물질)와 푸루샤(puruṣa, 순수정신)에 대한 분별의 결여이다. ④ 구원의 수단은 분별지이다." 카필라는 붓다와 마찬가지로 희생제의와 기도 및 제사를 배척한다.

불교는 상키야 학파의 개조로 일컬어지는 성자, 카필라가 붓다보다 여러 세대 이전에 살았다는 것을 인정하며, 이 학파의 주요 개념들이 붓다 재세 시에 널리 유포되어 있었다는 사실을 받아들인다. 존재에 대한 62견(見)이 언급되는 『디가 니카야』의 제1숫탄타(suttanta)에는 상키야 철학과 유사한 견해가 보인다. "존재의 영원성을 믿는 출가자와 브라흐민들이 어떤 근거에서, 그리고 무슨 이유로 영혼과 세계 모두가 영원하며", "또한 영혼이 다수라고 단정하는가?" 붓다는 그 학파 자체는 아니라 할지라도, 그 학파의 시작을 알고 있었음에 틀림없다.[원주278] 세계는 악이며, 구원은 프라크리티로부터의 분리라는 것은 붓다에게 매우 시사적이었을 것이다. 심리 과정에 대한 상키야의 개념은 불교 오온설의 근저에 있었을지도 모른다.

그러나 확립된 형태의 상키야 학파는 수세기 동안의 활동이 집적된, 상

---

buddhi)에, 식(識, vijñāna)은 아만(我慢, ahaṁkāra)에, 명색(名色, nāmarūpa)은 다섯 요소의 미세한 본질(tanmātra)에, 그리고 육입(六入, ṣaḍāyatana)은 감각기관(indriya)에 각각 해당한다(Kern, *Manual of Buddhism*, p.47, 각주 6을 보라). 상키야 철학에 있어서 인과관계의 긴밀한 접촉 혹은 연합(pratyayasaṅgha)은 불교의 연기(緣起, pratītyasamutpāda)와 서로 밀접하게 닮아 있다.

[원주278] 요가 체계의 주요 개념들은 초기 불교에 대단한 영향력을 지녔다. 붓다의 두 스승 알라라 칼라마(Ālārakālāma)와 웃다카(Uddaka)는 요가 실수(實修)에 정통했다. 심(心, citta), 지멸(止滅, nirodha)이라는 말의 사용이 시사하듯이, 붓다는 정신 수양에 관한 관념들을 요가 체계에서 차용했을 가능성이 농후하다. 요가학파는 무지를 고통의 원인으로 상정하며, 그것을 다른 모든 것의 근저에 놓인 오염(kleśa)으로 간주한다. 또한 정신 집중(samādhi)의 4단계는 불교의 네 가지 선정(禪定)의 원형으로 간주되어도 무방할 것이다(『요가 수트라』, i .17). 4종의 숭고한 경지, 즉 박애, 슬픔에 대한 연민, 기쁨에 대한 공감, 평정(平靜) 또한 요가 체계에서 이에 상응하는 것을 찾을 수 있다(『요가 수트라』, i .33). 또한 Stcherbatsky, *The Conception of Buddhist Nirvāṇa*, pp.2 ff를 보라.

당히 후대의 산물이라는 것은 의심할 여지가 없다. 『상키야 수트라』
(*Sāṃkhya Sūtra*, i.27~47)는 외계 대상이 단지 영속적인 흐름 속에
서로 이어지는 찰나의 지속을 지닌다는 불교의 교의를 비판하고 있으며,
사물이란 단지 개념 작용 속에 존재하는 것으로 객관적인 실재성을 지니지
않으며, 오직 공(空, śūnya)이 있을 뿐이라는 교의 또한 비판한다. 더욱이
『상키야 수트라』는 불교 제 학파의 지식을 전제하고 있으며, 따라서 그것
은 이들 학파보다 후대에 성립된 것이다.

23. 불교의 성과

바라문교가 천 년 이상 지배적인 지위를 점했던 나라에서, 불교는 그것
을 침식하는 데 성공했으며, 근 2백 년 동안 인도의 국교로 인정되기에 이
르렀다. 이슬람교나 기독교와 같은 선교 종교의 경우에도, 세계사를 통하
여 그와 같은 성과를 거둘 수는 없었다. 이것을 단지 붓다가 사람들의 감정
과 편견에 영합한 결과라고 말할 수 없다. 그는 영혼의 죄에 대한 값싼 속
죄를 외치거나, 구원을 경매에 부치지 않았다. 불교는 사람들이 좋아하는
모든 쾌락에 대한 철저한 포기를 요구하기 때문에, 여기에는 인간적인 이
기심이 비집고 들어올 틈이 있을 수 없다. 종교로서의 불교가 성공할 수 있
었던 요인은 삼보(三寶, triratna), 즉 ① 붓다(Buddha, 佛), ② 다르마
(dharma, 法), ③ 상가(saṅgha, 僧伽)에 있다.

인류의 벗이며 자기제어의 영웅인 붓다의 비범한 인격과 생애는 사람들
의 마음에 엄청난 영향을 끼쳤다. 개조(開祖)에 대해서 언급하면서 바르트
(Barth)는 이렇게 적고 있다. "우리는 그 놀라운 인물을 우리 앞에 분명하
게 제시해야 한다……. 그는 모든 중생에 대하여 무한한 사랑을 베푼, 고요
하고 친절한 위엄과 고통받는 모든 존재에 대한 자비의 전형을 완성하였으
며, 완전한 자유를 성취하여 모든 편견에서 자유로운 존재였다."[원주279] "그
는 오직 선하고 지혜로운 언행을 보였으며, 그는 세상의 빛이었다."[원주280]

만일 그의 관용과 도덕적 고결함이 사람들의 마음을 사로잡지 못했다면, 그것은 오히려 이상한 일이었을 것이다. 인류애의 개념은 점점 고착화되던 카스트의 토대를 무너뜨렸으며, 승가의 조직과 그 수행 정신은 많은 사람들의 마음을 끌었다. 개조와 마찬가지로 불교의 수행승들은 모든 것을 버리고 진리를 설했다. 붓다가 설한 고결한 윤리, 즉 오직 마음이 청정한 자가 구원을 얻는다는 것은 율법과 선지자들의 가르침을 요약한다. 붓다는 인격신을 믿지 않는 사람들에게까지 선의 실천을 정당화시켰다. 그 어떤 독자적인 윤리도 보편적인 자비의 메시지보다 더한 것을 우리에게 줄 수 없다. 피의 희생제의가 여전히 성행하던 시대에 모든 중생에 대한 자비의 가르침은 실로 엄청난 효과를 가져왔다. 제의식지상주의에 대한 붓다의 반대는 대체로 보아 그의 가르침이 대중들에게 받아들여지는 데 이바지하였다.

붓다의 가르침이 보이는 고원(高遠)함은 다음과 같은 그의 언급에서 추측될 수 있을 것이다. "이 세상에서 증오는 결코 증오에 의하여 끝나지 않

〔원주279〕 *The Religions of India*, p.118.

〔원주280〕 심지어 중세의 마르코 폴로도 붓다를 들어 알고 있었으며, 그에 대하여 이렇게 적고 있다. "만일 그가 기독교인이었다면, 그는 우리의 위대한 주(主) 예수 그리스도였을 것이다. 그가 영위했던 삶은 실로 거룩하고 청정한 것이었다." "분명히 두 종교의 창시자들의 성품과 가르침 간에는 많은 공통점이 있다. 그들은 사물의 본질을 꿰뚫어보는 비판력을 지니고 있었으며, 더할 나위 없는 지혜를 구족하였다. 그들은 무엇보다도 인류의 구원을 열망하였으며, 사랑의 왕도, 이웃과 우리 자신에 대한 사랑을 선포하였다. '산 생명을 해치지 말라.' 그들은 제자들이 모든 사람들을 용서하고 스승을 따르라고 촉구하였다. 그들은 세속적인 만족의 헛됨과 자기 부정을 가르쳤으며, 삶의 최고 규범으로 자비와 사랑을 실천해 보였다. 그들은 생각과 의도의 청정함이 무엇보다도 필요한 것임을 거듭 가르쳤다. 그들은 선으로 악을 극복하는, 악에 대한 무저항을 규정하였으며, 특히 어린이와 가난한 자 그리고 고통받는 자와 하층민들에 대한 각별한 사랑을 보였다. 우리에게 전해지는 그들의 삶에 대한 기록에는, 이렇듯 놀라운 유사점이 있다. 더욱 중요하고 의미심장한 것은, 이 두 인물은 수많은 세대를 통하여 영적인 수승함으로 사람들의 가슴을 사로잡으면서 지금도 세계에서 가장 강력한 종교적인 힘으로 받아들여지고 있다는 점이다"(W.S. Lilly, *Many Mansions*, p.62). "진리에 대한 이방인 선구자들 가운데서, 나는 점점 석가모니야말로 길이요 진리요 생명이었던 그와 성품이나 영향력에 있어서 가장 유사하다고 생각하게 된다"(*Memoirs of Bishop Milman*, p.203).

는다. 증오는 오직 사랑에 의하여 끝날 수 있다.” “승리는 증오를 잉태한다. 왜냐? 패한 자는 불행하기 때문이다.” “어떤 이는 전쟁에서 수천 사람들을 정복할 수도 있을 것이다. 그러나 스스로를 정복하는 자가 가장 위대한 정복자이다.” “친절로 노여움을 이겨내고, 선으로 악을 이겨내야 한다.” “사람이 천한 신분이 되거나 브라흐민이 되는 것은, 태생에 의해서가 아니라 오직 스스로의 행위에 의해서이다.” “너의 선행은 감추고, 네가 범한 죄악을 세상 앞에 고백하라.” “말하자면, 자기가 범한 잘못의 상처에 소금을 뿌리는 악행자에게 누가 감히 험한 말을 하겠는가?”

그 어떤 음성도 붓다의 음성처럼 선의 존엄을 영원히 우리의 귀에 큰소리로 외치지는 못한다. 불교가 종교로 성공할 수 있게 한 것은 의에 대한 불타는 이상이다. 포교의 정신 또한 불법을 널리 전파하는 데 상당할 정도로 공헌하였다. 붓다는 자기의 제자들에게 명했다. “모든 나라로 들어가서 이 가르침을 설하라. 천하고 가난한 자든, 부유하고 높은 지위에 있는 자든 모두가 하나이며, 마치 강들이 바다에서 만나듯이 모든 카스트는 이 종교에서 하나된다는 것을 그들에게 전하라.” 불교가 그토록 성공할 수 있었던 것은, 그것이 가난한 자와 하층민들과 탈락자층에게까지 불법을 전하면서, 아무리 천하고 약한 계층이라도 배제하지 않는 자비의 종교였기 때문이다.

제8장

서사시의 철학

1. 바라문교의 재정비

온갖 개혁사상이 동북부 인도를 휘젓고 있는 동안에, 바라문교의 고향 서부에서도 의식적인 것은 아니라 해도 커다란 변화가 일어나고 있었다. 생소한 믿음을 교시하는 새로운 공동체들이 아리아인 문화 속에 수용되었을 때, 고대 베다 문화는 새로운 다수 대중의 욕구에 적합하게 변형될 수밖에 없었다. 그것은 그 자체의 종교를 확장시키고 개조해서 새로운 믿음체계들을 수용하거나, 아니면 사멸할 수밖에 없는 입장에 놓여 있었다. 문명인으로서의 자부심은 아리아인들이 제사의 권한을 새로운 동참자들에게 아무 조건없이 개방하는 것을 허용하지는 않았을 것이지만, 그들을 무시한 채 내버려둘 수는 없었다. 새로운 믿음체계들과의 융화는 존속을 위한 조건이었으므로, 아리아의 문화는 내부의 갈등과 반감을 감수하면서도 새로운 믿음체계들을 수용하고 스스로를 새로운 구성원들의 윤리적인 요구에 순응시키는 엄청난 일을 감행했다.

아리아화는 본질적으로 영적인 과정이었다. 브라흐민들은 새로운 동참자들이 아주 기뻐하는 신화와 상징, 이야기와 전설을 우화화하려고 노력했다. 그들은 부족신들에 대한 숭배를 인정하고, 그 신들을 베다의 문화와 조화시키려는 시도를 했다. 몇몇 후기 우파니샤드는 비아리아인의 상징주의 위에 베다의 종교를 확립하려는 여러 시도들에 대하여 언급하고 있다. 파슈파타(Pāśupata) 종파, 바가바타(Bhāgavata) 종파, 그리고 탄트리크(Tāntrik) 전통은 이러한 사회적 격변기에 속하며, 이 종파들을 통하여 불교 이전 시대 인도에서 다수 대중들의 아리아화가 진행되었다. 이들은 아리아의 영향하에 형성되고 발달되었기 때문에, 오늘날 이들이 초기 우파니샤드와 베다에 그 원천을 두지 않는다고 주장하는 것은 불가능하다. 『라마야나』(Rāmāyaṇa)와 『마하바라타』(Mahābhārata)는 인도에서 아리아의 확장기에 베다 종교의 이러한 확장을 우리에게 말한다.

2. 『마하바라타』

『마하바라타』는 고대 바라타(Bhārata)족 왕가의 두 가계 간에 있었던 대전쟁을 묘사한다. 『샤타파타 브라흐마나』(Śatapatha Brāhmaṇa)에서는 "바라타족의 위대함은 전무후무하다"[원주1]고 전한다. 듀트(Dutt)와 프랏트(Pratt)에 의하면, 이 서사시는 기원전 13세기 혹은 12세기경에 있었던 대전쟁에서 수행된 용맹스런 영웅적 행위를 언급하고 있다.[원주2] 콜브룩(Colebrooke)은 그것을 기원전 14세기의 것으로 보며, 윌슨과 엘핀스턴(Elphinstone)도 이와 같은 견해를 피력한다. 맥도넬(Macdonell)은 말한다. "이 서사시(마하바라타)가 고대 쿠루족과 판찰라(Pañcāla)족이라는

[원주1]　x iii.5.4.
[원주2]　Dutt, *Ancient Hindu Civilisation*.

두 친족 간의 갈등과 대립을 역사적 배경으로 하고 있다는 것은 의심의 여지가 없다. 나중에 이 두 친족은 다시 하나로 연합된다.『야주르 베다』에서는 이 두 부족이 이미 연합된 것 같아 보이며,『마하바라타』의 중심 인물 가운데 하나인 카타카(Kathaka) 왕 드리타라슈트라(Dhṛtarāṣtra)는 널리 알려진 인물로 언급된다. 따라서 이 대서사시의 역사적 단초는 아주 이른 시기로 거슬러올라갈 수 있으며, 적어도 기원전 10세기 이전으로 잡아야 할 것이다."[원주3] 만일 우리가 비마(Bhīma)의 잔인성, 드라우파디(Draupadī)의 일부다처, 그리고 이와 유사한 다른 사건들을 통하여 판단한다면,『마하바라타』본래의 사건은 비아리아적인 것으로 보인다고 해야 할 것이다.

그러나 그것은 곧 아리아적인 이야기로 전환된다.『마하바라타』는 여러 다양한 지역의 이야기가 전체적인 하나 속에 편입됨으로써 범국가적인 서사시가 되었다. 그것은 벵골 지방이든 남인도든, 판자브 지방이든 데칸 고원이든, 인도의 모든 지역에서 읽힌다. 대중의 마음에 만족을 준다는 것이『마하바라타』의 목적이며, 이것은 항간의 이야기들을 받아들임으로써 가능하였다.『마하바라타』는 고대의 모든 믿음체계와 종족의 전통들을 하나의 집합적인 형태로 담아내고 있다. 이렇듯 그 범위가 매우 포괄적이기 때문에, 흔히 말하기를『마하바라타』속에 없는 것은 바라타족의 나라, 즉 인도에서 찾아볼 수 없다고 한다. 인도 땅에 모여 사는 여러 다양한 사람들의 사회 종교적인 개념들을 결집함으로써,『마하바라타』는 사람들의 마음을 바라타 나라의 근본적인 통일에 대한 깊은 인식을 지니게 하려고 노력했다.

니베디타(Nivedita) 수녀[역주1]는 말한다. "학자가 아니라 단지 독자로서『마하바라타』를 읽는 외국인 독자는 당장에 두 가지 사실에 충격받는다. 첫째는 그것이 지니는 다양성 속의 통일성이며, 둘째는 결속의 동기로

[원주3] *Sanskrit Literature*, pp.284~285.
[역주1] *The Web of Indian Life*의 저자로 유명하며, 본명은 Margaret Novel이다. 비베카난다(vivekānanda)에 의하여 힌두교로 개종한 영국인이다.

서 인도 자체의 영웅 전통을 강조함으로써 하나의 인도라는 개념을 독자에
게 심어주려는 끊임없는 노력이다."

3. 연대와 저자

현재의 『마하바라타』는 『바라타』라 불리던 그 이전의 전승(傳承)에 대한
증보 형태라는 것이 일반적인 견해이다. 『마하바라타』의 서설에 따르면,
원래 비야사(Vyāsa)의 저술로 전해지는 『바라타 상히타』(*Bhārata
Saṁhitā*)는 2만 4천 구(句)를 담고 있었으며, 또한 그것을 6백만 구의 작
품으로 늘렸는데, 현존하는 것은 단지 10만 구뿐이다. 그러나 이 『바라타』
역시 전쟁의 사건들에 대한 담시(譚詩), 민요, 그리고 운문화된 전승들에
토대를 두고 있음이 분명하다. 위대한 영웅들의 무용담을 전하고, 위대한
전사와 여왕들의 아름다움을 찬양하며, 궁성의 장려함을 노래하는 민요와
찬가들은, 오직 전쟁의 여운이 사람들의 귓전에 남아 있을 때만 호소력을
지닐 수 있었을 것이다.

아주 오래 전부터 인도 서부의 쿠루 판찰라(Kuru-Pañcāla)국에서, 그
리고 동부의 코살라국에서는, 방랑 시인들이 그들의 부족 영웅들의 위대한
행적을 노래하고 있었다. 이러한 노래들은 구전되었고, 따라서 시대에 따
라 다소의 변천을 겪을 수밖에 없었기 때문에, 결코 어떤 고정된 형태일 수
는 없었을 것이다. 바라문교는 원래 자기 것이 아니었던 이러한 전승과 사
유와 열망들을 인정하지 않을 수 없었다. 『바라타』는 아리아의 문화와 그
것이 직면하는 수많은 민담, 역사, 신화 등을 조화시키려는 첫 시도라고 할
수 있다. 전쟁이 있은 후 얼마 동안 그것은 교훈적인 목적이나 철학적인 종
합을 지니지 않는, 단순한 영웅시였을 것이다. 짐작건대 그것은 기원전
1100년 무렵에 만들어졌을 가능성이 높다.^[원주4] 곧 새로운 자료들이 집적

[원주4] 바이디야(Vaidya)씨는 초기 작품의 연대를 기원전 3100년으로 잡는다.

되었으며, 이것을 하나로 융합하려는 것은 거의 불가능한 것처럼 보였다. 그럼에도 불구하고 그러한 시도가 있었으며, 그 결과가 『마하바라타』이다. 외견상 그것은 새로운 공동체의 민요 및 미신적인 관습과 아리아인의 종교성 간의 불만족스런 결합을 보인다.

비야사[원주5][역주2]는 어색할 수밖에 없는 절충의 최선을 만들어냈으며, 투쟁과 전쟁 심리를 불러일으키고, 불확실한 기원과 의심스런 도덕성을 지닌 새로운 신들을 베다 신들의 '헌 옷'(cast-off clothes)으로 성장(盛裝)시키면서, 항간에 유행하는 수많은 서사시 전승과 영웅 숭배를 훌륭한 시로 엮어냈다. 민요 단계가 선행하고, 『바라타』는 그 다음이라는 것은 분명하다. 그것은 틀림없이 종교가 제의 중심적이고 다신론적이었을 때에도 만들어졌을 것이다. 『마하바라타』 가운데서 인드라와 아그니 같은 신들에 대한 숭배를 고취하는 부분은 이 단계의 잔재라고 할 수 있다. 그 당시에 여성은 아주 자유로운 상태였으며, 카스트는 엄격하지 않았다. 종파주의적인 요소나 아트만의 철학 혹은 권화(權化, avatāra)의 이론도 없었다. 크리슈나(Kṛṣṇa)는 역사적인 인물로 나온다.

사유의 그 다음 단계는 그리스인(Yavana)과 파르티아인(Pahlava), 그리고 스키타이인(Śaka)[역주3]들이 인도로 들어왔던 시대를 나타낸다. 이제 우리는 브라흐마(Brahmā), 비슈누(Viṣṇu), 쉬바(Śiva)가 한 궁극자

[원주5] 과연 어떤 한 개인이 전체 『마하바라타』의 저자라고 할 수 있을지는 의문이다.

[역주2] 원래 비야사(Vyāsa)라는 이름은 고대의 여러 저술들에 대한 '편집자' 혹은 '편찬자'를 의미하는 보통명사로 사용되었다(Margaret and James Stutley, *A Dictionary of Hinduism*, p.342 참조). 푸라나 문헌에는 거의 30명의 비야사가 언급된다. 전통적으로 베다와 『마하바라타』의 편집자 혹은 저자는 비야사라고 전해지지만, 만일 이 문헌들이 수세기에 걸쳐 여러 리쉬들에 의하여 만들어지고 편집된 작품이라는 것이 인정된다면, 비야사는 어떤 한 사람을 지칭하는 고유명사일 수 없을 것이다. 비야사는 또한 『베단타 수트라』의 저자 바다라야나(Bādarāyaṇa)의 별명이라고 말하기도 한다.

[역주3] 그리스인은 범어 문헌에서 야바나(Yavana), 요나(Yona), 야우나(Yauna), 요나카(Yonaka) 등으로 말해진다. 파르티아인은 『리그 베다』에서 파르타바(Parthava)로 언급되지만, 서사시 문헌에서는 팔라바(Pahlava)라고 불리며, 나중에는 박트리아인(Bactrian)이나 스키타이인(Scythian)과 혼동되기도 한다.

의 다른 형태로서, 각각 창조, 유지, 파괴의 기능을 수행한다는 삼신(三神, trimūrti) 개념[원주6]을 지니게 된다. 원래 인드라에게 속해 있었던 강력한 행위들은 이제 비슈누에게 귀속되고, 어떤 경우에는 쉬바에게 넘겨지기도 한다. 원래는 영웅시였던 것이 바라문교의 전통으로 윤색되고, 나아가서는 비슈누와 쉬바가 최고의 지위를 점하는 유신론적인 종교로 변형된다.

대체로 『마하바라타』의 철학적인 부분은 마지막 단계에 속한다고 보아야 하겠지만, 아마도 『바가바드기타』는 이 단계에 속하는 것으로 보인다. 『마하바라타』의 제7과 제8권에서 우리는 철학, 종교, 정치, 법률 등에 관한 논의를 본다. 바라문교가 토착신앙과 그 주변의 종교적 실천수행과 융합됨으로써 소수 종교의 범주를 탈각하게 되자, 고대의 지혜에 대한 철학적 재해석이 불가피하게 되었다. 어떤 참된 조화의 원리에 입각한 것은 아니라 할지라도, 우파니샤드의 절대적 일원론과 대중들의 유신론적 믿음을 하나의 전체로 종합하려는 많은 노력이 행해졌다. 진정한 사색의 통찰과 종합의 힘을 지니고 있었던 『바가바드기타』의 저자는 새로운 차원의 종교 철학적인 종합을 시작했으며, 그것은 결과적으로 후대에 유신론 철학 사상의 토대가 된다. 그 자체 안에 다양한 연대와 저자의 산물들을 담고 있는 『마하바라타』는 역사와 신화, 철학, 법률, 신학과 철학에 대한 종합 백과사전이 된다.[원주7]

[원주6] '삼신'(trimūrti) 개념은 종종 상당히 후기의 것으로 간주되기도 한다. Hopkins, *The Great Epic*, p.46, p.184를 보라. 비록 이 개념이 나타나는 『마이트리 우파니샤드』의 일부가 후대의 가필로 간주된다 할지라도, 우리는 이 우파니샤드의 iv와 v에서 이 개념을 찾아볼 수 있다.

[원주7] 우리는 『마하바라타』가 정확히 언제 만들어졌는지 알 수 없다. 다소 자신있게 말할 수 있는 것은 불교가 일어날 즈음에는 이미 『마하바라타』가 알려져 있었다는 것이다. 맥도넬은 "이 서사시의 원형이 기원전 5세기 무렵에 출현했다"는 견해를 피력한다. 이 서사시에 가우타마 붓다에 대한 아무런 언급이 없다는 사실은 이 견해를 설득력있게 만든다. 파니니(Pāṇini)는 이 이야기에 나오는 인물들을 잘 알고 있었다(viii.3.95의 Gaviyudhibhyāṁ sthiraḥ ; iv.3.98의 Vāsudevārjunābhyāṁ vuṇ). 『아슈왈라야나 수트라』(*Āśvalāyana Sūtra*)는 『바라타』 이외에도 『마하바라타』라고 불리는 저작을 언급하고 있다(*Gṛhya Sūtra*, iii.4.4). 우리에게는 『마하바라타』가 존재했다는 것을 명백히 입증하는 굽타 시대

『마하바라타』는 가끔 제5의 베다라고 불리기도 한다. 그것은 인간의 행위와 사회에 관하여 권위있는 책으로 간주된다.[원주8] 그것은 심지어 나약하고 천한 사람들에게까지 윤리적 행위의 규범을 가르치고자 한다.[원주9] 불교경전들은 모든 사람들에게 열려 있었음에 비하여, 브라흐민들의 성전들은 상위의 세 계층에만 개방되어 있었다.[역주4] 따라서 모든 사람들에게 열려 있는 제5의 베다가 필연적으로 요청되었다.

4. 『라마야나』

발미키(Valmīki)의 『라마야나』는 본래 하나의 서사 문학 작품이며, 『마하바라타』의 잡다한 성격과는 다르다. 『라마야나』의 영웅 라마(Rāma)는

왕들의 명문이 있다. 바샤(Bhāsa)의 시 가운데에 많은 것들이 『마하바라타』에서 줄거리를 가져왔다. 아슈와고샤는 자신의 『붓다차리타』와 『사운다라난다』(*Saundarananda*)에서 『바라타』를 언급한다. 바우다야나(Baudhāyana)는 자신의 『다르마 수트라』(*Dharma Sūtra*)에서 『야야티 우파키야나』(*Yayāti upākhyāna*)에 나오는 한 구절과 『바가바드기타』에서 발견되는 다른 한 구절을 인용하고 있으며(ii.2.26: ii.22.9), 그는 기원전 400년 사람으로 전해진다. 이러한 모든 사실로 미루어볼 때, 이미 붓다 시대 무렵에는 『마하바라타』가 잘 확립되어 있었다고 주장해도 무방할 것이다. 그러나 우리가 『마하바라타』의 정확한 연대를 단언하는 것은 불가능하다. 심지어 기원전 5세기 이후에도, 어떤 사람들이 자기의 종교 윤리와 『마하바라타』의 가르침을 조화시키기 위해서 그것을 수정하거나 가필하지 않았다고 자신있게 주장하기 어렵다. 『마하바라타』의 일부는 상당히 후기에 속하는 푸라나 문헌과 동시대에 형성된 것으로 보거나, 그것이 기원후 6세기까지 지속적인 변천을 겪었다고 보는 사람들도 있다. "이 서사시는 기원후 300년에 인정되었으며, 기원후 500년까지는 그것이 현재 있는 것과 본질적으로 동일하였다"(Bühler and Kirste, *Contribution to the Study of the Mahābhārata*). 이 모든 사실에도 불구하고, 『마하바라타』의 대부분은 기원전 5세기로부터 현재까지 동일한 형태를 유지해왔다고 말해도 무방할 것이다.

[원주8] 아슈왈라야니(Āsvalayana), 『그리히야 수트라』(*Grhya Sūtra*), iii.4.4.

[원주9] 사야나(Sāyaṇa)는 자신의 혹 『야주르 베다』에 관한 주석에서 『마하바라타』와 푸라나 문헌은 베다를 읽는 것이 금지되었던 여성과 수드라에게 의무에 관한 법을 가르치기 위하여 고안된 것이라고 말한다(*Bibliotheca Indica*, vol. i, p.2를 보라).

[역주4] 『인도철학사 I』, p.183, 역주2를 보라.

불의를 멸하고 의를 증장시키기 위하여 세상에 그 모습을 드러낸 비슈누의 권화(權化)로 자리잡는다.[역주5] 원래 하나의 서사시였던 것이 비슈누교의 종교 문헌으로 전환된 것이다. 『라마야나』는 그 범위에 있어서 『마하바라타』만큼 전반적이지 않다. 그것이 지니는 체계와 결말은 결코 다수의 저자를 시사하지 않는다. 그러나 우리는 『라마야나』에서 두 단계, 즉 초기의 서사시 단계와 나중의 종교적인 각색을 구분할 수 있을 것이다.

만일 우리가 『라마야나』의 제2권에서 제6권까지를 취하고, 후기의 가필로 인정되는 제1권과 제7권을 제외시킨다면, 우리는 이 서사시의 주요 소재가 세속적이라는 것을 알게 될 것이다. 라마는 비슈누의 권화(avatār)가 아니라, 단지 의롭고 위대한 인간, 고매한 영혼의 영웅일 뿐이다. 여기에 반영된 종교는 명백히 다신론적이고 현세지향적이다. 우리는 인드라가 최고의 지위를 차지하는 베다의 신들이 있다는 것을 알고 있다. 『라마야나』에서는 카마(Kāma), 쿠베라(Kubera), 카르티케야(Kārtikeya), 강가(Gaṅgā), 락슈미(Lakṣmī)와 우마(Umā), 비슈누와 쉬바의 배우자들, 그리고 신격화된 동물들, 즉 셰샤(Śeṣa, 뱀), 하누마트(Hanumat, 원숭이), 잠바바트(Jāmbavat, 곰), 가루다(Garuḍa, 독수리), 자타유(Jaṭāyu, 대머리수리), 난디(Nandi, 황소) 등과 같은 새로운 신격들이 현저하게 강조된다. 희생제의는 숭배의 한 양식이다. 비슈누와 쉬바가 수승한 지위를 점한다 할지라도, 뱀, 나무, 강 등에 대한 숭배 또한 쉽게 볼 수 있다. 업과 윤회의 개념은 막연하게 있다. 그러나 어떤 종파도 보이지 않는다. 두번째 단계에서 우리는 그리스인, 파르티아인, 스키타이인들에 대한 언급을 본다. 라마를 비슈누의 권화로 만들려는 시도 또한 보인다.

[역주5] 비슈누의 권화에 대해서는 각 전통에 따라서 그 수와 종류가 다르게 나타나지만, 대개 10 가지의 권화(daśāvatāra)가 인정된다. 이들을 순서대로 보면 다음과 같다 : ① 물고기 (Matsya), ② 거북(Kūrma), ③ 멧돼지(Varāha), ④ 사람-사자(Narasiṁha), ⑤ 난쟁이(Vāmana), ⑥ 파라슈라마(Paraśurāma), ⑦ 라마(Rāma), ⑧ 크리슈나(Kṛṣṇa), ⑨ 붓다(Buddha), ⑩ 칼킨(Kalkin). A.L. Basham, *The Wonder That Was India*, New Delhi, Rupa,1995, pp.304~309를 보라. 열 가지 권화 중에서 마지막 권화인 칼킨은 아직 오지 않은 미래의 권화이다.

비록 『라마야나』는 당시의 관습과 믿음을 보다 진실하게 반영하고 있다 할지라도, 철학이나 종교라는 목적에 있어서는 『마하바라타』만큼 큰 중요성을 지니지 않는다. 『라마야나』는 가정의 덕목을 높이 받들며, 따라서 자유를 얻기 위하여 가정을 포기할 아무런 이유가 없다고 말하기 때문에, 그것은 가끔 불교의 출가 제도에 반하는 것으로 간주되기도 한다.

『라마야나』는 붓다를 외도(外道, nāstika),[원주10] 즉 영혼을 부정하는 자로 언급하고 있기 때문에,[원주11] 비록 그 이야기는 『마하바라타』보다 이전 시대에 속하는 것이라 할지라도 그 저작은 『마하바라타』보다 후기에 있었다고 주장된다.

『마하바라타』에서 인도철학자의 흥미를 끄는 부분은 「사나트수자티야」(Sanatsujātīya), 『바가바드기타』, 「모크샤다르마」(Mokṣadharma), 그리고 「아누기타」(Anugītā)이다. 전쟁이 끝나고 아르주나가 크리슈나에게 처음에 자기에게 말했던 것을 다시 한번 말해달라고 요청했을 때, 크리슈나는 자신이 『바가바드기타』를 설했던 요가의 상태를 명할 수 없다고 말하며, 그 대신에 이른바 「아누기타」를 제시한다. 여러 가지 견해를 조화시키려는 『마하바라타』의 시도 이외에, 우리는 『마하바라타』에서 어떤 철학적인 체계가 아니라 단지 다양한 믿음체계의 집합, 혹은 제설(諸說) 혼합주의를 지닐 뿐이다. 「아누기타」는 수많은 철학파의 존재를 지적하고 있다.

우리는 말하자면 상호 모순된 여러 형태의 신앙심을 본다. 어떤 이는 육신이 멸한 후에도 신앙심은 남는다고 말하며, 또 어떤 이는 그렇지 않다고 말한다. 어떤 이는 모든 것이 불확실하다고 말하는가 하면, 어떤 이는 확실하지 않은 것은 아무것도 없다고 말한다. 어떤 이는 영원한 실체란 없다고 말하며, 또 다른 이들은 그것이 존재한다고 말한다. 심지어는 그것이 존재하며 존재하지 않는다고 말하는 이들도 있다. 어떤 이는 그

[원주10] 「아요디야 칸다」(Ayodhyā Kāṇḍa).
[원주11] 『라마야나』에서 붓다가 언급되는 구절은 후대의 삽입이라고 말해진다.

것이 하나라고 말하는가 하면, 어떤 이는 그것이 둘이라고, 혹은 하나이
면서 둘이라고 말하기도 한다. 브라흐만을 알고 진리를 파악한 브라흐민
은 그것이 하나라고 믿으며, 다른 이들은 그것이 다르다고 믿는다. 또한
그것이 다수라고 믿는 이들도 있다. 어떤 이는 시간과 공간이 모두 존재
한다고 말하며, 어떤 이는 그렇지 않다고 말한다.^[원주12]

상호 대립적인 개념들이 하나의 전체 속에 모아진다. 우리는 베다의 다
신론, 우파니샤드의 일원론, 상키야의 이원론, 요가의 이신론(理神論,
deism)을 만나며, 바가바타(Bhagavata)파, 파슈파타(Pāśupata)파, 샥
타(Śākta)파의 일신론을 본다. 다양한 종교적인 견해에 대한 논의는 다음
절로 미루고, 먼저 여기서는『마하바라타』사상가들의 공통된 철학 개념들
을 살펴보기로 한다.

5. 서사시 시대의 공통 개념

『마하바라타』에는 다양한 철학적 경향이 혼재해 있기 때문에, 우리는
그것이 의거하는 경전이 무엇인지 단정적으로 말하기가 어렵다. 대체로
보아서 베다가 권위있는 것으로 받아들여진다. 지각(pratyakṣa), 추론
(anumāna), 그리고 경전(āgama)이 바른 지식의 원천으로 인정된다. 때
로는 니야야학파의 네 경전들이 언급되기도 한다.^[원주13] 그것은 베다의 권위
를 부정하는 사람들과 명백히 반대되는 입장에 서 있다. 외도의 교설^[원주14]
은 상키야 철학을 따르는 판차쉬카(Pañcaśikha)^[역주6]에 의하여 비판된

〔원주12〕 제ⅹⅹⅳ장.
〔원주13〕 xii.56.41.
〔원주14〕 ii.31.70.
〔역주6〕 상키야 학파의 개조 카필라(Kapila)의 제자인 아수리(Āsuri)의 뒤를 이은 상키야 학자
　　　　이다. 가르베(Garbe)에 따르면, 그는 100~300년대에 활동했던 미망사 학자 샤바라

다.[원주15] 로카야타(Lokāyata, 유물론자)들도 언급된다.[원주16] 영혼의 실재를 부정하고 불멸을 경멸하는 변증론자(hetumantah)들이 "온 세상을 돌아다닌다."[원주17] 자이나교에 대한 언급은 사제들이 "미치광이처럼…… 벌거벗고 사람들을 경악하게 하며 바라나시 부근을 누비고 다닌다"[원주18]는 구절에서 찾아볼 수 있을 것이다.

불교에 대한 반대 또한 발견된다. 한 여인이 다른 한 여인에게 "무엇이 당신을 그렇게 훌륭하게 만드는가?" 하고 묻자, 그 대답은 이와 같다. "나는 황색 가사나 나무껍질로 만든 법의를 입지 않았으며, 삭발하거나 산발하지도 않았다."[원주19] 이교에 대한 추종이나 베다에 대한 비판은 우리가 지옥에 떨어지고 천한 태생으로 다시 나게 하는 것으로 생각되었다. 『마하바라타』에서 어떤 사람이 말한다. "내가 재칼(jackal)로 태어났던 이유는 내가 거짓된 변증가였기 때문이요, 논리와 쓸모없는 사변에 빠져서 베다를 비난하는 순리론자요 비판가였기 때문이며, 논리적 변증가, 어줍잖은 절충주의를 말하는 자, 브라흐만에 대한 논의에 있어서 사제들의 견해를 반대하는 자, 불신자, 자신이 모든 것에 능통한 학자라고 여기며 모든 것을 의심하는 자였기 때문이다."[원주20] 푸라나(Purāṇa)와 이티하사(Itihāsa)도 받아들여지며,[원주21] 간혹 베다의 권위에 대한 의심도 보인다. "기만적인 것이 베다이다."[원주22] 짐작건대 틀에 박힌 허례 허식을 버린 사람들에게 베다는 쓸모없는 것이라는 우파니샤드의 관점이 여기에 반영된 것으로 보인다.

『마하바라타』에 수용된 종교는 비록 과거를 위대한 미래로 연장하고 있

(Śabara)와 동시대인이다(Radhakrishnan, *Indian Philosophy*, vol. ii, p.37n 참조).
[원주15] 「샨티파르바」(Śāntiparva), 218.
[원주16] i.70.46.
[원주17] xii.19.23.
[원주18] xiv.6.18.
[원주19] xiii.123.8. 또한 xii.18.32를 보라.
[원주20] xii.180.47~48.
[원주21] xii.343.20.
[원주22] xii.329.6.

다 할지라도, 그것은 근본적으로 베다의 종교이다. 그 자체의 자기 동일성을 유지하면서도, 그것은 새로운 신들에 대해서도 정당한 자리매김을 시도하는 입장을 보인다. 인드라는 매우 나약한 신으로 전락한다. 태양신 비슈누는 아그니와 수리야(Sūrya)를 통하여 구체화된 자기의 속성들을 지닌다. 야마(Yama)는 비록 심판자, 법왕(Dharmarāja)으로 변화를 겪는다 할지라도, 스스로의 위대성을 잃지 않고 유지한다. "야마는 어떤 사람들이 믿는 것처럼, 죽음이 아니다. 그는 선한 자에게 복을 내리고 악한 자에게는 불행을 주는 자이다."[원주23] 바유(Vāyu)와 바루나(Varuṇa)는 이전에 누리던 존엄을 상실한 채 존속된다. 프라자파티(Prajāpati)는 그대로 남아 있으며, 쉬바와 비슈누가 부상하기 이전에 얼마 동안은 최고의 지위를 누린다. 초기 팔리 불전들은 이 단계를 반영한다.

두번째 단계는 삼신(trimūrti) 개념으로 특징지어진다. 브라흐마, 비슈누, 쉬바는 비록 궁극자와 동등한 지위에 있는 것으로 간주된다 할지라도, 이 세 신은 궁극자의 다른 세가지 측면으로 여겨진다. 메가스테네스(Megasthenes)[역주7]는 이 개념을 잘 알고 있었다. 당시에는 비슈누와 쉬바 간에 어떤 명백한 구분이 불가능했다 할지라도, 이 두 신은 다른 신들을 압도하는 지위를 점하게 되는 것이 분명하다. 이 두 신은 쉽게 서로 융합된다.[원주24] 한 찬가는 비슈누 형태의 쉬바와 쉬바 형태의 비슈누에게 드려진다.[원주25]

세번째 단계는 서사시의 영웅 크리슈나가 비슈누와 동일시되는 시기에 시작된다. 크리슈나 숭배는 물활론적인 미신과 베다의 제식주의 모두를 압

[원주23] v.42.6.

[역주7] 기원전 300년경 셀레우코스(Seleucos)가 찬드라굽타 마우리야(Candragupta Maurya) 궁정에 파견한 그리스 대사이다. 그는 이 왕조의 수도 파탈리푸트라(Pāṭaliputra)에 주재하면서 당시 인도의 정치·경제·사회상에 대한 여러 가지 기록을 남겼다. 이 기록의 일부만이 그리스 역사가들의 저술에 인용되어 전해지고 있을 뿐이지만, 고대 인도 사회를 연구하는 데 귀중한 자료로 평가된다.

[원주24] iii.189.5.

[원주25] iii.39.76.

도한다. 칼리야(Kāliya)의 머리 꼭대기에서 추는 크리슈나의 춤은 크리슈나 숭배에 의한 나가(Nāga, 뱀) 숭배의 제압을 의미한다. 크리슈나에 의한 인드라의 패배는 베다의 정통 종교에 대한 비슈누 숭배의 부상을 상징한다.

쾌락주의적인 경향은 여전히 널리 유행한다. "나는 나라야나(Nārāyaṇa)이다. 나는 창조자요 파괴자이다. 나는 비슈누요, 나는 브라흐마이며, 나는 최고의 신 인드라이며, 나는 대왕 쿠베라, 야마, 쉬바, 소마(Soma)이며, 또한 프라자파티이다."[원주26] 우파니샤드의 일원론이 강력하게 나타나며, 다양한 신들을 유일 궁극자 브라흐만의 현현으로 해석한다. 신의 내재가 자유롭게 주장된다. 우파니샤드의 브라흐만은 특별한 인격을 지니게 되며, 쉬바, 비슈누, 크리슈나 등의 이름으로 나타나는 이슈와라(Īśvara)라고 불린다.[원주27] 박티(bhakti, 信愛), 즉 신에 대한 강렬한 사랑——어떤 욕망에 의하여 유발되지 않은——은『마하바라타』종교의 본질적인 모습이다. 인격화되지 않은 브라흐만은 신앙의 대상으로 숭배되기 어려우며, 따라서『마하바라타』의 유신 종교는 브라흐만을 이슈와라로 변형시킨다. 그러나 그 둘 가운데서 비인격적 절대자가 더욱 실재적이라는 의식이 있다.[원주28] 그것은 현시된 바수데바(Vāsudeva)보다 우위에 있다. "파괴될 수 없고 영원하며 불변하는 것, 그것이 실재이다."[원주29] 그러나 강조점은 인격적인 바수데바에게 있으며, 종교적인 관점에서 이에 대한 근거는 우파니샤드에 있다.[원주30]

『마하바라타』는 대중적인 온갖 신앙이 하나의 진리에 이르는 다양한 길

[원주26] iii.189.5.
[원주27] 파탄잘리(Patañjali)는 쉬바 바가바타(Śiva Bhāgavata)들을 말한다.『마하바쉬야』
   (*Mahābhāṣya*), ii.76을 보라.
[원주28]「샨티파르바」, 339.21~28.
[원주29] 같은 곳, 162.10.
[원주30]『카타 우파니샤드』, i.2.20 ;『슈웨타슈와타라 우파니샤드』, iii.20 ;『문다카 우파니샤드』, iii.2.3.

에 지나지 않는다는, 다소 애매하게 느껴지는 신앙 때문에 그 모든 것을 받아들일 수 있다. "지식에 관한 다섯 가지 모든 학설에서, 여러 가지 방법과 개념에 따라서 동일한 나라야나가 설해지고 숭배된다. 무지한 사람들은 그를 이렇게 이해하지 못한다." 우리는 서사시 시대를 통하여 고대 베다의 종교가 점차로 현대적인 힌두교로 변천해가는 것을 볼 수 있다. 아가마(āgama) 전통에 속하는, 따라서 비(非)베다적인 샤크타 종파, 파수파타 혹은 샤이바(Śaiva) 종파, 그리고 판차라트라(Pañcarātra) 종파는 힌두 종교의 일부가 된다. 우리는 또한 사원에서의 성상(聖像) 숭배를 볼 수 있으며, 점차 성지 순례도 강조된다. 우리가 『마하바라타』에서 접하게 되는 다양한 종교 사상에 대한 지식은, 『브라흐마 수트라』(Brahma Sūtra)를 주석하는 학문적 시대에 있었던 시도들을 이해함에 있어서 필수적이므로 이에 대하여 간략하게 언급하고자 한다.

6. 두르가 숭배

두르가(Durgā) 숭배는 『마하바라타』에서 「비슈마 파르바」(Bhīṣma parva)의 서두에 나온다. 크리슈나는 아르주나에게 전쟁을 시작하기 전에 두르가에게 경의를 표하고 승리를 위한 기도를 드리라고 충고한다.[원주31] 초기 단계의 여신 두르가는 미개한 빈디야(Vindhya)족에 의해 숭배되는 처녀신이다. 그녀는 곧 쉬바의 배우자가 되며, 우마(Umā)로 칭해진다. 『마르칸데야푸라나』(Mārkaṇḍeyapurāṇa)와 『하리방샤』(Hari-vaṁśa)[원주32]

[원주31] 제 xxiii장. 다수의 명칭이 이 여신에게 주어진다. 쿠마리(Kumārī, 처녀), 칼리(Kālī, 암흑 혹은 파괴자로서의 시간), 카팔리(Kapālī, 해골을 목에 건 자), 마하칼리(Mahākālī, 대파괴자), 찬디(Caṇḍī, 흉포한 자), 칸타라바시니(Kāṇṭāravāsini, 숲 속에 거하는 자). 두르가를 찬양하여 유디슈티라(Yudhiṣṭhira)가 부른 한 찬가가 「비라타파르바」(Virāṭaparva, 제 v장)에 있다. 이 여신은 마히샤(Mahiṣa)를 살해한 자, 술과 고기와 희생제의를 즐기며 빈디야(Vindhya) 산맥에 사는 여신으로 말해진다. 이 여신은 또한 크리슈나와 마찬가지로 검푸른 색깔을 띠는, 크리슈나의 누이로 간주되기도 한다.

의 두 찬가에서 그녀는 중대한 제식(祭式)의 중심이 된다. 일찍이 7세기에 바나(Bāṇa)는 『찬디 샤타카』(*Candī Śataka*)를 저술했다.

원래 비(非)아리아인들 사이에 널리 유행했던 샤크티(Śakti) 숭배가 점차 아리아인들에 의하여 수용되었다는 것은 의심할 여지없이 분명하다. 그녀는 세계의 파괴적인 힘을 주관하는 여신으로 간주되었으므로, 루드라(Rudra)의 배우자로 자리매김된다. 그녀를 베다의 여신인 루드라니(Rudrāṇī), 바바니(Bhavānī) 등과 결합시키려는 시도들이 행해졌다. 근원적 생명력에 대한 찬가로 해석되는 데비수크타(Devīsūkta)[원주33]는 샤크티 숭배의 토대가 된다. 이 찬가의 제6연은 노래한다. "나는 루드라를 위하여 활을 구부리고, 브라흐만을 증오하는 악행자를 물리치며, 나는 인간을 위하여 싸운다. 나는 하늘과 땅에 두루 편재해 있다." 그녀는 브라흐만으로부터 아카샤(ākāśa, 허공) 이하의 전체 우주를 끌어내는 에너지이다. "나는 모든 존재를 생겨나게 하는 바람처럼 돌아다닌다."[원주34]

『케나 우파니샤드』에서 우리는 아수라(asura)에 대한 승리로 점차 거만해지는 신들을 정신차리게 하고, 마침내는 인드라 앞에 아름다운 여인 우마 하이마바티(Umā Haimavatī)로 나타나서 그에게 최고의 지식을 전하는 데비(Devī)를 본다. 그녀는 나중에 브라흐만의 창조력(māyāśakti)이 된다. 궁극적인 영혼은 이러한 에너지의 도움없이 창조·유지·파괴의 세 기능을 행할 수 없다는 철학적 설명이 주어진다. 이슈와라가 창조를 행할 때 그에게는 바크(Vāk, 언어)라는 에너지가 현저해지며, 그가 유지할 때는 슈리(Śrī) 혹은 락슈미(Lakṣmī)의 에너지가, 그리고 그가 파괴할 때는 두르가의 에너지로 충만된다. 샤크티는 이슈와리(Īśvarī), 즉 모든 존재와 생명의 원천이요, 지주(支柱)이며, 목적이다. 샤크티 숭배를 아리아화하려는 시도에도 불구하고 그 원천의 한계는 심지어 오늘날에도 몇몇 샤크티 숭배

[원주32] 제lix장과 제clxvi장. 또한 Avalon, *Hymns to the Goddess*를 보라.

[원주33] 『리그 베다』, x.125.

[원주34] x.13.8.

자들의 실천 수행에서 볼 수 있다.

7. 파슈파타 교의

『마하바라타』에서 우리는 쉬바 신을 축으로 전개되는 파슈파타 신학을 발견한다.[원주35] 자연의 파괴적인 힘을 의인화한 『리그 베다』(i.114.8)의 루드라는 샤타루드리야(Śatarudrīya)에서 가축의 주(主)가 된다. 브라흐마나 문헌에서 쉬바는 루드라에 대한 특수한 표현이 된다. 파슈파타 교의는 루드라 쉬바(Rudra-Śiva)의 전통을 연장한다.

우리는 『사르바다르샤나상그라하』(全哲學綱要)[원주36]와 아드와이타난다(Advaitānanda)의 『브라흐마비드야바라나』(*Brahmavidyābharaṇa*)에서 파슈파타 교의에 관한 설명을 본다. 샹카라는 『베단타 수트라』에 대한 그의 주석에서 이 종파의 신학적인 교의를 비판하고 있다. 파슈파타 교의의 다섯 가지 주요 범주는 다음과 같다. ① 원인(kāraṇa) : 원인은 모든 존재를 창조·유지·파괴하는 주(主, pati), 영원한 통치자이다. ② 결과(kārya) : 결과는 원인에 의지하는 것이다. 그것은 지식(vidyā), 신체기관(kalā), 개별적인 영혼(paśu)을 포함한다. 모든 지식과 존재, 다섯 가지 요소와 다섯 가지 속성들, 다섯 가지 지각기관과 다섯 가지 행동기관, 그리고 세 가지 내적 기관, 즉 지성, 아만, 의근은 모두 주(主)에게 의지해 있다. ③ 요가(yoga, 實修) : 이것은 개별 영혼이 신에 도달하는 정신적인 과

[원주35] 이 교의는 『마하바라타』의 나라야니야(Nārāyaṇīya) 절(節)에서 종교 교의에 관한 다섯 학파 가운데 하나로 언급된다(Śāntiparva. 349.5.64). 「바나파르바」(Vanaparva)에서 가축의 주(主) 파슈파티(Paśupati)로부터 무기를 얻는다. 파슈파티는 가나(gaṇa, 무리)들이라고 불리는 수많은 존재를 거느리고, 배우자 우마, 파르바티, 혹은 두르가와 함께 히말라야에 사는 것으로 간주된다. 그는 가나라고 불리는 마루트(Marut)들의 무리를 거느리는 『리그 베다』의 루드라와 연관을 지니며, 이들의 우두머리로서 가나파티(Gaṇapati)라고 명명된다.

[원주36] 제 vi장.

정이다. ④ 계율(vidhi) : 이것은 의를 증장시키는 실천과 관련을 지닌다.
⑤ 고통의 지멸(duḥkhānta) : 이것은 궁극적인 해방 혹은 고통의 소멸이
며, 지식과 행위의 완전한 힘을 지니는, 영혼의 고양을 성취하는 것이다.
심지어 궁극적인 상태에서도 개별 영혼은 그 자신의 개체성을 지니며, 다
양한 양태를 띨 수 있으며, 무엇이든 즉각 할 수 있다. 『바이셰쉬카 수트
라』에 대한 초기 주석가 프라샤스타파다(Praśastapāda)와 『니야야 바샤』
(Nyāya Bhāṣya)에 대한 주해를 썼던 웃디요타카라(Uddyotakara)는
이 교의의 신봉자였다.

8. 바수데바 크리슈나

우리는 이제 『마하바라타』의 가장 중요한 종교적 교의라고 볼 수 있는
바수데바 크리슈나(Vāsudeva-Kṛṣṇa) 숭배에 대하여 언급하고자 한다.
바수데바 크리슈나 숭배는 현대 비슈누교뿐 아니라 『바가바드기타』의 토대
가 된다. 가르베(Garbe)는 바가바타(Bhāgavata) 종교의 성장과정을 네
단계로 나누어 설명한다.

첫번째 단계에서 그것은 바라문교와는 무관하게 독자적으로 존재한다.
가르베의 견해에 의하면 기원전 300년까지 지속되는 이 단계의 특징적인
모습은, 크리슈나 바수데바에 의한 대중적 일신론의 형성, 상키야 요가 철
학과의 연합, 종파의 개조에 대한 신격화, 그리고 박티에 토대를 둔 심화된
종교성이다. 『베단타 수트라』의 주석가들에 의하여 비판되는 이 종교의 반
(反)베다적인 성격은 이 단계에 속한다. 종교가 바라문교적인 성향을 띠게
되고, 크리슈나가 비슈누와 동일한 것으로 간주되며, 비슈누가 단지 한 위
대한 신이 아니라 신들 가운데 최고의 신으로 급부상하는 것은 기원전 300
년경의 두번째 단계에 속한다. 비슈누 숭배자들에 대한 명칭으로 '바이슈나
바'(Vaiṣṇava)라는 말이 『마하바라타』에 나온다.^[원주37] 베다의 비슈누 숭
배에서는 은총에 대한 아무런 언급도 보이지 않는다.

세번째 단계는 바가바타 종교가 비슈누교로 변형되고, 베단타 학파 및 상키야 요가 학파의 철학적인 요소들을 받아들이는 단계이다. 가르베에 의하면, 이러한 과정은 서력기원으로부터 기원후 1200년 사이에 일어난다. 그 다음에 오는 마지막 단계는, 위대한 신학자 라마누자(Rāmānuja)에 의하여 시도되는 철학적 체계화의 단계이다. 여기서 우리는 첫 두 단계에 주목할 것이다.[원주38]

1) 비슈누교

바수데바를 중심축으로 하는 바가바타 종교——슈웨타드위파(Śvetadvīpa, 흰 섬)에서 주(主)에 의하여 나라다(Nārada)에게 교시되는——는 「하리기타」(Harigītā)의 교의[원주39] 및 『바가바드기타』의 교의[원주40]와 동

[원주37] xviii.6.97.

[원주38] 서사시 발달 과정의 첫 두 단계에서, 베다에 그 원형이 있는 비슈누, 우주의 전체적인 진전을 주관하는 나라야나(Nārāyana), 구세(救世)의 신 바수데바(Vāsudeva), 그리고 친구요 위안을 주는 자 크리슈나가 서로 결합·합체(合體)된다. 「샨티파르바」, 341.20~26, 342.129를 보라.

[원주39] 「샨티파르바」, 346.

[원주40] 같은 곳, 348.53을 보라. 이 교의는 일신론적(ekāntika) 종교이다. 나라야니야, 사트와타(Sātvata), 에칸티카(Ekāntika), 바가바타(Bhāgavata), 그리고 판차라트라(Pañcarātra)라는 명칭들이 동의어로 사용된다. 이 학파의 주요 원천은 『마하바라타』의 나라야니야 부분, 『샨딜리야 수트라』(Śāṇḍilya Sūtra), 『바가바타 푸라나』(Bhāgavata Purāṇa), 『판차라트라 아가마』(Pañcarātra Āgama), 그리고 알바르(Ālvār)들과 라마누자의 저술들이다. 나라다판차라트라(Nāradapañcarātra)는 이 주제에 대한 주요 저술로서 『브라흐마바이바르타 푸라나』(Brahmavaivarta Purāṇa), 『바가바타 푸라나』, 『비슈누 푸라나』, 『바가바드기타』, 그리고 『마하바라타』(ii.7.28~32 ; iii.14.73 ; iv.3.154)를 언급한다. 라마누자의 저술들은 『마하바라타』의 바수데바 크리슈나 숭배를 이해하기 위한 직접적인 자료로 사용하기 어렵다. 왜냐하면 우선 이 저술들은 12세기에 속하며, 우파니샤드의 일원론을 바가바타 종교와 조화시키려는 의도적인 시도를 보이고 있기 때문이다. 심지어 『바가바타 푸라나』도 큰 가치를 지니지 못한다. 왜냐하면 『바가바타 푸라나』의 저자가 이것을 저술하기 시작한 것은, 그가 『마하바라타』(i.4와 5)의 박티(bhakti)적인 요소를 정당하게 다루지 않았다고 생각했을 때이기 때문이다. 그가 박티를 『바가바타 푸라나』의 핵심 요소로 만든 것은 나라다(Nārada)의 제안에 따른 것이었다. 『나라다 수트라』와 『산딜리야 수트라』는 『마하바라타』와 『바가바타 푸라나』보다 후기에 속한다. 왜냐하면 전자는 슈카(Śuka)

일하다고 말해진다.

『마하바라타』의 나라야니야 부분에는 나라다가 나라(Nara)와 나라야나 (Nārāyaṇa)를 만나기 위하여 바다리카슈라마(Badarikāśrama)를 방문하는 이야기가 나온다. 그곳에서 어떤 제의식을 드리고 있는 나라야나를 발견하였을 때, 어리둥절해진 나라다는 지고한 주(主)가 몸소 섬겨야 할 어떤 것이 있는가 하고 묻는다. 나라야나는 영원한 영혼, 그의 본래적 실체를 섬긴다고 대답했다. 그것을 알고 싶은 열망에서 나라다는 슈웨타드위파로 간다. 이곳은 위대한 존재가 나라다에게 자신은 완전히 자기에게 헌신하지 않는 사람에게는 나타나지 않는다고 말하는 곳이다. 바수데바 종교가 나라다에게 설해진다. 바수데바는 지고한 영혼이며, 모든 존재의 내적 통제자이다. 모든 생물은 바수데바의 한 형상인 상카르샤나(saṃkarṣaṇa)에 의하여 현현된다. 상카르샤나로부터 프라디윰나(pradyumna, 마음)가 일어나고, 프라디윰나로부터 아니룻다(aniruddha, 자아 의식)가 일어난다. 이 넷은 궁극자의 형상들이다.

『마하바라타』는 이러한 형상(vyūha)의 수와 본질에 관한 여러 다양한 견해가 있다는 것을 시사한다.[원주41] 『바가바드기타』에서는 비유하에 대한 언급을 전혀 찾아볼 수 없으며, 『베단타 수트라』는 이 교의가 일반적으로 인정된 창조관에 어긋난다는 이유로 비판하고 있다.[역주9] 바라하(Varāha), 나라싱하(Nārasiṃha), 바마나(Vāmana), 파라슈라마(Paraśurāma), 슈리 라마(Śrī Rāma), 마투라(Mathurā)에서 캄사(Kaṃsa)를 멸하기 위하여 올 이[역주10]와 같은 권화에 대한 언급도 있다.[역주11] 붓다는 권화로 언급

와 비야사(Vyāsa)를 언급하고 있으며(『나라다 수트라』, 83), 후자는 『바가바드기타』(ix.15)를 거리낌없이 인용하고 있기 때문이다. 그러므로 우리가 주로 사용하는 자료는 『마하바라타』의 나라야니야 부분이다.

[원주41] 「샨티파르바」, 348.57.

[역주9] ii.2.40~43을 보라.

[역주10] 비슈누의 마지막 권화인 칼킨(Kalkin)을 말한다. 비슈누교 전통에 따르면, 칼킨은 칼리 유가(kali-yuga)의 마지막에 백마를 타고 손에 번쩍이는 칼을 들고 혜성처럼 나타나서 악을 멸하고 정의의 법을 다시 일으켜 세우는 미래의 구세주이다.

되지 않는다.[역주12] 비슈마가 유디슈티라에게 전하는 우파리차라바수(Uparicaravasu) 이야기는 비유하 혹은 형상에 관한 교의를 전혀 모르고 있다.[원주42] 이로써 두 가지 사실이 명백해진다. 즉 바가바타 종교는 일신론이며, 해탈에 이르는 방법은 박티(信愛)이다. 동물의 살해는 금지된다. 붓다가 비슈누의 권화로 편입된 것은, 그 역시 동물 희생제의를 반대했기 때문이다. 이 종교는 박티와 카르마(karma, 행위)의 병행적인 추구를 끊임없이 가르친다.[원주43] 그것은 금욕적 포기를 요구하지 않는다.[원주44]

바수데바라는 것은 거룩한 주(主, Bhagavat)에 대한 가장 중요한 이름

〔역주11〕『마하바라타』, xii.389.104.

〔역주12〕 붓다가 비슈누의 화신으로 언급되는 것은 『바가바타 푸라나』(*Bhāgavata Purāṇa*, i.3.6~22 ; ii.7.1 ; xi.4.3)에서이다. 여기서는 붓다와 함께 자이나교의 첫번째 티르탕카라(tīrtaṇkara, 祖師)인 리샤바(Ṛṣava)도 비슈누의 화신으로 포함된다. 바샴(A.L. Basham)은 불교의 과거불 사상과 자이나교의 조사 사상이 힌두교의 권화 사상에 영향을 주었다고 본다(같은 책, p304). 그러나 불교의 여러 붓다들이나 자이나교의 조사들은 어떤 신적인 존재의 화신으로 간주되지 않는다는 큰 차이점이 있다. 권화가 세상에 하강하는 목적은 『바가바드기타』, iv.7~8에 명백히 언급된다.

〔원주42〕 우파리차라바수는 원래 치트라쉬칸딘즈(Citraśikhaṇḍins)에 의하여 주창된 판차라트라 교의의 종교를 받아들였다. 이 교의는 위대한 주(主) 앞에서 리쉬(Ṛṣis)에 의하여 말해진다. 그가 말했다. "그대는 수천의 수승한 시가를 지었으니, 이들은 인간의 모든 일에 대한 규범을 담고 있으며, 베다의 가르침에도 부합되며…… 명상의 종교뿐 아니라 행위의 종교에 대한 지침도 확립하는 것이다. 이 성전(śāstra)은 그것이 브리하스파티(Bṛhaspati)에 이를 때까지 대대로 전해질 것이다. 브리하스파티로부터 대왕 바수가 그것을 얻게 될 것이며, 이로써 나의 헌신자가 된다." 대왕 바수가 마사제(馬祀祭)를 드리는데, 이 제사에서 브리하스파티는 제관의 직무를 행하고, 에카타(Ekata), 드위타(Dvita), 트리타(Trita)는 감독관(sadasya)이 된다. 이 제사에서는 그 어떤 동물도 살해되지 않는다. 신은 오직 대왕에게 나타나 그의 공물을 받는다. 브리하스파티는 분노하고, 감독관들은 그에게 위대한 주(主)는 오직 그의 은총을 입은 자들에게만 나타난다고 말한다. 그들은 "월광(月光)을 지닌 자, 신에게 헌신하는 자, 아무런 감각도 없으며, 아무것도 먹지 않는 자들이 태양처럼 빛나는 그에게 녹아들어가는" 슈웨타드위파에 대한 이야기를 언급한다. "지고한 신은 그에게 헌신하는 자에게 보여진다는 위대한 가르침을 우리가 듣게 되는 것은 바로 그곳이다." Bhandarkar의 *Vaiṣṇavism*을 보라.

〔원주43〕 「샨티파르바」, 334~351.

〔원주44〕 「샨티파르바」, 347. 80~81과 비교하라. "Pravṛttilakṣanaś caiva dharmo nārāyaṇātmakaḥ".

이다.[원주45] "신묘하고 자비와 사랑이 충만한, 영원한 신은 바수데바라는 것을 알아야 한다."[원주46] 이 이름은 바가바타 만트라에 나타난다.[원주47] 때로는 바가바트라는 이름이 이 종교가 고대 베다 제식의 발달된 한 형태라는 것을 가리킨다고 주장되기도 한다. 우리는 베다에서 축복을 주는 자로 간주되는 바가(Bhaga)라는 한 신을 본다.[역주13] 바가는 점차 선(善)을 의미하게 되었으며, 범어 문법에 의하면 선을 지닌 신은 바가바트로 알려지게 된다. 그와 같은 신에 대한 숭배는 바가바타 종교를 형성한다. 『비슈누 푸라나』에 따르면, 광휘(aiśvarya), 정의(dharma), 명성(yaśas), 재산(sampat), 지식(jñāna), 그리고 포기(vairāgya)는 바가라고 불리며, 이러한 것들을 지닌 자는 바가바트라고 불린다.[원주48] 점차 바수데바는 나라

[원주45] 『바가바드기타』, vii.10을 보라.

[원주46] 「비슈마파르바」(Bhīṣmaparva), 제lxvi장.

[원주47] Om namo bhagavate vāsudevāya.

[역주13] 『리그 베다』, i.24.5 ; vii.38.1을 보라.

[원주48] vi.5.74. 바수데바는 사트와타(Sātvata)라는 이름으로도 불리기 때문에, 바가바타 종교는 사트와타 종교라고 말해지기도 한다(Ādiparva, 218.12). 『바가바타 푸라나』는 사트와타 사람들을 바수데바 숭배자로 말한다(ix.9.49). 이들은 안다카(Andhaka)인과 브리슈니(Vṛṣni)인들과 함께 야다바(Yādava) 부족이었다(『바가바타 푸라나』, i.14.25 ; iii.1.29). 메가스테네스 또한 이들에 대하여 암시적으로 언급하고 있다. 아리아화 현상은 바수데바를 나라야나와, 그리고 나중에는 비슈누와 동일시하는 것으로 귀결되었다. 『바가바드기타』 시대에 비슈누가 궁극적 실재를 가리키는 것이었는지에 대해서는 확신하기 어렵다. 거기서 비슈누는 단지 한 아디티야(Āditya)에 불과하다. 『마하바라타』의 나라야니야 부분에서 바수데바와 나라야나는 동일시된다. 한 나무에 사는 두 마리 새—서로의 친구이며 동료인—에 대한 고대 베다의 개념은 나라(Nara)와 나라야나(Nārāyaṇa), 즉 개별적인 영혼과 신의 영원한 친교에 관한 이야기가 생겨나게 했을지도 모른다. 관조자는 나라야나이며, 과일을 먹는 자는 나라이다. 영원한 우주혼 나라야나는 사람들의 안식처이다(『마하바라타』, xii.341). 『마누 법전』에 의하면, 물(water)들은 나라라고 칭해졌으며, 궁극자는 자기의 휴식처로 이들을 지니기 때문에, 나라야나라고 말해진다(i.10. "Āpo nārā iti proktā āpo vai narasūnavaḥ ayanam tasyatāḥ pūrvam tena nārāyaṇa smṛtaḥ." 또한 『리그 베다』 x.82.5와 6을 보라). 그는 전체 세계의 기원이며, 우유의 바다에서 거대한 뱀 위에 누워 있는 것으로 묘사되는 최고의 신이다. 비유는 차치하고, 그는 비아(not-self)의 원리에 직면하는 우주의 자의식적인 주(主)이다. 나라다는 그로부터 자기의 일신론적 종교에 도달하게 된다.

320

야나 및 비슈누와 동일시되었다.

　처음부터 비슈누는 위대한 운명의 징후를 간직하고 있었다. 베다에서 그는 '세 걸음'의 신이다.[역주14] 그는 '새들도 감히 날지 못하는',[원주49] 빛으로 가득 찬 곳에서 영원히 산다. '비슈누의 최고 처소에 도달하는 것'은 우파니샤드에서 사람들의 소망이다.[원주50] 심지어 베다에서도 비슈누는 인간을 고통에서 구해내는 일을 떠맡는다.[원주51] 『샤타파타 브라흐마나』에서는 "사람들이 비슈누들이다"라고 말해진다. 『아이타레야 브라흐마나』에 따르면, 그는 아수라들에 대항하는 신들의 위대한 조력자이다. 그는 지계(地界)를 아수라들로부터 신들에게 되찾아주기 위해 난쟁이의 형상을 띤다.[원주52][역주15] 『샤타파타 브라흐마나』에서 우리는 처음으로 나라야나라는 이름을 발견한다.[원주53] 그러나 여기서 나라야나는 비슈누와 무관하다.[원주54]

　크리슈나가 어떻게 바수데바 나라야나와 관련을 지니게 되는가? 『마하바라타』에서 때로는 크리슈나가 그들과 구별되기도 한다.[원주55] 그러나 곧

[역주14] 『리그 베다』, i.23.17.18.20 ; i.154.1~3 ; vii.99.7 ; viii.12.27 ; viii.29.7 등을 보라. 비슈누는 세 걸음으로 우주를 건너 뛰며, 이 가운데서 세번째 걸음은 최상의 천계에 있기 때문에 인간의 시야를 벗어나 있다고 한다.

[원주49] 『리그 베다』, i.155.5.

[원주50] 『카타 우파니샤드』, i.3.9.

[원주51] 『리그 베다』, vi.49.13.

[원주52] 『샤타파타 브라흐마나』, i.2.5.5 ; 『타잇티리야 브라흐마나』, i.6.1.5.

[역주15] 『라마야나』(vii.11.8)에서 비슈누는 난쟁이(Vāmana)의 모습으로 악마 발리(Vali)에게 나타나서 단지 세 걸음만큼의 땅을 달라고 하자, 발리는 아무런 의심없이 그것을 허락했다. 그러자 비슈누는 갑자기 광대해져서 세 걸음으로 천계, 공계, 지계를 가로질러 뒤덮어버림과 동시에 발리를 지옥으로 밀어넣어버린다.

[원주53] xii.3.4.1.

[원주54] 『타잇티리야 아란야카』에서 나라야나는 "영원 지고한 신격이며 주(主)"로 나타나며, 하리(Hari)라는 이름을 지닌다(x.11.1). 『마하바라타』에서 나라야나는 고대의 리쉬(ṛṣi, 聖仙)라고 불린다(또한 『리그 베다』, x.90과 『마하바라타』, v.49.5~20을 보라). 브라흐마나 시대에 나라야나는 우주적인 성격을 띠게 되며, 『마하바라타』에서 그는 비슈누와 동일시된다. 『마하바라타』의 비슈마 파르바에서는 바수데바, 나라야나, 비슈누가 동의어로 사용된다(제lxv장과 제lxvi장).

[원주55] xii.334.18.

그는 궁극자와 동일시된다. 찬드라굽타(기원전 300)의 왕궁에 파견되었던 그리스인 대사 메가스테네스는 크리슈나가 당시 마투라에서 숭배되고 있었다고 전한다. 만일 우리가 크리슈나의 전형을 추적하고자 한다면, 우리는 크리슈나가 베다의 한 찬가를 지었던 리쉬의 이름이라는 것을 알게 된다.[원주56] 그는 앙기라사(Āṅgirasa)의 후손이라고 말해진다.[원주57] 『찬도기야 우파니샤드』에서 우리는 리쉬 고라(Ghora)의 제자로서, 데바키(Devakī)의 아들 크리슈나를 본다.[원주58] 베다 찬가 시대로부터 우파니샤드 시대에 이르기까지 베다의 사상가로서의 크리슈나에 대한 전통이 있었다는 것은 분명하다.

그러나 『리그 베다』의 또 다른 구절에서 크리슈나는, 인드라와 싸우기 위하여 만 명의 군대와 함께 앙슈마티(Aṁśumati) 강둑에서 기다리고 있는 비(非)아리아인 수장으로 묘사된다.[원주59] 반다르카(R.G. Bhandarkar) 경은 아비라(Ābhīra)라는 한 유목민 부족이 동신(童神)을 숭배했다고 믿는다.[원주60] 그들은 세련되지 못한 풍습을 지닌 비(非)아리아인 부족이었다. 크리슈나의 삶과 관련된 자유분방함은 아마 이 유목민 부족에 그 원천이 있을 것이다.[원주61] 바이디야(Vaidya) 씨에 의하면, 크리슈나는 크샤트리

[원주56] 『리그 베다』, viii.74.

[원주57] 『카우쉬타키 브라흐마나』, xxx.9; 『파니니』, iv.1.96을 보라.

[원주58] iii.17.

[원주59] viii.96.13~15. 짐작건대, 크리슈나가 목동(Gopa)들로 하여금 인드라 숭배를 외면하게 하자, 이에 분개한 인드라가 끊임없이 비를 쏟아붓고, 다시 크리슈나는 이 비로부터 목동들을 보호하기 위하여 이들의 머리 위에 고바르다나(Govardhana) 산을 들어올린다는 등의 후대 전승들은, 『리그 베다』에서 언급되는 이 사건에 근거한 것으로 보인다. 『아타르바상히타』에서 크리슈나는 거인 케쉬(Keśi)를 살해한 자로 묘사된다. 불교 문헌 또한 그의 이름을 언급한다(*Lalitavistara*를 보라). 자이나교가 일어나던 당시에 이미 크리슈나 숭배가 널리 유행하고 있었다고 확신해도 무방할 것이다. 왜냐하면 크리슈나에 관한 전체 이야기가 약간 변형된 형태로 자이나교의 22번째 티르탕카라(Tīrthaṅkara, 구세자)인 아리슈타네미(Ariṣṭanemi)의 생애로 재현되기 때문이다. 아리슈타네미는 한 유명한 야다바(Yādava)였다. The Sacred Books of the East, vol. xxii, pp.276~279를 보라.

[원주60] 「마누살라파르바」(Mausalaparva), 제vii장.

[원주61] R.G. Bhandarkar, *Vaiṣṇavism, Śaivism and Minor Religious Systems*,

야 계급의 야다바족에 속한다. 이 종족은 아리아인의 제2차 침입 때 인도로 들어와서, 줌나(Jumna) 강 언덕에 정착한 유목민이다.[원주62] 베버와 듀트 같은 인도학자는 판다바(Pāṇḍava)족은 형제들이 한 아내를 공유하는 독특한 풍습을 지닌 비아리아인 종족이라고 주장한다. 그들 사이에 크리슈나 숭배가 성행했으며, 『마하바라타』의 저자는 크리슈나에 대한 헌신을 통해서 그들이 승리하게 되었다는 것을 보여주려고 노력한다. 바라문교의 범위 밖에 있었던 판다바족의 전쟁과 그외의 사건들이 종교적인 동기에서 이 서사시에 포함되었으며, 그들 자신은 바라타족이라는 이름으로 아리아족의 범주에 들게 되었다. 가르베는 크리슈나가 붓다보다 약 2백 년 전에 살았던 인물로서, 바수데바의 아들이었으며, 유일신교적인 윤리 종교를 창시하여 마침내는 신격화되고, 그가 창시했던 종교의 바수데바 신과 동일시되었다고 믿는다. 이렇듯 『마하바라타』에는 그 당시까지 잔존했던 크리슈나에 관한 모든 전승들—비아리아인 영웅, 정신적인 스승, 부족신—의 결합이 있다.

우리는 『마하바라타』에서 크리슈나가 지고한 신으로 만들어지는 과정을 본다. 어떤 곳에서는 그가 마하데바(Mahādeva)를 숭배하는 것으로 나타나기도 한다.[원주63] 그의 신성이 부정되는 문맥도 보인다.[원주64] 「사바파르바」(Sabhāparva)에서 쉬슈팔라(Śiśupāla)는 크리슈나가 신의 반열에 있다는 주장에 이의를 제기한다. 이에 대하여 비슈마가 반박한다. "누구든지 크리슈나가 단지 인간일 뿐이라고 말하는 자는 우둔하다(mandadhīḥ)." 이로 미루어볼 때 당시에 크리슈나의 신격화에 대한 강력한 반발이 있었다는 것이 분명하다. 그는 가끔 드와라카의 전사 주(主)로 간주되기도 한다. 때로는 그가 숭배의 대상으로 바가바트를 상정하는 유일신교의 설교자가 되기도 하며, 그 자신이 바가바트와 동일시되기도 한다. 『마하바라타』는 역

---

pp.36~38.
[원주62] *Epic India*, 제 xviii장.
[원주63] 「드로나파르바」(Droṇaparva)를 보라.
[원주64] Muir, *Original Sanskrit Texts*, iv. pp.205 ff.

사적인 인물 크리슈나로부터 비슈누의 권화 크리슈나에 이르기까지 모든
형태의 크리슈나가 시대의 추이에 따라 첨가되고 덧씌워지는, 여러 가지
사유의 층들을 담고 있다.

『마하바라타』의 편집자는 이교적인 종파들의 강력한 영향력에 대응하기
위하여 어떤 대중적인 영웅이 결속의 중심으로 만들어질 필요가 있다는 것
을 느꼈음에 분명하다. 크리슈나라는 인물이 바로 가까이에 있었다. 그러
나 고피(gopi, 牧牛女)들과의 윤무(輪舞, Rāsa-līlā), 물놀이(jalakrīḍā),
옷을 채 가버리는 장난(vastrāpa-haraṇa) 등과 같이, 그의 삶과 관련하
여 신성하지 못한 어떤 행위들이 있었다. 이러한 것들은 어떤 형태로든 설
명을 필요로 했다. 파리크쉬트(Parīkṣit) 왕은 자기의 의문을 없애기 위하
여 슈카(Śuka)에게 물었다. "우주의 주(主)는 종교를 확립하고 비종교를
멸하기 위하여 육체를 갖추었다. 종교의 규범을 드러내 보인 자요, 통달한
자이며, 보존하는 자인 그가 부도덕한 행위를 저지름으로써 스스로 그것을
범했는가?" 이에 대한 대답이 주어진다. "신들에 의한 종교 규범의 위반과
거룩한 자의 대담한 행위는 어떤 결함을 초래하지 않습니다. 이것은 마치
타는 불이 더러운 것을 태울 때 더러워지지 않는 것과 같습니다. 그러나 신
이 아닌 자들은 설령 생각으로라도 그와 같은 행위를 해서는 안됩니다. 만
일 어떤 사람이 어리석게도 쉬바를 흉내내어 독을 마신다면, 그는 분명히
죽고 말 것입니다. 신들의 말은 거짓이 없습니다. 그러나 그들의 행위는 참
될 때도 있고 그렇지 않을 때도 있습니다."[원주65]

그러나 브라흐민의 용의주도함은 그것을 그대로 방치할 리 없다. 그는
비유를 사용하여 크리슈나의 전체 삶을 신성화하고, 분위기를 신비로 윤색
하게 된다. 목우녀들은 배움없이 다만 헌신으로 찾아가는 사람들을 상징한
다. 젖짜는 여인들이 가정과 남편을 내버리는 것은 천상의 신랑에 대한 영
혼의 자기 복종을 상징한다. 브린다바나(Bṛndāvana)[역주16]는 인간의 가슴

[원주65] 『바가바타 푸라나』, x.33.26~29.
[역주16] 크리슈나가 태어난 곳으로 전해지며, 마투라(Mathura) 부근에 있다.

이다. 라다(Rādhā)와 목우녀들은 마야(māyā, 幻影)의 세계에 연루된다. 크리슈나의 피리 소리는 신의 음성이다. 그를 따르는 것은 명성을 희생하고, 위엄과 자존심을 버리는 것이며, 가정과 가족과 모든 것을 포기하는 것이다. 세속의 안전과 평안을 구하는 자는 무한자의 부름에 응답할 수 없다. 신을 사랑하는 것은 스스로 십자가를 지는 것이다. 모든 사람에게 보편적이며 또한 각 개인에게는 특별한 천계의 신랑에 대한 영혼의 복종——인도에만 있는 독특한 비유가 아니다——은 세속의 가정과 남편에 대한 유기(遺棄)를 포함한다. 소유할 수 있는 모든 것에 대한 가장 위대한 희생이 신 앞에 바쳐져야 한다. 우리는 비슈누교도의 시가에서, "나는 그대를 위한 창녀가 됩니다"라는 끊임없는 후렴을 본다. 수많은 민간 설화가 이와 같이 신비적인 의미로 해석되며, 도덕성이 의심스러운 일들은 신과 개아의 관계로 변형된다.

그러나 아무리 역사를 개주(改鑄)하고, 사실을 우화화하고 해명을 시도하고 싶은 마음이 있다 할지라도, 우리는 푸라나 문헌에 묘사된 크리슈나의 삶을 납득하기 어렵다. 이러한 사건들은 크리슈나의 어린 시절에 관한 이야기와 술에 빠진 발라라마(Balarāma)[역주17]의 나약함과 함께 명백히 크리슈나의 비아리아적인 기원을 가리킨다. 만일 오늘날 크리슈나가 인도의 가장 대중적인 신이라면, 그것은 『바가바드기타』의 저자가 그를 최고의 종교와 철학의 대변자로 만들었기 때문일 것이다. 크리슈나가 신격화되었을 때, 케샤바(Keśava), 자나르다나(Janārdana) 등과 같은 그의 다른 이름들은 바수데바에게 이전되고, 데바키의 아들로서의 그에 대한 이야기는 토착신에게 귀속되었으며, 심지어 오늘날에도 우리는 예리한 철학적 통찰을 지닌 고매한 영혼으로서의 크리슈나와, 행실이 고결하지 못한 대중적인 영웅으로서의 크리슈나에 대한 묘사 간에 어떤 모순을 느끼게 된다.

[역주17] 크리슈나의 형이다. 비슈누의 흰 머리카락이 데바키(Devakī)의 자궁 속으로 들어가서 발라라마가 생겨났다고 한다. 푸라나 문헌에 따르면, 그는 비슈누의 부분적인 화신이다. 크리슈나가 여자를 좋아함에 비하여 발라라마는 술을 좋아한다.

2) 판차라트라 종교

바가바타 종파—바수데바 크리슈나에 대한 숭배를 강조했던—는 또한 판차라트라(Pañcarātra) 종교라고도 불린다. 우리는 이 명칭의 기원을 알 수는 없다.[원주66] 『파드마탄트라』(*Padmatantra*)에 이런 말이 있다. "다른 5종의 경전(śastra)들은 이것 앞에서 빛을 잃는다. 그러므로 그것은 일반적으로 판차라트라라는 용어로 알려진다."[원주67] 짐작건대 이 명칭은 판차라트라 종파가 다른 5종의 교의들을 종합하고 있다는 사실에 기인할 것이다. 우리는 이 종교가 『마하바라타』의 나라야니야 부분에서 과연 있는 그대로 설명되고 있는가에 대해서 확신할 수 없다. 왜냐하면 이미 그 당시에도 베다지향적인 각색이 시작되었던 것으로 보이기 때문이다.

기원후 5세기경에 활동했던 남인도의 알바르(Ālvār, 유랑시인)들은 이 교의를 받아들였다. '알와르'라는 말은 신의 사랑에 젖어든 자를 의미한다. 모든 카스트에서 온 12명의 알와르가 있었으며, 타밀(Tamil)어로 씌어진 이들의 시가는 프라반다(Prabandha), 즉 비슈누의 어떤 형상에 대한 찬양이라고 말해지는데, 경건함과 신애(信愛)의 내용으로 가득 차 있다. 이것은 비슈누교의 베다에 해당한다. 『베단타 수트라』의 주석자 라마누자는 후대에 속하며, 나다무니(Nādamuni)로부터 시작되는 조사(祖師)들 가운데 제6조(祖)가 된다. 나다무니는 남말와르(Nammālvār)가 창시한 믿음을 전했다. 바가바타 교도들은 인도에서 비슈누교의 직접적인 선구자였다. 판차라트라 종교를 따르던 사람들은 원래 베다의 숭배 형태를 택하는 것이 허용되지 않았다. 그들 자신은 판차라트라 아가마(Āgama)들을 소의(所依) 경전으로 삼았다.[원주68]

[원주66] 자(Jha) 박사는 독특한 제안을 인용하고 있다. "이 교의(Pañcarātra)가 그렇게 불리는 것은, 그것이 베다가 악마들의 수중에 있는 닷새 동안에 사람들의 종교적 열망에 응하기 위하여 세상에 공표되었기 때문이다. 베다는 프랄라야(Pralaya, 우주의 파괴)가 있은 이후 세계의 재창조 전에 비슈누에 의하여 다시 회복된다"(*Hindustan Review*, January 1924, p.219).

[원주67] 판차라트라라는 명칭에 대한 다른 견해에 관하여는 Schrader의 *Introduction to Pāñcarātra*를 보라.

326

아가마는 일반적으로 4종의 범주, 즉 ① 지식(Jñāna), ② 명상(yoga), ③ 사원을 조성하고 성상(聖像)을 모시는 행위(kriyā), ④ 성례(caryā 혹은 saṁskāra)로 논의의 주제를 분류한다. 주신(主神)은 4종의 비유하(vyūha, 형상)를 지니는 바수데바 크리슈나이다. 크리슈나의 내재가 주장된다. "브라흐마에서 지푸라기에 이르기까지 모두가 크리슈나이다."[원주69] 힘과 물질에 상응하는 크리야(kriyā)와 부티(bhūti)의 두 측면을 지니는 샥티(śakti) 혹은 에너지를 지니는 궁극자 비슈누는 세계를 창조한다. 비슈누와 그의 에너지의 관계는 실체와 속성 간의 관계와 같이 불가분의 내속 관계이다. 라마누자는 판차라트라 이론으로부터 브라흐만, 개아, 그리고 세계의 명백한 실재를 받아들인다. 사원에서의 성상 숭배는 희생제의보다 우위를 점한다. 종교는 보다 감성적으로 변하고, 박티가 주장된다.

이 종파에서 유래된 현대 비슈누교의 한 중요한 측면은 절대적인 자기복종(prapatti)이다. 신은 사심없이 그의 발 아래 엎드리는 자를 돕는다. 의문이 일어난다. 어떻게 오직 신이 악에 물든 영혼의 죄를 사면할 수 있는가? 이 종파는 신의 반려 락슈미를 중보자의 지위로 끌어올린다. 신의 엄정한 정의는 벌한다는 것이 무엇인지 모르는[원주70] 락슈미의 자비로 완화된다. 이 중보자는 바로 신의 본질을 지니며, 신앙자들의 간청에 응한다. 락슈미의 호의와 은사는 신 자신의 자비에 대한 필수적인 전조이다. 심지어 지난 카르마도 용서될 수 있을 것이다. 프라파티는 개아가 지고한 영혼에 이르는 길이며, 그것은 상키야나 요가와 같은 다른 어떤 방법 못지 않게 효과적이다.[원주71]

[원주68] 이 경전들 가운데에서 다수는 베단타데쉬카(Vedāntadeśika)의 『판차라트라라크샤』(*Pañcarātrarakṣā*)에 언급된다. 이것은 10세기 야무나차리야(Yāmunācārya)의 『아가마프라만야』(*Āgama-prāmāṇya*) 및 『베단타 수트라』의 판차라트라 부분과 함께 우리가 판차라트라 종교에 관하여 참조할 수 있는 자료이다. 아가마를 나라야나 자신에 의한 계시로 받아들이는 비슈누교도들은 결코 그것의 연대를 확정하는 일로 고심하지 않는다.

[원주69] "Ābrahma stambaparyantam sarvam Kṛṣṇaś carācaram"(Nārada Pañca-rātra).

[원주70] Nityam ajñātanigrahā.

비슈누 숭배자들 간에는 결코 카스트의 구분이 없다. 자발라 브라흐마나(Jābāla Brāhmaṇa)는 말한다. "키라타(Kirāta)족, 후나(Hūṇa)족 사람들은…… 비슈누와 마음이 굳게 이어진 사람들과 단지 접촉하는 것만으로도 자기의 죄를 씻을 수 있다." 이 종파를 따르는 사람들은 베다 경전을 고수하던 스마르타(Smārta)들과는 달리 바르나슈라마(varṇāśrama, 카스트의 규범)에 그다지 큰 집착을 보이지 않았다.

판차라트라, 바가바타 혹은 사트바타 종교가 그 기원에 있어서 아리아적인가 비아리아적인가 하는 문제에 대해서는 논란이 많다. 어떤 사람들은 이 종교의 숭배 형태가 베다적이 아니라는 이유로 그것이 비아리아적이었다고 주장한다. 그것은 베다의 제의식 혹은 성례(saṁskāra)를 받아들이지 않았으며, 개별 영혼(jīva)과 마음의 생성에 관한 교의는 베다의 이론에 반한다. 야무나차리야(Yāmunācārya)는 『아가마프라만야』(Āgamaprā-māṇya)에서 아가마의 권위에 대한 여러 가지 반대가 있다는 것을 지적하고, 이러한 반대 견해가 지니는 오류를 비판한다.

아가마에 대한 비판은 그 주장이 베다와는 다른 정신을 지닌다는 점, 아그니호트라(Agnihotra) 혹은 지요티슈토마(Jyotiṣṭoma)와 같은 제의식이나 성례를 언급하지 않는다는 점, 심지어는 베다를 비난한다는 점, 그리고 그것은 재생족(dvija)들에 의해서는 받아들여지지 않는다는 점에 집중된다. 다른 한편 아가마는 명백히 비아리아족인 사트바타족에 의하여 실천된다.[원주72] 수많은 마법과 미신이 있다.[원주73] 이 종파는 전통적인 교의의 목록에서 설명되지 않는다. 만일 우리가 샹카라의 견해를 따른다면, 심지어 바다라야나(Bādarāyaṇa)조차도 그것을 지지하지 않았다. 그것은 그 자체의 독특한 성례 제도를 지니고 있다.

이러한 비판에 대하여 야무나차리야는 이 종파가 베다와 관련을 지니며,

[원주71] 「샨티파르바」, 348.74.
[원주72] 『마누 법전』, x.23.5.
[원주73] Kshudravidyā pracurata.

328

그것은 『마하바라타』와 『바가바타 푸라나』에서 바다라야나에 의하여, 또한 브리구(Bhṛgu)와 바라드와자(Bhāradvāja)와 같은 유명한 리쉬들에 의해서도 권위있는 것으로 받아들여졌으며, 바가바타족은 최고의 브라흐민이었으며, 사트와타라는 명칭은 카스트가 아니라 현저하게 삿트와(sattva, 純質)의 속성을 지닌 사람들을 가리킨다고 대답한다. 라마누자는 야무나차리야를 따른다. 변호해야 할 필요가 있었다는 것은, 곧 이 종파가 베다적인 것으로 받아들여지는 데 얼마간의 시간이 걸렸다는 것을 의미한다. 성상 숭배, 몸에 인(印)을 치는 것, 우르드와푼드라(ūrdhvapuṇḍra)를 이마에 그리는 것 등과 같은 현대 비슈누교의 본질적인 요소들은 판차라트라 종교에서 온 것이다.

3) 기독교와의 유사성에 따른 오해

어떤 이름으로 불렸든, 이 종교가 아주 오래되었다는 것은 분명하다. 짐작건대 불교보다 더 오래된 것이 아니라면, 적어도 불교와 거의 동시대에 속하는 종교일 것이다. 그러나 이 종교가 설명되는 『마하바라타』의 나라야니야 부분은 유일신론자들의 거처인 슈웨타드위파에서 있었던 나라다의 모험에 관하여 언급하고 있기 때문에, 때로는 유일신론이 기독교 전통으로부터 차용된 것이라고 주장하기도 한다. 실(Seal) 박사는 말한다. "내가 보기에, 나라야니야 부분의 이 기록은 몇몇 인도인 비슈누교도들이 이집트 혹은 소아시아의 해안을 실제로 여행 혹은 항해했다는 명백한 증거이며, 후대에 붓다가 지고한 영혼 나라야나의 권화 가운데 하나로 포함되는 것과 마찬가지로, 인도 특유의 절충주의 식으로 그리스도를 권화 가운데 포함시키려는 시도를 보이는 것이다."[원주74] 베버 또한 이와 같은 견해를 피력하며,[원주75] 랏슨(Lassen)도 이에 동의한다. 그는 어떤 브라흐민들이 인도

[원주74] *Vaiṣṇavism and Christianity*, p.30.
[원주75] *Indian Antiquary*(1874). "An investigation into the origin of the festival of Kṛṣṇa Janmāṣṭamī."

서북부의 어떤 지역에서 기독교를 알게 되었고, 몇몇 기독교 교의들을 인
도로 가져왔을지도 모른다고 생각한다. 그러나 그는 이 지역이 "사도 도마
(Thomas)가 복음을 전파했다는 전승이 오래 전부터 내려오는" 파르티아
(Parthia)라고 믿는다.

　그러나 유일신교는 이미 베다 문헌에 나타나고 있다. 『찬도기야 우파니
샤드』는 나라다가 설한 가르침 가운데 하나로서 일승(一乘, ekāyana) 종
교를 언급한다.[원주76] 바가바타 종교는 근본적으로 인도 종교 사유에 외래
적인 어떤 요소를 지니지 않는다. 가르베에 의하면, "고대 인도의 지적인
삶에 익숙한 사람에게는, 박티 교의가 전적으로 인도 고유의 산물로 생각
될 수 있다."[원주77][역주18]

　지금까지 박티 개념이 기독교에서 유래되었다는 이론을 뒷받침하는
어떤 희미한 증거도 제시되지 않았다. 박티라는 말에 함축된 종교적인
의미에는, 그것이 특별히 기독교적이라고 할 만한 아무것도 없다. 신에
대한 헌신과 그에 대한 믿음은 기독교 이외의 다른 유일신교에서도 점진
적으로 생겨났을 뿐 아니라, 심지어는 유일신론적인 개념들의 범위 밖에
서도 이 두 개념은 발견될 수 있다. 바르트(Barth)가 말한 것처럼, 우
리에게는 박티가 인도에 고유한 사실로 간주해야 한다고 주장해야 할 충
분한 근거가 있다. 왜냐하면 유일신론적인 개념들은 『리그 베다』 시대로
부터 인도 종교사를 통하여 지속적으로 널리 성행한 흔적이 여실하기 때
문이며, 또한 옛날부터 인도인 특유의 신에 대한 열망은 일반적인 의미
의 유일신교가 지니는 신에 대한 사랑이나 그에 대한 믿음과 같은 개념
들을 발달시켜왔음에 틀림없기 때문이다.

[원주76] vii.1.4.

[원주77] Garbe, *Philosophy of Ancient India*, p.84.

[역주18] 박티가 기독교적인 기원을 지닌다는 주장과 이에 대한 상세한 논의는 S.R. Goyal, *A Religious History of Ancient India*(Meerut, 1986), vol.ii, pp.198~206에서 볼 수 있다.

당시의 우주론에 의하면, 슈웨타드위파 혹은 흰 섬은 인도의 일부, 즉 메루(Meru) 산[역주19]의 북부이다. 어쨌든 기독교는 2세기 혹은 3세기에 인도로 들어왔다. 우리에게는 유일신교가 이것보다 훨씬 이전부터 성행했다는 것을 보여주는 증거가 있다. 바수데바의 이름은 파니니의 문법서에 나온다.[원주78] 반다르카 경에 의하면, 『파니니』는 '적어도 기원전 7세기 초엽에'[원주79] 널리 알려져 있었다. 불전 및 자이나교 경전들은 박티 종파를 언급하고 있다.[원주80] 스나르(M. Senart)는 『테라가타』(Theragāthā)에 사용된 '박티만'(bhaktimān)이라는 말이 이전의 인도 종교로부터 불교에 차용된다고 말한다. "만일 요가, 비슈누교 전승, 바가반(Bhagavān)이라는 이름하에 숭배되던 비슈누 크리슈나에 대한 헌신에 관한 교의들로 이루어진 기존의 종교가 없었다면, 결국 불교는 생겨나지 않았을 것이다."[원주81] 바르트는 말한다. "나라야나 및 신격화된 스승인 크리슈나 데바키푸트라(Devakīputra)에 대한 숭배에 헌신하던 고대 바가바타, 사트와타 혹은 판차라트라 종파는 기원전 8세기경 자이나교가 일어나기 훨씬 이전 시대에 속한다." 파탄잘리는 『파니니』에 대한 주석에서 바수데바는 숭앙할 만한 자, 즉 신의 이름이라고 말한다.[원주82]

우리에게는 또한 바가바타 종교가 이미 기독교 이전에 있었다는 고고학적 증거가 있다. 기원전 2세기의 베스나가르(Besnagar) 명문[원주83]은 바가바타 교도 헬리오도라(Heliodora)[역주20]가 바수데바에 경의를 표하여

〔역주19〕 푸라나 문헌에 자주 언급되는 신화적인 산이다. 황금으로 이루어져 있다고 말하며, 우주의 중심을 나타낸다.

〔원주78〕 iv.3.98.

〔원주79〕 *Bombay Gazeteer*, vol. i, part ii, p.141.

〔원주80〕 『테라가타』, 370.

〔원주81〕 *Indian Interpreter*, 1910, pp.177~178.

〔원주82〕 *Journal of the Royal Asiatic Society*, 1910, p.168.

〔원주83〕 *Epigraphica Indica*, vol.x

〔역주20〕 박트리아(Bactria) 그리스인 왕 안티알시다스(Antialcidas)가 슝가(Śuṅga) 왕조 바가바드라(Bhāgabhadra) 왕의 궁정에 보낸 대사로 알려진다.

가루다(Garuḍa) 형상의 단을 세웠다고 전한다. 고순디(Ghosuṇḍi) 명문은 바가바트 상카르사나(Bhagavat Saṃkarṣaṇa)와 바수데바에 대한 숭배를 언급하고 있다. 기원전 1세기 나나가트(Nanaghat)에 있었던 다른한 명문은 상카르사나와 바수데바에 대한 숭배를 전하고 있다. 이 모든 것으로 미루어볼 때, 인도의 유일신교는 전혀 어떤 외래적인 영향에 기인되지 않은 독자적인 것이며, 그 시대의 삶과 사상의 자연적인 산물이라는 것이 명백하다.

9. 서사시 시대의 우주론

1) 『마하바라타』에 나타난 상키야 철학

우주론에 있어서 『마하바라타』는 대개 상키야 이론을 받아들인다. 그것은 유일자 브라흐만의 두 측면, 즉 푸루샤와 프라크리티를 상정한다. 세계는 브라흐만에서 전개된 것으로 간주한다. 마치 거미가 거미줄을 내듯이, 영원한 자아는 그 자체로부터 세계의 구성물(guṇa)들을 내보낸다.[원주84] 브라흐만의 창조 행위에 대한 동일한 개념들이 다른 형태로 발견된다. 우리는 브라흐만으로부터 브라흐마(Brahmā)가 창조되고, 브라흐마로부터 황금알이 생겨나며, 그 알에서 피조물의 몸이 생겨난다는 견해도 볼 수 있다. 우주란(宇宙卵)의 개념은 계속하여 잔존한다.

때로 상키야의 이원(二元)이 보다 노골적으로 표현된다. 비록 푸루샤가 우주적인 것으로 생각된다 할지라도, 자연은 푸루샤와 다른 것이다. 푸루샤와 프라크리티 양자는 하나의 원리에서 나온다. 프라크리티는 푸루샤의 주관하에 창조하거나,[원주85] 푸루샤가 창조적인 요소들에게 역동성을 불어넣는다.[원주86] 또한 어떤 곳에서는 모든 행위가 프라크리티에 귀속되고, 푸

〔원주84〕 xii.285.40.
〔원주85〕 xii.314.12.

루샤는 전혀 행위하지 않으며, 푸루샤가 스스로 역동적이라고 생각할 때, 미혹에 빠진다고 말한다.[원주87] 비록 창조와 파괴는 프라크리티의 작용이라 할지라도, 그럼에도 불구하고 프라크리티는 단지 푸루샤의 한 전개물이며, 전자는 이따금 후자 속으로 귀입된다는 개념도 발견된다.[원주88] 단지 함축적인 의미가 아니라면, 마야(māyā) 이론이 서사시에 내포되어 있다고 생각하는 것은 무리이다. 『마하바라타』의 곳곳에서 세계 전개는 상키야 이론에 준하여 설명되고 있다.[원주89]

상키야의 개념들이 이 시기에 점차 성숙되고 있었다는 것은 의심할 나위 없이 명백하다. 그러나 이것이 어떤 하나의 철학체계로 형성된 것은 아니다. 『마하바라타』에서 발견되는 상키야 철학의 주요 측면들은 주목할 만하다. 왜냐하면 대부분의 후속 사상들이 상키야 사상의 심리학과 우주론——형이상학과 종교는 아니라 할지라도——을 받아들이고 있기 때문이다. 상키야의 요소 전개설은 『마하바라타』에서 수용된다.[원주90] 우리는 전개의 순서가 언급되고 있는 「아누기타」[원주91]에서 상키야의 고전적인 전개설과 아주 유사한 설명을 발견한다. 미현현자로부터 위대한 마하트(mahat, 大)가 전개되고, 이로부터 아함카라(ahaṁkāra, 我慢)가, 아함카라로부터 다섯 요소들이 생겨난다.

이로부터 한 쪽으로 소리, 냄새 등과 같은 속성들이 일어나고, 다른 한 쪽으로는 다섯 생기들이 일어난다. 또한 아함카라의 다른 한편으로부터 다섯 지각기관, 다섯 행동기관, 그리고 의근(mind)이라는 열하나의 감관이 생겨난다. 그러나 어떤 구절에서는 푸루샤가 제25요소가 아니라, 16요소

〔원주86〕 xii.315.8.
〔원주87〕 xii.222.15~16. 또한 『바가바드기타』 vi.37을 보라.
〔원주88〕 xii.303.31 ff.
〔원주89〕 「아슈와메다파르바」(Aśvamedhaparva), 35.20~23과 47.12~15를 보라.
〔원주90〕 「샨티파르바」(Śāntiparva), 303~308 ; 「아누기타」(Anugītā), xi.50.8 ; xii.306. 39~40을 보라.
〔원주91〕 14.40~42.

로 둘러싸인 제17요소로 설명되고 있으며, 이런 점에서는 상키야의 25요소설 그 자체와는 거리가 있다고 보아야 할 것이다. 여러 곳에서 25요소를 설명하면서, 『마하바라타』는 이슈와라라고 불리는 제26요소를 부가하고 있다.[원주92] 이 모든 것들은 서사시 시대가 상키야의 문제들에 대한 반성이 매우 활발하던 시대였다는 것을 보여주고 있다.

2) 구나설

『마하바라타』는 구나(guṇa, 구성요소)설을 상정하고 있다. 프라크리티의 구성요소는 삿트와(sattva, 純質), 라자스(rajas, 激質), 타마스(tamas, 暗質)의 세 가지 속성이다. 이 세 가지 속성은 정도의 차이는 있다 할지라도 모든 사물에 나타난다. 존재는 어떤 속성이 현저한가에 따라서 신, 인간, 축생으로 분류된다.[원주93] 이 세 가지 구나는 영혼을 속박하는 것이다. "이 세 구나는 서로 섞여서 나타난다. 이들은 서로 붙어 있으며, 게다가 서로 잇달아 일어난다……. 이것은 의심할 나위 없이 분명하다. 삿트와가 있는 한, 타마스가 존재한다. 삿트와와 타마스가 있는 한, 라자스가 존재한다고 말한다. 이들은 하나로 결속하여 편력하며, 집합적으로 움직인다."[원주94] 닐라칸타(Nīlakaṇṭha)는 이것을 다음과 같이 주석한다. "삿트와가 아무리 많이 증장된다 할지라도 여전히 타마스에 의한 견제가 있으며, 따라서 세 속성 간에는 견제하는 자와 견제되는 자의 지속적인 관계가 있기 마련이다. 이들은 비록 현저함에 있어서는 각기 차이가 있을지라도 언제나 함께 있다."

타마스는 불활발성, 혹은 인간에 있어서 우둔성이다. 그것은 감각의 만족을 추구하며, 그 목적은 쾌락이다. 그것의 특징은 무지이다. 만일 그것이 제어되면, 그 사람은 절제하는 자라고 말해진다. 라자스는 의욕을 불러일

[원주92] 「샨티파르바」, 308. 또한 306.29와 310.10을 보라.
[원주93] 「아누기타」, 14.36~38.
[원주94] 같은 책, 제 xxiv 장.

으키는 감성적인 에너지이다. 그것은 인간을 안달하게 하며, 성공과 권력을 지향하게 만든다. 그것이 제어될 때, 그 자체의 자비, 연민, 사랑의 고매한 측면이 발현한다. 그것은 무지와 거짓으로 이끄는 타마스와 통찰과 진리를 증장시키는 삿트와 간의 중재자이다. 삿트와는 인간의 지성적인 측면이다. 그것은 고요하고 침착한 성품을 갖추게 하며, 선성(善性)을 촉진시킨다. 오직 그것만이 인간을 바르게 인도할 능력을 지니고 있다. 그것의 덕목은 실천적인 지혜이며, 그 목적은 의무의 올바른 수행이다.

어느 누구도 이러한 속성들을 지니고 있지 않은 사람은 없다. 이들 세 속성은 마음, 생명, 그리고 육신에 각각 상대적인 거점을 지닌다. 타마스, 즉 불활동성의 원리는 우리의 물질적인 본성 혹은 육신에 가장 현저하며, 라자스는 물질적인 것에 반작용하는 우리의 생명 본성에, 그리고 삿트와는 정신적 본질에 가장 강하게 나타난다. 엄격히 말하여 이들은 우리의 신체 기관 한 올마다 혼합된 형태로 존재한다. 의식적인 삶의 의지적인 측면을 점하기 때문에, 타마스 요소는 욕구와 만족의 끊임없는 반복을 계속하면서 우리의 저급한 욕구에 강하게 나타난다. 라자스 요소는 권력과 이익, 성공과 모험에 대한 우리의 욕망에 현저히 나타난다. 삿트와 요소는 자아와 환경의 행복한 균형 혹은 조정과 내면의 조화를 지향한다.[원주95] 이 셋은 상호작용에 의하여 인간의 성품과 기질을 결정한다.

그러므로 모든 사람은 활발하지 못한 사람, 격정적인 사람, 선한 사람으로 분류된다. 재생족 계급 가운데서 바이쉬야 계급 혹은 상인들은 가장 낮은 계급을 나타낸다. 경쟁적인 사유방식과 다른 사람을 이기려는 노력을 아끼지 않는 크샤트리야 계급은 중간 계급을 형성하며, 이에 비하여 브라흐민 계급은 최고 계층을 구성한다. 신을 언급할 때 이 세 구나는 비슈누, 브라흐마, 쉬바의 개념에 적용된다. 세 구나는 신의 본질적인 힘이며, 신은 완전한 평형상태로 존재할 뿐 아니라, 또한 역동적이다. 신에 있어서 타마

[원주95] 플라톤의 세 요소인 욕구(appetite), 정신(spirit), 이성(reason), 그리고 사회에 대한 그의 세 가지 구분과 비교하라.

스는 모든 행위를 잠재우는 적정이며, 라자스는 축복의 행위를 효과적으로
할 수 있는 그의 의지이며, 삿트와는 신성한 존재의 자명한 빛이다. 언제
어디서나 상호 공존하는 이 세 속성은 자연의 모든 운동과 행위를 설명한
다. 다양한 현상들은 평형, 운동, 지둔(遲鈍)의 상호 작용을 통하여 일어난
다. "구나가 구나에서 태어나고, 그 속으로 귀입된다."[원주96]

카필라, 아수리(Āsuri), 그리고 판차쉬카(Pañcaśikha)[원주97]——비록
상키야 철학과 판차쉬카의 철학 간에 차이가 있다 할지라도[원주98]——와 같
은 상키야의 스승들이 언급된다.

우리는 서사시 철학을 상키야의 실재론에서 베단타의 관념론으로 넘어
가는 과도기라고 보는 도이센(Deussen)의 견해에 동의할 수 없다. 서사
시 속에는 두 가지 사상이 모두 들어 있다. 비록 상키야 사상은 서사시에서
아주 발달된 형태로 나타나지는 않는다 할지라도, 본질적인 요소들은 모두
거기에 있다. 파탄잘리(Patañjali)의 사상에서 보는 기술적인 용어는 아직
사용되지 않는다 할지라도, 요가 철학 또한 나타난다.[원주99]

3) 심리학

『마하바라타』는 지, 수, 화, 풍, 공의 5요소에 상응하는 청각, 촉각, 시
각, 미각, 후각의 오관을 인정한다. 감각과 그 대상의 접촉은 지각이 일어
나는 충분 조건이 아니다. 느낌이 의근(意根, manas)에 의하여 지성(知
性, buddhi)으로 전달되고, 그런 다음에는 영혼으로 전달되어야 한다. "보
는 것은 의근의 도움없이 눈만으로 일어날 수 없다."[원주100] 의근은 단지 전
달하는 행위자에 불과하며, 붓디는 결정하는 요소이다.[원주101] 영혼의 본질

[원주96] 「샨티파르바」, 305.23.
[원주97] 「아누기타」, xii.319.59 ; xii.218.14.
[원주98] Keith, *Sāṁkhya System*, pp.39~40을 보라.
[원주99] xii.237.6~7을 보라.
[원주100] 「샨티파르바」(Śāntiparva), 311.17. "Cakṣuḥ paśyati rūpāṇi manasā na
    cakṣuṣā."

에 관하여 어떤 사람들은 상키야의 입장과 마찬가지로 그것이 프라크리티에 대한 부동의 수동적인 관조자라고 믿는 사람들도 있었다. 이들에 의하면, 행위와 변화, 감각과 사유작용의 원천은 오직 프라크리티뿐이다. 영혼의 원자적인 속성 또한 긍정적인 입장에서 언급된다. 『마하바라타』는 무수한 개별 영혼 외에도 지고한 영혼(Puruṣottama)을 긍정한다. 우파니샤드의 이론도 물론 나타난다. 아트만은 그것이 육신에 속박되어 있을 때 크셰트라갸(kṣetrajña, 개아)라고 불리며, 육신과 그 구나들로부터 벗어났을 때는 파람아트만(paramātman, 최고아)이라고 불린다.[원주102] 미세신(微細身, liṅga śarīra)[역주21] 개념 또한 나타난다.[원주103]

10. 윤리

1) 다르마

행복 추구로서의 윤리는 『마하바라타』에서 중요한 위치를 차지한다. "모든 존재는 즐거움을 바라며, 고통을 피하고자 한다."[원주104] "우리가 바라는 것은 즐거움(sukham)이며, 우리가 싫어하는 것은 고통(duḥkham)이다."[원주105] 이 세계에서 그 둘은 결합되어 있다.[원주106] 그러나 즐거움과 고통은 모두가 무상하다(anitya). 인간의 목표는 즐거움과 고통을 여여한

[원주101] 같은 책, 251.11.
[원주102] 같은 책, 187.24를 보라.
[역주21] 윤회하는 영혼이 지니는 몸이며, 물질적인 조대신(粗大身, sthūla- śarīra)과는 구별된다. 그것은 인간의 사후에도 소멸되지 않으며, 말하자면 이승과 저승을 잇는 고리와 같은 것이다. '몸'(śarīra)이라고 부르지만, 서구적인 개념으로 본다면 오히려 심리적인 요소에 가깝다. 이에 대한 상세한 논의는 베단타 철학에서 이루어진다.
[원주103] 「바나파르바」(Vanaparva), 296.16.
[원주104] 「샨티파르바」, 139.61. "Duḥkhād udvijate sarvas sarvasya sukham īpsitam."
[원주105] 같은 책, 295.27.
[원주106] 같은 책, 190.14 ; 25.23 ; 「바나파르바」, 260.49

마음으로 받아들일 수 있는 상태에 도달하는 것이다.[원주107] 다르마(義)는 인간에게 완전한 만족을 주는 부동의 상태이다. 그것은 인간이 지상에서 평화와 행복을 누리게 할 뿐만 아니라, 궁극적인 해방을 얻게 한다.

비록 다르마는 해탈(mokṣa)로 통한다 할지라도, 이 둘은 수단과 목적으로 구별된다. 다르마, 아르타(artha, 富), 카마(kāma, 욕망), 모크샤라는 인생의 네 가지 목적(puruṣārtha)을 설명함에 있어서, 그 둘은 구분된다. 해탈을 얻기 위한 규범이 모크샤 다르마를 구성한다. 좁은 의미에서 다르마는 종교적인 규범과는 다른 윤리적인 규범을 의미한다.

불망어, 불살생과 같은 보편적인 원리와는 달리, 다르마는 사회 상황에 상대적이며 의존적이다. 그것은 언제나 사회적인 함축을 지닌다. 그것은 사회 구성원의 공생을 담보하는 계약과 같은 것이다.[원주108] 만일 우리가 다르마를 보존하지 않는다면, 사회적 무질서가 만연할 것이며, 산업과 예술이 흥하지 못할 것이다. 다르마는 사회의 안녕과 질서[원주109]를 확고하게 만든다. 그것은 모든 중생의 복지[원주110]를 지향한다. "무엇이든 사회의 복지에 기여하지 못하는 것, 혹은 부끄러운 것, 그것은 결코 하지 말라."[원주111]

『마하바라타』에 따르면, 전체 윤리의 요체는 "너에게 유쾌하지 못한 것을 남에게 행하지 말라"[원주112]는 경구로 대변된다. 카스트의 의무는 그것이 지니는 수단적인 가치 때문에 명해진다. "힘으로 나라를 지키고 머리를 깎지 않는 것이 크샤트리야의 의무이다."[원주113] 물론 실로 도의적인 덕목은 카스트의 직분보다 수승한 것으로 간주된다. "진실, 자제, 금욕, 관용, 비폭

[원주107] 같은 책, 25.16.
[원주108] 「카르나파르바」(Karṇaparva), 69.50. "Dhāraṇād dharmam ity ahur dharmo dhārayate prajāḥ."
[원주109] lokasaṁgraha 혹은 samājadhāraṇa.
[원주110] sarvabhūtahitam.
[원주111] 「샨티파르바」, 124.66 ; 261.9 ; 109.10.
[원주112] Pandit, 1871, p.238.
[원주113] 「샨티파르바」, 23.46. "Daṇḍa eva hi rājendra kṣatradharmo na muṇḍanam."

력, 지조—이들이 성공의 열쇠이며, 카스트나 가문은 아니다."[원주114] "덕행은 불사 혹은 생명보다 낫다. 왕국, 자식, 명예, 재물—이 모든 것은 진실이 지니는 가치의 16분의 1만도 못하다."[원주115] 비록 여성에게는 베다 제의식에 대한 권리가 없었다 할지라도, 성지 순례, 서사시를 읽는 것, 그리고 신에 대한 숭배는 허용되었다.[원주116]

다르마가 어떤 쾌락주의적 정신으로 이해되는 법은 없다. 그것은 단순히 욕망의 만족이 아니다. 아무리 많은 쾌락을 더한다 해도, 그것이 우리에게 참된 행복을 줄 수 있는 것은 아니다. "행복에 대한 열망은 단순히 쾌락을 즐김으로써 멎지 않는다."[원주117] 우리가 도달하는 것이 무엇이건, 우리는 그 너머에 닿으려고 애쓴다. "누에는 그것의 부(富) 때문에 죽는다."[원주118] 유한한 것으로 무한한 갈망을 채울 수 있는 것은 아무것도 없다. 우리가 다르마를 위하여 고통을 감수하는 것은 불가피한 것으로 보인다. 참된 기쁨은 언제나 고통을 수반하기 마련이다.[원주119] 불만족은 우리에게 발전을 향한 열망을 고무시킨다.[원주120] 우리는 자기의 마음을 제어하고 감정을 다스리지 않으면 안된다. 마음이 청정해지고 진리와 더불어 살 때, 아마 우리는 성난 사람이 두려워서 혹은 고통을 피하기 위하여 옳은 길을 벗어나지는 않을 것이다. 이러한 마음가짐을 개발하고 견지하는 것은 마음과 의지의 단련을 요한다.

어떤 곳에서는 극단적인 고행이 주장되기도 한다. 즐거움과 고통은 언제나 상호 의존적이므로, 우리가 이로부터 벗어날 수 있는 유일한 길은 갈애(tṛṣṇā)를 없애는 길뿐이다.[원주121] 수행을 통하여 우리는 욕망의 충족 혹은

[원주114] iii.181.42.

[원주115] iii.34.22.

[원주116] iii.37.33. 또한 iii.84.83을 보라.

[원주117] 「아디파르바」(Ādiparva), 75.49. "Na jātu kāmaḥ kāmānām upabhogena śāmyati." 또한 『마누 법전』 ii.94를 보라.

[원주118] xii.330.29.

[원주119] 「바나파르바」(Vanaparva), 233.4.

[원주120] 「사바파르바」(Sabhāparva), 55.11. "Asaṁtoṣa śriyo mūlam."

인드라의 천계를 얻는 것과는 비교가 안될 정도로 위대한 상태에 도달하게 된다.[원주122] 『마하바라타』에는 요가와 고행에 관한 어떤 일관된 입장을 보이는 것 같지 않다. 우리는 외다리로 서 있는 리쉬, 혹은 야수에게 먹히는 리쉬를 보며, 또 한편으로는 두르바사스와 같이 쉽게 화를 내는 사람들을 본다. 타파스(tapas, 고행)의 개념이 현저하다. 물론 때로는 이에 대한 비판의 소리도 들린다. "붉은 법복, 침묵의 맹세, 세 겹의 권표(權標), 물단지 ─이러한 것들은 단지 나쁜 길로 이끌 뿐이며, 해탈에 아무런 도움이 되지 못한다."[원주123]

출가는 개인이 그 이전 단계에서 마쳐야 할 의무를 다할 때까지는 허용되지 않는다. 세속을 떠나기에 앞서 거기서 사는 것이 얼마나 중요한가를 가리키는 한 이야기가 『마하바라타』에 언급된다. 결혼 전에 세속을 떠난 한 은둔자가 탁발하며 돌아다니는 중에 무시무시한 지옥에 떨어졌다. 거기서 그는 아버지와 할아버지, 그리고 그의 모든 조상들이 쩍 벌어진 심연의 아가리 위에 잇달아 매달려 있는 것을 보았다. 그들이 그 속으로 떨어지는 것을 막는 밧줄은 한 마리의 쥐─시간의 힘을 나타내는─가 점차 갉아먹고 있었다. 귀에 익은 수많은 음성들은 그가 "응아", "응아" 울면서 보챌 때 들었던 말투를 상기시켰다. 길게 이어진 조상들이 구원될 수 있는 유일한 희망은 한 아들의 출생이었다. 은둔자는 이 가르침의 의미를 깨닫고, 집으로 돌아가 결혼했다.

사회의 한 구성원으로서 우리가 자기의 의무를 수행해야 한다면, 우리의 의무가 무엇인지 어떻게 알 수 있는가? 청정하고 완전한 자는 스스로가 법이다. 그러나 불완전한 자는 다른 사람들에 의하여 만들어지고 사회에 의하여 인정된 법을 받아들이지 않을 수가 없다. 관습(ācāra)이 가장 중요한 규범이다.[원주124] 규범은 명령의 형식을 띨 것이며, 속박을 느끼게 할 것이

[원주121] 「샨티파르바」, 25.22 ; 174.16.
[원주122] 같은 책, 174.48 ; 177.49.
[원주123] xii.321.47.
[원주124] 「아누샤사나파르바」(Anuśāsanaparva), 104.157 ;『마누 법전』, i .108.

다. 왜냐? 그것은 우리 내면의 천박한 성향들을 억제하고 저지하기 때문이
다.[원주125] 만일 의무 간에 갈등이 일어난다면, 우리는 위대한 사람들의 전
례를 따라야 한다. 영감을 주는 고매한 인격의 필요성도 인정된다. "논리는
결정적이 아니며, 경전들은 서로 다르다. 그 어떤 리쉬의 말도 확실하지 않
으며, 다르마의 진리는 비밀 속에 가려져 있는 듯하다. 위대한 자들의 길을
따라야 한다."[원주126] 실로 위대한 자는 자아에 대한 지식을 지닌 자(atma-
jñāni)들이다.

'극단을 피하라'[원주127]는 것과 같은 일반적인 규범이 권장되기도 한다.
심지어는 지나친 인내도 금지된다.[원주128] 진실 및 불살생의 원리가 필수적
인 것으로 인정된다 할지라도, 그럼에도 『마하바라타』는 이에 대한 예외도
고려하고 있다.[원주129] 진실을 말해야 한다는 규범은 그 자체에 본래 갖추어
진 가치를 지니지 않는다. 왜냐하면 인류애를 지향하는 진실만이 무제약의
절대적인 목적일 수 있기 때문이다.[원주130] 규범에 대한 예외를 인정함으로
써 오는 위험을 인식하고 있음에도 불구하고, 『마하바라타』는 불망어 규범
을 어긴 자들을 위하여 정화(淨化, prāyaścitta)를 주장한다.[원주131]

죄가 인정되었으며, 참회의 고백이 지니는 의미와 중요성이 인식된다.
참으로 회개하는 자는 "나는 다시 그렇게 하지 않을 것이다"라고 말해야 한
다. 박티, 즉 신에 대한 사랑과 믿음은 윤리적인 청정을 얻는 수단으로 간
주된다. 어떤 구절에서는 행위(karma)——아무리 훌륭하고 가치있는 것이
라 할지라도——가 아니라 오직 지혜를 통해서 우리가 궁극적인 것을 얻을
수 있다고 말한다. "궁극적인 해탈에 대한 정신집중의 실천에 있는 경건을

[원주125] 『미망사 수트라』, i.1.2 ; 『마하바라타』, 「샨티파르바」, 29.4.29를 보라.
[원주126] 「바나파르바」, 312.115.
[원주127] "Ati sarvatra varjayet."
[원주128] 「바나파르바」, 28.6과 8.
[원주129] 「샨티파르바」, 109.15~16.
[원주130] 같은 책, 329.13 ; 287.16. "Yad bhūtahitam atyantam etat satyam matam
    mama."
[원주131] viii.104~109.

알지 못하는 한", [원주132] 우리는 생에서 생으로 윤회할 수밖에 없다.

2) 카르마

『마하바라타』는 업력 혹은 행위의 숙명성을 믿는다. 그것은 모든 중생이 업에 속박되어 있으며 지혜로 이를 벗어날 수 있다는 우파니샤드의 가르침을 받아들인다.[원주133] 때로는 조상의 업이 후손에까지 영향을 미친다고 여겨진다.[원주134] 업의 법칙과 인간의 자유를 조화시키려는 시도도 보인다. 업설의 근간은 그것이 지니는 불가피성 때문에 결과에 있어서 독립의 여지가 전혀 없다는 것이지만, 그럼에도 불구하고 구제의 측면이 있다. 인간의 노력은 업을 변경시킬 수 있다. 업은 우리가 스스로의 노력으로 활활 타오르게 하거나 완전히 꺼버릴 수도 있는 불에 비유된다.

여러 종류의 카르마가 인정된다. 대체로 결과가 나타나기 시작한 업(prārabdha), 아직 결과를 나타내지 않는 업(saṁcita), 현재 짓고 있는 업(āgāmi)의 3종으로 나누어볼 수 있다. 이전의 생에서 축적된 잠재 인상 가운데서 현재의 육신과 관련하여 그 결과를 맺기 시작한 업은 프라라브다 카르마라고 한다. 이외에 아직 결과를 나타내지 않는 과거의 인상들을 상치타 혹은 종자(seed)와 같은 인상들이라고 부른다. 현생의 행위에 의해서 새롭게 쌓이는 인상들은 아가미 카르마라고 한다. 상치타와 아가미는 참된 지식과 속죄 의식(儀式)에 의하여 극복될 수 있으나, 프라라브다는 불가능하다. 신의 은총에 의하여 우리는 상치타와 아가미의 세력을 멸할 수 있다. 어떤 일에 있어서 성공은 단지 업뿐만 아니라 그 개인의 노력에도 달려 있다는 것 또한 받아들여진다. 그러나 업의 법칙이 신의 권능을 제한하지는 않는다. 업의 법칙은 신의 본성의 표현이다. 비슈누는 업의 법칙의 구현이

[원주132] 「아누기타」(Anugītā), iii.23.

[원주133] 「샨티파르바」, 240.7. "Karmaṇā badhyate jantun vidyayā tu pramucyate."

[원주134] 「샨티파르바」, 129. "Pāpam karma kṛtam kiñcid yadi tasmin na dṛśyate, Nṛpate tasya putreṣu pautreṣvapi ca naptṛṣu." 또한 『마누 법전』, iv.170과 「아디파르바」(Ādiparva), 80.3을 보라.

며, 그 토대요 에너지라고 말해진다.[원주135]

3) 내생

내생의 문제에 관하여 우리는 『마하바라타』에서 어떤 명료한 설명을 기대할 수 없다. 신도(神道)와 조도(祖道)가 구분되며, 제3의 장소인 지옥이 있다. 불사는 '대왕처럼 장려한 삶'[원주136]이 아니다. 그것은 배고픔과 갈증의 고통이 없는 천계, 불사불로의 천계에서 누리는 영원한 행복이다. 그것은 참된 수행자에 의해서 얻어질 수 있는 행복의 궁극적인 상태이다. 전사에게는 '인드라의 천계에서 행복'을 누리는 것이 약속된다. 하늘의 별들은 죽은 현자(賢者)들의 영혼으로 간주되었다. 아르주나는 그들이 전쟁터에서 전사한 위대한 영웅들이라는 것을 알아낸다. 그러나 궁극적인 목표는 신과의 합일이라고 선언된다. 영혼 그 자체는 물질과 구별되는 것임을 스스로 깨닫게 될 때, 우리가 경험적인 존재로부터 자유로워질 수 있다는 상키야의 이론 또한 언급된다. "몸을 지닌 자아가 집중된 자아를 올바르게 인식할 때, 그를 주관하는 자는 아무도 없다. 왜냐하면 그가 곧 삼계의 주인이기 때문이다. 그는 자기가 하고 싶은 대로 여러 가지 몸을 지닐 수 있으며……그는 브라흐만을 얻는다."[원주137]

11. 『슈웨타슈와타라 우파니샤드』

몇몇 후기 우파니샤드는 이 시대에 속하며, 초기 우파니샤드의 가르침을 다시 설명하고자 하는 취지를 지니고 있다. 이 우파니샤드들은 발달된 사상을 보이고 있으며, 당시 사회의 정신적인 성숙을 반영하고 있다. 이들은

[원주135] 『마하바라타』, xiii.149.
[원주136] vii.71.17.
[원주137] 「아누기타」(Anugītā), 4.

어떤 종교적인 경향 혹은 철학 학파의 성격을 띤다. 특히 요가 수행이나 상키야의 원리들, 혹은 베단타 철학을 가르치는 우파니샤드들이 있다. 자발라(Jābāla)는 극단적인 고행을 주장하며, 우리가 모든 욕망을 뿌리뽑아야 한다고 역설한다.

『마이트리 우파니샤드』(*Maitrī Upaniṣad*) 또한 염세주의적인 입장에 선다.[원주138] 그것은 상키야와 요가의 관점을 종합한다. 상키야 사상의 25요소를 궁극자 브라흐만에서 추적해보려는 시도를 보인다. 『마이트리 우파니샤드』, 『디야나빈두 우파니샤드』(*Dhyānabindu Upaniṣad*), 『요가탓트와 우파니샤드』(*Yogatattva Upaniṣad*)는 요가 수행법을 극찬한다. 『아므리타빈두 우파니샤드』(*Amṛtabindu Upaniṣad*)는 개아(jīva)는 제한된 공간이 우주적인 공간의 일부라는 의미에서 브라흐만의 일부라고 가르친다. 그것은 불이론(Advaita)적인 해석을 보인다. "그것은 실로 모든 생각을 초월하여 있고 더러움에 물들지 않는, 부분없는 브라흐만이다. '저 브라흐만이 곧 나'라는 것을 알 때, 우리는 불변자가 된다." 일자(一者)는 제한(upādhi) 때문에 다자(多者)로 나타난다. "수면 위의 달처럼, 그는 일자로 또는 다자로 보이기도 한다."[원주139]

『카이발야 우파니샤드』(*Kaivalya Upaniṣad*)는 출가(sannyāsa)를 해탈에 이를 수 있는 유일한 길로 인정한다.[원주140] 그것은 지식을 강조하며,[원주141] 외계 대상에 대한 자아의 독립을 주장한다. "(각성, 몽면, 숙면의) 세 가지 상태에 있는 향수(享受)의 대상, 향수자, 그리고 향수 그 자체, 이 모든 것과 나, 목격자, 순수 지성, 지고선은 구별된다."[원주142]

몇몇 다른 우파니샤드는 묵상, 인격신에 대한 숭배, 어떤 상징에 집중하는 명상을 주장한다. 비슈누와 쉬바를 우주의 궁극적인 주(主)로 인식하고

[원주138] i.2~4.
[원주139] 8과 12.
[원주140] i.1.
[원주141] 9와 10.
[원주142] 18.

344

신애(信愛)의 길을 주장하는 우파니샤드들도 있다. 그 예로 『마하나라야나 우파니샤드』(*Mahānārāyana Upaniṣad*), 『라마타판니야 우파니샤드』(*Rāmatāpannīya Upaniṣad*), 『슈웨타슈와타라 우파니샤드』, 『카이발야 우파니샤드』, 그리고 『아타르바쉬라스 우파니샤드』(*Atharvaśiras Upaniṣad*) 등을 들 수 있을 것이다. 이들 대부분은 상키야, 요가, 그리고 베단타 철학의 상호 대립적인 교의들을 조화시키려는 경향을 보이고 있으며, 이 학파들의 성립 이후 시대에 속한다. 우리는 『슈웨타슈와타라 우파니샤드』에서 『바가바드기타』의 종합에 비견되는 시도를 볼 수 있다는 점에서 이 우파니샤드의 내용을 살펴볼 필요가 있다. 『바가바드기타』와는 달리 『슈웨타슈와타라 우파니샤드』에서는 쉬바가 최고의 신으로 말해진다.

　『슈웨타슈와타라 우파니샤드』가 상키야와 요가 철학의 기술적인 용어에 익숙한 것은, 그것이 후기 불교 시대에 속하는 우파니샤드라는 것을 가리킨다. 그것은 카필라(Kapila)의 이름을 언급하고 있다. 한편 샹카라는 이 이름이 갈색 혹은 황금색 히라니야가르바(Hiraṇyagarbha)를 가리키는 것이라고 믿는다. 3색의 암염소에 대한 언급[원주143]은 가끔 상키야 철학의 3구나를 가리키는 것으로 해석되기도 한다. 그러나 샹카라는 그것을 우파니샤드의 3종 근본 요소, 즉 화(火), 수(水), 지(地)를 가리키는 것이라고 해석한다. 이 우파니샤드의 제2장은 요가 사상에 대한 언급으로 가득 차 있다. '링가'(liṅga, 표식)라는 말이 니야야적인 의미에서 사용되고 있는 것 같다.[원주144][역주22] 이 우파니샤드는 시간(kāla), 본질(svabhāva), 행위(karma)의 연속, 계기, 요소, 혹은 푸루샤(puruṣa, 個我) 등에 대한 지

〔원주143〕 iv.5.
〔원주144〕 vi.9.
〔역주22〕 링가는 '무형의 실재에 대한 외적인 부호 혹은 표식'이다. 쉬바교의 비라 사이바 (Vīra-śaiva)파, 혹은 링가야타(Liṅgāyata)파에서는 쉬바의 상징으로 링가(男根)를 숭배한다. 니야야에서 링가는 논리학적인 의미를 지니며, 어떤 두 현상 간의 수반관계를 가리키는 불변의 표식을 나타낸다. 예를 들어 불과 연기의 관계에 있어서 연기는 불의 존재에 대한 불변의 링가이다.

식과 같은, 불교적인 사색의 지식을 상정하고 있는 것으로 보인다.[원주145] 궁극적 실재를 말하면서 이 우파니샤드는 하라(Hara), 루드라, 쉬바와 같은 이름을 사용한다.[원주146] 바라문교의 대중적인 신들은 브라흐만의 속성으로 귀속된다.

도이센은 『슈웨타슈와타라 우파니샤드』를 '유신론의 기념비'라고 부른다. 왜냐하면 그것은 인격신, 창조주, 심판, 그리고 우주의 유지 등을 가르치고 있기 때문이다.[역주23] 주(主) 하라는 개아와 물질계를 주관한다. 이 우파니샤드는 자연의 본바탕을 우주의 원인으로 삼는 자연주의 이론을 비판한다. 자연주의 이론에 의하면, 우주는 그 자체의 자연적이고 필연적인 작용에 의해서 생성·유지된다.[원주147] 이러한 견해에서 보면 궁극적인 존재에 대한 필요가 전혀 없을 것이다.

신의 존재는 논리로 증명될 수 없다. 그것은 오직 믿음과 명상을 통하여 실현될 수 있을 뿐이다.[원주148] "이러한 삼매에 들 때, 요가 수행자는 그 자신의 참된 본성으로 꿰뚫어본다. 그의 참된 본성은 빛과 같이 브라흐만의 참된 본성을 현현한다. 브라흐만은 불생·영원이며, 자연의 모든 영향에서 벗어나 있다. 참된 본성으로 브라흐만을 본 요가 수행자는 모든 속박에서 벗어난다."[원주149] "그는 보이는 형상을 지니지 않으며, 아무도 그를 눈으로 볼 수 없다. 마음속에 자리한 그를 마음의 눈으로 보는 자는 불멸을 얻는다."[원주150] 그는 세계와 영혼의 주인이며, 속박과 해방의 원인이며, 모든

[원주145] 시간과 본질에 대한 사색이 불교에만 고유한 것은 아니다. 이 둘은 초기의 자연주의적 사색에 속하기도 한다. 『아타르바 베다』, xix.53을 보라. 여기서도 시간에 대한 정의가 시도된다.

[원주146] i.10 ; iii.4와 7 ; iv.10과 12.

[역주23] 판데(S. Pande) 여사는 이 우파니샤드에서 발달된 형태의 삼위일체론을 볼 수 있다고 말한다(*Birth of Bhakti in Indian Religions and Art*, Delhi, Books and Books, 1982, p.15).

[원주147] vi.1.

[원주148] vi.13.

[원주149] ii.15.

[원주150] iv.20.

존재의 영원자이며, 스스로 있는 자이다.[원주151] 신의 내재 또한 받아들여진다. 그는 모든 존재 속에 감추어져 있으며, 인간의 가슴속에 사는 자이다. "그대는 여인이요, 그대는 남자이며, 그대는 청년이요 또한 처녀이며, 그대는 지팡이를 짚고 비틀거리는 노인이며, 그대의 얼굴은 우주이다."[원주152]

이 우파니샤드는 비인격적 브라흐만의 실재를 알고 있다. 브라흐만의 세 가지 경향 혹은 전개는 신, 세계, 그리고 자아이다. "어둠도 없고, 밤이나 낮도 없으며, 존재도 비존재도 없는 곳에, 더할 나위 없이 거룩한 그가 홀로 있다."[원주153] 그는 '무속성'(nirguṇa)이라 불린다. 유신론 전통의 주석가들은 이 말이 단지 궁극자가 악한 속성을 결하고 있다는 것을 의미할 뿐이라고 주장한다.[원주154] 『슈웨타슈와타라 우파니샤드』가 변화하는 세계를 초월하여 있는[원주155] 궁극적인 브라흐만, 공간을 초월하고,[원주156] 오류가 없으며, 변화·생성·인과에서 자유로운[원주157] 궁극적인 브라흐만의 실재를 인정하고 있다는 것은 의심의 여지가 없다. 그것은 모든 존재가 그 빛으로 비추어지는[원주158] 근본적인 순수 의식이며, "부분을 여의고, 행위를 여의고, 결함을 여의고, 무지 혹은 고통을 여읜"[원주159] 것으로 묘사된다. 이 궁극자로부터 불생 불멸의 세 요소—전지한 신, 불완전한 자아, 그리고 즐거움과 고통의 요소들을 지닌 프라크리티의 세계—가 나온다.[원주160] 이 세 요소는 궁극적으로 다른 것이 아니며, 한 브라흐만의 세 측면이다.[원주161]

─────────

〔원주151〕 iv.16 ; vi.7 ; vi.13.
〔원주152〕 iii.11, 14, 16 ; iv.3. 또한 『마하나라야나 우파니샤드』, ii.7 ;『카이발야 우파니샤드』, 9와 10을 보라.
〔원주153〕 iv.18.
〔원주154〕 vi.11.
〔원주155〕 iii.14.
〔원주156〕 iii.20.
〔원주157〕 v.13 ; vi.5.
〔원주158〕 vi.14.
〔원주159〕 vi.19.
〔원주160〕 i.9.
〔원주161〕 i.12. "Trividham brahmam etat." 또한 i.7을 보라.

우파니샤드의 절대자는 최고의 요소, 개별자들의 개별자가 된다. 인격적인 주(主)는 복합적인 브라흐만이며, 개아와 물질적인 세계의 지주(支柱)이다.[원주162] 모든 유신론은 절대자에 대한 이러한 모호성을 지닌다. 인간 의식의 종교적인 요구는 궁극적인 원리가 선(善),[원주163] 모든 이의 친구이며 귀의처,[원주164] 바라는 것을 주는 자[원주165]로 생각하고 싶어한다. 비인격적인 브라흐만을 정관(靜觀)하는 것은 어렵기 때문에 인격적인 신이 상정되는 것이다.[원주166] "브라흐만은 의식적인 지성, 부분없는 일자이며, 육체를 지니지 않는 자이다. 신애를 실천하는 신앙자를 돕기 위하여 상징과 형상이 그에게 귀속된다."[원주167] 『슈웨타슈와타라 우파니샤드』는 인격신과 비인격적 브라흐만을 동일시하고 있다. 그러나 만일 창조와 같은 행위가 허용된다면, 인격신을 비인격적 브라흐만의 창조로 상정한다. 세계 및 개아와 관련하여 절대자는 인격성을 띤다. 개아가 자신의 개별성에 집착하는 한, 절대자는 타자(他者)이며, 인격신 또한 마찬가지이다. 그러나 개아가 자신의 개별성을 버릴 때, 그 둘은 하나가 된다.

우리는 마야(māyā, 幻影) 이론을 접할 수 있으며, 신은 마야의 통제자로 말해진다. 상키야의 설명은 변형된 형태로 수용된다. 즉 프라크리티는 독립적인 원리가 아니라, 신의 본질이라고 해석된다.[원주168] 세계는 신 자신의 힘(devātmaśakti)에 의하여 창조된다.[원주169] "마치 거미가 제 몸에서 낸 실로 거미집을 짓듯이, 신은 자신의 존재로부터 세계를 전개하고 그것을 몸으로 지녔다."[원주170] 신은 일자(一者)를 다양하게 만들었다.[원주171] 그러

[원주162] Saṁyuktam etat.

[원주163] iii.5.

[원주164] iii.17.

[원주165] iv.11.

[원주166] 『카이발야 우파니샤드』, 24.

[원주167] 『라마타판니야 우파니샤드』(*Rāmatāpannīya Upaniṣad*), i.7. 또한 『카이발야 우파니샤드』, 18을 보라.

[원주168] iv.9~10.

[원주169] i.3.

나 세계가 망상적인 현현이라는 언급은 전혀 없다. 그것이 우리의 시야에서 궁극적 실재를 은폐한다는 것은 받아들여진다.[원주172] 우리는 어떻게 비인격적 브라흐만이 이슈와라, 그리고 세계와 개아로 전개되는가를 모르므로, 세계는 마야이다. 세계의 전개는 그 속에 한 영혼을 가리기 때문에, 신성한 힘이라는 의미에서의 마야 또한 인정된다. 만일 우리가 이와 같이 다양한 의미를 신중하게 구별하지 않는다면 혼동이 초래되겠지만, 이러한 의미들이 서로 조화될 수 없는 것은 아니다.

우파니샤드의 창조관과 끝없는 윤회 간에 일종의 절충안으로 겁설(劫說)이 상정된다.[역주24] 윤회설에 따르면, 현생의 행위는 그 다음 생을 낳는다.

[원주170] vi.10.

[원주171] vi.12. "Ekaḥ rūpam bahudhā yaḥ karoti."

[원주172] v.1.

[역주24] 겁설은 인도인들의 신화적인 시간 개념을 나타낸다. 한 겁(kalpa)은 브라흐마의 하루이며, 이것은 다시 4유가(yuga)로 나누어진다. 각 유가의 특징과 기간은 다음과 같다. ① 크리타(kṛta) 유가 : 다르마(Dharma)가 네 발로 서 있는 황금기이다. 이 시대에는 진리와 정의가 있을 뿐 슬픔, 기만, 증오, 무자비, 사악은 없다. 모든 사람이 하나의 카스트에 속하며, 하나의 신을 섬긴다. 사람은 4천 년의 수명을 지니며, 무엇이든 원하기만 하면 이루어진다. 사람이 생겨나는 것도 마찬가지이다. 즉 성적인 접촉을 필요로 하지 않는다. 이 시대 사람들의 해탈 수단은 명상이다. 이 유가는 흔히 백색으로 표현되며, 1,728,000년 동안 지속된다. ② 트레타(tretā) 유가 : 다르마가 세 발로 서 있는 시대이다. 크리타 유가의 진리와 정의의 1/4이 감소된 은기(銀期)이며, 제사(yajña)가 해탈의 수단이다. 사람은 단순한 접촉으로 생겨나며, 수명은 3천 년이다. 사람들이 자기의 일에 대한 대가를 구하기 시작한다. 네 가지 베다(Veda)가 등장한다. 적색으로 묘사되며, 1,296,000년 동안 지속한다. ③ 드와파라(dvapāra) 유가 : 다르마가 두 발도 서 있는 동기(銅期)이다. 크리타 유가의 진리와 정의가 반으로 줄어들고, 질병과 고통이 있으며, 사람의 수명도 2천 년으로 줄어든다. 오직 성교를 통하여 임신이 가능하게 된다. 카스트의 구분이 생겨나며, 이 시대의 경전은 푸라나(Purāṇa)이다. 황색으로 묘사되며, 864,000년 동안 지속된다. ④ 칼리(Kali) 유가 : 다르마가 외발로 서 있는 말법기(末法期) 혹은 철기(鐵期)이며, 악과 불의가 횡행하게 된다. 젊은이는 더 이상 늙은이를 공경하지 않으며, 성적인 문란이 두드러지게 나타난다. 흔히 흑색으로 말해지며, 432,000년 동안 지속된다. 비슈누교 전통에 따르면, 지금은 칼리 유가이며, 이 유가의 끝에 비슈누의 열번째 화신 칼킨(Kalkin)이 나타나서 이 세상의 악을 멸하고 정의와 진리를 회복한다.

모두 합하여 4,320,000년 동안 지속되는 이 4유가를 1마하유가(mahāyuga)라고 한다. 또한 1000마하유가, 즉 4,320,000,000년은 1/2겁에 해당하며, 따라서 한 겁, 즉 브라흐마

따라서 하나의 생은 그 이전의 생을 전제로 하며, 최초의 생이란 있을 수 없다. 이와 마찬가지로 어떤 특정의 한 시점에서 최초의 세계 창조란 결코 있을 수 없다. 게다가 우리는 영원으로부터 주기적으로 다시 발생하는 사건으로서의 세계 창조에 관한 언급을 본다. 일단 창조된 우주는 한 겁 (kalpa)을 통하여 지속된 후에, 지속한 신 속으로 귀입되었다가, 다시 그로부터 전개되어 나온다. 이와 같이 다시 전개되어 나오는 까닭은 아직 개아의 업이 남아 있고 따라서 그것을 완전히 멸하기 위해서 새로운 존재를 필요로 하게 되는 것이다.

우주의 주기적인 해체와 재창조의 개념은 『바가바드기타』와 『슈웨타슈와타라 우파니샤드』, 그리고 서사시의 사상에 공통적이다.[원주173] "그는 모든 피조물 속에 살며, 겁이 끝나는 날에 맹렬하게 태워버린다. 주(主)로서의 그는 모든 피조물을 산산이 부숴버린다."[원주174] "그는 세계에 여러 차례 잇따라 그물을 던져, 그것을 다시 자기 속으로 거두어들이는 신이다."[원주175] 후기 우파니샤드는 이 개념을 많이 원용하고 있다. "우주가 해체될 때 홀로 깨어 있는 자가 바로 그이며, 심연의 허공으로부터 오직 생각으로 이루어진 이 세계를 다시 일깨운다."[원주176] 우파니샤드의 한 번의 천지창조 동안 우리는 영원히 거듭 일어나는 과정, 각 해체의 끝에 다시 일어나는 재창조

의 하루는 8,640,000,000년이다. 각 마하유가의 끝에 대홍수와 불을 통한 파괴가 있으며, 물질적인 세계의 모든 것은 브라흐마의 마음속으로 귀입된다. 이것을 라야(laya)라고 한다. 새로운 마하유가가 시작(sṛṣṭi)하여 지속(sthiti)되다가 또한 파괴를 맞이한다. 이러한 과정이 1/2겁 동안 지속되면, 보다 큰 규모의 파괴가 일어난다. 이것을 프랄라야(pralaya)라고 하며, 이 경우에는 물질적인 세계뿐만 아니라, 군소신들까지도 브라흐마의 마음속으로 귀입되며, 브라흐마는 긴 밤(1/2겁)을 맞이한다. 브라흐마는 그의 시간으로 100세를 살며, 그 끝에 대파괴(mahāpralaya)가 일어난다. 이때는 신과 세계, 그리고 브라흐마 자신까지도 사멸한다. 그후 브라흐마의 일생과 동일한 기간이 지나는 동안에 차츰 혼돈이 잠재워지고, 또 다른 하나의 브라흐마가 잉태된다. Benjamin Walker, *Hindu World*, vol. i, pp.6~8 ; Jan Knappert, *Indian Mthology*, pp.283~284 참조.

〔원주173〕『바가바드기타』, ix.7. 또한 viii.17~19를 보라.
〔원주174〕『슈웨타슈와타라 우파니샤드』, iii.2.
〔원주175〕같은 책, v.3. 또한 vi.3~7를 보라.
〔원주176〕『마이트리 우파니샤드』, vi.17.

──개아의 업에 따라 결정되는──를 본다.

유신론적 종교를 시사하는 『슈웨타슈와타라 우파니샤드』는 숭배자와 숭배의 대상,[원주177] 개아와 신 간의 구별을 인정한다. 물론 이 구별은 정도에 있어서의 구별일 뿐이다. 신에 대한 염상(念想)을 통하여, 신에 대한 신애를 통하여 인간의 무지는 제거된다.[원주178] 박티가 권장되며, 신의 은총은 인간의 자유의 원인이라고 말해진다.[원주179] 완전한 자기 복종(prapatti)의 교의가 제시된다.[원주180] 명상과 숭배 간에 갈등이 보인다. "이 절대적인 브라흐만은 영원한 것으로 언제나 우리 자신의 영혼 속에 있는 것으로 생각되어야 한다. 왜냐하면 그 이외에 알려지는 것은 아무것도 없기 때문이다. 개아를 향수자, 향수의 대상, 그리고 모든 것을 움직이는 자로 알며, 심지어 이들 셋 모두를 브라흐만으로 아는 자, 그는 해탈을 얻는다."[원주181]

사후의 영혼은 세 길, 다시 말해 지식으로 얻어지는 신도(神道), 선행으로 얻어지는 조도(祖道), 악행자들이 가는 비천한 길 중에 하나를 택해야 한다.[원주182] 우리가 창조주를 알게 될 때, 모든 속박에서 해방된다.[원주183] 그때까지 우리는 자신이 지닌 욕망의 성격에 따라 여러 가지 육체를 띨 수밖에 없다. "윤회하는 영혼은 그 자체가 궁극의 통치자와 다르다고 생각할 때에 모든 존재의 목적이자 지탱자이며 무한한 이 브라흐마의 수레바퀴(brahma-cakra) 속에서 끊임없이 돌아다닌다. 그것이 궁극의 통치자에 의하여 들리어 올려질 때, 불멸을 얻는다."[원주184]

〔원주177〕 『슈웨타슈와타라 우파니샤드』, iv.6~7 ; i.8.
〔원주178〕 같은 책, i.10 ; iv.4~6.
〔원주179〕 같은 책, iii.20. 또한 i.16을 보라.
〔원주180〕 같은 책, vi.18.
〔원주181〕 같은 책, i.12.
〔원주182〕 같은 책, v.7.
〔원주183〕 같은 책, v.13.
〔원주184〕 같은 책, i.6.

12. 『마누 법전』

　『바가바드기타』의 사상을 다루기 전에, 성전서(聖傳書, smṛti) 중에 높은 지위를 점하는 『마누 법전』에 대하여 간략하게 언급하고자 한다. 이 법전의 저자와 베다[원주185]에서 언급되는 마누(Manu)를 연관시키려는 시도들이 행해진다. 『리그 베다』에서 그는 가끔 아버지 마누로 불린다.[원주186] 그는 사회적·도덕적 규범의 창시자이며, 처음으로 다르마를 세웠다. 그는 인류의 조상이다. 비록 그는 아마 개인적인 법전 제정자는 아니라 할지라도, 율법서(dharmaśāstra)는 그에게 대단한 경의를 표한다. "마누에 반하는 성전서는 용납될 수 없다."[원주187]

1) 연대

　윌리엄 존스 경은 『마누 법전』의 연대를 기원전 1250년으로 잡는다. 슐레겔(Schlegel)은 그 연대가 기원전 1000년 이후일 수 없다고 보며, 머니어 윌리엄스(Monier Williams)는 그것을 기원전 약 500년경의 작품으로 추산한다.[원주188] 베버는 그것을 『마하바라타』의 최후기 층에 속하는 부분보다 더 이후의 저작으로 생각한다. 『마누 법전』의 저자는 베다 문헌을 잘 알고 있으며, 이전의 법률 제정자와 전승을 언급하기도 한다. 베버, 막스 뮐러, 부르넬(Burnell)은 『마나바다르마샤스트라』(*Mānavadharmaśā-stra*)의 운문판이 산문으로 된 고대 저작에 대한 후기의 개작으로 여긴다. 그것은 "흑(黑) 『야주르 베다』 계통에 속하는 마이트라야니야(Maitrāya-ṇīya) 학파의 여섯 분파 가운데 하나인 마나바(Mānava)파의 저작"으로 말해진다.[역주25] 이 학파의 몇몇 추종자들은 아직도 봄베이 프레저던시

〔원주185〕『리그 베다』, viii.27.

〔원주186〕같은 책, i.80.16 ; i.124.2 ; ii.33.13.

〔원주187〕『타잇티리야 상히타』, ii.2.10.2 ; iii.1.9.4를 보라.

〔원주188〕*Indian Wisdom*, p.215.

〔역주25〕『야주르 베다』는 두 개의 상히타(Saṁhitā, 本集)로 이루어져 있다. 이 중에서 흔히

352

(Bombay Presidency)에 남아 있다. 이 견해를 주장하면서 부르넬은 휘트니(W.D. Whitney)를 인용한다.[원주189]

양식과 언어의 특징으로 볼 때, 『마누 법전』은 서사시 시대에 속하는 것으로 보인다. 『마하바라타』나 푸라나 문헌과 마찬가지로, 이 법전은 원천, 즉 베다 문헌을 접할 수 없는 사람들을 위하여 의도된, 대중적인 성격을 띤다. 그것은 법과 종교 간의 밀접한 관련을 보여주고 있으며, 그것의 주요 목적은 철학이 아니다. 메다티티(Medhātithi)는 다소 서론적인 성격을 띠는 철학적 부분을 인정한다. 제1장과 제2장에서 발견되는 철학적인 견해는 푸라나의 철학 사상과 본질적으로 동일하다.

2) 우주론과 윤리

콜브룩(Colebrooke)이 자신의 논문에서 주장하는 바처럼, 우리는 『마누 법전』에서 베단타 철학과 결합된 포우라닉(Pourānik) 상키야 사상을 본다.[원주190] 『마누 법전』에 나타난 창조관은 전혀 특별한 것이 없다.[원주191] 그것은 『리그 베다』의 창조가에 토대를 둔다. 궁극적 실재는 브라흐만이며, 그것은 곧 자존하는 히란야가르바와 어둠의 둘로 갈라져 나타난다. "자기 자신의 몸으로 수많은 유형의 존재를 만들어내고자 하는 그는, 처음에 생각으로써 물들을 창조하고 그 속에 자기의 씨앗을 두었다. 그 씨앗은 찬란한 태양과 같은 황금알이 되었다. 그 알에서 그는 몸소 전체 세계의 조상 브라흐마로 태어났다……. 그 알 속에 사는 거룩한 존재는 두 부분으로 나누어지고, 이로부터 천계와 지계를 형성하였으며, 그 사이에 중간계, 여덟

흑(黑) 『야주르 베다』라고 불리는 타잇티리야(Taittirīya) 상히타는 만트라(Mantra, 讚歌)와 브라흐마나(Brāhmaṇa, 祭儀書) 부분 간의 구분이 불명확한 특징을 지닌다. 이에 비하여 백(白) 『야주르 베다』, 즉 바자사네이(Vājasaneī) 상히타는 만트라와 브라흐마나의 구분이 분명하다. 『야주르 베다』의 주요 학파들에 대해서는 정태혁, 『인도철학』, p.74를 보라.

[원주189] Burnell, *The Ordinances of Manu*, 서론, p. xviii.
[원주190] *Miscellaneous Essays*, vol. i, p.249.
[원주191] i.5 ff.

방위, 그리고 물들의 영원한 처소를 만들었다……. 그곳에서부터 그는 마음과 자아 의식을 끌어내고, 그런 다음에 위대한 영혼과 세 속성으로 물든 모든 산물을 만들어내며, 또한 차례로 감각적 대상을 지각하는 오관을 만들어낸다."

이 법전의 궁극적인 형이상학적 입장에 관하여, 다음의 구절을 중심으로 많은 논의가 전개된다. "이것은 알 수 없는 어둠의 형상으로, 아무런 특별한 표식없이 존재하며, 이성으로 도달될 수 없고 불가해하며, 말하자면 완전히 깊은 잠에 빠져 있었다."[원주192] 어둠(tamaḥ)은 대개 상키야의 원물질(mūlaprakṛti)로 해석된다. '타모부탐'(tamobhutam)은 이 프라크리티에 흡수되는 것을 의미한다. 베단타 주석가인 라가바난다(Rāghavānanda)는 '타마하'를 무명(avidyā)으로 해석한다. 세계는 상키야 학파에 의하여 받아들여진 순서에 따라서 히란야가르바의 인과적 능력을 통하여 어둠으로부터 전개되는 것으로 설명된다. 세계는 또한 히란야가르바의 몸(śarīra)이라고 불리며, 영혼은 그의 창조물로 간주된다. 창조에 대한 설명을 해석함에 있어서는 주석가들 사이에 다양한 견해가 제시된다. 구나(guṇa)설,[원주193] 삼신(trimūrti) 개념,[원주194] 미세신(sūkṣmaśarīra) 개념[원주195]도 발견된다.

『마누 법전』은 본질적으로 율법서라고 할 수 있으며, 윤리에 관한 법전이다. 그것은 점차 토대를 잃어가고 있던 당시의 풍습과 관례를 찬미한다. 전통적인 교의의 완화는 도그마와 권위의 지배력을 경감시켰다. 관습은 무모한 낭만주의에 대한 상식의 응전이다. 『마누 법전』은 갠지스 강 유역의 힌두교 본거지에서 유행하던 고대의 관행에 그 토대를 두고 있다. 마누는 베다의 희생제의를 받아들이고 있으며,[원주196] 카스트를 신의 명령으로 간

[원주192] i.5. "Āsīd idaṁ tamobhūtam aparajñātam alakṣaṇam. Apratarkyam avijñeyam prasuptam iva sarvataḥ."

[원주193] xii.24.

[원주194] i.10.

[원주195] xii.16~17.

354

주한다.[원주197] 그는 금욕주의를 선호한다. 그렇지만 단지 다르마에 반하는 욕망만 제어할 필요가 있다고 말한다.[원주198]

곳곳에 받아들이기 어려운 법규를 명하고 있는 것은 사실이지만, 때로는 놀라운 독창성과 통찰을 보인다. "여자는 어머니로 창조되고, 남자는 아버지로 창조된다."[원주199] "아내와 그 자신, 그리고 자식으로 이루어진 자, 오직 그만이 완전한 사람이다." 부부일체의 개념이 주장되기도 한다.[원주200] 사회적인 의무는 최우선으로 수행되어야 한다. "베다를 익히지 않고, 자식을 생산하지 않고, 제사를 드리지 않고 궁극적인 해탈을 구하는 재생족은 아래로 떨어진다."[원주201] "브라흐민의 주된 실천은 학습에 몰두하는 것이며, 크샤트리야의 주된 실천은 약한 자를 보호하는 것이며, 바이쉬야의 주된 실천은 상업과 농경이며, 슈드라의 주된 실천은 다른 사람들에게 봉사하는 것이다."[원주202]

덕행이란 샷트와(sattva, 善性)가 현저한 행위를 말하며, 이것은 장차의 존재가 태어나는 원인이 되지 않는다.[원주203] 그는 모든 것을 정복한 이상적인 영웅이다. 고통은 다른 사람들에게 달려 있고, 즐거움은 자기 자신에게 달려 있다.[원주204] "오직 자아에게 헌신을 바치고, 모든 존재 속에서 동등하게 자아를 보며, 자아 속에서 모든 존재를 보는 자, 그는 자기를 주관하며, 자명한 존재가 된다."[원주205] 그러나 윤리는 내생에 대한 우리 행위의 결과에 상대적이다. 선한 태생을 가져오는 경향이 있는 행위는 선행이며, 이에

〔원주196〕 iii.76.
〔원주197〕 i.31.
〔원주198〕 iv.176.
〔원주199〕 ix.96.
〔원주200〕 ix.45.
〔원주201〕 vi.37.
〔원주202〕 바가반 다스(Bhagavan Das)의 "Hindu Social Organisation"과 *The International Journal of Ethics*(1922. 10), "The Hindu Dharma"를 보라.
〔원주203〕 xii.89.
〔원주204〕 iv.1.160. "Sarvam paravaśaṁ duḥkham sarvam ātmavaśaṁ sukham."
〔원주205〕 xii.91. 또한 xii.118을 보라.

비하여 악한 태생을 야기시키는 행위는 악행이다. 그러나 이 두 가지 행위는 모두 우리가 완전에 도달하여 윤회에서 벗어나게 하는 최상의 행위보다 열등하다.

우리는 마누가 발전에 대한 아무런 여지도 제공하지 않는, 기존의 질서에 대한 배타적인 옹호자라고 말하기는 어렵다. 그에 의하면, 옳고 그름을 결정하는 네 가지 길, 즉 베다, 성전서(smṛti), 덕행(ācāra), 양심이 있다. 앞의 세 가지는 사회 질서에 이바지하는 것이지만, 사회 발전은 네번째, 즉 양심에 의하여 보장된다. 우리는 자신의 양심에 어긋나지 않는 것(ātmanaḥ priyam)을 행할 수 있다.[원주206] 우리는 스스로의 이성에 확신을 주는 것[원주207]은 무엇이나 행할 수 있다. 마누는 내면의 목격자, 우리 안에 존재하는 신의 목소리, 내밀한 자아(antarātmā)의 가치를 받아들인다.[원주208]

[원주206] ii.12.
[원주207] vi.46. "Manaḥ pūtam samācaret."
[원주208] iv.161.

제9장

『바가바드기타』의 유신론

1. 『바가바드기타』

1) 인도사상에서 『바가바드기타』의 중요성

『마하바라타』(*Mahābharata*) 제6권 「비슈마 파르바」(Bhīṣma parva)의 일부[역주1]를 구성하는 『바가바드기타』는 산스크리트 문헌 가운데 가장 대중적이고 종교적인 노래이다. 그것은 '가장 아름답고, 이 세상의 언어로 적힌, 유일하게 참된 철학적인 노래'로 일컬어진다.[원주1] 그것은 철학, 종교, 윤리에 대한 가르침을 담고 있는 경전으로서, 슈루티(śruti, 天啓書)가 아니라, 스므리티(smṛti, 聖傳書)로 간주된다. 그러나 만일 인간의 마음에 끼치는 영향력으로 어떤 저술의 중요성을 판단하는 것이 타당하다면, 『바가

〔역주1〕 제23장에서 제40장까지 총 18장을 말한다.
〔원주1〕 William von Humboldt.

바드기타』는 인도사상에 있어서 가장 중요한 문헌이다.[역주2] 그것이 지니는 구원의 메시지는 단순하다. 오직 부자들만이 그들의 희생제의로 신들을 사올 수 있으며, 오직 식자들만이 지식의 길을 추구할 수 있음에 비하여, 『바가바드기타』는 모든 사람에게 가능한 길, 즉 박티 혹은 신에 대한 헌신을 가르친다.

『바가바드기타』의 저자는 인간 가운데 하강한 신이 인간을 대변하는 아르주나——인생의 대위기에 처해 있는——에게 가르침을 내리는 것으로 이야기를 전개하고 있다. 아르주나는 자신의 대의 명분에 대한 확신을 가지고 적과 싸울 준비를 하고 전쟁터로 나간다. 그러나 위기 심리에 사로잡힌 그는 자기의 의무를 저버렸다. 그의 양심이 흔들렸고 그의 가슴은 괴로움

〔역주2〕 특히 『바가바드기타』는 하층 천민들에 대한 해탈 가능성을 인정하고 있다는 점에서 특별한 의미를 지닌다. "나에게 귀의하면, 프라타의 아들이여, 천한 태생의 사람, 여자, 바이샤, 그리고 슈드라라 할지라도 지고의 목표로 가기 때문이다"(ix.32). 전통적으로 베다(Veda)나 우파니샤드는 이른바 천계서(天啓書, śruti)라 하여 하층민들이 들을 수 없는 경전으로 규정되었으며, 따라서 이들이 해탈에 이르는 길은 원천적으로 봉쇄되어 있었다고 할 수 있다. 이에 비하여 『바가바드기타』는 언제나 서민 대중의 삶 속에서 호흡해온, 대중들의 경전이다. 말하자면 『바가바드기타』는 베다와 우파니샤드에서 버림받은 서민 대중까지도 감싸 안고 있다고 할 수 있다.
　『바가바드기타』는 원래 비슈누교의 사트바타(Sātvata)파에 속하는 경전이지만, 인도의 거의 모든 철학파들에서 그 중요성을 인정받는다. 심지어 쉬바를 섬기는 사람들도 『바가바드기타』의 권위를 부정하지 않는다. 『바가바드기타』는 특히 우파니샤드를 소의 경전으로 하는 힌두교 제파의 주요 세 경전(prasthāna-traya) 가운데 하나로 꼽혔으며, 중세의 베단타 학자들은 자신의 사상을 전개함에 있어서 이 세 경전에 대한 주석으로 시작하는 철학 전통을 남겼다. 지금도 이 전통은 여전하다. 비슈누교나 쉬바교 경전의 권위를 인정하지 않는 샹카라(Śaṁkara)조차도 『바가바드기타』를 근본 경전으로 인정한다. 이런 점에서 『바가바드기타』는 인도의 모든 지역, 모든 계층이 공유하는 경전이며, 다양한 인도를 하나로 묶는 공통 분모 격인 셈이다.
　오늘날에 와서도 『바가바드기타』의 중요성은 줄어들지 않는다. 영국 식민지에 대항하여 스와라지(swaraj, 自立)운동을 주도했던 틸락(B.G. Tilak)은 『바가바드기타』를 자신의 행동 철학의 원천으로 삼았다. 마하트마 간디에게 『바가바드기타』가 '영적인 지침서'였다는 것은 익히 알려진 이야기이다. 간디는 어려움에 직면할 때마다 마치 모르는 영어 단어를 사전에서 찾아보듯이 이 행동의 사전을 찾아보았다고 한다. 이외에도 슈리 오로빈도 고슈, 라다크리슈난, 스와미 비베카난다, 시성 타고르 등 수많은 인도의 정신적인 지도자들에게 『바가바드기타』는 영감의 원천이 되었다.

에 떨었으며, 그의 심리상태는 "작은 왕국처럼 폭동의 상태를 겪는다." 만일 사람을 죽이는 것이 죄가 된다면, 우리가 사랑하고 섬겨야 할 사람을 죽이는 것은 더 큰 죄가 될 것이다.

아르주나는 세상의 무거운 짐과 수수께끼를 느끼는, 몸부림치는 인간의 전형으로 나타난다. 그는 아직 그 자신 속에 자기의 욕망과 열정의 비실재성뿐 아니라, 그와 대립하고 있는 세계의 여실한 실상을 알 수 있는 부동의 중심을 확립하지 못했다. 아르주나의 낙담은 실망한 사람의 일시적인 기분이 아니라, 모든 존재의 비실재성을 일깨우는 공허감, 가슴속에 느껴지는 일종의 죽음 상태이다. 아르주나는 만일 필요하다면, 자신의 생명을 포기할 각오가 되어 있다. 그러나 그는 자기가 무엇을 해야 옳은지 모르고 있다. 그는 전율스런 시험에 직면하며, 강렬한 내면의 고뇌가 그를 뚫고 지나간다. 그의 절규는 단순하지만, 인간의 비극을 나타내는 엄청난 것이며, 그것은 그 시대의 피상적인 현실 그 너머를 볼 수 있는 모든 사람들이 인식할 수 있는 것이었다. 아르주나가 『바가바드기타』의 제1장에서 마주치는 절망감은 흔히 신비가들이 영혼의 어두운 밤이라고 부르는 것이며, 영혼의 고양을 위한 노정에 필수적인 일보이다. 그 이후에 오는 깨달음과 실현의 과정들이 계속되는 대화에서 발견된다.

제2장으로부터 우리는 철학적인 분석을 본다. 인간에게 본질적인 것은 육신이나 감각이 아니라, 불변의 영혼이다. 아르주나의 마음은 새로운 길로 전환된다. 영혼의 삶은 쿠루크쉐트라(Kurukṣetra) 전쟁으로 상징되며, 카우라바(Kaurava)족은 영혼의 고양을 방해하는 적이다. 아르주나는 유혹을 뿌리치고 격정을 제어함으로써 인간의 왕국을 다시 찾으려고 한다. 진보의 길은 고통과 자기 부정의 길을 동반하기 마련이며, 아르주나는 사변적인 주장과 그럴듯한 변명으로 이러한 영적 시련을 회피하려 한다. 크리슈나는 신의 음성을 대변한다. 그는 무시무시한 음조로 신의 메시지를 전하며, 절망하는 아르주나를 훈계한다. 『바가바드기타』의 첫 장은 온갖 동기가 서로 갈등하고 대립하는 인간의 내면 세계, 이기심, 악마의 부드러운 속삭임에 이끌리는 인간의 마음에 대한 깊은 통찰을 보여준다. 대화가

360

진행됨에 따라서, 드라마틱한 요소들은 사라진다. 전쟁터의 메아리는 사라지고, 우리는 다만 신과 인간 간의 대화를 듣는다. 전차는 고요한 명상 센터가 되고 세속의 목소리가 잠잠해진 전쟁터는 지고자에 대한 사색을 위한 최고의 장소로 변한다.

신인 동시에 인간이기도 한 스승, 크리슈나는 인도인이 가장 사랑하는 신이다.[역주3] 그는 미와 사랑의 신이며, 그의 숭배자들은 새의 날개 위에, 아름다운 꽃잎 위에, 땅 위에 사는 모든 것 가운데 그들이 가장 좋아하는 것 위에 그를 떠받들어 모신다. 『바가바드기타』의 저자는 어떻게 신의 권화가 신 자신에 관하여 말하는가를 생생하게 묘사하고 있다. 크리슈나가 자신이 브라흐만이라고 말하게 하는 저자의 시도를 뒷받침하는 것이 있다. 『베단타 수트라』에서,[원주2] 인드라가 스스로 브라흐만이라고 선언하는 베다의 구절은, 단지 인간 내면의 아트만이 지고한 브라흐만과 동일하다는 철학적인 진리를 말하고 있을 뿐이라는 가정하에서 설명된다. 인드라가 "나

[역주3] 베다 혹은 초기의 다른 문헌들에도 크리슈나라는 이름이 나오지만, 신의 이미지와는 무관하다. 『찬도기야 우파니샤드』(iii.17.6)에 언급되는 데바키(Devakī)의 아들 크리슈나는 현자 고라 앙기라사(Ghora Āṅgirasa)의 제자이다. 코삼비에 따르면, 앙슈마티(Aṁśumatī) 강가에서 있었던 인드라(Indra)와 크리슈나의 싸움(『리그 베다』, viii.85.13~15)은 역사적인 사건이다. 원래 크리슈나는 드라비다(Dravida)족 계통이었다는 것이 학자들 간에 지배적인 견해이다. 『리그 베다』, viii.96.13~14에서 크리슈나는 아수라(Asura), 즉 비(非)아리아인으로 불린다. 그의 외모를 묘사함에 있어서 전통적으로 쉬얌(śyāma), 즉 '검다'는 표현이 일반적이며, 고대의 회화(繪畵)에서도 그는 어김없이 푸르거나 검게 그려져 있다. 베다에서 검은 피부는 곧 아리아(Ārya)족이 아니라는 것을 의미한다. 한편 『바가바드기타』에서 크리슈나는 비슈누의 권화(權化, avatāra)로 받아들여지면서 최고의 신으로 고백된다. "당신은 신들 중의 으뜸이며, 원인(原人)이며, 이 모든 세계의 궁극적인 쉴 곳입니다. 당신은 앎의 주체요 대상이며 지고의 목적입니다"(xi.38). 여기서 그는 한때 이 세상에서 살다간 역사적인 인물이 아니라, 모든 것을 초월하며 또한 모든 것 안에 내재하는 신이다. 크리슈나가 그 기원에 있어서 비아리아적임에도 불구하고 인도에서 가장 사랑받는 신이 되고, 또한 『바가바드기타』가 모든 인도인들에게 가장 널리 애송될 수 있게 된 것은, 물론 그 자체가 지니는 가르침의 보편성에 기인하는 것이라 하겠지만, 이것은 또한 크리슈나가 베다의 신 비슈누와 동일시됨으로써 아리아적인 요소와 비아리아적인 요소를 모두 지니게 된 사실과도 무관하지 않을 것이다.

[원주2] i.1.30.

를 섬기라"고 말할 때, 그는 "내가 섬기는 신을 섬기라"는 것을 의미한다. 이와 마찬가지로, 바마데바(Vāmadeva)의 선언——그가 곧 마누(Manu)요 수리야(Sūrya)라는——이 설명된다. 이외에도 『바가바드기타』는 감정과 공포에서 자유로워지고 지혜의 불로 정하게 된 개아는 신의 상태를 얻을 수 있다는 것을 가르친다. 『바가바드기타』의 크리슈나는 유한자 속의 무한자, 육신과 감각의 힘에 가리어진 인간 속의 신이다.

2) 『바가바드기타』의 가르침이 지니는 보편성

『바가바드기타』의 메시지는 그 범위에 있어서 보편적이다. 그것은 대중적인 힌두교의 철학적인 토대이다. 저자는 비판적이라기보다는 온유하고 포용적인 사람이다. 그는 결코 포교 활동을 선도하거나, 어떤 종파를 주장하지 않으며, 학파를 세우려는 것도 아니다. 진리를 구하는 모든 사람에게 길을 열어준다.[역주4] 그는 모든 형태의 숭배에 공감하며, 따라서 힌두교의 정신——문화를 칸칸이 구획짓거나, 다른 형태의 사상과 실천을 부정적으로 접근하지 않는——을 전하는 일에 아주 적합하다.[원주3] 『바가바드기타』는 그것이 지니는 심원한 사상과 드높은 통찰을 통해서뿐만 아니라, 신애의 열정과 영감의 향기로써 우리에게 호소한다. 『바가바드기타』는 영성에 뿌리를 둔 신앙을 증장시키고 비인간적인 종교적 실천을 배격한 것이 사실이지만, 그럼에도 불구하고 그 자체의 관용적인 자세 때문에 설사 그릇된 형태의 숭배라 할지라도 완전히 무시하지는 않았다.

『바가바드기타』의 논조는 다소 도그마적이며, 저자는 자기가 오류를 범할 수도 있다는 것을 전혀 의심하지 않는다. 그는 자기가 본 그대로의 진리를 전하며, 전체성과 다면성에서 진리를 보며, 진리가 지닌 구원의 힘을 믿는다. "『바가바드기타』에는 자기의 사상을 어떤 확립된 방법에 따라 분류하

[역주4] 『바가바드기타』, iv.11. "사람들이 내게 오는 바에 따라, 나는 그들을 맞이하노라. 오 파르타의 아들 아르주나여! 진실로 모든 길은 나에게로 인도되느니라."
[원주3] 『바가바드기타』, iii.29.

고 마침내는 일단의 종합적인 관념들에서 나오는 단서를 통하여 자신의 교의를 수립하는 철학자가 아니라, 자기의 지식과 자기의 느낌을 충만된 열정으로 말하는 현자가 있다."[원주4] 『바가바드기타』는 철학적인 체계와 시적인 영감의 중간에 서 있다. 우리는 여기서 우파니샤드가 보이는 무한한 함축성을 볼 수 없다. 왜냐하면 『바가바드기타』는 우파니샤드와 달리 인생의 문제에 대한 지적인 해결이 아니기 때문이다. 그것은 양심과 내면의 혼란으로 헝클어진 심리상황을 대면하기 위하여 의도된 것이다.

『바가바드기타』의 주요 정신은 우파니샤드의 정신이며, 단지 종교적인 측면에 대한 강조가 있을 뿐이다. 우파니샤드의 애매한 추상은 영혼의 다면적인 필요를 충족시킬 수 없었던 것이다. 삶의 신비를 풀려는 또 다른 시도들은 그 성격에 있어서 보다 유신론적이었다. 『바가바드기타』의 저자는 인간이 논리에만 매달리도록 만들어질 수 없다는 것을 인식하고 있었다. 그래서 그는 우파니샤드의 입장에 서서, 그것이 지닌 종교적인 함축을 뽑아내고, 그것을 대중적인 신화 및 민족적인 정서와 통합시킴으로써 그것을 살아 있는 체계로 활력을 불어넣고자 했다.

2. 연대

『바가바드기타』의 연대에 관한 문제는 쉽게 단언하기 어렵다. 그것은 『마하바라타』의 일부를 구성하고 있기 때문에, 때로는 그것이 후대에 본문에 보태진 가필이 아닌가 하는 의문이 제기되기도 한다. 텔보이스 휠러(Talboys Wheeler)에 의하면, "양편의 군대가 대치하여 교전이 임박한 전쟁의 첫날 아침에, 크리슈나와 아르주나가 영혼의 해방을 가져오는 신애의 다양한 형태에 관하여 길고 철학적인 대화를 시작해야 한다는 것"은 부자연스럽다. 텔랑(Telang)은 이 견해에 일부 동의하면서도 『바가바드기

[원주4] *Indian Antiquary*, 1918, p.3. 가르베의 『바가바드기타』에 대한 서론.

타』가 『마하바라타』의 저자에 의하여 차용된 독립된 저작이라는 것을 주장
한다.[원주5] 비록 전쟁의 단초에 철학적 논의는 '어울리지 않고 부적절한' 것
으로 생각된다 할지라도, 그럼에도 불구하고 오직 전쟁과 같은 중대한 위
기 상황만이 우리의 마음속에 궁극적인 가치에 대한 생각을 자극할 수 있
다는 것은 의심의 여지가 없다. 오직 그때 영적인 세계를 추구하는 사람들
이 감각의 장애를 깨부수고 내적인 실재에 닿기 위하여 필수적인 긴장을
얻게 된다. 아르주나가 그의 친구 크리슈나로부터 7백 시구로 펼쳐지는 조
언을 구하는 것은 있을 수 있는 일이다. 『마하바라타』의 저자는 기회있을
때마다 다르마의 원리를 확립하고자 열망하며, 그는 이 상황에서도 또한
그렇게 하고 있을 뿐이라는 것이다.

　『마하바라타』에서 우리는 『바가바드기타』에 대한 언급들을 볼 수 있으
며, 이것은 『바가바드기타』가 『마하바라타』의 형성기부터 그것의 진정한
일부로 간주되었다는 것을 가리키는 대목이다.[원주6] 『바가바드기타』와 『마
하바라타』 간에 보이는 양식상의 유사성 또한 그들이 하나의 전체에 속한
다는 것을 보여준다.[원주7] 다른 철학파들의 주요 견해에 대하여서도 일치점
이 있다. 행위(karma)가 행위의 포기(akarma)보다 선호된다.[원주8] 베다
의 제의식에 대한 입장,[원주9] 창조의 순서에 대한 언급,[원주10] 상키야의 구
나설[원주11]과 파탄잘리의 요가[원주12]에 대한 설명, 그리고 비슈와루파
(viśvarūpa, 우주적 형상)에 대한 묘사[원주13][역주5]가 다소간 동일하다. 우

[원주5] The Sacred Books of the East, vol.ⅷ, 서론, pp.5~6.

[원주6] 「아디파르바」(Ādiparva), 2.69 ; 1.179 ; 2.247.

[원주7] Tilak, *Gītā-rahasya*, 부록 ; The Sacred Books of the East, vol.ⅷ, 서론.

[원주8] 『바가바드기타』, 제3장 ; 「바나파르바」(Vanaparva), 제32장.

[원주9] 「샨티파르바」, 267. 또한 『마누 법전』 제3장을 보라.

[원주10] 『바가바드기타』 제7장과 제8장 ; 「샨티파르바」, 231.

[원주11] 『바가바드기타』, 제14장과 제15장 ; 「아슈와메다파르바」(Aśvamedhaparva), 36~
　　39 ; 「샨티파르바」, 285와 300~311.

[원주12] 『바가바드기타』, 제6장 ; 「샨티파르바」, 239와 300.

[원주13] 「우디요가파르바」(Udyogaparva), 170 ; 「아슈와메다파르바」, 55 ; 「샨티파르바」, 339
　　; 「바나파르바」, 99.

리는 조정의 원리가 『바가바드기타』에 고유한 것이라고 말할 수 없다.

『바가바드기타』를 『마하바라타』의 진정한 일부로 간주한다 해도, 우리는 그 연대를 단언하기 어렵다. 왜냐하면 그 속에는 다양한 시대의 요소들이 포함되어 있기 때문이다. 텔랑은 『바가바드기타』에 부친 서론에서, 그 것이 지니는 가르침의 일반적 성격, 고체(古體) 양식, 운문화, 내부 참조 등을 다루고 있으며, 그것이 기원전 3세기 이전 시대에 속한다고 주장한다. 반다르카 경은 『바가바드기타』의 연대를 적어도 기원전 4세기 이전으로 잡아야 한다고 주장한다. 가르베는 원래의 『바가바드기타』를 기원전 200년, 그리고 그것의 오늘날 형태를 기원후 200년으로 잡는다. 샹카라(기원후 9세기)는 『바가바드기타』에 대한 주석을 썼고,[역주6] 칼리다사(Kālidāsa)도 『바가바드기타』를 알고 있었으며 그의 『라구방샤』(*Raghuvaṁśa*)[원주14]에는 『바가바드기타』의 구절과 유사한 구절이 발견된다. 바나(Bāṇa) 또한 『바가바드기타』에 대하여 언급하고 있으며, 이 두 저자는 모두 기원후 7세기에 속하는 인물이다.

바사(Bhāsa)의 『카르나바라』(*Karṇabhāra*)에는 『바가바드기타』의 운문 형태의 모방처럼 보이는 구절[원주15]이 있다. 바샤는 기원후 2세기 혹은 4세기에 속하는 것으로 전해진다. 앞의 견해에서 본다 해도 『바가바드기타』는 틀림없이 그 이전의 것으로 보인다. 보다야나(Bodhayāna)의 『그리히야 수트라』(*Gṛhya Sūtra*)는 바수데바 숭배를 잘 알고 있으며, 바가반(Bhagavān, 主)에 대한 어떤 언급을 담고 있는데, 짐작하건대 이것은 『바가바드기타』로부터 원용된 것이다.[원주16] 그의 『피트리메다 수트라』

[역주5] 크리슈나의 우주적 형상(universal form)은 『바가바드기타』, xi에서 상세하게 언급된다.

[역주6] 이것은 『바가바드기타』에 대한 주석 가운데 현존하는 최고(最古)의 주석서이다.

[원주14] x.31. 『바가바드기타』, iii.22와 비교하라.

[원주15] "Hato pi labhate svargaṁ jitvā tu labhate yaśaḥ." 『바가바드기타』, ii.37과 비교하라.

[원주16] ii.22.9. 『바가바드기타』, ix.26과 비교하라.

(*Pitṛmedha Sūtra*)도 이와 같다. 만일 아파스탐바(Āpastamba)가 기원전 4세기에 속한다면,[원주17] 보다야나는 그보다 한두 세기 이전의 인물일 것이다. 이렇게 볼 때, 우리가 『바가바드기타』를 기원전 5세기의 작품으로 본다 해도 큰 무리는 없을 것으로 보인다.[원주18]

3. 다른 철학 사상과의 관계

당시에 유행하던 거의 모든 사상들이 『바가바드기타』의 저자에게 영향을 주었으며, 그는 종교적인 지식에 초점을 맞추었다. 『바가바드기타』와 베다, 우파니샤드, 불교, 바가바타 종교, 그리고 또한 『바가바드기타』와 상키야, 요가 철학과의 정확한 관계를 살펴볼 필요가 있다.

1) 베다

『바가바드기타』는 베다의 권위를 저버리지 않는다.[역주7] 그것은 베다의 규범이 어떤 특정한 상태에 있는 사람들에게는 아주 타당한 것이라고 생각한다. 『바가바드기타』에 따르면, 우리는 베다의 명령에 따르지 않고는 해탈을 얻을 수 없다. 제사 행위는 그 결과에 대한 어떤 기대없이 행해져야 한다.[원주19] 어떤 특정한 단계가 지나면, 베다 제의식의 수행은 궁극적인 완

[원주17] The Sacred Books of the East. vol.ii. 서론. p.xliii. vol.xiv. p.xliii와 비교하라.

[원주18] 만일 『다르마 수트라』에 있는 언급이 삽입된 본문으로 간주된다면, 『바가바드기타』는 기원전 3세기 혹은 기원전 2세기의 작품으로 간주될 수 있을 것이다.

[역주7] 『바가바드기타』에는 단지 세 베다 ──『리그 베다』, 『사마 베다』, 『야주르 베다』──에 대한 언급(ix.17 및 20)이 있을 뿐이다. 이에 비하여 『마하바라타』에는 세 베다에 대한 언급(iii.198.23 ; xii.18.11)뿐만 아니라, 『아타르바 베다』를 포함한 네 베다에 대한 언급(iii.204.22 ; xii.46.22 ; xii.50.32)도 있다. 따라서 때로는 이러한 사실이 『바가바드기타』의 연대가 『마하바라타』보다 앞선다는 추정의 근거가 되기도 한다. 다시 말하여 『바가바드기타』는 아직 『아타르바 베다』가 베다로서의 권위를 인정받기 이전에 성립된 것임에 비하여, 『마하바라타』는 그 이후라는 것이다.

전을 얻는 데 장애가 되기 쉽다. 베다 신들의 고귀한 성격은 받아들여지지 않는다. 베다의 제의식은 우리에게 힘과 부를 담보한다 할지라도, 그것은 우리를 곧장 자유에 이르게 하지는 않는다.[역주8] 해방은 자아의 발견을 통하여 성취된다. 우리가 구원의 비밀을 깨달아 지니게 될 때, 베다의 제사를 수행해야 할 아무런 필요도 없게 된다.[원주20]

2) 우파니샤드

『바가바드기타』의 철학적인 토대는 우파니샤드에 있다. 어떤 구절은 우파니샤드와 『바가바드기타』에 공통적으로 있다.[원주21] 크셰트라(Kṣetra)와 크셰트라갸(Kṣetrajña), 그리고 크샤라(Kṣara)와 아크샤라(Aakṣara)에 관한 논의는 우파니샤드에 그 토대를 두고 있다.[역주9] 궁극적 실재에 대한 설명 또한 우파니샤드로부터 원용된다. 박티는 우파니샤드에 나오는 염상(念想, upāsana)의 직접적인 발전이다. 궁극자에 대한 사랑은 다른 모

〔원주19〕 xvii.12.

〔역주8〕 겉으로 보면 『바가바드기타』, iii.10~16은 제의식의 중요성에 대하여 강조하고 있는 것 같으나, 엄밀히 따져보면 그 정신은 오히려 베다의 공희(供犧)에 반한다는 것을 알 수 있다. ii.42~45에서는 베다의 제사 행위가 권력과 향락을 얻기 위한 욕망으로 더럽혀져 있다는 것을 지적하면서, 이에 대한 노골적인 비난을 보이기도 한다. 이외에도 『바가바드기타』에 따르면, 베다의 제의식은 욕망에 사로잡힌 무지한 자들의 생각이며(vii.20), 단지 덧없는 결과를 가져올 뿐(ix.21), 이를 통하여서는 신의 참된 본질이 알려지지 않는다(xi.48). 이에 대하여 『바가바드기타』는 '결과에 집착하지 않는 행위'를 거듭 강조한다. 코삼비(D.D. Kosambi)에 의하면 『바가바드기타』에서 체계화되고 강조되는 박티(bhakti, 信愛) 또한 베다 전통과는 거리가 멀다. 곤다(J.Gonda)는 크리슈나 숭배가 베다의 신들 특히 인드라 숭배에 정면으로 대립된다는 것을 지적한다.

〔원주20〕 ii.42~45 ; ix.20~21.

〔원주21〕 『바가바드기타』, ii.29와 『카타 우파니샤드』, ii.7. ; 『바가바드기타』, ii.20, viii.11과 『카타 우파니샤드』, ii.15, ii.19 ; 『바가바드기타』, iii.42와 『카타 우파니샤드』, iii.10 ; 『바가바드기타』, vi.11과 『슈웨타슈와타라 우파니샤드』, ii.10 ; 『바가바드기타』, vi.13과 『슈웨타슈와타라 우파니샤드』, ii.8.

〔역주9〕 크셰트라(場, field)와 크셰트라갸(knower of the field)는 육신과 그 속에 깃들어 있는 자아를 의미한다. 『바가바드기타』, xiii.1을 보라. 크샤라(可變)와 아크샤라(不滅)에 대한 논의는 『바가바드기타』, xv.16에서 볼 수 있다.

든 것에 대한 포기를 수반한다. "우리가 이 자아를 얻을 때, 이 세계에서 자손을 낳아 무엇을 하겠는가?"[원주22] 궁극자에 대한 헌신, 자아의 정복, 평화와 적정 상태의 획득, 이러한 개념들은 그 당시의 분위기에 널리 유포되어 있었다. 사심없는 행위는 심지어 우파니샤드에서도 옹호된다.[원주23][역주10] 고양된 정신 상태에서 일어나는 무집착은 우파니샤드에서도 설명되고 있다.[원주24]

그러나 우파니샤드의 실천적·종교적 경향은 초기 사상가들의 가르침을 대체할 정도로 발달하지는 않았다. 냉철하고 흠없는 완전은 의심할 나위없이 세계에 대한 놀라운 설명이었지만, 그것은 삶을 전환시키는 힘으로는 그다지 적합하지 않았다. 바가바타 종교의 성행은 『바가바드기타』의 저자가 우파니샤드의 절대자에게 강력함과 현명한 힘을 부여하고 싶은 생각이 일게 하였다. 그는 우파니샤드의 절대자를 비슈누, 쉬바 등의 다양한 이름으로 불리는 인격신 이슈와라로 만들었다.

그렇지만 저자는 자신이 단지 죽은 과거를 되살리고 있을 뿐이며, 결코 새로운 이론을 제창하고 있는 것이 아니라는 것을 의식하고 있다. "이 불멸의 요가를 내가 비바스와트(Vivasvat)에게 전했다. 그리고 그는 그것을 마누에게, 마누는 이크슈바쿠(Ikṣvāku)[역주11]에게 가르쳤으며", 이 비밀은 이제 크리슈나에 의하여 아르주나에게 전해진다.[원주25] 이 구절은 『바가바드기타』의 메시지가 가야트리(Gāyatrī)의 현자이며 『리그 베다』 제3권의 리쉬인 비슈와미트라(Viśvāmitra)와, 라마(Rāma), 크리슈나, 가우타마 붓다, 그리고 그외의 스승들에 의하여 전수된 고대의 지혜라는 것을 가리

〔원주22〕『브리하드아란야카 우파니샤드』, iv.4.22.
〔원주23〕『이샤 우파니샤드』(*Īśa Upaniṣad*).
〔역주10〕특히 이 우파니샤드의 i.2에 현저하게 나타난다.
〔원주24〕『찬도기야 우파니샤드』, iv.14.3 ; 『브리하드아란야카 우파니샤드』, iv.4.23.
〔역주11〕마누의 아들이다. 태양 왕조를 세워 아요디야(Ayodhya)를 통치했던 것으로 전해진다. 「샨티파르바」, 348.51~52를 보라.
〔원주25〕iv.1.3.

킨다. 각 장의 말미에 붙은 글(colophon)에서도 분명히 언급되는 것처럼, 『바가바드기타』의 완전한 이름은 '바가바드기타라는 이름의 우파니샤드'이다.[역주12] 『바가바드기타』와 우파니샤드 간의 관계에 대한 설명은 흔히 인용되는 한 구절에 담겨 있다. "우파니샤드는 암소요, 크리슈나는 젖짜는 자, 아르주나는 송아지, 그리고 감로수 같은 『바가바드기타』는 훌륭한 우유이다."

3) 바가바타 종교

바가바타 종교는 『바가바드기타』의 종합에 대한 직접적인 자극이 되었다. 실제로 『바가바드기타』의 가르침이 바가바타 종파의 교의와 동일하다는 주장이 제기된다. 그것은 종종 '하리기타'(Harigītā)라고 불린다.[원주26]

4) 불교

비록 『바가바드기타』의 몇몇 견해가 불교의 관점과 유사하다 할지라도, 『바가바드기타』에 불교 그 자체에 대한 언급은 없다. 『바가바드기타』와 불교는 공히 베다의 절대적인 권위를 부정하며, 경직된 카스트 제도를 완화시키려는 시도를 보인다.[역주13] 비록 『바가바드기타』는 보다 보수적이었고

〔역주12〕 우파니샤드 중에서도 특히 『슈웨타슈와타라 우파니샤드』는 『바가바드기타』와 밀접한 관련이 있는 것으로 보인다. 양자는 모두 유신론과 범신론의 조화 혹은 이원론적인 상키야와 우파니샤드의 일원론을 조화시키려고 한다. 또한 『바가바드기타』의 박티는 『슈웨타슈와타라 우파니샤드』 vi.23에서 쉽게 찾아볼 수 있다. 키스(A.B. Keith)에 의하면, 『바가바드기타』는 『슈웨타슈와타라 우파니샤드』 계통의 우파니샤드이다(Y. Masih, *The Hindu Religious Thought*, p.174). 파린더(G. Parrinder)는 『슈웨타슈와타라 우파니샤드』, iv.11이 우파니샤드에서 『바가바드기타』로 넘어가는 연결 고리라고 본다.

〔원주26〕 「샨티파르바」, 349.10.

〔역주13〕 이외에도 『바가바드기타』 ii.55~72에서 언급되는 아힝사(ahiṃsa)와 고행은 바라문교 전통보다 불교와 유사한 정서를 지니고 있으며, 『바가바드기타』 xvii.5~6에서 극단적인 자기 고행을 비난하고 있는 것도 그렇다. 라다크리슈난은 『대승기신론』과 『법화경』이 『바가바드기타』의 가르침에 깊이 영향을 받았다고 말한다(*The Bhagavadgita*, Introductory Essay, p.11).

따라서 보다 덜 철저한 저항이었다 할지라도, 『바가바드기타』와 불교는 공히 제의 종교에 충격을 가한, 정신적인 혁신이었다. 비록 붓다 자신의 가르침은 철저하게 중도적이었다고 보기는 어렵다 할지라도, 적어도 그는 중도를 표방했다. 결혼보다 독신을, 향연보다 단식을 선호하는 것은 중도를 실천하는 것이라고 할 수 없을 것이다. 『바가바드기타』는 은둔자의 종교적 광신을 비난하고, 환한 대낮보다는 어둠, 즐거움보다는 슬픔을 좋아하는 신앙자의 정신적인 자살을 배격한다. 세밀한 제의식이나 죽음에 의존하지 않고도 해탈을 얻는 것이 가능하다고 본다.

니르바나(nirvāṇa)라는 말이 『바가바드기타』에 나오지만,[원주27] 이것이 불교로부터의 어떤 차용을 의미하지는 않는다. 왜냐하면 적어도 이 말이 불교에 고유한 것이 아니기 때문이다. 이상적인 인간을 묘사함에 있어서 『바가바드기타』와 불교는 일치한다.[원주28] 종교와 철학으로서의 『바가바드기타』는 부정적인 측면을 지나치게 강조하는 불교보다 완전하다. 『바가바드기타』는 불교의 도덕적인 원리들을 받아들이는 한편, 함축적으로 불교의 부정적인 형이상학을 불신과 오류의 원천으로 비난하고 있다. 『바가바드기타』는 과거와 보다 큰 연속성을 유지하며,[역주14] 따라서 인도에서 불교보다 더 번성할 수 있었다.

5) 상키야와 요가 학파

가르베에 의하면, "상키야-요가 철학의 가르침은 거의 전적으로 『바가바드기타』의 철학적 사색에 토대를 이룬다. 이에 비하여 베단타 철학은 부차적인 지위를 점한다. 상키야와 요가는 종종 그 이름을 지명하여 언급되

〔원주27〕 vi.15.

〔원주28〕 ii.55~72 ; iv.16~23 ; v.18~28 ; xii.13~16. 『담마파다』, 360~423 ; 『숫타니파타』, 「무니숫타」(Munisutta), i.7 및 14와 비교하라.

〔역주14〕 예를 들어 불교는 출가 수행을 이상적인 것으로 보지만, 『바가바드기타』는 바라문교의 아슈라마 다르마(āśrama dharma) 전통에 따른 삶을 이상적인 것으로 본다. 아슈라마 전통에 대해서는 『인도철학사 I』, pp.189~190을 보라.

370

고 있음에 비하여, 베단타는 단지 한 번(vedāntakṛt, xv.15) 나타날 뿐이며, 그것도 우파니샤드 혹은 논설이라는 의미에서 사용된 것이다. 따라서 우리가 단순히 우리에게 전해내려온 것으로서의 『바가바드기타』에서 철학적인 체계들이 수행하는 역할만을 생각할 때, 그리고 우리가 상키야-요가와 베단타 사상 간의 양립하기 어려운 모순, 오래된 층과 새로운 층 간의 신중한 구별을 통해서만 해소될 수 있는 이 모순을 고려할 때, 『바가바드기타』의 베단타적인 구성요소는 원래의 시가에 속하지 않는 것으로 판명된다. 이것은 우리가 『바가바드기타』를 종교적인 측면에서 검토하든 아니면 철학적인 측면에서 검토하든 간에 동일한 결과에 도달하게 된다."

상키야-요가라는 말이 『바가바드기타』에 나타날 때, 그것은 상키야와 요가라는 고전 철학파를 지칭하는 것이 아니라, 단지 해탈을 얻는 반성적이고 명상적인 방법을 가리킬 뿐이다.[원주29] 게다가 『바가바드기타』 시대에는 상키야 철학과 요가 철학 간에, 그리고 상키야-요가 철학과 베단타 철학 간에 어떤 명백한 구분이 없었다. 가르베의 해석은 이러한 구분을 전제로 할 때만 타당할 수 있다.

오히려 피츠 에드워드 홀(Fitz-Edward Hall)의 견해가 더 정확하다. "우파니샤드, 『바가바드기타』, 그리고 다른 고대 힌두교 경전에서 우리는 여러 가지 변형을 겪은 후, 어떤 불확실한 시기에 수세대 동안 상키야 철학과 베단타 철학으로 정형화되는 여러 가지 교의를, 복합적인 형태로 만나게 된다."[원주30] 비록 상키야 철학의 형이상학적 함축은 『바가바드기타』에 의해서 거부된다 할지라도, 그 심리학과 창조의 순서에 대한 설명은 받아들여진다.[원주31] 파탄잘리(Patañjali)의 이름은 언급되지 않으나, 카필라

[원주29] 『바가바드기타』, ii.39 ; iii.3 ; v.4~5 ; xiii.24 ; xviii.13에는 상키야 철학에 대한 언급이 있다. 마드와(Madhva)는 비야사 스므리티(Vyāsa Smṛti)에서 한 구절을 인용하고 있는데, 여기서 상키야는 자아에 대한 지식(ātmatattvavijñānam)을 의미한다. 『바가바드기타』, ii.40에 대한 그의 주석을 보라.

[원주30] 『상키야사라』(Sāṁkhyasāra)에 대한 서문, p.7.

[원주31] ii.11~16, 18~30 ; ii.27~29 ; v.14 ; vii.4 ; xiii.5.

(Kapila)의 이름이 언급되고 있다. 그러나 우리는 이 카필라가 상키야 학파의 창시자라는 것을 확신할 수 없다. 설사 그렇다 치더라도, 이것이 곧 그 당시에 이 학파가 완전히 발달된 형태로 확립되어 있었다는 결론이 되는 것은 아니다. 항상 상키야적인 의미로 사용되는 것은 아니지만, 붓디(覺), 아함카라(我慢), 마나스(意根)와 같은 용어들이 나타난다. 프라크리티의 경우도 마찬가지이다.[원주32] 상키야 철학은 신의 존재에 대한 문제를 의도적으로 피하고 있음에 비하여, 『바가바드기타』는 그것을 확립하기 위하여 고심한다.

푸루샤와 프라크리티의 구분이 인정된다 할지라도, 이원론은 극복된다. 푸루샤는 독립적인 요소가 아니라, 신의 프라크리티 혹은 형상이다. 심리학적인 지성은 한층 높은 수준에 있는 본성이다. 상키야 사상을 다룰 때, 우리는 어떻게 그것이 프라크리티 혹은 자연의 모든 양태를 현상——어떤 영원한 주체를 함축하는——으로 간주하는가를 보게 될 것이다. 프라크리티는 의식적이 아니라 할지라도, 그것의 작용은 목적이 있다. 즉 그것은 영혼의 자유를 위하여 의도된다. 프라크리티의 작용이 지니는 목적론적인 성격은 그것의 주장된 무의식성과 부합되지 않는다. 『바가바드기타』에서 이 어려움이 극복된다. 프라크리티 혹은 원물질의 역할 배후에는 어떤 정신적인 사실이 있다. 상키야 철학에서와는 달리 푸루샤 혹은 영혼은 독립적인 실재가 아니다. 그것의 본질은 인식일 뿐 아니라 환희이기도 하다.

『바가바드기타』는 개별적인 자아 간의 어떤 궁극적인 구분을 인정하지 않는다.[원주33] 그것은 또한 지고한 영혼(uttamapuruṣa)의 존재를 믿는다. 그럼에도 불구하고 『바가바드기타』에 나타난 개아의 속성, 그리고 세계에 대한 개아의 관계는 상키야 이론의 영향을 보여준다.[원주34] 푸루샤는 단지 관조자일 뿐 행위자가 아니다. 프라크리티가 모든 것을 한다. "내가

[원주32] iii.33 ; iv.6 ; vii.4 ; ix.8 ; xi.51 ; xiii.20 ; xviii.59.
[원주33] vii.4 ; xiii.20~22. 또한 『베단타 수트라』, ii.1.1과 이에 대한 샹카라의 주석을 보라.
[원주34] 『상키야 카리카』(*Sāṃkhya Kārikā*), 62 ; 『바가바드기타』, xiii.34.

행위한다"고 생각하는 자는 미혹에 빠진 것이다. 프라크리티로부터 푸루샤의 분리, 혹은 물질로부터 영혼의 분리를 깨닫는 것이 인생의 목적이다. 구나(guṇa, 屬性)설이 수용된다. "지상이나 신들 간의 천상에서 프라크리티의 소산인 세 가지 속성을 벗어난 존재는 아무것도 없다."[원주35] 세 구나는 속박의 세 겹 줄을 구성한다. 우리가 구나에 지배되는 한, 존재의 순환 속에서 방황할 수밖에 없다. 자유는 구나로부터의 구원이다. 내면의 인식기관과 감각기관에 대한 생리학적인 설명은 상키야와 마찬가지로 여기서도 발견된다.[원주36]

『바가바드기타』는 또한 요가 수행에 대하여 언급한다. 아르주나가 크리슈나에게 일반적으로 인정하듯이 변화무쌍하고 거친 우리의 마음이 어떻게 제어될 수 있는가에 대하여 묻자, 크리슈나는 반복적인 실천(abhyāsa)과 세속적인 것들에 대한 무관심(vairāgya)이 실현되어야 한다고 대답한다.[원주37]

4. 『바가바드기타』의 가르침

『바가바드기타』가 씌어지던 당시에는 궁극적 실재와 인간의 운명에 대하여 여러 다양한 견해가 유행하고 있었다. 영혼의 직관에 토대를 둔 우파니샤드의 전통이 있었고, 해탈이 물질과의 접촉에서 벗어남으로써 얻어질 수 있다고 믿는 상키야 교의, 우리의 의무를 수행함으로써 완전에 이를 수 있다고 보는 카르마 미망사(Karma Mīmāṁsā)의 견해, 심정의 고양을 통해서 자유의 기쁨이 얻어진다는 것을 주장하는 신애의 길, 그리고 영혼의 고요한 삶이 세계의 얼룩덜룩한 빛을 대신할 때 인간이 자유롭게 된다고

[원주35] xviii.40 ; xiv.5.
[원주36] iii.40~42 ; xiii.5.
[원주37] 『바가바드기타』, vi.33~34를 보라. 샹카라는 『바가바드기타』, x.32에서 니야야 철학에 대한 언급을 본다. 이에 대한 샹카라의 주석을 보라.

주장하는 요가 철학이 있었다. 지고한 영혼은 비인격적 절대자 혹은 인격적 주(主)로 간주된다. 『바가바드기타』는 온갖 다양한 요소들을 종합하고 그들 모두를 하나의 전체 속에 융합하려고 한다. 우리가 그 속에서 자유에 대한 이상과 수행 방법에 관하여 명백하게 모순되는 것으로 보이는 견해들을 발견하게 되는 것도 바로 이런 이유 때문이다.

　『바가바드기타』는 어떤 일관된 교의가 아니기 때문에, 이에 대한 해석도 학자에 따라 다양하게 나타난다. 가르베(Garbe)와 홉킨스(Hopkins)는 수세기 동안에 걸쳐서 여러 필자들이 그것을 썼다고 생각한다. 가르베에 의하면, 원본『바가바드기타』는 기원전 2세기에 상키야-요가 사상에 의거하여 유신론적인 소책자로 씌어졌으며, 기원후 2세기에 우파니샤드의 일원론을 견지하는 사람들에 의하여 각색된 것이다. "유신론적인 것과 범신론적인 이 두 교의는 서로 뒤섞여서, 때로는 전혀 무관하게 때로는 어느 정도의 연관을 지니면서 차례로 이어진다. 여기서 하나는 저급하고 통속적인 교의를, 그리고 다른 하나는 심원한 비학(秘學)을 의미하는 것은 아니다. 어디에도 유신론이 궁극적 실재에 대한 지식의 예비 단계라고 말하거나, 베단타의 범신론이 궁극적 실재 그 자체라고 가르치는 곳은 없으며, 두 가지 형태의 믿음은 마치 그들 양자 간에는 아무런 차이 ——언어상에 있어서나 실재에 있어서——도 없는 것처럼 다루어진다."[원주38]

　홉킨스는 『바가바드기타』를 비슈누교의 시가에 대한 크리슈나 종파의 각색이라고 주장하며, 그 자체가 하나의 후기 우파니샤드라고 본다. 키스(Keith)는 그것이 원래『슈웨타슈와타라 우파니샤드』계통의 우파니샤드였지만, 나중에 크리슈나 숭배에 수용된다고 본다. 홀츠만(Holtzmann)은『바가바드기타』를 범신론적인 시가에 대한 비슈누교의 개작으로 간주한다. 베넷(Barnett)은 다양한 흐름의 전통이 저자의 마음에 뒤섞이게 되었다고 생각한다. 도이센(Deussen)에 의하면, 『바가바드기타』는 유신론에서 실재론적 무신론으로 넘어가는 과도기에 속하는 것으로, 우파니샤드의

〔원주38〕 *Indian Antequary*, 1918.

일원론적 사상의 퇴보에서 나온 것이다.

그러나 이러한 추측 가운데 반드시 어떤 하나를 받아들일 필요는 없다. 『바가바드기타』는 『마하바라타』 시대에 일어났던 새로운 상황에 대한 우파니샤드적 적용이다. 우파니샤드의 관념론을 유신론적인 성향의 사람들에게 적용시킴에 있어서, 『바가바드기타』는 우파니샤드 철학에서 종교적인 요소를 추출하려고 했다. 그것은 우파니샤드의 반성적이고 영적인 관념론이 인격적인 헌신의 살아 있는 따뜻한 종교의 여지를 지니고 있다는 것을 보여준다. 우파니샤드의 절대자는 인간 본성의 지적인 욕구와 정적인 욕구의 실현으로 드러난다. 사색적인 것에서 실천적인 것으로, 철학적인 것에서 종교적인 것으로 그 강조점이 옮겨가는 것은 후기 우파니샤드에서도 발견된다. 여기서 우리는 신앙의 외침에 응답하는 구세자를 본다. 『바가바드기타』는 우파니샤드의 진리에 의거한 삶과 행위를 뒷받침할 수 있는 영적인 종합을 시도한다.

『바가바드기타』가 여러 다양한 사상적인 경향들을 하나의 완전한 통일체로 종합하는 데 성공하는가 하는 문제는 우리의 논의 과정에서 대답될 것이다. 조화되기 어려운 요소들이 『바가바드기타』 안에서 융합되었다고 생각하는 것이 인도 전통의 일관된 입장임에 비하여, 서구 학자들은 탁월한 단편들이란 심지어 아주 능숙한 저자의 손에서조차도 서로 연합되기를 거부한다고 주장해왔다. 이와 관련하여 논의의 서두에서 미리 단정을 내릴 필요는 없을 것이다.[원주39]

[원주39] 인도의 사상가들이 남긴 『바가바드기타』에 대한 주석서가 여러 권이 있다. 이중에서 중요한 주석가로는 브릿티카라(Vṛttikāra), 샹카라, 라마누자, 마드와, 발라바(Vallabha), 님바르카(Nimbārka), 그리고 갸네슈와르(Jñāneśvar) 등을 들 수 있다. 아난다기리(Ānandagiri)는 『베단타 수트라』에 대한 방대한 주석을 썼던 저 유명한 브릿티카라 보다야나(Bodhāyana)도 『바가바드기타』에 대한 주해를 썼다고 말한다(『바가바드기타』에 대한 샹카라의 주석, ii.10에 관한 아난다기리의 설명을 보라). 자신의 티카(Tika), 『바가바드기타』에 대한 샹카라의 주석(ed. by Ānandāśrama, p.6, p.27)에서 어떤 브릿티카라를 두 번 언급하고 있는데, 여기서 그는 이 브릿티카라를 보다야나와 동일시하지 않는다. 아난다기리의 주장에 의하면, 『바가바드기타』는 갸나(jñāna, 지식)와 카르마(karma, 행위)가

『바가바드기타』가 설해지는 중심 의도는 어떻게 삶의 문제를 해결하고 바른 행위를 증장시킬 것인가를 보여주고자 하는 것이다. 그것은 명백히 윤리적인 색채가 농후한 문헌, 즉 요가 샤스트라(yoga śāstra)이다. 『바가바드기타』는 윤리 종교 시대에 형성되었으며, 따라서 그 시대의 감정을 공유한다. 『바가바드기타』에서 요가라는 말이 어떤 특별한 의미로 새롭게 각색되든 간에, 그것은 시종일관 실천적인 관련을 지속한다.[원주40] 요가는 신

복합적으로 추구되는 방법을 가르친다. 이중 어느 하나만으로는 자유를 얻을 수 없다. 샹카라는 지식이야말로 완전에 이르게 하는 최상의 수단이라고 믿으며, 범아일여(梵我一如)는 직관적인 지식에 의하여 실현될 수 있다고 주장한다. 세계의 다양성은 인간의 불완전에서 기인된다. 모든 행위는 속박의 원인이다. 왜냐하면 그것은 거짓된 이원성에 의존해 있기 때문이다. 참다운 지혜가 일어나 우리의 이원 관념을 없애버릴 때, 영혼은 구제되고, 그에 따라 모든 행위는 무의미하게 된다. 그외의 다른 길, 즉 카르마, 박티, 요가(自制)는 단지 참다운 지식에 이르기 위한 예비 단계일 뿐이다(『바가바드기타』에 대한 샹카라의 주석 iii.1을 보라). 라마누자는 개아(jīva 혹은 cit), 세계(acit), 이슈와라를 구분하고, 앞의 둘은 이슈와라의 몸을 구성한다고 본다. 이로써 그는 형이상학에 있어서 수정 일원론을 채택하며, 실천론에 있어서는 신애의 길을 주장한다. 그는 함축적으로 카스트의 규범이 계속 유지되어야 한다는 것을 시사하고 있다.

샹카라와 라마누자는 동기는 다르다 할지라도 공히 카르마를 하위에 두었다. 마드와는 마야(māyā, 幻影)설을 비판하고, 절대적인 브라흐만과 개아 간에 궁극적인 차별을 인정했다. 그에게도 신에 대한 헌신이 지복에 이르는 최상의 길이다. 비록 발라바는 브라흐만과 정화된 영혼이 하나라는 것을 언명하고 있다 할지라도, 그는 지바(jīva, 個我)를 브라흐만의 부분으로 간주한다. 세계는 마야가 아니다. 왜냐하면 마야는 이슈와라의 의지에 따라서 그로부터 분리된 힘에 불과하기 때문이다. 신의 은총은 개아가 자유를 얻을 수 있는 유일한 길이다. 님바르카에 의하면, 세계와 개아는 신에 의존하며, 미세한 상태의 경우이긴 하지만 그들은 신 속에 존재한다. 그의 이론은 이원적 불이론이라고 한다. 갸네슈와르는 파탄잘리의 요가를 『바가바드기타』의 가르침이 지니는 목적으로 본다.

권위있는 주석가들에 의하여 받아들여진 『바가바드기타』의 가르침에 대한 수많은 견해들이 있기 때문에, 『바가바드기타』를 공부하는 사람들이 그 진의를 파악하는 것이 용이하지 않다. 『바가바드기타』의 대담하고 탁월한 종합과 조화는 항상 우리에게 어떻게 모순적인 개념이 논리적으로 결합되는가에 대한 정확한 정보를 주는 것이 아니다. 『바가바드기타』가 영성의 삶을 소중히 여긴다는 것은 의심의 여지가 없다. 우리가 종교적인 마음가짐으로 교의 신조에 의지하는 한, 우리의 생각을 사로잡고 본성을 고양시키는 신비적인 여명이 있다. 그러나 비판적인 지성은 『바가바드기타』에서 어떤 일관된 사상체계를 연역해내기 전에 『바가바드기타』 그 자체에 대한 신중한 연구가 선행되어야 할 것이다.

[원주40] 요가는 지식(Sāṃkhya)과는 구별되는 실천수행이다. 『슈웨타슈와타라 우파니샤드』에

376

과 교감하는 것, 우주를 주관하는 힘에 자신을 잡아매는 것, 절대자와 접촉하는 것이다. 그것은 영혼의 이런저런 힘뿐 아니라, 지·정·의의 모든 힘과 신을 하나로 묶는 것이다.[역주15] 그것은 자기를 보다 심원한 본체에 결합시키려는 인간의 노력이다. 우리는 영혼의 모든 측면을 절대적이고 확고한 어떤 것으로 전환시키고 욕망과 쾌락을 물리칠 수 있는 힘을 길러야 한다. 그러므로 요가는 청정한 우리 영혼의 중심 존재로서 세계의 충격을 견디어 낼 수 있도록 스스로를 단련할 수 있는 수행을 의미하게 되었다. 그것은 목적을 성취할 수 있는 방법 혹은 도구(upāya)이다.

파탄잘리(Patañjali)의 요가는 우리가 지성을 명료하게 하고, 마음이 그 미혹에서 벗어나게 하며, 실재에 대한 직접적인 지각을 얻게 하는 심리적인 단련의 체계이다. 우리는 감정을 다스릴 수 있으며, 신에 대한 영혼의 복종을 통하여 궁극자를 실현할 수 있다. 우리는 스스로의 의지를 제어하여 우리의 전체 삶을 하나의 지속적이고 거룩한 봉사로 전환시킬 수 있다. 우리는 또한 자기 존재의 본성에서 신성을 감지할 수 있으며, 그 불꽃이 영원한 빛으로 자랄 때까지 불타는 사랑과 열망으로 그것을 지켜볼 수 있다. 이 모든 것은 하나의 지고한 요가 혹은 신과의 합일로 통하는 다양한 요가 혹은 방법들이다.

그러나 만일 어떤 윤리적인 메시지가 형이상학적인 토대를 지니지 않는다면, 그것은 결코 유지될 수 없을 것이다. 그러므로 『바가바드기타』의 요가 실수(實修)는 브라흐마비드야(brahmavidyā), 즉 영혼에 대한 지식에 뿌리를 두고 있다. 『바가바드기타』는 삶의 규범일 뿐 아니라 사색의 체계이며, 진리가 인간의 영혼 속에 충만하게 하는 시도인 동시에 진리에 대한 지적인 추구이기도 한다. 이것은 이미 아득한 고대로부터 우리에게 전해

서 '지식과 실천에 의하여 알 수 있는'(sāṁkhyayogādigamyam)이라 한 것을 보라. 『바가바드기타』, iii.7 ; v.1.2 ; ix.28 ; xiii.24에서는 요가가 행위(karma)라는 의미로 사용된다. 요가라는 말이 우리가 소유하지 않은 것을 얻는 것을 의미하기도 한다. 『바가바드기타』, ix.22를 보라.

[역주15] 요가(yoga)라는 말은 범어 동사 원형 'yuj'(묶다, 결합하다)에서 파생된 말이다.

내려오는 각 장의 말미에 붙은 콜로펀(colophon)에서도 분명하게 나타나 있다. 여기서 『바가바드기타』는 요가 샤스트라 혹은 브라흐만에 대한 철학의 종교적인 수행(brahmavidyānāṁ yogaśāstre)으로 지칭된다.[역주16]

5. 궁극적 실재

1) 주·객관 세계에 있어서의 실재

우파니샤드의 경우처럼 『바가바드기타』에서도 궁극적 실재의 문제는 주관과 객관의 두 가지 방식으로 접근된다. 저자의 형이상학적 성향은 제2장에서 분명하게 드러난다. 여기서 그는 자신의 사유체계가 의거하고 있는 원리를 언급하고 있다. "비실재적인 것에서 존재가 있을 수 없으며, 실재적인 것 가운데 결코 비존재는 있을 수 없다."[원주41]

객관적인 분석은 실체와 그림자, 불멸자(akṣara)와 덧없는 것(kṣara) 간의 구분에 의거해 시작된다. "이 세계에는 이 두 존재, 즉 파괴할 수 있는 크샤라와 파괴할 수 없는 아크샤라가 있다. 불변자가 아크샤라이다."[원주42] 우리는 여기서 말하는 '불변자'가 곧 궁극적 실재라고 말할 수 없다. 왜냐하면 바로 그 다음 구절에서 『바가바드기타』는 "궁극적 존재는 최고아(最高我, Paramātman)라고 불리는 다른 존재이며, 그는 무진장한 주(主)로서

〔역주16〕 예를 들어 『바가바드기타』 제1장의 말미에는 다음과 같은 언급이 있다. "바가바드기타라는 우파니샤드, 절대자에 대한 학문, 요가의 경전, 그리고 스리 크리슈나와 아르주나의 대화에서, 이것은 아르주나의 고뇌라고 부르는 제1장이다(iti śrīmad bhagavadgītā upaniṣatsu brahmavidyāyām yogaśāstre śrīkṛṣṇārjunasaṁvāde arjunaviṣādayogo nāma prathamo 'dhyāyaḥ. 라다크리슈난, 『바가바드기타』, p.95). 『바가바드기타』 각 장의 말미에 나오는 제목은 원래 본문에 없었던 것이다. 그리고 이 부분은 사본에 따라 상당히 다르게 나타나며, 때로는 본문의 일부로 잘못 이해되기도 한다. 오늘날에는 흔히 이 부분에 나오는 제목을 각 장의 서두에 둔다. Robert N. Minor, 『바가바드기타』, p.26을 보라.

〔원주41〕 ii.16.

〔원주42〕 xv.16.

378

삼계를 뒤덮으며, 그들을 지탱하고 있다"[원주43]고 선언하고 있기 때문이다. 『바가바드기타』의 저자는 먼저 세계의 영원한 토대와 그것의 무상한 현현, 혹은 프라크리티와 그것의 전개를 구분한다. 이 경험의 세계에서(imau loke), 우리는 덧없이 사라지는 측면과 영원한 측면을 지닌다. 비록 프라크리티는 변화의 세계와 비교할 때 영구적인 것이라 할지라도, 그럼에도 불구하고 그것은 궁극적인 주(主)에게 의지해 있으므로, 절대적으로 실재하는 것이라고 할 수는 없다.[원주44] 이 지고한 영혼은 진정한 불멸자이며 영원한 것의 거소이다.[원주45]

라마누자는 자신의 특정 이론에 맞추어 크샤라를 프라크리티 원리로, 그리고 아크샤라를 개아로 간주하며, 지고한 자아(Puruṣottama)를 이 둘보다 상위에 있는 것으로 본다. 우리가 푸루숏타마의 개념을 무한자와 유한자라는 거짓된 추상보다 우위에 있는 구체적 인격체의 개념으로 해석하는 것은 가능하다. 다만 한 가지 어려움은 유한자의 토대로 일컬어지는 브라흐만이 하나의 단순한 추상으로 간주될 수 없다는 점이다.

『바가바드기타』는 유한자 혹은 무상한 것과 무한자 혹은 영원한 것을 구분한다. 무엇이든 제한되고 일시적인 것은 비실재적이다. 순수 생성은 이치가 닿지 않는 모순이다. 생성하는 것은 존재가 아니다. 만일 그것이 존재라면, 그것은 생성하지 않을 것이다. 세계 내의 뭇 사물은 다른 어떤 것이 되고자 애쓰고 있으므로, 그것은 실재적이 아니다. 일시성은 지상의 모든 사물을 특징짓는다. 인간 의식의 배경에는 사라지지 않는 어떤 것이 있다는 믿음이 있다. 왜냐하면 무(無)로부터 나올 수 있는 것은 아무것도 없기 때문이다. 궁극적으로 실재하는 존재는 끊임없이 변화하는 프라크리티가 아니다. 그것은 최고의 브라흐만이다. 그것은 영원한 존재 혹은 불변의 존재(kūṭasthasatta)이다. 이에 비하여 세계는 시작이 없는 영속적 존재

〔원주43〕 xv.17.
〔원주44〕 viii.20에서는 "이 미현현의 원리와 구별되는 미현현이며 영원한 또 다른 한 존재가 있다. 그것은 모든 존재들이 파괴될 때에도 파괴되지 않는다"라고 말한다.
〔원주45〕 viii.21.

(ānādipravāhasattā)이다. "모든 존재 속에 동일하게 내재해 있으나, 그 존재들이 사멸해도 사멸하지 않는 지고의 주(主)를 보는 자가 참으로 보는 자이다."[원주46] 이 영원한 혼은 모든 존재 속에 살며, 따라서 그것은 유한 존재와 질적으로 다르지 않다. 『바가바드기타』는 모든 유한 존재의 근저에 놓여 있으며, 그것에 활력을 부여하는 실재를 믿는다.

개체적인 자아는 항상 그 자체로 만족하지 않으며, 그외의 어떤 것이 되고자 몸부림한다. 그것의 제한된 의식 속에는 무한자에 대한 느낌이 있다. 스스로의 슬픈 처지 너머로 떠오르기 위하여 끊임없이 분투하는, 이 제한된 유한 자아는 궁극적으로 실재하는 것이 아니다. 참된 자아는 불멸성을 지닌다. 『바가바드기타』는 자아 속에 있는 영원한 요소, 즉 언제나 주관이며 결코 객관이 아닌 요소를 발견하기 위하여 노력한다. 크셰트라(kṣetra)는 대상이며, 크셰트라갸(kṣetrajña)는 대상을 인식하는 자, 즉 인식 주관이다.[원주47] 알려지는 것은 아는 자의 본질이 아니다. 인간의 자아 속에는 모든 변화의 배후에서 불변으로 남아 있는, 아는 자의 요소가 있다. 그것은 영원, 불변, 무시간적인 자존자이다.

『바가바드기타』는 개아를 그 구성요소인 육신, 마음, 영혼으로 나누고, 이 가운데서 항상 '존재하는' 요소를 발견하려고 노력한다. 육신은 영원한 주체가 아니다. 왜냐하면 그것은 단지 잠깐 동안의 뼈와 살이며, 끝이 있기 때문이다.[원주48] 감각적인 삶은 사라지는 것이며 변화무쌍한 것이다.[원주49] 경험적인 마음은 끊임없이 변화한다. 이 모든 것은 단지 주관에 대한 객관일 뿐이며, 영혼이 작용하는 도구일 뿐이다. 이들은 그 자체를 위하여 존재하는 것이 아니다. 『바가바드기타』의 용어를 빌리자면, 내적인 원리, 모든 지식의 원천은 "감각이나 의근 혹은 지성 이상의 어떤 것"[원주50]이다. 그것

〔원주46〕 xiii.27. 또한 xiii.20을 보라.
〔원주47〕 xiii.1과 5~6.
〔원주48〕 ii.13.
〔원주49〕 ii.14.
〔원주50〕 iii.42.

은 그외의 모든 요소를 조합하는 요소이며, 숙면 상태에서도 줄곧 존재한다. 조합의 기능은 감각이나 지성, 혹은 이 둘의 조합에 귀속시킬 수가 없다.[원주51] 주체는 경험적인 자아를 포함한 모든 객관 세계가 의존하는 필수 불가결의 토대이다. 만일 우리가 이 주체를 버린다면, 객관 세계도 사라질 것이다. 그러나 주체는 심지어 객체가 사라진다 해도 사라지지 않는다.

『바가바드기타』는 근저에 놓인 이 요소에 대하여 웅변적인 묘사를 아끼지 않는다. 그것은 육신의 주인이다. "그는 태어나는 일도 없고 죽는 일도 없으며, 있지 않았으므로 또한 사라지는 일도 없다. 불생, 영원, 영속, 태고의 그는 육신이 살해될 때에도 살해되지 않는다."[원주52] "칼날이 그것을 상하게 할 수 없고, 불이 그것을 태울 수도 없으며, 물도 그것을 적실 수 없으며, 바람도 그것을 말릴 수 없다. 그것은 꿰뚫을 수 없고, 태울 수 없으며…… 영원, 편재, 부동, 불변, 태고이다."[원주53]

궁극적 자아의 본질에 대한 『바가바드기타』의 설명은 다소 당혹스러울 지경이다. "시작도 없고 속성도 없는 이 무진장한 최고아는 육신 속에 있을지라도 행위하지 않으며 오염되지도 않는다."[원주54] 그것은 순수 관조자로 간주된다. 자아는 행위자가 아니다(akartṛ). 세계 전개의 전체 드라마는 오직 객관 세계에 속한다. 지성, 의근, 감관은 무의식적인 프라크리티의 전개물로 간주된다. 프라크리티는 영혼의 존재로 인하여 이러한 전개를 일으킬 수 있다. 주체적인 자아는 우리의 지주(支柱)요 원천이며, 내재적인 목격자라 할지라도, 그것은 우리 내면에 고요히 머물며, 외계 대상에 붙들리지 않는다.

우리는 세계의 실제적인 개아 속에 주체와 객체의 조합을 지닌다.[원주55] 경험적인 자아는 객체의 상황에 의하여 제한된 주체의 신성한 원리이다.

〔원주51〕 xiii.6.
〔원주52〕 ii.20.
〔원주53〕 ii.22~25.
〔원주54〕 xiii.31.
〔원주55〕 xiii.27.

세계에서 주체와 객체는 언제나 함께 발견된다.[원주56] 궁극적이고 초월적인 존재를 지니지 않는 것은 오직 객체뿐이다. 객체보다 우위에 있는 주체는 객체의 토대이다. "어떤 이가 다양한 모든 존재를 일자(一者)에 뿌리두고 있는 것으로 보며, 모두가 그로부터 흘러나왔다는 것을 알 때, 그는 궁극자와 하나가 된다."[원주57] 객체와의 혼동이 멎을 때, 모든 존재 속의 주체가 하나라는 것이 발견된다. 크리슈나가 아르주나에게 죽은 자를 슬퍼하지 말라고 촉구할 때, 그는 죽음이 소멸이 아니라고 말한다. 개아는 수없는 변화를 겪지만, 그 본질은 파괴되지 않는다. 궁극적인 완전에 도달할 때까지, 개별성은 존속한다. 필멸의 뼈와 살은 거듭하여 생멸한다 할지라도, 내적인 개체는 자기 동일성을 유지하며 새로운 형태를 띤다. 이러한 믿음이 굳어지려면, 우리는 자명한 지식을 얻을 수 있도록 힘써야 한다. 우리의 불멸은 무한 혹은 완전에 의하여 담보된다. 그것은 우리가 지닌 잠재적인 무한성의 현현이다. 우리의 육신은 '흙으로 돌아간다' 할지라도, 아트만 혹은 순수 주체가 아무런 영향을 받지 않은 채로 있을 수 있는 것, 크리슈나가 혼란에 빠진 아르주나의 마음을 가라앉히는 것은 영혼에 대한 이러한 긍정을 통해서이며, 우파니샤드의 직관에 대한 이러한 옹호를 통해서이다.

영혼은 결코 태어나지 않는다. 영혼은 결코 소멸되지 않으며,
그것이 없었던 때는 없다. 끝과 시작은 단지 꿈에 지나지 않는다.
불생, 불멸, 불변의 영혼은 영원히 살아 있으며,
설사 그 껍질이 죽는 것 같아 보인다 할지라도, 죽음은 그것을 어찌할
수 없다.[원주58]

[원주56] xiii.20~21.
[원주57] xiii.31.
[원주58] 에드윈 아널드(Edwin Arnold) 경의 번역.

2) 브라흐만과 세계

우파니샤드의 정신에서 『바가바드기타』는 아트만과 브라흐만의 두 원리를 하나로 본다. 덧없는 감각과 육신의 배후에 아트만이 있으며, 덧없는 객관 세계의 배후에 브라흐만이 있다. 그 둘은 동일한 본질을 지닌다. 이에 대한 진실은 스스로 깨달아야 하는, 각 개인의 경험적인 문제이다. 불변자를 변화의 용어로 정의하려는 어떤 노력도 결국에는 실패한다. 『바가바드기타』에는 직관으로 알 수 있는 절대자가 세계에 대한 논리적인 토대라는 함축이 있는 것은 사실이지만, 이것을 증명해 보이려는 시도는 없다. 만일 세계가 무질서한 혼돈이 아니라 체험이어야 한다면, 우리는 무한 절대자의 실재를 필요로 하지 않을 수 없을 것이다. 그러나 우리는 무한자와 유한자를 상호 배타적인 두 영역으로 대립시키지 않도록 주의해야 한다. 그렇지 않으면 우리는 무한자에 대한 그릇된 견해를 지니게 될 것이다.

처음에 우리의 마음에 떠오르는 것은 무상한 유한자와 실재적인 무한자 간의 구분이다. 그러나 만일 이것이 전부라면, 무한자는 유한화되고 제한된 어떤 것으로 바뀌고 말 것이다. 왜냐하면 대립되고 배제된 유한자는 무한자에 대한 제한이 되기 때문이다. 무한자를 유한자의 존재 밖에 있는 어떤 것으로 생각하는 것은 옳지 않다. 그것은 기실 유한자 그 자체이다. 그것은 무한화된 유한자이며, 유한자 속의 실재이며, 유한자와 나란히 놓인 어떤 것이 아니다. 만일 우리가 유한자 속의 무한자를 간과해버린다면, 우리는 유한 세계 혹은 상사라(saṃsāra) 특유의 끝없는 순환을 보게 될 것이다. 바로 이 끝없음이 유한자의 영역에 있는 무한자의 표식이다. 유한자는 단지 유한자로 된 무한자로 나타날 뿐이다.

무한자와 유한자의 구분은 단지 성긴 생각의 특징일 뿐이다. 사실 오직 무한자만 있으며, 유한자는 무한자의 유한화에 지나지 않는다. 초월과 내재라는 말은 부적절하다는 결론이 된다. 왜냐하면 이 용어는 절대자에 대한 어떤 분별적인 '타자'(他者)를 가정하기 때문이다. 사유의 어떤 범주도 절대자에 대해서는 부적절하다. 그것은 존재도 아니고 비존재도 아니며, 유형도 무형도 아닌 것으로 묘사된다.[원주59] 『바가바드기타』는 궁극적 실재란 시공간과 인과율에 지배되는 세계의 배후에 놓인 불변 자존자라는 우파니샤드의 원리를 반복하여 말하고 있다.

『바가바드기타』는 철학에 있어서 불이론(不二論)의 진리를 주장한다. 궁극적인 브라흐만은 '베단타 학자들이 가르치는, 고행자들에 의하여 도달되는' 불변의 자존자이다. 비록 그 자체는 움직임이 아니라 본래 영원 최상의 지위라 할지라도, 그것은 시간적인 세계에서 영혼의 활동이 지니는 궁극의 목표이며 최고의 위상이다. 영원 불변한 브라흐만 속에, 움직이고 발전하는 모든 것이 있다. 비록 그것은 아무것도 일으키지 않고, 아무것도 행하지 않으며, 아무것도 결정하지 않는다 할지라도, 그것으로 인하여 모든 것이 존재하며, 그것 없이는 아무것도 있을 수 없다. 브라흐만과 세계, 이 둘은 그 특징으로 보아 서로 대립되는 것처럼 보인다. 설사 윤회의 실재를 부정하고 그것을 단지 그림자에 불과한 것으로 간주한다 할지라도, 여전히 그것이 그림자인 실체는 있다. 상사라의 세계는 그 자체를 초월하려는 끊임없는 노력을 보이고 있으며, 이것은 곧 그것의 비실재성을 드러내는 것이다. 이에 비하여 절대자 브라흐만은 그 자체가 목적이며, 그 자체를 넘어선 어떤 목적도 추구하지 않는다.

상사라의 세계는 절대자에 토대를 두고 있으므로, 후자는 종종 불변이며 또한 변화라고 말해지기도 한다. 상사라의 무한한 다양성과 대립이 있는 것은, 단지 마음을 모든 대립이 극복되고 연속이 연속없는 의식 속에 녹아드는 방향으로 전환시키기 위해서이다. 있을 수 있는 모든 상대물과 대립물은 절대자에 의존해 있음에 비하여, 바로 그들의 토대인 그것은 그들에 대립되지 않는다. 비록 절대자가 없다면 상사라도 있을 수 없다는 것을 확신한다 할지라도, 우리는 정확히 어떻게 상사라의 세계가 절대적인 브라흐만에 토대를 두고 있는가 하는 것은 알 수 없다. 소용돌이치는 바다뿐만 아니라 침묵 속의 영면 또한 있다. 우리는 그 둘이 정확히 어떻게 연관되는가는 알 수 없다. 우리는 마야(māyā)라는 말을 사용함으로써 스스로의 무지

〔원주59〕 xiii.12.

를 은폐한다. 그 둘은 하나이다. 그럼에도 불구하고 그들은 다른 것처럼 보이며, 그렇게 보이는 것은 마야 때문이다. 초월적 실재는 변화의 세계에 의하여 닿지 않지만, 그럼에도 불구하고 그것을 결정한다. 철학적인 관점에서 보아, 우리는 여기서 멈추어 서지 않을 수 없다. "이 변화무쌍한 피조 세계가 왜 그리고 어디로부터 생겨났는가를, 누가 참으로 알 수 있으며, 누가 감히 언명할 수 있겠는가?"[원주60]

　　동일한 문제가 개아에게 적용될 때, 이것은 대상에 대한 자유로운 주체의 관계에 관한 문제가 된다. 우리는 불멸의 관조자인 자아와 의식의 유동적인 변화 간의 관계에 대하여 알지 못한다. 샹카라는 이 난점을 대면함에 있어서 가탁(假託, adhyāsa)의 가정을 채택한다. 주체와 객체, 이 둘은 접촉(saṁyoga)으로 연관될 수 없다. 왜냐하면 주체는 부분 없는 것이기 때문이다. 그 관계는 불가분의 내속(samavāya)일 수 없다. 왜냐하면 그 둘은 원인과 결과로 연관되지 않기 때문이다. 샹카라는 다음과 같이 결론짓는다. "그것은 상호 가탁의 성격을 지니는 것이 분명하다. 바꿔 말하여 그것은 객관의 본질과 주관의 본질에 대한 분별의 부재로 인하여 그 둘의 속성뿐 아니라 그 둘 자체에 대하여 서로 혼동하는 것에 놓여 있다. 이것은 마치 분별의 부재로 인하여 진주조개를 은(銀)으로, 혹은 밧줄을 뱀으로 혼동할 때, 그 둘을 서로 결부시키는 것과 같다. 그 둘에 대한 결합 그 자체는 가현(mithyājñāna)이며, 그것은 사람이 바른 지식을 얻을 때 저절로 사라진다."[원주61] 이 이론이 『바가바드기타』의 여러 곳에서 암시되고 있다는 것은 사실이지만, 그것이 『바가바드기타』에서 명백히 설해지고 있는 것은 아니다.

3) 푸루숏타마

　　우파니샤드의 형이상학적 관념론은 『바가바드기타』에서 유신론적인 종

〔원주60〕『타잇티리야 브라흐마나』, ii.8~9. 또한 『리그 베다』, x.129를 보라.
〔원주61〕『바가바드기타』, xiii.26에 대한 샹카라의 주석.

교로 전환되며, 이로써 『바가바드기타』는 사랑과 믿음, 기원과 헌신에 대한 여지를 제공한다. 우리가 절대자에 대한 통찰을 지니지 못하고 경험적인 차원에 머물러 있는 한, 우리는 오직 최고아(Puruṣottama)의 궁극적 신성에 대한 이론으로 그것을 설명할 수 있을 뿐이다. 절대자의 비인격성은, 인간에 대하여 그것이 지니는 전체 의미라고 볼 수 없다. 우파니샤드의 관념론을 인간의 일상 생활에 적용시키고자 고심하는 『바가바드기타』는 신의 행위성과 그의 세계 참여를 지지한다. 그것은 우리에게 인간의 전 존재를 만족시키는 신, 순수 무한자와 순수 유한자를 넘어서는 어떤 실재를 제시하고자 한다. 지고한 영혼은 세계의 원천이요 원인이며, 모든 생명에 편재하는 원융무애의 에너지이다. 윤리적인 요소가 형이상학적 요소와 결합된다.[원주62]

　『바가바드기타』는 구분을 위한 구분을 받아들이는 오류를 배척한다. 그것은 추상적인 모든 대립을 조화시킨다. 사유체계는 구별을 짓고 그것을 조화시키는 과정없이 작용할 수 없다. 우리가 절대자를 생각하는 순간, 우리는 직관의 진리를 사유체계에 적합한 용어로 전환시키지 않을 수 없다. 순수 '유'는 '무'로 넘어가고, 우리에게는 유와 무의 통일이 남는다. 이와 같은 통일은 생각 그 자체만큼이나 실재적이다. 물론 『바가바드기타』는 비인격적이고 비활동적인 영혼으로서의 절대자가, 세계를 창조하고 유지하는 활동적 인격신으로 전환되는 과정을 말하지는 않는다. 이 문제는 지적으로 해결될 수 있는 것이 아니라고 여겨진다. 이 불가사의는 오직 우리가 직관의 차원으로 떠오를 때 명료해진다. 절대자가 신으로 전환되는 것은 마야 혹은 신비이다. 그것은 또한 전환된 세계가 절대자 그 자체만큼 실재적이 아니라는 의미에서도 마야라고 할 수 있다.

　만일 우리가 논리를 통하여 세계에 대한 절대자의 관계를 이해하려고 한다면, 우리는 절대자에게 힘(śakti)을 귀속시킬 것이다. 비활동적이고 무속성이며 또한 어떤 대상과도 무관한 절대자는, 논리를 통하여 원물질

[원주62] 『바가바드기타』, viii.9와 13.

386

(prakṛti)과 관련된 힘을 지니는 역동적이고 인격적인 주(主)로 전환된다. 우리는 '물을 덮고 있는 나라야나'(Nārāyaṇa), 즉 영원한 것처럼 보일뿐인 (pseudo-eternal) '비아'(not I)와 맞서는 영원한 '나'(I)를 지닌다. 거짓 영원한 비아는 원물질이라고도 부른다. 왜냐하면 그것은 세계를 생성시키기 때문이다. 그것은 미혹의 원천이다. 왜냐하면 그것은 유한자의 시야로부터 실재의 참된 본질을 은폐시키기 때문이다.

세계는 최고아(Puruṣottama)와 유기적인 관련을 지닌다. 최고아 이하의 모든 존재는 존재와 비존재의 이원성을 띤다. 부정의 요소가 절대자에게 흘러들고, 통일은 생성의 과정에 그 본질을 펼쳐내지 않을 수 없게 된다. '행위하고자 하는 태고의 충동'[역주17]이 최고아의 가슴속에 임재하며, 본래적인 통일은 지고한 현재 속에 과거·현재·미래를 포함하는 세계의 전 과정으로 충만한다. 크리슈나는 아르주나에게 하나의 광대한 꼴로 전 우주적인 형상(viśvarūpa)을 보여준다.[원주63] 영원의 광채 속에서 아르주나는 존재의 경계 너머에 있으면서도 전체 하늘과 우주 및 그를 통하여 운행되는 세계들을 가득 채우는 크리슈나의 형상을 본다. 모순은 발전의 주요 원동력이 된다. 심지어 신조차도 부정의 요소, 즉 마야(māyā, 幻)를 지닌다. 물론 그는 마야를 통제하는 자이다. 지고한 신은 자기의 행위성(svāmprakṛtim)을 발휘하여 무수한 개아(jīva)를 창조하며, 각각의 개아는 자기 자신의 본질에 의하여 결정되는 길을 따라서 스스로의 운명을 완수한다. 이 모든 것은 무상한 세계에 행사되는 지고자의 본래적인 힘을 통하여 행해지지만, 그는 이 모든 것에 물들지 않는 또 다른 측면을 지닌다. 그는 내재적인 의지일 뿐만 아니라, 비인격적 절대자이다. 그는 원인없는 원인이며, 부동의 동자(動者)이다.

[역주17] 최고아 속에 일어나는 의욕 혹은 충동(kāma)은 '존재와 비존재를 연결하는 고리'이다. 『인도철학사 I』, pp.151~152를 보라. "처음에 의욕이 저 유일한 것(Tad ekam)에 나타났으니, 그것은 사고(manas)의 첫 종자였다. 가슴 깊이 지혜를 구하는 현자들이 무에서 유의 고리를 찾았도다"(『리그 베다』, x.129.4). 또한 『찬도기야 우파니샤드』, vi.2.3을 보라.
[원주63] 『바가바드기타』, xi ; vi.29 ; vii.8~9 ; viii.22 ; x.

그는 만유 안에 있으나 또한 그 바깥에 있으며

움직임이 없지만, 그럼에도 불구하고 움직임이 있으며,

찰나 간에 있는 너무도 미세한 자이기에 분간할 수 없다.

모두의 지척에 있지만, 그럼에도 불구하고 이루 헤아릴 수 없이 멀리 있다.

다자(多者)가 아니지만, 그럼에도 불구하고 살아 있는 모든 존재 속에 살고 있다.

그는 빛 중의 빛이지만, 영원한 광채를 발하며 어둠의 한가운데 있다. [원주64]

4) 상위의 프라크리티와 하위의 프라크리티

지고자는 수승한(parā) 속성과 열등한(aparā) 속성의 두 가지 속성을 지니며, 이 둘은 각각 의식적인 측면과 무의식적인 측면에 상응한다. 열등한 프라크리티는 물질계에서 결과물과 변형물을 생산하며, 수승한 프라크리티는 목적과 가치의 세계에서 지성을 지닌 영혼(puruṣa)들을 생산한다. 이 둘은 하나의 영적인 전체에 속한다. 마드와(Madhva)는 이러한 취지에서 한 구절을 인용하고 있다. "신에게는 의식없는 것(jaḍa)과 의식있는 것(ajaḍa) 2종의 프라크리티가 있다. 전자는 미현현의 프라크리티이며, 후자는 전자를 펼쳐내는 슈리(Śrī) 혹은 락슈미(Lakṣmī)이다. 이 여신은 나라야나(Nārāyaṇa)의 배우자이다. 이 둘로써 하리(Hari)가 세계를 창조한다."[원주65]

『바가바드기타』는 푸루샤의 근접에 의하여 결정되는 동질 미결정의 물질로부터 다양한 세계의 창조를 설명하는 상키야 학파의 이론을 수용한다. 프라크리티가 작위하도록 자극하는 데 필수적인 푸루샤의 접근은 실재적인 접근이다. 그러므로 비록 지성적인 요소는 주관에 보다 현저하고 물질적인

[원주64] 『바가바드기타』, xiii.15~18. 에드윈 아널드 경의 번역이다.

[원주65] 『바가바드기타』, vii.5에 대한 주석.

요소는 객관 세계에 보다 현저하다 할지라도, 모든 행위는 푸루샤와 프라크리티의 복합적인 노력에 기인된다. 양자 모두가 유일한 지고자의 본질을 형성한다. 이 둘은 세계의 구성 원료이다.[원주66] 이런 이유로 주(主)는 모든 것을 비추는 의식일 뿐 아니라 세계의 지주(支柱)라고 말해지는 것이다. 『바가바드기타』의 저자는 신의 한 본성이 어떤 단계에서는 무의식적인 물질로 스스로를 현현하며 또 다른 단계에서는 의식적인 지성으로 나타나는 방법을 설명하지 않으며, 하나의 원천에서 나오는 이 두 산물이 어떻게 해서 세계 전개의 과정에서는 서로 대립적인 것으로 나타나게 되는가를 말하지 않는다.[원주67]

지고자는 인간과 자연 속에 있지만, 그럼에도 불구하고 그는 이 둘보다 더 광대하다. 무한한 시공간 속에 있는 가이없는 우주는 그에게 의지해 있으며, 이에 비하여 그는 우주에 의존하지 않는다. 신의 자기 현현은 변할 수 있겠지만, 신에게는 현상적인 변화의 영원한 토대로서의 자동적(自同的)인 요소가 있다. 다양성의 개별 존재는 신의 자기 동일성에 영향을 줄 수 없다.[원주68] "안 가는 곳이 없는 세찬 바람이 공간에 의지하고 있듯이, 이와 마찬가지로 모든 존재는 나에게 의지해 있다."[원주69] 그러나 설사 '이리저리 다니는 바람'이 없다 해도 공간은 공간이다. 주(主)는 창조의 속성에 의하여 오염되지 않는다. 그의 본질에 대한 자기 현현으로서의 세계는

[원주66] 라마누자는 말한다. "비지성적인 프라크리티와 그 속에 던져지는 지성적인 배아(胚芽) 간의 연관으로부터(『바가바드기타』, xiv.3에 대한 라마누자의 주석), 모든 존재의 생성이 야기되며, 여러 신에서 무생물에 이르기까지 모든 존재는 비지성적인 요소와 섞인다(같은 책, xiii.2). 불가분의 브라흐만이 실재로 나누어지는 것이 아니라 단지 그렇게 보일 뿐 (Vibhaktam iva, xiii.16)이라는 것이 『바가바드기타』의 명백한 입장이지만, 라마누자는 이러한 존재들이 이슈와라의 존재와는 다른 궁극적인 존재를 지닌다고 주장한다.

[원주67] 그러므로 우리는 『바가바드기타』의 최고아(Puruṣottama) 혹은 전체 개념과 영원한 연장(durée)에 대한 베르그송의 이론 간에, 혹은 푸루샤 및 프라크리티에 대한 『바가바드기타』의 가르침과 생명 및 물질에 대한 베르그송의 개념 간에 어떤 비교를 시도할 수 있는 입장이 못된다.

[원주68] 『마하바라타』, 「샨티파르바」, 339~344.

[원주69] 『바가바드기타』, ix.6 ; ix.10.

신의 자기 완전을 손상시키지 않는다. 그럼에도 불구하고 우리는 세계의 구성물을 떠나서 신의 본질을 알 수 없다. 만일 신이 모든 내용, 지식과 삶에 있어서 변화와 발전을 구성하는 모든 내용을 여읜다면, 신 그 자체는 알 수 없게 될 것이다. 만일 우리가 오직 보이는 현상 세계에 몰두한다면, 실재는 우리의 시야에서 가려질 수밖에 없다는 것 또한 사실이다. 우리는 신이 대상과의 모든 관계에 독립적이라는 것을 인식해야 하며, 어떻게 해서 신은 자신이 야기하는 모든 변화를 통하여 스스로를 보존할 수 있는가를 알아야 한다.

대상과의 관계성이 배제될 수 없다는 이유 때문에, 주체가 자기 동일성을 지니지 않는다고 생각할 필요는 없다. 만일 전개된 세계가 영혼과 혼동된다면, 『바가바드기타』의 이론은 우주신론(宇宙神論, cosmotheism)이 될 것이다. 그러나 『바가바드기타』의 저자는 이러한 입장을 명백히 부정하고 있다. 전체 세계는 신의 한 부분(ekāṃśena)에 의하여 유지된다고 말해진다.[원주70][역주18] 『바가바드기타』 제10장에서 크리슈나는 자기의 무한한 영광 가운데서 단지 일부분만 드러내 보일 뿐이라고 말한다. 절대자의 불변성과 이슈와라의 행위성은 푸루숏타마의 개념 속에 혼융된다.

종교적인 관점에서 볼 때, 인격적인 최고아는 우주의 주관적·객관적인 현현에 의하여 영향받지 않는 불변의 자존자보다 상위에 있다. 그는 고통 가운데 있는 자들을 언제든지 기꺼이 보살피는 공평무사한 주관자로 간주된다. 가끔 벌을 과하기도 한다는 이유만으로, 우리가 그를 불공평하고 불친절한 자라고 말할 수는 없다. 이러한 취지에서 슈리다라(Śrīdhara)는 말한다. "어머니가 아이를 안아주든 매질하든 간에 항상 그 아이에 대하여 몰인정하지 않듯이, 이와 마찬가지로 선과 악을 심판하는 자, 이슈와라는 불친절하지 않다."[원주71] 비인격적 절대자는 종교의 목적에서 인격적 최고

[원주70] 『바가바드기타』, x.42.

[역주18] 『바가바드기타』의 이러한 입장은 범재신론(汎在神論, panentheism)에 가깝다. 『인도철학사 I』, p.281, [역주19]를 보라.

[원주71] 『바가바드기타』, iv.8에 대한 주석. "Lālane tāḍane mātur nākāruṇyam

아로 상정된다. 최고아의 개념은 인간의 나약한 마음에 의하여 받아들여진 의도적인 자기 기만이 아니다. 건조한 **이성**의 빛은 우리에게 무형의 실재를 제공하는 반면에, 영적인 직관은 우리에게 인격적인 동시에 비인격적인 신을 드러내 보인다.

이와 같은 조화의 원리는 우파니샤드에 담겨 있다. 『이샤 우파니샤드』는 실재를 동적인 동시에 정적인 것으로 파악하고 있다. 어느 한 쪽에만 배타적으로 치우치게 될 때, 지혜의 암흑 혹은 무지를 초래한다. 『바가바드기타』는 불멸의 자아와 변화무쌍한 경험을 종합하려는 시도를 보인다. 에너지를 지닌 지고의 영적 존재가 푸루숏타마이며, 영면(永眠) 상태의 그것이 브라흐만이다.

샹카라난다(Śaṃkarānanda)는 말한다. "두 종류의 바수데바, 즉 현현된 바수데바와 미현현의 바수데바가 있다. 상범(上梵, Parabrahman)은 미현현자이며, 생물과 무생물의 전체 세계는 현현된 것이다."[원주72] 지고자는 미현현의 측면뿐 아니라 현현된 측면을 지닌다. 전자는 프라크리티가 지고자의 속성으로 구속되고 개아(jīva)가 그것의 한 부분으로 말해질 때 강조된다.[원주73]

크리슈나가 "무엇이든 영광되고 선한 것, 아름답고 강대한 것, 그것은 모두가 내 장려함의 한 단편에서 흘러나온 것임을 알아라"[원주74]고 말할 때에도 지고자의 미현현적인 측면이 강조되고 있다. 크리슈나가 우리에게 그의 신앙자가 되라고 촉구할 때, 그가 우주적 형상(viśvarūpa)을 보여줄 때, 그리고 그가 1인칭을 사용할 때마다, 우리는 지고자의 현현된 측면에 대한 언급을 대한다.[원주75] 신성의 이러한 측면은 창조 행위와 관련을 지니며, 여기서 그것은 시간의 연속과 생성의 파도 속에 그 모습을 감추어버린다. 그

---

yathā'rbhake, tadvad eva maheśasya niyantur guṇadoṣayoh."
[원주72] 『바가바드기타』, iv.11에 대한 주석.
[원주73] xv.7.
[원주74] x.41.
[원주75] 『바가바드기타』, ix.34 ; xiv.27 ; xviii.65.

모든 것 너머에 또 다른 하나의 상태, 침묵과 부동의 상태가 있다. 이 둘은 함께 푸루숏타마를 형성한다.

우리가 인격적인 주(主)를 최고의 형이상학적 실재인 것처럼 말한다면, 우리는 어려움에 빠지고 말 것이다. "이제 나는 알려지는 대상, 우리가 불멸에 이르는 앎, 존재 혹은 비존재라고도 말할 수 없는 무시무종의 브라흐만을 말하리라."[원주76] 『바가바드기타』의 저자는 종종 지고자의 현현된 측면이 그 자신의 신비한 힘(yoga māyā)의 창조라는 것을 상기시킨다.[원주77] "분별력이 없는 사람들은 나의 초월 무한의 본질을 알지 못하고, 지각될 수 없는 나를 지각할 수 있는 것이라 생각하며, 그 이상의 높은 차원은 없다고 여긴다."[원주78] 궁극적으로 볼 때, 절대자가 푸루숏타마의 형태를 띠는 것은 실재 이하의 차원이 된다. 그러므로『바가바드기타』는 종교적인 목적을 위하여 인격신 개념이 보다 유용한 것으로 간주하는 것은 사실이라 할지라도, 『바가바드기타』에 의거해서 비인격적인 자아가 실제로 인격적인 이슈와라보다 열등하다고 주장하는 것은 옳지 않다.

5) 권화

『바가바드기타』의 우주론으로 넘어가기 전에 권화(權化, avatār)의 문제를 제기하면서, 푸루숏타마 개념과 크리슈나 간의 관계에 대하여 언급하고자 한다.

크리슈나가 푸루숏타마와 동일한 것인지 아니면 단지 푸루숏타마의 제한적인 현현인지에 대해서는 이견이 많다. 권화의 이론이『바가바드기타』에 언급된다. "나는 비록 불생 불멸이며, 모든 존재의 주(主)라 할지라도, 내 자신의 프라크리티를 주관하는 입장을 띤다. 나는 나의 마야(māyā, 창조력)에 의해서 태어난다."[원주79] 비록 『바가바타 푸라나』는 예외적으로 크

[원주76] 『바가바드기타』, xiii.12에 대한 라마누자의 주석.
[원주77] 『바가바드기타』, vii.25.
[원주78] 『바가바드기타』, vii.24.
[원주79] iv.6.

리슈나를 지고자의 완전한 현현으로 상정하고 있다 할지라도, 권화는 일반적으로 지고자의 제한된 현현을 의미한다.

『바가바타 푸라나』에서 "크리슈나는 지고한 주(主) 그 자체이다." 그의 형상에 대한 묘사는 그가 모든 것을 포괄한다는 것을 시사한다. 그의 머리에 꽂힌 공작 깃털은 인간의 시각에 포착되는 온갖 다양한 색깔이다. 그의 얼굴색은 하늘의 색깔이며, 목에 걸린 화환은 태양계와 별들의 장려함을 상징한다. 그가 즐겨 부는 피리는 자기의 메시지를 전하는 도구이다. 그가 자기의 사람을 장식하는 황색 옷은 공간에 두루 퍼져 있는 빛의 훈륜(暈輪)이며, 가슴의 흉패는 그의 신앙자들이 바치는 숭배의 상징이다. 그는 숭배자의 가슴속에 서 있으며, 인간에 대한 지극한 은총을 상징하는 그의 두 발은 서로 엇갈리게 놓아서 완전한 조화를 지닐 수 있게 만든다.

샹카라와 아난다기리(Ānandagiri)는 크리슈나를 단지 지고한 신성의 부분적인 현현[원주80]일 뿐이라고 주장한다. 『바가바드기타』의 저자 자신의 견해에 있어서 크리슈나는 최고아이다. "내가 사람의 형상을 띠면, 무지한 자는 나를 잘못 이해하여 나의 지고한 본성을 간과하며, 내가 모든 존재의 위대한 주(主)라는 것을 알지 못한다."[원주81]

권화의 이론은 인류에게 새로운 차원의 영적인 메시지를 전한다. 권화는 악과 죽음과 파괴에 대항하여 싸우는 신이다. "의로움이 쇠하고 불의가 성할 때마다, 나는 스스로를 세상에 내보낸다. 선을 보호하고 악한 자를 멸하여 다시금 의를 확립하기 위하여 어느 시대든 세상에 온다."[원주82] 그것은 정신 세계의 규범에 대한 웅변적인 표현이다. 만일 신이 인간의 구원자로 간주된다면, 그는 악한 세력이 인간의 가치를 위협하려 할 때마다 자기 자

[원주80] 한 부분의 소산(Aṁśena saṁbabhūva). 샹카라와 아난다기리는 이에 대하여 주석하면서, 그것은 지고자 자신의 의지에 의하여 만들어지는 환영적 형태(Svecchānirmitena māyāmayena svarūpeṇa)일 뿐이라고 말한다.

[원주81] 『바가바드기타』, ix.11.

[원주82] 『바가바드기타』, iv. 또한 「테빗자 숫타」(Tevijja sutta) ;『마하니르바나 탄트라』(Mahānirvāṇa Tantra), iv를 보라.

신을 나타내지 않으면 안될 것이다. 인도 신화에 따르면, 라바나(Rāvaṇa) 혹은 캄사(Kaṁsa)와 같은 사악한 세력이 창궐할 때마다, 윤리 도덕의 대변자인 인드라, 브라흐마 등이 가장 큰 고통을 당하는 것으로 말해지는 지신(地神)과 함께 천계의 법정으로 올라가서 구세자를 큰소리로 외치며 간구한다. 구원의 역사(役事)는 경우에 따라서 더욱 현저해지기도 하지만, 그것은 지속적인 행위이다. 신의 일상적인 자기 현현은 세계 질서가 불균형적으로 기울어질 때 더욱 두드러지게 나타난다.

권화는 인간 속으로 신의 하강이지, 신 속으로 인간의 상승이 아니다. 사실 모든 의식적인 존재는 그와 같은 하강이지만, 그것은 단지 베일에 가려진 현현일 뿐이다. 신에 대하여 자의식적인 존재와 무지에 싸인 존재 간에 구분이 있다. 인간이 마야의 세계를 가로질러 자기의 불완전을 초월하기만 한다면, 그는 권화와 마찬가지로 선하다. 창조자 푸루숏타마는 그의 피조물과 분리되지 않는다. 그 둘은 따로 떨어져서 존재하지 않는다. 그는 언제나 세계 속에서 자기 자신을 구현하고 있다. 인간은 자기의 가능성을 현실화시킴으로써 완전한 의식적 존재가 된다. 그러면 우리가 신은 인간의 형태로 자기 자신을 제한시킨다고 말하든, 아니면 인간이 신에게로 상승되었다고 말하든 아무런 상관이 없게 된다. 그럼에도 불구하고 권화는 일반적으로 세상에서의 어떤 목적을 위하여 자기 자신을 제한한 신을 의미하며, 그는 자기의 제한된 형태 속에서도 지식의 완전함을 지닌다.

철학적인 지성은 권화 혹은 완전에 대한 이상을 세계 과정의 위대한 행진에 관련지우려고 노력한다. 정의의 확립이 요청되는 전형적인 시대의 한복판에 섰던 수승한 영혼의 소유자들은 특별한 의미에 있어서의 신의 화신이 되었다. 이렇듯 자기 본성의 지고함을 실현하고, 자기의 외적 실체가 그 안에 있는 신을 드러내 보였던 인간 본보기들은 애써 노력하는 다른 많은 사람들의 귀감이 되었다. 그들로부터 인간은 용기를 얻고 자기 본래의 위상을 실현하려고 노력할 수 있게 된다. 그들은 진리를 추구하는 영혼이 자신을 형성하고 신을 향하여 성숙할 수 있게 하는 거푸집이다. 그리스도 혹은 붓다라는 한 사람에 의하여 성취되었던 것이 다른 사람들의 삶 속에서 반복될 수 있을 것이다. 세상을 신성하게 하려는 노력 혹은 신의(神意)의 계시는 지상에서 진화의 여러 단계를 통하여 일어났다.

비슈누의 열 가지 권화는 이러한 과정에서 한 획을 긋는 중요한 단계들을 나타낸다. 유인(類人) 혹은 동물 차원에서의 발달은 물고기, 거북, 멧돼지와 같은 권화에서 강조된다. 그 다음에 우리는 인간 사자(man-lion)에서 동물에서 인간 세계로 전이하는 과정을 겪는다. 이러한 발달은 우리가 난쟁이에 이를 때에도 완전히 성취되지 않는다. 인간으로서의 첫 단계는 야만적이고 거칠며 미개한, 도끼를 든 라마(Rāma)이다. 그는 인류의 평안을 유린한다. 그는 결국 거룩하고 영적인 라마에게 제압된다. 후자는 가정생활과 애정을 신성하게 했다고 말해진다. 그 다음 단계는 크리슈나이며, 그는 우리가 세계의 전쟁을 시작하도록 촉구한다. 크리슈나에 이어서 붓다가 온다. 중생에 대한 자비로 충만한 붓다는 인류의 구제를 위하여 전심 전력한다. 마지막으로 우리에게는 아직 오지 않은 권화가 있다. 그는 전쟁의 신으로 손에 칼을 들고 악과 불의에 맞서 싸운다. 인류 발전에 있어서 중대한 위기는 권화의 출현으로 두드러지게 된다.

6. 변화의 세계

1) 마야

『바가바드기타』에서 마야(māyā, 幻影) 이론의 정확한 위상을 알려면, 우선 이 말이 사용되는 여러 가지 의미를 구분하고, 이들에 대한『바가바드기타』의 정확한 함축을 파악하는 것이 필수적이다.

① 만일 지고한 실재가 세계의 온갖 사건에 의하여 전혀 영향받지 않는다면, 이러한 사건들의 발생은 설명할 수 없는 미궁이 되고 말 것이다.『바가바드기타』의 저자는 마야라는 말을 이런 의미로 사용하지 않는다. 무시(無始)의 개념, 그리고 비실재 및 세계의 환영을 만들어내는 무지(avidyā)의 개념은 저자의 생각에 개입되지 않는다.

② 인격적인 이슈와라는 자신 속에 존재(sat)와 비존재(asat), 그리고 생성의 역동성과 브라흐만의 불변성을 조합시킨다고 말한다.[원주83] 마야는 변화무쌍한 세계를 만들어낼 수 있게 하는 힘이다. 그것은 이슈와라의 에너지(śakti), 혹은 자기 생성의 힘(ātmavibhūti)이다. 이러한 의미에서 이슈와라와 마야는 상호 의존적이며, 둘 다 무시라고 할 수 있다.[원주84] 지고자의 이러한 힘은 『바가바드기타』에서 마야라고 불린다.[원주85]

③ 주(主)는 자기 존재의 두 요소, 즉 물질(prakṛti)과 의식(puruṣa)으로써 우주를 만들어낼 수 있으며, 이 둘은 각각 신의 열등한 마야와 수승한 마야라고 말해진다.[원주86]

④ 푸루샤는 주(主)가 우주의 생성을 위하여 프라크리티의 자궁 속에 집어넣는 씨앗으로 말해지므로, 점차 마야는 열등한 프라크리티를 의미하게 된다.

⑤ 현현된 세계는 실재를 필멸자의 시야에서 은폐시키기 때문에, 그것은 속성상 미혹적이라고 말해진다.[원주87] 비록 우리가 세계를 단순히 신과는 무관한 본질의 기계적인 한정으로 간주함으로써 그 신성한 본질을 파악하는 데 실패한다 할지라도, 세계는 환영(幻影)이 아니다. 그것은 미혹의 원천이 된다. 신의 마야는 무지의 마야(avidyāmāyā)가 된다. 그러나 이와 같은 사실, 즉 진리에서 소외되는 것은 단지 우리 필멸자에 국한된다. 그 모든 것을 알고 그것을 주관하는 신에게 그것은 지혜의 마야(vidyāmāyā)이다. 마야는 완전한 실재에 대한 파악을 불가능하게 하는 단편적인 의식을 잉태하므로, 그것은 인간에게 근심과 고통의 원천이다. 신은 마야의 거대한 외투 속에 둘러싸이는 것처럼 보인다.[원주88]

〔원주83〕 ix.19.
〔원주84〕 『샨딜리야 수트라』(Śāṇḍilya Sūtra), ii.13과 15를 보라.
〔원주85〕 xviii.61 ; iv.6.
〔원주86〕 iv.16.
〔원주87〕 vii.14 ; vii.25.
〔원주88〕 무지를 야기시키지 않는 마야는 순수 마야(sāttvikī māyā)라고 말한다. 그것이 오염될

⑥ 세계는 신의 결과이며, 어떤 경우든 결과는 원인보다 덜 실재적이므로, 결과로서의 세계는 원인으로서의 신보다 덜 실재적인 것으로 말해진다. 이와 같은 세계의 상대적인 비실재성은 생성의 과정에서 보이는 자기모순적인 특징에 의하여 더욱 확실해진다. 경험의 세계에는 대립물 간의 투쟁이 있으며, 궁극적 실재는 이 모든 대립과 모순을 초월한다.[원주89]

2) 세계 전개

그러나 변화의 세계가 단지 망상에 불과하다는 것을 시사하는 구절은 없다.[원주90] 심지어 샹카라의 불이론(不二論)조차도 세계에서 실재적인 변화를 받아들인다. 그에 의해서 가현(vivarta)으로 간주되는 것은, 단지 브라흐만이 세계로 되는 최초의 전변에만 국한된다. 세계는 지고한 푸루숏타마로부터의 실재적인 유출이며, 오직 궁극적인 관점에서만 그것이 실재적이 아닌 것으로 간주된다. 왜냐하면 그것은 언제나 그 자체와의 투쟁 가운데 있기 때문이다. 『바가바드기타』는 "세계가 거짓이며, 어떤 확고한 토대도 없으며, 단지 욕망에서 기인되는 결합에 의해서 생겨난 것일 뿐"[원주91]이라는 견해를 비난한다. 그것은 세계에서 우리가 이슈와라에 의하여 주관되는 실재적인 전개를 지닌다는 결론이 된다. 『바가바드기타』는 오직 우리가 이 세계에 사는 한에 있어서만 그것이 실재적이라고 말하지 않는다. 세계가 무한자의 품안에 있는 골치 아픈 꿈이라는 것을 시사하는 구절도 없다. 『바가바드기타』에 따르면, 우리가 생성의 세계에 사는 동안 자기 존재의 불멸을 얻는 것이 가능하다. 우리에게는 미혹되지 않은 세계를 사용하는 푸루숏타마라는 본보기가 있다. 우리가 마야를 초월할 때, 시공간과 인과율이

때, 무지(avidyā)를 잉태한다. 전자에 반영된 브라흐만은 이슈와라이며, 이에 비하여 후자에 반영된 것은 개아(jīva)이다. 이것은 후기 베단타의 견해이다. 『판차다쉬』(Pañcadaśī), i.15~17을 보라. 『바가바드기타』에서는 이러한 견해를 볼 수 없다.

[원주89] ii.45 ; vii.28.
[원주90] iii.28 ; iv.6 ; vii.14 ; xiv.23.
[원주91] xvi.8.

우리에게서 사라져버리는 것이 아니다. 세계는 사라지는 것이 아니라, 단지 그 의미를 바꿀 뿐이다.

　푸루숏타마는 우리 모두를 초월하는 어떤 지고한 상태의 현상이 아니라, 모든 사람과 사물의 몸과 가슴속에 있다. 그는 서로의 관계 속에서 모든 존재를 유지한다. 영혼과 물질의 세계는 그의 본성의 결과이다. 신은 무(無) 혹은 공(空)으로부터가 아니라, 자기의 본질로부터 세계를 창조한다. 우주적인 해체(pralaya) 상태에서, 개아를 포함한 전체 세계는 신 속에 미세한 상태로 존재한다. 현현된 상태에서 그들은 서로 분리되고, 원천의 동일성을 망각하게 된다. 이 모든 것은 그의 탁월한 요가이다. 세계는 '뿌리가 위로 향하고 가지가 아래로 뻗은'[원주92] 나무에 비유된다. 프라크리티는 세계의 일반적인 모습이다. 끊임없는 대립, 온갖 형태의 존재에서 보이는 상호약탈, 물질이 진화하고 차별화·조직화되며, 생동감을 지니게 되는 것은 모두가 프라크리티의 덕분이다. "지, 수, 화, 풍, 공, 의근(manas), 지성(buddhi), 자의식(ahaṁkāra)은 내 프라크리티의 8종 구분이다." 이것은 신의 저급한 본성이다. 이러한 것에 활력을 불어넣고 세계를 유지하는 것은 그의 수승한 본성이다.[원주93]

　라마누자는 말한다. "우주의 물질적 본성(prakṛti)은 향수(享受)의 대상이며, 이것은 의식이 없으며, 즐김의 대상이다. 이와는 다른 것이 생명 실체인 지바(jīva, 個我)이며, 프라크리티와 다른 체계이다. 그것은 하위의 것을 향수하는 자이며 지성적인 영혼의 형태로 있다." 만일 우리가 『바가바드기타』의 절대론적 배경을 무시하고 의식과 물질의 두 본성을 지니는 푸루숏타마의 관념을 부각시킨다면, 그것은 실재에 대한 라마누자의 입장과 궤를 같이한다. 라마누자에 의하면, 염주알과 실의 비유는 "나의 몸을 형성하는 원인 상태와 결과 상태에 있는 의식적인 존재와 무의식적인 존재의 총체가, 아트만에서 존재를 지니는 나로부터 늘어진 실에 꿰인 수많은 보

〔원주92〕 xv.1.
〔원주93〕 vii.4~5. 또한 이에 대한 라마누자의 주석을 보라.

석과 같다"[원주94]는 것을 가리킨다. 개별적인 영혼은 주(主)의 일부분(mamaivāṁśaḥ)으로 말해진다.

샹카라가 '부분'(aṁśa)이란 단지 상상적인 혹은 외견상의 부분을 가리킬 뿐이라고 말할 때, 그는 『바가바드기타』 저자의 의도를 벗어나고 있다. 그것은 푸루숏타마의 실재 형태이다. 만일 샹카라의 언급이 부분없는 불가분의 브라흐만에 대한 것이라면, 그의 입장은 타당할 것이다. 그러나 그렇게 되면 심지어 푸루숏타마조차도 상상의 산물이 되고 만다. 왜냐하면 그에게도 비아의 요소가 들어 있기 때문이다. 실제적인 개아는 행위자(kartṛ)이다. 따라서 그는 순수 불멸의 영혼이 아니며, 신의 제한된 현현으로서의 인격적 자아이다. 이 부분은 그 자체와 감각, 그리고 마음에 대하여 선을 긋는 양태 때문에 구분이 지속된다. 프라크리티가 한정된 크기와 지속과 진동을 지니는 것과 마찬가지로, 푸루샤는 한정된 연장(延長)과 의식의 범위를 지닌다. 보편자는 의식, 생명, 물리적 껍질의 제한된 상황 속에서 구체화된다. "프라크리티와 결합된 푸루샤는 물질에서 생겨나는 속성을 향수하며, 선이든 악이든 그것이 태어나는 원인은 그것이 이러한 속성들과 연관되는 사실에 놓여 있다."[원주95]

7. 개아

1) 개아의 다수성

개아는 외계의 가현에 사로잡혀 마야 혹은 미혹에 지배된다.[원주96] 윤회의 세계에 태어나는 것은 불완전함의 결과이다. 우리가 진리를 알지 못하는 한, 존재의 수레바퀴를 순환하는 것은 불가피하다. 마야를 초월하고 자

[원주94] 『바가바드기타』, vii.7에 대한 라마누자의 주석.
[원주95] xiii.21.
[원주96] vii.13, 26, 27.

기의 참된 본성을 실현할 때, 우리는 개체성을 탈피하게 된다. 개아가 띠는 모든 형태는 마침내 벗어버리도록 운명지어져 있다. 개아는 언제나 다른 어떤 것이 되고자 애쓴다. 무한한 속성은 어떤 유한 존재에서 완전히 드러날 수 없다. 그것은 끊임없이 자기의 유한한 자아를 초극해나가며, 이러한 과정은 존재에 있어서 그 목적이 성취되고 유한자가 무한자로 전환될 때까지 계속된다. 유한 세계는 영속적인 발전, 무한한 완성가능성, 끊임없이 자라나는 욕망의 대상에 대한 영원한 근접이다. 그것은 생성 및 프라크리티와의 관련에 토대를 둔 모든 구분이란 단지 일시적이며 과정적이라는 결론이 된다.

『바가바드기타』의 사상이 푸루숏타마의 차원에 의거할 때, 푸루샤의 영원성과 다수성이 여기에 상정된다. 그렇게 되면 다수의 개아(jīva)는 개별화된 푸루숏타마의 구별되는 단편들에 불과하다. 절대 진리의 관점에서 보면, 이들의 개체성은 대상적인 요소에 달려 있다. 심지어 이 세계에서도 분리된 개체성을 시사하는 행위들은 불멸 부동의 영혼에 기인되는 것이 아니라, 프라크리티의 힘에서 나오는 것이다. "프라크리티에서 생겨나는 속성들은 우리 모두가 행위하지 않을 수 없도록 만든다."[원주97] 만일 다수의 푸루샤가 영원한 것이라면, 그들 자신이 행위자이며 서로 구별된다고 생각하는 것은 어떤 미혹일 수 없을 것이다. 『바가바드기타』는 말한다. "스스로의 마음이 아만(我慢)에 의하여 미혹된 자는 자기를 행위자로 여기지만, 기실 그 행위는 프라크리티의 속성들에 의하여 야기된다." "속성들은 속성들에 둘러싸여 움직인다."[원주98] 개체성이라는 그릇된 견해가 일어나는 것은 대상과의 혼동 때문이다. 그때 차별의 근거와 토대는 비아(非我)이다. 이에 비하여 자아는 모두에 있어서 ──'개에게나 개를 먹는 자에게도'[원주99][역주19]──

[원주97] iii.5.
[원주98] iii.27~28.
[원주99] v.18 ; xiii.2, 22.
[역주19] 라다크리슈난의 주석에 의하면, 여기서 '개를 먹는 자'란 카스트에서 제외된 자, 즉 사회에서 가장 멸시받는 자를 가리킨다.

동일하다.

샹카라가 이 모든 구절을 자기의 불이론에 적합하도록 해석하는 것은 어렵지 않다. 그는 말한다. "자아 속에는 개별적인 구분의 토대로서의 '궁극적 차별'(antyaviśeṣa)[역주20]이라 불리는 것은 있을 수 없다. 왜냐하면 여러 육신과 관련하여 그것의 존재를 증명할 만한 아무런 증거도 없기 때문이다. 따라서 브라흐만은 동질의 유일자이다."[원주100] 우리는 세계의 차별성을 설명하기 위하여 개별적인 자기 동일성의 정의 불가능한 경계선을 상정할 필요가 없다. 개아가 서로 다른 것은 그것의 체화(體化) 때문이다. 이것은 『마하바라타』에서 "속성(guṇa)에 속박된 인간은 개별적인 영혼(jīvātma)이며, 이러한 속성에서 자유롭게 될 때, 그는 지고한 영혼(paramātma)이 된다"[원주101]고 말한 바와 같다.

개아와 궁극자의 동일을 주장하는 구절들은 라마누자에 의하여 다른 방식으로 해석된다. 예를 들어 "각 개체 속의 브라흐만은 어디서나 수족을 지니며, 모든 것을 감싼다"는 구절은 라마누자에 의하여 "아트만의 정화된 본성은 육신이나 그외의 다른 대상에서 기인되는 모든 제한을 떨쳐버렸기 때문에, 모든 것에 편재한다"[원주102]는 의미로 받아들여진다. 또한 『바가바드기타』가 각 개체 속의 푸루샤는 "목격자, 허락하는 자, 지탱하는 자, 향수자, 위대한 주(主), 그리고 지고한 자아이다"라고 말할 때, 라마누자는 난처해진다. "그러한 푸루샤는 프라크리티에 기인되는 속성들과의 관련 때문에, 오직 이 육신에 관하여 위대한 주(主)일 뿐이며, 오직 이 육신과 관련

[역주20] 바이셰쉬카 학파에 따르면, '궁극적 차별'은 영원한 실체에 고유한 특수성으로, 다른 영원한 실체와 그 실체를 구별할 수 있게 하는 속성이다. 그것은 영원한 실체의 개별적인 자기 동일성의 근거가 되는 속성이며 정의 불가능한 속성이다. 이러한 속성의 존재는 단지 다르게 지각되는 차별을 설명하기 위하여 추론된다. 아트만 속의 '궁극적 차별'은 단지 영원한 자아 속의 차별로부터 추론할 수 있을 뿐이며, 따라서 샹카라가 그것을 받아들일 수 없는 것은 당연하다.

[원주100] 『바가바드기타』, v.19에 대한 샹카라의 주석.

[원주101] 「샨티 파르바」, 187.24.

[원주102] 『바가바드기타』, xii.13에 대한 라마누자의 주석.

하여 최고의 아트만일 뿐이다."[원주103]

이따금씩 나타나는 영혼에 대한 단수적 용법 혹은 복수적 용법으로부터 우리가 영혼의 궁극적인 본질에 대하여 어떤 추론을 시도하는 것은 불가능하다. 경험적인 측면이 강조될 때, 복수가 사용된다. "나는 일찍이 존재하지 않았던 때가 없으며, 너도, 사람들의 군주들 또한 그렇다. 우리 가운데 어느 누구도 존재하지 않게 될 때는 영원히 없을 것이다."[원주104] 이 구절로부터 영혼의 영원한 다수성을 추론하는 것은 어렵지 않다. 라마누자는 말한다. "주(主) 자신은 여러 자아 간의 구별뿐 아니라 그와 자아 간의 구별을 선언한다." 다른 한편 샹카라는 주장한다. "아트만과 마찬가지로, 우리는 삼세(과거, 현재, 미래)를 통하여 영원하다." 샹카라에 의하면, 위의 구절에서 사용된 복수는 상이한 육신과 관련하여 사용된 것이다. 이것은 자아에 관해서가 아니라 재생과 관하여 언급하고 있는 그 다음 구절로 볼 때 분명하다고 한다. 형이상학적으로 오직 한 영혼이 있다.[원주105]

2) 재생

『바가바드기타』는 궁극적 상태에 도달하기 전까지의 윤회 전생을 믿는다. 불완전함에서 오는 출생은 죽음에 이르기 마련이며, 그 역(逆)도 마찬가지이다. 출생과 죽음은 유년, 청년으로 나타나며, 나이는 인간의 골격에 일어난다.

> 사람이 낡은 옷을 버리고
> 새 옷을 입을 때
> '나는 오늘 이 옷을 입으리라' 하고 말하듯이
> 이와 마찬가지로

〔원주103〕『바가바드기타』, xiii.23에 대한 라마누자의 주석. 또한 xiii.33에 대한 그의 주석을 보라.
〔원주104〕『바가바드기타』, ii.12에 대한 라마누자와 샹카라의 주석.
〔원주105〕 viii.4 ; xiii.31.

영혼은 낡은 육신의 옷을 벗고
새로운 거처로 들어가 산다.[원주106]

죽음은 단지 그 무대를 바꿀 뿐이다. 배우가 자신을 표현하는 도구는 분
명히 그대로 있다. 비록 육체적인 것이기는 하지만, 나이가 들면서 점차 기
력이 쇠하는 것, 혹은 질병으로 인한 일시적인 건강 상실은 정신적 존재의
핵심에 반응한다. 육신이 죽을 때, 그는 새로운 도구를 부여받는다. 우리의
생명은 우리와 함께 죽지 않는다. 하나의 육신이 노쇠하면, 그것은 또 다른
하나의 육신을 취할 것이다. 태생의 유형은 우리 각자가 발달시킨 특성에
달려 있다. 우리가 현저하게 발달시킨 속성이 사트와(sattva), 라자스
(rajas), 또는 타마스(tamas)인가에 따라서, 우리는 천계, 인간계, 혹은
축생계에 태어난다. 우리의 일거수 일투족이 우리 자신에게 보존된다.
　아르주나가 크리슈나에게 해탈을 얻지 못한 자들의 운명에 대하여, 과연
그들이 멸망하고 마는가에 대하여 물었을 때, 크리슈나는 대답한다. 선행
자는 멸망하는 것이 아니라, "전생의 정신적 속성들을 회복하여, 이로써 완
전한 경지를 향한 노력을 다시 시작하게 될 때"[원주107] 또 다른 하나의 태생
을 얻게 된다.[역주21] 모든 가치의 보존이 있다.[역주22] 누구든 전심 전력으로
지고자의 길을 마음속에 품는다면, 아무도 그 길을 잃지 않을 것이다. 재생
은 그 목적이 성취될 때까지 계속될 것이다.[원주108] 감각과 정신으로 이루어
진 미세신(微細身, sūkṣma-śarīra)은 사후에도 존속되며, 그러한 특성들
을 지니는 자이다.[원주109] 재생은 우리가 자신을 완전하게 만들 수 있는 단

〔원주106〕 ii.22(에드윈 아널드 경의 번역). 또한 ii.13 ; ii.27을 보라.
〔원주107〕 vi.44~45.
〔역주21〕 점진적 해탈(krama mukti)의 개념을 현생에 국한시키는 것이 아니라, 윤회 전생하는
　　　전체적인 삶에까지 확대시키고 있다. 이생에서 지은 공덕은 다음 생에서 그대로 지속되며,
　　　그것은 다음 생의 출발점이 된다는 것이다.
〔역주22〕 이런 의미에서 카르마(karma)의 법칙은 윤리적 세계에 있어서의 '질량 보존의 법칙'
　　　혹은 '에너지 보존의 법칙'이라고 할 수 있을 것이다.
〔원주108〕 vii.19.

련이다. 윤회하는 자들이 가는 신도(神道)에 대한 언급 또한 있으며,[원주110] 악행자가 가는 제3의 길도 언급된다.[원주111]

8. 윤리

개개인의 차별성, 그 유한성과 개체성은 단지 우유적 속성이며, 근본적인 진리를 나타내는 것은 아니다. 개아는 자신의 피상적인 자기 완전과 독립을 깨고 나오지 않는 한, 확고부동한 평화의 비밀을 얻지 못할 것이다. 진정한 자유는 자기 초월, 혹은 논리나 사랑 또는 삶을 통한 궁극자와의 합일이다. 우리가 추구하는 궁극의 목표는 브라흐만이 되는 것, 혹은 영원자에 닿는 것(brahmasaṁsparśam)이다. 오직 이것만이 절대적인 가치를 지닌다.[원주112]

그것은 악을 멸하고 육체적인 타락을 없애며, 저급한 속성을 극복하고 격정의 속박으로부터 감각을 구제하는 모든 힘 속에 있다. 애써 증진하는 각 개인은 자신의 눈으로 진리를 꿰뚫어보려는 지속적인 노력을 늦추지 말아야 하며, 자신의 이성으로 판단하고 자신의 가슴으로 사랑하려는 노력을 계속해야 할 것이다. 우리 자신이 직접 얻은 반쪽의 진리는, 다른 사람이 얻은 완전한 진리보다 더 가치있는 것이다.

인간은 지・정・의의 복합체이며, 따라서 이 모두를 통하여 자기 존재의 참된 즐거움을 추구하기 마련이다. 그는 지고한 실재에 대한 지식을 통하여, 혹은 지고한 인격에 대한 숭배와 사랑을 통하여, 혹은 신의 목적에 자기의 모든 의지를 굴복시킴으로써 목표에 도달할 수 있다. 그의 내면에는 그가 이러한 여러 방향에서 자기의 소아(小我)를 초월하게 하는 충동이 있

〔원주109〕 xv.8.
〔원주110〕 viii.23~26.
〔원주111〕 ix.12 ; xvi.19~21.
〔원주112〕 vi.20. 23. 27. 28.

다. 우리가 어떤 방향으로 접근하든, 그 목표는 동일하다. 그것은 진리가 획득되고 아름다움이 창조되며 행위가 완전해지는, 여러 측면을 지니는 우리 삶의 조화로운 능률이다. 『바가바드기타』는 의식적인 삶의 어떤 측면도 배제되어서는 안된다는 것을 강조하여 말한다. 이러한 여러 측면은 총체적이고 거룩한 삶 속에서 완수된다.

신 자신은 실재(sat), 진리(cit), 지복(ānanda)이다. 절대자는 참된 지식을 구하는 자에게 스스로를 영원한 빛 ─어둠이라고는 조금도 없는 한낮의 태양처럼 밝고 찬란한─으로 드러내 보인다. 덕행을 추구하는 자에게는 확고부동하고 불편부당한 영원한 정의로 스스로를 드러내 보이며, 감성이 풍부한 자에게는 영원한 사랑이나 거룩한 아름다움으로 나타난다. 신이 그 자신 속에 지혜와 선(善)과 거룩함을 결합하고 있는 것과 마찬가지로, 인간은 이와 같이 통합적인 영성의 삶을 지향해야 한다. 우리가 목표에 도달하면, 그 과정에서 있었던 장애들은 전혀 무의미해지고 만다. 개아의 유한한 삶 속에는 명상과 행위 간에 어떤 대립이나 모순이 있는 것처럼 보이는 것이 사실이다. 그러나 이것은 단지 우리 자신에게 남아 있는 불완전함의 표식일 뿐이다.

크리슈나에게 따라야 할 어떤 특정한 방법을 가르쳐달라고 요청했을 때, 그는 우리가 이 문제에 대하여 전혀 염려할 필요가 없다는 것을 분명히 말한다. 다양한 길은 궁극적으로 구별되는 것이 아니라, 동일한 목표에 이르게 하는 것이며, 비록 길 위에서는 서로 엇갈리고 비껴가는 것처럼 보일지라도 결국에는 함께 어우러져 있기 때문이다. 인간은 단편적으로 행위하지 않는다. 발전은 상관적이며, 결코 각기 분리되어 있는 발전일 수 없다. 지식, 감수 작용, 그리고 의지는 한 영혼이 나아가는 다양한 측면에 불과하다.

『바가바드기타』는 당시에 유행하던 다양한 삶의 이상을 조화시키고, 한쪽으로 치우치는 것을 바로잡기 위하여 노력한다. 지적인 탐구, 불굴의 자기 희생, 열렬한 신애(信愛), 제의식의 준수, 요가 수행, 이 모든 것은 신에게 접근하는 것을 가능하게 하는 여러 방법으로 간주된다.[원주113] 『바가바드기타』는 이 모든 것을 종합하며, 이들 각자의 정확한 위치와 가치를 제시한다. 그것은 복합적인 접근방법의 효과를 신뢰한다. 이 모든 다양한 방법이 함께 고려되는 조화로운 이상은 푸루숏타마에 의하여 주관되는 우주와 개아의 일치를 증가시킨다.

마두수다나 사라스와티(Madhusūdana Sarasvatī)에 의하면, 『바가바드기타』는 우파니샤드에서 지적된 세 가지 길, 즉 행위(karma), 숭배(upāsana), 지식(jñāna)을 도입하고 있으며, 이에 대하여 각각 여섯 장(章)을 할애하고 있다. 이 견해의 옳고 그름을 떠나서, 이것이 의식적인 삶의 3대(大) 구분을 강조하고 있다는 것은 분명하다. 『바가바드기타』는 다양한 유형의 사람들이 다양한 접근방법에 의해서, 즉 어떤 사람은 윤리적인 삶의 혼란에 의하여, 어떤 사람은 지적인 문제에 대한 의혹에서, 그리고 어떤 사람은 완전에 대한 감성적인 요청에 의해서 영적인 통찰로 인도될 수 있다는 것을 인정한다.

9. 지식의 길

1) 과학과 철학

단편적인 것을 묵인하지 못하는, 논리적인 성향의 사람은 사물의 전체적인 실상을 파악하고자 하며, 완전한 진리에 닿기 전까지는 결코 멈추어 서지 못한다. 그는 자기가 지고한 진리를 얻을 수 있도록 운명지어져 있다는 확신으로 고무된다.[원주114] 『바가바드기타』는 두 가지 유형의 지식과 지성

〔원주113〕 플로티노스의 언급과 비교하라. "이 목표(영적인 파악)가 성취될 수 있는 여러 다양한 길이 있다. 시인을 고무시키는 미(美)에 대한 사랑, 유일자에 대한 헌신 및 철학자의 포부를 형성하는 과학의 향상, 신앙적으로 열렬한 사람들이 완전한 경지를 향한 도덕적 순결에서 현저하게 나타나는 사랑과 기도, 이러한 것들은 실제적인 것과 특수한 것을 초월하는 경지 — 여기서 우리는 영혼의 심연으로부터 나오는 것처럼 보이는 빛을 발하는 무한자의 면전에 선다 — 로 나아가게 하는 위대한 길이다"(*Letter to Flaccus*).

〔원주114〕 "행복은 신에 대한 사랑에 놓여 있으며, 이것은 지식에서 일어난다"(스피노자). "어떤

을 통하여 외적으로 존재의 현상을 이해하고자 하는 지식, 그리고 직관의 힘을 통하여 피상적인 연속물의 배후에 놓인 궁극적인 원리를 파악하는 지식을 인정하고 있다. 논리적인 지성에 지배될 때, 인간의 영혼은 물질적인 세계에 빠져서 자신을 자기 행위와 동일시하는 경향을 띠게 된다. 존재의 실상에 대한 진리를 파악하기 위해서 우리는 무엇보다도 거짓된 자기 동일화의 덫에서 벗어나지 않으면 안된다.

사물의 세부 사항에 대한 지적인 파악은 분별지(vijñāna)라고 불리며, 이것은 모든 존재의 공동 토대에 대한 완전한 지식(jñāna)과 구별된다. 이 둘은 단지 하나의 추구가 지니는 두 측면에 지나지 않는다. 모든 지식은 신에 대한 지식이다. 과학과 철학은 모두가 영원한 영혼 속에서 모든 존재의 하나됨에 대한 진리를 실현하고자 한다. 과학적인 지식은 역동적인 성격(rajas)이 현저한 반면에, 영적인 지식은 순수·지속성(sattva)으로 가득 차 있다. 만일 우리가 과학의 단편적인 지식을 영혼의 전체적인 진리로 착각한다면, 가장 저급한 속성인 우둔성(tamas)이 지배적인 지식을 지닌다.[원주115] 우리가 과학의 차원에 머물러 있는 한, 영혼에 대한 진리는 하나의 가설이다. 영속적인 생성은 존재를 은폐한다. 과학은 인간 정신에 반하는 어둠을 몰아내며, 그 자체의 세계가 지니는 불완전성을 폭로하며, 인간 정신이 과학 너머에 있는 어떤 것을 추구하도록 촉구한다. 그것은 겸손의 마음이 일게 한다. 왜냐하면 그것을 통해서는 우리가 모든 것을 알 수 없기 때문이다. 우리는 이미 있었던 것에 대한 망각과 장차 있을 것에 대한 불확실성 사이에 갇힌다. 과학은 모든 존재의 제1원인들과 인간의 운명을 알고 싶어하는 호기심어린 욕망에 탐닉하는 것은 헛된 추구라는 것을 인정한다. 만일 우리가 궁극적인 진리에 도달하려 한다면, 과학은 또 다른 하나의 지적 분야에 의하여 보완되지 않으면 안된다.

사람들에 있어서는 보편자를 이해하려는 지적인 노력이 신을 체험하는 주된 방법이다"
(Bradley, *Appearance and Reality*, pp.5~6).
[원주115] xviii.20~22.

『바가바드기타』는 지적인 탐구(pariprasna)가 봉사(sevā)와 결합되어야 한다고 주장한다.[원주116] 직관력을 발달시키기 위하여 우리는 마음을 다른 방향으로 돌려야 할 필요가 있다. 영혼의 전환이 필요한 것이다. 아르주나는 자신의 육안으로는 진리를 볼 수 없었으며, 이에 신안(神眼) 혹은 영적인 통찰을 간구한다.[원주117] 우주적 형상(viśvarūpa)은 신에게 사로잡힌 개아가 신 속에서 모든 것으로 보는 직관적 체험에 대한 시적인 과장이다. 『바가바드기타』 저자의 믿음에 의하면, 이러한 영적 통찰을 얻기 위하여 개아는 내면의 삶을 익히고 온 마음을 궁극적 실재에 고정시키지 않으면 안된다. 우리의 시야에서 진리를 은폐하는 것은 지성적인 결함일 뿐만 아니라 이기적인 감정이다. 무지(ajñāna)는 지적인 오류가 아니라 영적인 맹목이다. 그것을 제거하기 위하여 우리는 영혼에서 육신과 감각의 오염을 씻어내고, 사물의 실상을 새로운 각도에서 직시하는 영적인 통찰의 불을 밝혀야 한다. 격정의 불꽃과 욕망의 일렁임은 반드시 잠재워야 한다.[원주118] 변덕스럽고 불안정한 마음은 파문이 일지 않는 고요한 호수—표면에 지혜를 반영하는—처럼 안정되어야 한다. 이해하고 분별하는 힘(buddhi)은 단련될 필요가 있다.[원주119] 이러한 힘이 작용하는 방식은 과거 우리의 습관에 달려 있다. 우리는 그것을 단련해서 그것이 우주에 대한 영적인 관점에 부합될 수 있도록 해야 한다.

2) 파탄잘리의 요가

『바가바드기타』는 정신적인 수련의 한 수단으로서 요가 수행체계를 받아들이고 있다. 요가 수행은 우리가 자신을 무상한 인격에서 초일상적인

〔원주116〕 iv.34.

〔원주117〕 xi. "주여, 그의 눈을 열어 그가 볼 수 있게 하소서"라는 예언자의 말과 비교하라. 또한 「에스겔서」와 「출애굽기」, xxxiii.18의 통찰과 「요한 계시록」 제4장, 그리고 『삿다르마 푼다리카』(Saddharma Puṇḍarka) 제1장을 보라.

〔원주118〕 iv.39.

〔원주119〕 ii.44.

408

입장으로 떠오를 수 있는 방향을 제공한다. 요가 수행의 주요 단계는 다음과 같다. ① 마음, 몸, 그리고 감각의 정화를 통하여 신성이 이들에 임재할 수 있게 하는 단계, ② 감각을 따라 내달리는 흩어진 사유 작용을 다잡고, 그것을 지고한 존재에 집중시키는 단계, ③ 우리가 실재에 도달하여 그것과 동일화하는 단계. 비록 『바가바드기타』에는 여러 가지 수행 방법에 대한 언급이 있다 할지라도,[원주120] 그것은 파탄잘리의 『요가 수트라』만큼 아주 체계적이지는 않다.

『바가바드기타』는 우리에게 모든 형태의 사상가들에게 수용가능한 어떤 일반적인 원리들을 제공한다. 우리는 믿음(śraddhā)을 지니고, 분방한 충동을 잠재우며, 신에 대한 생각을 지속하도록 요청받는다. 평온하고 고요한 환경은 영적인 통찰을 위하여 필수적이다. 마음의 확고부동한 제어에서 오는 침묵 속에서 우리는 영혼의 소리를 들을 수 있다. 참된 요가는 정신적인 균형과 평정(samatvam)을 가져오는 것이다.[원주121] "바람 없는 곳에 있는 등불처럼 마음은 펄럭이지 않으며, 오직 자아로써 자아를 보며 자기 자신에 만족하는 것, 오직 밝은 지성에만 알려지며 언제나 감각을 초월하여 있는 절대 지복을 체험하는 것, 진리에서 벗어나지 않고 머무는 것, 다른 어떤 얻음도 그보다 더 큰 것으로 여겨지지 않는 것, 어떠한 고통에도 흔들리지 않고 굳게 서 있는 상태, 이와 같이 모든 고통에서 자유로운 상태가 요가이다."[원주122]

영적인 통찰을 얻기 위하여 모든 사람이 반드시 요가를 닦아야 하는 것은 아니다. 이러한 취지로 마두수다나 사라스와티는 바쉬슈타(Vaśiṣṭha)로부터 한 구절을 인용하고 있다. "요가와 지식(jñāna)은 이기심 등을 지닌 마음을 제어하기 위한 두 방법이다. 요가는 정신 작용을 제어하는 것(vṛttinirodha)이며, 지식은 참된 파악(samyagavekṣaṇam)이다. 어떤

〔원주120〕 iv.39.
〔원주121〕 ii.48.
〔원주122〕 vi.19~26.

사람에게는 요가 수행이 불가능하며, 또 어떤 사람에게는 지식이 불가능하다"[원주123] 영적인 통찰은 또한 행위와 숭배를 통하여 증장될 수 있을 것이다.[원주124]

3) 완전한 지식

정신 수행을 위한 요가 수련의 적합성을 받아들이면서도, 『바가바드기타』는 그것이 지니는 위험성을 간과하지 않는다.[원주125] 단지 단식과 이와 유사한 다른 방법을 통하여 우리는 감각의 힘을 약화시킬 수 있겠지만, 감각적 대상에 대한 우리의 욕구는 여전히 그대로 있을 수도 있다. 요청되는 것은 감각의 제어와 물질적 대상의 유혹에 흔들리지 않는 것이다. 이것은 오직 바른 지식이 일어날 때 가능해진다.

성격상 오히려 지각적인[원주126][역주23] 영적인 직관은 무비판적인 확신이 아니다. 그것은 과학적 판단에 의하여 뒷받침된다. 그것은 지식과 금욕 및 감정의 연합이며, 우리가 지닐 수 있는 가장 완전한 경험이며, 우리가 마음 속에 아무런 미혹도 없이 다만 참된 평화와 영혼의 안식을 향수하는 경지이다.[원주127]

일단 인식적 경험의 완전함이 도달되면, 의식의 다른 측면들, 즉 감성과 의지는 스스로의 존재를 인식시키게 될 것이다. 영적인 통찰을 통하여 신을 목격하는 것은 넘치는 환희 속에서 이루어진다. 전 생애의 열망은 무한자에 대한 계속적인 숭배가 된다. 인식자는 또한 숭배자이며, 그들 가운데 최상이다.[원주128] "나를 아는 자는 나를 숭배한다."[원주129] 진리를 아는 것은

〔원주123〕『바가바드기타』, vi.29에 대한 주석.
〔원주124〕 iv.42.
〔원주125〕 ii.59~61.
〔원주126〕 ix.2. 'pratyakṣāvagamam.'
〔역주23〕 논증의 문제가 아니라 '직접적인 경험에 의하여 알려지는'(pratyakṣāvagamam) 것이라는 의미이다.
〔원주127〕 iv.35 ; v.18~21.
〔원주128〕 vii.17.

우리의 심정을 지고자에게 들어올려 그에게 닿게 하고, 마침내 그를 숭배하게 한다.[원주130] 실제적인 영향도 있다. 우리가 자신의 참된 본질을 보다 깊이 인식하면 할수록, 다른 사람들에게 진정으로 필요한 것이 무엇인가에 대한 통찰이 점점 더 깊어진다. 선(善)은 '지식의 초석일 뿐만 아니라 행위의 목표'이다. 우리에게는 가장 위대한 각자(覺者, jñāni)이며 인류에 대한 사랑으로 40년 동안 성직을 영위했던 붓다의 본보기가 있다.

때로는 지식 혹은 지성이 윤리와 무관하다고 주장되기도 한다. 지성은 인격의 본질적인 부분이 아니라고 말한다. 지적으로 우리는 단지 판단의 실수 혹은 오류를 범할 뿐이지만, 윤리적으로 우리는 잘못된 행동을 한다. 지력은 선도 아니고 악도 아니다. 왜냐하면 그것은 선한 삶을 촉진하거나 그 반대로 파괴할 수도 있기 때문이다. 이 모든 것은 우리의 분석적인 이해의 영역에서 진실일 수 있을 것이다. 『바가바드기타』의 지식은 우리를 독선과 편견에서 벗어나 진리를 파지하게 하며, 이때 우리는 사람 간의 차별이 궁극적인 것이 아니며, 그릇된 차별성에 근거한 모든 행위는 선일 수 없다는 것을 느끼게 된다. 우리는 모든 사람의 삶이 하나의 공동 토대를 지니며, 영원 자존의 영혼이 모든 개인의 삶 속에 살아 움직이고 있다는 것을 알게 된다. 이러한 진리가 파지될 때, 감각과 아만은 그 힘을 상실한다.[원주131]

10. 신애의 길

신애(信愛, bhakti)의 길(mārga)은 인간의 감성적인 측면에 있어서 바른 행위의 규범을 가리킨다. 박티는 지식이나 행위와는 구별되는 감성적인 애정이다.[원주132][역주24] 그것을 통하여 우리는 신에게 우리의 정적인 가능성

[원주129] xv.19
[원주130] x.8~9.
[원주131] ii.59.
[원주132] 『샨딜리야 수트라』(*Śāṇḍilya Sūtra*), i.4~5, 7.

을 바친다. 감성은 개인 간에 살아 있는 관계를 나타내며, 그것이 신과 인간을 결속할 때 종교적 예견력을 지닌 직감이 된다. 만일 우리가 사랑하지 않고 섬기지 않는다면, 우리는 자기 자신의 이기심이라는 감옥에 갇히게 될 것이다. 바르게 추구될 때, 이 길은 우리가 궁극자를 지각할 수 있게 한다. 그것은 심지가 굳지 못한 사람이나 천한 태생의 사람, 혹은 무지한 사람이나 문맹자 등 모든 사람에게 열려 있으며,[원주133] 또한 가장 쉬운 길이기도 하다. 사랑의 희생과 헌신은 신의 목적에 의지를 일치시키는 것만큼 어렵지 않으며, 고행이나 끊임없는 사색에 몰입하는 것만큼 어렵지도 않다. 그것은 다른 길과 마찬가지로 효과적이며, 때로는 그보다 더 수승한 것이라고 말해지기도 한다. 왜냐하면 그것은 그 자체가 목적이지만, 여타의 다른 길은 어떤 다른 목적에 대한 수단이기 때문이다.

박티 마르가의 기원은 태고의 안개 속에 가려져 있다. 우파니샤드의 염상(念想, upāsana) 이론과 『바가바타 푸라나』에 나타나는 헌신의 길이 『바가바드기타』 저자에게 영향을 미쳤다. 그는 자유롭고 명료한 언급이 불가능했던 우파니샤드의 종교적 차원에 속하는 관념 체계를 발전시키기 위하여 노력한다. 『바가바드기타』에서 절대자는 모든 것을 강탈하는 죽음일 뿐만 아니라, '지성 있는 자의 지성, 장려한 자의 장려함',[원주134] 여러 신(god)과 사람들 중의 맨처음, 모든 성선(聖仙, ṛṣi)들 중의 우두머리가 된다.[원주135] 미현현의 절대자에 대한 명상이 궁극의 목표에 이를 수 있게 한다는 점을 인정하기는 하지만, 크리슈나는 그것이 지극히 어려운 과정이라는 것을 강조한다.[원주136] 그것은 유한한 인간이 접근할 수 있는 어떤 발판

〔역주24〕 나라다(Nārada)는 박티를 '신의 사랑으로 충만된 심오한 체험'으로 정의하고 있으며 (『박티 수트라』, 54), 『바가바타 푸라나』에서는 박티를 '신에 대한 강열한 사랑'으로 본다 (vii.5.23).

〔원주133〕 ix.32. 또한 xi.53~54를 보라.

〔원주134〕 vii.10.

〔원주135〕 x.20~25, 34.

〔원주136〕 xii.5.

도 제공하지 않는다.

우리가 어떤 대상에 대하여 느끼는 사랑은 이원성을 내포한다. 아무리 가깝게 사랑한다 할지라도, 사랑하는 자와 사랑받는 대상 간에는 여전히 분별성이 남는다. 우리는 생각이 그런 것처럼, 이원성에 만족하지 않을 수 없다. 그러나 이원성을 초월하는 일원론을 저급한 차원으로 전락하는 것이라고 말하는 것은 옳지 않다. 지고자에 대한 신애는 인격신, 사랑과 미(美)로 충만된 구체적인 개별자와 관련하여 가능하다. 우리는 마음의 그림자를 사랑할 수 없다. 인격성은 친교의 능력 혹은 함께 공감하는 것을 의미한다. 인격적 원조자에 대한 인격적 요구가 있다. 그러므로 사랑으로 충만된 자들이 그의 존재에 참여하는 신은 피의 향연을 즐기는 신이 아니며, 무거운 짐을 진 자들이 구원을 호소하는 동안 고요한 추상 속에 잠자는 신이 아니다. 그는 사랑이다.[원주137] 자기의 전 존재를 신에게 바치며 그의 발 아래 부복하는 자는 활짝 열린 영혼의 문을 발견한다. 신의 음성은 선언한다. "나를 사랑하는 자는 멸망하지 않으리라. 이것은 내가 하는 언약의 말이다."[원주138]

신의 세계 참여는 냉엄한 보상의 법칙이 아니다. 행위의 결과는 신에 대한 헌신으로 상쇄될 수도 있을 것이다. 그러나 이것이 카르마의 법칙을 뒤엎는 것은 아니다. 왜냐하면 신애 또한 이에 따르는 응보를 지녀야 하기 때문이다.[역주24] 크리슈나는 말한다. "설사 악한 행위를 일삼던 자라도, 유일 완전한 사랑으로 나에게 돌아오기만 한다면, 나는 그를 성자로 여길 것이다." 이것은 그가 확고부동한 의지로 회심하여 의로운 영혼이 되었기 때문

[원주137] Śaraṇāgatavatsalaḥ.

[원주138] ix.31.

[역주24] 이것은 마치 물의 힘과 불의 힘이 각각 다른 결과를 나타낸다는 사실에 모순이 없음과 같다고 한다. 바꿔 말하여 행위는 반드시 그 결과를 낳는다는 사실과 신애의 힘이 개아의 지난 업을 일시에 없앨 수 있다는 사실 간에 모순이 없음은, 마치 불의 힘이 반드시 열을 수반한다는 사실과 물의 힘이 일시에 그 불을 꺼버릴 수 있다는 사실 간에 아무런 모순이 없는 것과 같다는 것이다.

이다. 주(主) 자신은 어떤 사람의 죄나 공덕을 받지 않는다.[원주139] 그럼에
도 불구하고 그는 모든 것을 그와 같이 처리함으로써, 어떤 행위도 그 결과
를 잉태하지 않고 일어나지 않게 한다. 어떤 의미에서 "주(主)는 모든 제사
와 고행을 향수한다"는 것이 사실이다. 우리가 "내게는 아무도 미운 자가
없으며, 또한 고운 자도 없다"는 구절이나, "나를 숭배하는 자들은 나에게
귀중하다"[원주140]는 구절 등에서 보이는 명백한 모순을 조화시켜야 하는 것
은 바로 이러한 방식을 통해서이다. 인간은 신의 끊임없는 보호 대상이다.
  신에 대한 사랑 혹은 박티의 본질은 마치 '벙어리의 미각'[원주141]처럼, 설
명이 불가능하다. 그러나 이 감성적인 애정의 본질적 측면에 대해서는 말
할 수 있을 것이다. 절대적으로 완전한 것으로 여겨지는 어떤 것에 대한 숭
배가 있다. 그 대상은 완전이기 때문에, 상상가능한 최고 존재 이하의 어떤
것도 충분할 수 없다. 나라다(Nārada)는 자신의 경전에서 인간적인 사랑,
유한 개별자가 자신을 초월하여 이상적인 존재를 향해 나아가는 사랑의 비
유를 들고 있다.[원주142] 오직 이상적 존재만이 아주 빈번하게 그 실재적 본
성을 드러낸다. 신애의 대상은 최고 존재 혹은 푸루숏타마이다. 그는 세계
에 생명을 부여하는 자일 뿐만 아니라, 영혼에게 빛을 주는 자이다. 신은
물질계에 있어서 궁극적 실재로 보이는 여러 다양한 요소들과 동일시되지
않으며, 미망사 학자들이 생각하는 것처럼 제사의 주인도 아니다. 그는 인
간의 정신이 자연력에 부여한 인격적인 여러 행위자[역주25]와 혼동되지 않는
다. 그는 상키야의 푸루샤가 아니다. 그는 이 모든 것이며, 또한 그 이상이
다.[원주143]

〔원주139〕 ix ; v.15.
〔원주140〕 ix.29 ; xii.14~20. 또한 xvi.16을 보라.
〔원주141〕 『나라다 수트라』(*Nārada Sūtras*), 51~52.
〔원주142〕 같은 책, 23.
〔역주25〕 초기 베다의 신들은 대체로 이런 성격을 지닌다. 『인도철학사 Ⅰ』, pp.109~110을 참
      조하라.
〔원주143〕 viii.4.

『바가바드기타』의 저자는 어떻게 신이 각 개인 안에 살아 있는가 하는 것을 강조하여 말한다. 만일 지고자가 개아의 의식에 완전히 이질적인 것이라면, 그는 숭배의 대상이 될 수 없을 것이며, 만일 그가 개아와 완전히 동일하다 해도 숭배는 성립되지 않을 것이다.[역주26] 그는 한편으로 개아와 동일하며, 다른 한편으로는 다르다. 그는 프라크리티 혹은 손에 값진 보석을 든 락슈미(Lakṣmī)와 관련된 거룩한 주(主)이다. 그와의 합일은 황홀경이다. "너의 마음을 나에게 고정하고, 너의 지성을 나에게 붙잡아 매라. 그러면 너는 아무런 의심없이 오직 내 안에서만 살게 되리라."[원주144] 다른 모든 사랑은 이 지고한 사랑의 불완전한 현현에 불과하다. 우리가 다른 것을 사랑하는 것은 그 속에 있는 영원한 자를 위해서이다.[역주27] 숭배자에게는 절대적인 겸손의 마음이 있다. 이상적 존재 앞에서 그는 아무것도 아니라고 생각하며, 이러한 형태의 완전한 자기 굴복은 참된 종교적 헌신의 필수불가결한 전제조건이다. 신은 유순함을 귀하게 여긴다.[원주145] 개아는 자기가 신을 떠나서는 전혀 무가치하다고 생각한다. 그의 신애는 신에 대한 사랑(prīti) 혹은 신의 부재에서 오는 고통(viraha)으로 나타난다.

개아는 자기가 애착하는 대상의 지고한 가치를 발견할 때, 자기 자신을 아무 쓸모없는 쇠똥으로 내던져버릴 수밖에 없을 것이다. 숭배자는 자기의 전 존재를 신의 은총에 맡긴다. 절대적인 의존이 유일한 길이다. "너의 온 마음을 내게 쏟고 나를 섬기라. 내 앞에 부복하라. 그러면 너는 내게로 올 것이다. 내가 진실로 약속하는 것은, 네가 나의 소중한 자이기 때문이다. 모든 의무(dharma)를 버리고 내게 와서 나에게만 의지하라. 내가 너를

〔역주26〕 박티는 신의 초월성(paratva)뿐만 아니라, 그의 접근 가능성(saulabhyatva)을 전제로 성립된다(J.B. Carman, *The Theology of Rāmānuja*, pp.77~79).

〔원주144〕 xii.8.

〔역주27〕 "남편이 사랑스러운 것은 남편이기 때문이 아니라, 그 속에 있는 아트만(Ātman) 때문이다. 아내가 사랑스러운 것은 아내이기 때문이 아니라, 그 속에 있는 아트만 때문이다……"(『브리하드아란야카 우파니샤드』, ii.4.5).

〔원주145〕 『나라다 수트라』, 27. 'dainyapriyatvam.'

모든 죄악에서 벗어나게 하리니, 슬퍼하지 말라."[원주146][역주28] 신은 우리에게 완전한 신애를 촉구하고 있으며, 그가 우리의 지식과 모든 오류를 책임지고, 모든 유형의 결핍을 없애버리며, 모든 것을 그의 무한한 빛과 지고선의 청정함으로 전환시킬 것이라는 확신을 준다. 또한 이상적인 존재를 섬기려는 끊임없는 간구가 있다. 숭배자는 "오직 그만을 바라보고, 오직 그에 대해서만 말하며, 오직 그만을 생각한다."[원주147] 무엇이든 그가 하는 것은 모두가 신의 영광을 위한 것이다. 그의 행위는 그 결과와 무관한 것이기 때문에, 그것은 전혀 이기적일 수 없다. 그것은 초월자에게 완전히 자기를 바치는 것이다.[원주148] 숭배자가 지고한 존재의 품안에 자신의 모든 것을 내맡길 때, 맹목적인 감정의 격렬함에 빠지는 것은 아니다. 그것은 감정이 삶으로 대체된 충심에서 우러나는 굴복이다. 신은 마음의 지배적인 감정이 된다. 숭배자는 자기의 목적에 도달하고, 불멸에 이르며, 그 자체로 희열을 느낀다. 그는 더 이상 아무것도 바라지 않으며, 아무런 고통도 없다. 그는 환희와 평화로 가득 차고 지고한 자아 속에서 즐거워한다.[원주149] 『바가바드기타』에 따르면, 박티 혹은 참다운 신애는 신을 믿는 것, 그를 사랑하는 것, 그에게 헌신하는 것, 그리고 그의 존재에 참여하는 것이다.

참된 박티를 위하여 우리는 무엇보다도 믿음(śraddhā)을 필요로 한다. 궁극의 실재는 그것이 숭배자의 의식에 그 자체를 드러내 보일 때까지, 믿음에 상정되거나 받아들여져야 한다.[원주150] 믿음이 극히 중대한 요소이므로, 사람들이 믿는 여러 신이 허용된다. 사람들의 성향과 정신의 다양성이라는 관점에서, 생각과 숭배의 자유가 개인에게 허용된다. 아무리 미미한

[원주146] 『바가바드기타』, xviii.64~66.

[역주28] 박티 전통을 따르는 사람들 사이에 흔히 『바가바드기타』 700구절의 결론이라 일컬어지는 두 구절이다.

[원주147] 『나라다 수트라』, 55.

[원주148] 『바가바드기타』, ix.28.

[원주149] 『나라다 수트라』, 4~7. "Mattaḥ, stabdhaḥ, ātmārāmaḥ."

[원주150] iv.40.

사랑이라도 전혀 없는 것보다는 낫다. 왜냐하면 만일 우리가 사랑하지 않는다면, 우리는 자기 자신 속에 갇힐 것이기 때문이다. 무한자는 여러 다양한 측면으로 인간의 영혼에 자기를 드러낸다. 하위의 신들은 지고한 유일자의 양태 혹은 측면들이다. 『바가바드기타』는 신의 권화들을 푸루숏타마보다 하위에 놓는다. 브라흐마, 비슈누, 쉬바가 만일 창조자, 유지자, 파괴자로 행위하는 지고자에 대한 이름이 아니라면, 이들 또한 푸루숏타마에 종속적인 지위를 지닌다.[원주151] 베다의 신들에 대한 숭배도 수용된다. 연민의 정에서 『바가바드기타』는 대중들에게 열등한 군소신(kṣudra devata)을 섬기는 자유를 허용한다. 숭배가 믿음과 사랑으로 행해지는 한에 있어서, 그것은 마음을 청정하게 하고, 보다 차원 높은 의식에 이를 수 있는 디딤돌이 된다.[원주152]

이렇듯 관용적인 입장에 대한 철학적 정당화가——완전한 형태는 아니라 할지라도——제시된다. 사람은 자기가 생각하는 것에 달려 있다. 그가 믿는 것이 무엇이든, 그는 그것을 얻을 것이다. 세계는 목적이 있는 윤리 체계이며, 그 속에서 인간은 자기가 바라는 것을 얻는다. "신을 섬기는 자는 신에게 가고, 조상을 섬기는 자는 조상에게 간다."[원주153] "어떤 신앙자가 믿음을 가지고 숭배하고자 하는 어떤 형태라도, 나는 그 형태에 맞추어 그의 신앙을 견고하게 해준다. 이러한 믿음을 부여받은 신앙자는 그 신에게 간구하여 그가 원하는 것을 얻는다. 그러나 사실 그 유익한 것은 내가 주는 것이다."[원주154]

라마누자가 "브라흐마로부터 풀 한 포기에 이르기까지, 세계의 모든 존재는 카르마에서 기인되는 생사에 지배된다. 그러므로 이러한 것은 명상의 대상으로 도움이 되지 않는다"라고 말한 것처럼, 오직 참된 주(主) 푸루숏타마만이 신애의 대상이 될 수 있다. 하위의 형태들은 그것에 대한 디딤돌

〔원주151〕 xi.37.
〔원주152〕 vii.21~23.
〔원주153〕 ix.25. 또한 xvii.3.
〔원주154〕 vii.20~21.

이다. 『바가바드기타』 제Ⅹ장에서 우리는 마음을 특정 대상이나 사람——
놀라울 정도의 강함과 장려함을 나타내 보이는——에게 고정시킬 것이 요
청된다. 이것은 상징적 명상(pratīka upāsana)이라고 불린다. 제ⅩⅠ장에
서는 전체 우주가 신의 형상을 띤다. 제ⅩⅡ장에서 우리는 지배하는 신에 관
하여 숙고한다. 오직 궁극자만이 우리에게 자유를 줄 수 있다. 지고자를 신
앙하는 사람들은 무한한 지복에 이를 것이지만, 이에 비하여 다른 신앙자
들은 단지 유한한 목표에 도달할 수 있을 뿐이다.[원주155]

박티가 취하는 형태는 신의 권능과 지혜, 그리고 그의 선에 대한 묵상,
독실한 마음으로 그에 대하여 끊임없이 염상(念想)하는 것, 다른 사람들과
그의 속성에 대하여 말을 주고 받는 것, 동료들과 그를 찬양하는 것, 그리
고 그에게 바치는 봉사라는 의미로 매사에 임하는 것 등등 여러 가지가 있
다.[원주156] 어떤 고정된 원칙이 정해질 수 없다. 이와 같이 다양한 활동을
통하여 인간의 영혼은 차츰 신에게 다가간다. 인간 정신이 신을 향하여 돌
아서도록 단련하는 여러 가지 상징과 수행법이 고안된다. 감각적 대상에
대한 욕망을 완전히 포기하지 않고서는 신에 대한 절대적인 헌신이 있을
수 없다. 따라서 때로는 이러한 목적으로 요가가 도입되기도 한다.[원주157]
욕구와 충동은 삶의 편견에서 우리를 자유롭게 하는 어떤 형태의 숭배로
전환될 수 있을 것이다.

『바가바드기타』는 가끔 우리가 다른 모든 대상을 하나씩 배제하면서 신
을 생각하라고 촉구하기도 한다. 이것은 부정적인 방법이다.[원주158][역주29]

〔원주155〕『바가바드기타』, vii.21에 대한 마드와(Madhva)의 주석. "브라흐마 등을 숭배하는
　　자들, 나를 숭배하는 자들에게 영원이……"(Anto brahmādibhaktānām madbhaktānām
　　anantatā……).
〔원주156〕『나라다 수트라』, 16~18.
〔원주157〕같은 책, 47~49.
〔원주158〕『바가바드기타』, xviii.73.
〔역주29〕불이론(不二論) 철학에 의하면, 궁극적 실재는 어떤 적극적인 방법으로 묘사될 수 없다.
　　왜냐하면 인간의 개념적인 사유체계는 언제나 유한한 것에 제한되기 마련이기 때문이다. 따
　　라서 그것을 나타내는 가장 적절한 방법은 '이것은 아니다. 이것은 아니다'라고 말하는 것이

그것은 또한 우리가 전체 세계를 신의 지고한 현현으로 간주해야 한다고 말한다.[원주159] 우리는 자연과 자아 속에서 신을 인식할 수 있어야 하며, 이와 같이 신이 우리의 내면에 임재할 수 있도록 스스로의 행위를 다스리지 않으면 안된다. 지고한 신애(bhakti)와 절대적인 복종(prapatti)[역주30]은 동일한 사실의 양 측면이다. 『바가바드기타』는 유일 무한한 신이 그의 어떤 한 측면을 통하여 접근되고 숭배될 수 있다는 것을 인정하고 있다. 이러한 관용의 정신은 힌두교를 다양한 종류의 숭배와 경험의 종합, 여러 종파와 신조를 통일하는 환경, 하나의 진리가 다양한 측면을 지닌다는 사실에 입각한 사유체계 혹은 영성 문화(spiritual culture)가 되게 했다.

신애의 절정에서 우리는 대상에 대한 확신감을 지닌다. 체험은 그 속성상 자기 검증적이다. 그것은 그 자체의 증거이다(svayam pramāṇam). 논쟁은 크게 도움이 되지 않는다. 참된 숭배자는 신에 대한 무익한 논의로 고민하지 않는다.[원주160] 이것은 최고 형태의 박티이며, 그 이상의 어떤 것에 대한 예비 단계가 아니다. 그것은 끊임없는(nirantara) 신애이며, 동기없는(nirhetuka) 신애이다.[원주161] 아무런 대가도 바라지 않고 기꺼이 신에게 헌신하고자 하는 사람은 극히 드물다. 『바가바드기타』는 사랑을 위하여 지식과 의지를 부정하는 감성 종교의 나약함을 지니지 않는다. 모든

다. 『브리하드아란야카 우파니샤드』, iv.5.15를 보라.

[원주159] 제vi장과 제xi장.

[역주30] '사라나가티'(śaraṇāgati)라고도 한다. 인간의 해탈이 무조건적인 신의 은총에 의하여 얻어질 수 있다는 점이 강조된다. 여섯 가지 내용을 포함한다. ① 이슈와라의 뜻에 일치하는 것을 생각하는 것(ānukūlyasya saṅkalpa), ② 이슈와라에게 바람직하지 못한 것을 거부하는 것(prātikūlyasya varjanam), ③ 이슈와라가 자아를 구제할 것이라는 확고한 신념을 지니는 것(rakṣiṣyatīti viśvāsa), ④ 우리는 카르마(karma), 갸나(jñāna), 박티(bhakti)가 규정하는 길을 따를 수 없다는 감정(kārpaṇya), ⑤ 수호자로서 오직 이슈와라만을 추구하는 것(goptṛtva-varaṇam), ⑥ 유순한 마음으로 이슈와라에게 부복하는 것(ātma-nikṣepa). John Grimes, *A Concise Dictionary of Indian Philosophy*, pp.265~266 참조.

[원주160] 『나라다 수트라』, 58과 75.

[원주161] 『바가바드기타』, vii.17~18 ; viii.14~22 ; 『바가바타 푸라나』, iii.29.

숭배자들이 주(主)에게 소중하지만, 그 가운데서도 지혜를 지닌 자가 가장 사랑받는 자이다.[원주162] 다른 세 부류의 숭배자들,[역주31] 즉 고통 가운데 있는 자, 지식을 추구하는 자, 물질적인 부를 추구하는 자는 단지 하찮은 목적을 지닐 것이며, 이러한 욕구가 이루어지면 신에 대한 사랑도 끝나겠지만, 현자는 영원히 영혼의 청정함으로 그를 숭배한다.[원주163] 그러면 신에 대한 강렬한 사랑 혹은 박티는 개아의 모든 한계를 불태워 없애버리는 불이 된다. 진리에 대한 통찰이 일어난다. 영적 진리의 이러한 절제가 없다면, 『바가바드기타』의 종교는 감성주의로 떨어지고 말 것이다.

고요한 기도로서, 혹은 숭앙하는 자를 일견하고자 하는 간절한 소망으로 시작된 것이 사랑과 환희의 억제할 수 없는 황홀경으로 끝난다. 숭배자는 신의 존재에 참여하게 된다. 그는 세계에서 신의 하나됨에 대한 진리의 힘을 인식한다. "바수데바는 존재하는 모든 것이다."[역주32] 그는 삶의 고독과 무의미한 세계—그는 단지 개별 존재에 불과했던—에서 탈피하여, 마침내 그가 지고한 영혼의 도구가 되는 곳에 도달한다.[원주164] 아무리 위대한 인물이라도 그는 단지 지고한 영혼의 부분적인 현현에 지나지 않는다. 각 개인의 순수 본성은 시공간 속에 자기를 드러내는 영원한 영혼이다. 지식과 신애는 상보적이 된다.[원주165]

참된 신애는 이타적인 행위로 귀결된다. 숭배자는 자기 자신의 유익을 구하지 않는 사랑, 모든 것을 포용하는 자비로운 사랑으로 충만한다. 그것은 마치 세계를 창조하고 유지하며 또한 자기 속으로 다시 귀입시키는 신의 사랑과 같다. 완전한 복종과 모든 행위를 신에게 바치는 것은 참다운 숭배자의 표식이다. 그래서 그는 자기 안에 완전한 인간의 에너지뿐만 아니

〔원주162〕 vii.17.
〔역주31〕 『바가바드기타』, vii.16을 보라.
〔원주163〕 xviii.5.
〔역주32〕 『바가바드기타』, vii.19. "Vāsudevaḥ sarvam iti."
〔원주164〕 xviii.46 ; vii.19 ; viii.7.
〔원주165〕 『나라다 수트라』, 28~29.

420

라 최고의 철학을 지닌다. 우리가 비록 『바가바드기타』의 이런저런 구절에서 세속의 일에 전혀 무관심한 열정적인 사람들의 예를 보게 된다 할지라도, 그럼에도 불구하고 『바가바드기타』의 이상적인 숭배자는 지식의 등불로 밝혀진 사랑, 인류를 위하여 스스로 고통당하려는 강한 열망을 수반하는 사랑을 지닌 자이다. 틸락(Tilak)은 『비슈누 푸라나』로부터 한 구절을 인용하고 있다. "자기의 의무를 저버리고, 앉아서 '크리슈나, 크리슈나'를 외치는 자들은 실로 신의 적이며 죄인이다. 심지어 거룩한 주(主) 또한 의(義)를 회복하기 위하여 세상 가운데 태어난다."[원주166]

신애를 영적인 삶의 궁극적 본질로 간주하는 사람들에게, 그 목적지는 영원한 비인격적 존재 속에 녹아 없어지는 것이 아니라, 지고한 인격(Puruṣottama)과의 합일이라는 것은 분명하다.[원주167] 그러나 『바가바드기타』는 다른 모든 것보다도 수승한 것으로서의 무속성자에 대한 신애(nirguṇa bhakti)를 인정한다. 이 경우 절대자는 최고의 궁극적 범주가 된다.[원주168] 신애가 완전해질 때, 개아와 그의 신은 하나의 영적인 엑스터시 속으로 녹아들며, 한 궁극적 생명의 두 측면으로 그들 자신을 드러낸다. 그러므로 절대적 일원론은 신애 의식이 시작하는 이원론의 완성이다.[역주33]

[원주166] 『바가바드기타』, ix.30을 보라. 「요한일서」, ii.9~11 ; iv.18~20과 비교하라.

[원주167] "신성한 존재에 대한 숭배는 단순한 엑스터시로 나타나지 않는다. 그것 속에 우리의 전 존재가 동참한다. '그는 바른 목적을 지닌다.' 이와 같은 목적의 올바름 속에 행위에서의 올바름이 보증된다"(McKenzie, *Hindu Ethics*, p.131).

[원주168] 『바가바타 푸라나』, iii.29 ; vii.14를 보라.

[역주33] 샹카라의 절대적 일원론(Advaita)과 라마누자의 제한 불이론(Viśiṣṭādvaita) 간에 가장 첨예하게 대립되는 부분 중의 하나는 해탈 상태에서의 개체성 유무에 관한 것이다. 전자는 해탈 상태에서 개체성이 있을 수 없다는 입장이지만, 후자는 그것을 인정한다. 전자의 입장에서 보면 개아의 해탈이란 곧 '브라흐만 그 자체가 되는 것'이지만, 이에 비하여 후자에게 그것은 단지 '브라흐만적인 존재가 되는 것'을 의미한다. 양자 모두가 일원(一元)을 주장하는 것은 동일하지만, 일원의 내용은 각자 다르다. 전자는 절대적 일원을 주장함에 비하여 후자는 유기적 일원을 주장한다. 라다크리슈난은 샹카라와 라마누자의 입장을 종합하는 견지에서 『바가바드기타』를 주석하고 있지만, 해탈 상태의 개체성 유무에 관한 문제에 있어서는 샹카라의 입장이 더욱 현저한 것으로 보인다. 박티의 전제가 되는 신과 숭배자 간의 이원성은, 결국 절대적 일원론으로 완성되어야 한다는 것이 그의 입장이다.

11. 행위의 길

1) 윤리의 문제

신성한 봉사 혹은 카르마(karma)를 통하여 우리는 또한 궁극자에 이를 수 있다. 카르마는 행위 혹은 그 여력이며, 심지어는 비인격적 존재가 인격적이 되는 것을 의미한다.[원주169] 카르마는 시작이 없다고 말해지며, 따라서 세상사가 일어나는 정확한 양태는 이해하기 어렵다.[원주170] 창조의 결말에 전체 세계는 그 다음 시작에서 다시 돌아날 준비가 된 미세한 업의 씨앗 형태로 잠재해 있다고 말해진다.[원주171] 세계 과정은 주(主)에게 의존하여 있으므로, 우리는 그를 카르마의 주관자라고 부를 수 있다.[원주172] 우리는 이런저런 행위를 하게 된다. 우리의 행위가 의(義)에 대한 관심을 촉진하고, 동시에 정신적인 안정과 만족을 가져올 수 있도록 하는 것이 꼭 필요하다. 카르마 마르가(mārga)는 봉사에 대한 개별적인 열망이 궁극의 목표에 도달할 수 있는 행위의 길이다.

『바가바드기타』와 동시대에 올바른 행위에 대한 여러 다양한 견해들, 즉 제의식의 준수에 관한 베다의 이론, 진리를 추구하는 우파니샤드의 교의, 모든 행위를 포기하는 불교적인 관념, 그리고 경신(敬神)에 대한 유신론적 관점 등이 널리 유행하고 있었다. 『바가바드기타』는 이 모든 것을 하나의 일관된 체계로 종합하려고 노력한다.

『바가바드기타』는 우리가 세계의 다른 존재들과 관계를 맺게 되는 것이 행위를 통해서라는 것을 인정한다. 윤리의 문제는 오직 인간 사회에서만 의미를 지닌다. 세계의 여러 존재 가운데서 오직 인간의 자아만이 책임의식을 지닌다. 개아는 영적인 행복을 열망한다. 그러나 그는 그것을 세계의 물질적 요소들로부터 이끌어낼 수 없다. 그가 애써 추구하는 기쁨은 종류

〔원주169〕 vii.24~25.
〔원주170〕 iv.17.
〔원주171〕 viii.18~19.
〔원주172〕 vii.22.

422

가 다른 것이다. 미혹된 마음과 거짓된 욕망에서 나오는 것은 그 속에 어둡고 우둔한 속성(tamas)이 현저하고, 감각에서 얻어지는 것은 격정적인 속성(rajas)이 농후하며, 자아에 대한 지식에서 오는 즐거움은 순수하고 선한 속성(sattva)이 보다 강하다.[원주173] 궁극의 만족은 개아가 스스로 독존적인 행위자라는 생각을 멈추고, 무한한 은총의 신이 세계를 주관한다고 느낄 때 얻어진다. 인간 속의 영혼은 그것이 세계 속의 영혼을 깨닫게 될 때 만족을 느낀다.[원주174] 선행은 개아의 해방과 영혼의 완전을 도모하는 행위이다.

2) 선악의 기준

바른 행위는 신과 인간과 세계의 진정한 통일을 나타내는 행위이며, 그릇된 행위는 이와 같은 실재의 본질적인 구조를 망각하는 행위이다. 우주의 일체 혹은 통일은 근본적인 원리이다. 선은 완전을 지향하는 모든 것이며, 악은 그것과 모순 대립되는 모든 것이다. 이것은 붓다와 『바가바드기타』 간의 본질적인 차이이다. 불교는 의심할 나위 없이 윤리를 선한 삶의 핵심에 놓고 있지만, 그것은 윤리적 삶과 영적 완성의 관계 혹은 우주의 목적을 충분히 강조하지 않았다. 이에 비하여 『바가바드기타』에는 설사 우리가 스스로의 노력에 실패한다 할지라도 신의 중심 목적은 결코 파괴되지 않는다는 확신이 있다. 『바가바드기타』는 설사 현상적인 모든 것이 불의에 물들어 있다 할지라도 우주혼은 그렇지 않다는 것을 지적한다. 개아는 신의 목적에 도구가 될 때 자기의 운명을 완수한다.

유한 존재는 자신을 전체 유기체의 한 구성원으로 간주하고, 전체를 위하여 행위해야 한다. 절대성에 대한 그릇된 주장과 자기의 독립성은 다른 사람의 독립성에 의하여 제한된다는 그릇된 견해는 내버려야 한다. 참된 이상은 세계의 연대(連帶, lokasaṁgraha)이다. 전체혼이 세계에 작용한

[원주173] ii.71 ; vi.15, 22, 28; xii.12 ; xvii.62 ; xviii.36~38.
[원주174] 플라톤, 『공화국』, ix.

다. 선한 사람은 그것과 협동하여 세계의 복리를 꾀한다.[원주175] 『바가바드기타』는 개인적인 요구의 개념을 비난한다. 최선의 사람들은 가장 무거운 짐을 지고 인내한다. 유한 존재의 모험은 극복되어야 하는 악을 의미한다. 우리는 죄악과 불의와 싸우는 일을 그만둘 수 없다. 주저하는 아르주나가 크리슈나에 의하여 싸우도록 설득되는 것은, 명예를 사랑하기 때문이거나 왕국에 대한 탐욕 때문이 아니라 정의의 법을 세우기 위해서이다. 우리가 불의와 싸울 때, 감정과 무지에 사로잡혀서가 아니라 냉철한 지혜와 모든 존재에 대한 사랑으로 그것을 행하지 않으면 안된다.[원주176] 어떤 경우든 감정과 무지는 고통과 불안을 수반하기 마련이다.

감각을 제어하는 것은 선한 사람의 특징이다. 격정은 우리의 영성을 가둔다. 그것은 분별심을 말라죽게 하고 이성을 족쇄채운다. 절제되지 않은 충동에 고삐를 늦추는 것은 육신 속에 살고 있는 영혼을 노예로 만들어버린다.[원주177] 『바가바드기타』는 우리에게 행위의 결과에 집착하지 않는 정신, 요가의 정신, 혹은 불편 부당한 정신의 함양을 촉구한다.[원주178] 참된 이욕행(離欲行)은 여기에 놓여 있다. 무지에서 나오는 행위의 포기는 어둡고 우둔한 속성(tamas)의 포기(tyāga)이며, 육체적인 고통과 같은 결과에 대한 두려움에서 나오는 행위의 포기는 무책임한 감정(rajas)에 사로잡힌 포기이며, 결과에 대한 두려움 없이 무집착의 정신으로 하는 행위가 최선의 형태이다. 이러한 행위는 순수와 청정(sattva)으로 충만하다.[원주179]

3) 결과에 집착하지 않는 행위

행위의 문제에 대한 『바가바드기타』의 정확한 입장을 이해할 필요가 있다. 그것은 금욕주의적 윤리를 지지하지 않는다. 무위(無爲)에 대한 불교의

〔원주175〕 v.25 ; xii.4.
〔원주176〕 xi.55.
〔원주177〕 vi.46 ; viii.27.
〔원주178〕 vi.46 ; viii.27.
〔원주179〕 xvii.7~9. 11~12.

이론은 보다 적극적인 방식으로 해석된다. 참된 무위는 아무런 대가를 기대하지 않는 행위이다. 행위의 본질을 분석하면서 『바가바드기타』는 외적인 행위와 이에 선행하는 정신 작용을 구분하고, 모든 이기심을 제압함으로써 후자를 제어해야 한다는 것을 강조한다.[원주180] 윤리의 참정신은 행위의 회피(naiṣkarmya)가 아니라, 무사(無私, niṣkāmatā)이다.[원주181] 지옥으로 통하는 세 길, 즉 격정, 분노, 시기는 극복되어야 한다.[원주182] 모든 욕망이 모두 다 나쁜 것은 아니다. 정의를 따르고자 하는 욕망은 거룩하다.[원주183] 『바가바드기타』는 욕망을 근절하라고 요구하는 대신 그것을 정화하라고 촉구한다. 물질 생명적 본성이 깨끗해지고, 의식 지성적 본성이 청정해지면, 마침내 영적인 본성이 만족하게 된다.[원주184][역주34] 『바가바드기타』는 아무것도 하지 않는 것이 해탈일 수 없다는 것을 분명히 말한다. "실로 육신을 지닌 존재가 행위를 완전히 포기하는 것은 불가능하다."[원주185]

> 눈은 보기로 결정하지 않을 수 없고
> 우리가 귀더러 듣지 말고 잠자코 있으라 명할 수 없으며
> 육신은 의지에 역행하거나 일치하여
> 어디 있든 닿아 느낀다.[원주186]

[원주180] xviii.18.

[원주181] v.11 ; xviii.49.

[원주182] ii.62~63 ; xvi.21.

[원주183] vii.11.

[원주184] 풍족한 환경(puṣṭi), 만족(tuṣṭi), 평화(śānti)는 각각 인간 본성의 생명적, 지적, 영적 측면의 이상이다.

[역주34] 『타잇티리야 우파니샤드』(ii.2~5)의 오장설(五藏說, pañcakośavāda)은 아트만의 본질을 다섯 단계로 분석한다. 즉 가장 외적인 부분은 '음식으로 된 자아'(annammaya-kośa)이며, 그 다음에는 순차적으로 '생기로 된 자아'(prāṇamayakośa), '의(意)로 된 자아'(manomayakośa), '식(識)으로 된 자아'(vijñānamayakośa)가 있으며, 가장 내면에는 '환희로 된 자아'(ānandamayakośa)가 있다.

[원주185] xviii.11.

[원주186] 워즈워스.

완전한 정지는 결코 있을 수 없다. 그 모든 것은 영원히 살아 움직인다. 행위는 세계의 순환을 지속시키며, 각 개인은 그것이 계속될 수 있도록 최선을 다해야 한다.[원주187] 『바가바드기타』의 전체적인 배경은 그것이 행위에 대한 간곡한 권고라는 것을 나타낸다. 우리가 자유를 얻을 때까지 행위는 불가피하다. 우리는 자유를 위하여 행위해야 하며, 자유를 얻을 때 우리는 신의 도구로서 행위해야 한다. 물론 후자의 경우에는 더 이상 정신 수행이나 정화를 위한 행위는 불필요하다. 자유롭게 된 영혼은 준수해야 할 아무런 규범도 없으며, 그가 원하는 무엇이든 행한다. 그러나 중요한 점은 그가 무엇인가를 행하고 있다는 것이다.[원주188]

『바가바드기타』는 우리에게 속박이 되지 않는 행위를 강조한다. 주(主) 자신은 인류를 위하여 행위한다. 절대적인 관점에서 볼 때, 그는 자기 충족적이고 아무런 욕망도 없다 할지라도, 그는 언제나 이 세계에서 완수해야 할 어떤 것이 있다. 아르주나가 나가 싸워 자기의 의무를 완수해야 하는 것도 이와 마찬가지이다. 자유롭게 된 영혼 또한 다른 사람들이 신을 발견할 수 있도록 도와주어야 할 의무를 지닌다. 인류에 대한 봉사가 곧 신에 대한 숭배이다.[원주189] 세계와 신을 위하여 아무런 욕망이나 사심없이 하는 행위는 우리를 속박하지 않는다. "이 모든 일들이 결코 나를 속박하지 못한다. 나는 이러한 일들에 무관심하며, 언제나 무집착으로 머물러 있기 때문이다."[원주190]

『바가바드기타』는 산야사(sannyāsa)와 티야가(tyāga)를 구분한다. "산야사는 이기적인 모든 행위를 포기하는 것이며, 티야가는 모든 행위의 결과를 포기하는 것이다."[원주191] 후자가 보다 포괄적이다. 『바가바드기타』는

[원주187] iii.10, 16.
[원주188] 『브리하드아란야카 우파니샤드』, vi.4.22 ; 『베단타 수트라』, iii.32에 대한 샹카라의 주석 .
[원주189] xviii.46.
[원주190] ix.9 ; iv.13~14.
[원주191] xviii.2.

일상적인 삶을 거부하라고 가르치는 것이 아니라, 모든 이기적인 욕망을 제어하라고 촉구한다. 『바가바드기타』가 강조하는 것은 행위(pravṛtti)와 무위(nivṛtti)의 조합이다.[원주192] 단순히 행위를 그만두는 것은 진정한 이욕행이 아니다. 손발은 아무것도 행하지 않으면서, 마음속의 욕망은 분주히 움직이고 있을 수도 있다. 우리를 속박하는 것은 행위 자체가 아니라 행위하는 정신이다. "무지한 자에 의한 행위의 포기는 실로 적극적인 행위이며, 현자의 행위는 실로 무위이다."[원주193] 영혼의 내적인 삶은 세속의 현실적인 삶과 모순되지 않는다. 『바가바드기타』는 그 둘을 우파니샤드의 정신으로 조화시킨다. 『바가바드기타』에서 제시되는 행위는 숙련된 행위이다. "요가는 행위의 훈련이다."[원주194]

우리가 행하는 모든 행위는 외적인 규범에 강제되어서가 아니라, 자유로운 영혼의 내적인 결단에 따라서 행해져야 한다. 이것은 최상의 행위이다. 아리스토텔레스는 말한다. "자기 자신의 확신에서 행위하는 자가 최상이며, 다른 사람의 권고에 따라 행위하는 자는 그 다음이다."[원주195] 경전은 거듭나지 않은 자에게 권위를 지닌다. 베다의 금제와 규범은 단지 외적인 것이며, 우리가 최고의 상태에 도달할 때 그것은 우리를 구속하지 않는다. 이러한 차원에서 우리는 영혼의 법에 따라 있는 그대로 행위한다.

모든 행위는 청정한 동기에서 행해져야 한다. 우리는 스스로의 마음속에 남아 있는 포착하기 어려운 이기심의 그림자를 없애고, 어떤 특정 행위에 대한 애착이나 우쭐해지고 싶은 욕망을 몰아내지 않으면 안된다. 선한 행위는——만일 그것이 우리의 마음을 정화하고 지혜를 일깨워주는 것이라면——이러한 정신에서 행해져야 한다. 자신을 지상의 신으로 여기며 감각적 쾌락을 일삼는 이기주의자는, 형이상학에 있어서 유물론을 그리고 윤리에

[원주192] "Nivṛttir api mūḍhasya pravṛttir upajāyate
          Pravṛttir api dhīrasya nivṛtti-phalabhāginī."
[원주193] 『아슈타바크라기타』(*Aṣṭāvakragītā*), xviii.61.
[원주194] ii.50. "Yogaḥ karmasu kauśalam." 또한 ii.48 ; iii.3 ; iv.42 ; vi.33, 46.
[원주195] *Ethics*, i .4.7.

있어서는 감각론을 택하는 악마이다.[원주196]

4) 구나

구나(guṇa, 속성) 이론은 『바가바드기타』 윤리에서 중요한 역할을 한다.[원주197] 구나에 대한 속박은 유한성에 대한 느낌을 야기시킨다. 마음에 속해 있는 속박들이 자아에 그릇 귀속되는 것이다. 비록 선한 속성(sattva)으로 가득 찬 행위가 최상의 행위로 말해진다 할지라도,[원주198] 선한 속성조차도 속박한다고 주장된다. 왜냐하면 보다 고매한 욕망은 보다 순수한 에고를 만들어내기 때문이다. 완전한 자유를 위해서는 모든 이기심이 근절되어야 한다. 에고는 그것이 아무리 청정하다 할지라도 방해가 되는 장막이며, 그 자체를 지식과 환희에 잡아맨다. 모든 속성을 초월하고 비인격적인 우주관을 지니는 것이 이상적인 상태이다.[원주199]

5) 베다의 희생제의에 관한 교의

『바가바드기타』는 희생제의에 관한 베다의 이론을 수정하고, 그것을 참다운 영적 지식과 조화시킨다.[원주200] 신에게 바치는 외적인 공물은 내적인 영혼의 상징이다. 희생제의는 자제와 자기 부정의 정신을 함양하기 위하여 시도된다. 참다운 제사는 감각적 쾌락을 제사지내는 것이다. 우리가 공물을 바치는 신은 위대한 지고자, 혹은 희생제의의 주(主, yajña Puruṣa)이다.[원주201] 우리는 모든 대상이 최고의 목표를 실현하기 위하여 거룩하게 주어진 수단이라고 생각해야 하며, 그 모든 것을 신에게 맡기고 행위에 임해야 한다. 우리가 먹든 마시든, 무엇을 하든 간에 언제나 신의 영광을 위하

〔원주196〕 xvi.8, 42.
〔원주197〕 v iv.5.
〔원주198〕 xviii.23.
〔원주199〕 xiv.19.
〔원주200〕 iv.24~27.
〔원주201〕 iv.33.

여 행해야 한다. 요가를 닦는 자는 항상 신 안에서 행위하며, 그의 행위는 다른 사람들이 따르는 본보기가 된다.[원주202]

6) 카스트

『바가바드기타』는 인간 행위의 규범을 위하여 여러 가지 일반적인 원리를 정하고 있다. 어떤 구절에서는 중도(中道)가 권장된다.[원주203] 『바가바드기타』는 인생의 단계에 대한 교의[역주35]뿐만 아니라 카스트의 구분을 인정한다. 저급한 느낌과 생각으로 사는 사람이 돌연 고차원의 의식 상태로 떠오를 수는 없다. 인간의 본성을 실현하는 과정은 긴 시간을 요하며, 때로는 여러 세대가 걸리기도 한다. 『바가바드기타』는 대체로 상승의 네 단계에 상응하는 근본적인 네 가지 유형의 사람들을 구분하고 있다. 특성에 따른 카스트에 의거하여,[원주204] 『바가바드기타』는 각 개인이 자기의 카스트에 부과된 의무를 수행해야 한다고 가르친다.[원주205]

본연의 의무(svadharma)는 자기 자신의 존재 법칙에 부합하는 행위이다. 우리는 자신에게 규정된 의무를 수행함으로써 신을 숭배한다.[원주206] 신은 모든 사람이 사회와 관련된 어떤 일을 하도록 규정한다. 사회 체계에 대한 법규는 신성한 것이라고 말해진다. 플라톤은 이와 유사한 교의를 주장한다. "우주의 주관자는 전체의 발전과 보존이라는 관점에서 모든 존재를 배열했으며, 각 부분은 그것에 알맞는 행위와 감정을 지닌다……. 모든 훌륭한 의사와 능숙한 예술가는 매사에 부분을 위하여 전체를 희생시키는 것

〔원주202〕 iii.21.

〔원주203〕 vi.16~17.

〔역주35〕 인생을 학생기(學生期, brahmacarya), 가주기(家住期, grhasta), 임서기(林棲期, vānaprastha), 그리고 유행기(遊行期, sannyāsa)의 네 단계로 나누고, 이에 따라 개인의 행위를 규정하는 것을 말한다. 이 전통은 대개 브라흐마나 시대에 확립된 것으로 보인다. 『인도철학사 I』, pp.189~190을 참조하라.

〔원주204〕 iv.13.

〔원주205〕 ii.31.

〔원주206〕 xviii.46~47.

이 아니라, 전체를 위하여 부분이 소용될 수 있도록 하여 공동의 선(善)이 실현되도록 행한다."[원주207]

비록 카스트 제도는 원래 특성에 따라 형성된 것이라 할지라도, 그것은 곧 태생의 문제가 되어버렸다. 누가 어떤 성품과 특성을 지니고 있는가를 아는 것은 어렵다. 어떤 사람을 판단함에 있어서 이용가능한 수단은 오직 출생 가문을 보는 것뿐이다. 출생 신분과 성품의 혼동은 카스트의 영적인 기반이 뿌리째 흔들리게 되는 결과를 가져왔다. 어떤 특정 가문의 사람이 언제나 일반적으로 예상되는 성품과 특성을 지닌다는 보장은 없다. 삶의 사실들은 논리적인 이상과 일치하지 않으므로, 전체 카스트 제도는 붕괴되고 있다. 오늘날 우리의 지식으로 카스트 제도를 비난하는 것은 어렵지 않지만, 우리는 이 제도가 상호 친선과 협력에 토대를 둔 사회를 건설하고 경쟁적인 사회관이 지니는 위험을 치유하고자 했다는 것을 솔직하게 인정해야 한다. 그것은 부(富)가 아니라 지혜의 수승함을 인정하였으며, 그것의 가치 판단은 정확하다.

인생의 네 단계 가운데 마지막은 유행기(遊行期, sannyāsa)이다. 이 단계로 들어서는 개인은 세속의 삶에서 물러날 것이 요청된다.[원주208] 이 단계는 육신이 노쇠하고 스스로가 일상적인 일에 부적합하다고 느낄 때 시작된다고 말해지기도 한다.[원주209] 그러나 진정한 유행기의 삶은 이기적인 욕망을 버리는 데 놓여 있으며, 이것은 심지어 우리가 가장으로 살 때에도 가능하다.[원주210] 『바가바드기타』의 관점으로 볼 때 우리가 유행기의 마지막 단계를 거치지 않고는 해탈을 얻는 것이 불가능하다고 말하는 것은 옳지 않다.

『바가바드기타』가 제시하는 정신으로 행해지는 행위는 결국 지혜에서 그 완성을 본다.[원주211] 이기적인 마음이 제거되고 신성이 빛을 발한다. 만

[원주207] *Laws*(Jowett판), x. 903B.
[원주208] 『마누 법전』, vi.33~37 ; 『마하바라타』, 「샨티 파르바」, 241.15 ; 244.3.
[원주209] 『마누 법전』, vi.2 ; 『마하바라타』, 「우디요가 파르바」, 36.39.
[원주210] 『바가바드기타』, v.3.

일 우리가 의지를 따른다면, 교의에 대해서 알게 될 것이다. 이 단계에서도 진심에서 우러나는 신애가 있다. 따라서 행위의 길(karma marga)은 우리를 지·정·의가 모두 공존하는 상태로 인도한다.

7) 행위는 해탈과 양립 가능한가

지금까지 우리의 설명으로 볼 때, 봉사의 길이 해탈을 가져올 수 있다는 것은 분명하다. 물론 그것은 푸르바 미망사(Pūrva Mīmāṁsā)적인 의미에서의 카르마가 아니다.[역주35] 베다의 희생제의는 우리에게 해탈을 줄 수 없다. 그것은 단지 도구적인 의미를 지닐 뿐이다. 그것은 우리가 보다 고차원적인 지혜를 지닐 수 있도록 돕는다. 그러나 신에 대한 헌신으로 행해진 행위, 혹은 무집착의 정신으로 행한 행위는 다른 길과 마찬가지로 효과적이며, 따라서 샹카라가 주장하는 것처럼 지식의 길에 종속되어야 하거나, 라마누자가 믿는 것처럼 신애의 길에 종속될 필요가 전혀 없다. 자기 자신의 관점을 위하여 이들은 행위의 길이 수승하다는 크리슈나의 언명이 단지 아르주나를 설득하여 행위하도록 만들기 위한 것이라고 해석한다.[원주212]

우리는 아르주나가 자기의 영혼에 거짓되게 행위하도록 요청되었다고 생각할 수 없다. 더욱이 그는 자기의 감정과 마음을 정화하기 위하여 행위해야 하는 무지한 자가 아니다. 자나카(Janaka)[역주36]와 크리슈나 등이

[원주211] 제 iv 장.

[역주35] 푸르바 미망사 학파에 의하면, 베다의 목적은 제의적 행위를 규정하는 것이며, 해탈은 이러한 행위를 통하여 성취될 수 있다.

[원주212] 『바가바드기타』, v.2 ; vi.1~2 ; xviii.11에 대한 샹카라의 주석 ;『바가바드기타』, v.1 ; iii.1에 대한 라마누자의 주석.

[역주36] 비데하(Videha)의 왕이며 시타(Sītā)의 아버지이다. 왕이 자손을 얻기 위한 제의식으로 밭을 갈고 있을 때, 밭고랑(sita)에서 시타가 생겨났다. 나중에 시타는 라마(Rāma)의 부인이 된다. 왕은 정의로운 통치자로, 심원한 지식과 경건함을 지닌 사제로 유명하다. 더욱이 그는 경건한 크샤트리야 역시 사제 계급의 한 구성원으로 제의식을 수행할 충분한 자격이 있다는 견해를 지니고 있었던 것으로 알려진다. (『브리하드아란야카 우파니샤드』, iii.1.1. 을 보라). 그의 사상은 당시 비데하 지방에 유행하던 자유주의 사상의 전형으로 꼽히며, 이러한 경향은 수세기 후에 자이나교나 불교에 반영되어 나타난다.

불완전한 지혜를 지니고 있기 때문에 행위에 몰두해야 하는 사람으로 간주하는 것은 있을 수 없다. 지혜를 얻은 후에는 행위의 가능성이 전혀 없다고 생각할 필요도 없다. 자나카는 지혜로써 이기적인 욕망을 제어한 후에 행위해야 한다는 참된 가르침이 자기에게 주어졌다고 말한다. 심지어 샹카라도 지혜를 얻은 후에 육신을 유지하기 위하여 어떤 행위가 필요하다는 것을 인정한다.[원주213] 만일 행위가 허용된다면, 그것은 자유롭게 된 영혼이 얼마만큼 행위하는가 하는, 단지 정도의 문제에 불과하다. 만일 개아가 다시금 카르마에 오염되는 것을 두려워한다면, 이것은 그의 감각적 제어가 완전하지 않다는 것을 의미한다.[원주214] 설사 우리가 브라흐만이 세계와 다르듯이 아트만이 육신과 다르다고 믿는다 할지라도, 육신이 행위하는 것을 막는 것은 아무것도 없다.[원주215] 그러나 『바가바드기타』는 사람이란 각자 성향이 다르기 때문에 어떤 사람은 탈속적이고 또 어떤 사람은 그렇지 않을 수 있으며, 각자 자기의 존재 법칙에 따라 행위해야 한다는 것을 인정하고 있다.[원주216]

8) 인간의 자유의지 문제

다음 주제로 넘어가기 전에, 인간의 자유의지 문제에 대한 『바가바드기타』의 관점을 언급할 필요가 있다. 인간의 의지는 과거의 본바탕, 유전, 훈련, 그리고 환경에 의하여 결정되는 것처럼 보인다. 전체 세계는 개아의 본질에 집중되는 것처럼 보인다. 간접적으로가 아니라면 날 때부터의 성품을 신의 명령이라고 부를 수 없다. "모든 존재는 스스로의 본질에 따른다. 무엇이 그것을 강제할 수 있겠는가?"[원주217] 모든 존재의 중심에 있는 신이 '마치 기계 위에 올라타고 있는 것처럼'[원주218] 모든 개인을 이리저리 내몰아

[원주213] iii.8.
[원주214] xviii.7 ; iii.6.
[원주215] iv.21 ; v.12.
[원주216] 『마하바라타』, 「샨티 파르바」, 339~340.
[원주217] xviii.59~60 ; iii.33, 36.

432

대는 듯이 보이므로, 인간의 노력은 헛된 것처럼 보인다. 만일 날 때부터 정해지는 의지가 전부라면, 인간의 자유는 있을 수 없다. 불교도들은 자아를 부정하며, 오직 카르마가 행위한다고 주장한다. 『바가바드기타』는 기계적으로 결정되는 의지 이상의 영혼을 인정한다. 물질의 속박에서 벗어난, 궁극적인 상태에 있는 영혼의 진실이 무엇이든 간에, 윤리적 차원에서 그것은 분리 독립적인 존재를 지닌다.

『바가바드기타』는 인간의 자유를 믿는다. 크리슈나는 삶에 관한 모든 철학을 말한 후에, 아르주나에게 "네가 결정하여 행하라"[원주219]고 말한다. 인간의 영혼 위에 천성의 전능이란 있을 수 없다. 우리는 타고난 기질에 꼭 따라야 하는 것은 아니다. 우리에게 좋아하는 것과 싫어하는 것이 있다는 것은 사실상 경계의 대상으로 말해진다. 그것은 '영혼을 괴롭히며 속박하는 요소'이다. 천성적인 기질에 있어서 우리가 제어할 수 없는 불가피한 것과 우리가 없애버릴 수 있는 부유하는 것 간에 선이 그어진다. 피상적인 것과 대면하여 싸우지 않는 영혼의 소유자는 타고난 기질에 휩쓸리고 만다. 지성이 현저한 사람들은 기질의 발현 과정을 제어하고 통제한다. 그들은 모든 행위를 지성에 의거하여 행하며, 본능에 따라가는 동물적인 삶을 거부한다. 만일 그렇지 않다면 그들은 감정에 압도될 것이다. "흔히 자기의 의지에 반(反)하는 것 같기도 하고, 또한 어떤 알지 못할 힘에 내몰리는 것처럼, 사람이 죄를 짓도록 충동질하는 것은 무엇인가?" "그를 부추기는 것, 그것은 욕망이⋯⋯. 그것은 땅에 발을 딛고 사는 사람의 대적(大敵)이다."[원주220]

개아가 자기의 감정을 다잡고 이성으로 행위를 제어하는 것이 가능하다. 샹카라는 말한다. "소리 등과 같은 모든 감각적 대상에 관하여는, 각 감각에 유쾌한 대상에 대해서는 애착이 일어나고 불쾌한 대상에 대해서는 혐오

〔원주218〕 xviii.61.
〔원주219〕 xviii.63. "Yathecchasi tathā kuru."
〔원주220〕 iii.37 ; vi.5~6.

가 일어나는 것은 당연하다. 나는 이제 인간의 노력과 경전의 가르침에 대
한 여지가 있는 곳을 말할 것이다. 가르침을 따르고자 하는 자는 우선 애착
과 혐오의 지배를 벗어나야 한다."[원주221] 업은 단지 하나의 조건 혹은 상황
일 뿐이며, 숙명이 아니다. 이것은 행위에 대한 『바가바드기타』의 분석에
도 부합된다. 이에 따르면 운명은 다섯 요소 중의 하나일 뿐이다. 하나의
행위가 완수되려면 다섯 요소가 필수적이다. 우선 행위가 이루어지는 어떤
중심으로서의 토대(adhiṣṭhāna)가 있어야 하며, 그외에도 행위자(kartṛ),
수단(karaṇa), 노력(ceṣṭā), 그리고 운명(daiva)이 필요하다. 이 가운데
운명은 인간적인 힘과는 다른 어떤 힘을 의미하며, 배후에서 행위를 조정
하고 이에 대한 응보의 형태로 그 결과를 나타내도록 하는 우주적인 원리
를 말한다.

12. 해탈

1) 세 요가의 종합

우리가 추구하는 방법이 무엇이든, 그것이 지혜, 사랑, 혹은 헌신적 행위
든 간에, 그 도달되는 목표는 동일하다. 그것은 영혼과 궁극자의 합일이다.
마음이 청정해지고 이기심이 제거될 때, 개아는 지고자와 하나가 된다. 만
일 우리가 인간에 대한 헌신적 행위로 시작한다면, 우리는 단지 행위와 의
식에 있어서뿐만 아니라 삶과 존재에 있어서도 궁극자와 하나가 됨으로써
끝난다. 사랑은 영혼과 신이 하나 되는, 신애의 엑스터시에서 절정에 달한
다. 우리가 접근하는 길이 무엇이든, 우리는 신성한 삶을 보고 체험하며 그
삶을 사는 것으로 끝을 맺는다. 이것은 광의에 있어서 갸나(jñāna)라고 불
리는, 종교의 최고 형태 혹은 영성의 삶이다.

영적인 실재를 획득하는 방법으로서의 갸나는 영적인 직관——이것은 이

[원주221] 『바가바드기타』, iii.34에 대한 샹카라의 주석.

상적인 목표이다——으로서의 갸냐와 다르다. 샹카라가 해탈 혹은 신에 대한 직접적인 지각이란 봉사 혹은 헌신의 행위이거나 인식이 아니라고 말한 것은 옳다. 해탈은 진리 파지 혹은 진리에 대한 직접적인 통찰이다. 다양한 길이 추구하는 것은 바로 신을 직접 실현하는 것이다.

『바가바드기타』가 실재에 이르는 다양한 길을 평가함에 있어서 언제나 일관된 입장을 보이는 것은 아니다. "나를 알려고 노력하라. 만일 네가 나에 대하여 명상할 수 없다면, 요가를 닦아라. 만일 네가 이것을 감당할 수 없다면, 너의 모든 일을 나에게 봉헌함으로써 나를 섬기라. 이것조차도 어렵다면, 보상에 대한 모든 욕망을 포기하고 결과에 대한 집착을 버리고 너의 의무를 수행하라."[원주222] 『바가바드기타』는 또한 말한다. "실로 지식은 끊임없는 실천보다 나으며, 명상은 지식보다 수승하다. 행위의 결과를 포기하는 것은 명상보다 나으며, 이욕행에 평화가 따른다."[원주223] 경우에 따라서 이런저런 길이 선호되기도 한다.[원주224] 『바가바드기타』 저자의 생각으로는 어떤 방법이든 충분하다. 어떤 방법이냐 하는 것은 각 개인의 선택으로 남는다. "어떤 사람들은 명상으로, 어떤 사람들은 내적인 성찰을 통하여, 어떤 사람들은 행위를 통하여, 또한 어떤 사람들은 숭배를 통하여…… 죽음을 뛰어넘는다."[원주225]

2) 궁극적 자유와 그 특징

궁극적인 체험은 자유이다. 그리고 갸냐라는 말은 여기에 이르는 길뿐만 아니라 그 목표 자체를 가리키기 위하여 사용된다. 이러한 혼동 때문에, 어떤 사람들은 길로서의 갸냐가 다른 접근방법보다 수승하다고 주장하게 되고, 또한 궁극적인 자유의 상태에서 감성이나 의지와 같은 다른 요소들은 완전히 사라짐에 비하여 오직 인식만이 남아 있다고 생각하게 되기도 한

〔원주222〕 xii.9~11.
〔원주223〕 xii.12.
〔원주224〕 vi.46 ; vii.16 ; xii.12.
〔원주225〕 xiii.24~25 ; xviii.54~56.

다. 그러나 이러한 견해에 대한 어떤 정당화는 보이지 않는 것 같다.

자유 혹은 해탈은 궁극적 자아와의 합일이다. 그것은 브라흐만 속의 지속(brāhmī sthiti), 행위와 그 영향력으로부터의 자유(naiṣkarmya), 세 가지 속성들의 부재(nistraiguṇya), 독존(獨存, kaivalya), 브라흐만의 존재(brahmabhāva) 등 여러 가지 이름으로 불린다. 절대적인 경험에는 모든 것에 대한 일체감이 있다. "아트만은 모든 존재 속에 있고, 모든 존재는 아트만 속에 있다."[원주226] 완전한 상태는 베다 제의식의 준수나 희생제의 등의 모든 방법에서 일어나는 의로움의 과실(果實)을 능가한다.[원주227]

우리는 이미 궁극적 상태에 있어서 행위의 여지에 관하여 여러 가지 해석이 있다는 것을 언급한 적이 있다. 『바가바드기타』는 궁극적 상태에서 개체성의 어떤 토대가 있는가 하는 점에 대하여 분명한 입장을 보이지 않는다. 궁극적 상태는 완전(siddhi), 지고한 완전(parā siddhi), 지고한 목적지(parāṁ gatim), 행복한 자리(padam anāmayam), 평온 적정(śānti), 영원 불멸의 거소(śāśvatam padam avyayam)라고 불린다.[원주228] 이러한 표현들은 중립적인 것으로, 자유의 상태에 있어서 개체성의 지속 유무에 관하여는 우리에게 아무런 단서도 제공하지 않는다.

해탈자는 세상의 관심사에 완전히 초연하다는 것을 주장하는 구절들이 있다. 그는 개체성을 지니지 않으며, 따라서 행위를 위한 토대가 없다. 이원성은 사라지고 행위는 불가능하게 된다. 자유롭게 된 자는 아무런 속성도 지니지 않는다. 그는 영원한 자아와 하나가 된다.[원주229] 만일 프라크리티가 행위하며, 영원한 자는 프라크리티의 행위 양태에 독립적이라면, 해탈의 상태에는 에고나 의지 혹은 욕망도 있을 수 없을 것이다. 그것은 모든

〔원주226〕 vi.29.

〔원주227〕 viii.28.

〔원주228〕 xii.10 ; x vi.23 ; x iv.1 ; vi.45 ; viii.13 ; ix.32 ; x vi.22~23 ; ii.51 ; iv.39 ; v.12 ; xviii.56 ; xviii.62.

〔원주229〕 vii.18. 'ātmaiva' ; viii.5. "그는 나의 본질을 얻는다"(madbhāvaṁ yāti). 또한 viii.5 를 보라.

436

양태와 속성을 초월한 상태, 수동적이며 아무런 걸림이 없는 평화의 상태이다. 그것은 단순히 죽음의 잔존이 아니라, 존재의 궁극적 상태를 얻는 것이다. 여기서 영혼은 그 자체가 생사를 초월하며, 영원무한이며, 현상적인 존재로 조건지어지지 않는다는 것을 안다. 샹카라는 이러한 구절들을 전거로 하여 『바가바드기타』의 자유를 상키야 철학의 독존(kaivalya)이라는 의미로 해석한다. 만일 우리가 육신을 지닌다면, 버려진 조개껍질처럼 그것이 떨어져 나갈 때까지 계속해서 행위할 것이다. 인격을 가지지 않는 영혼은 육신의 행위에 초연하다. 심지어 샹카라는 육신이 있는 한, 삶과 행위도 있을 수밖에 없다는 것을 인정한다. 우리는 자연적인 인간 존재에 관한 도구주의(instrumentalism)를 피할 수 없다. 육신을 지닌 해탈자(jīvan-mukta)는 비록 외부 세계의 일에 연루되지는 않는다 할지라도, 그것에 반응한다.

전체 인간 존재가 불멸의 다르마, 신의 무한한 권능의 법으로 전환된다는 것을 시사하는 구절은 없다. 영혼과 육신은 서로 조화될 수 없는 이원(二元)이며, 영혼은 오직 육신의 실재감이 사라져 없어질 때 그 완전에 도달할 수 있다. 이러한 관점에서 본다면 우리는 궁극적 브라흐만의 행위를 생각할 수 없다. 왜냐하면 모든 행위의 토대, 무한자 속의 변하기 쉬운 형성, 덧없는 현상이 모두 사라지고 없기 때문이다. 결국 우리는 궁극적 실재에 대한 어떤 견해도 완전히 포기함으로써, 모든 논리 전개 과정이 끝나는 것처럼 보인다. 샹카라는 무한자에 대한 우리의 견해가 그것의 참다운 실상에 대한 헤아림이 될 수 없다는 것을 강조한다. 무한자의 충만은 우리 인간의 관점에서 우리에게 파악될 수 있는 성질의 것이 아니라는 것이다. 이러한 입장을 택하는 샹카라에 의하면, 영혼의 다수성을 암시하는 『바가바드기타』의 구절은 궁극적 상태가 아니라 단지 상대적인 상황을 가리킬 뿐이다.

자유롭게 된 영혼에게 행위가 가능하다는 것을 시사하는 구절도 있다. 지혜와 통찰을 지닌 사람은 지고한 주(主)를 본받아서 세계 안에서 행위한다.[원주230] 최고의 상태는 궁극자 속에 녹아 사라짐(laya)이 아니라, 일종의 개체성이다. 해탈된 영혼은 비록 인격을 지니지 않는 존재에 집중되어 있다 할지라도, 신성한 영혼의 일부로서 그 자신의 개별성을 지닌다. 자기 존재에 스며 있는 전체 우주를 지니는 푸루숏타마가 행위하는 것과 마찬가지로, 해탈된 개체들도 행위해야 한다. 최고의 상태는 푸루숏타마 안에 사는 상태이다.[원주231] 그것을 얻은 자들은 윤회에서 벗어나며, 신의 상태를 실현한다.[원주232]

해탈은 개체성의 완전한 소멸이 아니라, 신의 면전에서 별개의 영혼을 지니는 존재의 더할 나위 없는 자유의 상태이다. "나의 숭배자들은 내게로 온다."[원주233] 『바가바드기타』의 저자는 자유의 상태에서 의식적 개체성의 지속을 믿었던 것 같다. 사실 어떤 구절들은 해탈자가 신이 되는 것이 아니라 단지 신과 동일한 본질을 얻을 뿐이라는 것을 시사하고 있다.[원주234] 자유는 순수한 동일이 아니라 단지 질적인 동등이다. 다시 말하여 그것은 영혼이 신과 마찬가지의 존재로 고양되는 것이며, 이 상태에서는 하찮은 욕망이 아무런 힘도 지니지 못한다. 불멸을 얻는다는 것은 곧 영원한 빛 가운데 산다는 것이다. 우리는 자기의 개체성을 완전히 탈각하는 것이 아니라, 우리의 자아를 더욱 심화시키고 모든 죄의 오염을 벗어나며, 의혹의 매듭을 풀고 자기를 주관하며, 모든 존재를 위하여 영원히 선을 행한다. 우리는 모든 속성을 벗어나 무속성자가 되는 것이 아니라, 격정(rajas)을 잠재우고[원주235] 선한 속성(sattva)을 지니는 것이다.

라마누자는 이 견해를 주장하며, 해탈된 영혼은 신과 영속적인 통일(nityayukta) 속에 있다고 해석한다. 지식은 우리가 살고 있는 빛으로부터 흘러나오며, 신에 대한 그의 사랑 속에서 그는 사실 망아(忘我)의 상태

[원주230] iv.14~15.

[원주231] "오직 내 안에 거하라"(Nivasiṣyasi mayyeva).

[원주232] xviii.21 ; iv.10. '나의 존재 상태를 실현하며'(madbhāvam āgatāḥ).

[원주233] vii.23. 또한 iv.9 ; ix.25를 보라.

[원주234] xiv.2. '내 자신의 본질과 비슷하게 되며'(mama sādharmyam āgatāḥ).

[원주235] vi.27. 'śāntarajasam.'

가 된다. 우리는 여기서 본질의 완전한 탈각에 의해서가 아니라 그것의 보다 심원하고 영적인 완성을 통하여 지고한 존재를 지닌다. 이러한 관점에서 보면, 우리는 신 속에서 행위와 삶을 잃어버리지 않으며, 단지 행위의 중심이 인간적인 자아에서 신으로 옮겨갈 뿐이다. 신의 에너지는 다양한 존재 속에서 다양한 형태를 취하면서, 전체 세계를 통하여 고동치는 것으로 느껴진다. 개별 영혼은 신 속에서 그 자체의 중심과 경계를 지닌다. 라마누자의 견해는 궁극의 경험 속에서조차도 한 요소로서의 영적 인격체에 대한 진리를 고수한다.

이렇듯 『바가바드기타』에는 궁극적 상태에 대한 두 가지 상반되는 견해가 있다. 하나는 해탈된 영혼이 비인격적인 브라흐만 속에서 그 자체를 잃어버리고, 세계의 갈등과 모순을 초월한 평화를 얻는다는 입장이며, 다른 하나는 해탈의 상태에서 우리가 모든 고통과 슬픔, 그리고 속박의 원인이 되는 하찮은 욕망 위로 떠올라서 신의 본질을 얻고 향수한다는 입장이다. 종교 문헌으로서의 『바가바드기타』는 인격신의 궁극성을 주장하며, 인간 속에 신이 완전하게 꽃피어날 수 있어야 한다는 것을 촉구한다. 이것은 곧 인간이 지혜와 권능, 사랑과 보편성을 그 극한까지 실현하는 것이다. 그러나 『바가바드기타』의 이러한 견해가 우파니샤드의 입장에 모순된다고 주장하는 것은 옳지 않다. 논쟁은 절대적 브라흐만이 최고의 실재인가 아니면 푸루숏타마가 최고의 실재인가 하는 일반적인 문제의 특수한 적용에 불과하다.

『바가바드기타』의 형이상학을 논의하면서 우리는 『바가바드기타』가 절대적 브라흐만의 궁극적 실재를 부인하는 것이 아니라, 우리의 관점에서 이 절대자가 자신을 인격적인 주(主)로 드러낸다는 것을 시사하고 있다는 것을 언급한 바 있다. 유한한 인간의 생각으로는 절대적 실재를 마음에 그려볼 다른 방법이 없다. 이와 마찬가지로 우리는 자유의 궁극적 상태에 대한 두 견해가, 하나의 상태를 나타내는 직관적인 방법과 지적인 방법이라고 말할 수 있을 것이다. 우리 인간의 관점에서 보면, 절대자는 수동적인 존재, 무차별의 자기 동일이며, 모든 행위를 불가능하게 만드는 것으로 보이지만, 실상은 그렇지 않다. 만일 우리가 그것에 대하여 어떤 적극적인 묘사를 시도하고자 한다면, 라마누자의 설명이 유일하게 이용가능한 것이다. 절대자와 인격신이 둘이 아니라 하나라는 것을 이해하기 위하여 『바가바드기타』는 최고의 실재 속에 비인격성과 인격성이 우리가 파악할 수 없는 형태로 결합되어 있다고 말한다. 비록 해탈된 영혼은 개체성을 지니지 않는다 할지라도, 그럼에도 불구하고 자기 제한에 의하여 그것을 지닌다. 『바가바드기타』가 무시간적 자아의 영원한 적정과 자연의 역동적인 에너지를 조화시키는 것은 바로 이러한 방식이다.

사후에 해탈자의 상태에 관한 실상이 무엇이든 간에, 그가 이 세계에서 삶을 계속하는 한, 이런저런 행위를 받아들이지 않을 수 없다. 샹카라는 그의 행위에서 본성이 작용하는 양태를 보며, 라마누자는 그것을 지고자의 행위로 본다. 이것은 행위의 비인격성을 표현하는 두 가지 다른 방식이다. 그의 행위는 영혼의 자유로 행해지며, 내적인 환희와 평화——그 원천과 지속에 있어서 외적인 요소에 전혀 의존하지 않는——로써 행해진다. 자유롭게 된 영혼은 회의주의의 무관심과 무기력을 내던져버린다. 모든 어둠은 그의 안색에서 사라진다. 그는 생동감 넘치는 외양과 안정된 목소리를 나타내 보이며, 이것은 그가 의심하지도 않고 의심할 수도 없는 영적인 확신의 생명력을 지니고 있다는 것을 의미한다. 그는 육신의 영역 혹은 욕망의 미혹에 지배되지 않는다. 그는 곤경에 낙담하거나 성공에 우쭐해하지도 않는다. 그는 걱정이나 두려움, 혹은 분노를 전혀 알지 못한다. 그는 평온한 마음을 지니며, 어린아이처럼 천진난만한 외양을 지닌다.[원주236]

해탈자는 모든 선악을 넘어선다. 덕행은 완전 속에 초월된다. 해탈자(mukta)는 단순한 윤리 규범의 삶 위로 떠올라, 영적인 삶의 빛, 위대함, 권능으로 산다. 있을 수 없는 일이지만, 설사 그가 일상적인 환경에서는 불가피하게 재생을 수반할 수밖에 없는 어떤 악을 범하게 된다 할지라도, 그

[원주236] 『갸나상칼리니 탄트라』(*Jñānasaṁkalinī Tantra*). "Bālabhāvas tathā bhāvo niścinto yoga ucyate."

에게는 재생과 같은 일은 없다. 그는 일상적인 규범과 법규에서 자유롭다. 목적에 관한 한 『바가바드기타』의 견해는 절대적인 개인주의라고 할 수 있다. 만일 해탈자가 약한 자와 부적격자, 결함 있는 자와 태만자에게 전혀 관용을 보이지 않는 니체의 초인과 같은 것이라면, 그것은 매우 위험한 교의가 될 것이다. 비록 그가 사회적인 규범으로부터 자유롭다 할지라도, 『바가바드기타』의 자유로운 영혼은 허물없이 그들을 받아들인다. 해탈자는 스스로 번뇌에 연루되는 일이 없을 뿐 아니라, 다른 사람들에게 번뇌의 원인이 되지도 않는다.[원주237] 세계의 복지를 위하여 노력하는 것은 그의 제2의 본성이다. 이 거룩한 영혼은 땅 위의 모든 존재를 평등한 마음으로 대한다. 그는 역동적·창조적·영적인 삶의 대변자이며, 사회규범이 인간적인 삶의 완전한 영성을 표명하는 것이 될 수 있도록 한다. 그들은 자기 안에 살아 있는 신의(神意)에 의하여 명해지는 일정한 일(niyatam karma)을 행한다.

『바가바드기타』는 사회 윤리를 강조하여 주장하고 있는 반면에, 초사회적 상태를 또한 인정한다. 그것은 인간 사회와는 다른 개체의 무한한 운명을 믿는다. 산야신(sannyāsin, 遊行者)은 모든 규범과 카스트, 그리고 사회를 초월한다. 이것은 외적인 모든 것, 심지어는 아내와 자식에 대한 집착까지도 떨쳐버리고, 만일 그에게 신이 있다면 설사 사막의 독거(獨居)라도 마다하지 않고 자족할 수 있는 인간의 무한한 존엄을 상징한다. 산야신이 택하는 것은 금욕주의적 이상이 아니다. 그는 사회에 대하여 초연하겠지만, 그럼에도 불구하고 모든 존재에 대한 사랑을 지닌다. 히말라야의 설원에서 수행하던 이상적인 고행자 마하데바(Mahādeva)는 인류를 구제하기 위하여 기꺼이 독배를 든다.

[원주237] xii.15.

제10장

종교로서의 불교

1. 불교의 여러 부파

심지어 붓다 재세시에도 이미 그의 추종자들 가운데는 분열의 조짐——비록 붓다의 고매한 인격 때문에 더 이상 발전하지는 않았다 할지라도——이 있었다.[원주1] 그의 입멸 후에 이러한 경향은 한층 강화되었다. 소승불교도들은 상좌부의 교의(Theravāda)가 현재 실론에 있는 것으로서의 삼장(三藏)과 동일하며, 라자그리하(Rājagṛha)에서 열린 제1차 결집에서 편찬된 것이라고 믿는다. 제1차 결집은 많은 반대에도 불구하고 고행주의의 엄격함을 완화하고, 율(律)을 다소 변경하고자 노력했다. 제2차 결집은 제1차 결집이 있은 지 약 백 년 후에 바이샬리(Vaiśāli)에서 열렸다. 이 회의에서는 교단의 규칙에 관한 율장의 이론과 실천이 진지하게 논의되었으며,

---

[원주1] 데바닷타(Devadatta)의 예를 보라.

어떤 형태의 완화안(緩和案)이 허용되어야 하는가의 여부가 쟁점이 되었다. 격론 끝에 보수적인 장로(Sthavira)[원주2]들의 상좌부가 완화안을 압도하는 데 성공했다.[역주1]

이 과정에서 패배한 진보적인 부파, 즉 대중부(Mahāsaṅghika)는 그들을 지지하는 많은 신도들이 있었다. 그들은 별도로 대집회(Mahāsaṅgīti)라고 불리는 집회를 열었다. 이 대집회에 대한 이야기는 정통적 전승의 관점에서 『디파방사』(Dīpavaṁśa)에 기록되어 있다.[원주3] 이에 따르면, 그것은 종교를 전복시키고, '옛 경전을 훼손했으며', '삼장의 교법을 왜곡하고', '붓다의 본래 정신을 파기했다.' 정통파와 진보파 간의 주요 차이점은 불성의 실현에 관한 문제였던 것으로 보인다. 장로파는 그것이 율의 엄격한 준수를 통하여 얻어질 수 있는 속성이라고 주장했다. 진보적인 대중파는 불성이란 모든 사람에게 본래적인 속성이며, 그것에 대한 충분한 개발을 통하여 그것을 지닌 자가 여래의 지위에 오를 수 있다고 주장한다. 상좌부의 보수적인 견해는 실론 불교의 직접적인 원조로 말해진다.

불교는 일어난 지 2세기경에 이미 18부파로 나누어졌으며, 이들 모두는 각기 자신들이 근본적인 믿음이라고 주장했다. 우리는 아쇼카 왕 시대까지 불교의 발달과정에 대하여 더 이상 상세하게 알 수 없다.[원주4] 불멸 후 250년경에 마우리아(Maurya) 왕조의 아쇼카 왕이 불교를 받아들이면서, 불교는 놀라운 확장을 보았다. 불멸 후 근 3세기 동안 힌두교의 한 지역 종파에 불과했던 불교가 아쇼카 왕의 열의에 찬 노력을 통하여 세계 종교로 부상했다. 카불(Kabul) 지역으로부터 갠지스 강 어구까지, 그리고 히말라야

[원주2] 팔리어로 장로를 의미한다.

[역주1] 여기서 장로들은 열 가지(十事)를 비법으로 단정하였다. 십사 가운데서 가장 중요한 쟁점은 과연 승가가 금전을 받는 것이 옳은가 하는 것이었으며, 결국 장로들은 그것을 비법으로 간주한 것이다.

[원주3] 5.

[원주4] "인도 국내 자료든 혹은 국외의 자료를 통해서든 간에, 우리가 불멸 후 약 150년 동안에 일어났던 일에 대해서 거의 아는 바가 없다"(Rhys davids, *Buddhist India*, p.259).

로부터 빈디야(Vindhya) 산맥 남쪽에까지 이르는 광대한 왕국을 통하여, 그는 석주를 세우고 자신의 칙령을 새기게 하여 그것이 영원히 지속될 수 있도록 하였다. 그는 카슈미르로로부터 실론에 이르기까지 인도 각지에 포교 사를 파견했으며, 심지어는 국외에도 포교사를 보냈다. 제13호 포고령은 그가 시리아의 안티오코스(Antiochos) 2세, 이집트의 프톨레마이오스 (Ptolemaios) 2세, 마케도니아의 안티고노스 고나토스(Antigonos Gonatos), 키레네의 마가스(Magas), 그리고 에피루스의 알렉산드로스 2세에게 포교사를 보낸 사실을 전하고 있다. 기원전 3세기에 불교는 카슈미르와 실론에 들어갔으며, 점차 네팔과 티베트, 중국, 일본, 몽골 등으로 전파되었다. 전통에 따르면, 아쇼카의 아들 마헨드라는 실론 불교의 시조가 되었다.

불교 속에 스며드는 새로운 관습의 경향을 고려하여, 아쇼카 왕은 불교의 윤리적인 측면을 강조하였다.[원주5] 교단에 대한 공경이 한층 높아졌으며, 이것은 자기의 견해에 대한 확신을 지니지 못한 많은 사람들을 승가 안으로 들어오게 하는 요인이 되었다. 『마하방샤』는 말한다. "이교도들은 황색 가사가 지니는 이점 때문에 그것을 입었으며, 그들이 자기의 견해를 주장할 때면, 언제나 그것을 붓다의 교설이라는 이름으로 말했다. 그들은 정법에 의거해서가 아니라, 자신의 의지에 따라서 행동했다."[원주6] 붓다의 교설을 보다 정교한 형태로 체계화하기 위하여 파탈리푸트라(Pāṭaliputra)에서 목갈리(Moggalī)의 아들 팃샤(Tissa)의 주관하에 제3차 회의가 열렸다.[원주7]

야바나(Yavana) 왕조, 샤카(Śaka) 왕조, 크샤트라파(Kṣātrapa) 왕조,

[원주5] 아쇼카 왕의 한 명문(銘文)에 따르면, 그는 카나카무니(Kanakamuni)의 스투파 (stūpa)를 개축하도록 한 적이 있다. 이것은 당시 사람들이 이미 스투파 조성이나 성지순례 등에 익숙하다는 것을 말한다. 카나카무니가 과거불(過去佛)로 간주되었다는 것은 이미 그 당시에도 과거로부터 이어져 내려오는 여러 붓다에 대한 믿음이 있었다는 것을 보여준다.

[원주6] 38~39.

[원주7] 기원전 252년.

사타바하나(Satavāhana) 왕조, 팔라바(Pahlava) 왕조의 새로운 통치자들—이들은 대개 이민족이었다—은 기꺼이 불교를 받아들였다. 바라문교 역시 인도의 남부와 서부에 여러 거점을 두고 있지만, 그럼에도 불구하고 이 지역 사람들의 대부분은 불교도였다. 4세기(기원후 319)에 득세하기 시작한 굽타 왕조하에서 바라문교는 다시 부흥하게 되었다. 우리는 마두라에 있는 찬드라굽타(Chandragupta) 왕[역주2]의 명문과 비하르에 있는 스칸다굽타(Skandagupta) 왕의 명문에서 사무드라굽타(Samudra-gupta)의 마사제(馬祀祭, aśvamedha)에 대한 언급을 볼 수 있다. 우리에게는 또한 바라문교의 부흥을 시사하는 여러 유적이 있다. 쉬바교와 비슈누교의 여러 종파들이 널리 유행하게 된다. 수반두(Subandhu)는 자신의 『바사바닷타』(*Vāsavadattā*)에서 불교의 교설이 자이미니(Jaimini)[역주3]의 추종자들에 의하여 공격되었다[원주8]고 말한다. 당시 불교의 범어 명문에서 명백하게 드러나듯이, 불교의 주요 언어였던 프라크리트(Prākrit)가 산스크리트(Sanskrit, 범어)에 의하여 대체되었다.

불교는 바라문교를 모방하여 붓다를 하나의 신으로 간주했다. 여러 곳에 불상이 세워지고 인격적인 존재에 대한 숭배가 성행하였으며, 카니슈카(Kaniṣka) 왕[역주4]과 동시대인으로 전해지는 나가르주나(Nāgārjuna, 龍樹)는 이미 그 이전부터 형성되어온 이러한 형태의 불교를 별도로 대승(大乘, Mahāyāna)불교라고 불렀다. 대승불교는 상좌부(上座部, Theravādin)에서 대중부로 이어지는 추이의 정점인 것처럼 보인다. 초기 불교의 쇠퇴, 대승불교의 흥기, 그리고 바라문교의 부흥은 모두가 동시에 일어났다. 대

〔역주2〕 사무드라굽타(335~376) 왕의 아들 찬드라굽타 2세(376~415)를 말하는 것으로 보인다. 사무드라굽타 왕은 무력적인 정복을 통하여 왕국의 영토를 거대하게 확장했으며, 찬드라굽타 2세에 이르러 왕국은 전성기에 달한다.

〔역주3〕 전통에 따르면, 『미망사 수트라』(*Mīmāṃsa Sūtra*)의 저자이며, 미망사학파의 개조로 일컬어진다.

〔원주8〕 "Kecij Jaiminimatānusāriṇa iva tathāgatamatadhvaṁsinaḥ."

〔역주4〕 쿠샨 왕조의 가장 유명한 왕이다. 붓다의 신격화 과정에서 이 왕의 역할이 컸던 것으로 전해진다.

승불교는 카니슈카 왕 시대에 판자브의 잘란다르(Jalandhar)에서 열린 회의를 통하여 결집된 경전을 따른다. 근본 교의는 확대 해석되고 새로운 자료들이 부가되었으며, 상당할 정도의 대중적인 주술과 미신이 대승불교에 편입되었다. 물론 그것은 팔리어를 사용하던 소승불교보다 후대에 나타난 것으로 범어를 그 중심언어로 한다. 소승불교는 그 자체가 가우타마의 근본적인 형태의 가르침을 나타낸다고 주장하며, 그것이 그의 가르침의 합리적이고 금욕적인 요소를 지닌다고 믿는다. 대승불교는 신비적, 신학적, 헌신적인 방식으로 교의를 발전시킨다. 소승불교는 실론과 미얀마(버마)에서, 그리고 대승불교는 네팔과 중국에서 각각 그 지배력을 유지했다.

탈속을 특징으로 하는 소승불교의 내향성과 대승불교에 현저한 현실 세계에 대한 참여는 그 이후의 불교사를 통하여 지속된다. 후자는 다수 대중 모두에 적합하도록 의도된 큰길이라면, 전자는 단지 선별된 소수를 위한 좁은 길이다. 소승불교가 지배적인 남방에서는 카니슈카 왕의 집회가 인정되지 않는다. 소승불교는 실론과 같은 남방에서 널리 유포되었기 때문에 남방불교라고 불리기도 한다. 이에 비하여 티베트, 몽골, 중국, 한국, 일본 등과 같은 북방에서 유행했던 대승불교는 북방불교라고 하였다. 그러나 이러한 구분은 단지 인위적인 것에 불과한 것처럼 보인다.

리스 데이비스는 말한다. "지금까지 북방불교 혹은 남방불교라고 불리는 것에 있어서 용어나 견해의 일치는 없었으며, 이것은 오늘날에도 마찬가지이다."[원주9] 거의 모든 불교 문헌들이 북인도에서 생겨났으며, 그 둘이 분리된 양편이 아니라 상호 영향의 흔적을 지니고 있다는 것을 인정하게 될 때, 우리는 그중 하나를 남방불교, 그리고 다른 하나를 북방불교라고 부르는 것이 필수적이 아니라는 것을 알게 된다. 그러나 대승과 소승 간의 구분은 심지어 4세기 이전에도 통용되고 있었음이 분명하다. 법현과 현장은 소승불교를 언급하고 있으며, 그것은 또한 『랄리타비스타라』(*Lalitavistara*)에도 나타난다.

[원주9] *Buddhist India*, p.173.

소승불교는 팔리 경전에 의거하고 있음에 비하여, 범어로 된 다수의 불교 문헌들은 대승불교에 속한다. 대승불교는 정경을 지니지 않는다. 왜냐하면 그것은 어떤 하나의 동질적인 교파를 나타내지 않기 때문이다.[원주10]

[원주10] 대승불교의 주요 문헌으로는 아래의 아홉 가지 경전을 들 수 있다. (1)『아슈타사하스리카프라갸파라미타』(Aṣṭasāhasrikāprajñāparamitā, 八千頌般若經), (2)『간다비유하』(Gaṇḍavyūha, 入法界品), (3)『다샤부미슈와라』(Daśabhūmīśvara, 十地經), (4)『사마디라자』(Samādhirāja, 三昧王經), (5)『랑카바타라』(Laṅkāvatāra, 능가경), (6)『삿다르마푼다리카』(Saddharmapuṇḍarika, 法華經). (7) 『타타가타구히야카』(Tathāgataguhyaka, 비밀집회), (8)『랄리타비스타라』(Lalitavistara, 大莊嚴經), (9)『수바르나프라바사』(Suvarṇaprabhāsa, 金光明經).『프라갸파라미타』(기원후 200년)은 보티사트와(Bodhisattva, 菩薩)의 육바라밀(六波羅蜜)을 다루고 있으며, 특히 이중에서도 지혜(prajñā, 般若), 즉 공(空, śūnya)에 대한 지식을 집중적으로 다룬다. 나가르주나(Nāgārjuna)의 것으로 전해지는『마하야나 수트라』(Mahāyāna Sūtra)는 이 경전에 대한 요약판이며, 그의『마디야미카 수트라』(Mādhyamika Sūtra)는 여기에 기원을 둔다.『간다비유하』는 문수(文殊, Mañjuśrī)보살을 높이 받들며, 공(空), 법신(法身, dharmakāya)에 대한 교의 및 여러 보살들을 통한 세계 구제에 대한 교의를 설한다.『다사부미슈와라』(기원후 400년)는 불성이 도달되는 열 단계에 대하여 상론하고 있다.『사마디라자』는 보살이 최상의 깨달음을 얻을 수 있는 여러 단계를 설하는 대론이다.『랑카와타라 수트라』(기원후 400년)는 유가행파의 견해를 설한다.『삿다르마 푼다리카』(기원후 250년)는 붓다를 신들 중의 신, 이루 헤아릴 수 없을 만큼 고귀한 존재——억겁을 살았으며, 또한 영원히 살——로 상정한다. 이 경전에 따르면 붓다의 설법을 듣고 공덕을 쌓는 사람은 누구나 붓다가 될 수 있다. 심지어 사리를 숭배하고 스투파(stūpa)를 모시는 사람들도 최상의 해탈을 얻는다.『랄리타비스타라』는 그 명칭이 의미하는 것처럼 붓다의 유희에 대하여 상세하게 언급하고 있다. 이 경전은 붓다의 일생을 지고한 존재의 유희로 간주한다. 에드윈 아널드(Edwin Arnord)의『아시아의 빛』(Light of Asia)은 이 경전에 의거한 것이다.『수바르나프라바사』(Suvarṇaprabhāsa)는 철학적인 내용과 전설적인 내용을 동시에 담고 있다. 그것은 또한 탄트라(tantra) 의식(儀式)을 다룬다.『아미타유르디야나 수트라』(Amitāyurdhyāna Sūtra, 無量壽經)와『바즈랏체디카』(Vajracchedikā, 金剛刀)뿐만 아니라, 대·소 두 권의『수카바티비유하』는 일본에서 대중적이다.『수카바티비유하』는 정토(淨土)에 대한 상세한 설명을 담고 있으며, 아미타부(Amitābhu, 阿彌陀佛)를 칭송한다. 후기 힌두교의 푸라나(Purāṇa) 문헌과 유사한『카란다비유하』(Kāraṇḍavyūha)는 오로지 아바로키테슈와라(Avalokiteśvara, 觀世音菩薩)에 대한 칭송으로 일관한다. 관세음보살은 일체 중생을 사랑으로 굽어보며, 무한한 자비심에서 일체 중생이 모두 구제되기 전까지는 열반에 드는 것도 거부하는 전형적인 보살이다. 이 경전에는 보편적인 구원에 대한 열망이 강력하게 표현된다.『마하바스투』(Mahāvastu, 大事)는 소승경전으로 불리며, 붓다를 초자연적인 존재로 보는 설출세부(說出世部, Lokottaravādin)에 속한다. 그러나 이 경전은 보살의 십지에 대한 열

2. 소승불교

소승불교는 여러 경전에 담겨 있는 제 원리의 논리적인 발전이다. 이러한 경전들에서 나타나고 또한 『밀린다 팡하』에서도 보이는 비체계적인 견해는 유부(有部, Vaibhāṣika 또는 Sarvāstivādin)의 논장(論藏)과 붓다고샤(Buddhaghoṣa, 佛音)의 저술, 그리고 『아비다르마상그라하』(*Abhidharmasaṁgraha*, 섭아비담마의론)[역주5]에서 체계화된다. 소승불교에 따르면, 모든 존재는 순간적이다.[원주11] 이른바 영원한 실재, 공간과 열반(涅槃, nirvāṇa)은 존재하지 않는다. 이러한 것들은 비존재의 명칭에 불과하다. 모든 존재는 다르마(dharma, 法)라고 불리는 찰나적인 실재물로 이루어져 있다. 단지 생각이 존재할 뿐 생각하는 자는 없으며, 느낌이 존재할 뿐 느끼는 자는 있을 수 없다. 그것은 본질 혹은 개아의 비존재[원주12]를 주장하는 순수 현상론으로, 무수한 다르마, 즉 원인과 결과로 모여서 허구적인 개체들을 형성하는 미세하고 찰나적인 실재들의 절대적인 존재를 믿는다.

존재의 목적은 열반 혹은 의식의 지멸을 실현하는 것이다. 모든 유형의 의식은 어떤 것에 대한 의식이며, 따라서 그것은 속박이다.[원주13] 소승불교

거, 붓다에 대한 찬미, 구제의 수단으로서의 붓다 숭배에 대한 강조 등과 같은 다수의 대승 교의를 담고 있다. 아슈와고샤(Aśvaghoṣa, 馬鳴)의 『붓다차리타』(*Buddhacarita*, 기원후 1세기)는 대승불교의 주요 고전 가운데 하나로 꼽힌다. 붓다의 이복 형제 난다의 개종을 다루고 있는 『사운다라난다 카비야』(*Saundarananda Kavya*)는 마명의 저작으로 전해지며, 『바즈라수치』(*Vajrasūci*, 金剛針) 또한 그의 저작이다. 아리야슈라(Āryaśūra)는 마명 학파(기원후 4세기)의 시인이다. 그는 유명한 『자타카말라』(*Jātakamāla*)를 지었다. 샨티데바(Śāntideva)의 『쉬크샤사뭇차야』(*Śikṣāsamuccaya*, 기원후 7세기)는 대승 교의에 대한 입문서이다. 『보디차리야바타라』(*Bodhicaryāvatāra*)는 위대한 공덕에 대한 종교시집이다. 여기서 언급한 연대는 단지 추정에 따른 것이다. 대승 경전들에 대한 자세한 해제는 Nariman의 *Literary History of Sanskrit Buddhism*과 Rājendra Lal Mitra의 *Nepalese Buddhist Literature*에서 볼 수 있다.

[역주5] 아누룻다(Anuruddha, 11세기)의 저술이다.

[원주11] "Yat sat tat kṣaṇikam."

[원주12] pudgalanairātmya.

에는 열반 후에 무엇이 남는가에 대한 사색이 전혀 없다.

아라한의 이상은 소승불교의 현저한 특징이며, 이것은 자력에 의한 해탈의 가능성을 믿는다는 사실에 핵심이 있다. 그 방법은 사성제에 대한 깊은 내성(內省)과 명상[원주14]이다. 소승불교는 아라한에 도달한 자들의 불성에 관하여 명확한 입장을 보이지 않으며, 모든 존재가 불성을 실현할 수 있다는 것을 시사하지도 않는다. 비록 구세자 붓다에 의지하는 대승불교의 믿음이 본래 붓다의 가르침에 일치하지 않는다는 것을 인정한다 할지라도, 또한 우리는 철저하게 자기 본위적인 인간—다른 사람에게 전혀 도움이 되지 않는—을 함축하는 아라한의 이상이 자비와 사랑을 근본으로 삼았던 붓다의 실재적인 인격에 부합되지 않는다고 생각하지 않을 수 없다. 소승불교의 이상은 입센(Ibsen)의 언급에서 그 요체를 찾아볼 수 있을 것이다. "세계의 전체 역사가 나에게 마치 하나의 대파괴처럼 나타나는 순간들이 실제로 있으며, 중요한 것은 오직 자기 자신에 대한 구제인 것처럼 보인다."

아라한은 감정의 불꽃이 꺼지고, 우리를 윤회의 속박으로 묶는 카르마가 완전히 사라진 최고의 상태, 성자의 상태이다. 붓다는 설법을 시작하는 단계에서 이 상태를 얻었다고 전해진다. 자기 제어를 통하여 세상에서 열반을 얻는 것은 어떤 초자연적인 힘의 도움을 필요로 하지 않는다. 모든 존재 가운데 으뜸가는 자 붓다가 공경되는 것은, 단지 그가 우리에게 남긴 본보기와 가르침 때문일 뿐이며 그외의 어떤 다른 이유 때문이 아니다. 소승불교도들은 독거(獨居)의 적정 속에서 목표를 성취하려고 노력하며, 따라서 탈속적인 경향을 보인다. 「칵가비사나 숫타」(Khaggavisāṇa Sutta)에서는 가정 생활과 사회적인 관계가 엄격히 제한된다. "사회 생활을 영위하는 자에게 애착과 이에 따른 고통이 일어난다."[원주15] 소승불교를 따르는 사람

〔원주13〕 Warren, *Buddhism in Translations*, p.162.
〔원주14〕 darśana와 bhāvanā.
〔원주15〕 ii.

은 큰길을 걸어갈 때 눈을 감을 것이 요청되며, 이로써 그의 시각이 어떤 외적인 아름다움에 끌리지 않도록 한다. 지혜로운 자는 "활활 타는 불구덩이를 피하듯이 결혼 생활을 피해야 한다."

> 세상을 벗하니 근심이 생겨나고
> 가정 생활에 정신을 산란하게 하는 번뇌가 있다.
> 가정과 우애의 속박에서 벗어난 상태,
> 오직 그것이 출가의 목적이다.[원주16]

『비숫디막가』에 따르면, 열반을 얻으려 하는 사람은 화장터에 자주 드나들어야 하는데, 이것은 더할 나위 없이 훌륭한 공부가 되며, 우리에게 세계와 자아가 비실재적이라는 가르침을 준다고 보기 때문이다. 말하자면, 애정이 강조되는 일상생활이나 사회활동을 통해서는 목표에 도달할 수 없다는 것이다. 따뜻함이 결여되고 열정이 없는 아라한의 이상은 영감을 불러일으키지 못한다. 당시의 느슨한 사회 생활 속에서는 이러한 믿음이 커다란 가치를 지니는 것이 당연하다. 그러나 세계 전체가 수도원이 될 수는 없다. 우리는 남자와 여자, 그리고 어린아이까지 모든 사람을 수도원에 강제 징집할 수 없다. 삶에 대한 혐오가 인간의 삶에 본질적인 모든 것을 대변하지는 않는다. 참된 금욕주의는 세상의 고통에 대한 무관심이 아니라, 삶의 맹렬한 행위 속에서 침묵의 중심을 확립하는 것이다. 우리는 단지 은둔자의 독방에서 평화와 침묵을 향수하는 영혼이 아니라, 야단스러운 세속의 소음 속에서도 그것을 잃지 않는 영혼을 지닐 수 있어야 한다. 소승불교와는 달리 초기 불교는 우리가 고통이 있는 곳이나 괴로움이 떠나지 않는 곳에서, 혹은 군중들의 고함소리가 떠들썩한 곳이나 사람들의 출입이 빈번한 곳에서도 우리의 기회를 찾을 수 있어야 한다고 가르친다.

[원주16] 『숫타니파타』의 「무니 숫타」(Muni Sutta), i .12 ; 『밀린다 팡하』, iv .5.1에서 인용됨.

450

소승불교는 대중적 다신론의 토대 위에서 유일 궁극의 창조자와 다수의 부수적인 신을 믿는 의인론적 개념을 발전시켰다. 이 신들은 전능자도 전지자도 아니다. 그들은 단지 명상이 수행의 필수적인 단계라는 이유 때문에 받아들여졌다. 역사적인 붓다는 실제 이상으로 미화되고, 심지어는 신격화되었으며, 따라서 숭배의 대상에 대한 필요가 생겨났다. 그 신들은 붓다의 탄생과 죽음에 경의를 표해야 한다고 주장된다. 붓다는 여러 신 위에 군림하는 신(devātideva)이며, 지혜와 권능에 있어서 최상이다. 그럼에도 불구하고 숭배자와 숭배의 대상 간에 규정된 어떤 관계도 없다. 엄격히 말하여 붓다는 단지 설법자, 진리로 인도하는 안내자에 불과하다. 그는 신적이거나 초자연적인 존재가 아니다. 그는 깨달음(bodhi)을 얻은 다른 성자들과 차이가 있다. 왜냐하면 그는 구원의 진리를 발견했을 뿐 아니라, 그것을 세상에 선포했기 때문이다.

정통적인 소승불교에서 붓다는 다른 사람들과 마찬가지로 단지 사람일 뿐이며, 단지 탁월한 재능과 직관력을 지니고 있다는 점에서 차이가 있을 뿐이다. 붓다에 대한 숭배는 단지 그를 기념하는 행위에 불과하다. 이 종교에 대한 몇몇 보수적인 추종자들은 비록 우리에게 붓다의 완전을 얻을 수 있는 자격은 없다 할지라도, 그를 본받을 수 있다고 주장한다.[원주17] 그들은 천계의 선처(善處)에 태어나서 미래의 어느 한 순간에 깨달음에 들고자 하는 소망을 지니고 있었다. 소승불교는 사실 보이지 않는 것을 사색하는 것에 대한 붓다의 권고를 무시했던 것처럼 보인다. 먼저 붓다를 수용한 다음에 불성을 실현하는 길에 들어선 무니(muni)들은, 그 다음에는 힌두교의 여러 신을 받아들임으로써, 소승불교는 실제로 다신론이 되었다. 우리가 여기서 보는 것은 철학적 현상론과 군주제의 성격을 지니는 종교적 다신론이다. 소승불교는 비록 실제로는 붓다에 대한 숭배를 허용한다 할지라도, 교의적으로는 신을 부정하는 애매모호한 종교이다. 살아 있는 신을 함축하

[원주17] 설출세부(說出世部, Lokottaravādin)라고 불리는 소승불교의 한 종파는 붓다를 순식간에 인간을 구제하기 위하여 지상에 하강한 초인(lokottara)으로 믿는다.

는 신애 혹은 박티는 없다.

소승불교는 열반에 이르는 길뿐만 아니라, 또한 우리에게 거룩한 성현들의 은혜와 도움으로 브라흐마의 세계(梵天)에 재생하는 길을 가르치기도 한다. 천계와 지옥이 받아들여진다. 이 견해는 생성의 끊임없는 투쟁에 대한 무기력 혹은 혐오의 표현이며, 단순히 노력을 멈추는 데서 발견되는 일시적인 편안함의 표현이다. 그것은 건전하고 유익한 정신의 교의가 아니다. 일종의 염세관이 그것의 고무적인 동기이다. 그것은 부정적인 동시에 철학적으로 엄격한 정의(定義)를 선호함에 비하여, 대승불교는 적극적이고 종교적인 표현을 즐겨 사용한다. 전자는 붓다의 역사적인 전승을 보다 충실하게 나타내고 있음에 비하여, 후자는 인간 욕구의 감성적인 측면에 대한 충족을 약속함으로써 다수 대중을 만족시키고자 한다. 소승불교는 자체의 추상적이고 부정적인 경향 때문에 죽은 사유의 표본이 되었으며, 영혼을 감금하는 결과를 가져왔다. 그것은 우리가 살아갈 수 있는 따뜻한 믿음이나, 행해야 할 어떤 실재적인 이상을 제공하지도 않는다.

3. 대승불교

만일 불교의 발생과 아쇼카 왕 시대 사이에 속하는 교의들이 초기 불교를 나타낸다면, 아쇼카 왕 시대에 널리 유행하던 사상은 소승 교의라고 말해야 할 것이다. 아쇼카 왕 시대부터 카니슈카 왕 시대에 이르는 기간 동안에 나타나서 그 이후로 명백해지는 경향들은 대승불교를 형성하게 된다. 종교적인 가르침이 결여되고 열정이 없는 형이상학은 감동과 기쁨의 지속적인 원천이 될 수 없다. 소승불교는 보다 높은 차원의 어떤 것에 대한 인간 정신의 추구를 무시했으며, 인간의 영적인 측면을 부당하게 취급했다. 소승불교의 철학적 무신론은 관 속에 누운 해골이며, 아름다운 꽃 속의 병든 벌레이다. 인간 본성 가운데 부당하게 다루어진 측면들이 꿈틀거리고 일어났으며, 냉담한 이성의 전횡과 배척에 대하여 강하게 반발하였다. 굶주린 영혼과 목마른 상상은 유행하는 종교의 시사적인 상징으로부터 자양분을 얻어내려고 애썼다. 붓다의 삶은 감동을 불러일으키기에 충분하였으며 그는 자연히 신격화되었다.[원주18] 그는 도덕 관념의 현실화이며 인격화된 이법이었다. 붓다의 가르침에 충실한 형이상학적 성향의 소승불교도들은 주저했을 것이며, 붓다를 단지 인간으로 간주하였다. 그러나 신애(信愛)의 불꽃을 소생시키는 데 실패한 믿음은 변형을 겪거나 소멸되어야 했다.

윤리에 있어서 완전한 탈속으로 귀결되는 금욕적 경향, 인간적인 모든 흥미와 즐거움에 대한 병적인 억제, 그리고 자연적인 삶의 절멸은 인간의 본성에 완전한 만족을 줄 수 없다는 것이 판명되었다. 인간은 자기가 벗어나고자 하는 세계에 묶여 있다. 만일 비아에 대한 예속으로부터의 자유가 자아의 사멸을 의미한다면, 죽음이 우리의 목표일 것이다. 붓다는 자유를 비아의 파괴가 아니라, 그것에 대한 승리로 보았다. 대승불교에 따르면 붓다는 고행을 설한 자가 아니다. 열반을 얻을 때, 그는 세계에 대하여 눈을 닫은 것이 아니라, 오히려 세계에 빛을 던져 그것이 목표에 도달할 수 있도록 하였다. "나는 의지할 곳 없는 자들의 보호자, 나그네의 안내자, 저 강을 건너려 하는 자들의 나룻배, 다리가 되리라. 나는 등불을 필요로 하는 자들의 등불이 될 것이며, 잠자리를 필요로 하는 지친 자들의 잠자리, 도움을 필요로 하는 자들의 종이 되리라."[원주19] 소승불교에서 열반은 부정적으로 해석되어 모든 존재의 소멸을 의미하게 되었다. 보통 사람이 완전한 소멸을 바라고 열망하는 것은 가능하지 않다.

소승불교의 부정적인 철학은 대중적인 종교가 될 수 없었다. 불교가 그 정신에 있어서 보편적이 되고 다수 대중을 포용하게 되었을 때, 소승 교의는 더 이상 소용이 없었다. 소승불교보다 더 보편적인 종교, 보다 덜 금욕적인 이상이 요청되었다. 불교가 인도 전역과 심지어는 나라 밖에까지 전

[원주18] 대승불교에서 붓다는 인간으로서의 성격을 상실하고 초인적인 힘을 부여받는다. 소승불교의 『자타카』는 붓다 및 그 제자들의 장려한 위업에 대하여 묘사하고 있다.

[원주19] 『보디차리야바타라』(*Bodhicaryāvatāra*).

파될 때, 그것은 당시에 유행하던 종교에 대립되는 양상을 탈피하여 점차 다른 형태를 취하게 되었다. 대승불교의 형성기에는 국외로부터 인도 내부로 유목민들의 계속적인 이동이 있었다. 다소 개화된 수많은 부족들이 펀자브와 카슈미르 지방을 점거했다.[원주20]

다수의 이방인들이 피정복자, 즉 불교도의 종교와 언어, 그리고 문화와 문명을 받아들였다. 여러 왕들 가운데 가장 강력했던 카니슈카 왕 자신이 불교도가 되었다. 힘의 중심은 동쪽에서 서쪽으로 점차 이동했다. 팔리어는 범어에 그 자리를 내주었다. 미신적인 관습에 빠져 있었던 미개인들은 있는 그대로의 불교를 받아들일 수 없었으며, 그들은 고등 종교를 자기의 이해 수준으로 끌어내렸다. 비록 대승불교와 바라문교 간에 교의적인 차이는 있었다 할지라도, 당시의 불교도들에게 나타나는 외적인 양상은 완전히 새롭거나 전례가 없는 어떤 것이 아니었다. 대승불교는 만일 그것이 초기 불교의 몇몇 형태들이 지니는 냉담한 논리를 버리고 인간의 가슴에 호소할 수 있는 종교를 확립하기만 한다면, 사람들의 마음을 사로잡을 수 있다는 것을 알았다. 그것은 요가와 후기 우파니샤드 그리고 『바가바드기타』의 유신론에 구체화된 힌두교의 성공적인 예를 본받았다.

대승불교는 우리에게 신, 영혼, 그리고 인간의 운명에 대한 적극적인 관념들을 제공한다.

"대승(大乘)은 소승(小乘) 혹은 근본불교와 대조·구분해서 그렇게 불린다. 전자는 모든 세계의 일체 중생에게 지식뿐만 아니라 믿음과 사랑을 통한 구원을 준다. 이에 비하여 후자는 외부의 정신적 도움이나 숭배의 위안을 필요로 하지 않는 상근기(上根氣)의 소수가 생성의 거친 대양을 넘어 열반의 피안에 닿을 수 있게 한다. 소승의 길은 마치 무속성

[원주20] 불교가 중국으로 들어갈 때, 그것이 후기 소승불교였는지 아니면 초기 대승불교였는지에 대해서는 여전히 의문이 남아 있다. 그러나 어쨌든 대승불교는 중국에서 곧 지배적인 형태로 성장하였으며, 오늘날까지도 중국 불교의 대종을 이루어왔다.

(nirguṇa) 브라흐만을 추구하는 자들의 '알려지지 않은 길'(unshown way)처럼 지극히 어렵다. 한편 대승의 짐은 가벼우며, 인간이 세계와 모든 애정을 즉각 버려야 할 필요가 없다. 대승 교의는 법신의 현현이 불자(佛子)들의 온갖 다양한 요구에 적합할 수 있다고 말한다. 이에 비하여 소승의 교의는 단지 상당한 정도의 정신적 수준에 올라와 있는 자들에게 소용이 될 뿐이다. 소승 교의는 구제의 수단이 되는 지식을 강조하고, 개인의 구원을 목적으로 하며, 적극적인 의미로 열반을 신비화하는 것에 반대한다. 대승 교의는 자비를 크게 강조하고, 모든 중생의 구원을 목적으로 하며, 열반에서 유일한 실재를 발견한다. 여기서 유일한 실재는 우리가 경험적인 지식을 지니는 유한하고 조건적인 경험의 모든 단계에서 나타나는 제한을 여읜 '공'(空)이다."[원주21]

소승불교는 인간 본성의 필수불가결한 것에 대한 순수한 수용으로서의 대승불교에 저항한다. 아무튼 그것은 지식을 통하여 최고의 상태를 실현하는 본보기가 되었음에 비하여, 대승불교는 우리에게 새로운 사회적·종교적 이상을 발전시키면서 세계에 참여할 것을 촉구한다. 초자연적 존재의 부재와 이에 따른 상상의 여지의 결여, 삶의 핵심문제를 해결하는 극단적인 방법, 열반을 소멸로 해석하는 부정적인 자세, 그리고 윤리적 삶을 금욕적인 고행주의로 규정한 것은, 결국 소승불교를 단지 사변가나 상근기의 사람을 위한 종교가 될 수밖에 없도록 만들었다. 정서가 풍부하고 신심이 깊은 사람들을 위하여 새로운 종교운동이 요청되었다.[원주22]

[원주21] A. Coomaraswamy, *Buddha and the Gospel of Buddhism*, pp.226~227.
[원주22] 『섭대승론』(*Mahāyānasaṁparigrahaśāstra*)에서 아상가(Asaṅga, 無着)는 대승불교가 소승불교보다 수승한 것으로 간주될 수 있는 7가지 점을 들고 있다. "대승불교는 허용 범위가 넓다. 단지 한 생애 동안의 샤키야무니가 아니라, 붓다에 의해 설해진 모든 것이 받아들여진다. 아니, 그 이상이다. 우리가 이미 본 것처럼, 훌륭하게 설해진 것은 무엇이나 붓다의 말씀으로 간주된다. 둘째, 대승불교는 개인의 구원이 아니라 전체의 구원을 목적으로 한다. 따라서 모든 존재에 대한 자애의 정신이 탁월하다. 셋째, 대승불교는 소승불교보다 지적인 영역이 광범위하다. 후자는 단지 자아의 실재를 부정할 뿐임에 비하여, 전자는 자아뿐

4. 대승불교의 형이상학

대승불교의 주요 두 학파, 즉 일체가 공(空)이라고 주장하는 중관학파(中觀學派)와 의식 이외에 존재하는 것은 아무것도 없다고 설하는 유식학파(唯識學派)에 대한 상세한 설명은 다음 장으로 미루고, 여기서는 대승불교의 전반적인 철학적 원리에 대하여 언급하고자 한다. 소승불교는 영혼을 덧없는 구성요소(skandha)들의 복합체로 간주하고 있음에 비하여, 대승불교는 심지어 이러한 요소들도 실재하는 것이 아니라고 주장한다. 형이상학적인 실재가 받아들여진다. 이 실재는 존재론적 측면에서 진여(眞如, bhūtatathatā)라고 불린다. 종교적인 측면에서 그것은 법신(法身)이라고 한다. 그것은 모든 모순을 조화시키는 최고의 원리이다. 그것은 또한 열반이라고 불린다. 왜냐하면 그것은 번뇌하는 인간에게 절대적인 평화를 가져다주기 때문이다. 그것은 세계의 운행을 주관하며, 모든 존재에 형상을 부여한다.

대승불교의 형이상학적 특징은 일원론이다. 세계의 모든 존재는 하나의 실재로 되어 있다. 이 실재의 본질은 언어와 묘사를 초월한다. "모든 사물은 그 본질에 있어서 이름지어지거나 설명될 수 없다. 그것은 어떤 형태의 언어로 적절하게 표현될 수 있는 성질의 것이 아니다. 그것은 지각의 범위를 넘어서며, 특정한 꼴을 지니는 것도 아니다. 그것은 절대적인 자기 동일성을 지니며, 변화도 파괴도 겪지 않는다. 개개의 모든 사물은 여래(如來, tathatā)라고도 불리는 한 영혼이다."[원주23] "그러므로 말하는 자도 말해지

만 아니라 더 나아가서 모든 현상적 실재를 부정한다. 넷째, 대승불교는 종교적 활동력을 고취한다. 소승불교와는 달리 혼자만의 신속한 해탈을 그 목적으로 하지 않는다. 다섯째, 대승불교는 사람들을 해탈로 인도하는 방법(upāya)이 다양하다는 특징을 지니고 있으며, 이러한 다양한 방법을 적용함에 있어서 인내와 끈기를 보인다. 더욱이 대승불교는 지극히 고매한 이상으로 인도한다. 바꿔 말하여 그것을 따르는 사람들은 단순한 성자가 아니라, 절대적인 완성을 이룬 붓다가 되는 것을 목표로 삼는다. 끝으로 대승불교의 가르침을 닦은 자가 붓다를 이룰 때, 그는 전우주를 통하여 자기 자신을 지복의 실체로 드러내 보이는 무한한 힘을 지닌다." 스즈키(Suzuki), 『대승불교』(*Mahāyāna Buddhism*), 제2장을 보라.

는 자도 없으며, 생각하는 자도 생각의 대상도 없다. 우리가 여래와 일치되고 우리의 주관성이 완전히 사라질 때, 우리는 통찰을 얻었다고 말해질 것이다."[원주24] 절대자는 자존하는 동시에 모든 존재의 원천이라 할지라도, 그것은 모든 상대성, 개체성, 그리고 조건성을 초월해 있다. 그것은 "위대한 지혜의 광휘요, 우주를 비추는 보편적 빛이며, 참되고 적절한 지식이며, 청정무구한 마음이며, 영원자, 복된 자, 자기 제어자, 청정한 자, 불변자, 자유로운 자이다."[원주25]

경험의 세계는 실재적이 아니라 현상적일 뿐이다. 비록 그것이 아무런 의미도 지니지 않는 것은 아니라 할지라도, 그것은 흔히 꿈에 비유된다. 대승불교는 우주를 마야(maya) 혹은 물거품에 비유한다.[원주26] 세계의 모든 존재는 세 가지 측면, 즉 ① 본질, ② 속성, ③ 기능을 지닌다. 질그릇을 예로 든다면, 그것의 본질은 흙이며, 그 속성은 질그릇의 형태이다. 그리고 기능은 물을 담는 것이다. 속성과 운동은 생사의 법칙에 지배되지만, 본질은 소멸 불가능하다. 대양의 파도는 높거나 낮을 수도 있겠지만, 물 그 자체는 늘지도 줄지도 않는다. 전체 우주는 변화의 측면뿐만 아니라 불변하는 측면도 지닌다. 후자는 진여, 즉 모든 존재의 토대로서 무시간 무공간으로 영속하는 절대자이다. 이 보편적이고 영원한 토대는 우파니샤드의 브라흐만에 상응한다.[원주27] 절대 진리(paramārtha)의 영역에서 우리에게는 그외의 아무것도 없다. 그러나 상대적인 진리(saṁvṛti)의 영역에서 우리는 그 일자(一者)가 명색에 의하여 다자(多者)로 되는 것을 경험한다. 절대자는 무한자와 유한자, 존재 그 자체의 영역과 생사의 영역이라는 두 상태

[원주23] 스즈키(Suzuki) 역, 『대승기신론』, p.56.
[원주24] 같은 책, p.58.
[원주25] 같은 책, p.96.
[원주26] 『랄리타비스타라』(Lalitavistara).
[원주27] 대승불교도들은 자신들의 입장과 우파니샤드의 견해 간에 유사성이 있다는 것을 알고 있었던 것으로 보인다. 『능가경』에 이런 말이 있다. "궁극적 실재와 진리로서의 여래장 (Tathāgatagarbha)에 대한 설명은, 아설(我說)에 대한 미신적인 믿음을 지니고 있는 사람들이 우리의 관점을 이해하고 받아들일 수 있도록 하기 위하여 주어진다."

를 지닌다. 대승불교는 세계의 본질에 대하여 중간적인 입장에 선다. 그것은 실재도 비실재도 아니다. 그것은 세계가 실제적으로 존재한다는 것을 인정하지만, 그럼에도 불구하고 세계의 궁극적인 실재성을 부정한다. 파도는 존재한다. 그러나 그것이 궁극적으로 존재하는 것은 아니다. 세계는 덧없는 현상, 유동과 변화에 지배되는 현상이다. 궁극적 실재는 모든 존재에 편재하기 때문에 개개의 모든 존재는 잠재적으로 전체이며, 종교적인 언어로 말해서 모든 개인은 잠재적인 붓다이다.

『아바탐사카 수트라』(*Avataṃsaka Sūtra*)는 말한다. "여래의 지혜를 지니지 않은 중생은 하나도 없다. 일체 중생이 이것을 알지 못하는 것은 단지 허망한 생각과 애착 때문일 뿐이다." 개별적인 영혼은 절대자의 한 측면이다. 물이 파도의 본질인 것처럼, 여래는 사람 사람의 실재이다. 존재에서 존재로 떠도는 것은 불멸의 영혼이 아니라 에고이다. 덧없는 에고는 영원한 실재가 구체화된 것이며, 지상의 모든 존재는 불생불멸하는 실재의 본질을 지닌다.[원주28] "한 영혼에서 우리는 두 측면, 즉 순수 존재로서의 영혼과 윤회에 연루된 영혼을 구분할 수 있을 것이다……. 이 두 측면은 긴밀하게 상호 연관되어 있기 때문에 하나는 다른 하나와 분리될 수 없다."[원주29]

통상 그렇듯이 세계의 생성은 은유의 형이상학을 통하여 설명된다. 근원적 무지(avidyā)가 세계의 원인이라고 한다. "미혹된 주관성 때문에 모든 것들이 개체의 형태로 나타난다. 만일 우리가 이 주관성을 극복한다면, 개체화의 흔적은 사라질 것이며, 대상의 세계에 대한 아무런 자취도 없을 것이다."[원주30] "모든 피조물의 청정무구한 마음이 무지의 바람으로 요동칠 때, 심리 상태의 파도가 그 현현을 만들어낸다. 이 세 가지, 즉 마음, 무지, 그리고 심리 상태는 절대적인 존재를 지니지 않는다."[원주31] 주관성은 실재

[원주28] 바수반두(Vasubandhu)에 의하면, 존재의 무상성과 열반의 영원성은 모두 절대자의 실재에 의하여 함축된다.
[원주29] 스즈키 역, 『대승기신론』, p.55.
[원주30] 같은 책, p.36.
[원주31] 『판차스티카야사마야사라』, 68.

가 아니며, 궁극적으로 부정되는 세계 또한 실재일 수 없다. "주관성이 공허하고 비실재적인 것으로 되자마자, 우리는 청정한 영혼——그 자체를 영원, 영속, 불변으로 나타내며, 청정한 모든 것을 완전히 포함하는——을 지각한다."[원주32]

사실 세계는 존재하지 않으며, 무명이 그것을 만들어낸다고 설명된다. 어디로부터 무명이라는 이 부정적인 원리가 유래하는가? 이에 대한 대답은 주어지지 않는다. 그것은 거기에 있으며, 절대자의 침묵을 깨고 일자(一者)를 다자(多者)로 전변(轉變)시키면서 윤회의 수레바퀴를 돌리기 시작 한다. 우리는 무명의 요소를 피상적으로 순수 존재에 투사한다. 경험의 세계는 무명으로 조건지어진 순수 존재의 현현이다. 궁극적으로는 실체가 없는 것이라 할지라도, 무명은 반드시 진여의 존재 속에 있어야 한다. 아슈와고샤는 무명이 순수 존재의 심연에서 일어나는 불꽃이라고 주장한다. 그는 무명을 의식과 동일시한다. 이러한 의식이 깨어 일어나는 것은 진여 혹은 순수 존재의 자기 동일로부터 세계가 일어나는 첫 단계를 특징짓는다.

그런 다음에 주관과 객관의 구분이 일어난다. 최초의 존재는 절대자이며, 여기서는 주관과 객관이 하나로 혼융되어 있었다. 비록 그것은 절대적인 무(無)와는 다르다 할지라도, 우리가 그것에 대하여 어떤 논리적인 묘사를 하는 것은 불가능하다. 우리가 완전한 깨달음(bodhi)을 얻었다고 말해지는 단계에서 돌아오는 순간에, 우리는 대립과 관계로 이루어진 세계를 지니는 것처럼 보인다. 무명은 우주 과정을 시작한다. 지적인 차원에서 우리가 말할 수 있는 것은 단지 이 부정성의 요소가 바로 절대자의 본질 속에 있다는 것뿐이다. 왜냐? 그것이 거기에 있기 때문이다. 소중한 보배가 연

[원주32] 깨달음의 상태에서 우리는 모든 존재가 하나의 절대적인 실재라는 것을 안다. 아슈와고샤는 말한다. "이른바 비실재적인 모든 현상들은 사실 처음부터 있는 그대로이며, 그들의 본질은 단지 한 영혼일 뿐이다. 비록 비실재적인 대상들에 집착하는 무지한 자들은 모든 존재가 본질적으로 최고의 실재(paramārtha)라는 것을 이해할 수 없다 할지라도, 집착에서 자유로운 모든 붓다 여래들은 사물의 여실한 본질에 대한 통찰을 지닐 수 있다. 그러므로 주관성에 젖은 마음이 소멸될 때, 모든 존재가 이해되고, 완전한 지혜가 실현된다."(스즈키 역, 『대승기신론』, p.126. 또한 『판차스티카야사마야사라』, 60을 보라.)

꽃 속에 있다.[원주33] 이와 같이 자기 창조력이 절대자 속에 있다. 실재와 현상은 궁극적으로 다른 것이 아니다. 이 둘은 두 측면을 지니는 한 실체의 두 순간이다.

만일 세계가 어떤 식으로든 실재의 자기 표현이 아니라면, 그것은 전적으로 무의미하고 절대적으로 비실재적인 것이라고 하지 않을 수 없을 것이다. 생사의 세계는 불멸자의 현현이다. 그것은 시공간 속의 출현이며, 절대자의 현실화이다. 궁극적 실재는 실재적이거나 상상적인 모든 존재의 영혼(sarvasattva)이다. "이 순수 존재는 생사의 세계(saṃsāra)가 되며, 그 세계 속에 위대한 실재(Mahāyāna)의 본질, 속성, 그리고 기능이 나타난다. 첫째는 본질의 위대성이다. 마하야나의 본질은 순수 존재로서 모든 존재 속에 있으며, 순수한 것 속에뿐만 아니라 오염된 것 속에서도 불변으로 남아 있으며, 언제나 동일하며(samatā), 결코 증감이나 차별이 없다. 둘째는 속성의 위대함이다. 여기서 우리는 여래의 배아(胚芽)를 보는데, 그것은 자체의 속성으로서 이루 헤아릴 수 없이 무수한 공덕(puṇya)을 담고 있다. 세번째는 기능의 위대함이다. 왜냐하면 그것은 현상계나 초현상계에서 모든 유형의 선행을 만들어내기 때문이다."[원주34]

5. 대승불교의 종교

인간의 본성에 대한 역행은 오래 지속될 수 없다. 인간 내면의 감성적인 욕구는 비판 정신의 활보에 제동을 걸고 나타난다. 심지어 『맛지마 니카야』(22)에도 이런 경향이 나타난다. 이에 따르면 수행의 길을 시작하지 않은 자라도, 만일 그가 '나에 대한 사랑과 믿음을 지닌다면 천계를 약속받을 수 있다.' 그것은 『바가바드기타』에 현저한 박티(信愛) 교의의 반향이다.

[원주33] "옴 마니 파드메 훔"(Om maṇi padme hum)을 참조하라.
[원주34] 스즈키 역, 『대승기신론』, pp.53~54.

대승불교는 이러한 문헌들을 사용하며, 구세자 신을 믿는다. 대승불교의 종교에는 아무런 통일성도 없다. 그것은 온갖 종교적인 미신을 기꺼이 허용했다. 인도, 중국, 한국, 타이(시암), 미얀마, 일본 등 그것이 널리 성행하던 어디서나 토착 종교는 허용되었으며, 그런 가운데 삶의 새로운 측면, 즉 불살생이나 무소유의 가르침을 베풀었다. 사람들이 어떤 윤리 규범을 준수하고 승가를 공경하는 한, 불교 스승들은 미신적인 방법들을 굳이 비난해야 할 필요를 느끼지 않았다. 우리가 선을 행하는 한, 어떤 신을 믿느냐 하는 것은 중요하지 않다는 것이다. 대승불교의 변화무쌍한 특징은 바로 이러한 경향에서 기인된다. 그것이 받아들여진 각 나라에서 그것은 각자 독자적인 역사와 교의적인 발달 과정을 지닌다.

인도 이외의 나라에서 번성했던 불교 신앙의 역사에 대한 언급은 피하고자 한다. 만일 불교 신앙이 엄격하고 자기 제어적인 경전으로 시작하여, 산산이 무너지고 썩어 허물어진 사원으로 끝난다면, 그것은 그 자체가 지닌 관용의 정신 때문일 것이다. 거칠고 무도한 종족들이 불교에 대한 그들 자신의 어떤 기여없이 불교에 귀의하는 것은 불가능하다. 종교적인 문제에 있어서 의견의 자유는 대승불교의 형이상학적 관점에 부합된다. 모든 종교는 똑같은 법신의 다양한 현현이며, 각자 진리의 어떤 측면들을 담고 있다. 다르마는 만유에 편재하는 정신적인 힘이요 궁극자이며, 또한 지고한 생명 원리이다. 다르마를 인격화하려는 첫 시도는 아디 붓다(Ādi Buddha, 唯一佛)라는 개념에서이다. 그것은 제1원인자, 영원한 신, 모든 존재보다 우월한 자, 지고자, 모든 붓다 가운데 최고이며 비길 데 없이 높은 붓다를 의미한다.[원주35] 그런데 이 아디 붓다도 삶과 경험에서 동떨어진 형이상학적 개념이며, 그가 존재하게 했다고 말해지는 세계에 관하여 아무런 역동적인 힘도 발휘하지 못한다.

[원주35] 『대승장엄경론』(Sūtrālaṁkāra)은 공덕과 명지를 확실하게 지니지 않는다면, 어느 누구도 붓다가 될 수 없다는 근거로 아디 붓다의 교의를 비판한다. Sūtrālaṁkāra, ix.77 ; Kāraṇḍavyūha를 보라. 붓다에 있어서조차도 절대적인 존재는 불가능하다.

세상을 구제하는 일은 여러 붓다 혹은 최고의 지혜와 사랑을 지닌 존재에 의하여 수행된다. 이러한 붓다는 역사를 통하여 무수히 많았으며, 미래에도 무수한 붓다가 있을 것이다. 모든 개인의 목적은 붓다가 되는 것이므로 수많은 붓다가 있다. 자기의 개인적인 해탈이 확정된 자들은 다른 사람에 대한 선을 위하여 해탈을 뒤로 미룬다. 그들은 모두 유일 영원한 존재의 일시적인 현현이다. 역사적인 붓다는 그와 같은 도덕적 이상의 현실화 가운데 하나이다.[원주36] 그는 유일무이한 실재가 아니라, 다수의 신 가운데 한 신일 뿐이다. 아미타바(Amitābha, 無量光)가 그의 한편에 서 있고, 다른 한편에는 신심 깊은 자들을 스스로의 자비와 은총으로 구하는 아바로키테슈와라(Avalokiteśvara, 觀世音)가 있다.[원주37] 지고한 존재는 온갖 사람들의 필요에 부응하여 다양한 측면으로 나타난다. "나는 온갖 피조물의 성향과 기질에 따라서 가지각색으로 법을 드러내 보인다. 나는 각자의 특성에 따라서 그를 일깨우는 여러 가지 수단을 사용한다."[원주38]

베다의 여러 신은 유일한 지고자의 여러 측면으로 된다. 나가르주나는

[원주36] 소승불교에서 붓다의 물리적 신체는 사람들이 각자 스스로 실현해야 하는 이법의 본체와 구별된다. 후에 『디비야바다나』(*Divyāvadāna*, pp.19ff ; 『디가 니카야』, iii.84 참조)에서 우리는 붓다의 물리적 신체가 본체요 그의 영혼은 이법이라는 관념을 발견한다. 붓다의 참된 본질 혹은 영혼은 그가 실현한 직관지(prajñā) 혹은 각(覺, bodhi)이다. 형이상학적 용어로 표현될 때, 그것은 현상적 우주의 근저에 놓인 궁극적 실재이다. 이러한 실재는 모든 붓다에게 속하지만, 각각의 붓다는 동시에 자기 자신의 법신(法身, dharmakāya)을 지닌다고 한다. 법신은 진여, 원초적 무차별의 본체, 여래의 자궁, 혹은 모든 개별 존재의 원천과 동일시된다(『능가경』, p.80). 각 붓다는 수용신(受用身, saṁbhogakāya)이라고 불리는 이루 형용할 수 없는 장려한 신체를 지니는 것으로 간주된다. 법신에 대한 수용신의 관계는 찬드라키르티(Candrakīrti, 月稱)에 의하여 설명된다(*Mādhyamakāvatāra*, iii.12). 여러 붓다의 경우처럼 지혜(jñāna)를 지닌 자들은 법신을 실현하며, 보살의 경우처럼 공덕(puṇya)을 갖춘 자들은 수용신을 실현한다. 그러나 이에 관하여는 확실하게 말할 수 없다. 왜냐하면 대승불교의 문헌들은 아미타바(Amitābha)와 샤키야무니(Śākyamuni)에 대하여 가시적인 형태를 부여하고 있기 때문이다.

[원주37] 스즈키 역, 『대승기신론』, p.68.

[원주38] 『바가바드기타』, ix.44 ff 및 『사드다르마푼다리카』(*Saddharmapuṇḍarīka*), ii를 참조하라.

자기의 가르침과 실천을 통하여 힌두교의 브라흐마, 비슈누, 쉬바, 그리고 칼리(Kālī) 신들이 바라문교 경전에서 그들에게 귀속시킨 여러 속성을 지니며, 화해와 간청의 합당한 대상이라고 말한다. 힌두교의 전통적인 신들은 새로운 체계와 조화를 이루었으며, 그 속에서 독자적인 위상과 기능을 부여받는다.[원주39][역주6] 대승불교가 그렇게 불리는 이유 중의 하나는 그것이 수많은 보살과 천신을 포함하고 있기 때문이며, 이들은 단지 불교의 상징주의에 의하여 다소 윤색된 고대 베다의 여러 신에 불과하다. 신애 혹은 박티에 대하여 많은 여지를 보임으로써, 대승 교의는 탄트리키즘(Tantrikism)이나 여타의 신비 종교 형태로 통하는 길을 열었다는 것은 의심할 나위 없이 분명하다.[원주40]

대승 교의의 일원론적인 형이상학은 외견상 다신교의 형태를 띠는 종교를 발생시켰다.[원주41] 그러나 여기서 주목할 것은 여러 신들이 하나의 최고

[원주39] 인드라는 트라야스트링샤로카(Trayastṛṃśaloka)라고 불리는 천계(svarga)의 왕국을 지니며, 샤타만유(Śatamanyu, 백 가지 진노를 지닌 자) 혹은 바즈라파니(Vajrapāṇi, 金剛手)가 된다. 브라흐마는 지혜의 등불 만주슈리(Mañjuśrī, 文殊)에게 넘겨지는 주요 속성들을 지니고 있었다. 사라스와티(Sarasvatī)는 락슈미(Lakṣmī)와 함께 그의 아내 중 하나로 존속한다. 아바로키테슈와라(Avalokiteśvara, 觀世音) 혹은 파드마파니(Padmapāṇi, 蓮花手)는 비슈누 혹은 파드마나바(Padmanābha, 연꽃 배꼽을 지닌 자)의 속성을 지닌다. 불교 전통에서 비루파크샤(Virūpākṣa, 廣目天王)는 사천왕의 하나가 되지만, 원래 비루파크샤는 쉬바의 별칭이다. 가네샤(Gaṇeśa)는 비나야카(Vināyaka) 및 악왕 비나타카(Vinataka)로 전승된다. 일곱 여래(Sapta tathāgata)는 일곱 리쉬(ṛṣi, 聖仙)이다. 아지타(Ajita)는 샤키야무니 및 아바로키테슈와라와 함께 있다.

[역주6] 『리그 베다』, x.130.7에 '일곱 리쉬'(sapta ṛṣi)라는 말이 나온다. 전통에 따라 다소 차이가 있으나, 북인도 전통에서는 아트리(Atri), 바시슈타(Vasiṣṭha), 카쉬야파(Kaśyapa), 비슈와미트라(Viśvāmitra), 고타마(Gotama), 자마다그니(Jamadagni), 그리고 바라드와자(Varadvāja)를 『리그 베다』의 위대한 일곱 리쉬로 간주한다. 아지타는 '정복되지 않는'이라는 문자적 의미를 지니며, 힌두교 전통에서는 비슈누 혹은 쉬바의 별칭으로 사용되지만, 불교에 편입되어 마이트레야(Maitreya) 혹은 미래불이 된다.

[원주40] 와델(Waddell) 대령은 대승불교를 '궤변적 허무주의를 추구하는 신비주의'라고 묘사한다.

[원주41] "보살을 숭배하고 대승 경전을 읽는 사람들은 대승불교도라고 불린다"(『義淨』(I-Tsing), Takakusu의 E.T., p.14).

존재에 종속된다는 점이다. 대승 종교의 이러한 통일성은 우의적(寓意的) 취지를 지니는 삼신(三身, trikāya) 교의와 관련해서 볼 때 더욱 분명해진다. 법신(法身, dharmakāya)은 다르마의 영원하고 무조건적인 영적 본체이다.[원주42] 그것은 자기를 한 사람의 역사적 인물로 드러내는 인격적 존재가 아니라, 어떤 변형도 겪지 않은 채 온갖 형상을 띠는, 만유에 편재하는 토대이다. 법신은 비인격적 절대자, 즉 우파니샤드의 브라흐만에 해당한다. 그것은 법의 몸이라기보다는 불가해한 존재 혹은 모든 존재의 규준이다.[원주43] 이 절대적인 원리가 이름과 형태를 띠게 될 때, 우리는 법신이 수용신(受用身, Saṁbhogakāya)으로 변용되는 것을 본다.[원주44] 존속하는 실체가 향수하는 주체로 되는 것이다. 브라흐만은 이제 이슈와라(Īśvara, 自在神)이다. 그는 이름과 형상으로 한정되는 천계의 전지·전능·무소부재한 신이며, 모든 붓다 위에 있는 최상의 제1불(第一佛, Ādi Buddha)이다. 이에 비하여 변화신(變化神, Nirmāṇakāya)은 여러 권화의 현현이다.[역주7]

모든 붓다는 삼신의 본질을 지닌다. 붓다의 본질은 깨달음(bodhi)이다. 그러나 절대적인 열반에 들 때까지 그는 보살로서 자기 행위의 결과를 향수하며, 지복을 주는 힘이 있는 몸(saṁbhogakāya)을 지닌다.[역주8] 역사를 통하여 나타나는 여러 붓다는 이러한 실재적인 붓다이며, 인류를 구제하기 위하여 지상에 나타나는 천계의 주권자이다. "나는 일련의 여러 붓다

[원주42] 이법을 붓다의 신체로 보는 것은 경전 가운데 암시되고 있다. 또한 경량부는 삼신(三身)의 하나로 지복신(至福身)을 인정하는 것으로 보인다.

[원주43] 이 점은 법신의 동의어로 쓰이는 용어들, 즉 자성신(自性身, Svabhāvakāya), 진여(眞如, Tattva), 공(空, Śūnya), 열반(涅槃, Nirvāṇa), 삼매신(三昧身, Samādhikāya) 등으로 미루어볼 때 더욱 분명해진다.

[원주44] 붓다들과 보살들에 그 자체를 나타내는 절대자의 개념은 종교적으로 큰 가치를 지닌다. 그것은 어떻게 절대자가 개아로 하여금 해탈의 지복을 얻게 하기 위하여 그와 협동하고 있는가를 보여준다.

[역주7] 법신, 수용신, 변화신은 각각 자성신(自性身), 보신(報身), 응신(應身)이라고도 한다.

[역주8] 수용신은 스스로 얻은 법락(法樂)을 수용하고, 또 다른 것에 법락을 수용시키는 불신(佛身)이다.

464

가운데 하나일 뿐이다. 이전에도 많은 붓다가 있었으며, 이후에도 많은 붓다가 있을 것이다. 사악과 무질서가 세상을 지배할 때, 붓다는 이 세계에 정의의 왕국을 세우기 위하여 출현한다."[원주45] "세존은 대중의 구제를 위하여, 대중의 기쁨을 위하여, 세상에 대한 자비심에서, 축복으로, 구제로, 신과 인간의 기쁨으로 세상에 몸을 나타낸다."[원주46]

대승불교에 관한 한, 사실상 그것은 『바가바드기타』의 종교와 아무런 차이도 없다. 법신 혹은 존재의 궁극적 토대에 대한 형이상학적 개념은 『바가바드기타』의 브라흐만과 일치한다. 크리슈나가 스스로를 지고한 자라고 부르듯이, 이와 마찬가지로 붓다는 지고한 신으로 섬겨진다. 그는 일반적인 신이 아니라, 신들 가운데 최상의 신(devātideva)이다.[원주47] 그는 모든 보살의 창조자이다.[원주48] 붓다가 가야(Gaya)에서 깨달음을 얻었다는 것은 거듭나지 않은 자들의 터무니없는 공상이 아니다. 붓다는 자신에 대하여 말한다. "나는 실로 나에게서 생겨난 이 세계의 아버지이다. 영속하는 내가 스스로를 일러 죽은 자라고 하는 것은, 우둔한 자들의 그릇된 인식과 무지가 어떠한가를 알기 때문이다."[원주49]

붓다는 영원히 있었다. 인류에 대한 그의 무한한 자비는 불타는 집의 비유에서 분명하게 드러난다.[원주50] 모든 존재는 그의 자녀이다.[원주51] "큰 불길에 휩싸인 삼계를 떠나 있는 여래이지만, 그럼에도 불구하고 그는 '삼계가 나의 소유요, 모든 존재가 나의 자녀이며, 세계는 혹독한 시련으로 가득차 있다. 그러나 나는 그들의 구제를 위하여 진력하리라'고 말하면서, 자기의 고요한 숲 속 거처에서 평화롭게 살고 있다." "나를 믿는 모든 이에게

[원주45] 『바가바드기타』, iv.7-8과 비교하라.
[원주46] 『앙굿타라 니카야』.
[원주47] 『삿다르마푼다리카』(*Saddharmapuṇḍarīka*), vii.31.
[원주48] 같은 책, xiv.
[원주49] 같은 책, xv.21 ; 『바가바드기타』, iv.9를 보라.
[원주50] *Lotus*, 제3장 ; 『마하박가』(*Mahāvagga*), i.21.
[원주51] *Lotus*, p.89.

나는 자비를 베풀 것이며, 나에게서 의지처를 구하는 그들이 나의 벗이
다."[원주52]

삼신 교의는 개별 인간에게도 역시 적용된다. 모든 존재 속에는 법신 혹
은 영원한 실재가 있고, 바로 그 바깥쪽에는 향수하는 몸(受用身), 즉 개별
화된 영혼이 있으며, 그 다음에는 정신이 오염되는 변화신(變化身)이 있
다.[원주53]

6. 대승불교의 윤리

1) 보살

대승불교의 윤리적 이상은 보살(菩薩, bodhisattva)[역주9]이며, 이것은
소승불교의 아라한(arhat)과 구별된다. 보살은 '깨달음을 그 본질로 하는
자'라는 문자적 의미를 지닌다. 그러나 역사적으로 보살이라는 말은 '깨달
음을 실현해가고 있는 자', 즉 미래의 붓다를 의미한다. 이 용어는 해탈을
추구하는 과정에 있는 가우타마 붓다에 대하여 처음으로 사용되었다. 그
결과 그것은 '확약된 붓다' 혹은 이생이나 내생에서 붓다가 되도록 운명지
어진 사람을 의미하게 되었다. 일단 열반이 얻어지면, 세속적인 모든 관계
는 끝난다. 보살은 고통당하는 인류에 대한 사랑 때문에 열반에 들지 않는
다. 압박과 슬픔을 겪고 있는 나약한 사람들은 인간의 형상을 띤 안내자를
필요로 하며, 열반의 도를 가로지를 수 있는 이 고귀한 자들은 이들이 참다
운 지식의 길로 나아갈 수 있도록 안내한다.[원주54] 대승불교에 따르면, 소승

[원주52] 『랄리타비스타라』, viii ; 『바가바드기타』, vii.16과 비교하라.
[원주53] 빛나는 지혜(vijñāna)가 활동적인 지성으로 변하고, 나아가서는 물질과 의식의 세계로
　　　전개된다.
[역주9] 보살은 보디삿트와(bodhisattva)에 대한 음역 보리살다(菩提薩多)의 준말이다. 마하살
　　　(摩訶薩, mahāsattva)이라고도 한다.
[원주54] 『마하바스투』를 참조하라.

불교의 이상, 즉 완전한 소멸, 혹은 아라한과(阿羅漢果), 자취없는 영원의 길 위에 혼자 된 여정은 악마(Māra)의 유혹이다.[원주55]

2) 십지

초기 불교에서 팔정도로 대변되는, 붓다의 경지를 얻으려는 자들의 구도행은 여기서 십지(十地, dasa-bhūmi)의 계위로 상세히 설명된다.

제1단계는 깨달음에 대한 생각이 일어나는 것[원주56]으로 특징지어지는 환희지(歡喜地, pramuditā)이다. 여기서 보살은 장래의 진로를 좌우하는 중요한 서원(誓願, pranidhāna)을 하게 된다. 티끌 하나라도 불성을 이루지 못한 중생이 있다면 해탈에 들지 않겠다는 관세음보살의 결의는 바로 이러한 범주에 속하는 것이다. 통찰이 점점 깊어져서 마음이 청정해지고 자아에 대한 미혹에서 자유롭게 된다. 모든 사물의 무상함에 대한 자각은 구도자의 자비심을 확장시키며, 우리는 그 다음 단계인 이구지(離垢地, vimalā)에 이른다. 여기서 우리는 도덕적인 삶을 영위하며 지혜를 닦는다.

그 다음 단계에서 보살은 분노, 증오, 오류를 없애고 믿음, 자비, 사랑을 증장시키는 여러 가지 명상(bhāvanā)에 전념한다. 이것이 제3지, 즉 발광지(發光地, prabhākarī)이며, 여기서 구도자는 인내와 관용으로 빛난다. 모든 형태의 이기심을 없애기 위하여 보살은 선행으로 자기를 단련하며, 특히 깨달음과 관련된 덕성(bodhipakṣa dharma)의 함양에 전념한다. 이 네번째 단계는 염혜지(焰慧地, arciṣmatī)라고 한다. 그런 다음에 구도자는 사성제의 참된 의미를 이해하기 위한 학습과 명상의 과정을 시작한다. 이 다섯번째 단계는 명상(dhyāna)과 삼매(samādhi)가 현저한 난승지(難勝地, sudurjayā)이다. 도덕적 실천과 명상의 결과로 구도자는 연기

〔원주55〕『팔천송반야』, xi. 윌리엄 제임스(William James)의 재미있는 표현을 빌리자면, 만일 최후의 날에 모든 피조물이 할렐루야를 외치고 있는 중에 짝사랑에 빠진 한 마리 바퀴벌레가 남아 있다면, 그것은 보살의 마음을 아프게 할 것이지만, 혼자에 골몰하는 아라한과는 무관하다.

〔원주56〕 cittotpāda.

(緣起)와 무아에 관한 근본 원리를 관찰하기 시작한다. 이 단계는 현전지(現前地, abhimukhī)라고 불린다. 여기서는 직관적인 지식(prajñā)이 지배적이다. 그러나 그는 여전히 감정에서 완전히 자유롭지 못하며, 붓다가 되겠다는 욕망과 인류를 구제하고자 하는 의도를 지니고 있다. 그는 보편적 구원을 가능하게 하는 그러한 지식을 얻고자 진력한다.

이제 그는 원행지(遠行地, dūraṁgamā)라고 불리는 일곱번째 단계에 있다. 그가 특정한 것에 대한 욕망에서 자유롭게 될 때, 그의 생각은 어떤 특수한 대상에 속박되지 않으며, 그는 부동자가 된다. 이것은 사물을 있는 그대로 꿰뚫어보는 최상의 덕목(anutpattikadharmacakṣuḥ)이 현저한 제8지, 즉 부동지(acala)의 단계이다. 보살의 행위는 결코 이원성이나 이기심으로 오염되지 않는다. 그는 고요히 머물러 있는 것에 만족하는 것이 아니라, 사실 다른 사람에게 법을 전하는 일에 임하고 있다. 그것은 제9지, 즉 모든 행위가 사심없이, 아무런 욕망 없이 행해지는 선혜지(善慧地, sādhumatī)의 단계이다. 가우타마 붓다는 이 광대한 천지에서 그가 전생을 통하여 남을 위하여 자기를 부정하지 않은 곳이 단 한 곳도 없다고 말해진다. 대승불교의 보살은 우파니샤드의 각자(覺者), 기독교의 구세주, 니체의 초인에 해당한다. 왜냐하면 그는 혼자 힘으로는 자체의 목적을 실현할 수 없는 이 세계를 돕기 때문이다.

보살은 제10지 법운지(法雲地, dharmamegha)에서 여래가 된다. 구원이란 삶을 다르마에 일치시키는 것을 의미한다. 그것은 인간과 축생에 대한 보편적 사랑의 현현이다. 대승불교는 아라한과 보다 높은 두 차원—이른바 보살과 붓다—을 지닌다. 보살에 관한 교의는 대승불교의 현저한 특징이므로, 때로 그것을 보살승(菩薩乘, Bodhisattvayāna), 즉 보살의 미덕과 실천을 통하여 구원을 얻을 수 있는 가르침이라 부른다.[원주57]

[원주57] 보살은 타자(他者)에 대한 연민에서 지옥의 고통을 감수할 각오가 되어 있다(*Bodhicaryāvatāra*, vi.120 ; *Śikṣāsamuccaya*, p.167). 보살의 고통은 과거의 죄에 대한 벌이 아니라, 완전성을 닦는 좋은 기회로 간주된다(*Bodhicaryāvatāra*, vi.106). 우리는 보살을 존경하고 숭배하지 않을 수 없다. 그에게 우리의 죄를 고백함으로써 우리는 그

3) 대승불교와 소승불교의 윤리에 대한 비교

도덕생활의 원리로는 보시(布施, dāna), 지계(持戒, vīrya), 인욕(忍慾, śīla), 정진(精進, kṣānti), 선정(禪定, dhyāna), 그리고 이 모든 원리의 절정이며 평안과 축복의 원천인 지혜(智慧, prajñā)가 있다. 승가 체계의 엄격함이 완화된다. 출가자가 되거나 그렇지 않더라도 스스로의 성격과 기질에 끌려다니지 않으면 그 결과는 마찬가지이다. 결혼을 통해서도 최종의 목적지에 이르는 것은 가능하다. 소승불교에 현저한 엄격한 고행과 무소유는 거의 예외적인 것으로 취급된다. 붓다의 명을 따르는 것이 구원에 이르는 길이다.

또한 인격신에 대한 믿음 혹은 박티에 대한 강조가 있다. 『반야경』에 대한 주석에서 나가르주나는 말한다. "믿음은 붓다가 설한 이법의 대해로 가는 문이며, 지식은 대해를 노 저어가는 배와 같다." 대승불교는 자력을 통한 구원 가능성을 믿지 않는다.[원주58] 구제자의 도움이 필수적이다. 기도와 숭배는 우리가 목적지로 가는 길 위에 있는 한 중요한 의미를 지닌다. 업의 법칙 혹은 우리가 짓는 선악의 행위가 나타내는 끊임없는 작용은 은총에 의해 완화된다. 이것은 믿음에 의한 구원이라는 보다 쉬운 방법으로 나타난다. 성문(聲聞, śrāvaka),[역주10] 독각(獨覺, pratyeka buddha),[역주11]

의 용서를 받을 수 있다(같은 책, vi.119, 122, 124 ; 또한 *Śikṣāsamuccaya*, p.160 ff. 를 참조하라). 우리의 공덕을 양도함으로써 우리는 보살을 즐겁게 할 수 있다(*Bodhicaryāvatāra*, v.85 ; *Śikṣāsamuccaya*, p.127). 샨티데바(Śāntideva, 寂天)는 다른 사람에게 참된 신앙을 위한 귀한 지식을 줄 수 있음에도 불구하고 자기의 신체를 야수에게 먹이로 주는 사람의 어리석음을 인지하고 있다(*Śikṣāsasamuccaya*, p.119와 pp.34 ff. ; *Bodhicaryāvatāra*, v.86 ff. ; *Bodhisattvabhūmi*, i.9). 삶에 대한 혐오는 없다. 승원생활의 엄격함이 완화되고, 재가자의 삶은 붓다의 경지를 실현하는 데 적합하고 유망한 것으로 간주된다. 스즈키, 『대승불교』, 제11장을 참조하라.

[원주58] 우리는 어떻게 깨달음이 일어나는지 말할 수 없다. "현자만이 자기가 사람들로 하여금 깨달음을 얻게 하는 불가해한 행위의 교의를 안다. 심지어 그들은 깨달음에 들 때에도 깨달음에 대한 생각을 버린다"(*Bodhicaryāvatāra*, iv.27).

[역주10] 붓다의 말씀을 직접 듣고 깨달음에 드는 붓다의 직제자들을 말한다.

[역주11] 연각(緣覺) 혹은 벽지불이라고도 하며, 제불이 출현하지 않을 때 꽃잎이 떨어지는 것 등을 보고 혼자 힘으로 불법을 깨우치는 성인을 말한다.

보살의 세 부류가 인정된다. 경건과 지식은 각각 성문과 독각에 의하여 채택되는 방편이며, 다른 사람들의 영적인 행복을 위한 헌신은 보살에 의하여 채택되는 방편이다.[원주59]

4) 열반

소승불교는 열반을 출가자의 삶을 통한 극소수에 의하여 얻어질 수 있는 것이라고 보는 데 비하여, 대승불교는 모든 사람이 보살이 되고자 하는 목표를 세울 수 있다고 가르치며, 심지어는 최하층의 사람들도 작공덕(作功德)과 붓다에 대한 헌신으로 해탈을 얻을 수 있다고 말한다. 대승불교의 특징을 이루는 윤리적 인본주의와 보편주의는 초기 불교의 정신에 상당할 정도로 나타난다. 구원의 축복을 모든 인류에 확장하고자 했던 것이 붓다의 뜻이었다. "비구들아, 대중의 이익을 위하여, 인류의 복지를 위하여, 세상에 대한 자비심에서, 이제 나아가라. 시초에 훌륭하고 중간에 훌륭하며 끝에 훌륭하며, 형식과 정신에 있어서 모두 훌륭한 가르침을 설하라." 소승불교도에게 윤리는 세속의 욕망과 사악에 물든 영혼을 정화시키는, 본질적으로 소극적이고 부정적인 과정이다. 이에 비하여 보살의 이상은 보다 적극적이다. 특히 이와 관련된 교의는, 공덕을 다른 사람의 이득으로 돌리는 회향(回向, parivarta)의 교의이다. 이것은 생명의 동일성이라는 통찰에 입각한 대속의 교의를 연상시킨다. 어느 누구도 철저하게 홀로 떨어져서 살 수는 없다. 우리가 짓는 선악의 행위는 전체에 영향을 미친다.

아무것도 실재적인 것이 없다는 형이상학적 진리와, 우리가 이웃을 위하여 고통을 나누어야 한다는 윤리 규범이 과연 조화될 수 있는가 하는 것이 중관(中觀, Mādhyamika) 체계의 문제이다. 외견상 대승불교의 보살은 여전히 그가 세상을 구제해야 하는 미혹(moha)을 심중에 지니고 있다.

대승불교의 강조점은 열반(nirvāṇa)이 아니라, 깨달음(bodhi)을 얻은 성자의 상태이다. 열반은 영혼의 자유이다. 점차 그것은 영원성에 정신이

[원주59] 『앙굿타라 니카야』, ii.245를 보라.

470

뿌리내리는 지복의 상태를 의미하게 되었다. 바라문교 체계의 경우와 마찬가지로, 불멸의 지복을 희구하는 인간의 마음에 위안을 주기 위하여 점진해탈(漸進解脫, kramamukti)의 개념이 도입된다. 지상의 삶을 마친 붓다의 존재가 받아들여진다. 열반의 관념은 지옥에 반대되는 것으로서의 낙원의 개념으로 대체된다. 보살의 이상을 실현하는 과정에, 개아는 천계에서 여러 차원의 존재를 향수한다.

어떤 의미에서 대승불교는 이러한 천계에서의 생존을 상세히 설명하는 일에 빠져서, 궁극적인 열반의 문제를 뒤로 미루었다. 그러나 이 문제가 제기될 때, 그것은 전통 불교의 방식으로 대답된다. 그것은 재생으로부터의 자유,[원주60] 존재의 사슬을 끊음,[원주61] 욕망·악의·무지의 제거,[원주62] 혹은 무한 존재를 의미한다.[원주63] 우리의 존재는 조건지어져 있으므로, 열반은 무조건적인 존재이다. 그것은 순전한 비존재가 아니라, 무지가 극복되는 참다운 자유이다. 보살이 붓다가 될 때, 어떻게 되는가? 그는 절대 존재속으로 다시 녹아드는가, 아니면 자기의 개체성을 보지하는가? 대승불교는 대체로 후자 쪽으로 기우는 것 같으나, 이 점에 대해 분명한 입장을 보이지는 않는다.

붓다가 된다는 것은 본질에 있어서 무한자와 하나가 된다는 것이다. 그래서 아슈와고샤는 완전한 상태를 이렇게 말한다. "그것은 허공의 공(空)이나 거울의 광휘와 같다. 그 속에서 그것은 참되고 실재적이며 또한 위대하다. 그것은 모든 존재를 완성하며 또한 완전하게 한다. 그것은 소멸이라는

〔원주60〕 아슈와고샤, 『붓다차리타』, xv.30. 'punarjanmanivṛtti.'

〔원주61〕 나가르주나.

〔원주62〕 『라트나쿠타 수트라』(Ratnakūṭa Sūtra). '애증과 무지의 제거를 통한 반열반' (rāgadveṣamohakṣayāt parinirvāṇam).

〔원주63〕 'Vajracchedikā'. 『보디차리야바타라』(Bodhicaryāvatāra)는 그것을 세계와 경험적 자아의 포기로 해석한다. 『라트나메가』(Ratnamegha)는 이 정의를 받아들인다. 『프라갸 파라미타』(Pragñāpāramitā)는 열반을 심원·무량한 존재로 간주한다. 찬드라키르티 (Candrakīrti, 月稱)는 열반을 공(空, śūnyatā) 혹은 모든 무지를 단멸하는 지혜와 동일 시한다.

조건에 지배되지 않는다. 그것 속에 삶의 모든 측면과 세계의 모든 움직임이 반영된다. 아무것도 그것을 벗어나지 않고, 아무것도 그것 속으로 들어가지 않으며, 아무것도 제거되지 않으며, 아무것도 파괴되지 않는다. 그것은 영원·유일한 영혼이며, 어떤 형태의 오염도 그것을 더럽힐 수 없다. 그것은 지성의 본질이다." 아상가에 의하면, 열반은 우주의 위대한 영혼(Mahātman)과의 합일이다. 대승불교도들은 열반이 단멸을 의미하지 않는다는 것을 나타내 보이기 위하여 고심한다.[원주64]

7. 인도에서 불교의 쇠퇴

인도에서 불교가 사라지게 되는 근본 원인은, 그것이 당시에 유행하던 비슈누교, 쉬바교, 탄트라 신앙 등과 같은 힌두교의 여러 종파와 궁극적으로 아무런 차이가 없게 되었다는 사실에 있다. 인도에는 보다 대중적인 종교, 생생하고 독창적인 형태로 그 상상력을 만족시킬 수 있었던 숭배 형태가 있었다. 신의 존재를 부정했던 고대 불교는 인간 불멸에 대한 아무런 희망도 줄 수 없었고, 모든 삶을 고통으로, 생에 대한 애착을 가장 큰 악으로 간주했으며, 인간의 목적을 모든 욕망의 단멸로 규정하였다. 대승 교의는 근본불교가 누렸던 명성과 신망을 얻을 수 없었으며, 바라문 전통의 종교와 갈등·대립하는 가운데 그 자체의 무기력함을 드러냈다.

더욱이 대승 교의는 멀리 퍼져나갈수록 점점 더 약해졌다. 그것은 대개의 사람들을 불만족스럽게 하는, 의도적인 미신을 발전시켰다. 포교를 통

[원주64] 『유마경』(維摩經, *Vimalakīrti Sūtra*)은 열반에 대한 긍정적인 설명을 부여한다. 또한 그것은 우리의 삶이 온갖 산만함을 안고 있음에도 불구하고, 그 속에서 통찰력이 점차 성장할 수 있는 가능성을 인정한다. 열반은 윤회이며, 우리는 삶의 행위를 포기하는 것이 아니라, 삶 속에서 그리고 삶을 통하여 열반을 얻을 수 있도록 노력하지 않으면 안된다. 아상가의 『섭대승론』(攝大乘論, *Mahāyānasaṃparigrahaśāstra*)에 따르면, 붓다는 모든 집착과 오염을 벗어나 있음에도 불구하고, 자신에 의하여 구제되어야 할 죽은 영혼들에 대한 연민으로 가득 차 있다.

472

하여 그것은 다른 종교를 억압하려고 하는 것이 아니라, 그 자체의 윤리 정신으로 다른 종교에 충일(充溢)하고자 했다. 그것은 모든 사람, 모든 경우를 수용하였으며, 그 결과로 여러 극락 정토가 부가되고 물활론적인 관념이 도입되었다. 타협성은 그것의 약점일 뿐만 아니라 또한 강점이기도 했다. 아쇼카 왕의 12번째 칙령에 살아 숨쉬는 정신, 즉 "자기 종파에 대한 찬양이나 다른 종파에 대한 비난을 삼가야 한다. 다른 종파에 명예를 돌리는 것이 오히려 자기 종파에 대한 명예가 되리라" 하는 것이 대승 교의의 특징적인 측면이다. 그것은 나중에 사도 바울(Paul)에 의하여 정당화된 방편을 채택했다. 바울은 유대인들에 대해서는 한 유대인이 되었으며, 그가 적어도 어떤 것을 얻을 수 있는 모든 사람들에 대해서 모든 것이 되었다.

대승불교는 각 나라마다 그 자체의 독특한 형태를 지닌다.[원주65] 대승불교가 신애(信愛)와 이를 통한 구원의 여지를 인정하게 되었을 때, 그 속으로 온갖 형태의 미신이 홍수처럼 밀려들어왔다. 가증할 방종이 무익한 사변으로 방어되어야 했다. 신비적 형태의 물활론이 위대한 진리의 영역으로 슬그머니 기어들었다. 주술, 투시, 영통 등에 대한 관용은 대승불교 자체를 약화시켰다. 싸구려 이적 기사에 둘러싸인 제자들과, 맨발에 머리를 숙인 채 바라나시를 향하여 걸어가는 한 고독한 인물이 있다. 다른 사람들에게 어떤 영감을 주기 위하여, 정직한 포교사들조차도 스승의 외양과 관련하여 다소 부정직한 역사를 만들어냈다. 붓다가 인간적인 아버지의 아들이라고 믿는 것은 불가능하다. 그를 신격화하기 위하여, 여러 가지 설화가 고안된다. "이러한 병적인 상상의 압도적인 영향 때문에 가우타마의 도덕적 가르침은 거의 감추어져버렸다. 이에 관한 여러 이론이 나타나서 성행하였으며, 하나의 새로운 가정이 보태지고 새로운 단계로 나아갈 때마다, 그것은 또한 다른 하나의 가정을 필요로 하였으며, 마침내는 하늘 전체가 온갖 과

[원주65] 대승불교의 이런 발달형태는 해크만(Hackmann)의 『종교로서의 불교』(*Buddhism as a Religion*)에 잘 묘사되어 있다. 불교사는 중국 천태종(天太宗)과 일본의 일련정종(日蓮正宗)뿐만 아니라 아바탐사카(Avataṁsaka) 종파와 선종(禪宗)에 대한 설명 또한 포함해야 할 것이다.

장된 이야기로 뒤덮이게 되고, 창시자의 고귀하고 간결한 가르침은 겉만 번지르르한 형이상학적 사변의 무게에 압도되고 말았다."[원주66]

불교 승려들은 이전의 사도적인 열정을 잃어버렸다. 불교의 승원 제도는 다른 어떤 것 못지 않게 부패했다. "청정한 삶에 진력하는 탁발승이 아니라, 살찐 승려들로 들끓는 부유한 사원, 윤리적·종교적인 의식을 일깨우고자 하는 간단명료한 설법이 아니라 수행과 형이상학에 관한 무익한 논쟁이 이제 불교를 대변하게 되었다."[원주67] 불교의 삶은 일단의 미신과 이기심, 그리고 그것을 둘러싸고 있는 감각적 쾌락으로 억눌려버렸다. 현장이 인도를 방문했을 때 보았던 것처럼, 그 결과는 쓰레기 같은 신화와 전설의 늪에 빠져 허우적거리는 근본불교의 실상이었다. 아쇼카 왕 시대의 장려했던 믿음, 심지어 카니슈카 왕 시대와 같은 아주 후기에 이르기까지도 사람들에게 영감의 원천이 되었던 그 믿음은, 무수히 많은 붓다 개념이나 무염시태설(無染始胎說) 등과 같은 이적 기사의 황야에서 자취를 감춘다.

불교의 쇠퇴에 더하여 복고적인 성향이 강하게 일어났다. 사람들의 삶은 바라문교적인 믿음에 의하여 압도되었다. 심지어 불교는 오직 바라문교의 신들을 받아들임으로써 번성할 수 있었다. 초기 불교는 인드라, 브라흐마 등의 신들을 포함했다. 새로운 개종자들은 불교 속으로 옛날의 신들에 대한 그들의 숭상을 그대로 가져왔다. 소승불교는 브라흐마, 비슈누, 나라야나(Nārāyaṇa)를 원래의 이름대로 수용했다. 이미 언급한 것처럼, 대승불교는 결코 힌두교의 교의와 실천에 대하여 심각하게 반대 입장을 보이지 않았다. 그것은 신화를 정교하게 만들었으며, 제1붓다(Ādi Buddha)를 정점으로 하는 신들의 위계와 자격에 대하여 언급했다. 브라흐민들은 붓다를 비슈누의 권화로 간주하는 반면에, 불교도들은 비슈누를 관세음(觀世音, Avalokiteśvara)이라고 불리는 연화수(Padmapāṇi) 보살과 동일시함으로써 이에 화답했다. 종교는 사적인 일이 되었으며, 바라문교 수행자들은

[원주66] Rhys Davids, *Buddhism*.
[원주67] Hopkins.

불교 사문들의 형제로 간주되었다. 바라문교와 대승불교는 철학적 · 종교적으로 동일한 견해를 주장했다.

인도 정신의 완고성은 철학에서의 일원론적 관념론과 종교에 있어서 숭배의 자유로 나타났다. 대승불교의 형이상학은 불이일원론(Advaita)의 형이상학과 유신론에 상응한다. 다수 대중의 필요에 기여하는 가운데, 그것은 『바가바드기타』의 아류가 되었다. 지적인 흡수작용과 변형은 대승불교가 단지 위대한 비슈누교 운동의 종파적인 한 단계에 지나지 않는다는 이론을 묵인할 수 있을 정도로까지 진전되었다.[원주68] 보다 금욕적인 성격의 소승불교는 쉬바교의 한 종파로 간주되기에 이른다. 불교는 그 자체의 가르침이 지니는 어떤 독특성도 보이지 않았다. 바라문교 신앙이 보편적 사랑과 신에 대한 헌신을 강조하는 동시에 붓다는 비슈누의 화신이라고 주장했을 때, 인도에서 불교의 장송곡이 울려퍼졌다. 불교는 힌두교의 결점뿐만 아니라 장점을 거듭하여 가르쳤다. 적합한 상상과 고유한 믿음으로 충만한 이루 헤아릴 수 없이 풍부한 과거의 전통은 다시 나라 전체를 장악했으며, 불교는 힌두교에 동화되는 가운데 점차 사라지고 말았다.

불교는 인도에서 자연사했다.[원주69] 광적인 바라문교 사제들이 불교를 퇴치했다고 말하는 것은 이해 관계가 있는 자들의 억측이다. 쿠마릴라(Kumārila)와 샹카라가 불교 교의를 비판했다는 것은 사실이지만,[역주12] 불교에 대한 바라문교의 저항은 새로운 발생——결국에는 아무것도 새로운 것

[원주68] 불교가 비슈누교로 전이했다는 흔적은 오리사(Orissa) 주의 푸리(Puri)에 있는 사원에서도 찾아볼 수 있을 것이다. 본래 가우타마 붓다에게 봉헌된 이 사원은 현재 '세상의 주'(Jagannātha)로서의 크리슈나가 안치되어 있다. 우리가 여기서 발견하는 유일한 불교 유적은 모든 계급의 사람들이 신전에서 만들어진 음식을 함께 먹었다는 사실이다.

[원주69] 머니어 윌리엄스(Monier Williams)의 『불교』(Buddhism) 제2장을 보라.

[역주12] 샹카라의 불교 비판에 대해서는 『브라흐마 수트라』(Brahma Sūtra), ii.2에 대한 그의 주석을 보라. 이러한 사실에도 불구하고 샹카라의 학설은 오히려 불교, 특히 나가르주나의 공관(空觀)과 유사하다는 지적이 많다(다스굽타의 『인도철학사』, vol. i, p.465, pp.493~494를 보라). 이런 까닭에 샹카라는 '가장(假裝)의 불교도'(pracchanna-bauddha)라는 비판을 받기도 한다.

이 없게 된—에 대한 기성 조직의 자연스러운 저항이다. 인도에서 불교의 부자연한 사멸은 믿기 어렵다. 불교와 바라문교는 서로 아주 가까워졌으며, 마침내 그 둘은 하나가 되었다. 바라문교 사제들의 광적인 노력과 의도적인 파괴 행위가 아니라, 점진적인 흡수 작용과 소리없는 가운데 진행된 무차별이 인도에서 불교 쇠퇴의 원인이다.

불교의 역사는 인생의 중대 문제에 대하여 결정적인 난점을 보인다. 그것은 영적인 고양과는 무관한 순수 윤리를 지니는 수많은 어려움을 만들어내며, 순수한 선(善)을 지향하는 엄정하고 단순한 삶에 대한 강조에도 불구하고 인도에 참된 의미에서의 영적인 구원을 가져오지 못했다. 초기 불교는 혁신적인 성향의 사람들을 규합하는 중심을 제공하였다. 소승불교는 그 자체가 지니는 극단적인 성향 때문에 불교 체계의 핵심적인 취약점을 드러내 보였다. 대승불교는 소승 교의의 결점을 바로잡는 과정에서 또 다른 극단으로 치달았으며, 영적인 삶의 핵심이 되는 중도(中道)에 온갖 유형의 미신을 허용함으로써, 결국 붓다의 근본 정신에 반(反)하게 되었다. 도덕률에 대한 불퇴전의 진력은 불교가 지니는 강점의 요체이며, 불교가 인간 본성의 신비적 측면에 대하여 무시한 것은 그 자체의 쇠퇴와 자멸을 초래한 원인이 된다.

8. 인도사상에 대한 불교의 영향

불교는 인도 문화에 불멸의 자취를 남겼다. 그것의 영향은 모든 측면에서 가시적이다. 힌두교 신앙은 불교로부터 윤리의 최고 형태를 흡수했다. 삶에 대한 새로운 차원의 존중, 동물에 대한 자비, 책임감, 그리고 보다 차원 높은 삶을 실현하려는 열정과 노력이 인도인의 정신 세계에 새롭게 자각되었다. 불교가 끼친 영향의 결과로, 바라문교 체계는 인류애와 이성에 모순되는 요소들을 내던져버렸다.^[원주70] 『마하바라타』는 불교의 훌륭한 측면을 반영하고 있다. "정복에 의해서 증오심이 자라나며, 증오에 의해서는 증오가 단멸되지 않는다."[원주71] 불교 이후에 인도사상에 있어서 세계에 대한 낙관적 견해를 채택하는 것은 거의 불가능하게 되었다. 그때까지 사람들의 마음을 만족시켰던 기준은 더 이상 유지될 수 없었다. 인간 존재는 악이며 해탈은 존재로부터의 자유이다. 후기 사상 학파들은 그것을 받아들인다. 니야야학파는 출생(janma) 및 행위(pravṛtti)를 죄악 가운데 하나로 설명했다.[원주72] 선과 악 모두가 바람직하지 못하다. 왜냐하면 그 둘은 인간을 재생에 연루시키기 때문이다. 우리는 보상을 향수하기 위하여 혹은 벌을 받기 위하여 세상으로 돌아온다. 태어난다는 것은 단지 죽어갈 뿐이다. 행복이란 태어나지 않는 것이다.

물질에 대한 정신의 반항은 붓다의 시대 이래로 인도사상사에 현저한 경향이 되었다. 붓다 이후의 모든 사상가들은 위대한 이욕행(離慾行)의 그늘에 살았다. 인생의 목표는 유행승(遊行僧, sannyāsin)의 법복으로 상징된다. 욕망의 부정적 측면이 지나치게 강조된다.[원주73] 세계는 욕망에 의하여 속박된다.[원주74] 인도사상은 삶의 무상함과 상대론에 대한 불교의 반성을 고려하지 않을 수 없게 되었다. 붓다의 몇몇 오류 및 그의 깊은 통찰은 후대의 사상에 깊은 영향을 주었다. 세계 최고의 것은 그것이 다시 태어나기 전에 죽는다. 심지어 불교조차도 인도에서 그렇게 소멸했으며, 정제된 바

[원주70] 『아차라마유카』(Ācāramayūkha)라고 불리는 문헌에서는 다음과 같은 다섯 가지가 금지된다. ① 불에 대한 의무적인 제사, ② 희생제의를 위하여 소를 도살하는 것, ③ 자학적인 고행, ④ 조령(祖靈)에 대한 희생제의에 육식을 사용하는 것, ⑤ 죽은 형의 아들과 결혼하는 것(Agnihotraṁ gavālambhaṁ sannyāsam phalapaitṛkam devareṇa suta-utpattiḥ kalau pañca vivarjayet). 또한 『니르나야신두』(Nirṇayasindhu), iii을 보라. 어떤 곳에서는 '의무적인 제사'(agnihotram) 대신에 '말을 희생물로 바치는 제사'(aśvālambhaṁ)를 언급하기도 한다.

[원주71] 「우디요가파르바」(Udyogaparva), 71.56 및 63.

[원주72] 『니야야 수트라』(Nyāya Sūtra), i.2 ; iv.55.

[원주73] "출생이 고통이요 늙음이 고통이며, 거듭 태어남이 또한 고통이다. 욕망을 품는 것이 가장 큰 고통이며, 무욕이 가장 큰 행복이다"(Janma duḥkhaṁ jarā duḥkhaṁ, jāyā duḥkhaṁ punaḥ punaḥ ; Āsāsāḥ paramaṁ duḥkham, nirāśāḥ paramaṁ sukham).

[원주74] "Āśayā badhyate loke."

라문교 속에 다시 태어난다. 붓다는 오늘날 자기의 과거 전통들을 포기하지 않은 인도인들의 삶 속에 살아 있다. 그의 존재는 모든 곳에서 느껴진다. 신으로 숭배됨으로써 그는 아직도 살아 있는 신화 속에 자리하고 있으며, 고대의 믿음이 새로운 정신의 도전적인 영향력 앞에 산산이 무너지지 않고 존속되는 한, 붓다는 인도의 신들 가운데 자리할 것이다. 그의 생애와 가르침은 인류의 숭앙을 강요할 것이다. 고통당하는 수많은 사람들의 마음에 위안을 주고, 악의없는 사람들을 기쁘게 하며, 사심없는 신앙자들의 기도에 응답할 것이다.

제11장

불교의 부파

1. 불교의 네 학파

붓다는 진리에 이르는 길로서 비판적 분석을 사용했으며, 관찰과 추론을 강조했다. 그의 종교는 교조주의적이지 않았다. 이러한 취지에서 붓다는 말한다. "사람들은 단지 나를 존경하는 마음에서 나의 법을 받아들여서는 안된다. 마치 금(金)이 불에 의하여 시험되듯이, 나의 법 또한 시험되어야 한다."[원주1] 붓다는 형이상학적 배경을 사변가의 공리와 비약에 위임했기

[원주1] 불행하게도 이러한 철학적 정신은 다수의 추종자들이 붓다의 가르침을 종교로 받아들였을 때 쇠퇴하게 되었다. 붓다의 말씀에 대한 믿음이 강화되었다. 아쇼카 왕은 "주(主) 붓다께서 말씀하신 모든 것은 훌륭한 말씀이다"라고 말했다. 『디비야바다나』(*Divyāvadāna*)에는 이런 말이 있다. "하늘은 달과 별로써 낮아지고, 땅은 산과 들로써 솟아오르며, 태양은 말라 없어질 것이다. 그러나 붓다는 잘못 말하지 않는다." 또한 아쇼카 왕의 「바브루(Bhābrū) 칙령」과 『디비야바다나』, p.272를 보라. 『앙굿타라 니카야』에서 붓다는 사람들이 모든 선한 말을 가져오는 곡창(穀倉)에 비유된다. Vincent Smith, *Aśoka*, p.154를 보라.

480

때문에, 사물의 궁극적 근원에 대한 견해에 있어서 한층 더 혼란을 야기시켰다. 초기 불교는 이미 다양한 방향으로 발달할 수 있는 가능성의 싹을 포함하고 있었다. 하나의 동일한 사상이 다른 사람들에게 언제나 그 개조가 생각했던 것과 동일한 방향으로 발달하는 것은 아니다. 그래서 사색적인 사상가들이 불교에서 살아 있고 인격적인 많은 요소들을 제거해버렸을 때, 그것은 다양한 사상가들이 각자의 성향에 따라서 여러 가지 학설을 전개할 수 있는 수많은 추상적 입장으로 되었다.

붓다에 의하면, 경험은 우리에게 사실상 가능한 유일 실재의 자료이며, 모든 사상이 반드시 고려해야 하는 궁극적 사실이다. 붓다의 경험론은 관습적인 믿음체계에 대한 철저한 비판과 붕괴로 귀결되었다. 불교 제학파들의 경험론은 경험 그 자체에 대한 비판적 방법의 지적인 적용이다. 미리 정해진 의도에 의해서라기보다는 논리의 추구를 통하여 불교는 다양한 사상 학파로 발전한 것이다. 이미 불멸 직후부터 믿음과 실천에 대한 차이가 나타나기 시작했다. 바이샬리(Vaiśālī) 집회에서도 대중파(Mahāsaṅgha)가 독자적으로 분리되는 교의적 논쟁이 있었다. 대중부는 다시 8부파로 갈라졌다. 바이샬리 집회를 열었던 장로파는 또한 기원전 2세기에 여러 부파—비록 이들의 중심 가지는 모두 일체유설(一切有說, Sarvāstivāda), 즉 모든 것이 존재한다는 실재론을 지지한다 할지라도—로 분열되었다.

팔리 경전은 사상계의 여러 대립적인 경향들을 전하고 있으며, 『카타밧투』는 이러한 다양한 부파와 학파들을 다루고 있다.[원주2] 힌두교 사상가들은 기원전 1세기 이전에 일어난 이러한 불교 사상 학파들에 대하여는 언급하지 않는다. 이들에 따르면, 불교에는 네 가지 주요 학파들이 있으며, 이 가운데 둘은 소승불교, 그리고 나머지 둘은 대승불교에 속한다. 소승의 두 학파는 유부(有部, Vaibhāṣika)[역주1]와 경량부(經量部, Sautrāntika)로

〔원주2〕 *Journal of Royale Asiatic Society*(1891) 및 *Journal of the Pāli Text Society*(1904~1905)를 보라.

〔역주1〕 라다크리슈난은 비바사사(毘婆沙師, Vaibhāṣika)를 유부(有部, Sarvāstivādin)에 대한 별칭으로 본다(p.464).

서, 이들은 실재론자이다. 즉 시공간 속에 실재하는 자존의 우주가 있다는 것을 믿으며, 여기서 마음은 다른 유한 존재들과 동등한 지위를 지닌다고 주장한다. 대승의 두 학파는 관념론적인 유가행파(Yogācāra)와 중관파(Mādhyamika)이다. 유가행파는 생각이란 자기 창조적이며 모든 것을 만들어내는 원천이라고 주장한다. 그것은 궁극적인 원리이며, 실재의 궁극적 양태요 형식이다. 중관 철학은 대승 경전의 토대를 형성하는 것으로, 부정적·비판적인 철학체계이다. 중관파는 허무주의자(Sarvavaināśika)라고 불리기도 한다.[원주3][역주2]

불교의 여러 사변체계는 비록 오래 전부터 있었다 할지라도, 조직적인 체계로 다듬어지고 경전으로 편찬된 것은 카니슈카 왕 시대 이후의 일이다. 힌두교 학파들이 이 학파들을 비판하고 있다는 것은, 후자가 힌두교 사상학파들보다 후기에 속한다는 것을 의미한다. 비록 이런저런 학파의 보다 탁월한 논사들이 후기에 속할 수도 있지만, 만일 우리가 이 학파들을 대개 2세기에 속하는 것으로 본다면, 여기에 큰 오류는 없을 것이다. 불멸 후 3세기에 유부가, 그리고 불멸 후 4세기에는 경량부가 각각 성행했다. 아리야데바(Āryadeva)에 의하면, 중관파는 불멸 후 5백 년경에 나타났다. 유가행파의 개조 아상가는 적어도 3세기 이후의 사람이다. 불교 철학 사상은 5세기로부터 7세기 사이에 그 절정에 달했다.

[원주3] 타카쿠수(Takakusu)의 『의정』(義淨, *I-tsing*, 6세기)은 말한다. "보살을 숭배하고 대승 경전을 읽는 자들은 대승불교도라고 불린다. 이에 비하여 행위하지 않는 자들은 소승불교도라고 불린다. 그러나 이른바 두 부류의 대승 교의가 있다. 하나는 중관파이며 다른 하나는 유가행파이다. 전자의 가르침에 따르면, 일반적으로 존재라고 불리는 것은 기실 비존재이며 모든 대상은 마치 환상처럼 공허한 것이다. 이에 비하여 후자에 따르면, 외계 대상은 실제로 존재하는 것이 아니라 단지 내면적인 생각에 불과하며 모든 것은 단지 마음속에 존재할 뿐이다"(p.15).

[역주2] 이와 같이 불교를 유부, 경량부, 유가행파, 중관학파의 네 학파로 나누는 것은, 후기 힌두교 사상가들의 불교 비판에서 흔히 볼 수 있는 구분이다. 라마누자. 『슈리 바쉬야』(*Śrī-bhāṣya*). ii.2.17 ; 마다와, 『사르바다르샤나상그라하』, E.B. Cowell과 K.L. Joshi 의 영어 번역. p.20을 보라.

2. 유부

1) 실재의 본질

소승 교의를 견지하는 사변적 학파는 모든 것이 실재한다고 보는 일체유설(一切有說),[원주4] 즉 다원론적 실재론에 속한다.[원주5] 이 학파가 바이바쉬카(Vaibhāṣika)라고 불리는 것은, 그것이 다른 학파의 언어를 터무니 없는 것(viruddhabhāṣā)으로 간주하기 때문에,[원주6] 또는 논장(Abhidharma)에 대한 주석에 중점을 두기 때문이다. 이들은 경장의 권위를 철저히 거부하고 오직 논장을 인정하며, 사물의 여실한 실상에 대한 뚜렷한 증거가 되는 경험 그 자체에 호소한다. 여기서 경험은 대상과의 직접적인 접촉에서 일어나는 지식을 의미한다. 세계는 감각적 지각에 열려 있다. 외

[원주4] 모든 것이 실재한다고 가르치는 일체유설(Sarvāstivāda)에 관해서는 Stcherbatsky, *The Central Conception of Buddhism*을 보라. 일체유설은 초기의 한 부파에 의하여 주장되었으며, 유부(有部, Vaibhāśika)는 이 부파의 입장을 계승하고 있다.

[원주5] 설인부(說因部, Hetuvādin)라고도 말해지는 설일체유부의 주요 저술로는 대개 7종을 들 수 있으며, 이중에서도 불멸 후 3백 년경 카티야야니푸트라(Kātyāyanīputra)의 『갸나프라스타나』(*Jñānaprasthāna*, 發智論)가 가장 중요하다. 이에 대한 주석서 『마하비바샤』(*Mahāvibhāṣa*)는, 짐작건대 카니슈카 왕이 주관했던 대결집이 있은 후에 바수미트라(Vasumitra)가 이끄는 5백 명의 아라한에 의하여 편찬되었다. 이에 대한 요약은 바수반두의 『아비다르마코샤』(*Abhidharmakośa*)에서 발견된다. 야쇼미트라(Yaśomitra)는 『아비다르마코샤비야키야』(*Abhidharmakośavyākhyā*)의 저자이다. 『우다나박가』(*Udānavagga*), 『담마파다』(*Dhammapada*, 法句經), 『에콧타라가마』(*Ekottrāgama*)의 단편적인 부분들은 설일체유뷰의 교의에 영향을 받는다. 아슈와고샤의 『붓다차리타』(*Buddhacarita*, 불소행찬)와 아리야슈라(Āryaśūra)의 『자타카말라』(*Jātakamālā*)는 붓다에 대한 헌신의 강조에도 불구하고 이 학파에 속하는 것으로 보인다. 이 학파의 또 다른 탁월한 논사로는 바단타(Bhadanta, 3세기), 다르마트라타(Dharmatrāta), 고샤카(Ghoṣaka), 붓다데와(Buddhadeva) 등이 있다. 그러나 이들이 모든 점에서 서로 동의하는 것은 아니다.

다르마트라타는 『우다나바르가』(*Udānavarga*)와 『상유크타비다르마흐리다야샤스트라』(*Saṁyuktābhidharmahṛdayaśāstra*)의 저자이다. 하라프라사드(M.M.Haraprasād)는 아리야데바(Āryadeva)가 칸치(Kañci) 출신이라고 말한다(*Indian Historical Quarterly*, 1925, p.111).

[원주6] 『사르와다르샤나상그라하』를 보라.

계 대상에 대한 지각이란 결코 있을 수 없다고 생각하는 것은 옳지 않다. 왜냐하면 지각이 없다면 추론 또한 있을 수 없기 때문이다. 우리에게 자료에 대한 지각이 없다면, 우리는 어떤 보편 명제(vyāpti)를 도출할 수 없다. 추론이란 지각되는 어떤 대상에 대하여 완전히 독립적이라고 말하는 것은 상식에 어긋난다.[원주7] 그래서 대상은 두 가지 종류, 즉 지각되는 것과 추론되는 것, 느낄 수 있는 것과 생각될 수 있는 것으로 나누어진다.

비록 여기저기서 추론에 의하여 외계 대상이 존재하는 것으로 알려질 수 있다 할지라도, 그럼에도 불구하고 대개 지각 작용이 그것의 존재를 알려 준다. 내적인 관념의 세계와 외계 대상 간에 구분이 만들어진다. 사물이 생각 속에 달려 있는 방식과 그것이 자연 속에 걸려 있는 방식에는 차이가 있다. 유부는 물질과 정신의 독립적인 존재를 주장하는 자연적(natural) 이원론자들이다. 인식론적으로 그들의 이론은 소박한 실재론이다. 마음은 대상을 의식한다. 정신적인 것이 아니라 사물에 대한 우리의 지식 혹은 앎은 결코 새로운 창조가 아니며, 단지 발견에 불과하다. 사물은 우리에게 주어진다. 사물의 본질은 과거, 현재, 미래의 삼세를 통하여 영원한 존재를 지닌다.

영원한 실체들은 덧없는 현상이 아니라, 현상의 근저에 놓인 요소들이다. 설일체유부의 어떤 논사들은 존재의 5가지 구성 요소(skandha)에 대응하는 본체적인 요소가 영원히 존재한다고 주장한다. 이들은 인과관계를 설명하는 어려움을 피한다. 왜냐하면 이들에 의하면 원인과 결과란 동일한 실체의 두 가지 상태를 가리키기 때문이다. 물은 얼음과 수증기의 공동 토대이다. 상태들은 순간적이지만, 토대는 영원하다. 아리야데바는 원인에 대한 이러한 견해를 다음과 같이 표현한다. "원인은 결코 소멸하지 않는다. 그 상태를 바꾸어 결과가 될 때, 단지 그 이름을 바꿀 뿐이다. 예를 들어 찰흙은 그 상태를 바꾸어 항아리가 된다. 이 경우에 찰흙이라는 이름은 잃어버리고 항아리라는 이름이 생겨난다."[원주8]

[원주7] Sakaralokānubhavavirodhaś ca.

484

우리가 보는 대상은 그것이 지각되지 않을 때 존재를 중지한다.[원주9] 그것은 번갯불처럼 짧은 지속을 지닌다. 원자들은 즉각적으로 분리되며, 그들의 결합은 단지 순간적일 뿐이다. 사물은 생성, 존재, 쇠퇴, 소멸의 네 순간 동안 존재한다. 그럼에도 불구하고 그것을 대상으로 만드는 것은 지각이 아니다. 외계 대상은 비록 우리가 지각하는 것을 멈추는 순간에 없어

[원주8] 『아비다르마코샤바쉬야』(*Abhidharmakośabhāṣya*)에 나타난 견해와 비교하라. "우리는 나무가 불꽃에 닿음으로써 불에 타서 없어진다고 생각해야 하는가?――그렇다. 왜냐하면 우리는 나무가 불에 탈 때, 더 이상 그것을 볼 수 없으며, 또한 그 어떤 추론도 우리의 감각에 대한 증거가 될 만한 가치를 지닐 수 없기 때문이다. 그렇지 않다――그것은 추론의 문제이다. 왜냐하면 설사 우리가 더 이상 나무를 볼 수 없다 할지라도, 이것은 나무가 저절로 소멸하여 새롭게 되는 것을 멈춘 사실의 결과일 수도 있기 때문이다. 당신이 불 때문이라고 말하는 나무의 비존재는 순수한 무(無)요 실재하지 않는 것이다. 그리고 실재하지 않는 것은 결과일 수 없으며, 어떤 것으로 인하여 생겨날 수 있는 것이 아니다. 게다가 만일 파괴 혹은 존재에 연속하는 비존재가 어떤 경우에 원인을 지닌다면, 그것은 연속되는 생(生)처럼 언제나 원인을 지닐 것이다. 결국 당신은 불꽃, 소리, 생각이 본질적으로 찰나적이라는 것을 기꺼이 인정할 것이다"(iv.2). "마치 허공에 던져진 사물이 떨어지듯이, 만일 어떤 사물이 원인 없이 소멸한다면, 그것은 태어나는 순간에 소멸해야 할 것이며, 그것이 생성의 순간 이외에 존재하는 것은 불가능하다. 왜냐하면 만일 원인없이 일어나는 파괴가 그 사물의 생성 순간에 일어나지 않는다면, 그것은 나중에 발생할 수 없기 때문이다. 만일 파괴가 나중에 일어난다면, 이것은 그 사물이 있는 것으로 남을 수밖에 없다는 것을 의미한다"(같은 곳). 만일 당신이 사물이란 시간이 지남에 따라 차츰 노후해진다는 등의 말을 한다면, 차츰 노후해지는 것, 변화하는 것은 일련의 연속이다. 변화의 개념은 모순이다. "동일한 사물이 다른 것이 된다는 것은 터무니없다. 사물은 동일하게 남아 있으며, 그 속성이 달라진다는 것 또한 터무니없다"(같은 곳). 만일 사물이 찰나적이라면, 그것은 어떤 원인 없이 저절로 소멸한다. 불꽃은 그것이 꺼지기 때문이 아니라, 찰나적이기 때문에 소멸한다. 우리는 존재하는 것을 파괴할 수 없으며, 존재하지 않는 것을 파괴할 수도 없다.

[원주9] 실재적인 제 요소(dharma)는 궁극적 사실임에 비하여, 자아 혹은 현존재는 그렇지 않다. 무아(nairātmya)는 궁극적 실재성(dharmatā)의 존재를 표현하는 부정적인 방법이다. 우리가 영혼이라고 부르는 것은 그것이 아니라는 것을 의미할 뿐이다. 『아비다르마코샤』, ix에 대하여 야쇼미트라(Yaśomitra)는 말한다. "또한 여기서 궁극적 사실은 붓다가 설한 무아(無我)이다"(Pravacanadharmatā punar atra nairātmyam buddha-anuśāsanī vā). 체르밧스키(Stcherbatsky)에 의하면, "불교는 경험적 의미에서, 결코 인격성 혹은 영혼의 존재를 부정하지 않았으며, 불교는 단지 그것이 궁극적 실재가 아니라고(not a dharma) 주장할 뿐이다"(*The Central Conception of Buddhism*, pp.25~26).

진다 할지라도, 그것은 우리의 지각에 독립적인 존재를 지닌다.

경량부와 마찬가지로 유부는 근저에 놓인 제 요소의 영원한 실재를 받아들인다.[원주10] 그러나 근저에 있는 실재와 현상적 존재 간의 관계에 대해서는 분명하게 설명하지 않는다.[원주11] 사물의 본체에 대응하는 제 요소에 관한 견해가 불명확하다. 우리는 종종 이러한 요소들조차 찰나적이라는 언급

[원주10] "이 요소들은 네 가지 중요한 특징을 지닌다. ① 실체가 아니다. 이것은 항구, 비항구를 불문하고 75종의 모든 요소에 관계되는 특징이다. ② 지속을 지니지 않는다. 이것은 단지 현상적 존재의 72종 비항구적 요소에만 적용되는 특징이다. ③ 불안정하다. 이것은 비항구적 요소의 일부에만 적용되는 특징으로서, 대체로 말하여 성자가 지니는 요소들의 청정한 상태에 반대되는, 보통 사람의 경우에 합당한 특징이라고 할 수 있다. ④ 이러한 불안정성은 궁극적인 해탈에서 끝난다. 이 네 가지 특징을 기술적으로 말한다면, ① 모든 다르마(dharma)는 무아(無我, anātman)요, ② 형성적인 모든 다르마(saṁskṛta dharma)는 무상(無常, anitya)이며, ③ 더러움에 물든 모든 다르마(sāśrava dharma)는 고통(duḥkha)이며, ④ 오직 열반에 들 때, 평온과 적정(śānta)이 있다. 어떤 요소는 비실체적이고, 덧없는 것이며, 무시(無始)의 동요 상태에 있으며, 이것을 완전히 잠잠하게 하는 것이 유일한 평안이다."

[원주11] 영원한 제 요소와 그 현현의 관계에 대해서, 『비바사』(Vibhāṣa)는 네 가지의 다른 견해를 제시하고 있는 것 같다. 다르마타라는 존재(bhāva)에 있어서 변화와 본질(dravya)의 통일성을 주장한다. 우유가 응유(凝乳)로 되듯이, 존재가 변화하는 중에도 본질은 그대로 남는다는 것이다. 이 견해는 상키야의 이론에 영향을 받은 것으로 보인다. 고샤(Ghoṣa)는 과거, 현재, 미래를 통하여 존재하면서도, 다른 시간에 그 양상(lakṣaṇa)을 변화시키는 요소들을 상정한다. 이 견해는 일반적으로 받아들여지지 않는다. 왜냐하면 그것은 여러 가지 양상의 동시적인 공존을 함축하고 있기 때문이다. 붓다는 과거, 현재, 미래가 서로 조건적이며, 동일한 실체라도 그것의 선행 혹은 후속하는 순간에 따라서 과거, 현재, 혹은 미래로 설명될 수 있다고 생각한다. 이것은 마치 한 여성이 어머니, 아내, 딸로 간주될 수 있는 것과 같다. 이 견해는 시간의 세 가지 구분에 대한 혼동을 내포하고 있다고 말해지기 때문에, 받아들여지지 않는다. 바수미트라는 상태(avasthā)의 변화, 즉 현재에 있어서의 효과성과 과거, 미래에 있어서 비효과성의 변화를 주창한다. 어떤 하나의 실체가 그 자체의 기능을 수행할 때 그것은 현재이며, 그 기능을 끝냈을 때 그것은 과거이다. 그것이 자체를 생성하고 있을 때 그것은 현재이며, 그것이 아직 자체를 생성하지 않았을 때 그것은 미래이다. 세 가지 상태 모두에 실재적인 존재가 있다. 과거는 실재이다. 왜냐? 만일 그렇지 않다면 그것은 지식의 대상이 될 수 없으며, 그것이 현재를 규정하는 것 또한 불가능할 것이기 때문이다. 유부는 전반적으로 바숨미트라의 견해를 받아들인다. 분별설부(Vibhajyavādin)의 견해에 따르면, 현재의 요소들과 과거의 요소들 중에서 아직 그 기능을 생성하지 않은 요소들은 존재하며, 이에 비하여 미래의 요소들과 이미 그 기능을 생성한 과거의 요소들은 존재하지 않는다. Stcherbatsky, *The Central Conception of Buddhism*, p.46 및 부록 ⅰ ; Keith, *Buddhist Philosophy*, pp.104~105를 참조하라.

을 본다. 그들은 가끔 단순히 가설적인 개념으로 강등되기도 한다.[원주12] 푸드갈라(pudgala)라고 불리는 자아는 인격적인 생명의 어떤 요소들과 다른 어떤 존재도 지닐 수 없다. 개인이라는 복합체는 정신적 상태들의 끊임없는 흐름에 대한 허구일 뿐이다. 이 이론은 자연주의적인 가정에 의지하며, 엄격히 따질 때 그 논리적 귀결은 유물론 혹은 감각론이다. 우리가 일시적인 현상을 다루고 있다는 것을 인식하면서, 경량부는 근저에 놓인 실체들이 우리에게 직접적으로 지각되는 것이 아니라 단지 추론될 뿐이라고 주장한다.

유부와 경량부는 외부 세계의 실재를 인정하며, 대상을 외적인 것(bāhya)과 내적인 것(abhyantara)으로 구별한다. 전자에는 요소들(bhūta) 및 이에 속하는 대상들(bhautika)이 포함되며,[원주13] 후자에는 마음(citta) 및 이에 속하는 것들(caitta)을 포함된다.[원주14]

〔원주12〕 *Journal of the Pāli Text Society*(1913~1914), p.133을 보라.

〔원주13〕 유부는 5종의 감관, 5종의 감각 대상, 그리고 4원소(mahābhūta)에 대응하는 14종의 원자가 있다고 주장한다. 바이셰쉬카학파나 자이나교의 경우와는 달리, 이 원자들은 영원하지 않다. 찰나설(kṣaṇikavāda)에 일치하여, 이 요소들은 이따금 유(有)로 일어났다가 비유(非有)로 사라져간다고 주장된다. 유부에 따르면, 심지어 원자를 지탱하는 것으로 말해지는 극미(極微) 원자들도 영원하지 않다. 왜냐하면 이 극미 원자들은 생성·지속·쇠퇴·소멸의 네 과정을 겪기 때문이다.

또한 유부는 이른바 미현현 물질(avijñaptirūpa)을 인정한다. 불교의 교의에 의하면, 모든 신체적 행위, 말, 혹은 생각은 이에 상응하는 결과를 지니지 않을 수 없다. 이러한 모든 행위는 분자(分子)들의 성질과 위치를 변화시킨다. 설사 그것이 가시적으로 그렇게 나타나지 않는 경우에도, 그것은 틀림없이 눈에 보이지 않게 그럴 것이다. 왜냐? 어떤 행위든 결과를 지니지 않을 수 없기 때문이다. 유부는 미현현 물질의 실재성을 인정하면서도, 그것의 본질에 대해서는 분명한 견해를 보이지 않는다. 하리바르만(Harivarman)의 『삿트와싯디』(*Sattvasiddhi*)에 따르면, 그것은 물질적인 것도 아니고 정신적인 것도 아니며, 마음에 대하여 중립적인(cittaviprayukta) 다르마들에 속한다.

〔원주14〕 우리는 바수반두의 『아비다르마코샤』에 언급된 주관적 분류와 객관적 분류를 살펴볼 필요가 있을 것이다. 주관적 분류는 단순하다. 우리는 존재의 5온(skandha), 12경(境, āyatana), 18근(根, dhātu)을 지닌다. 객관적 구분은 두 부류의 대상, 즉 비(非)형성적 대상(asaṃskṛta dharma)과 형성적 대상(saṃskṛta dharma)을 다룬다. 사물의 소산이 아니며, 자존적이며, 생성·발달·파괴의 변화를 초월하여 있는 비형성적 대상에는 3종, 즉 ① 지식에 의하여 부정되는 대상(pratisaṃkhyānirodha), ② 자연히 소멸하는 대상

 5요소가 아니라 단지 4요소가 있을 뿐이다. 즉 단단함을 속성으로 하는 지(地), 차가움을 속성으로 하는 수(水), 따뜻함을 속성으로 하는 화(火), 그리고 움직임을 특징으로 하는 풍(風)이 있다. 제5요소, 즉 공간은 인정되지 않는다. 외계 대상은 궁극적 원자들이 결합하는 결과로 생겨난다. 원자론은 유부와 경량부에 의하여 수용된다. 모든 대상은 궁극적으로 원자로 이루어져 있다. 유부에 따르면, 원자는 6면을 지니지만, 그럼에도 불구하고 하나이다. 왜냐하면 원자 내부의 공간은 더 이상 나누어질 수 없기 때문이다. 또한 이들은 우리가 원자를 하나씩 볼 수 있는 것은 아니라 할지라도, 그것은 물질의 덩어리 속에서도 지각될 수 있다고 주장한다. 이것은 마치 우리가 한 가닥의 머리카락이 아니라 일단의 머리카락을 보는 것과 같다.[원주15] 바수반두에 의하면 원자는 물질(rūpa)의 최소 입자이다.[원주16]

(apratisaṁkhyānirodha), ③ 허공(ākāśa)이 있다. 형성적 대상에는 4종, 즉 ① 11종의 물질적 대상(rūpa), ② 마음(citta), ③ 마음과 관련된 46종의 심리적인 과정(caitta), ④ 물질적 대상이나 마음으로 분류될 수 없는, 14종의 비(非)심리적 대상(cittaviprayukta)이 있다. 72종의 형성적 대상과 3종의 비형성적 대상의 작용과 반작용을 통하여 모든 것이 생겨난다. 불교에서 다르마(dharma)는 법(法), 규범, 믿음, 종교, 세속적 현상, 사물, 상태 등 여러 가지 의미를 지닌다. 여기서 다르마는 존재하는 어떤 대상을 나타낸다. 소겐(Sogen)의 『불교사상의 제 학파』(*Systems of Buddhistic Thought*)를 보라.

 심리적 속성의 다르마(citta dharma)는 마음(citta)과 구별되며, 유가행파의 경우처럼 단순하게 마음의 한 측면인 것도 아니다. 후기 상좌부는 마음과 심리적 속성의 다르마 간에 상관적 통일성을 부여하고 있다. 여기서 마음은 구체(球體)에, 그리고 심리적 속성의 다르마는 그것의 부분에 비유된다. 심리적 속성의 다르마는 심리적 복합체가 만들어지는 제 요소들이다. "마치 4종 원소(mahābhūta)와 5종 감관의 대상의 원자들이 무수한 형태로 결합하여 우리 주변의 복잡한 외부 세계를 형성하는 것과 마찬가지로, 다양한 심리적 속성의 다르마들은, 어린아이의 단순한 생각과 욕구에서부터 가장 심오한 형이상학적 추론에 이르기까지 무수한 방식으로 합성된다"(MaGovern, *Buddhist Philosophy*, p.138). 심리적 속성의 다르마는 대체로 ① 선한 것도 악한 것도 아닌 일반적인 속성의 다르마, ② 선한 속성의 다르마, ③ 악한 속성의 다르마로 구분된다. 상좌부는 다만 이 세 가지를 가르치고 있음에 비하여, 유부와 유가행파는 제4의 미결정적인 다르마를 부가한다.

[원주15] 『니야야 수트라』(ii.1.36 ; iv.2.14)에 따르면, 원자는 감각적 지각의 대상이 아니라 초월적인 것이다.

[원주16] 원자(paramāṇu)는 물질(rūpa)의 극미 형태이다. 그것은 꿰뚫어질 수 없으며, 손에 잡히지도 않으며, 내던져질 수도 없다.

그것은 어떤 곳에 놓이거나 밟아 뭉갤 수도 없으며, 잡거나 끌어당길 수도 없다. 그것은 길거나 짧지 않으며, 모나거나 둥글지 않으며, 구부러져 있거나 곧지 않으며, 높거나 낮지 않다. 그것은 나눌 수 없고, 분해될 수 없으며, 눈에 보이지 않으며, 들리지 않으며, 불안정하며, 만져질 수 없다.[원주17] 원자는 상호 침투될 수 없다.

유부와 경량부는 비록 무한한 원자 결합을 인정한다 할지라도, 이중 원자 혹은 삼중 원자를 받아들이지는 않는다. 복합적인 실체는 근본 요소들의 합성물이다. 감각의 대상이 되는 물체는 원자들의 집합이다. 감관에 자극을 주는 물체는 색깔, 냄새, 맛, 촉감이라는 4중 토대의 물질적 집합이다. 이 4중의 속성을 지니는 최소 단위가 파람아누(paramāṇu), 즉 더 이상 분해될 수 없는 궁극적 원자이다. 파람아누는 이들이 서로 결합될 때 지각 가능한 것이 된다. 지각 가능한 원자 단위는 아누(aṇu), 즉 파람아누의 조합이다. 원자는 지, 수, 화, 풍의 속성을 지니는 모든 요소에서 동일하다.

물질적 대상들은 비록 각기 다른 4요소의 속성을 지닌다 할지라도, 그럼에도 불구하고 어떤 경우에는 한 요소가 보다 역동적인 모습으로 나타나고 다른 요소들은 잠재적인 상태로 남게 되기도 한다. 단단한 쇠붙이에는 지(地)의 요소가, 흐르는 시내에는 수(水)의 요소가, 그리고 타는 불꽃에는 화(火)의 요소가 현저하다. 유부는 두 세계, 즉 모든 사물이 있는 곳으로서의 세계(bhājanaloka)와 생물계(sattvaloka)를 구분한다.[원주18] 전자는 후자에 기여한다. 물질적 대상 혹은 마음으로 분류될 수 없는 대상(cittaviprayukta dharma)은 어디든 갈 수 있는 힘(prāpti)이나 그렇지 못한 힘(aprāpti)과 같이, 물질 및 정신과 다른 복합적 힘이다. 이것은 실제적이 아니다. 그러나 이것이 물질적 혹은 정신적 토대에 두어질 때, 실제적으로 존재하게 된다.

[원주17] 『아비다르마마하비바샤론』.

[원주18] 『아비다르마코샤』, iv.1b를 참조하라. 또한 Stcherbatsky, *The Conception of Buddhist Nirvāṇa*, pp.27~29를 보라.

비형성적인 다르마에는 3종이 있다. 이중에서 공간(ākāśa)은 모든 구분과 한계를 벗어나 있는 요소이다. 그것은 영원·편재하는 적극적 실체이다.[원주19] 그것은 비록 형태(rūpa)가 없으며 물질적 사물(vastu)이 아니라 할지라도, 그것은 확실하게 존재한다. 아프라티상키야니로다(aprati-saṁkhyānirodha)는 존재하는 대상(dharma)이 지각되지 않는 것을 의미한다. 이것은 조건(pratyaya)의 부재에 기인하는 것이며, 명지(明知)에 의한 것이 아니다.[원주20] 그것은 하나의 대상에 강렬하게 집중함으로써 다른 모든 영향이 침묵하는 것이다. 프라티상키야니로다(pratisaṁkhyā-nirodha)[원주21]는 초월적 명지의 절대적 성취이며, 유부가 추구하는 최고의 이상이다. 이 학파의 열반은 존재의 구성요소(skandha)들에 의하여 조건지어지는 존재와 전적으로 같지도 않고 다르지도 않다. 유부는 존재의 구성요소 원자들의 영원한 실재를 인정하므로, 열반은 이 요소들에 완전히 독립적인 상태일 수 없다.[원주22] 샹카라는 3종의 비형성적(asaṁskṛta) 다르마를 비실체적(avastu)이고, 단지 부정적으로 식별 가능하며(abhāva-mātram), 형태가 없는 것(nirupākhya)이라고 비판한다.[원주23] 그것은 정의 불가능하지만, 이러한 사실이 곧 그 자체가 비실재적이라는 것을 의미하지는 않는다.

[원주19] 이것은 또한 니야야학파의 견해이기도 하다.

[원주20] 바수반두.

[원주21] '프라티상키야'(pratisaṁkhyā)는 의식적인 성찰을 의미하며, 일종의 지성을 말한다. 왜냐하면 그것은 네 가지 거룩한 진리(四聖諦)를 하나씩 깊이 성찰하기 때문이다. 따라서 성찰의 힘을 통하여 지멸을 얻는 것을 '바른 성찰에 의한 지멸'(pratisaṁkhyānirodha)이라고 부른다. 이것은 마치 소가 끄는 수레가 간단히 우차(牛車)라고 불리는 것과 같다(『아비다르마코샤』, i.3b ; McGovern, *Buddhist Philosophy*, p.111).

[원주22] 유부는 "온갖 다르마의 본질과 그것의 현상을 구분한다. 열반에 들 때 이러한 현상들은 영원히 소멸하여 더 이상 재생은 있을 수 없을 것이며, 단지 본질만 남는다. 그럼에도 불구하고 그것은 일종의 의식없는 실체이다"(Stcherbatsky, *The Central Conception of Buddhism*, p.53).

[원주23] 『베단타 수트라』, ii.2.22~24에 대한 샹카라의 주석.

2) 지식

우리에게 가능한 지식의 참된 도구는 지각과 개념 형성 작용이다.[원주24] 지각 혹은 파악(grahaṇa)은 우리에게 진리를 부여한다. 그것은 근거없는 어떤 상상(kalpanā)에서 벗어나 있기 때문이다. 그러나 그것은 단지 명확하지 않은 표상을 우리에게 제공할 뿐이다. 개념 작용 혹은 인식(adhyavasāya)은 비록 명확하다 할지라도, 우리에게 지식을 제공하지 않는다. 왜냐하면 그것은 관념적이거나 상상적이기 때문이다. 지각은 미혹이 아니지만 불명확하다. 개념 작용은 분명하기는 하지만 미혹이다. 완전히 무한정적인 지각의 대상은 존재하지 않는다. 지식의 대상이 지니는 소여적 측면과 관념적 측면을 구분하는 것은 실로 어렵다. 유부 이론의 모순은 여기에 있는 것으로 보인다. 왜냐하면 만일 지각이 이렇듯 명확하지 않다면, 어떻게 우리는 그것이 우리에게 사물의 실재에 대한 지식을 준다고 말할 수 있는가? 짐작건대 지각을 통하여 우리는 실재와 마주치며, 실재적인 어떤 것이 있다는 것을 느낄 것이다. 그러나 우리가 대면하는 대상의 본질을 확정하기 위해서는 추론이 필수적이다.

3) 심리학

지각하는 자(upalabdhṛ)는 의식(vijñāna)이며, 그것의 토대(citta, 心)는 영원하다. 기억은 마음의 속성(cittadharma)이다. 감각적 대상은 형태, 맛, 냄새, 촉감, 그리고 소리이다. 이 다섯 가지 대상에 대응하여 오관이 있다. 외적 대상을 파악한 후에 지각기관들은 마음을 일깨우고 의식을 불러일으킨다. 대상을 파악하는 이 지각기관들은 본질적으로 물질적이다. 각 지각기관은 주요 부분과 보조 부분을 지닌다. 시각의 경우에 시신경은 주요 부분이며 안구는 보조 부분이다. 오관과 제6의 마음에 따른 6종의 식별력이 말해진다. 여기서 마음은 내적 감관이다. 마음이라는 제6감에 의

[원주24] 『아비다르마코샤』, iii.30을 참조하라. 여기서는 '푸름'에 대한 지각과 '이것은 푸르다'는 판단이 구별된다.

하여 우리는 특정한 색깔뿐만 아니라, 색깔 그 자체 혹은 소리 그 자체를 안다. 바수반두에 의하면, 마음(citta)은 정신 혹은 분별지(vijñāna)와 동일하다.[원주25] 의식 혹은 마음과 다른 영혼은 존재하지 않는다.[원주26]

이 학파에 따르면, 붓다는 보통의 인간 존재이며, 자기의 불성에 의하여 조건부의 열반을 얻고 입멸함으로써 궁극의 열반을 얻은 후에 자기의 존재를 잃어버렸다. 붓다에 있어서 유일한 신격적 요소는 진리에 대한 직관지이다. 이것은 그가 다른 사람의 도움 없이 얻은 것이다.

3. 경량부

1) 외적 세계에 대한 지식
소승불교의 두번째 부파는 경량부(經量部, Sautrāntika)이다.[원주27] 경

[원주25] 마음이 의식(citta)이라고 불리는 것은 그것이 관찰하기(cetati) 때문이며, 의근(manas)이라고 불리는 것은 그것이 숙고하기(manyate) 때문이며, 분별지(vijñāna)라고 불리는 것은 그것이 식별·분간하기(vijānate) 때문이다(『아비다르마코샤』, 2). 이 셋은 각각 다른 기능을 지니는 동일물이다. "적어도 유부와 상좌부의 불교도들은 (이 셋이) 단지 용어에서의 차이일 뿐이며, 나타내는 의미는 동일하다는 것에 동의한다"(McGovern, *Buddhist Philosophy*, p.132).

[원주26] 『아비다르마코샤』는 의지의 중요성을 주장한다(iv를 참조). 중요한 일을 마음 먹을 때, 우발적으로 사람을 죽이는 것은 살인이 아니다. 짐작건대 이 견해는 자이나교의 주장에 반대하는 의도가 함축되어 있다. 자이나교에 따르면, 사람을 죽인 자는 그것이 아무리 자기도 모르게 일어난 것이라 할지라도, 살인죄를 면할 수 없다. 이것은 어떤 사람이 불에 닿았을 때, 아무리 모르고서 그렇게 한 것이라도 화상을 입기는 마찬가지인 것과 같다. 『아비다르마코샤』는 행위의 물리적인 영향과 심리적인 영향을 구별하고 있다. 의지는 단지 심리적 연속에 잠재인상(vāsana)을 남길 뿐이다. 이에 비하여 신체적인 행위는 현학적인 철학자가 아비갸프티(avijñapti)라고 부르는 반(半)물질적인 어떤 것을 생성하며, 이것은 개체 쪽의 의식과 무관하게 지속·발전한다. 또한 재생의 메커니즘이 보다 분명하게 파악되고 있다. 생존의 최후 의식은 장차의 새로운 탄생을 결정한다. 재생, 즉 수태(受胎)의 의식(pratisaṁdhivijñāna)은 죽기 직전 의식의 계속이다. 죽어가는 자의 최후의 의식은 스스로 미조직의 물질로부터 필요한 신체를 만든다.

[원주27] 사우트란티카(Sautrāntika), 즉 '경(經)의 취지(sūtrānta)를 따르는 자'라는 말의 기

량부는 현상계에 있는 초심리적 존재를 인정한다. 단지 우리는 그것에 대한 직접적인 지각을 지닐 수 없을 뿐이다. 우리는 외적 대상의 존재를 추론하는 심리적 표상들을 지닌다. 그것이 존재한다는 것은, 대상 없는 지각이란 있을 수 없다는 사실에서 분명하다.[원주28]

마다와(Mādhava)는 자신의 『사르바다르샤나상그라하』에서 경량부가 외적 세계의 존재를 추론하는 논거를 소개하고 있다. "인식은 궁극적으로 어떤 대상을 지니지 않으면 안된다. 왜냐하면 그것은 언제나 이원성을 띠고 나타나기 때문이다……. 만일 대상이 단지 인식의 한 형식에 지나지 않는다면, 그것은 외적 대상이 아니라 그 자체로 나타나야 할 것이다."

현대 논리학은 이것을 객관성(objectivity)과 외재성(externality)의 혼동으로 간주할 것이다. 만일 내적 원리가 마치 외적인 어떤 것으로 나타난다고 주장한다면 경량부는 이렇게 대답할 것이다. "그것은 타당하지 않다. 왜냐? 만일 외적 대상이 없다면, '그와 같음'(such)의 발생이 있을 수 없으며, '마치 그것이 외적인 것처럼'이라는 비교는 부당하다. 분별력이 있는 사람이라면 아무도 바수미트라(Vasumitra)가 아이 없는 어머니의 아들이라고 말하지는 않을 것이다."[원주29] 우리는 어떤 특성으로부터 객관적 존재를 추론한다. 이것은 마치 '자양분은 성장하는 외형으로부터 추론되고, 어떤 사람의 출신지는 그의 말씨에서 추론되며, 감정은 표정으로부터 추론되는 것'[원주30]과 같다. 또한 "의식이 그 자체로 어느 곳에서나 동일하며, 만

원에 대하여 마다와(Mādhava)는 말한다. "사우트란티카라는 이름은 세존이 경전의 궁극적 취지(anta)에 대하여 묻는 제자들에게 사우트란티카가 되어라 하고 말한 사실에서 연원되었다"(『사르바다르샤나상그라하』, p.332). 경량부가 그렇게 불리는 것은, 이들이 율장이나 논장에 비하여 붓다의 설법으로 이루어진 경장을 중시하기 때문일 수도 있을 것이다. 경량부는 경전을 고집한다. 이들은 두 부류, 즉 붓다가 설한 것 이외에는 아무것도 인정하지 않는 부류와, 다른 문헌도 어느 정도 인정하는 부류로 나누어진다. 나가르주나와 동시대인이었던 쿠마랄라브다(Kumāralabdha)가 이 부파의 개조로 말해진다. 논사 다르못타라(Dharmottara)와 바수데바의 『아비다르마코샤』의 주석을 썼던 야쇼미트라(Yaśomitra)는 이 학파를 따랐다.

[원주28] Locke, *Essay*, iv.4.3.
[원주29] 『사르바다르샤나상그라하』, p.27.

일 그것이 전부라면, 세계는 하나일 것이다. 그러나 우리는 지금 청색, 적색 등을 지닌다. 이것은 여러 대상 그 자체의 차별에 기인하는 것임에 틀림없다."

다양한 형태의 의식은 외계 대상들의 존재를 가리킨다는 것이다. 게다가 "어떤 사물이 존재하는 동안에 단지 이따금씩 나타나는 것들은 그 사물 이외의 어떤 것에 의존하지 않으면 안된다." 의식은 단지 가끔씩 청색 등으로 나타난다. 또한 "자아에 관계되는 것은 주체에 관한 지식(ālayavijñāna, 阿賴耶識)이다. 그리고 청색 등으로 나타나는 것은 객체에 대한 지식(pravṛttivijñāna)이다." 끝으로 이러한 외부 세계는 우리 마음대로 생겨나는 것이 아니다. 감각적 지각의 무의식성을 설명하기 위하여, 우리는 소리, 감촉, 맛, 냄새, 기쁨, 고통 등을 만들어낼 수 있는 어떤 세계의 실재를 인정하지 않을 수 없다.

그러므로 세계는 의식에 대하여 외적이다. 그것에 대한 우리의 믿음은 추론에 의존한다. 우리는 그것의 존재가 과연 전적으로 자명하고 증명가능한 것이어서 전혀 의심의 여지가 있을 수 없는가에 대한 의문을 제기할 수 있을 것이다. 데카르트가 의문을 품는 것도 바로 이런 까닭에서이다. "어떤 해로운 영혼이 우리의 마음에 작용하며, 그 속에다 아무런 실재도 지니지 않는 것에 대한 관념을 일깨우고 있는 것은 아닐까?" 이렇게 되면 우리는 우리가 어떤 확신을 지니는 의식의 직접적인 대상들이 우리의 관념이라는 유가행파의 견해로 전이하게 되는 것 같다. 어떤 거짓된 영혼도 외계 대상에 관하여 우리를 속일 수 없다. 사유와 존재의 통일이 파괴될 때, 우리가 자아를 세계에 대한 즉각적인 의식에서 분리시킬 때, 양자는 모두 그 생명을 상실한다. 중관학파의 가르침은 끊임없이 자아와 비아 모두를 지워 없애며, 우리를 자아와 비아의 구별을 초월한 궁극적 통일의 차원으로 이끈다.

경량부는 외적 대상이 없다면 대상에 대한 감각적 지식이란 결코 있을 수 없다는 입장을 견지하면서도, 외적 대상이 단지 순간적이라고 주장한

[원주30] 같은 책, p.28.

다.[원주31] 모든 것은 순간적이다.[원주32] 만일 의식의 형태를 규정하는 대상이 단지 순간적이라면, 어떻게 우리는 영원한 대상이라는 환영(幻影)을 얻게 되는가? "대상의 형태들은 잇달아서 이성을 통과한다. 동시성의 미혹은 이러한 진행 과정의 신속성에 기인한다. 이것은 마치 화살이 여덟 겹 꽃잎을 동시에 통과하는 것처럼 보이는 것, 혹은 빠르게 돌아가는 횃불이 원으로 보이는 것과 마찬가지이다." 해밀턴(Hamilton)의 표현을 빌리자면 경량부의 입장은 가설적 이원론 혹은 우주론적 관념론이다. 경량부는 독립적인 세계에 대한 어떤 직접적인 지식을 부정하지만, 우리의 지각과 표상을 설명하기 위하여 그것의 실재를 인정한다. 의식적 표상들을 통하여 대상이 파악된다.

심리학적 사실에 관한 한, 유부가 보다 설득력 있는 입장에 있다는 것은 분명하다. 경량부는 우리가 지각할 때 표상 혹은 관념을 지닌다고 주장한다.[원주33] 그러나 심리학적 지식에 마음이 오염되지 않은 순수한 사람이, 나

[원주31] 경량부는 모든 시간을 통하여 존속하는 영원한 본질이 있다는 유부의 믿음을 비판한다. 만일 과거가 단지 기능을 발휘한다는 이유 때문에 실재하는 것으로 간주된다면, 그것은 현재와 구별될 수 없다는 것이다. 우리가 비존재의 실재물을 알 수 없다고 주장하는 것은 근거없는 것이다. 실제적으로 기능을 나타내지 않는 실재물도 알려진다. 또한 실재물과 그것의 기능에 대한 구분은 이치가 닿지 않는다. 왜냐? 어떤 실재물이 갑자기 적극적인 기능을 나타내는 것은 지극히 알기 어렵기 때문이다. 경량부의 주장에 의하면, 모든 실재물은 순간적이며, 돌연히 존재해서 찰나간 존속하다가 비존재로 사라진다. 그것의 존재와 기능은 하나이며, 구분될 수 없다. 그것은 사물이란 하나의 명칭하에 허구적으로 단일화된, 순간적인 어떤 색깔, 맛 등에 대한 단순한 호칭일 뿐이라는 결론이 된다. 자아 또한 인과관계에 있는 일련의 순간적인 심리 상태들에 대한 호칭이다. 기억은 결코 자아를 필요로 하지 않으며, 단지 이전의 경험을 필요로 할 뿐이다. 그것은 주의, 고뇌로부터의 해방 등 적절한 조건이 구비될 때 일어난다. 또한 연속적인 의식의 마지막 순간이 새로운 생존을 결정한다. 의식의 씨앗이 어떤 미세한 물질——그것을 새로운 육체로 데려가는——을 지니는가의 여부는 분명하지 않다. Keith, *Buddhist Philosophy*, p.166을 보라.

[원주32] 『사르바싯단타사라상그라하』(*Sarvasiddhāntasārasaṃgraha*), iii.3.16.

[원주33] "경량부는 지각의 본질에 대한 세 가지 견해를 인정한다. ① 지각 대상의 모든 특질은 사유 형태로 나타나며, 또한 그렇게 이해된다. ② 사유 형태는, 예컨대 다채로운 색 그 자체와 같이, 실제적·총체적인 표상성을 띤다. ③ 대상의 모든 양상들이 사유 속에 나타나지만, 사유는 이 모든 양상을 하나의 견해로 통합한다. 즉 다양한 색들이 하나로 종합된다"

는 나무를 추론하는 관념을 지각하는 것이 아니라 나무 자체를 지각한다고 말할 때, 그는 유부의 입장을 긍정하고 있다. 심리학적 분석의 결과를 경험적인 개아의 소박한 마음에 끌어들이는 것은 심리학자의 오류를 범하는 것이다. 요컨대 개아는 나무——자기 자신이 아닌——를 본다. 먼저 관념을 이해한 후에 그것을 외적 사물에 적용시킨다고 말하는 것은 명백한 사실들에 대한 왜곡이다. 근대 심리학은 지각이란 비정신적·물리적 대상과 관계하는 의식의 작용이라고 보는 유부의 이론을 분명히 인정한다.

다르마키르티(Dharmakīrti, 法稱)의『니야야빈두』(Nyāyabindu)에 대한 주석 『니야야빈두티카』(Nyāyabinduṭīkā)에서, 다르못타라(Dharmottara, 法上)는 인간이 지닐 수 있는 모든 욕망을 완성하는 수단은 오직 바른 지식(saṁyak-jñāna)뿐이라고 말한다.[원주34] 판단의 진실은 대상과의 일치에 놓여 있는 반면에, 진실에 대한 검증은 성공적인 행위에 있다. 모든 지식은 목적이 있다. 그것은 어떤 관념을 제시하는 것으로 시작하여, 그것에 의하여 고무된 욕망을 실행하는 것으로 끝난다. 지각과 추론은 우리의 욕망 실현에 도움이 되므로, 양자는 모두 지식의 타당한 형태이다. 오직 지각 작용에서 표상이 직접적이다. 이에 비하여 추론에서 그것은 링가(liṅga) 혹은 이성에 의하여 매개된다. 꿈과 미망은 그릇된 지식의 예이다.

(Keith, *Buddhist Philosophy*, p.162 n).

[원주34]『아비다르마코샤』에 따르면, 지식이라고 불리는 현상들은 결국 무수한 요소들에 대한 하나의 동시적인 양상으로 용해된다. 따라서 접촉, 영향, 상호 의존의 관계에 대해서는 어떤 의문도 있을 수 없다. 색(rūpa)의 순간, 시각(cakṣuḥ)의 순간, 순수한 의식(citta)의 순간이 긴밀하게 동시적으로 일어나서, 색에 대한 감각(sparśa)을 구성한다. 의식이라는 요소는 언제나 대상(viṣaya) 및 수용 기관(indriya)에 의지하여 나타난다. 의식이 대상을 파악한다고 말해지는 것은, 의식과 대상 사이에 공동 작용(sārūpya)이라고 불리는 특수한 관계가 있기 때문이다. 의식은 시각을 인식하는 것이 아니라, 색을 인식한다. 사실 일어나는 것은 덧없는 의식의 번쩍임이다. "의식은 빛이 움직이는 것과 같은 방식으로 대상을 인지한다. 등불은 일련의 점멸하는 불꽃의 부단한 생산에 대한 일반적·비유적인 명칭이다. 이러한 생산이 그 위치를 변화시킬 때, 우리는 그 빛이 움직였다고 말한다. 이와 마찬가지로, 의식은 의식적 순간들의 연쇄에 대한 통칭일 뿐이다. 의식이 위치를 바꿀 때(다른 객관적 요소에 대한 고찰 속에 나타날 때), 우리는 의식이 그 대상을 인지한다고 말한다"(『아비다르마코샤』, ix ; Stcherbatsky, p.57).

496

경량부는 외적 세계의 실재성을 인정하면서, 지식의 과정에 대한 설명을 진행한다. 지식은 네 가지 조건인 ① 자료(ālambana), ② 연상(samanantara), ③ 매개(sahakāri), 그리고 ④ 지배적 기관(adhipatirūpa)을 근거로 일어난다. "푸른 자료에서 푸름이라는 존재 형식이 오성에 생겨나며, 그것의 나타남은 인식 작용(jñāna)이라고 불린다. 연상으로부터 오래된 지식이 되살아난다. 이러저러한 대상의 파악에 대한 한정은 한 상태로서의 매개물로부터 그리고 다른 하나의 상태로서의 지배적인 기관으로부터 일어난다."[원주35] 다르마키르티는 『니야야빈두』에서, 지각 작용을 전적으로 대상에 의하여 결정되는 표상이며, 정신적 요소의 관여(kalpanā)와는 전혀 무관한 것이라고 정의한다. 명백히 그것은 미결정적(nirvikalpa) 지식이다. 왜냐하면 결정적(savikalpa) 지식은 마음의 개념 형성 작용을 포함하기 때문이다. 다르마키르티에 의하면, 명칭과 관계는 마음에 의하여 부과되는 것이며, 이에 비하여 감각은 대상을 정확히 드러낸다. 만일 감각이 없다면 대상은 유기적인 요인이나 전혀 관계없는 외적인 요인에 의하여 곡해될 수도 있을 것이다. 이와 같이 모든 형태의 개념 형성 작용과 무관한 순수 지각은 우리에게 대상을 있는 그대로의 모습(svalakṣaṇa)[원주36]으로 드러낸다고 주장된다.[역주3] 그러나 결코 순수하다고 할 수 없는 우리의 현실적인 지각 작용에서, 대상과 마음의 기여가 각각 무엇인가를 결정하는 것은 쉽지 않다.

원자론이 유부와는 다소 다른 형태로 경량부에 수용된다. 경량부의 경우 공간(ākāśa)은 궁극적 원자와 동일하다. 왜냐하면 이들은 모두 개념일 뿐

[원주35] 『사르바다르샤나상그라하』, p.30. 『아비담맛타상가하』(*Abhidhammatthasaṅgaha*)는 4종의 원인, 즉 사물을 생성하는 참된 원인(hetu), 마음 및 그 속성을 생성하는 대상(ālambana), 마음의 흐름 속에 새로운 표상을 연속적으로 일으키는 원인(samanantara), 그리고 자기 존재에 의존하여 다른 것이 생겨나도록 도와주는 힘(adhipati)을 제시한다.

[원주36] '스와라크샤나'(svalakṣaṇa)는 있는 그대로의 특수성을 의미한다.

[역주3] 다시 말하여 지각되는 것은 순수 개별(bare particular)이며, 그외의 요소들은 모두 마음에 의하여 부가된 것이라고 본다. 후자를 사만야 라크샤나(sāmānya lakṣaṇa)라고 한다.

이며 그 이상은 아니기 때문이다.[원주37]

유부 및 중관학파의 입장과는 반대로, 경량부는 마음이 그 자체를 생각할 수 있다고 보며, 우리는 자의식[원주38]을 지닐 수 있다고 주장한다. 비록 손가락의 끝은 그 자체를 만질 수 없다 할지라도, 등불은 다른 대상뿐만 아니라, 또한 그 자체를 비춘다.[원주39] 이 이론은 실재론과 전적으로 일치한다.[원주40]

2) 신과 열반

바수반두의 『아비다르마코샤』에 대한 주석을 썼던 경량부의 논사, 야쇼미트라는 신의 실재에 관한 문제를 다루면서 다음과 같이 주장한다. "만물은 인격신(Īśvara)에 의해서 창조되지 않으며, 정신(puruṣa) 혹은 물질(pradhāna)에 의해서 창조되는 것도 아니다. 만일 신이 유일한 원인이라면, 그 신이 마하데바(Mahādeva), 바수데바(Vāsudeva), 혹은 다른 어떤 신이든, 정신이든 물질이든 간에, 그와 같은 원초적 원인의 존재라는 단순한 사실 때문에, 세계는 동시적인 한 순간에 전체로 창조되었다고 보아야 할 것이다. 왜냐하면 결과 없이 원인이 있을 것이라는 것은 받아들여질 수 없기 때문이다. 그러나 우리는 동시적이 아니라 연속적으로, 어떤 것은 자궁으로부터 또 어떤 것은 싹으로부터 생겨나는 창조물을 본다. 그러므로 우리는 일련의 원인이 있으며 신이 유일한 원인이 아니라는 결론에 도달하

[원주37] 『사르바싯단타사라상그라하』, iii.3.5. 또한 Ui, *The Vaiśeṣika Philosophy*, pp.26~28을 보라.

[원주38] svasaṁvitti.

[원주39] 『보디차리야바타라』(*Bodhicaryāvatāra*), ix.15.

[원주40] 경량부는 자의식의 관념에 집착한다. 선행하는 순간의 의식은 후속하는 의식에 의하여 대상뿐만 아니라, 그 자체를 비춘다. 이것은 마치 등불이 방을 비출 뿐만 아니라 그 자체도 함께 비추는 것과 같다. 모든 의식은 자의식이다. 경량부에 있어서 외적 사물에 대한 지각은 단지 간접적일 뿐이다. 사물이 알려지는 것은 감각기관의 매개를 통하여 의식이 대상의 형식을 파악하기 때문일 뿐만 아니라, 의식이 그 자체를 의식하기 때문이다. 우리가 사물의 외재성을 인식하는 것은, 그것이 지니는 일시적·우연적인 특성 때문이며, 이러한 사실은 그것이 의식 자체의 일부가 아니라는 것을 시사한다.

게 된다.

그러나 온갖 원인들이 있는 것은 신의 의지 때문이라는 반론이 있다. '자, 이러이러한 창조물이 생겨나게 하며, 또 다른 창조물이 이러이러한 방법으로 생겨나게 하자.' 창조물이 나타나는 현상이 설명되고, 신이 그 모든 존재의 원인이라는 것이 증명되는 것은 바로 이러한 방법에서이다. 이에 대하여 우리는 대답한다. 신 속에 여러 가지 의지적 행위를 인정하는 것은 여러 원인을 인정하는 것과 다르지 않으며, 이것은 결국 첫번째 가정, 즉 하나의 원초적 원인이 있을 뿐이라는 가정을 스스로 파기하는 것이다. 더욱이 이러한 다수의 원인은 오직 동시에 생겨날 수 있었을 것이다. 왜냐하면 이러한 다양한 원인을 만들어내는 온갖 의지 작용의 원천인 신 자신은 유일하며 분리될 수 없기 때문이다. 샤키야(Śākya)의 후손들[역주4]은 세계의 전개가 무시(無始)라고 주장한다."[원주41]

4. 유가행파

통상 아상가(Asaṅga, 無着)라고 불리는 아리야상가(Āryāsaṅga)와 그의 동생이자 디그나가(Dignāga, 陳那)의 스승이었던 바수반두(Vasu-bandhu, 世親)는 유가행파의 관념론적 견해, 즉 유식학(唯識學, Vijñāna-vāda)을 확립했다.[원주42]

[역주4] 붓다는 샤키야무니(Śākyamuni), 즉 샤키야(Śākya)족의 성자이다.

[원주41] Nariman, *Literary History of Sanskrit Buddhism*, pp.284~285에서 재인용. 『아비다르마코샤비야키야』(*Abhidharmakośavyākhyā*), vii.

[원주42] 원래 일체유설(一切有說)을 따랐던 아상가는 나중에 유가행파를 대표하는 주요 인물이 되었다. 그는 『유가사지론』(*Yogācārabhūmiśāstra*), 『대승장엄경론』(大乘莊嚴經論, *Mahāyā-nasūtrālaṁkāra*), 그리고 후자에 대한 주석을 통하여 자기의 학설을 설명한다. 바수반두는 4세기 말엽에 살았던 것으로 전해진다. 타카쿠수(Takakusu)와 야코비는 그를 5세기 후반의 인물로 간주한다. 다른 견해는 그의 연대를 약 300년경으로 잡는다. 바수반두의 제자 구나프라바(Guṇaprabha)는 카노우즈(Kanouj)의 왕이자 현장의 친구인 스리 하르샤

　이 학파는 붓다에 의하여 실현되었던 진리(bodhi)는 오직 요가 수행자에 의하여 얻어질 수 있다고 주장하기 때문에 유가행파라고 불린다. 유가행파라는 명칭은 이 학파의 실천적 측면을 나타낸다. 이에 비하여 유식학은 이 학파의 사색적인 측면을 나타낸다. 비판적 분석의 원리는 개아 및 물

(Śrī Harṣa)의 스승이었다. 이러한 사실은 바수반두가 5세기 후반에 살았다고 보는 야코비의 견해를 설득력있게 한다. 바수반두는 심오한 지식과 괴팍한 성격으로 유명하다. 그는 소승불교 문헌인『아비달마구사론』의 저자이다. 말년에 그는 자기의 친형 아상가에 의하여 대승불교로 전향하였으며, 대승 경전에 대한 여러 주석서를 썼다. 또한 바수반두의『비갸프티마트라타트링샤트 카리카』(*Vijñāptimātratātriṁśatkārikā*)에 대한 10여 종의 주석서가 있다. 쉴라바드라(Śīlabhadra, 戒賢)의 스승 다르마팔라(Dharmapāla, 護法)는『비갸프티마트라타싯디샤스트라』(Vijñāptimātratāsiddhiśāstra)를 저술했다. 쉴라바드라는 현장의 스승이었던 것으로 전해진다. 다르마팔라는 인식론에 있어서 주관적 관념론을 주장하며, 모든 형태의 실재론을 부정한다. 아슈와고샤(Aśvaghoṣa, 馬鳴) 또한 유가행파의 추종자였다. 그의 주요 저술은『대승기신론』이다. 그러나 그가 이 문헌의 저자라는 것은 분명하지가 않다. 그는 동인도의 브라흐민으로서 1세기에 살았으며, 쿠샨(Kuṣan) 왕조 카니쉬카(Kaniṣka) 왕의 정신적 조언자였던 것으로 전해진다. (카니쉬카 왕의 연대는 확실하지 않다. 보이어, 올덴베르크, 하라프라사드 샤스트리는 그 연대를 1세기로, 또 어떤 사람들은 기원전 1세기로 잡는다. 한편 반다르카르 경은 카니쉬카 왕이 3세기경에 살았다는 견해를 피력한다. *Journal of Royale Asiatic Society*, Bombay Branch, vol. xx.) 아슈와고샤는 또한『불소행찬』의 저자이다.『능가경』은 붓다가 실론의 라바나(Rāvaṇa)를 방문한 것을 기록하고 있는데, 이때 붓다는 요가행파의 교의에 따라서 수많은 질문에 답하는 것으로 묘사되어 있다. 그것은 이 학파의 중요한 문헌이다.『현관장엄론』(現觀莊嚴論, *Abhisamayālaṁkārāloka*)과『보살지』(*Bodhisattvabhūmi*)도 이 학파의 문헌들이다. 이외에도 이 학파에 속하는 유명한 논사로는 난다(Nanda, 難陀), 디그나가, 다르마팔라, 쉴라바드라 등을 들 수 있다. 쉴라바드라는 날란다(Nalanda) 대학의 교수였으며, 현장은 그로부터 불교철학에 관한 지식을 얻었다.『인명정리문론』(因明正理門論, *Nyāyabindusubhāṣitasaṁgraha*) 및『집량론』(集量論, *Pramāṇasamuccaya*)의 저자인 디그나가는 남인도 철학자로서 아상가 혹은 바수반두의 제자였다. 어떤 사람들은 그를 구나프라바와 동시대인으로 간주하며, 그의 연대를 520~600년으로 잡는다. 칼리다사(Kālidasa)가 자기의『메가두타』(*Meghadūta*)에서 그를 언급하는 것은 충분히 있을 수 있는 일이며, 만일 그렇다면 그는 칼리다사가 활동하던 무렵에는 이미 널리 알려져 있었던 것이 분명하다.『메가두타』에는 ʼAdreḥ śṃgaṁ harati—dignāgānām pathi pariharan sthūlahastāvalepanʼ이라는 언급이 있다. 수구이라(Suguira)는 디그나가가 안드라(Andhra) 지방 출신이었다고 말한다. 그의 *Hindu Logic as preserved in China and Japan*, p.33을 보라. 키스(Keith)는 디그나가를 400년경의 인물로 본다. 그의『불교철학』(*Buddhist Philosophy*), p.305를 참조하라.

질적 대상뿐만 아니라, 사물의 근본 요소들에도 적용되며, 모든 실재를 사유 관계로 해석하는 관념론이 전개된다.[원주43]

1) 지식론

유가행파의 주관주의는 경량부에서 채택된 지각 표상설(表象說, representative theory)[역주5]의 당연한 귀결이다. 지식에 있어서 우리의 자료는 존재하는 사물에 의하여 공급되는 무질서한 잡동사니——경량부에 따르면 외부로부터 우리에게 오는——이다. 만일 지식의 대상이 단지 표상성을 지니는 마음속의 관념에 불과한 것이라면, 그것은 그 자체의 범위를 넘어서 있는 대상을 가리킬 뿐만 아니라, 사유하는 주체 바깥에 존재하는 사물에 대한 이미지와 인상으로 간주되기 때문에, 그 사물의 본질을 파악하는 것은 어렵다. 관념은 그 자체를 넘어서는 어떤 것을 상징하는 것으로 말해진다. 만일 우리가 적용되지 않은(unreferred) 관념들로 시작한다면, 대상들에 대한 이러한 관념들의 그 다음 적용은 진실일 필요가 없다. 외부 세계의 존재는 허구이다. 설사 그것이 존재한다 해도 그것은 결코 알려질 수 없다. 우리는 결코 장막 뒤에 닿을 수 없으며, 관념들의 원인이 되는 것을 알 수 없다. "분명한 것은 우리의 감각이란 우리가 어떤 관념을 지닌다는 것을 입증할 수 없다는 점이다. 그리고 만일 전제가 뒷받침하지 않을 증명으로부터 결론을 도출한다면, 우리는 오해할 것이다."[원주44]

경량부가 우리는 관념을 지니며 그것을 통하여 사물을 추론할 수 있다고 주장할 때, 만일 외부의 물체가 있다면 우리는 그것을 알 수 없고, 만일 그것이 없다면 이 경우에도 우리는 그것이 있다고 생각할 충분한 이유를 지닐 것이다.[원주45] 만일 관념에 대하여 어떤 원인이 필수적이라면, 그 원인이

[원주43] 유부는 세계를 불변하는 75종 요소들의 다양한 결합의 결과로 본다. 그러나 이것은 무상(無常)이라는 근본 진리에 반대된다.

[역주5] 지각의 대상은 실재의 대상, 곧 사물 자체의 표상에 지나지 않는다는 학설.

[원주44] Reid, *Works*, p.286.

[원주45] Berkeley, *Principles of Human Knowledge*, section 7.

반드시 외계 대상일 필요는 없을 것이다. 자연히 생겨나는 관념에 대해서 조차도 우리가 말할 수 있는 전부는, 분명히 어떤 원인이 있다는 것뿐이다. 경량부는 두 실체에 대한 가정으로 출발하기 때문에, 지식에 대한 표상론에 떨어지는 것을 피할 수 있다.

버클리의 경우와 마찬가지로, 유가행파의 철학적 작업은 경량부가 가정하는 알 수 없는 절대적 물질의 무근거와 자기 모순을 밝히고, 우리가 그와 같은 외적 존재에 대한 모든 관념을 떨쳐 없애도록 촉구하는 것이다. 우리에게는 모든 관념의 원인이 물질적 실체라는 것을 상정할 아무런 보장도 없다. 물질은 관념이며, 그 이상 아무것도 아니다. 사물은 감각의 묶음이다. 지식의 대상은 감각에 실제로 각인되는 관념이거나, 혹은 감정이나 정신 작용에 마음을 집중함으로써 지각되는 것이다. 의식에 독립적인 외계 대상은 알 수 없다. 유가행파는 묻는다. "우리에게 파악되는 외계 대상은 어떤 존재로부터 일어나는가? 그것은 존재로부터 일어나지 않는다. 왜냐? 생성되는 것은 영원성을 지니지 않기 때문이다. 그것은 존재로부터 생겨나지 않을 수도 없다. 왜냐? 존재하지 않은 것은 존재성을 지니지 않기 때문이다."[원주46] 또한 "외적 대상은 단일 원자인가, 아니면 복합적인 덩어리인가? 그것은 후자일 수 없다. 왜냐? 우리는 파악되는 것이 부분인지 아니면 전체인지 알 수 없기 때문이다. 그것은 초감각적이므로, 하나의 원자일 리 없다."

우리는 원자들을 인식할 수 없으며, 원자의 집합에 관하여 그 집합이 원자와 동일한지 아닌지를 말할 수 없다. 만일 그것이 원자와 다르다면, 그것은 더 이상 원자로 구성된 것으로 간주될 수 없다. 만일 그것이 원자와 다르지 않다면, 다시 말하여 그것이 원자와 하나라면, 그것은 조대한 물체에 대한 정신적 표상의 원인일 수 없다. 더욱이 만일 대상이 찰나적이라면 그것은 단지 한 순간만 지속되며, 결과인 지식은 오직 원인이 소멸한 후에야 일어날 수 있다. 그러므로 그것은 결코 일어날 수 없다. 인식의 순간에 대

[원주46] 『사르바다르샤나상그라하』, p.24.

상은 사라지고 없을 것이기 때문이다. 그것은 결국 이런 결론이 된다. 어떤 대상을 지각하기 위하여 우리는 대상을 지닐 필요가 없다. 설사 대상이 존재한다 해도 그것은 대상의 형태를 취하는 관념을 통하여 지식의 대상이 된다. 우리가 필요로 하는 것은 단지 후자이므로, 반드시 외계 대상을 상정할 필요는 없다. 우리는 관념과 사물을 함께 의식하므로, 그 둘은 다르지 않다. 우리가 아는 모든 속성들, 즉 길이, 크기, 맛 등은 주관적이다. 우리에게 독립적인 대상은 결코 없으며, 우리가 그와 같은 것을 말할 때는 단지 언어를 사용한다.

외계 대상은 실재하지 않는다. 우리 주변의 피상적인 현상들은 내면의 정신 작용에 의하여 만들어진다. 그들은 마치 문득 흩어지는 구름처럼 나타났다 사라진다. 별이나 행성과 같은, 이른바 외계 사물들은 사실 선재하는 질서 속에서 일어나는 정신적 경험들에 지나지 않는다.[원주47] 우리는 단지 우리 마음속에 존재하는 것을 외적 본질이라고 해석한다. 만일 우리가 관념들의 현실적인 다양성에 대한 설명을 요구한다면, 유가행파는 이전의 관념에 의하여 남겨진 인상이 그 원인이라고 말할 것이다. 꿈속의 경험은 어떤 외계 대상 없이 이전의 정신적 인상들로부터 일어나는 관념들로 가득 차 있다. 각성 상태의 경험도 이렇게 설명된다.[원주48] 모든 사물(dharma)

[원주47] 아인슈타인의 상대성이론을 참조하라. 이에 따르면 심지어 '길이'라는 것도 막대기의 절대적인 속성이 아니라, 막대기와 관찰자의 상대 속도와 위치에 따라 달라질 수 있다.

[원주48] 디그나가의 논리에 따르면, 존재는 결과를 생산하는 힘(arthakriyākāritva)을 의미한다. 외부의 사물들은 실재하는 것이 아니다. 영구적인 것은 비활동적이다. 그것이 현재의 작용을 완성하는 순간에, 그 자체의 과거와 미래를 완성하는 힘을 지니는가? 만일 그렇다면 그것은 그들을 즉각 완수할 것이다. 왜냐하면 지금 작용할 수 있는 어떤 것이 연기한다는 것은 일반적이 아니기 때문이다. 만일 그렇지 않다면, 그것은 결코 그들을 완수하지 않을 것이다. 이것은 마치 새를 낳을 수 없는 돌은 결코 새를 낳을 수 없는 것과 같다. 만일 영원한 것이 다른 요소들의 협력으로 인하여 이러이러한 결과를 생산한다고 말해진다면, 이때 만일 그 요소들이 외적인 것이라면 후자는 활동적일 것이며, 만일 그 요소들이 영구적인 것에 어떤 새로운 힘을 부여한다면, 이러한 힘을 결하고 있는 처음의 존재는 소멸하고 이러한 힘을 지니는 새로운 존재가 생겨난다. 자기 동일성을 지니는 영속적인 것에 어떤 연속적인 행위를 귀속시키는 것은 어렵다. 그러므로 그들은 모두 일시적이다.

과 그 속성은 의식의 구성요소이다. 우리의 의식은 두 가지 기능, 즉 지각(khyāti)과 해석(vastuprativikalpa)을 통하여 경험의 세계를 전개시킨다. 유가행파는 의식의 행위를 의식 속에 작용하는 무시(無始)의 본능적 경향에서 추적한다.[원주49]

유가행파는 유식설(唯識說)의 토대 위에 있다. 이 학파는 의식을 제외한 모든 존재의 실재성을 부정한다. "전체 세계는 관념이다"(Sarvam buddhi-mayaṁ jagat). 우리가 현상 세계에 대하여 무슨 말을 하든, 내적 경험은 부정될 수 없다. 우리의 지식은 자연계의 진실에 대한 증거가 아닐 수도 있을 것이다. 그러나 아무도 그것의 존재를 부정할 수 없다. 지식은 존재한다. 그것의 실재는 의심의 여지가 없다. 이 이론은 생겨나는 모든 것이 사유의 결과이며 그것으로 이루어져 있다고 주장하는 초기 불교의 지지를 받는다. "우리의 현존은 우리가 생각했던 것의 결과이다. 그것은 우리의 생각에 달려 있으며, 우리의 생각으로 만들어진다." 인간의 죽음 이후에 계속되는 정신적·육체적 유기체는 의식의 재생을 통하여 자궁 속에 창조된다고 말해진다. 유가행파는 외계 대상에 대한 의식의 의존을 부정하며, 의식의 자존을 주장하기 때문에, 이들의 견해는 니랄람바나바다(nirālambana-vāda)라고 불린다. 모든 것은 정신적이므로, 물질적 대상과 정신적 대상에 관한 구분은 있을 수 없다.

중관학파가 우리는 우리가 의식하는 대상 없이 의식을 지닐 수 없기 때문에 심지어 의식(vijñāna)조차도 비실재적이라고 주장할 때, 유가행파는 대답한다. "만일 모든 것이 무(無)라면 그 자체로 진리의 기준이 될 수 있는 아무것도 없으며, 중관학파는 다양한 사고방식의 다른 사람들과 논의할 아무런 자격도 없다. 아무것도 실재하는 것으로 인정하지 않는 자는 자기의 입장을 입증할 수 없을 뿐만 아니라, 반대자의 경우를 비판할 수도 없다."[원주50] 중관학파가 모든 것을 공(空, śūnya)으로 간주할 때, 심지어 이

[원주49] 『랑카바타라 수트라』(Laṅkāvatāra Sūtra, 능가경)를 보라.
[원주50] 『사르바싯단타사라상그라하』(Sarvasiddhāntasārasaṁgraha), iii.3~4.

와 같은 특성의 부재조차도 반드시 어떤 것을 가리키지 않으면 안된다. 이에 『보살지경』은 말한다. "공에 대하여 정당한 입장이 되려면, 우리는 먼저 공한 것의 존재를 지녀야 하며, 그런 다음에 공한 것의 부재에 의하여 그것의 비존재를 지닐 수 있다. 그러나 만일 어느 쪽도 존재하지 않는다면, 어떻게 공이 있을 수 있겠는가?"

우리는 새끼줄에 뱀의 개념을 그릇되게 가탁(假託)한다. 새끼줄은 존재하지만, 뱀은 존재하지 않는다. 그러므로 새끼줄은 뱀의 공이다. 이와 마찬가지로 사물에 귀속되는 형태로서의 속성이나 특징 등은 존재하지 않을 것이다. 비록 표시될 수 있는 속성은 존재하지 않는다 할지라도, 그 토대는 존재한다. 지식(jñāna)과 지식의 알려지는 대상(jñeya) 간의 구분은 어떤 것에 기초를 둔다. 이러한 입장을 설명하기 위하여 꿈의 비유가 사용된다. 꿈속의 영상들은 현실적으로 보여지는 어떤 것과 무관하다. 다시 말하여 꿈속에서 우리가 보는 코끼리는 존재하지 않는다. 그것은 그릇되게 객체화된 마음의 산물이다. 코끼리의 형태(ākṛti)는 시각적 지식에 의하여 남겨진 인상(vāsanā)의 영향을 받아서 생각에 의하여 취해진다. 심지어 우리가 코끼리를 접촉하는 결과로 생기는 지식 또한 생각에 의하여 상정되는 지식이다. 실로 알 수 있는 것은 아무것도 없으므로, 실로 어떤 지식도 있을 수 없다. 물질(rūpa)은 없으며, 사유 이외에는 아무것도 없다. 그럼에도 불구하고 이 모든 상상적인 실체들에 대하여 어떤 토대가 있다는 것을 부정할 수 없으며, 유가행파에 따르면 이것이 비갸나이다.

2) 아뢰야식

유가행파는 명백하게 관념론적이다. 존재하는 것은 단지 하나의 동질적인 의식이며, 의식은 추상적이 아니라 구체적인 실재이다. 사고력 있는 존재는 오직 대상을 인식함으로써 자기의 존재와 주관의 자기 동일성을 의식하게 된다. 모든 사실의 전 체계는 개체의 의식 속에 놓인다. 주관과 객관의 내적 이원성을 지니는 아뢰야식(ālayarijñāna)은 그 자체로 하나의 작은 세계가 된다. 그것은 그 자체의 전변이 지니는 범위에 한정된다. 실재의 세계는 그 독립성을 상실하며, 단지 관념 혹은 사유 관계의 춤으로 떨어진다.

　비록 유가행파의 아뢰야식에 대한 정확한 의미를 단정하기 어렵다 할지라도, 끊임없이 변화하는 의식의 흐름이라는 일반적 의미에서의 아뢰야식은 불변의 아트만과 대비된다. 아뢰야식은 가끔 영속적으로 성장 발달하는 현실적 자아로 파악되기도 한다.[원주51] 그것은 인상을 받으며, 카르마 혹은 경험에 의하여 그 안에 심어진 종자를 발현시키며, 끊임없이 활동적이다. 그것은 피상적인 자아일 뿐만 아니라, 요가 행자들이 명상으로 체득하는 의식의 거대한 창고이기도 하다. 명상이나 여타의 자기 성찰을 통하여 우리는 각성 상태의 의식 혹은 피상적인 의식이란 단지 원융 무애한 전체의 단편에 불과하다는 것을 깨닫게 된다. 모든 개인은 자기 속에 이 광대한 의식의 전체, 거대한 창고, 의식적인 자아가 완전히 깨닫지 못하는 내용 전체를 지니고 있다.[원주52] 우리 각자의 의식은 우리의 의식 상태 전체, 즉 아뢰야식의 지극히 작은 일부에 지나지 않는다는 것을 안다.

　아뢰야식이 때로는 절대적 자아의 의미로 사용되었던 흔적도 있다. 그것은 어떤 생성, 지속, 소멸도 없다(utpādasthitibhaṅgavarjam)[원주53]고 말해진다. 그것은 모든 마음에 공통적인 온갖 다양한 느낌과 관념의 영원한 토대이다. 오직 그것만이 존재하며, 개별적이고 지적인 산물들은 단지 현상, 즉 아뢰야식의 여러 상태에 불과하다. 그것은 세계의 존재에 대한 그릇된 믿음의 유일한 토대이다. 우주 속의 모든 것은 아뢰야식 안에 있다. 특정한 현상들은 상태나 조건의 수와 성격에 따른 아뢰야식의 현현이다. 무지에 싸인 우리는 이 의식을 여러 요소로 흩뜨려버린다. "의식의 본질을 띠는 것은 실로 불가분적이다. 그러나 말하자면 스스로의 통찰이 미혹된

〔원주51〕 사유 작용과 실재의 역사성을 주장하는 젠타일(Gentile)의 신(新)관념론(neo-idealism)과 비교하라.

〔원주52〕 유가행파는 윌리엄 제임스(William James)가 근래의 심리학에 의하여 받아들여진 가장 중요한 진전이라고 불렀던 무의식의 이론을 받아들였다.

〔원주53〕 『랑카바타라 수트라』.

자에 의하여 그것은 지각되는 대상, 지각하는 주체, 그리고 지각 그 자체로 나누어지는 것처럼 보인다."[원주54] 또한 "실로 존재하는 것은 오직 하나뿐이며, 그것은 의식이라는 지적인 원리의 본질을 띤다. 그리고 그것의 통일성은 그 현현으로 나타나는 온갖 특성에 의하여 파괴되지 않는다."[원주55]

지식의 수단(māna), 지식의 대상(meya), 지식의 결과(phala)는 총체적인 의식 내의 구분이다. 대상은 마음의 연속적인 전변으로부터 생겨난다. 『랑카바타라 수트라』는 말한다. "의식(citta)은 존재하나, 눈으로 지각할 수 있는 대상은 그렇지 않다. 시각적으로 인식된 대상을 통하여 의식은 우리가 향수하는 대상 등에 나타난다. 그것은 인간의 아뢰야(ālaya)라고 한다." 의식은 전체 우주를 구성한다. 자연계의 사물들은 단지 그것의 다른 한쪽일 뿐이다. 의식은 이 모든 것을 포괄하는 전체이다. 우리는 심리적 자아로부터 논리적 자아로 점차적인 전이를 본다. 모든 것은 의식과 관련된다. 사유 이외에는 아무것도 없다. 사고력 있는 주체와 그가 생각하는 대상의 세계 간에는 어떤 절대적인 대립도 없다. 사유는 모든 지식의 시작이며 끝이다. 생각을 없애면 모든 것이 무(無)로 떨어질 것이다. 생각하는 개인은 단순히 한 개인이 아니다. 그는 자기가 아는 모든 것의 부분이며, 그가 아는 모든 것은 그의 일부이다. 지식 이외의 실재, 칸트의 물자체는 마음의 창조물이다. 사유 너머에 그것을 야기시키는 다른 어떤 것이 있다는 관념은 단지 다른 하나의 생각일 뿐이며, 그 이상 아무것도 아니다.

사고는 우리가 인정해야 하는 유일한 실재이다. 그것은 아는 것이며 그것이 아는 대상이다. 만일 이것이 유가행파의 견해라면, 외적 세계는 사고력 있는 존재가 자기 안에 세우는 부정 혹은 비아(non-ego)이다. 여기서 사고의 선재성과 창조성은 중심 주제이다. 사유는 실재물의 재료일 뿐만 아니라 구조물이다. 그것은 그 자체에 외적인 그 어떤 자료 혹은 실재 — 공간 혹은 본질 등 우리가 어떻게 부르든 간에 — 도 전제하지 않는다. 사

[원주54] 『사르바싯단타사라상그라하』, iii.2~4.
[원주55] 같은 책, iii.2~6.

유는 그 속에 모든 것을 포함한다. 만일 주관에 의하여 구성된 객관이 주관에서 이탈하여 자체를 불가해한 것으로 가두어버린다면, 그것은 그 자체의 실재를 구성하는 골자를 상실하게 될 것이다. 이런 의미에서 사유는 신과 다르지 않다.

유가행파가 모든 것의 의식 내재적 존재를 가르치고, 아뢰야식이 모든 개체의 공동 토대이며, 현상적인 자아는 각기 다르지만 초월적 자아는 모든 존재 속에서 동일하다고 설명할 때, 그것은 이 견해를 채택하고 있는 것이다. 아뢰야식은 구체적이고 경험적인 개체의 존재 양식인 시공간에 한정되지 않는 절대적 총체요 원형이며 또한 창조성이다. 자연계의 사물은 사유의 거대한 바다로부터 생겨난다.[원주56] 이러한 모든 사물은 사유의 투명한 조화와 순수——의식의 모해(母海)이며, 모든 것이 이로부터 생겨나고 그 속으로 다시 돌아간다——속으로 녹아들 수 있다. 그것은 일체 만물이 생겨나고 다시 귀입되는, 살아 있는 토대이다. 그것은 궁극자 혹은 아무것도 알려지지 않고 아무런 차별도 느껴지지 않는 완전한 지식이다.[원주57] 그것은 언제나 동일하며, 따라서 완전하다. 아뢰야식은 경험적 자아가 아니라, 보편적 주체가 된다.

3) 주관주의

형이상학적으로 모든 것이 유일한 실재, 즉 사유에 기인한다고 주장하면서도, 유가행파는 가끔 경험적 개아에 대립되는 물질을 단순한 감각 혹은 감각의 집합으로 해석한다. 세계는 단순히 이런저런 의식의 내용이 아니다. 입체성, 거리, 강도와 내성은 유한한 마음의 단순한 관념이 아니다. 이

〔원주56〕 대상은 과거 경험의 결과로서 우리의 의식 속에 일어난다. 그것은 마음의 창조물이지만, 마치 주어지는 것처럼 보인다. 외부 세계는 마음의 소산이며, 우리는 여기에 명칭과 관념(nāmasaṃjñāvyavahāra)을 부여한다. 『랑카바타라 수트라』, p.85를 보라.

〔원주57〕 심지어 주체, 대상, 지식에 대한 내적인 구분도 실재적인 것이 아니다. 그것은 마음의 오염——비록 우리가 이러한 오염의 연원을 추적할 수 없다 할지라도——때문에 있다. 아뢰야식은 생성, 지속, 파괴가 없다. 아뢰야식과 개별적인 지적 활동의 관계는 마치 바다에 대한 파도의 관계와 같다.

러한 것들이 있다고 주장함으로써, 유가행파의 견해는 노골적인 주관주의가 된다. 그것은 인간 의식의 생성에 선재하는 세계 유기체를 설명할 수 없다. 뿐만 아니라 그것은 우리의 일상적인 삶을 가능하게 하는 보통 세계의 표면적인 실재성을 설명할 수 없다. 우리는 시공간의 세계를 개별 의식에 독립적이거나 부수적인 것으로 만들려는 것이 유가행파의 의도가 아니었다는 것을 기꺼이 받아들인다 할지라도, 그럼에도 불구하고 우리는 이들이 소박한 실재론을 반박하려는 열망 때문에 심리학적인 문제와 형이상학적인 문제를 혼동하였으며, 미숙한 유심론(mentalism)을 허용했다고 말하지 않을 수 없다.

이러한 혼동은 정신적 생명의 변화하는 측면과 불변적인 측면 모두에 대하여 '의식'(vijñāna)이라는 하나의 용어를 무차별적으로 사용함으로써 더욱 가중된다. 우리는 업(業)의 현상적인 결과인 스칸다비갸나(skandha-vijñāna)와 아뢰야식을 지닌다. 후자는 모든 것 속에 거하는, 영원히 역동적이고 계속적이며 정신적인 에너지로서, 세계의 실재는 이에 의존한다. 절대적인 의식은 온갖 대상이 존재하고 알려지기 위하여 반드시 존재해야 한다. 이것은 세계가 단지 의식에 불과하다는 것을 의미하지 않는다. 그럼에도 불구하고 이러한 추론은 유가행파에 의하여 종종 시도되었던 것이 사실이다.

유가행파는 마음을 자기 충족적인 것으로 간주하는 실재론자들의 안이한 가정을 파기했다. 물질과 정신 두 실체의 근저를 분석하여, 이들은 그 둘을 포함하는 포괄적 실재를 찾아내려고 노력했다. 참된 통찰을 통하여 이들은 실로 대상 세계를 만들어내는 것이 지성 혹은 의식이며, 이것은 단순히 개별적인 것 이상이라는 것을 인지했다. 이 의식 속에서 주관과 객관의 구분이 일어난다. 아뢰야식은 개별적인 마음과 사물들에 그 자체를 드러내는, 실재의 근본적 사실이다. 주관과 객관의 구분은 지식 자체의 영역 내에서 지식에 의하여 만들어지는 구분이며, 유부와 경량부가 상정하는 것처럼 독립적인 두 실체 간의 관계가 아니다. 아뢰야식은 그 자체 속에 아는 자와 알려지는 자를 담고 있는 총체이다. 불행하게도 우리는 아뢰야식을 단지 유한한 마음의 속성에 불과한 스칸다비갸나와 동일시하는 경향을 보게 된다. 만일 근본 지식을 시공간 속에 있는 개별 주체의 여러 행위와 혼동한다면, 우리는 회의주의의 낭떠러지로 가는 비탈에 서고 말 것이다. 유가행파 이론에 대한 대부분의 비(非)불교도 비판가들은 그 속에 담긴 진리의 요소를 간과하고, 그것을 단지 유심론으로 비판한다.

4) 아뢰야식에 대한 샹카라와 쿠마릴라의 비판[역주6]

샹카라는 세계가 인간의 마음속말고는 아무런 존재도 지니지 않는다는 이론을 여러 가지 근거에서 반박한다. 그것은 다양한 형태의 지각을 설명하지 못한다. 우리가 아름다운 일몰을 즐기고 있을 때, 갑작스런 소음을 어떻게 설명할 수 있겠는가? 사물과 관념이 함께 나타난다고 말하는 것은, 그 둘이 하나라는 것을 의미하지 않는다. 불가분의 관련(inseparable connection)은 동일(identity)과 다르다. 만일 모든 인식이 내용이 없는 공허한 것이라면, 아무것도 없다는 의식 또한 공허하다고 해야 할 것이다. 각성 상태를 꿈에 비교하는 것은 혼동 때문이다. 꿈속의 경험은 주관적이며 개별적이다. 이에 비하여 각성 상태의 경험은 그렇지 않다. 각성 상태에서 지식의 대상은 지속적이다. 그러나 꿈속의 대상은 단지 꿈을 꾸고 있는 동안만 지속한다.

샹카라는 각성 상태와 꿈 간에는 실재적인 차이가 있다고 주장한다. 우리는 먼 거리를 여행하는 꿈을 꿀 수 있을 것이다. 그리고 만일 꿈과 각성 상태가 동일하다면, 우리가 꿈꾸기 시작했을 때 있었던 곳에서 일어나는 것이 아니라, 꿈속에 여행했던 곳에서 일어나야 할 것이다. 그러나 실제로

[역주6] 인도사상사를 통하여 힌두교와 불교는 상호 대립과 논쟁 속에서 발전했다. 특히 불교의 흥기는 당시 힌두교 제파의 철학적 탐구를 자극했다. 힌두교사상의 근본 전제라 할 수 있는 자아에 대한 체계적인 사색은 불교의 무아설에 의하여 시작되고 발전했으며, 역으로 불교의 무아설은 힌두교 제파의 비판을 통하여 더욱 심화되었다고 할 수 있다. 다스굽타는 공설(空說, śūnyavāda)에 대한 쿠마릴라(Kumārila)와 샹카라의 논쟁이 있은 이후 인도 철학 자체 내에서는 독자적인 철학적 활동이 거의 없었다고 말한다(S. Das Gupta, *A History of Indian Philosophy*, vol. i , p.167).

는 그렇지 않다. 만일 그 둘은 연속적이 아니라고 주장된다면, 그리고 우리가 각성 상태에서 꿈의 허구성을 추론하는 것과 마찬가지로 꿈으로부터 각성 상태의 허구성을 추론할 수도 있다고 말해진다면, 샹카라는 대답할 것이다. 각성 상태의 경험은 우리에게 실제로 영향을 끼치는 한 경험이기 때문에, 우리는 꿈이 거짓이라고 추론한다. 만일 불교가 각성 상태 세계의 허구를 추론한다면, 그는 각성 상태의 경험에 모순되는 어떤 경험을 접할 수 있어야 할 것이다.

불교가 만일 그와 같은 어떤 고차원의 경험을 받아들인다면, 그는 결국 영원한 어떤 것이 있다는 것을 인정하게 될 것이며, 결과적으로 찰나설은 부정되고 베단타(Vedānta)의 이론이 확립될 것이다. 우리는 존재하지 않는 것을 지각할 수 없다. 샹카라는 심리학적 사실을 주장한다. 우리는 단순히 의식적인 것이 아니라, '언제나 어떤 것을 의식하고 있다.' 기둥 혹은 벽을 지각하고 있는 사람이, 오직 자기의 지각만을 의식하는 경우는 없다. 우리는 지각의 대상, 즉 기둥이나 벽을 의식한다. 각성 상태에서 우리가 앉아 있는 의자가 앉아 있는 우리 마음의 일부가 아닌 것과 마찬가지로, 꿈속의 의자는 꿈꾸는 마음의 일부가 아니다. 마음에 의존한다는 것이 곧 마음의 일부라는 것은 아니다. 지각하는 의식은 지각되는 대상의 형태를 취하기 때문에, 우리는 결코 어떤 사물을 의식할 수 없으며, 단지 우리의 의식에 속해 있는 형태를 의식할 뿐이라는 주장은—샹카라에 의하면—터무니 없는 것이다.

샹카라는 묻는다. 만일 처음부터 대상이 없다면 어떻게 지각이 대상의 형태를 취할 수 있겠는가? 의식이 대상의 형태를 취할 수 있는 것은 대상이 존재하기 때문이다. 만일 그렇지 않다면, 의식은 아무런 제한 없이 어떤 형태든 취할 수 있을 것이다. 만일 외적인 것으로서의 사물에 대한 우리의 의식이 환영(幻影)이라고 말해진다면, 다시 말하여 우리는 대상을 마치 외적인 것처럼 보지만, 사실은 그렇지 않다고 주장한다면, 샹카라는 질문할 것이다. 실로 외적인 어떤 것이 전혀 없다면, 어떻게 우리는 외계에 대한 환영을 지닐 수 있는가? 만일 뱀과 같은 외적인 존재가 없다면, 만일 우리가 그것에 대하여 전혀 모른다면, 우리는 새끼줄을 보고 그것을 상상할 수 없을 것이다. 그러므로 외계 대상은 반드시 존재한다.[원주58]

쿠마릴라(Kumārila)[역주7]는 각성 상태와 꿈 간에 구분이 있다고 주장한다. "우리에게 있어서, 꿈속의 인식은 그것을 뒤엎는 각성 상태 인식의 지각에 의하여 분명히 거짓된 것으로 드러난다. 그런데 당신의 경우, 각성 상태에서 인식하는 사실과 꿈꾸는 의식——당신이 둘 다 공히 거짓된 것이라고 주장하는——간에 차이를 구성하는 것은 무엇인가?"[원주59] 각성 상태의 인식은 요기(yogi)의 통찰에 의하여 무효로 만들어진다는 반론에 대하여 쿠마릴라는 말한다. "그와 같은 요기의 인식은 현세의 어떤 사람에게 속해 있는 것으로 보이지 않으며, 그러한 요가 상태에 도달했던 사람들에 관한 한은, 우리는 그들에게 무엇이 일어났는지 전혀 알 수 없다."[원주60] 만일 무대상론자(無對象論者, nirālambanavādin)가 니야야 이론에 의거하여 판단이나 추론은 그것을 구성하는 명제의 주어와 술어의 관념에 근거하여 설명되며, 그것은 대상의 외적 실재성을 반드시 필요로 하지 않는다고 주장한다면, 쿠마릴라는 니야야학파가 외적 대상의 실재성을 받아들였으며, 그 토대 위에서 이론을 전개했다고 대답할 것이다.[원주61]

모든 관념의 차이를 인상에서 추적하는 것은 결국 상호 의존(anyonya-āśraya)과 끝없는 소급으로 귀결될 것이다. 우리는 순수한 관념의 형식을 식별할 수 없다. 잠재 인상은 파악하는 자에게 어떤 구분을 야기하지만, 파악되는 대상에는 그렇지 않으며,[원주62] 인상 자체는 설명 불가능하다. "관념은 순간적이며, 그것의 완전한 흩어짐은 뒤에 아무런 영향도 남기지 않는

[원주58] 또한 우다야나(Udayana)의 『아트마탓트와비베카』(Ātmatattvaviveka)를 보라.
[역주7] 7세기에 활동했던 미망사(Mīmāṁsā)학파의 주석가이다. 『미망사 수트라』에 대한 현존하는 최고(最古)의 주석서인 샤바라스와민(Śabarasvāmin)의 『주해』(Bhāṣya)에 대한 복주(複註)를 썼다. 이 주석에서 그는 불교를 비판하고 바라문교 정통사상을 옹호하고 있다.
[원주59] 『슐로카바르티카』(Ślokavārttika), v.3.88~89.
[원주60] 같은 책, v.3.93~94.
[원주61] 같은 책, v.3.167~175.
[원주62] 같은 책, v.3.180~181.

다. 그러므로 인상을 주는 것과 인상을 받는 자 사이에는 아무런 연관도 있을 수 없다. (왜냐하면 그 둘은 어떤 경우에도 함께 나타나지 않기 때문이다). 따라서 결코 인상은 있을 수 없다." 함께 있지 않는 두 순간은 인상에 의하여 관련될 수 없다. 설사 두 순간이 함께 있다 해도 그 둘은 관련될 수 없을 것이다. 왜냐하면 양자 모두는 순간적이며 따라서 서로 작용할 수 없기 때문이다.[원주63] 만일 선행하는 인식의 내용이 후속되는 인식 속에 존속한다면, 우리는 그들이 전혀 소멸된다고 말할 수 없을 것이다. 유가행파가 아뢰야식을 영원한 실체로 간주하도록 만드는 것은, 인상과 인상의 존속을 가능하게 하는 영속적인 의식에 대한 필요 때문이다. 그럼에도 불구하고 이들은 불교의 전제 때문에 이 아뢰야식을 끊임없이 변화하는 것으로 간주하지 않을 수 없다.

그러므로 유가행파의 이론은 만족스럽지 못하다. 샹카라의 비판은 정곡을 찌른다. 만일 모든 것을 인식하는 하나의 지속적인 원리가 없다면, 우리는 지식을 설명할 수 없다. 만일 아뢰야식이 영원한 자아로 간주된다면, 영원한 것은 아무것도 없다는 불교의 특징적인 모습은 사라지고 만다. 철학적인 충동은 유가행파를 우파니샤드의 이론으로 몰아가지만, 불교의 전제는 이 학파가 그것을 받아들이지 못하도록 억제한다.

5) 개아

그러나 유가행파는 세계를 단순한 관념들의 관계로 해석해버리는 것이 현실적인 존재의 모든 의미를 박탈하는 결과가 된다는 것을 느끼며, 주관과 객관의 구분을 지니는 세계의 현상적 존재를 인정한다. 마다와는 "그러한 가정하에서 상상적인 사탕 과자와 실제적인 사탕 과자로부터 얻어질 수 있는 분비액, 에너지, 그리고 소화 작용이 동일하다고 생각되어서는 안된다"[원주64]고 말한다. 이것은 칸트가 말했던 상상적인 백 달러와 실재적인 백

[원주63] 같은 책, v.3.182~185.
[원주64] 『사르바다르샤나상그라하』, p.26.

달러 간의 차이를 연상하게 한다. 심리학적으로 유가행파는 주관과 객관의 구분을 인정한다. 그러나 비판적인 분석은, 이러한 구분이 유가행파가 마음(vijñāna)과 동일시하는 하나의 전체 내의 구분이라는 것을 드러낸다. 경험적 자아는 자기와 마주서 있는 대상을 발견한다. 그리고 만일 그 대상이 없다면 경험적 자아의 의식적인 삶은 불가능하다. 경험적 자아가 소여(所與)로 발견하는 것은, 절대자에 대한 것이 아니라 단지 우유적인 자료일 뿐이다. 세계는 비록 보편적 의식에 의존하고 있다 할지라도, 그것은 개별적 자아와 마찬가지로 실재적이며, 또한 그것에 대하여 독립적이다.

아뢰야식에 대한 유가행파의 견해가 피히테의 철학과 얼마나 유사한가 하는 것은 거의 지적할 필요를 느끼지 않을 정도이다. 피히테는 모든 경험을 자의식적 주체의 경험으로 간주한다. 그에게 있어서 자아는 행위인 동시에 산물이다. 경험적 자아(ego)는 그 자체를 분명히 긍정하거나 긍정적으로 가정한다. 경험적 자아가 그렇게 하는 것은 비아(non-ego)를 대립시키거나 비아로부터 그 자체를 구분지음으로써 가능해진다. 이와 같은 한정 혹은 부정의 과정을 통하여 자아는 타성(他性)의 요소를 만들어낸다. 절대자아는 그 자체와 다른 동시에 그 자체의 양태이기도 한 유한 자아의 다양성으로 차별화된다.

시공간 속의 세계가 실재적인 것으로 보이는 것은 우리의 불완전한 이해 때문이다. 우리의 지력은 비록 근본적으로는 주관과 객관의 양태들로부터 자유롭다 할지라도, 그럼에도 불구하고 비실재적인 관념들의 연속 때문에 혹은 무시(無始)의 성향 때문에,[원주65] 그것은 지각하는 자와 지각의 대상 간에 온갖 구별을 만들어낸다. 우리의 지성(buddhi)은 인식적 측면과 비인식적 측면의 이중 구조를 지닌다. 전자는 진리에 대한 바른 이해로 인도한다. 이에 비하여 근본적인 무감각에 의지하는 후자는 오온(skandha), 감각의 활동 영역(處, āyatana), 기본 요소(界, dhātu) 등과 같은 육신의 물질적 구성요소에서 전개되는 것으로, 무지의 원천이며 진리에 대한 믿을

[원주65] 같은 책, ii.26, 'anādivāsanāvaśāt.'

만한 기준이 되지 못한다.[원주66]

모든 개인은 모든 존재의 배아가 관념성으로 존재하는 의식을 지닌다. 객관 세계는 사실 존재하지 않지만, 무명에서 야기되는 주관적인 미망에 의하여 개아는 아뢰야식 안에 있는 배아를 외부 세계에 투영하고, 그것이 존재한다고 생각하는 것이다. 우리는 또한 여기서 주관주의를 본다. 왜냐하면 객관 세계가 마음의 요소로 해석되어버리기 때문이다. "모든 것을 유지하는 의식(阿賴耶識 혹은 藏識) 속에서 무명이 일어난다. 그리고 무명으로부터 보는 것, 나타내는 것, 파악하는 것과 객관 세계, 그리고 끊임없이 개별화하는 것이 시작된다."[원주67] 경험적 자아는 아뢰야식에 무명이 섞임으로써 생겨난다. 그리고 이 경험적 자아는 경험 세계를 상관물로 지닌다. 이 둘은 모두 현상적이며, 아뢰야식 안에서는 초월된다. 형이상학적 진리는 심리학적 진리와 다르지 않게 된다.

6) 지식의 형태

붓다를 제외한 모든 사람들의 마음은 세 가지 성질 혹은 특질인 ① 환영적 본질(parikalpita), ② 의존적 본질(paratantra), ③ 절대적 혹은 형이상학적 본질(pariniṣpanna)을 지닌다. 꿈속의 경험은 첫번째 부류에 속한다. 생각은 꿈속의 온갖 모습으로 그 자체를 외면화한다. 이와 같이 잘못 객관화된 인식의 대상들은 신체 기관, 이로 인하여 알려지는 것, 그리고 물질계이다. 경험적 자아에 대한 관념(ahaṃdṛṣṭi)에서, 생각은 스스로를 인식의 주관과 객관으로 자체에게 나타낸다. 이원의 대립으로부터 이른바 존재, 비존재, 본질 등의 범주가 생겨난다. 이원성은 우리가 단지 사유의 양식일 뿐인 명목상의 대상을 외적이며 자존하는 것이라고 간주하는 사실——이것은 마치 우리가 꿈속에서 코끼리를 보고, 그것의 실재를 믿는 것과 같다——에 기인한다.

〔원주66〕 『사르바싯단타사라상그라하』, iii.4.6~7.
〔원주67〕 아슈와고샤, 『대승기신론』, p.75.

이러한 이원성은 형이상학적 실재를 지니는 것이 아니라, 단지 상상(parikalpa 혹은 vikalpa)의 산물이며, 그것은 사유에 주관과 객관의 범주를 부여한다. 그런데 온갖 사유는 어디에 그 기원이 있는가? 사유가 질서정연한 연속으로 나타나는 법칙은 무엇인가? 그것은 실재론자들의 외적 대상에 의하여 생겨나지 않는다. 베단타 학자들이 주장하는 것처럼 그것이 불변의 아트만에 기인하는 것도 아니다. 더욱이 그것이 자동적으로 생겨나는 것도 아니다. 여러 가지 생각은 서로 의존해 있다. 푸생 씨는 말한다. "업설을 주장하는 모든 불교학자들은, 생각 그 자체는 비록 찰나적이라 할지라도 완전히 소멸하는 것이 아니라 때로는 아주 오랜 시간이 지난 후에도 새로운 생각을 일으킨다는 것을 인정해야 했다. 그들이 물질의 존재를 믿고 인간을 정신·물질적 복합체로 간주하는 한에 있어서는 그들이 생각의 상호 의존을 설명하는 것이 어렵지 않았다."

6종의 인식은 물질적 토대와 외부의 자극들을 지니며, 이 여섯 가지 인식으로써 기억을 포함한 모든 심리학적 사실들을 설명하는 것이 가능하다. 그러나 관념론자들은 어떤 물질적 요소에 대한 가정 없이 심리학적 체계를 수립해야 했다. 이렇게 말해진다. "관념론 학파들에 의하여 인정된 인식들, 즉 시각적……정신적 인식 등은 씨앗(bīja)을 생성시킨다. 그리고 그것은 새로운 시각적……정신적 인식 등에 보살의 힘을 제외한 어떤 간섭도 없이 적당한 때에 숙성할 것이다. 이제 이 씨앗은 그것의 파종과 숙성 사이에 연속적으로 일어나는 시각적……정신적 인식 등의 일부가 아니다. 예를 들어, 내일 '나'에게 속하는 일련의 어떤 인식으로 나타날 청색에 대한 인식은 어제의 인식을 믿는 것에 의존한다. 그러나 그것의 씨앗은 내가 오늘 의식하는 어떤 인식에서도 발견되지 않을 것이다. 그러므로 우리는 초기 심리학의 여섯 가지 인식에다가, 현대 철학자들이 무의식적 혹은 잠재의식적 이미지라고 유형화시킬 또 다른 일군의 인식을 부가하지 않으면 안될 것이다. 후자는 실제적인 인식의 씨앗들이다. 실제적인 인식의 심층에 그들은 일련의 순간적인 잠재 이미지로 흐른다. 이러한 흐름을 가능하게 하는 것은 잠재 이미지들의 끊임없는 자기 재창조 과정이다. 이러한 연속은 씨앗의 이전 공급을 보존하고, 새로운 씨앗을 뿌림으로써 확장시키며, 이 연속이 열매를 맺고 더 이상 새로운 씨앗이 뿌려지지 않을 때 멈출 것이다."[원주68]

만일 새로운 씨앗이 더 이상 뿌려지지 않고 지난 재고가 다 없어지면, 우리는 두번째 단계의 지식을 넘어서 절대적 차원의 지식(parinispanna)이라고 불리는 세번째 단계에 도달한다. 주관과 객관의 이원성은 상상의 오해에서 생겨난 것으로, 사유에 대하여 본질적이 아니라 단지 우유적이라는 것이 명료하게 파악된다. 형이상학적 측면으로 사유를 파악하려면, 이원성은 반드시 극복되어야 한다. 진실로 그것이 이원성에서 벗어날 때, 그것은 표현할 수 없으나 이해할 수 있는 것이 된다. 어떤 속성(viśeṣa)도 그것에 대한 술어가 될 수 없으며, 그것은 단지 존재한다(bhavati eva)고 말해질 수 있다. 그러므로 그것은 '오직 존재'(vastumātra), '오직 사유'(cittamātra)라고 정의된다.

우리가 새끼줄을 뱀으로 오인하는 경우처럼, 상상적인 성격의 지식(parikalpitasatya)은 적극적 오류로 간주될 수 있으며, 새끼줄을 새끼줄로 인식하는 경우처럼 의존적 성격의 지식(paratantrasatya)은 상대적 지식, 그리고 우리가 새끼줄이란 단지 개념이며 결코 물자체로서의 존재를 지니지 않는다는 것을 인식하는 경우처럼 절대적 성격의 지식(parinispannasatya)은 형이상학적 지식으로 각각 간주될 수 있다. 나가르주나는 이중에서 첫 두 가지를 하나로 보아 경험지(saṃvṛti satya, 俗諦)라고 말하며, 세번째 것을 절대 진리(paramārtha, 眞諦)라고 부른다. 상상적 성격의 지식은 칸트의 환영적 지식에 해당하는 것으로, 범주들에 의하여 한정되지 않는 순수 주관적인 것이다. 그것은 비판적 판단에 의하여 사라질 수밖에 없으며, 아무런 실제적인 효과도 지니지 않는다. 의존적 성격의 지식은 칸트의 상대적이고 조건적인 경험지라고 할 수 있다.

이와 같이 범주화된 지식을 통해서는, 모든 조건에서 자유로운 절대적 실재가 알려질 수 없다. 한 보편자가 모든 존재 속에 살고 있으므로, 우리

[원주68] *Encyclopædia of Religion and Ethics*, vol.ix, p.850.

가 형이상학적 통찰의 차원으로 떠오르는 것이 가능하다. 그것은 모든 개체 속에 원융무애한 전체로 존재하며, 현상적인 모든 형태에서 완전히 벗어나 있다. 차별상은 개별화의 원리인 시공간에 지배되기 때문에 가능해진다. 아뢰야식의 경우, 비록 그것의 현상은 시공간 속에 무수히 나타난다 할지라도, 그 자체는 다양성에서 벗어나 있다. 모든 대립이 사라지고, 긍정과 부정이 하나로 혼융되는(bhāvābhāvasamānatā) 최고의 상태는 유가행파에 의하여 진여(眞如, tathatā)라고 불린다.[원주69]

7) 세계관

실재론자들의 견해에 호응하여, 유가행파는 세계의 모든 사물을 합성적인 것(saṁskṛta)과 비합성적인 것(asaṁskṛta)의 두 종류로 나눈다. 합성적인 사물은 또한 실재론 학파들에서와 비슷하게 세분된다. 차이가 있다면, 전자의 경우에는 물질(rūpa)에 최고 자리가 주어지지만, 후자의 경우에는 마음(citta)에 최고 자리가 부여된다. 마음은 모든 사물의 궁극적 원천이다. 이 마음은 현상적 측면(lakṣaṇa)과 본체적 측면(bhāva)의 양면을 지닌다. 전자는 마음의 가변성과 관련을 지니며, 후자는 그것의 불변성과 연관된다. 마음은 대상에 집중하고 인상을 받는 두 가지 기능을 지닌다. 전체적으로 보아 마음의 구성요소(dharma)는 여덟 가지, 즉 감각기관에 의지하는 다섯 가지와 제6의 내적 감관(manas), 제7식(識, vijñāna), 그리고 제8식 아뢰야식이다.[원주70]

[원주69] 『마하야나수트라랑카라』(*Mahāyānasūtrālaṁkāra*, 대승장엄경론).

[원주70] 샹카라는 말한다. "이 교의와 관련하여 우리는 다음과 같이 말한다. '불교의 논리로는 요소들과 요소적인 것들의 결합 및 오온의 결합이 이루어질 수 없다. 다시 말하여 결합이 어떻게 일어나는가 하는 것이 설명될 수 없다. 왜냐하면 (물질적) 집합들을 구성하는 부분들은 지성을 지니고 있지 않으며, 지성의 발생은 이미 이루어진 원자들의 결합이 있어야 가능하기 때문이다. 그리고 불교도들은 향수하는 영혼이나 그것을 지배하는 주(主)와 같이, 원자들의 결합을 가능하게 할 다른 어떤 영속적이며 지성적인 존재를 받아들일 수 없다. 또한 원자와 존재의 구성요소들이 어떤 행위자와 아무런 관련없이 스스로 작용을 시작한다고 말할 수도 없다. 왜냐하면 이것은 그들이 영원히 활동을 멈추지 않는다는 것을 의미할 것이기 때문이다

518

비합성적 구성요소에는 여섯 종류가 있다. ① 무한 불변이며, 순수 존재와 동일시되는 공간(ākāśa), ② 완전한 지식의 힘을 통하여 얻어지는 모든 고통과 슬픔(kleśa)의 지멸(pratisaṁkhyānirodha), ③ 완전한 지식의 도움없이 얻어지는 지멸(apratisaṁkhyānirodha), ④ 모든 권력과 쾌락에 대한 무관심 상태(acala), ⑤ 감수 작용(受, vedanā)과 지각 작용(想, saṁjña)이 나타나지 않는 단계(saṁjñāvedanānirodha). 이 다섯 가지는 상호 독립적인 것이 아니라, 우주의 본체적인 측면을 가리키기 위하여 전

(그렇다면 개아에게 해탈이란 결코 있을 수 없다-옮긴이). 결합의 원인이 (자아 의식의) 흔적 혹은 흐름에서 구해질 수도 없다. 왜냐하면 후자는(흐름을 구성하는-옮긴이) 개별 의식들과 다른 것으로 묘사되거나 아니면 다르지 않은 것으로 묘사되어야 하기 때문이다. 전자의 경우에 만일 그것이 영원하다면, 그것은 베단타 학파의 영원한 영혼에 지나지 않는다. 그렇지 않고 비영속적이며 단지 찰나적인 것으로 받아들여진다면, 그것은 어떤 영향력도 행사할 수 없으며, 따라서 원자들의 운동을 야기할 수 없다. 후자의 경우에 우리는 앞의 결과 이상에 도달할 수 없다. 이러한 모든 이유 때문에 집합의 형성은 설명될 수 없다. 그러나 만일 집합들이 없다면, 이러한 집합을 전제하는 세계 존재의 흐름은 끝날 것이다"(*Commentary on Vedānta-Sūtras*, edited by G. Thibaut, pp.403~404). 무명(avidyā)은 집합의 형성에 대한 설명이 될 수 없다. 왜냐? "존재하기 위한 주처(住處) 없이 존재할 수 없는 것이 어떻게 그것의 원인이 될 수 있겠는가? 더욱이 인과의 개념 자체가 이해할 수 없는 것이다."

유가행파는 8종의 식(識, vijñāna)을 인정한다. 이중에서 5종은 5종의 물질적 감관에 대응하는 것이며, 제6의 말나식(末那識, manovijñāna)은 기억과 판단을 행하는, 보다 일반적 특성의 의식이며, 제7식은 염오식(染汚識, kliṣṭamanovijñāna)이다. 염오식에 관하여 맥거번(McGovern)은 말한다. "말나식은 일반적인 추론 과정을 행하기 때문에, 그것은 자아에 속하는 관념과 비아에 나타나는 관념에 대한 의식적이거나 지속적인 구별 없이, 관념들을 다룬다. 이러한 지속적인 구별은 제7식의 역할이다. 유가행파에 따르면, 제7식은 사람이 잠들어 있을 때, 혹은 무의식의 상태에 있을 경우에도 작용한다. 제7식은 아설(我說, ātman theory)을 지향하는 지속적인 경향의 기초가 된다. 왜냐하면 그것은 사실 끊임없는 흐름 상태에 있는 아뢰야식을 실재적이고 영원한 자아 실체로 착각하기 때문이다"(*Buddhist Pilosophy*, p.134). 또한 맥거번은 아뢰야식의 3중 기능에 대하여 말한다. "우선 우리는 그것은 능동적인 것이라고 말할 수 있을 것이다. 왜냐하면 그것은 다른 모든 식(識)의 종자를 담고 있기 때문이다. 둘째로 우리는 그것을 수동적인 것이라고 부를 수 있다. 왜냐하면 그것은 다른 모든 현상적인 식(識)의 영향을 받기 때문이다. 셋째로 이 아뢰야식은 거짓된 믿음의 대상으로 간주된다. 왜냐하면 염오식은 끊임없이 변화하는 아뢰야식을 영원 불변하는 자아 실체라고 생각하기 때문이다"(같은 책, p.135). 유가행파는 제6식을 비갸나(vijñāna), 제7식을 마나스(manas), 그리고 제8식을 칫다(citta)라고 부르는 경향이 있다.

통적으로 사용해온 다양한 명칭들이다. 우리는 이 다섯 가지를 궁극적 실재가 얻어지는 다양한 단계들이라고 부를 수 있을 것이다.

다르마팔라(Dharmapāla, 護法)는 말한다. "이 모든 다섯 가지 전통적인 용어들은 순수 존재의 현현과 부분들의 여러 단계들에 대하여 부여된다." 이것은 우리를 유가행파의 진정한 형이상학적 절대자, 진여에 도달하게 한다. "이것은 모든 것에 대한 초월적 진리이며, 진여라고 명명된다. 왜냐하면 그것의 본질적 속성이 참되고 영원하기 때문이다. 그것의 본질은 언어의 범위를 초월하며, 그것은 정의할 수 없다."[원주71] 우리가 그것을 단순한 무(無)로 오해하지 않도록 하기 위하여, 그것은 존재(bhāva)라고 불린다. 아상가는 말한다. "그것은 존재 혹은 비존재로 불릴 수 없다. 그것은 그러한 것도 아니고 그렇지 않는 것도 아니다. 그것은 태어나거나 파괴되지도 않는다. 그것은 증가하거나 감소하지도 않는다. 그것은 깨끗한 것도 아니고 더러운 것도 아니다. 이와 같은 것이 초월적 진리의 참된 본질(lakṣaṇa)이다."

8) 무명과 아뢰야식

순수 존재 혹은 진여는 개별화 혹은 부정의 원리와 결합될 때, 그것의 역동적 측면에서 아뢰야식이라 불린다. 우리가 순수 존재를 의식(vijñāna) 혹은 마음(cit)으로 변화시키는 순간, 개별성의 요소를 도입한다. 아뢰야식은 그 속에 끊임없이 차별상을 지닌다. 우리는 헤겔 철학의 절대자와 같은 자기 실현 의식을 지닌다.[원주72] 우리가 절대 존재로부터 아뢰야식으로 내려서는 순간, 의식 외에 또 공간의 원리를 지니며, 존재 외에 비존재를

[원주71] 바수반두. 또한 McGovern, *Buddhist Philosophy*, p.113을 참조하라.

[원주72] "실재적인 모든 것이 그 행위 혹은 표현인 하나의 정신적 자의식이 있다는 것, 우리는 이 정신적 존재와 관련을 지님에 있어서, 그것의 표현인 세계의 일부로서 관련을 지닐 뿐만 아니라, 또한 어느 정도에 있어서는 정신적 존재가 세계와 구별되게 하는 자의식에 동참하는 자로서 관련을 지닌다는 것, 이러한 동참은 도덕과 종교의 원천이라는 것, 우리는 이것을 헤겔이 가르쳐야 했던 중요한 진리라고 생각한다"(T.H. Green, *Works*, vol.iii, p.146).

520

지닌다. 공간은 단지 특수화의 양태에 지나지 않으며, 그 자체의 실재적인 존재를 지니는 것은 아니다. 전체 현상 세계는 미혹된 마음의 허망분별에 기인한다. 만일 이러한 미망이 제거된다면, 상대적 존재의 양태들도 사라질 것이다. 공간은 제한된 의미에서 실재적이며 영원하다.[원주73] 무명에서 기인되는 우유적인 가현은 순수 정신에 아무런 영향도 끼치지 않는다. 우리는 여기서 후대의 베단타 학자들이 가현설(假現說, vivartavāda)이라고 부르는 가르침을 보는 것 같다. "인식 작용의 통일 속에 이원성이 나타나는 것은 환영이다."[원주74] 또한 "내적 원리는 마치 그것이 외적인 것처럼 스스로를 나타낸다."[원주75]

하나의 진리는 무명의 힘을 통하여 세계의 형상으로 나타난다. 우리는 어떤 의미에서 모든 것이 절대자 속에 있다고 말할 수 없다. 만일 모든 것이 그 속에 있다면, 발달은 아무런 의미도 지니지 못할 것이다. 만일 모든 것이 그 속에 있지 않다면, 바꿔 말하여 만일 절대자가 모든 것을 생산한다면, 절대자는 자기가 생산하는 것에 의하여 영향받지 않은 채 그대로 남을 수 없을 것이다. 모든 경험의 원인인 무명 ──우리가 아뢰야식을 지니는 순간에 지니게 되는──은 설명될 수 없다. "비록 의식 및 정신 작용의 모든 양태가 무명의 산물이라 할지라도, 무명은 그 궁극적 본질에 있어서 깨달음과 같으면서 또한 같지 않다. 어떤 의미에서 그것은 깨부술 수 있는 것이라고 할 수 있지만, 또 어떤 의미에서는 그렇지 않다."[원주76] "깨달음과 깨닫지 못함은 다르지 않다. 이것은 마치 온갖 종류의 옹기들이 다른 것 같지만, 동일한 찰흙으로 만들어진 것과 같다."[원주77] 여래는 제1원리이다. 무명을 띠는 아뢰야식이 그 다음이다. 그 다음에 우리는 경험적 주관과 객관을 지니며, 이 둘은 서로를 살찌우며 자라난다.

[원주73] 스즈키, 앞의 책, p.107.
[원주74] 『사르바다르샤나상그라하』, p.27.
[원주75] 같은 곳.
[원주76] 스즈키, 앞의 책, p.67.
[원주77] 같은 책, pp.73~74.

모든 개인은 자기 안에 이기적인 개체성에 속박된 고차원의 원리를 지니고 있다. 우리가 무명에 지배되는 한에 있어서는, 개체성이 우리를 떠나지 않는다. 사람 간의 차이는 무명의 힘에 기인한다. "비록 모든 존재는 한결같이 동일한 속성을 지니지만, 그럼에도 불구하고 영원으로부터 작용하는 무명 혹은 개체성의 원리는 그 강도에 있어서 갠지스 강의 모래알만큼이나 다양한 정도로 나타난다."[원주78] 윤회는 생각의 오염에 기인하는 특수화 성향의 계속(pravṛtti)이다. 경향(vāsanā)과 행위(karma)는 윤회가 끊임없이 계속되게 하는 원동력이다. 아뢰야식은 우리가 지각하는 대상의 원천이며, 우리의 과거 행위에 의해 결정되는 잠재력을 지니고 있다. 모든 사물, 고통, 기쁨, 선행과 악행은 아뢰야식 안에 저장된 잠재적인 씨앗의 외적 현현들이다. 이러한 씨앗 가운데 어떤 것은 오염으로 가득 차 있으며,[원주79] 따라서 윤회에 연루된다. 또 어떤 것은 오염을 여의고 있으며,[원주80] 따라서 해탈을 지향한다. 우리가 보다 고차원의 관념들을 생각할 수 있는 것은 초월적 요소의 임재 덕분이다.

9) 열반

그러나 단지 절대자의 임재만으로 우리가 해탈을 얻을 수 있는 것이 아니다. 원인(hetu)과 조건(pratyaya)이 구별된다.[역주8] 나무의 가연성은 불의 원인이지만, 우리가 나무에 불을 지피지 않으면 그것은 타지 않을 것이다. 이와 마찬가지로 절대자의 임재는 해탈의 원인이다. 그럼에도 불구하고 지혜와 덕행이 필수적이다. 아상가는 말한다. "재물과 쾌락에 집착하지 않음으로써, 계율을 범하려는 생각을 품지 않음으로써, 악을 대면함에 있어서 용기를 잃지 않음으로써, 선을 행하는 가운데 주의 산만 혹은 태만

[원주78] 같은 책, p.89.
[원주79] 'sāsravabīja.'
[원주80] 'anāsravabīja.'
[역주8] 헤투(hetu)는 어떤 것이 추론되는 이유 혹은 표식을, 그리고 프라티야야(tratyaya)는 조건(condition)을 말한다.

을 야기하지 않음으로써, 세속의 혼란과 번잡함 속에서도 마음의 고요를 잃지 않음으로써, 그리고 마지막으로 언제나 전일(ekacitta)하며 사물의 본질에 대하여 바르게 파악함으로써, 보살은 의식 속에 모든 것이 있다는 진리를 인식한다." 유가행파는 요가를 행한다. 요가는 우리가 직관적 통찰을 얻는 데 기여한다. 산만한 이해는 우리에게 의존적 지식, 즉 경험지를 준다. 형이상학적 진리는 요가 수행을 필요로 한다. 마음이 모든 편견과 미혹을 떨쳐버릴 때, 그것은 진리를 반영한다.[원주81]

열반은 마음의 정화, 즉 단순명료하고 투명한 본래심을 복귀하는 것이다. "끊임없는 자기 성찰을 통하여 우리는 모든 편견을 없앨 때, 대상의 형태를 띠는 온갖 환영을 여읜 지식이 일어나며, 이것은 위대한 고양(mahodaya) 혹은 해방이라고 불린다."[원주82] 『비갸나마트라 샤스트라』(*Vijñanamātra Śāstra*)는 4종의 열반을 구분하고 있다. ① 열반은 모든 존재 속에 있는 청정한 본질로서의 법신(法身)과 동의어이다. 이 열반은 본래 청정무구한 모든 유정에 의하여 소유된다. ② 유여열반(有餘涅槃, upādhiśeṣanirvāṇa)은 비록 모든 애착과 장애를 벗어나 있다 할지라도 여전히 고통과 슬픔을 야기하는 물질성의 속박하에 있는, 상대적인 존재 상태이다. ③ 무여열반(無餘涅槃, anupādhiśeṣanirvana)은 모든 속박으로부터 완전하게 자유로운 상태이다. ④ 절대적 깨달음을 의미하는 열반이다. 그것은 이타(利他)를 의도하는 열반이며, 열반 가운데 최상의 열반이다.

10) 아뢰야식의 다의성

모든 실재에 있어서 사유의 필연성을 지적함으로써, 유가행파의 이론은

[원주81] 스피노자의 『윤리』(*Ethics*) 마지막 권을 보라. 그에 의하면, 감정이 제어될 때 빛과 조화를 본질로 하는 인간 내면의 무한자가 어둠과 부조화의 세계로부터 해방된다. 마음이 온갖 감정의 희생물이 되는 한, 그것은 비실재적인 것을 실재적인 것으로 착각하기 마련이다. 이러한 감정들에서 일어나는 마음의 작용이 완전하게 지멸될 때, 사물의 참된 실상에 대한 직관이 가능해진다.
[원주82] 『사르바다르샤나상그라하』, p.26.

논리학에 지대한 공헌을 했다. 그러나 일체의 비심리적인 실재와 경험을 부정함으로써 그 자체의 취약점을 드러냈다.[원주83] 아뢰야식이라는 용어의 사용에 있어서 일관성이 없다. 때로는 그것이 바스투마트라(vastumātra), 존재의 단순한 추상, 순수 존재, 헤겔 철학의 자인(Sein)과 동의어로 취급되거나 존재의 모든 사실과 형태를 추상할 때 남는 궁극자와 동일시되기도 한다. 그것은 가끔 순수 존재(tathatā)와 동의어로 간주되기도 한다. 또한 그것은 심리 영역의 다른 현상들을 포함하는 마음의 현상으로 간주된다. 그것은 또한 자체 속에 부정의 원리를 품고 있는 보편 정신이기도 하다. 때로는 그것이 인간 내면의 의식의 흐름과 동일시되기도 한다. 이와 같이 지극히 핵심적인 문제에 대한 이론의 불확정성은, 이에 대한 상당수의 정당한 비판을 감수하게 했다.

5. 중관학파

중관학[원주84]은 붓다의 근본 가르침에서 그 기원을 찾을 수 있을 정도로

〔원주83〕 케른(Kern)은 불교가 애초부터 관념론적 허무주의의 체계였다고 본다. 『맛지마 니카야』. i.4. 134. 297. 329 ; ii.261 ; iii.246을 참조하라.

〔원주84〕 중관학파 철학의 주요 경전은 남인도의 브라흐민인 나가르주나의 『중론송』(中論頌, *Mādhyamika Sūtras*)이다. 비록 그의 철학적 전통은 1세기에 속할 수 있다 할지라도, 401년 그의 전기를 한역했던 쿠마라지바(Kumārajīva)에 의하면, 그는 2세기 중엽에 살았다. 나가르주나가 기원전 1세기에 살았다는 견해도 있다. 사라트 찬드라 다스(Sarat Chandra Das)의 견해에 따르면, 만일 달라이라마(Dalailama)의 고문서에 담긴 인도사의 서술이 믿을 만한 것이라면, 나가르주나는 기원전 56년에 살았던 도라바드라(Dhorabhadra)를 불교로 개종시켰다(*Indian Pundits in the Land of Snow*. p.15를 보라). 중국의 순례자 현장은 나가르주나가 불멸 후 400년 남코살라국에서 살았으며, 보살로서 궁극의 깨달음을 얻었다고 주장한다. 비디야부샨(Vidyābhūṣaṇ) 박사는 나가르주나의 연대를 300년경으로 잡는다. 어떤 경우에도 그의 연대를 쿠마라지바가 그의 전기를 한역했던 401년보다 나중으로 잡을 수는 없다. 더욱이 나가르주나는 『니야야 수트라』에서 주어지는 16구의(句義)를 상정하고 있으며, 바른 인식수단(pramāṇa)에 대한 논문을 썼다. 여기서 나가르주나는 오지작법(五支作法)을 삼지작법(三支作法)으로 정리했다. 『우파야카우샤리야흐리

오래된 철학체계이다. 붓다는 자신의 윤리적 가르침을 중도(中道)라고 불렀으며, 과장된 고행과 안이한 세속적 삶의 양 극단을 배격했다. 형이상학에 있어서도 모든 것은 존재한다고 하거나 아무것도 존재하지 않는다고 하는 등의 극단적인 모든 입장을 비판했다. 중관학은 극단적인 긍정과 극단적인 부정의 중간을 취하려는 노력을 보인다. 우리는 인도의 가장 위대한 사상가 중의 하나인 나가르주나에서 경험의 내용에 대한 철저한 검토를 보게 되는데, 이것은 우리가 주관론자나 실재론자에서 발견하게 되는 것보다 훨씬 강도 높은 것이다. 그는 철학체계 자체의 일관성과 완전함을 위한, 사심 없는 지적 열의와 철학적 정열로 삶을 일관했다. 그의 철학은 때로는 회의주의에 가깝고 또 때로는 신비주의에 가깝다. 그의 회의주의는 사유의 본질적 상대성에 대한 자각에 기인한다. 그러나 그는 실재에 대한 절대 기준을 믿는다. 그의 회의주의는 불교적임에 비하여, 그의 절대론은 우파니샤드에 기원을 둔다.

진정한 철학적 정신에서 나가르주나는 우리의 일상적 의식이 다소 경솔한 표현과 내성(內省)에 대한 무관심으로 가리고 있는 역설들을 폭로한다. 유가행파는 나가르주나가 자기의 회의론을 전개시키는, 실재에 대한 상대적 관점을 제시한다. 그러나 그의 철학이 지니는 적극적인 측면은 우파니샤드의 관점에 대한 아드와이타(不二論)의 해석과 다르지 않다. 물론 우리가 나가르주나의 사상에서 단지 우파니샤드 철학의 부활을 본다고 생각하

다야 샤스트라』(*Upāyakauśalyahṛdaya Śāstra*)라고 불리는 또 다른 논리학 저서에서 우리는 논쟁법에 대한 명쾌한 설명을 본다. 『회쟁론』(廻諍論, *Vigrahavyāvartanī Kārikā*)에서 나가르주나는 인식수단에 대한 니야야학파의 이론을 비판하고 있으며, 짐작건대 바트시야야나(*Vātsyāyana*)는 나가르주나의 견해를 알고 있었다. 『중론송』에 대한 현존 범어 주석으로는 7세기 전반에 살았던 것으로 추정되는 찬드라키르티(*Candrakīrti*, 月稱)의 주석이 유일하다. 7세기경의 샨티데바(*Śāntideva*)는 어떤 경우에는 중관학파의 논사로, 또 어떤 경우에는 유가행파의 논사로 거명되기도 한다. 그의 두 저서 『보디차리야바타라』(*Bodhicaryāvatāra*)와 『쉬크샤사뭇차야』(*Śikṣāsamuccaya*)에서, 그는 2종의 진리, 즉 경험지(*saṁvṛti*)와 절대 진리(*paramārtha*)를 인정하고 있으며, 공(空, *śūnya*)에 관한 교의를 받아들인다. "자비심과 공(空)으로 충만한 행위로써 그대의 공덕을 굳게 하라"(『쉬크샤사뭇차야』, v.21). 다른 사상체계들은 중관학을 비판한다.

는 것은 심각한 오류이다. 비록 그의 철학은 불교의 영향하에, 그리고 불교적 관점과 특별한 관련을 지니면서 전개된다 할지라도, 그는 우파니샤드로부터 상당한 영감을 받은 것으로 보인다. 그 결과는 지금까지 없었던 전혀 새로운 사유 형태—비록 『반야경』에 기원을 두고 있다 할지라도—로 나타난다. 일반적으로 공관(空觀)이 유식설보다 앞서는 것으로 말해지지만, 이에 대해서는 자신하기 어렵다. 짐작건대 이 둘은 나란히 발달했을 것이다. 어쨌든 우리가 지금 다루고 있는 순서는 이 두 학파의 논리적인 관계를 파악하는 데 도움이 된다.

6. 인식론

1) 유식론에 대한 중관학파의 비판

만일 우리가 지각으로부터 그것이 나타내는 것으로 상정되는 대상으로 나아갈 수 없다면, 어떻게 우리가 지각을 넘어서 지각한다고 말해지는 자의식으로 나아갈 수 있겠는가? 우리가 외부 세계에 대해서는 부정하는 실재를 사유에 대해서 인정하는 것은 불가능하다. 왜냐하면 양자는 모두 덧없는 현상의 모임이기 때문이다. 우리는 의식이 시각, 느낌, 의지작용 등과 별개라는 것을 알지 못한다. 실체는 속성과 다르지 않다. 만일 그렇다면 그것은 파악의 범위를 초월해 있다. 그러므로 외부 세계를 내재자의 현상으로 간주하거나, 혹은 주관을 만유에 편재하는 것으로 이해해야 할 필요가 없다.

유가행파는 지속적인 주관을 상정함으로써 경험 세계를 설명했다. 논의는 이를 넘어서 한 단계 더 추구되며, 영혼의 그림자조차도 포기된다. 만일 유가행파가 옳다면, 알려지는 대상이란 결코 없다. 만일 알려지는 대상이 없다면, 심지어 식(識, vijñāna)조차도 존재할 수 없다.[원주85] 객관이 없다

[원주85] 『사르바싯단타사라상그라하』, iii.1.18.

는 것은 곧 주관이 없다는 것이다. 그러므로 중관학파는 영속적인 아뢰야
식을 폐기하고 표류하는 관념들의 흐름을 세운다. 만일 발견 가능한 객관
적 관계들이 없다면, 세계는 결코 있을 수 없다. 외적 대상과 내적 상태는
모두 공(空)이다. 중관학파는 우리가 깨어 있을 때도 꿈을 꾸고 있다고 말
한다. 논리적인 추구를 통하여, 중관학파는 주관과 객관의 궁극적인 설명
불가능성을 추론한다. 주관과 객관의 타당성을 상정하는 과학의 설명이나
상식은 흥미롭고 가치있는 것이지만, 그것은 궁극적 진리가 아니다. 세계
의 현상성에 대한 중관학파 이론의 정확한 의미를 규정하기에 앞서, 이 학
파가 자체의 견해를 확립하는 논증들을 검토해볼 필요가 있다.

중관학파는 그 이름이 의미하는 것처럼 극단적인 긍정과 극단적인 부정
의 중간 입장을 택한다. 만일 세계가 실재라면 그 속에서는 아무런 변화도
일어날 수 없다. 오직 세계가 끊임없는 생성의 상태에 있을 때 발전이나 깨
달음이 가능하다. 이러한 취지로, 나가르주나에 대한 주석을 썼던 찬드라
키르티는 말한다. "만일 모든 것이 한 단계에서 또 다른 한 단계로 나아가
는 것을 불가능하게 만드는 자기의 본질을 지닌다면, 어떻게 사람이 보다
높은 차원으로 나아가기를 욕망할 수 있겠는가?" 우리는 완전하고 실재적
인 세계에서는 아무것도 할 수 없다. 그러므로 그것은 비실재적인 것임에
분명하다. 나가르주나는 묻는다. "만일 당신이 공(空)의 교의를 부정한다
면, 당신은 인과관계를 부정한다. 만일 자기 실재 같은 것이 있다면, 온갖
사물의 다양성은 시작도 없고 소멸도 없는 것으로 간주되어야 할 것이며,
이것은 결국 무(無)와 다르지 않다는 것을 뜻한다. 만일 공이 없다면, 아직
얻어지지 않은 것의 획득은 결코 없을 것이며, 고통의 소멸도 없고 욕망의
제거도 없을 것이다."[원주86]

발달 과정으로서의 세계는 우리가 그것에 대한 절대적인 실재성을 부정
하도록 강요한다. 이로 미루어볼 때, 나가르주나는 세계에 대한 절대적 존
재를 부정하지만, 그럼에도 불구하고 그가 세계를 순전한 무로 전락시키지

[원주86] 제 xxiv장.

는 않았다는 것이 분명해진다.

2) 현상론

세계의 현상적 성질을 지닌다는 중관학파의 이론은, 연기설(pratītya-samutpādavāda)에 그 기원이 있다. 하나의 사물은 끊임없는 연속으로 서로 연이어지는 다르마들의 집적이다. 인간 존재는 여러 다르마들의 집적이다. 왜냐하면 사유, 감각, 혹은 의지는 다르마이기 때문이다. 마차는 물질적 다르마들의 집합에 대한 이름이다. 인간은 그의 거짓 개별상을 구성하는 물질적·정신적 다르마들의 집합이다. 다르마들을 차치한다면, 마차나 사람은 단지 관념적 존재 혹은 명목상의 존재를 지닐 뿐이다. 오직 다르마들만 존재한다. 그러나 그들은 파괴되도록 운명지어진다. 다르마들은 끊임없는 연쇄 속의 순간들이다. 모든 사유 작용은 그것을 규정짓는 조건(pratyaya)으로 시각의 대상, 시각 기관 등과 같이 사유 자체에 대하여 다소간 외적인 수많은 다르마들을 지닐 것이다. 그러나 그것의 존재 이유(hetu)는 그 바로 직전의 사유이다. 이것은 마치 타는 불꽃이란 실로 그것에 선재하는 순간의 연속이라 할지라도, 그 지속적인 불꽃의 매순간은 기름, 심지 등에 의존하는 것과 마찬가지이다.

홀로 존재하는 것은 아무것도 없다. 모든 것은 다른 어떤 것에 의존한다. 비록 중관학파는 모든 다르마와 그 집합들을 현상적이고 찰나적인 것으로 간주한다 할지라도, 이러한 것들을 비실재적인 것으로 해석하지는 않는다.[원주87] 그러나 가열된 논쟁에서 이 학파는 가끔 다르마와 그 집합들이 전적으로 비존재라는 것을 시사하기도 한다.

[원주87] "온갖 사물을 합리적으로 검토하게 될 때, 우리는 어떤 것의 본질을 확정할 수 없다. 그러므로 모든 사물은 설명 불가능한 것이며, 어떤 지정된 본질 혹은 속성을 지니지 않는다고 선언되어야 한다"(『랑카바타라 수트라』, ii.173).

3) 관계의 이론

만일 설명 불가능성이 어떤 것의 실재성을 부정하는 충분한 이유가 된다면, 외적인 대상이든 내적인 영혼이든 모두가 비실재적이다. 유가행파는 외계 대상이 비실재적이라고 주장한다. 왜냐하면 우리는 그것이 존재로부터 일어나는지의 여부를 말할 수 없고, 또한 그것이 단순한 원자들인지 아니면 합성적 물체인지 말할 수 없기 때문이다. 나가르주나는 이 이론의 근저에 깔린 원리, 즉 불가해한 것은 비실재적이라는 것을 받아들인다. 그러나 나가르주나는 이에 부가하여 식(識)조차도 비실재적이라고 주장한다. 우리가 일관된 어떤 것을 말할 수 없다는 점에서는 식이든 외계 대상이든 마찬가지라는 것이다. 나가르주나가 관계의 이론을 발전시키는 것은 바로 이 점에 대해서이다. 유가행파에 따르면, 모든 존재는 식과의 관련을 통하여 자기의 존재를 지닌다. 우리는 오직 그것을 통해서만 사물이 존속할 수 있는, 사고력있는 식(識) 이외의 다른 어떤 매개물을 알지 못한다.

나가르주나는 관계들이 세계를 구성한다는 것을 받아들인다. 세계는 이러한 관계들의 단순한 복합체일 뿐이다. 일월성신, 지상의 가구, 이 세계의 강건한 골격을 구성하는 모든 물체들은 아무런 실체적 존재도 지니지 않는다. 이들은 구상화하여 생각된 관계들이다. 그러나 관계 자체는 이해할 수 있는 것이 아니다. 나가르주나는 경험 세계 전체가 하나의 가현이며 불가해한 관계들의 단순한 망상(網狀) 조직이라는 것을 보여준다. 물질과 영혼, 공간과 시간, 원인과 실체, 운동과 정지, 이 모든 것들은 하나같이 토대없는 환영(幻影)의 직물이다. 실재는 적어도 시종일관해야 한다.

그런데 우리가 자기의 실재 혹은 경험을 구축하는 범주들은 이해 불가능한 자기 모순이다. 이해할 수 있음은 실재에 기대되는 최소한의 조건이다. 그러나 경험의 관계들은 그것조차도 지니지 않는다. 일관성 없는 사물이라도 현실적일 수는 있을 것이다. 그러나 그것은 실재적이 아니다. 이러한 입장은 브래들리의 철학적 시도를 연상시킨다. 사실 이 두 경우에 있어서 대체적인 원리는 동일하다. 물론 우리는 여기서 브래들리 형이상학의 위대성을 구성하는 탁월하고 체계적인 적용을 볼 수 없다. 나가르주나의 시도는 브래들리의 경우만큼 풍부하거나 조직적이지도 않다. 그에게는 체계와 조화에 대한 브래들리의 열정이 없다. 그러나 그는 전체적인 원리를 알고 있었으며, 이것은 그의 철학적 작업이 여러 가지 불균형 — 때로는 부족하고 또 때로는 흘러 넘치는 — 에도 불구하고 전체적인 통일성을 지닐 수 있게 만든다.

운동(gati)의 범주는 설명될 수 없다. 우리는 그것의 본질을 이해할 수 없다. 하나의 사물은 동시에 두 곳에 있을 수 없다. "우리는 이미 가버린 길을 가고 있지 않다. 아직 가지 않은 길을 가고 있는 것도 아니다. 이미 가버린 길과 아직 가지 않은 길 이외에 지금 가고 있는 길의 존재는 인지되지 않는다."[원주88] 그 길은 두 부분, 즉 이미 가버린 부분과 아직 가지 않은 부분으로 나눌 수 있을 것이다. 제3의 부분은 있을 수 없다. 첫번째 부분은 이미 끝나버렸고 두번째 부분은 아직 도래하지 않았다. 그러므로 지나감은 불가능한 일이다. 이와 같이 운동을 부정한 결과는 이어지는 구절들에서 전개된다.[원주89] 지나감이 없으므로, 지나가는 자 또한 있을 수 없다.[원주90] 움직임이 없는 행위자는 있을 수 없다. 그런데 어떻게 행위자가 지나갈 수 있겠는가? "이미 간 길을 가기 시작하지 않고, 아직 가지 않은 길을 가기 시작하지도 않으며, 가고 있는 길을 가기 시작하지도 않는다면, 그러면 당신이 가기 시작하고 있다는 것은 무엇인가?"[원주91] 우리는 지나가는 자와 지나감의 동일성을 주장할 수 없다. 왜냐하면 지나가는 행위 없는 지나가는 자는 있을 수 없기 때문이다. 만일 우리가 지나가는 자는 지나감과 다르다고 말한다면, 우리는 지나가는 행위 없는 지나가는 자뿐만 아니라 지나가는 자 없는 지나감이 있을 수 있다는 것을 주장하는 결과가 된다. 그 둘은 서로 동일하지 않으며 또한 다르지도 않다. 유일한 결론은 지나가는 자, 길, 그리고 지나가는 행위가 비실재적이라는 것이다.[원주92]

[원주88] 『중론송』, ii.1.
[원주89] 같은 책, ii.2~5.
[원주90] 같은 책, ii.6.7.8.
[원주91] 같은 책, ii.12.

530

또한 우리는 머무르는 행위 혹은 정지(sthiti)가 실재적이라고 말할 수도 없다. 운동, 변화, 그리고 정지 모두는 불가해한 것이다. 이 모든 논의에서 나가르주나는 인위적인 어려움을 만들어내고 있는 듯하다. 왜냐하면 변화나 운동은 엄연한 사실이기 때문이다. 그것이 실제적이라는 것은 의심의 여지가 없다. 그러나 문제는 우리가 어떻게 그것을 지적으로 이해할 수 있는가 하는 것이다. 우리가 철학하고 있는 한은, 완전한 설명을 그만둘 수 없다. 운동과 정지는 완전하게 설명될 수 없으며, 따라서 그것은 궁극적인 진리가 아니라, 단지 상대적인 용어, 유용한 관습일 뿐이다.

『중론송』제7장에서 나가르주나는 생성·지속·소멸하는[원주93] 합성물 (saṁskṛta)에 대한 문제를 다룬다. 만일 생성, 지속, 소멸이 하나의 합성적 실체를 각자 특징짓지 않는다면, 어떻게 그 셋이 함께 그리고 동시에 하나의 동일한 대상에 있을 수 있는가? 만일 그 대상이 생성의 순간에 유지와 소멸 없이 있다면, 그것은 합성체라고 불릴 수 없을 것이다. 이러한 논리는 다른 두 속성에 대해서도 마찬가지로 적용된다. 그럼에도 불구하고 이 셋 모두는 동일한 순간에 있을 수 없다. 빛과 어둠은 공존할 수 없다. 그러므로 합성체는 실재적이라고 할 수 없다. 제21장에서 나가르주나는 생성과 소멸(saṁbhava vibhava)의 문제를 다루면서, 이들의 비실재성을 증명한다. 비판적인 관점에서 볼 때, 생성이나 파괴는 모두 불가능하다. 제19장에서는 과거, 현재, 미래를 포함하는 것으로서의 시간 개념이 불가해한 범주로 선언된다. 과거는 의심스런 보고이며, 미래는 결정되지 않은 예상일 뿐이다. 현재 경험되는 것이 전부인 것 같다. 그러나 우리는 과거 및 미래와 떨어져 있는 현재를 지닐 수 없다. 그러면 시간은 공허에서 꾸며내진 사유의 한 형태인 것처럼 보인다.[원주94]

개개의 모든 사물은 그것의 속성을 통하여 우리에게 알려진다. 우리가

〔원주92〕 같은 책, ii.14.18.
〔원주93〕 '생성, 지속, 소멸, 집합을 본질로 하는'(utpāda-sthiti-bhaṅga-samāhāra-sva-bhāvam).
〔원주94〕 "Te ākāśasthitena cetasā kālaṁ kurvanti."

모든 속성을 파악할 때 그것을 안다고 말해지며, 그 속성을 알지 못할 때 우리는 그 본질을 알지 못한다. 제5장에서 나가르주나는 특별히 지(地), 수(水), 화(火), 풍(風), 공(空), 식(識)과 관련하여 이 문제를 다루고 있으며, 속성에 앞서는 실체란 있을 수 없다는 것을 주장한다. 왜냐하면 그것은 속성 없는 실체를 의미하기 때문이다.[원주95] 그러면 속성은 어디에 존재할 수 있는가? 그것은 속성 없는 실체에, 혹은 속성 그 자체에도 있을 수 없는 것으로 보이며, 따라서 그것은 아무데도 있을 수 없다. 또한 실체는 속성을 초월하여 있을 수 없으며, 실체 혹은 속성이 아닌 것은 아무것도 없다. 속성은 우리가 실체에 등을 돌리게 하며, 실체는 우리를 속성으로 데려간다. 따라서 우리는 그 둘이 서로 같은 것인지 아니면 다른 것인지 알 수 없다.

제15장은 본질적 속성(svabhāva)을 다루고 있으며, 존재나 비존재는 모두 실체의 본질적 속성일 수 없다는 것을 보여준다. 색깔, 단단함, 부드러움, 냄새, 맛 등과 같은 속성은 주관적이다. 이들은 감각이 있기 때문에 존재한다. 눈이 없다면 색깔은 있을 수 없으며, 귀가 없다면 소리도 있을 수 없을 것이다. 따라서 속성은 그 자체와 다른 어떤 속성에 의존한다. 그것은 위의 감관에 의존하기 때문에, 그것은 독립적으로 실재하는 것이 아니다. 그것은 그 자체로 존재할 수 없다. 모든 속성은 감관과 관련하여 존재하므로, 그 모두가 감관에 달려 있으며, 따라서 나가르주나는 속성을 본질적 속성과 비본질적 속성으로 구분하지 않는다. 모든 속성은 단지 가현이므로, 이러한 속성들이 들어 있는 사물은 실재일 수 없다. 만일 그 사물이 속성과 관련되어 있다면, 속성이 지니는 가현성이 또한 사물 그 자체에도 영향을 미칠 수밖에 없다는 것이다. 우리는 결코 이러한 속성들을 지니는 사물을 알 수 없다.

우리의 지식은 단지 속성에 국한된다. 이른바 사물이라는 것은 경험의 영역을 벗어나 있으며, 따라서 그것에 대한 믿음은 독단적인 가정이다. 우리는 다른 속성들이 아니라 이러한 속성들이 그 사물에 속해 있다고 말할

[원주95] 『중론송』, 제 i 장.

532

수 없다. 만일 실체가 단지 속성들이 상충하지 않도록 하면서 그들을 결속하고 유지하는 접착제에 불과하다면, 그것은 단지 하나의 관계가 된다. 그러면 실체는 속성들의 추상적 관계이며, 의식—그것이 만들어지는 탈것—과 별개로 존재할 수 없다. 실체와 속성은 상관적이며, 이중 어느 하나만을 전체로서 실재라고 말할 수 없다. 절대적으로 존재하는 것은 실체도 아니고 속성도 아니다. 그 둘은 상호 의존적이다. 잠정적으로 우리의 경험에서 우리는 실체를 속성이 내재하는 것으로 받아들일 수 있을 것이다. 왜냐하면 우리는 근저에 놓인 토대를 떠나서는 무게나 형태 등과 같은 속성들을 상상할 수 없기 때문이다. 사실 나가르주나는 사물들이 인과관계, 의존, 연속, 그리고 조건 제한에 의하여 실재하는 것처럼 보인다는 것을 믿는다.

인과관계의 모순은 『중론송』 제4장에서 설명된다. "그 원인에서 분리되어 있는 것으로서의 대상은 지각할 수 없으며, 대상 자체에서 분리되어 있는 것으로서의 대상의 원인은 지각될 수 없다. 만일 대상의 원인이 대상 자체로부터 분리되어 있다고 말한다면, 그것은 원인 없는 대상을 주장하고 있는 것과 같다. 그러나 대상의 원인이 존재한다고 주장하는 것은 이치에 맞지 않다. 왜냐하면 원인 없는 대상은 존재하지 않기 때문이다." 나가르주나는 원인에서 분리된 결과 혹은 결과에서 분리된 원인은 비존재라고 주장한다. 사물은 그 자체로부터 생겨날 수 없으며, 다른 어떤 것으로부터 생겨날 수도 없다. 또한 그 자체와 그외의 다른 것으로부터 생겨날 수 없으며, 원인이 없을 수도 없다. 생성은 논리적으로 불가능한 것처럼 보인다.[원주96] 실재적인 것은 결코 생성 도상에 있는 것으로 말해질 수 없으며, 또한 지금 이 순간에 존재하지 않는 항아리가 다음 순간에는 존재하게 될 수도 없다.

[원주96] 『사르바싯단타사라상그라하』. ⅳ.7.9에는 다음과 같은 주장이 있다. "사각원(square circle)과 같이, 비실재적인 것은 어떤 원인에 의하여 생산될 수 없다. 만일 생성이 존재의 경우에도 있을 수 있는 것으로 받아들여진다면, 그것은 단지 이미 생산된 것을 생산할 뿐이다. 하나의 동일한 사물은 존재인 동시에 비존재일 수 없다. 뿐만 아니라 우리는 하나의 동일한 사물이 존재 및 생성과 구분된다고 말할 수도 없다."

그것은 모순을 주장하는 것에 지나지 않을 것이다. 모든 사물은 절대적인 존재를 지니지 않는다는 것을 알 때, 우리는 그와 같은 존재로써 다른 것을 만들 수 없다는 것을 알게 된다.

만일 우리가 원인들에 대해 말한다면, 우리는 주관과 객관, 실체와 속성, 공간과 시간이라는 임시변통에 탐닉하는 논리를 희생하여 그렇게 하는 것이다. 궁극적으로 말하여 원인도 결과도 없으며, 생성도 소멸도 없다.[원주97] 때로는 원인이 완전한 전체(sāmagri)로 간주되기도 하지만, 이것 또한 자의적이고 난해한 것으로 드러난다.[원주98] 이러한 논의에서 볼 때, 변화의 개념은 불가해하다는 결론이 된다. 흔히 A가 B로 변화한다고 말한다. 그러나 나가르주나는 주장한다. 만일 A가 B로 될 수 있다면, 그것은 틀림없이 언제나 B였을 것이다. 만일 그렇지 않다면, 그것은 B로 될 수 없을 것이다. 그러나 그것은 B일 수 없었을 것이다. 왜냐? 그렇게 되면 그것이 B로 된다는 말이 아무런 의미도 지닐 수 없게 될 것이기 때문이다. 변화의 과정은 이해 불가능하다. 인과율은 변화를 설명할 수 없다. 왜냐하면 그것 자체가 불가능한 개념이기 때문이다.

속성은 의존의 관계에서 실체와 공존한다. 그 둘은 어떤 관계에 의하여 존재한다. 인식과 인식할 수 있는 자는 그러한 관계에 있다. 궁극적으로 양자 모두는 비실재적이다. 그러나 상대적으로 이들은 존재하는 것처럼 보이며, 하나가 다른 하나에 의존하는 한은 둘 다 그 자체로 존재하는 것이라 할 수 없다.

어떤 시간 혹은 공간을 점하는 하나의 현상은, 연속의 관계에서 다른 시간 혹은 공간에 있는 다른 현상에 대하여 있다. 그러나 그러한 공간적 관계는 상대적이며, 절대적인 선재 혹은 후속이 없다는 것은 아주 명백하다.

부분은 조건부의 관계로 전체에 대하여 있다. 이것은 직물에 대한 실의 관계와 같다. 실을 떠나서는 직물이 있을 수 없으며, 직물을 떠나서는 실이

[원주97] 『중론송』, 제21장.
[원주98] 같은 책, 제20장.

534

있을 수 없다. 그 둘 가운데 어느 것도 절대적 존재를 지니지 않는다. 부분이 없다면 전체가 있을 수 없고, 전체가 없다면 부분 또한 있을 수 없다. 그 둘은 조건부의 관계에 의해서 존재하는 것처럼 보인다. 그러나 그것은 단지 피상적(saṃvṛti)일 뿐이다. 세계의 어떤 대상도 절대적으로 존재하지 않는다. 그것은 관계를 통하여 존재하는 것처럼 보일 뿐이다.

자아의 문제는 제6장에서 다루어진다. 속성을 떠나서는 실체가 있을 수 없다는 일반 원리는, 의식의 상태를 떠나서는 자아가 있을 수 없다는 결론으로 귀결된다. 행위, 느낌, 사유에 선재하는 자아는 없다. 제9장에서 나가르주나는 말한다. "어떤 사람들은 보고, 듣고, 느끼는 행위를 지닌 실체(영혼)가 그 행위들에 앞서 존재했다고 말한다. 그러나 우리는 그것이 행위에 선재했다는 것을 어떻게 알 수 있는가?……만일 영혼이 보는 행위에 앞서 그리고 그것 없이 존재할 수 있다면, 보는 행위 또한 영혼에 독립적으로 발생할 수 있다고 해야 하지 않겠는가? 영혼과 보는 행위는 서로를 전제한다. 또한 만일 그것이 모든 듣는 행위, 보는 행위 등에 선재하지 않는다면, 어떻게 그것이 각 행위에 선재할 수 있겠는가? 만일 보고 듣고 느끼는 것이 동일하다면, 그것은 각 행위에 선재했을 것이다. 영혼은 보고 듣고 느끼는 행위들이 나오는 요소들에 존재하지 않는다."

영혼은 보는 행위 등이 발생하기 전까지는 알려질 수 없다. 따라서 그것은 이러한 행위들에 앞서 존재하지 않았다. 또한 그것은 이러한 행위들에 후속하여 존재하게 되는 것도 아니다. 왜냐? 만일 보는 행위 등이 영혼에 대하여 독립적으로 발생할 수 있다면, 후자를 생겨나게 하는 것의 소용은 무엇인가? 영혼과 보는 행위는 서로에게 동시적이다. 만일 그 둘이 서로 독립적이 아니라면, 그들은 동시적으로 존재할 수 없다.[원주99] 나가르주나

[원주99] 니야야학파는 나가르주나의 이 견해를 언급하고 있으며, 이에 대하여 다음과 같이 대답한다. "그래서 만일 당신이 지각 등을 부정한다면, 아무도 감각적 대상의 존재를 확립할 수 없을 것이다. 만일 감각의 대상이 없다면, 그것과 관련된 어떤 이의도 제기될 수 없을 것이다. 그러므로 당신의 반대는 전혀 근거없는 것이다. 만일 당신이 모든 증거들을 부정한다면, 당신의 반대는 아무런 가치도 지니지 못할 것이며, 만일 당신이 자기의 반론의 타당성을 인

는 유가행파가 외적 실재에 대한 부정을 위하여 사용했던 논증을 자아에 적용한다. 우리가 외부 세계의 뜻으로 해석하는 특성들이 물질이라고 불리는 영속적인 실재를 포함하지 않는다면, 왜 관념들의 존재는 관념이 아닌 자아를 포함해야 하는가? 찰나적인 정신적 상태들의 끊임없는 연속, 이것이 우리가 자아로 의미하고자 하는 전부이다. 우리는 의식 그 자체의 본질에 대하여 아무것도 모른다. 그것은 하나의 흐름, 우리 앞에 펼쳐지는 표상들의 작용 범위이다.

나가르주나에 의하면, 영원한 자아에 대한 믿음은 물질 세계에 대한 믿음과 똑같이 무모하고 독단적인 것이다. 의식의 대상들이 심리학적인 연쇄로 배열되어 독립된 마음들을 구성한다는 것은 순전히 사색일 뿐이다. 사물은 단지 그렇게 보이는 것일 뿐이다. 우리는 심지어 관념의 흐름에 대해서도 말할 수 없다. 만일 우리가 의식의 상태와는 별개로 영혼의 실재를 인정한다면, 그것은 오직 현실적인 목적을 위해서일 뿐이다. 자아와 그것의 상태, 행위자와 그의 행위의 상호 의존은 또한 제8장에서 설명된다. "행위자는 행위와 관련하여 그렇게 불리며, 행위는 행위자와 관련하여 그렇게 불린다. 궁극적으로 말하여 행위자도 없고 행위도 없다."[원주100]

지식은 설명이 불가능하다. 관념이 감각을 생성하듯이, 감각은 관념을 생성한다. 나무는 씨앗을 생산하고, 씨앗은 다시 나무를 생산한다. 지각은 자존적이 아니다. "당신은 이미 본 것을 보고 있지 않다. 아직 보지 않은 것을 보고 있지도 않다. 이미 본 것이 아닌 동시에 아직 보지 않은 것이 아닌, 보는 행위의 대상은 비존재이다."[원주101] "시각은 그것을 보지 않는다. 시각 아닌 것이 그것을 보는 것도 아니다. 그러면 보는 제3자는 무엇인가?"[원주102] 가는 자, 가는 행위의 대상, 가는 행위에 상응하는 보는 자, 보는 행위의 대상, 보는 행위는 도무지 상상도 할 수 없는 것이다. 지각과 지각되는 대

정한다면, 당신은 스스로 다양한 지각 등에 동의하는 것이 된다."
[원주100] 『중론송』, xvi.10.
[원주101] 같은 책, iii.3.
[원주102] 같은 책, iii.4.

536

상은 상호 관계 속에 존재한다. 만일 시각이 없다면 색깔도 없으며, 만일 색깔이 없다면 시각도 없을 것이다. "마치 아들은 아버지와 어머니에 의존하듯이, 시각적 감각은 눈과 색깔에 의존한다." 그리고 우리는 자기가 지각하는 것이 전혀 우리 자신의 것이 아니라는 것을 확신할 수 없다. 동일한 사물이라도 사람에 따라서 다르게 나타나며, 또한 동일한 사람에게도 시간에 따라서 다르게 나타난다. 제14장에서는 접촉(saṁsarga)이 분석·비판된다. 온갖 변화와 상태들은 왔다가 사라지며, 심지어 느끼는 자가 연속을 통하여 지속하는 하나의 통일체가 아니라면 연속조차도 유지될 수 없다. 그러나 이와 같이 통일된 자아는 그 자체가 곤란한 개념이다.

또한 보편(jāti)은 어떻게 되는가? 보편은 그것으로 특징지어지는 개별자들에 독립적으로 발견될 수 있는가? 아니면 그것은 언제나 오직 개별자들 속에서 발견되는가? 우리의 모든 지식은 차이에 의존한다. 암소란 무엇인가? 말이 아닌 것, 양이 아닌 것이다. 그것은 암소가 암소 아닌 것(not-cow)이 아니라는 것을 의미한다. 암소가 존재한다고 말하는 대신에, 우리는 그것이 말이나 나무로 존재하지 않는다고 말한다. 우리의 모든 지식은 상대적이며, 차별화에 의하여 유지된다. 말은 비존재이며, 세계는 비존재이다. 우리는 이러한 것들 자체에 대해서는 알 수 없다. 여기에 딜레마가 있다. 우리는 다른 것과의 차이를 떠나서 어떤 사물의 본질을 알 수 없다.[원주103] 하나는 우리를 다른 하나로 데려간다. 그리고 이 과정에는 끝이 없다. 우리는 사물에 대한 궁극적인 설명에 도달할 수 없다.[원주104] 모든 것은 상대적이다. 자존하는 것은 아무것도 없다. 왜냐? 모든 것은 끝없는 인과의 연쇄에 토대를 두고 있기 때문이다. 사물의 모든 속성은 상대적이며 절대적이 아니다. 우리는 관계들의 체계로써 행위한다. 지금 우리가 보는

[원주103] Yasmān na hi svabhāvānāṁ pratyayādiṣu vidyate, avidyamāne svabhāve, parabhāvo navidyate.

[원주104] "색(色) 등이 없이는 항아리가 존재하지 않는 것과 마찬가지로, 풍(風) 등이 없이는 색이 존재하지 않는다"(Rūpādivyatirekeṇa yathā kumbho na vidyate, vāyvādivyatirekeṇa tathā rūpaṁ na vidyate. 제1장.

것은 깊은 잠 속에서는 보이지 않는다. 꿈에서 보는 것은 우리가 깨어났을 때는 보이지 않는다. 만일 어떤 것이 실로 존재한다면, 그것은 이 세 가지 모든 상태에서 발견되지 않으면 안된다. 생각은 그 자체를 알지 못하며, 다른 것을 알지 못한다. 진리는 침묵과 동등하게 생각되어야 한다. 지식은 불가능한 일이다.[원주105] 이것이 나가르주나의 격렬한 논리의 결론이다.

세계와는 별개로 신이 있을 수 없고, 신과는 별개로 세계가 있을 수 없으며, 양자는 하나같이 가현이다. 만일 나가르주나가 신에 대한 관념을 이와 같이 비웃는다면, 우리는 그가 비판하는 것이 이신론자(理神論者)의 신이라는 것을 상기할 필요가 있다. 그는 참다운 신, 즉 대승불교의 법신(法身)에 대하여 마음으로부터 우러나오는 신실함을 보인다.

그는 대담무쌍한 논리로써 어떻게 생성, 유지, 소멸로 이루어진 세계가 비실재인가 하는 것을 보여준다.[원주106] 고통,[원주107] 정신적 잠재 성향(saṁskāra),[원주108] 속박, 해방,[원주109] 그리고 모든 행위[원주110]는 실재가 아니다. 이러한 것들은 관계들에 기인하며, 우리가 결코 파악할 수 없는 본질이다. 나가르주나는 자신의 논리적 결론들이 설사 인간의 종교적 관심에 찬물을 끼얹는 것이라 할지라도, 이러한 결론들을 회피하지 않고 직시하는 용기를 지닌다. 기실 붓다 혹은 여래도 있을 수 없으며,[원주111] 궁극적인 관점에서 볼 때 진리와 오류 간에 어떤 구분도 있을 수 없다고 말함으로써, 그는 자신의 철학체계를 마무리한다.[원주112]

〔원주105〕『중론송』, 제27장.

〔원주106〕 같은 책, 제11장.

〔원주107〕 같은 책, 제12장.

〔원주108〕 같은 책, 제13장.

〔원주109〕 같은 책, 제16장.

〔원주110〕 같은 책, 제18장.

〔원주111〕 같은 책, 제22장.

〔원주112〕 나가르주나가 붓다를 부정할 때, 그가 부정하는 것은 인간의 발전 향상에 있어서 궁극적인 목표로 간주되는 소승적 견지에서의 붓다이며, 경험적인 모든 제한을 초월하는 붓다를 부정하는 것은 아니다. 찬드라키르티의 『마디야마카브릿티』(*Madhyamakavṛtti*), pp.432 ff 를 보라.

아무것도 실재하는 것이 없다면, 어떤 것에 대한 오해 가능성도 없는 것이다.[원주113] 고통에 대한 네 가지의 거룩한 진리와[원주114] 열반에 대한 개념들[원주115]은 모두가 비실재이다. 『중론송』의 바로 첫 구절에서 그는 말한다. "태어남도 없고 죽음도 없으며, 상주하는 것도 없고 단멸하는 것도 없으며, 같은 것도 없고 다른 것도 없으며, 가는 것도 없고 오는 것도 없다." 실재하는 것은 아무것도 없다. 이것의 부정적 혹은 소극적 진리는 이미 주어져 있다. 적극적인 논증은 전혀 불필요하다. 세계는 단지 현상적 존재를 지닌다. 그리고 현상의 영역이 아니라면, 모든 사물은 덧없는 것도 아니고 영원하지도 않으며, 생겨나는 것도 아니고 소멸되는 것도 아니며, 동일하지도 않고 다르지도 않으며, 오는 것도 아니고 가는 것도 아니다. 세계는 단지 온갖 속성과 관계들의 관념체계일 뿐이다. 우리는 지적으로 설명될 수 없는 온갖 관계들을 믿는다. 나가르주나가 밝히고자 하는 것은, 경험의 세계에서 유용한 범주들이 궁극적으로 실재한다는, 차원 높은 과학의 미신이다.

경험의 세계는 관계들에 의하여 야기된 환영이다. 원인과 결과, 부분과 전체와 같이 자존적이 아니라 단지 의존적인 여러 범주들이 세계를 형성한다. 이러한 범주들은 우리에게 상대적 관점(saṁvṛti) 혹은 인습적 지식의 대상인 잠정적·피상적 실재를 제공한다. 이들은 현상들의 상호 관계에 대한 한정에 적합하다. 이들이 존재의 참된 본질을 나타내려고 시도할 때, 이들은 자기 모순에 빠진다. 이들은 궁극적인 철학적 의미를 지니지 않는, 단지 작업 관념에 지나지 않는다. 여기서 나가르주나와 브래들리의 차이를 살펴보는 것도 의미있을 것이다. 후자는 사유가 용어들—그 자체는 관계로 변형될 수 없는—간의 관계를 확립한다고 주장한다. 이에 비하여 전자는 그린(Green)의 입장, 즉 배후에 있는 절대자를 제외한 모든 경험의 실재는 상대적인 실재라는 견해를 받아들인다. 브래들리에 의하면, 상식과

〔원주113〕 『중론송』, 제23장.
〔원주114〕 같은 책, 제24장.
〔원주115〕 같은 책, 제25장.

과학의 세계에는 관계들로 바꾸어질 수 없는 어떤 것이 항상 있다. 나가르주나에 의하면, 여기에 그러한 본질을 지니는 것은 아무것도 없다.

그럼에도 불구하고 나가르주나는 단순히 파괴적인 회의론자가 아니라, 건설적인 사상가이다. 과학이 닿을 수 없는 궁극적 진리가 있다. 그는 모든 경험을 속속들이 분석해서, 그 배후에 있는 절대자를 드러내고자 한다. 현상 세계는 실재적인 대립물들을 포함하고 있으며, 본체의 세계는 순수 긍정이다. 우리는 자기가 보고, 듣고, 느끼는 세계의 근저에 놓인 어떤 것을 생각하지 않을 수 없다. 우리가 지각하는 색깔이나 형태 혹은 소리는 무(無)의 집 없는 속성들이 아니다. 제4장에서 나가르주나는 공성(空性)은 그에게 불가피한 결론이며, 처음부터 그에 의해서 상정된 것이 아니라고 말한다. 그것을 당연한 것으로 생각하는 것은 선결 문제 요구의 허위(sādhyasama)[역주9]를 범하는 결과가 될 것이다. 현상론이 그에게 강요된다. 인식론으로서의 논리의 문제는 어떻게 경험이 가능한가 하는 것이다. 나가르주나는 경험을 가능하게 하는 조건을 제시하고, 그것의 불가해성을 보여주며, 경험의 비궁극성을 추론한다.

나가르주나의 논리가 시사하는 전체적인 조망은, 절대적인 실재를 믿는 그의 신념을 나타내고 있다. 외적인 회의주의는 내면의 진리에 대한 관심의 발로였다. 물질 세계는 하나의 가현이다. 그럼에도 불구하고 모든 것이 생겨나고 다시 귀입되는 영원한 토대, 즉 무한자가 있다. 단지 그것에 관하여 말할 때, 우리는 우리의 경험적인 삶에 상대적인 모든 범주를 버리지 않으면 안된다. 우리는 그것이 무엇인지, 그것이 자유로운지 아니면 의식적인지 말할 수 없다. 그것에 대한 질문은 우리의 유한 존재 상황이 무한 실

[역주9] 원인(hetu)은 증명되지 않지만, 그럼에도 불구하고 증명된다는 그릇된 추론방식이다. '그림자는 하나의 실체이다. 왜냐하면 그것은 운동으로 특징지어지기 때문이다'라는 식의 추론이 그 예이다. 이 추론은 증명되지 않는다. 왜냐하면 운동으로 특징지어지는 것(원인)이면 무엇이나 실체적인 주체라는 것이 증명되지 않기 때문이다. 이 추론은 전제가 되는 논점을 증명없이 가정하고 있는 오류를 범하고 있다. 따라서 이 추론이 타당한 것으로 받아들여지기 위해서는 먼저 '운동으로 특징지어지는 것은 실체'라는 것이 선결 문제로서 요구된다.

재로 전이하는 것을 함축한다. 무한자에 대한 정의를 거부하는 것이 곧 그 것 자체를 부정하는 것은 아니다. 절대자의 실재성은 세계의 현상성을 포함한다. "존재의 구성요소들은 공허하다. 모든 것은 공성을 지니며, 시작도 없고 끝도 없으며, 결함이 없는가 하면 결함이 없지 않으며, 불완전하지 않은가 하면 완전하지 않다. 사리풋타(Sāriputta)야, 그러므로 여기 이 공성에는 결코 형태, 지각, 이름, 개념, 지식이 있을 수 없다."[원주116]

유가행파는 지식의 세계가 상관적이라는 것을 인정하기 때문에, 그것을 관계짓는 의식(vijñāna)의 실재를 상정한다. 나가르주나는 비갸나의 개념을 자아로 취급하며, 그것의 부적절성을 보여준다. 만일 비갸나가 유한한 자아라면, 그것은 궁극적 원리가 아니다. 만일 그것이 무한한 영혼이라면, 자아에 대한 경험적 범주를 그것에 귀속시키는 것은 옳지 않다. 절대자는 다만 절대자일 뿐이며, 우리는 그것에 대하여 아무것도 말할 수 없다. 모든 사유 작용은 상관적이며, 절대자는 사유 작용의 대상이 될 때 일종의 상대적 존재가 된다. 절대자를 상대적 세계로 끌어내리는 어떤 가상의 인격을 상정하지 않는다면, 우리는 그것을 자의식적 인격으로 생각할 수 없다.

7. 진리와 실재의 등급

나가르주나의 현상론은 우리가 전체 가치체계를 미망으로 간주하도록 촉구하는 것처럼 보인다. 모든 것이 비실재라면 선악 또한 비실재일 것이며, 따라서 우리는 열반을 얻기 위하여 노력하거나 존재하지도 않는 고통으로부터 벗어나기 위하여 굳이 애쓸 필요가 없을 것이다. 우리는 삶을 환상으로 간주하면서 살 수 없다. 윤리적 삶의 토대를 환상에 두는 것은 거의 불가능한 것으로 보인다. 절대적인 잣대로 잴 때, 비록 고통은 실재가 아니

[원주116] 『대품반야경』(*Larger Prajñāpāramitāhṛdayā Sūtra*), The Sacred Books of the East, vol.xlix, p.148.

라 할지라도, 우리의 현존에 관한 한 그것은 생생한 실재라 하지 않을 수 없다. 절대 진리를 실현한 사람에게는 아무런 문제도 없다. 그는 열반에 들었기 때문이다. 그러나 세속에 발을 담그고 있는 사람들은 활동해야 한다. 도덕성은 위태하게 되지 않는다. 왜냐? 환상의 과정은 지상의 모든 존재에 대하여 불가항력적이기 때문이다. 환상은 인간의 삶에 너무나 생생한 것이어서 선악의 구별이 고차적인 상태에서는 어떻게 되든, 아무런 영향도 받지 않은 채 그대로 남는다.

나가르주나는 절대적 진리와 경험적 진리의 2종을 인정한다. "붓다의 가르침은 2종의 진리, 즉 상대적·조건적 진리 및 초월적·절대적 진리와 관련된다."[원주117] 이 구별에 의해서 그렇지 않았더라면 해결되기 어려운 절대적 허무주의와 윤리생활 간의 모순이 해소된다. 2종의 진리 가운데 열반에 이르게 하는 것은 고차원적인 것이라고 할 수 있지만, 고차원적인 것은 반드시 저차원적인 것을 통해서 도달될 수 있다. 경험적 진리는 인간 이성의 산물이다. 그것은 우주와 그 현상들의 원인이다. 그것은 문자적으로 진리를 은폐하는 덮개 혹은 장막을 의미한다. 그것은 그 자체가 명백한 사실이므로, 그것의 존재를 증명해야 할 필요가 없다. 꿈을 꾸고 있는 사람은 어떤 논증을 통하여 자기의 꿈을 부정할 수 없다. 왜냐하면 그가 사용하는 모든 논증은 그것이 입증 혹은 부정하고자 하는 것과 마찬가지로 거짓이기 때문이다. 잠에서 깨어났을 때, 우리는 꿈에 나타난 대상의 허위성을 증명할 수 있다. 이와 마찬가지로 실제적 진리의 허위성 또한 절대적 진리의 실현을 통하여 증명될 수 있다. 실제적 진리에 관한 논의는 결코 실제적 진리 자체를 의심할 수 없다. 그 속에서 모든 것은 마치 사물들이 실재적이고도 본질적인 요소들로 구성되어 있는 것처럼 일어난다.

주체와 객체, 진리와 거짓, 속박과 해방의 구별은 이러한 차원에서 타당하다. 궁극적으로 실제적 진리는 전혀 진리가 아니다. 왜냐하면 그것은 모두 꿈 혹은 환(幻)일 뿐이기 때문이다. 세계의 모든 사물, 붓다와 같은 아

[원주117] 『중론송』, 제24장.

름다운 환상, 그리고 열반에 도달하려는 신성한 희망은 산산이 부서진다. 만일 모든 것이 환상이라면 환상이라는 관념 또한 환상임에 틀림없다는 진부한 이의 제기는, 나가르주나를 당혹하게 만들지 않는다. 논증상의 난점은 그가 영원한 진리에 상응하는 절대자를 수용하도록 만든다. 만일 모든 것이 공허하며 생멸이 없다면, 선악, 진위의 구별이 있을 수 없다는 반론에 대하여, 나가르주나는 모든 갈애를 잠재우고 내적인 평화를 가져다 주는 궁극자가 현실적인 진리 혹은 일상 생활의 관습에 의하여 은폐되어 있다고 대답한다.

엄격히 말하여 어떤 존재도 없고, 존재의 소멸도 없으며, 탄생이나 구제도 없다. 실재는 구체적이거나 개별적인 것은 아무것도 없다는 의미에서의 공(空)이다. 이것은 절대적인 무(無) 혹은 공허한 무속성의 존재를 의미하지 않는다.[원주118] 그것은 실제적 진리의 차원과는 다른 의미에서의 공허이며, 실재라고 말해지는 공허이다. 나가르주나는 이러한 취지에서 붓다를 인용한다. "여자도 없고 남자도 없으며, 생명도 없고 의식적 존재도 없으며, 또한 자아도 없다. 이 모든 것들은 꿈이나 꾸며낸 이야기처럼, 수면에 비친 달의 반영처럼 비실재적이다."

이성은 단지 믿음의 여지를 만들기 위한 불완전한 것으로 운명지어진다. 믿음은 무지에 의해서 자라나는 것이 아니라, 지식에 의하여 지탱된다. 그것은 단순히 공허한 공상의 유희가 아니라, 이성에 토대를 둔다. 만일 절대자와 상대적 진리가 전혀 무관하다면, 우리는 철저한 회의에 빠지고 말 것이다. 지식은 만일 그것이 궁극적 실재에 대한 지식으로부터 완전히 단절된 것이라면, 그것은 심지어 현상에 대한 지식으로도 옹호될 수 없다. 나가르주나는 경험적 진리에 의지하지 않고는 초월적 진리가 얻어질 수 없다는 것을 지적한다.[원주119]

〔원주118〕 스티븐슨(R.L. Stevenson)의 시를 참조하라. "그러나 큰길들이 어디로 향하든 마침내는 아무것도 없다는 것을 명심하라."

〔원주119〕 "일상적인 언어관습에 의지하지 않는다면, 절대적인 진리는 전달될 수가 없다" (Vyavahāram anāśritya paramārtho na deśyate, 『중론송』, 제24장).

이성에 의한 진리는 비록 그것이 궁극적인 것은 아니라 할지라도 무시되어서는 안된다. 어떤 철학자들이 받아들이고 있는 이성은 궁극적인 힘이 아니다. 지성을 통해서는 드러나지 않는 최고의 진리는 유한한 정신에 대해서는 단지 하나의 가정일 뿐이다. 우리는 비록 그것을 볼 수 없다 할지라도, 그것의 존재를 믿을 수 있다. 마치 경험의 대상을 아는 것처럼 그것을 알았다고 말할 수 있는 사람은 아무도 없다. 그럼에도 불구하고 그는 그와 같은 어떤 가정이 우리의 경험을 완전하게 하기 위하여 필수적이라는 것을 느낀다. 우리가 소유하는 사실들은 그것이 함축하는 대로의 완성을 요청한다. 그러나 그 방식은 우리 앞에 펼쳐져 있지 않다. 진리는 우리의 머리 위에 떠돌고 있으며, 우리가 준비된다면 그것은 언제든지 우리에게 내려앉을 것이다. 우리는 자신의 한계를 초월하지 않으면 안된다. 완전한 통찰력의 부재는 그것의 필연성에 대한 믿음과 아무런 모순없이 양립한다. 비록 그것에 대한 관념은 논리적 논의의 영역 안으로 가져올 수 없다 할지라도, 그 믿음은 확고한 것이다. 단지 이러한 것이 참된 믿음, 보이지 않는 것에 대한 증거이다.

지극히 추상적인 견지에서 쿠마릴라는 다음과 같은 취지로 나가르주나를 비판한다. "존재하지 않는 것은 단지 존재하지 않는 것일 뿐이며, 존재하는 것은 완전히 실재적이므로, 2종의 진리에 대한 상정은 있을 수 없다는 것을 인정해야 한다."[원주120] 샹카라는 중관학파의 교의가 세계의 순수 무(無)를 주장한다고 믿는다. 이와 유사한 인상을 받았던 우다야나(Udayana)는 묻는다. "공(空)의 개념은 사실(fact)인가, 아닌가? 만일 그것이 어떤 사람에 의하여 인지되는 사실이 아니라면, 어떻게 당신은 세계가 공(空)이라고 말할 수 있겠는가? 만일 그것이 사실이라면 그것은 자명한가? 다시 말하여 다른 어떤 사람에 의해서도 인지되는가? 만일 그렇다면 다른 어떤 사람과 그가 인지하는 것은 모두 인정되어야 한다."

나가르주나는 다양한 종류의 존재를 인정한다. 환각의 대상과 지각의 대

[원주120] 『슐로카바르티카』, 115.3.10. 'Na satyadvayakalpanā.'

상은 비록 동일한 차원에 속하는 정신의 사실들이라 할지라도, 전자는 후자가 존재하는 의미와 동일한 의미로 존재하지 않는다. 모든 사물과 사람은 구성요소(dharma)들의 집합이며, 그 둘의 차이는 이들을 이루는 구성요소의 성질에 의하여 결정된다. 사물의 경우에는 동종의 구성요소들이 참여한다. 사람의 경우에는 그렇지 않다. 우리의 생명 기관 등은 본질적인 어떤 변형 없이 새로워지지만, 정신적 구성요소들은 큰 변화를 겪는다. 환각의 대상은 정신적 존재 이외의 어떤 존재도 지니지 않는다. 이에 비하여 경험의 대상은 경험의 맥락 속에 존속하며, 그 범위 내에서 그것은 주체에 대하여 독립적으로 있다.

나가르주나는 세계가 시공간 내에 좌표를 지닌다는 의미에서 존재한다는 것을 인정한다. 물론 이것은 세계가 영원성이나 영속성을 지닌다는 의미가 아니다. 경험의 대상은 자체의 공간적 위치와 시간적 맥락 때문에 어떤 고정성을 지닌다. 우리는 어떤 상황하에서 그것을 인식하게 되며, 또한 그러한 경험을 반복한다. 그것은 초주관적인 것이며, 적당한 조건하에 있는 모든 일반적 경험에 공통된 대상이다. 순수 정신적 상태는 공간적 관계에 의하여 연장되거나 한정되지 않으며, 일시적인 성격을 지닌다. 또한 그것은 오직 하나의 주체에 의하여 직접적으로 파악된다. 그래서 물질적 존재는 순수하게 정신적인 것보다 더 큰 확실성을 지닌다. 심상(心象)은 의식의 흐름에 따라 변화하는 일시적인 것임에 비하여, 감각적 지각의 대상은 상대적으로 확실하며, 일정한 조건에 따라 의식 속에 부활될 수 있다.

세계 내의 모든 존재는 비록 절대 자존은 아니라 할지라도, 시공간과 인과의 체계 내에 위치를 점한다. 이것은 그들이 비존재라는 것을 의미하지는 않는다. 『랄리타비스타라』는 말한다. "존재하는 대상도 없고 존재하지 않는 대상도 없다." 세계는 절대적 의미에서 실재하는 것이 아니며, 그렇다고 완전한 무라고 말할 수도 없다. 왜냐? 후자는 불가능한 개념이기 때문이다. 그러므로 중관학파는 공(空)으로 절대적인 비존재가 아니라 단지 상대적 존재를 의미할 뿐이다. 그것은 샹카라의 경험적 존재이다. 사물은 자존이라는 의미에서 실체적이 아니라고 말하는 것과, 그것이 비실체적일 뿐만 아니라 전적으로 존재하지 않는다고 말하는 것은 전혀 별개이다. 우리는 중관학파 문헌에서 이 두 가지 경향 모두를 보게 되는 것 같지만, 전자가 이 학파의 참된 입장인 것으로 보인다. 동시 존재적 제 원인에 의하여 생겨나는 것이 모든 존재의 본질이며, 그렇게 생겨나는 것은 그 자체로서 생겨나는 것이 아니며, 따라서 본래적으로 자존하는 것이 아니라는 의미를 담고 있는 연기설은, 다만 실제적 존재가 궁극적으로 볼 때 실재적이 아니라는 것을 보여줄 뿐이다. 이런 의미에서의 공(空)은 제 원인에 의한 생기 혹은 의존성을 의미한다.

한편, 경량부나 유부와 같은 불교 실재론자들은 제 원인에 의하여 생겨난 것은 자존이 아니며 어떤 실체도 결여하고 있으므로 단지 공(空)일 뿐이라는 견해에 중요한 의미를 부여하지 않는다. "보편적 인과율의 소산이 아닌 것은 아무것도 없으므로, 모든 것은 공(空)으로 언명된다."[원주121] 중관학파의 공설(śūnyavāda)은 부정적인 의미로 실체의 비존재를 의미하며, 긍정적인 의미로 끊임없이 변화하는 윤회의 흐름을 의미한다. 때로는 중관학파가 모든 사물은 실재로나 현상으로도 전혀 존재하지 않는다고 주장했다고 말해지기도 한다. 그것은 단지 석녀의 딸과 같은 불가능한 것에 비유될 뿐이다. 우리는 그와 같은 여인의 아름다움을 묘사할 수 있을 것이다. 그럼에도 불구하고 묘사되는 대상은 비존재이다. 이 견해는 나가르주나의 본래 의도를 나타내지 않는다. 그러나 이러한 곡해를 낳을 수 있는 그의 언급이 여러 곳에서 발견된다. 일례를 들어보자. "우리는 온갖 사물을 경험하지 않는가"라는 질문에 나가르주나는 대답한다. "경험한다. 이것은 마치 병든 눈의 비구가 탁발할 때 사용하는 그릇에 떨어져 있는 머리카락을 보는 것과 같다. 사실 그는 그것을 보지 않는다. 왜냐? 그것에 대한 인식은 그것의 대상과 마찬가지로 실재하지 않기 때문이다. 이것은 건강한 눈을 가진 사람이 머리카락에 대해서 아무런 생각도 지니지 않는다는 사실에 의하여 증명된다."

[원주121] 『중론송』, 제24장.

개아가 절대적 진리를 얻을 때, 그는 만물의 참된 본질을 알게 되며, 그것의 존재를 긍정하지 않을 것이다. 그것은 더 이상 그에게 나타나지 않으며, 따라서 절대적 지식은 사물에 대한 무인식을 의미한다. 전체 세계는 마치 마술과 같다. 무지를 여읜 성자는 그것에 지배되지 않는다. 외견상 존재하는 것은 환상이다. 중관학파에서는 모든 생각과 사물이 공으로 간주되기 때문에, 때론 이 학파가 일체무론자(一切無論者, sarvavaināśika)라고 불리기도 한다.[원주122] 태양과 별들을 포함하는 세계가 단지 토대없는 현상에 불과하다는 이 견해는, 일반적으로 분류되는 불교의 4학파 가운데 중관학파의 입장과 맞아떨어진다. 즉 유부는 외적 대상의 지각 가능성을 인정하는 표상실재론자(表象實在論者)요, 경량부는 표상론자이며, 유가행파는 주관론자, 그리고 중관학파는 허무론자이다. 그러나 우리는 이 견해가 나가르주나의 참뜻이라고 생각하지 않는다. 그는 우리가 앉아 있는 의자는 의자가 아니라는 것을 증명하고자 하는 통속적인 마술사가 아니다. 비록 외적 존재의 절대적인 실재성을 부정했다 할지라도, 그는 유일 가능한 의미, 즉 여러 현상의 연속적 생성이라는 의미에서의 존재를 인정한다.

8. 공관과 그 의미

공(空)이라는 용어는 여러 가지로 이해된다. 어떤 사람들에게 그것은 무(無)를 의미하며, 또 어떤 사람들에게는 만물에 내재하는 초월·무한의 영원한 원리를 의미한다. 전자는 경험적 세계의 진리이며, 후자는 형이상학적 실재의 진리이다. 가공의 건조물조차도 공(空)의 상황에서는 유지될 수 없다. 모든 부정은 감추어진 긍정에 의존한다. 절대적 부정은 불가능하다.

〔원주122〕 환영론적인 경향은 붓다팔리타(Buddhapālita)와 찬드라키르티에서 이미 발달된 형태로 발견되며, 어떤 의미로는 샨티데바(Śāntideva)에서도 찾아볼 수 있다. 그러나 보다 합리적이고 체계적인 견해는 나가르주나의 관점에 대한 바바비베카(Bhavaviveka)의 주해에서 발견된다.

전적인 회의론은 허구이다. 왜냐하면 그러한 회의론조차도 회의론자의 판단의 타당성을 함축하고 있기 때문이다. 우파니샤드와 마찬가지로, 나가르주나는 고차원의 실재가 경험의 대상이라고는 생각하지 않지만, 그러한 실재 자체를 부정하지는 않는다. "눈이 볼 수 없고, 마음이 생각할 수 없는 것, 이것이 최고의 진리이며, 인간은 그 속에 들 수 없다. 모든 대상에 대한 완전한 통찰이 일시에 얻어지는 영역은 붓다에 의하여 절대적 진리(paramārtha)라고 불렸으며, 그것은 언설로 나타낼 수 있는 것이 아니다."[원주123] "그것은 공이라고 불릴 수 없고, 공이 아닌 것이라고 불릴 수도 없으며, 둘 다라고도 불릴 수 없으며, 둘 다 아니라고 불릴 수도 없지만, 다만 그것을 가리키기 위해서, 그것이 공이라고 불리는 것이다."[원주124]

　근본적 실재가 있다. 이것 없이는 사물이 사물로 존재할 수 없다. 공성은 적극적인 원리이다. 나가르주나를 주석하면서 쿠마라지바는 말한다. "모든 것이 가능하게 되는 것은 공성 덕분이다. 만일 그것이 없다면, 이 세계에서 가능한 것은 아무것도 없을 것이다." 그것은 모든 것의 토대이다. "수부티(Subhūti)야, 모든 것은 자기의 귀의처로 공성을 지닌다. 이들은 그 귀의처를 바꿀 수 없다."[원주125] "공성은 원인을 지니지 않는 것, 생각과 개념을 초월하는 것, 생성되지 않은 것, 불가사의한 것에 대한 동의어이다."[원주126] 경험의 세계에 적용될 때, 공성은 현상 세계의 영속적인 변화의 상태를 의미한다. 끝없음의 황야에서 인간은 모든 희망을 잃어버린다. 그러나 그것의 비실재성을 인식하는 순간에, 그는 그것을 초월하여 불변의 원리에 도달하려고 애쓴다. 그는 전체가 꿈이라는 것을 알고, 그곳에서 아무런 집착 없이 앉아 승리를 확신할 것이다.

　우리는 궁극적 실재에 대하여 아무것도 말할 수 없다. 진리를 실현하기

〔원주123〕『중론송』, 제3장.
〔원주124〕"Śūnyam iti na vaktavyam aśūnyam iti vā bhavet
　　　　　Ubhayaṁ nobhayaṁ ceti prajñaptyarthaṁ tu kathyate."
〔원주125〕『반야경』.
〔원주126〕『팔천송반야』, 제18장.

위하여 우리는 진리와 양립할 수 없는 모든 조건을 물리쳐야 한다. 절대자는 존재도 아니고 비존재도 아니며, 존재·비존재도 아니며, 존재·비존재와 다른 것도 아니다.[원주127] 중관학파에 있어서 이성과 언어는 단지 유한 세계에 적용될 뿐이다. 유한한 범주를 무한의 영역에 적용하는 것은, 마치 보통의 온도계로 태양열을 재려고 하는 것과 같이 무모하다. 유한 존재인 우리의 관점에서 보면, 절대자는 무이다.[원주128] 우리가 그것을 공이라고 부르는 것은, 세계의 상황과 관련하여 사용되는 그 어떤 범주도 그것에 적합하지 않기 때문이다. 그것을 유(有, being)라고 부르는 것은 옳지 않다. 왜냐하면 오직 구체적인 것만 있기 때문이다. 그것을 비유(非有, non-being)라고 부르는 것 또한 옳지 않다.[원주129] 그것에 대한 모든 술어를 피하는 것이 최선일 것이다.

사유는 그 기능에 있어서 이원적이며, 존재는 불이(不二)이다. 붓다는 이렇게 말했다. "어떤 묘사가 주어질 수 있으며, 어떤 지식이 문자로 표현될 수 없는 대상을 궁리해낼 수 있겠는가? 심지어 이러한 묘사, 즉 그것은 문자에 의한 표현을 허용하지 않는다는 묘사조차 슌야타(śūnyatā, 空性)라는 용어로 표명되는 초월자, 절대자에게 문자를 적용시킴으로써 행해진다." "존재의 참된 상태는 열반과 다르지 않으며, 그것은 설명할 수 없고, 불가해하며, 생사를 여의어 있고, 사유와 언어의 영역을 초월해 있는 상태이다."[원주130] 둔스 스코투스(Duns Scotus)가 "신은 틀리게 무(無)라고 불리지 않는다"라고 말한 것은, 바로 이와 같이 모든 관계를 초월한다는 의미에서이다. "사유 작용에 있어서 상대적이지 않는 것은 무(無)이다."[원주131]

[원주127] 마다와, 『사르와다르샤나상그라하』. "(궁극적 실재는) 존재, 비존재, 존재이면서 비존재인 것, 존재도 비존재도 아닌 것이라는 네 가지를 여읜 공성(空性)이다"(Astināsti ubhaya anubhaya iti catuṣkotivinirmuktaṁ śūnyatvam).

[원주128] 'Śūnyaṁ tattvam.'

[원주129] "거기에는 존재도 비존재도 없으며, 또한 지각되지도 않는다"(Tatra astitā vā nāstitā vā na vidyate nopalabhyate).

[원주130] 『중론송』, 제18장.

[원주131] 브래들리. 『마하 우파니샤드』(Mahā Upaniṣad)에 따르면, 브라흐만은 '공(空,

절대자는 모든 양식의 한정에서 자유로우며, 우리의 유한한 의식에 의해서는 생각될 수 없지만, 그럼에도 불구하고 인간 정신에 고유한 근원적 무지 때문에, 그것은 현상 세계에 나타난다. 무지는 상대성의 원리이다. 물론 세계는 영원한 실체를 반영한다. 그렇지 않다면, 우리는 나가르주나가 받아들였던 경험지(saṁvṛti)를 통하여 절대 진리(paramārtha)를 얻을 수 없다. 사물의 본질은 공(空)——이 말의 두 의미에서——이다. "우리가 지금 지각하는 대상은 과거에 공이었으며, 미래에도 공일 것이다. 만물은 그 본질로 공성을 지닌다." 우리가 존재하지 않는 사물을 존재하는 본질로 생각하게 만드는 것은 바로 무지이다. 진리에 대한 지식은 위대한 명지(mahāvidyā)라고 불리며, 그것의 반대가 근원적 무지이다.

나가르주나의 공(空)은 우리에게 해밀턴(Hamilton)의 무제약자, 스펜서(Spencer)의 불가해한 힘을 상기시킨다. 그것의 비상관적 성격 때문에, 그것은 가끔 플로티노스의 일자(一者), 스피노자의 실체, 셸링의 동일자(同一者, Neutrum)에 비유되기도 한다. 세계의 동요에 지친 사람들에게 그것은 큰 매력을 지닌다.[원주132] 궁극자는 그것의 절대 상태에서 부동이며, 모든 생성에 대한 부정인 것처럼 보인다. 부정의 요소가 주장되는 순간, 그것의 절대성은 손상된다. 이와 같은 견해로 보면, 만일 절대자가 완전한 실

śūnya), 전적인 비실재(tuccha), 비존재(abhāva), 미현현자(avyakta), 보이지 않는 자(adṛśya), 상상 불가능한 자(acintya), 그리고 무속성자(nirguṇa)'이다. 요가스와로다야(Yogasvarodaya)는 본질적으로 존재·지식·환희인 브라흐만을 공(空)으로 묘사한다(Śūnyaṁ tu saccidānandaṁ niḥśabdabrahmaśabditam). 또한 카비르(Kabir)의 말과 비교하라. "사람들은 그를 공(空)이라고 부른다. 그는 진리 중의 진리이며, 그 속에 모든 진리가 담겨 있다"(타고르의 번역). 또한 다음의 구절을 참조하라. "빛을 여의고 생각을 여의고 지성을 여읜 완전, 일체를 여의고 거짓된 현현을 여읜 삼매가 그 말의 함의이다"(Prabhāśūnyam manaśśūnyam buddhiśūnyam nirāmayam, sarvaśūnyam nirābhāsam samādhis tasya lakṣaṇam).

[원주132] 페이버(Faber)의 시와 비교하라. "오 주여, 저의 가슴에 병마가 깊으니 이 끊임없이 계속되는 변화라는 병마와 삶은 두렵도록 쾌속 무비하게 흘러가고 그것의 분주한 경주와 온갖 다양한 범위를 통하여 변화는 당신 안에서 그 자체로 동일한 것을 발견하지 못하며 침묵하는 당신의 영원 속에서 아무런 반향도 듣지 못합니다."

재라면 그것은 어떤 부정의 원리도 지닐 수 없다. 그와 같이 무한한 존재는 생명도 없고 활기도 없는 무(無)와 다르지 않게 보일 것이다. 부정은 긍정과 마찬가지로 필수적인 것 같다. 그것이 없다면 우리는 차별의 요소를 지니지 않을 것이며, 결과적으로 삶이나 현상은 전혀 불가능하게 된다. 만일 순수 존재가 살아 있고 실재적인 것이라면, 우리는 그 속에서 차별의 원리 혹은 부정의 원리를 생각하지 않을 수 없을 것이다.

나가르주나는 이와 같은 논의를 '인간적인, 너무나 인간적인' 것으로 간주할 것이다. 절대자의 본질을 정의할 수 없고, 유한자와 무한자 간의 관계에 놓인 신비를 이해할 수 없는 우리의 무력함 때문에, 그것이 무(無)라고 믿을 필요는 없다. 절대적 실재와 그것이 지니는 존재의 충만함에 대한 증거는 신비가에 의하여 얻어지는 열반의 지복이다. 만일 유가행파가 중관학파보다 나중에 성립된 것이라면, 우리는 발전의 논리를 이해할 수 있을 것이다. 나가르주나의 절대자에 대한 지적인 설명은 우리를 아뢰야식의 교의로 인도할 것이다. 우리의 유한한 차원에서 볼 때, 나가르주나의 절대자는 그 절대성 안에서 부동인 것처럼 보인다. 유가행파에 있어서 그것은 영속적으로 성장하는 보편의 의식이다. 사람과 사물은 그 바깥에 있는 것이 아니라, 그 안에 있다. 그들은 영속하는 과정 속에 있으며, 절대자의 의식 속에 포함된다. 중관학파에 있어서 모든 사물은 순수 존재에 외적이며, 자신의 유한성에 의하여 속박되고 자신의 존재에 의하여 갇힌다. 그리고 우리는 이러한 사물들이 어떻게 무한 존재와 관계되어 있는지 모른다.

아뢰야식은 상태가 아니라 진행 과정이다. 그것은 영성(靈性), 자기를 객관화하여 대상 세계에 나타내는 의식(vijñāna)이다. 우리의 사유가 절대자를 마음에 그릴 수 있는 최선의 길은, 그것을 의식(cit 혹은 vijñāna)으로 간주하는 것이다. 그 속에는 긍정과 부정, 동일성과 차별성의 양면이 있다. 유가행파의 교의는 모든 존재의 중심에 자의식을 두는 헤겔 철학의 입장과 유사하다. 중관학파의 교의는 샹카라나 브래들리 유형의 불이론(不二論)이다. 왜냐하면 이 학파에 있어서는 자아의 개념이 궁극적이 아니기 때문이다. 자아에 대한 관념은 결국 하나의 관계이며, 절대자를 어떤 관계에 종속되는 것으로 여기는 것은 논리에 어긋난다.

9. 결론

세계는 현상적이라 할지라도, 우리는 뿌리 깊은 타성 때문에 그것을 실재적인 것으로 여긴다. 열반에 도달하려면, 우리는 고대의 길을 따라야 하며, 사물의 실상에 대한 그릇된 개념을 버림으로써 모든 고통에 종지부를 찍어야 한다. 행복과 즐거움뿐만 아니라 고통과 슬픔도 우리의 무지에 기인한다. 마음은 모든 고통과 행복의 원천이다. 윤리생활은 유한한 세계에서 가치를 지닌다.

윤회가 단지 가현이라는 것은 이미 언급한 바 있다. 만일 우리가 그것의 실상을 여실하게 이해한다면, 그것이 열반이다. 진리는 절대자이다. 여래는 개별 존재의 부재이며, 세계는 또한 유한 존재의 부재이다.[원주133] 공(空)에 대해서 말해지는 모든 것이 열반의 진실이다. 그것은 상대적 표현의 영역을 초월한다. 우리는 그것을 공(空)이라고 말할 수 없고, 공(空)이 아니라고 말할 수도 없으며, 양자 모두라고 말할 수도 없고, 양자 모두가 아니라고 말할 수도 없다.[원주134] 우리는 관습적으로 붓다가 존재한다고 말한다. 그러나 엄격히 말한다면 우리는 그렇게 말할 수 없다. 나가르주나는 말한다. "부족함이 없으며, 얻어지지 않으며, 중단하지 않으며, 상주(常住)하지 않으며, 설명되지 않으며, 생성되지 않는 것, 그것을 열반이라고 부른다." 열반이 얻어지면, 근원적 무지가 단멸되고 생존의 속박이 풀어진다. 단지 무조건·불생·무형자만 남는다. 심지어는 열반이란 얻어지는 어떤 것이 아니라고 말해지기도 한다. 단지 근원적 무지가 제거될 뿐이다.

최종적인 해탈을 추구하는 자는 여섯 가지 수승한 덕행, 즉 자선, 도덕

〔원주133〕『중론송』, xxii.16. 또한 xxv.12를 보라.
〔원주134〕같은 책, xxii.11.

성, 인내, 노력, 명상, 최고의 지혜를 열심히 닦아야 하며, 이를 통하여 완전을 얻는다. 모든 것의 비실재성을 아는 보살이 어떻게 다른 사람들을 죄에서 구하기 위하여 노력할 수 있겠는가? 이렇게 묻는다면, 이에 대한 대답은 『금강반야경』(金剛般若經, *Vajracchedikā*)의 언급에서 구할 수 있을 것이다. "보살의 길에 들어선 자는 이렇게 마음먹어야 한다. '일체 중생은 나로 인하여 완전한 열반의 세계로 구제되어야 한다.' 그럼에도 불구하고 내가 이 모든 중생을 구제하고 나면, 그 어떤 존재도 구제되지 않았다. 왜냐? 수부티(Subhūti)야, 만일 보살이 존재에 대한 어떤 개념을 지니고 있다면, 그는 보살이라고 불릴 수 없기 때문이다."[원주135] "은혜는 대상을 실재하는 것으로 받아들이는 보살에 의해서 주어지지 말아야 한다."[원주136] 엄격히 말하여 보살의 실재성에 대한 가정은 진실이 아니다.

유부는 이원론적 형이상학으로 출발하며, 지식을 대상에 대한 직접적인 인식으로 간주한다. 경량부는 관념을 실재가 파악되는 매개로 여기며, 이로써 정신과 사물 간에 스크린을 세운다. 유가행파는 시종일관 심상의 배후에 있는 사물을 없애려고 애쓰며, 모든 것을 마음속에 있는 일련의 관념에 귀속시키려 한다. 중관학파는 보다 대담하고 논리적인 방식으로 마음을 또한 단순한 관념으로 귀착시키며, 우리가 아무것도 단정적으로 말할 수 없는 일단의 관념과 지각들을 우리에게 남겼다.

영국의 경험론은 이러한 논리방식을 반복한다. 로크와 그의 후계자들이 보였던 기계론적 논리의 출발점은 주체와 객체를 상호 작용하는 유한 존재로, 그리고 지식의 내용을 이러한 상호 작용의 산물로 이해하는 것이었다. 그러한 상호 작용의 산물이라고 불릴 수 있는 어느 쪽 요소도 담고 있지 않는 지식을 통해서는, 우리는 주체나 객체 어느 것도 알 수 없다. 우리는 이러한 이론의 논리적 귀결을 흄의 회의론에서 보게 된다. 여기서 자아와 세계는 심리 상태의 연속으로 해석된다. 영국 경험론자들의 활동은 레이드

[원주135] The Sacred Books of the East, vol.xlix, p.132.
[원주136] 같은 책, p.1.

(Reid)에 의하여 이렇게 요약된다. "여러 관념은 처음에 단지 사물의 심상이나 표상이라는 소박한 자격으로 철학에 도입되었다. 이러한 성격의 관념은 인간의 오성을 설명하는 데 거슬리지 않을 뿐만 아니라 상당한 공헌을 하는 것으로 보였다. 그러나 사람들이 관념들에 관하여 명확하고 분명한 논리로 체계화하기 시작한 이래로, 그들은 점차 원래의 영역 밖에까지 그 외연을 넓혔으며, 그 자체를 제외한 모든 것의 토대를 침식했다. 이러한 관념들은 마치 하늘을 나는 새처럼 자유롭고 독립적이다……. 그러나 결국 이 자존·독립적인 관념들은 이렇듯 우주에 홀로 남겨져서, 자기의 벌거벗은 몸을 가릴 넝마 한 조각 없이 표류하게 될 때, 애처롭게 보일 정도로 빈약하고 결핍된 꼴이 된다."[원주137] 지식은 불가능하고, 경험은 불가해한 것이 되며, 철학은 그 자체의 기본적 입장에 대한 근본적인 재고없이 더 이상 나아갈 수 없었다.

형이상학적인 관점에서 고찰해볼 때, 유부의 2종 실체에 관한 이론은, 경량부로 넘어가면서 마음의 측면에 더 큰 비중을 두게 된다. 유가행파는 외적 세계를 없애버리고 모든 것의 중심에 마음을 둔다. 그리고 중관학파는 개별적 자아든 물질적 대상이든 둘 다 궁극적으로는 실재하지 않는 것이라고 단정한다. 실재는 절대자를 의미한다. 유가행파는 자아 의식의 개념을 아무 거리낌없이 절대자에게 적용하지만, 이에 비하여 중관학파는 비아뿐만 아니라 자아 또한 마찬가지로 비실재적인 것으로 간주한다. 개별성은 궁극적이 아니다.[원주138]

불이론적 베단타 철학이 중관학파의 교의에 많은 영향을 받았다는 것은 분명하다. 가우다파다(Gauḍapādā)의 『카리카』(Kārikā) 가운데 알라타샨티(Alātaśānti)는 중관학파의 교의로 가득 차 있다. 불이론 철학의 경험(經驗, vyavahāra)과 실재(實在, paramārtha)의 구분은 중관학파의 실제적 진리(saṃvṛti)와 절대적 진리(paramṛrtha)의 구분에 상응한다. 상

[원주137] *Works*, p.109.
[원주138] Kern, *Manual of Indian Buddhism*, p.126을 참조하라.

카라의 무속성(nirguṇa) 브라흐만과 나가르주나의 공(空)은 상당한 공통점을 지닌다. 현상적 우주를 일으키는 무지의 힘은 양자 모두에 의해서 받아들여진다. 세계를 추상과 범주와 관계의 유희로 해체시키는 예리한 논리 또한 양자 모두에게서 발견된다.

만일 우리가 슈리 하르샤(Śrī Harṣa)와 같은 불이론 베단타 학자의 철학을 살펴본다면, 우리는 그가 중관학파의 교의를 거의 그대로 답습하면서, 우리가 사용하는 원인과 결과, 실체와 속성과 같은 범주의 자기 모순을 밝히고, 사물을 적절하게 설명할 수 없다는 이유로 그것의 실재성을 부정하고 있다는 것을 발견하게 된다. 슈리 하르샤의 『칸다나』(*Khaṇḍana*)에 따르면, 만물은 설명이 불가능하다(anirvacanīya). 『마디야미카 브릿티』(*Mādhyamika vṛtti*)에 따르면, 만물은 본질이 없다(niḥsvabhāva). 정의 불가능하다는 것과 속성이 없다는 것은 결국 동일하다. 보이지 않는 세계에 대한 불교의 입장과 마찬가지로, 나가르주나는 비록 긍정적 절대자의 실재성을 인정한다 할지라도, 그것에 관하여 큰 관심을 보이거나 강조하지 않는다. 경험을 현상으로 귀착시키는 부정적인 논리로, 그는 불이론 철학을 위한 토대를 마련한다. 그런데 이 두 교의의 대표자들이 서로 상반되는 입장을 지지하고 있는 것으로 여긴 것은 기이한 역설이라 하지 않을 수 없다.

몇 가지 문제에 대한 고찰[원주1]

나의 『인도철학사』(*Indian Philosophy*)는 애정어린 관심을 받았으며, 이번 기회를 통하여 나는 비평자들이 보여준 이해와 호의에 감사한다. 나는 이 글에서 철학적 해석의 방법, 비교학문의 가치, 우파니샤드의 가르침, 이른바 붓다의 무신론, 그리고 나가르주나의 형이상학적 입장과 같이, 제1·2권이 제기했던 몇 가지 쟁점이 되는 주제를 다루고자 한다.

1. 철학사가는 단순한 문헌학자로서 혹은 학자로서가 아니라, 자기의 학적 역량을 표현된 언어로부터 그 근저에 놓인 사상을 캐내는 도구로 사용하는 철학자로서 자기의 일에 임해야 한다. 단순한 언어학자는 고대 인도 사상가들의 견해를 철학사의 뒤섞이고 불완전한 여러 층을 통하여 흩어져 누운 무수한 화석으로 간주하며, 그의 견지에서는 이러한 여러 사상적 견

[원주1] 이 글은 *Mind*, vol. xxxv, N.S. No.138에 실렸던 것이다.

해를 살아 의미있는 것으로 만드는 어떤 해석은 당치 않고 진실이 아닌 곳으로 내던져진다. 한편, 철학자는 영구한 삶의 문제를 꿰뚫어 파악하고자 하는 인도의 고대 사상들이 지닌 가치를 인지하고, 이러한 사상들을 죽은 화석이 아니라 끈덕진 생명력을 지닌 여러 사상 체계로 다룬다. 우파니샤드나 붓다의 가르침에 기록되어 있는 철학의 제 문제에 대한 인간 정신의 반작용은, 오늘날 가장 성행하는 몇몇 철학 체계 속에 재현되고 있는 것을 볼 수 있다. 비록 고대 인도인들의 언급은 산발적이고 불분명하며, 또한 비체계적이라 할지라도, 그들의 논리가 결함으로 가득 차 있다고 생각할 아무런 이유도 없다. 여기저기 흩어져 있는 자료를 종합하고, 우리를 위하여 그 자료들이 담고 있는 생명을 찾아내며, 이로써 영혼을 육신으로부터 자유롭게 하는 것은, 단순한 언어학적인 분석과는 다른 창조적 논리의 작업이다.

막스 뮐러는 말했다. "내가 느끼는 것은, 단지 고대의 어떤 철학의 표어를 되풀이하는 것만으로는 불충분하다는 것이다. 이것은 여러 경전에서 쉽게 대할 수 있다. 적어도 우리는 고대의 이러한 문제들을 우리 가까이로 끌어와서 우리 자신의 것으로 만들며, 고대의 사상가들이 남긴 희미한 발자취를 더듬으며 그들을 따르려고 노력하지 않으면 안된다."[원주2] 사실을 모으고 증거를 축적하는 것은, 인간 정신의 다양한 사건들을 기록하고자 하는 역사가가 해야 할 일의 중요한 일부임에 틀림없지만, 그럼에도 불구하고 그것은 단지 일부일 뿐이라는 것을 잊지 말아야 한다.[원주3] 그는 관념들

[원주2] *Six Systems of Indian Philosophy*, p.293.

[원주3] 헤겔과 비교하라. "왜냐하면, 사유, 특히 사색적인 사유에 있어서, 이해(comprehension)는 단지 단어의 문법적인 의미를 파악하는 것(understanding)이나, 일반적인 개념의 영역에서 단어를 파악하는 것과는 전혀 다른 어떤 의미를 지닌다. 이로써 우리는 주장이나 명제에 대한 지식 혹은 철학자들의 견해에 대한 지식을 지닐 수 있다. 그렇지 않았다면 우리는 대개 이러한 견해들의 전제들에 그리고 이러한 견해들로부터의 연역에 몰두하고 있을지도 모르며, 우리가 행한 모든 것은 그 중요한 점에 있어서 전제들에 대한 이해를 결하고 있을 것이다." 헤겔은 이와 같이 비철학적인 철학사가들을 '어떤 음악에서 모든 음정을 듣지만, 이러한 음정들의 조화와 통일은 귀에 들어오지 않는 동물'에 비유한다(*History of*

의 논리 구조에 주목하고, 추론하고 설명을 시도하며, 제각기 떨어져 있는 사실들의 무질서한 집적에 어떤 질서를 부여하는 이론 체계를 세워야 한다. 만일 철학사가 죽은 사상가들 및 그들의 저술들에 대한 사실들을 기록한 목록 이상이어야 한다면, 만일 그것이 인간 정신을 교육하고 상상의 마음을 사로잡아야 한다면, 역사가는 단지 기계적인 '넝마주이'가 아니라, 비평자요 해석자여야 할 것이다.

2. 오늘날 동서양의 지식층들은 공히 상호 이해를 희망하고 있으며, 이를 위하여 비교연구만큼 유용한 것은 없을 것이다. 접근방법이 빠지기 쉬운 위험들이 있다. 왜냐하면 유럽 학자 혹은 인도의 주석가가 편견없는 식별력을 지닌다는 것이 매우 어렵기 때문이다. 인도에 거주하는 유럽 선교사들에 의하여 저술된 '인도의 종교적 추구'(Religious Quest of India) 시리즈는 비록 이전 세대 선교사들의 출판물보다는 나아진 것이라고 할지라도, 인도사상에 대한 편견 없는 서술이 아니다. 왜냐하면 이 시리즈는 기독교가 인도 사상의 궁극적인 목적지라는 것을 나타내고자 하는 명백한 목적에서 씌어졌기 때문이다.

인도문화를 연구하는 다수의 서양 학자들은 인도인들이 애초부터 정신적 영역에서의 발달이 지지부진했으며, 과학, 예술, 문학은 말할 것도 없이 철학이나 종교에 있어서도 그들에게 가치있는 어떤 것을 발견한다는 것은 있을 수 없다고 확신한다. 그들은 서양 국가들이 언제나 탁월한 문화와 철학적 사색을 독점해왔다고 믿는다. 그들은 유럽 문명의 태고성과 우월성을 확립하고자 하며, 인도사상에 있어서 위대하고 수승한 것이 있다면, 그것은 모두 기독교 시대에 연원을 두는 것이라고 생각한다. 그들은 무지한 사람들이 인도에 귀속시키는 다수의 위대한 성취가 실상은 그리스에서 빌려온 것이라고 단언한다. 그들은 『리그 베다』의 찬가들과 그 속에 반영된 문명의 연대를 바빌로니아와 이집트 문명보다 훨씬 후대로 잡는 경향이

Philosophy, 영어 번역, vol. i, p.xxv).

있다.

서양 학자들은 고대 인도의 '조야하고 원시적인' 사색과 서양의 성숙된 철학 체계와 비교하려는 모든 시도를 불공평한 것으로 간주해버리는 경향이 있는가 하면, 인도사상에 대한 일종의 옛 긍지—서양 사상과 비교될 때 오히려 그 가치가 손상되는—를 느끼는 인도의 비평가 또한 적지 않다. 이들은 종교와 철학의 문제에 있어서 어쨌든 인도가 서양보다 월등하며, 서양 사상은 인도사상에 비할 때 유치하고 원시적이라고 여긴다.

이러한 판단으로써 우리는 자기의 맛에 따라 동감하거나 비판해버린다. 그러나 상호 이해는 상호 존중과 이의 결과로 생겨나는 공감 없이는 불가능하다. 만일 우리가 역사에 진실하다면, 각 나라가 내적인 통찰과 정신적인 발견에 대한 그 자신의 몫을 지녀왔다는 것을 알게 될 것이다. 자기만이 모든 진리를 지니고 있으며 다른 사람들은 어둠 속을 더듬고 있다는 확신에 사로잡힌 문화적 혹은 종교적 제국주의자는 결코 비교연구에 있어서 안전한 안내자가 될 수 없다. 믿을 수 있는 해석자는 지성과 상상력의 적절한 행사와 함께 경험적인 조사 방법을 채택해야 한다. 그는 현대 사상의 맥락에서 인도인의 견해를 논의하고, 그것을 오늘의 문제와 관련지어야 하겠지만, 용어—외견상 같으나 실재로는 전혀 다를 수도 있는—의 사용에 있어서 신중하고 조심스러워야 한다. 그는 고대의 사상 노선을 현대적인 논법으로 대체하는 것을 피해야 한다. 이러한 종류의 작업에 있어서 우리는 언제나 전자를 후자의 뜻으로 해석한다고 비난받기 쉽지만, 역사적 연구라면 어느 경우나 이러한 어려움이 있다. 이러한 위험에 대한 유일한 대처 수단은 비교적인 연구 방법을 채택하는 것이다. 그러면 우리는 각 전통의 특징적인 점을 이해하고 그 가치를 바르게 평가할 수 있을 것이다.

3. 다수의 비평가들은 우파니샤드에 대한 나의 논의 때문에 혼란에 빠졌다. 왜냐하면 나는 기존의 어떤 전통을 뚜렷이 표방하지 않았으며, 그렇다고 나의 견해에 독자적인 명칭을 붙인 것도 아니었기 때문이다. 환영론(幻影論)—대개 샹카라의 형이상학과 관련되고 도이센에 의하여 지지된—

에 대한 나의 비판은 몇몇 비평가들로 하여금 내가 샹카라의 견해를 반대한다고 생각하게 만들었다. 인격적 유신론에 대한 나의 냉담은 마찬가지로 다른 몇몇 비평가들로 하여금 내가 라마누자의 해석에 호의적이 아니었다고 생각하게 만들었다. 만일 어떤 사람이 샹카라나 라마누자 혹은 그외의 다른 전통적 주석가의 추종자가 아니라면, 그는 단지 이상하고 비철학적인 혼돈에 빠진 난봉꾼일 수밖에 없다는 평가를 받기 마련인 것 같다. 우파니샤드에 대한 나의 해석이 이런저런 점에서 이런저런 전통과 다르게 보일 수도 있겠지만, 나는 그것이 결코 불합리하고 터무니없는 해석이라고 생각하지 않는다는 것을 말하고 싶다.

현학적이고 형식적인 해석이 어떤 독창적인 천재의 가르침을 압도해버리는 경우가 많다. 우리는 플라톤의 눈으로 소크라테스를 보거나, 혹은 아리스토텔레스나 플로티노스의 눈으로 플라톤을 보는 경향이 있다. 우파니샤드는 대개 위대한 주석가들의 이런저런 견지에서 해석된다. 나의 시도는 어떻게 우파니샤드가 다양하게 진전된 새로운 상황에 적합할 수 있는가를 보여주고, 두 명의 주요 주석가, 즉 샹카라와 라마누자의 주요 원리에 어긋나지 않게 우파니샤드의 가르침에 대한 일관된 설명을 한다는 것이 가능한가 하는 것을 보여주는 것이었다. 만일 우리가 다양한 해석들이 조화되고 이해될 수 있는 하나의 관점을 발견할 수 있다면, 이러한 관점은 결코 존재하지 않을 것이지만, 그래도 만일 그것이 발견될 수 있다면, 우리가 우파니샤드의 가르침을 보다 잘 이해할 수 있을 것으로 보인다. 철학적 해석에 있어서는 가장 일관된 견해가 가장 참된 것이라고 말할 수 있다.

우파니샤드는 궁극적 실재의 본질을 설명함에 있어서 이중의 목소리로 말한다. 때로는 그것을 현상적 범주로는 특징지을 수 없는 절대자로 만드는가 하면, 또 때로는 그것을 우리가 숭배하고 섬길 수 있는 지고한 인격과 동일시하기도 한다. 이의 결과로 우리는 세계의 본질에 대한 두 가지 견해를 지니게 된다. 어떤 구절에서 세계는 브라흐만에 우유적인 것으로, 또 어떤 구절에서는 그것이 신과 유기적인 관계를 이루고 있는 것으로 간주된다. 주의깊은 독자는 우파니샤드를 관통하는 이 두 가지 경향을 인지한다.

하나는 절대자를 순수 존재로 간주하고 세계를 그것의 우유적인 가현 (vivarta)으로 만드는 경향이며, 다른 하나는 절대자를 구체적 인격으로 간주하는 동시에 세계를 그의 필수적인 자기 표현으로 보는 경향이다.[원주4] 전자는 샹카라의 견해에 가까우며, 후자는 라마누자의 견해에 보다 가깝다. 나는 "우파니샤드라는 원초적인 복음의 궁극적인 가르침이 샹카라의 아드와이타(Advaita, 不二一元論)인지, 아니면 라마누자의 수정된 입장인지를 결정하는 것은 쉽지 않다"[원주5]는 것을 시인한다.

이와 같이 명백하게 상충하는 두 주석 간에 어떤 이해 가능한 조화는 오직 이중적 관점의 장치를 통해서 가능할 뿐이다. 우리가 지적인 차원 위로 떠올라서 실재의 본질을 직관할 때, 우리는 오직 절대자가 있으며 세계는 단지 절대자일 뿐이라는 것을 알게 되며, 양자간의 관계에 대한 문제는 일어나지 않는다. 왜냐하면 절대자와 세계는 상호 관련을 필요로 하는 두 가지 구별되는 실체가 아니기 때문이다. 논리적인 범주들을 통하여 우리가 인간의 입장에서 절대자를 생각할 때, 우리는 절대자를 그 속에 있는 다양한 요소를 한데 묶는 전체라고 보는 경향이 있다. 절대자는 스스로의 자기 표현에 의해서 세계가 유지되는 인격신으로 간주된다. 순수 존재로서의 절대자(샹카라)와 인격으로서의 절대자(라마누자)는 하나의 궁극적 사실에 대한 직관적 표현과 지적 표현이다.[원주6] 이 두 사상적 경향이 우파니샤드에서 교차되고 있기 때문에, 샹카라와 라마누자는 이에 의거하여 자기의 견해를 견지할 수 있었다. 나중에 보게 되는 것처럼, 샹카라는 우파니샤드의 다양한 구절들을 조화시키기 위하여 이와 같은 이중적 관점의 장치를 채택한다.

4. 초기 불교에 대한 설명에서, 나는 그것이 "단지 우파니샤드의 사상을

[원주4] 『인도철학사 Ⅰ』, pp.237~238, pp.243~245, pp.258~262, pp.281~282를 보라.
[원주5] 같은 책, p.352.
[원주6] 같은 책, pp.237~238, pp.243~245, pp.253~254, pp.258~262, pp.352~353
　　　을 보라.

새로운 관점에서 재해석한 것에 불과하다"는 것을 입증하고자 했다.[원주7] 우파니샤드에 대한 어떤 특정한 언급이 없음에도 불구하고, 붓다의 가르침은 우파니샤드의 사상에 상당한 영향을 받았다는 것이 인정된다.[원주8] 베다의 권위에 대한 냉담,[원주9] 제의식적인 경건에 대한 무관심,[원주10] 업설과 재생에 대한 믿음,[원주11] 열반을 얻을 수 있는 가능성에 대한 확신,[원주12] 그리고 세계와 자아의 무상성에 대한 교의[원주13]는 우파니샤드와 붓다에 공통적이다.

붓다는 절대적 실재성이 세계 내의 어떤 것의 속성이 아니며, 윤회의 세계는 무시무종의 생성이라는 것을 주장함에 있어서, 그는 절대자, 자아, 열반 상태의 실재성을 분명하게 주장하지 않는다. 그는 사후 깨달음의 상태에 대하여, 그것이 존재인지, 비존재인지, 둘 다인지, 아니면 둘 다 아닌지 분명히 말하지 않으며, 자아와 세계에 관해서도 그것이 영원한지, 그렇지 않은지, 둘 다인지, 아니면 둘 다 아닌지, 그들이 자기 창조적인지, 타자에 의하여 창조되는 것인지, 둘 다인지, 둘 다 아닌지 분명히 말하지 않는다.

〔원주7〕 이 책 155~157쪽을 보라.
〔원주8〕 쿠마릴라(Kumārila)와 같은 정통 힌두 사상가는 불교의 주관주의, 찰나설, 무아설이 우파니샤드로부터 영감을 받은 것이라고 주장한다. 『탄트라바르트틱카』(*Tantravārttika*), i.3.2를 보라. "Vijñānamātrakṣaṇabhanganairātmyādivādānām api upaniṣat-prabhavatvam."
〔원주9〕 『문다카 우파니샤드』, i.1.5.
〔원주10〕 같은 책, i.2.7~10 ; 『브리하드아란야카 우파니샤드』, i.4.15.
〔원주11〕 『찬도기야 우파니샤드』, v.10.7 ; 『카타 우파니샤드』, v.7 ; 『슈웨타슈와타라 우파니샤드』, v.11~12.
〔원주12〕 『찬도기야 우파니샤드』, iv.15.5~6 ; 『브리하드아란야카 우파니샤드』, vi.2.15 ; 『슈웨타슈와타라 우파니샤드』, i.7.8.11.
〔원주13〕 세계의 변화성은 '자가트'(jagat, 世界)라는 말에 의하여 나타난다. 『이샤 우파니샤드』, i ; 『브리하드아란야카 우파니샤드』, iii.1.3 ; cf. "모든 것은 죽음의 먹이이다"(sarvam mṛtyor annam), 『브리하드아란야카 우파니샤드』, iii.2.10 ; 또한 i.3.28. 『카타 우파니샤드』, i.12에서 천계(svarga)는 굶주림과 갈증, 슬픔, 노사(老死)가 없는 곳으로 묘사된다. 『카타 우파니샤드』, i.26~28에서는 최고의 세속적 행복이라도 단지 헛된 것일 뿐이라고 말해진다.

사실 이러한 질문들은 붓다가 어떤 사색을 허용하지 않았던, 말하자면 보류된 문제들이었다. 붓다가 이 문제들에 대한 독단적인 주장을 거부했다는 것은 의심의 여지가 없지만, 적어도 만일 그것이 대답될 수 있다면, 붓다의 침묵이 지니는 정확한 의미는 무엇인가 하는 것은 여전히 흥미있는 질문이 아닐 수 없다.

세 가지 질문, 즉 세계의 모든 변화에서 벗어나 있는 절대적 실재가 있는가, 변화하는 온갖 물질적 요소들과 다른 영원한 자아가 있는가, 그리고 열반은 적극적인 존재의 상태인가 하는 것은 하나의 근본적인 형이상학적 문제의 다른 측면들이다. 만일 변화하는 세계의 법칙에 지배되지 않는 궁극적 실재가 있다면, 열반은 이러한 실재의 영역을 얻는 것이며, 깨달은 자는 영원한 자아이다. 만일 절대적인 실재가 없다면, 영원한 자아는 결코 있을 수 없으며, 열반은 무일 뿐이다. 전자의 견해는 우파니샤드의 종교적 관념론에 가까우며, 후자는 과학적 형이상학의 부정적 합리주의에 더 가깝다.

붓다의 개인적인 견해가 무엇이었던 간에, 그는 형이상학적인 문제에 대한 논의가 해탈을 구하는 자에게 아무런 도움이 되지 않는다는 이유에서, 이러한 논의에 관여하는 것을 거부했다. 형이상학적인 모든 주제에 대한 그의 회피는, 모든 사상가와 사상 체계에 특정 명칭을 달고 싶어하는 현대 철학사가에게 애매모호한 입장으로 남을 수밖에 없다. 붓다는 잡으려 해도 잡히지 않는다. 그의 침묵은 확신이 없음에 대한 핑계인가? 그는 터놓고 말하는 것을 두려워하는 소심한 사람인가, 아니면 단지 경계선상에 앉아 있었던 사람인가? 그의 정신 상태가 애매모호했는가, 아니면 잘못 파악하는 위험을 피하려고 했는가? 그는 자기의 가르침이 지니는 적극적 함축과 부정적 함축에 개의치 않으면서, 두 측면을 모두 수용했는가? 우리에게 있을 수 있는 세 가지 선택이 있다. 붓다는 절대자의 실재를 받아들였거나, 그것의 실재를 받아들이지 않았거나, 아니면 그것에 관한 진리를 알지 못했다. 그의 사상이 부정적인지, 긍정적인지, 아니면 불가지론적인지, 그 성격을 규명해보도록 하자.

우선 우리는 붓다의 가르침에 대한 문자적인 기록이 없다는 어려움에 직면한다. 팔리 경전은 불멸 후 상당한 시간이 지난 후에 현재의 형태를 갖추었다. 따라서 경전에 의거한 불교가 어느 정도가 붓다 자신의 것이며 또 어느 정도가 후대의 발달인가 하는 것을 확실하게 말하기 어렵다. 고대 인도에서는 스승들의 강연과 담화가 제자들에 의하여 기억 · 보존되고 후대에 전해졌다. 위대한 베다 문헌의 경우도 예외가 아니다. 붓다의 경우도 마찬가지이다. 그는 생애 동안 정규의 수행 단체를 세우고 수많은 제자들을 거두었으며, 이들은 그의 가르침을 널리 전파하였다. 우리가 붓다 자신이 말한 어구 그대로를 지니고 있는가 하는 것은 확신할 수 없다 할지라도, 그럼에도 불구하고 우리가 그의 가르침의 요체와 심오한 깊이를 상당한 정도로 지니고 있다는 것은 의심의 여지가 없다.

만일 우리가 사성제와 팔정도에 대한 붓다의 위대한 가르침과, 「마하파리닙바나 숫타」와 『숫타 니파타』에서 그의 것으로 돌리는 가르침이 그 자신의 것이라는 사실을 의심한다면, 우리는 야갸발키야(Yājñavalkya), 샨딜리야(Śaṇḍilya), 웃달라카(Uddālaka)의 것으로 전해지는 가르침에 대해서도 그 확실성을 의심해야 마땅하다.[원주14] 초기 불교에 대한 이런저런 해석을 위하여, 불가지론적인 구절 혹은 부정적인 구절 혹은 적극적인 구절을 보다 초기의 것으로 간주하여 붓다 자신에게 귀속시키고, 다른 구절들은 후대에 보태진 것으로 다루려는 여러 가지 시도가 있다. 그러나 우선 붓다의 침묵에 대한 자기의 판단에 어긋나는 모든 구절은 후대의 것이라는 관념은 순환 논법이다. 왜냐하면 그 구절들이 후대의 것으로 간주되는 근거는, 단지 그들이 어떤 다른 견해에 대한 표지를 지니고 있다는 것뿐이다. 일반적으로 붓다 자신의 것으로 인정되는 경전 구절들의 견지에서, 이들이

〔원주14〕 리스 데이비스에 의하면, 4종의 중요한 니카야와 『이티붓타카』(Itivuttaka) 및 『숫타 니파타』와 같이 덜 중요한 니카야들의 많은 부분들은 기원전 400년경의 작품이며, 비나야 피타카(律藏)에 속하는 『마하박가』와 『출라박가』(i ～ x)는 기원전 300년경에 속한다. 산치(Sanchi) 등의 부조와 유물에 새겨진 불교 설화와 전승으로 미루어본다면, 기원전 3세기 중엽에는 이미 피타카(Piṭaka)들이라 불리고 다섯 니카야들로 나누어지는 불교 문헌들이 있었다는 것이 분명하다.

564

시사하는 형이상학적 입장이 어떤 것인지 알아보아야 할 것이다.

5. 붓다의 침묵에 대한 부정적인 해석은 가장 일반적인 것이다. 힌두교 사상가들, 초기 불교도들, 그리고 인도사상을 연구하는 다수의 현대 학자들은 이 견해를 택한다.[원주15] 불교 연구는 사람들의 마음이 스펜서, 콩트와 같은 과학적 형이상학자들에 의하여 지배되고 있던 19세기 후반에 서양에서 큰 관심을 불러일으켰다. 자연히 불교학자들은 붓다의 침묵이 부정적 합리주의를 위한 겉옷이라고 생각했다. 붓다는 제자들이 놀라 이성을 잃을 것을 염려하여 자기의 믿음을 있는 그대로 말하는 것을 피했다는 것이다.

만일 우리가 이 견해를 받아들인다면, 붓다의 철학이 일관성을 잃게 될 뿐만 아니라 그의 성품 또한 격하되고 말 것이다. 이 견해에 일치되는 설명이라고 볼 수 없는 수많은 구절들——명백히 붓다 자신의 것으로 인정되는——이 있다. 게다가 비슈누, 쉬바와 같은 위대한 힌두교 신들이 강력하게 부상되던 당시에 붓다의 가르침이 승리했다는 사실은 설명되기 어려울 것이다. 우리에게는 초기에 불교로 개종한 사람들이 종교적인 심성의 사람들이었다는 것을 보여주는 증거가 있다. 「마하수닷사나 숫탄타」(Mahā-sudassana Suttanta)와 「착카밧티시하나다 숫탄타」(Cakkavattisī-hanāda Suttanta)는 초기 불교도들의 마음이 태양신에 대한 전설로 가득 차 있었다는 것을 보여준다.

부정적인 신조는 초기에 불교로 개종한 사람들 가운데 있었던 배화교도(Jaṭila)들에게 큰 감명을 주었을 것 같지 않다.[원주16] 궁극적 정신의 실재를 부정하고, 자아의 실재를 비판하며, 도덕적 삶에 대한 보상으로 사람들에게 완전한 소멸을 약속하는 철학은, 사람들의 가슴에 그 개조(開祖)에 대한 열광 혹은 그의 가르침에 대한 열정을 불러일으킬 것 같지 않다. 그와

[원주15] 예를 들어 맥도넬(Macdonell) 교수는 이렇게 말한다. 붓다는 "그의 가르침이 지향하는 목적지에 관해서는 아무런 의혹도 남기지 않았다. 그것은 모든 잠재 인상(saṁskāra)들의 지멸, 오온의 소멸, 영원한 죽음이다"(*Hindustan Review*, 1923, p.93).
[원주16] 『마하박가』, i.15 ff.

같이 메마른 합리주의가 6세기 인도인들의 가슴에 호소력을 지닐 수 있었다고 생각하는 것은 심리학의 법칙을 전혀 모르는 것이라 하지 않을 수 없다. 키스(Berriedale Keith) 교수와 같이 진지하고 신중한 학자는, 붓다가 부정주의자였다는 믿음을 부정한다. 그는 붓다의 실천적 불가지론을 명백한 부정주의로 해석하는 팔리 경전의 구절들을 붓다의 가르침에 대한 진지한 설명으로 간주되지 않아야 한다고 주장한다.[원주17]

6. 붓다의 침묵을 불가지론——우리에게 어떤 분명한 견해도 약속하지 않는——으로 해석하는 두번째 입장은 키스 교수의 가치있고 인상적인 지지를 받아왔다. 그는 말한다. "붓다는 참된 불가지론자였으며, 그는 당시에 널리 유행하던 관념들에 대한 다양한 이론들을 두루 섭렵했지만, 오늘날 우리 가운데 어떤 사람이 현대 사상체계들에 대한 연구를 통하여 얻는 만족 이상의 어떤 만족을 얻을 수 없었으며, 그에게는 그 문제에 대한 이성적 확신이나 다른 형태의 확신도 없었다고 주장하는 것은 지극히 정당하다. 불교 교의 가운데 원래부터 붓다 자신의 것으로 추정되는 부분들에 나타나는 철학적인 구성력의 일반적인 빈약함으로 미루어볼 때, 우리는 이 설명이 보다 설득력있는 것이라고 말하지 않을 수 없을 것이다." "이 문제들에 대한 불가지론은 지식의 한계에 대한 어떤 합리적인 확신에 의한 것이 아니다. 그것은 이중의 근거, 즉 붓다 자신은 이 문제들에 관하여 명백한 결론을 지니고 있지 않았으나, 이에 대한 논의는 열반의 실현에 필수적인 정신 상태로 귀착되지 않는다는 것을 확신한다는 근거로 주장된다."[원주18]

붓다가 형이상학적 문제들에 대한 대답을 거부한 것은, 다만 그가 대답해줄 아무것도 가지고 있지 않았기 때문이라고 이해하는 '불가지론적' 해석은, 붓다의 수승함을 정당하게 평가한다고 보기 어렵다. 만일 붓다 자신이 삶의 진리를 지니지 않았다면, 그가 삶에 폭넓은 의미와 심오한 깊이를 부

[원주17] *Buddhist Philosophy*, pp.47 ff.
[원주18] 같은 책, p.45와 p.63.

여하는 것은 불가능했을 것이다. 붓다가 해도(海圖)없이 인생의 바다를 항해했을 리 없다. 왜냐? 그렇지 않다면 그의 사상체계는 이해할 수 없고, 인류에 대한 그의 열정은 설명될 수 없을 것이기 때문이다. 만일 붓다가 모든 추구의 궁극적인 목표의 본질에 대한 분명한 확신을 지니지 않았다면, 만일 그가 열반의 신비에 대한 아무런 빛도 지니지 않았다면, 어떻게 그가 우리의 본질을 완전하게 함으로써 불가해한 지복을 얻을 수 있다고 말할 수 있겠는가?

그에게 주어졌던 '붓다', 혹은 '깨달은 자'라는 호칭은, 그가 궁극적인 문제에 대하여 옳든 그르든 어떤 분명한 견해를 지니고 있었다는 것을 시사한다. 진리에 도달하는 규범(Norm)을 따르게 하기 위하여 제자들에게 내린 수많은 그의 훈계는, 불가지론의 가설로는 거의 설명이 불가능하다. 그는 말한다. "지혜있는 사람을 내게 오게 하여, 그에게 규범을 명하고 또한 가르칠 것이다. 만일 그가 배운 대로 실천한다면, 스스로 깨우치고, 같은 문중의 사람들이 가장의 삶에서 탁발 유행하는 상태로 나아가 얻고자 하는 최상의 종교와 목표를 실현할 것이다."[원주19] 만일 붓다가 궁극적인 문제에 대한 명백한 견해를 지니고 있지 않았다면, 그는 이와 같이 엄숙한 어조로 말하는 사기꾼이거나 망상에 사로잡힌 사람이라고 해야 할 것이다.

더욱이 이 해석은, 붓다가 자신이 깨달은 모든 진리를 공표하지는 않는다고 말한 구절들을 간과하고 있다. 「파사디카 숫탄타」(Pāsādika Suttanta)[원주20]에서 붓다는 자기가 지닌 진리들을 드러내 보이지 않는다고 말한다. 그것은 우리의 도덕적 성장에 도움이 될 것 같지 않다고 생각했기 때문이다. 『상윳타 니카야』는 한 일화를 전하고 있다. 손에 한 움큼의 나뭇잎을 들고 붓다는 모인 비구들에게 설명했다. 숲 속에 있는 나뭇잎은 그의 손에 있는 것보다 월등히 많은 것과 마찬가지로, 그가 알고 있으나 가

[원주19] 「우둠바리카 시하나다 숫단타」(Udumbarikā Sīhanāda Suttanta). 『디가 니카야』, iii.56.
[원주20] 『디가 니카야』, iii.134.

르치지 않은 진리는 그가 가르쳤던 진리보다 월등히 많다. 붓다는 자기가 알고 확신했던 것보다 적게 가르쳤지만, 그의 제자들은 그가 그들에게 가르쳤던 것보다 더 적게 믿었던 것처럼 보인다.

키스 교수는 붓다의 불가지론을 이성에 입각한 불가지론으로 간주하려 하지 않는다. 비록 논리적으로 철저하게 논해진 것은 아니라 할지라도, 경험적인 이해를 통해서는 궁극적인 문제를 풀기가 어렵다는 견해는 붓다 이전의 사상가들에게 익숙하다. 만일 붓다가 세계의 기원이 있다거나 없다고 말하는 것을 거부했다면, 이것은 두 가지 대답 모두가 그에게 불만족스러웠기 때문이라고 해도 무방할 것이다. 만일 붓다가 '당시에 유행하던 다양한 사상체계들을 두루 섭렵했다면', 다소 이성적인 우파니샤드의 불가지론이 그의 눈에 들어왔을 것이다.

만일 붓다의 불가지론이 우파니샤드에서처럼 단지 실용주의적이 아니라 절대적이라면, 그것은 그의 철학적 역량에 대한 명예가 되지 않는다. 그리고 붓다의 침묵에 대한 이러한 견해를 채택하는 사람들은 그를 질이 다른 철학자로 평가하는 경향이 있다. 그러나 이것은 순수하게 개인적인 견해의 문제이다. 당시의 종교적 실천에 대해서뿐만 아니라, 「브라흐마잘라 숫타」(Brahmajāla Sutta)에 묘사된 62견(見) 및 「폿타파다 숫타」(Poṭṭhapāda Sutta)에서 해탈에 이바지하지 않는 것으로 부정되기 위하여 제시되는 10종의 견해 등과 같은 온갖 형이상학적 이론들에 대한 붓다의 비판적 자세는, 그가 범상하지 않은 사상가요 비평가라는 것을 보여준다. 그가 면밀한 사상가가 아니었다고 생각하는 것은 수많은 형이상학적 체계들을 논박했던 사람의 형이상학적 역량을 부정하는 것이 될 것이다. 그것은 증거가 거의 없는 부자연스러운 판단이라 하지 않을 수 없다. 게다가 분별있는 사람이라면 붓다의 지적·도덕적 성취의 하나가 아니라도, 어떤 유형의 초월적 가치들에 대한 믿음 없이 살 수 없었을 것이다.

불가지론의 가설을 지지하는 학자들은, 오직 이러한 견해만이 그들의 믿음——붓다의 가르침은 단연코 원시적인 사상의 일종이라는——에 적합하기 때문에 그렇게 한다. 그들이 다른 해석들을 부정하는 것은, 이러한 해석들이 원시적이라고 하기에는 지나치게 논리적이라는 이유 때문이다. 두말할 나위 없이 붓다를 편협한 합리주의자, 냉담한 심리학자, 서투른 철학자로 보는 견해는, 이 견해를 지지하는 비평가들의 가정에 동의하지 않는 사람들에게는 거의 설득력이 없다. 그와 같이 모호한 공상가는 설사 기원전 6세기의 인도라 해도 어떤 지대한 종교적인 영향력을 행사하지는 못했을 것이 분명하다.

7. 만일 붓다가 모호한 공상가 혹은 위선자가 아니라 반(反)도그마적인 성향의 진지하고 성실한 영혼의 소유자라는 것을 믿는다면, 어떤 우연한 글귀 혹은 어떤 의미심장한 언급은 그의 일반적인 입장—그의 삶과 사상의 영원한 토대를 이루는—에 대한 단서를 담고 있을 것이다. 이러한 형이상학의 정신은 비록 아주 드물게 표현된다 할지라도, 그것은 곳곳에서 현저하게 나타날 것이다.

세계의 무상성과 비실체성에 대한 붓다의 강조는 우리가 우파니샤드에서 발견하는 모든 경험적 존재에 대한 부정적 자세와 분명하게 조화를 이룬다.[원주21] 요는 경험 세계에 대한 붓다의 부정적 자세가 과연 우파니샤드의 경우처럼 절대적 실재를 받아들인 결과인가 하는 점이다. 우리가 궁극적 실재 혹은 신을 믿지 않는다고 말할 때, 그것은 단지 우리가 그것에 대한 통속적인 관념들을 믿지 않는다는 것을 의미한다. 붓다가 부적절한 개념들을 도려낼 때, 그것은 단지 보다 적절한 개념과 비교해서 그렇게 한 것일 뿐이다. 사실 어디에도 붓다가 우파니샤드의 브라흐만, 절대자의 개념을 부정했다는 것을 보여주는 곳은 없다. 논의의 여지가 있는 여러 가지 쟁점들이 다루어지고 있는 『카타밧투』(Kathāvattu)에서도 불변하는 존재의 실재성에 대한 언급은 보이지 않는다. 이 모든 것들은 아무튼 붓다가 우파니샤드의 입장을 수용하고 있다는 것을 가리킨다. 더욱이 바라나시에서의

〔원주21〕『카타 우파니샤드』, iv.2. "현자는 이 세계의 불안정한 것(adhruveṣu)들 가운데서 고정불변의 것(dhruvam)을 구하지 않는다."

유명한 설법은 절대계의 실재성을 강하게 시사한다. 절대자를 존재도 비존재도 아니고 그 둘 다도 아니고 그 둘 다가 아닌 것도 아니라고 하는 설명은, 흔히 절대자 자체가 아니라 그것에 대한 경험적인 묘사를 부정하는 힌두교 경전들의 유사 구절들을 상기시킨다.[원주22]

그러면 왜 붓다는 절대자의 실재를 명시적으로 인정하지 않았는가? 붓다는 절대자에 대한 묘사를 거부했다. 왜냐하면 그것은 상대적인 세계의 범위를 벗어나는 것이며, 그가 처음에 다른 사람들에게 주장했던 합리성에 어긋나기 때문일 것이다. 절대자는 경험적 관찰의 문제가 아니다. 경험의 세계는 그 한계 내의 어느 곳에서도 절대자를 드러내지 않는다. 우파니샤드의 성자는 절대자의 본질에 대한 묘사를 요구받았을 때 침묵했으며, 그 질문이 거듭되었을 때에도 여전히 침묵을 지켰으며, 마침내는 "아트만은 침묵이다"(Śānto'yam ātmā)라고 선언했다.[원주23] "눈이 닿지 않고, 말이 닿지 않으며, 마음이 닿을 수 없는 곳, 그곳을 우리는 알 수 없으며, 이해할 수 없다. 하물며 어떻게 우리가 그것을 가르치겠는가?"[원주24] 그것은 "알려지는 것 이외의 것이며, 알려지지 않는 것을 초월하여 있다"[원주25]

우파나샤드는 종종 절대자에 대한 부정적인 묘사를 한다.[원주26] 그러나 알려지지 않고 파악되지 않으며, 시작도 없고 끝도 없으며, 형체도 없고 거소도 없는 어떤 것으로서의 절대자에 대한 개념은 보통 사람들에게 너무 요원하다. 그러므로 우파니샤드는 종교적인 관심을 만족시키기 위하여 긍정적인 묘사를 즐겨하며, 말로 표현할 수 없는 절대자가 그럼에도 불구하

[원주22] 『리그 베다』, x.129.1~2 ; 『브리하드아란야카 우파니샤드』, ii.5.19 ; iii.8.8 ; 『이샤 우파니샤드』, 4와 5 ; 『카타 우파니샤드』, iii.15 ; 『문다카 우파니샤드』, i.1.6 ; ii.2.1 ; 『슈웨타슈와타라 우파니샤드』, vi.11 ; 『마이트리 우파니샤드』, iv.17.

[원주23] 『베단타 수트라』, iii.2.17에 대한 샹카라의 주석.

[원주24] 『케나 우파니샤드』, i.3 ; 『카타 우파니샤드』, vi.12~13 ; 『문다카 우파니샤드』, iii.1.8을 보라.

[원주25] 『케나 우파니샤드』, i.4.

[원주26] 『브리하드아란야카 우파니샤드』, ii.3.6 ; iii.8.8 ; iii.9.26 ; iv.2~4 ; 『카타 우파니샤드』, iii.15 ; 『문다카 우파니샤드』, i.6.

고 긍적적이라는 것을 알게 만든다. 우파니샤드는 절대자의 불가해성이라는 무시무시한 권위에 감히 충실하지 않는 측면을 보이는 반면에, 붓다는 경험 세계의 어떤 범주를 절대적 실재에 적용하는 것을 보다 철저하게 거부한다. 그는 절대자는 변화의 세계가 아니며, 자아는 육체적인 형태·지각·느낌·성향·지력의 경험적인 한정이 아니며, 열반은 경험적인 존재가 아니라고 말하면서도, 그는 이들에 대한 적극적인 규정을 피한다.[원주27] 왜냐하면 이들은 논리적인 검증이 불가능하기 때문이다.

이러한 것들의 실재는 해탈자들에 의하여 직관되며, 다른 사람들은 그것을 권위로 받아들여야 한다. 그러나 일단 권위가 받아들여지게 되면, 베다의 신들에게 유리하도록 베다의 권위가 받아들여지지 말아야 할 아무런 이유도 없게 된다. 붓다의 견해가 사람들이 다른 사람들의 권위로 받아들일 것이 요청되는 수많은 인간 감정의 몽상과 인간 정신의 환영(幻影)보다 차원 높은 것으로 순위가 매겨져야 할 아무런 이유도 없다. 우파니샤드는 우리가 궁극적인 질문에 대한 이론적 확신을 얻을 수 없으며, 이에 도달할 수 있다고 공언하는 자들은 대중들을 기만하는 허풍선이라는 것을 주장하며, 붓다는 이에 동의한다. 붓다는 이전의 독단을 깨부수면서도 자기 자신의 어떤 독단으로 그 자리를 대체하려고 하지 않았다. 왜냐하면 이러한 과정은 영적인 성장을 방해하는 논쟁을 부추길 것이기 때문이다. 붓다는 그가 알고 있는 진리들을 드러내지 않는다고 선언한다. 이것은 그러한 진리들이 해탈을 추구하는 자들에게 도움이 되지 않는다고 생각했기 때문일 뿐만 아니라, 사람마다 그것에 관하여 다른 견해를 지닐 수 있다고 여겼기 때문이다.[원주28]

[원주27] 어그스틴은 말한다. "우리는 신이 아닌 것에 대해서는 알 수 있다. 그러나 신이 무엇인가에 대해서는 모른다"(*Trinity*, vii.2).

[원주28] 『우다나』, p.11 ; 『상윳타 니카야』, v.437 ; 『디가 니카야』, i.179. 침묵의 자세를 택함으로써 절대자의 불가해성을 표현하는 것은 잘 알려진 방편이다. 비말라키르티(Vimalakīrti)는 절대자의 본질에 대한 설명을 요구받았을 때 침묵했으며, 문수보살은 "훌륭하도다! 훌륭하도다! 불이성(不二性)은 실로 모든 언설을 초월해 있도다"라고 말했다. 『비말라키르티 수트라』. 스즈키의 『대승불교』, pp.106~107을 참조하라.

붓다 당시에는 무익한 논쟁이 거의 정신병처럼 만연하고 있었다. 붓다가 보기에 힌두교 사상가들은 헤아릴 수 없는 사유의 문제와 씨름하느라 삶의 보다 본질적인 필요를 무시하고 있는 것 같았다. 그래서 붓다는 제자들에게 학설의 싸움을 삼가고 진리에 도달하게 하는 삶과 방편으로서의 종교에 전념할 것을 간곡히 타일렀다. 우리가 모든 편견에서 자유로워질 때 진리는 저절로 우리 속에 일어날 것이니, 여실한 진리가 우리 속에 나타나서 우리의 존재를 전환시키도록 하라. 진리는 삶 그 자체 안에서 발견될 것이다. 그것은 학문적인 논쟁의 문제가 아니라, 영적인 필연성의 문제이다. 실재에 대한 논리적 탐구의 명백한 한계라는 견지에서, 붓다는 비록 형이상학적 문제들에 대한 명백한 견해를 지니고 있었다 할지라도, 형이상학적인 욕구를 만족시켜주는 것이 자기의 의무라고는 생각하지 않았다.

논리의 허용 범위 내에서, 붓다는 우주의 궁극적인 원리를 법(法, dharma)이라고 표현한다. 만일 우리가 베다 문헌에서 다르마의 전사(前史)를 살펴본다면, 다르마의 개념이 지니는 정확한 의미가 드러날 것이다. 우리는 『리그 베다』에서 도덕적 · 물리적 질서로서의 리타(ṛta, 天則) 개념을 지닌다. 그것은 신의 창조물이 아니라 그 자체로 신성한 것이며, 그것의 수호자로 말해지는 신들에 대하여 독립적이다. 다양한 영역에서 삶의 문제를 주관하는 세계의 도덕적 질서, 관습과 윤리는 다르마라고 불린다. 『브리하드아란야카 우파니샤드』에서는, 크샤트리야, 바이쉬야, 슈드라 계급을 창조한 후에 지고자는 "더 나은 형태, 즉 정의의 법(dharma)을 창조했으며, 정의의 법보다 더 수승한 것은 아무것도 없다(dharmāt param nāsti)……. 진실로 정의의 법, 그것이 진리(satyam)이다……. 실로 그 둘(satyam과 dharma)은 같은 것이다"[원주29]라고 말해진다. 베다의 리타는 진리와 법 모두를 나타낸다.[원주30]

[원주29] 『브리하드아란야카 우파니샤드』, ⅰ.4.14 ; ⅳ.15.1 ; 『이샤 우파니샤드』, 15를 보라. "실재의 얼굴은 황금의 접시로 덮여 있도다. 오 푸샨(Pūṣan), 그것을 치워라, 자기의 법이 진리인 자(satyadharmāya)가 볼 수 있도록." 또한 『리그 베다』, ⅳ.5.5 ; ⅶ.104.8 ; ⅸ.113.4 ; ⅹ.190.1을 보라.

『타잇티리야 우파니샤드』에서는, 자기의 영혼이 우주혼과 하나된 것을 느끼는 완성된 영혼이 노래한다. "나는 신들과 불멸자의 중심보다 앞서는 리타(혹은 진리)의 첫 자식이로다."[원주31] 마찬가지로『리그 베다』의 한 구절[원주32]이 실질상 반복되는『카타 우파니샤드』에서는 리타가 지고한 영혼과 동일시된다.[원주33] 지고한 브라흐만은 리타이면서 동시에 진리(satya)이다.[원주34] 다르마와 리타가 사티야와 같다는 교의는『리그 베다』와 우파니샤드만큼 오래된 것이다. 유일한 절대자는 철학적인 성향의 사람에게 영원한 진리 혹은 실재로 나타나며, 그것에 이르는 길은 지혜(jñāna)와 믿음(śraddhā)이다. 이것은 우파니샤드의 강조점이다. 종교적인 성향의 사람에게 절대자는 영원한 사랑이며, 이것을 실현하는 길은 사랑과 신애(信愛)이다. 이 견해는 일부의 후기 우파니샤드와『바가바드기타』, 그리고 푸라나(Purāṇa) 문헌들에 의하여 강조된다. 윤리적인 성향의 사람들은 절대자를 영원한 정의로 간주하며, 봉사와 자기 희생을 통하여 이것을 얻을 수 있다고 주장한다. 빛이요 사랑이며 생명인 하나의 절대자는 다양한 성향의 구도자들에게 다양한 방법으로 나타난다.

붓다의 전체적인 입장은 현저하게 윤리적이며, 따라서 절대자의 윤리적 측면, 즉 정의의 속성이 그에게 가장 중요한 것으로 다가왔다. 우파니샤드에 의해 브라흐만에 귀속된 지위가, 붓다에 의해 다르마에 주어진다.[원주35]

〔원주30〕 리타는 그 반대말로 비법(非法, a-dharma)일 뿐만 아니라 비진리(非眞理, a-satya)인 안리타(an-ṛta)를 지닌다.

〔원주31〕 "Aham asmi prathamajā ṛtā'sya pūrvam devebhyo nābhā'yi."

〔원주32〕 iv.40.5. 또한『바자사네이 상히타』(*Vājasaneyi Saṁhitā*), x.24 ; xii.14 ;『타잇티리야 상히타』, iii.2.10.1 ;『샤타파타 브라흐마나』, vi.7.3.11 ;『타잇티리야 아란야카』, vi.1.5.6을 보라. 랑가라마누자(Rangarāmānuja)는『카타 우파니샤드』, v.2를 주석하면서 리타를 '무한하고 참된 본성을 지니는 브라흐만'(aparicchinnasatyarūpabrahmatmakam)과 동일시한다.

〔원주33〕 v.2. 또한『타잇티리야 우파니샤드』, iii.10과『카타 우파니샤드』, v.2에 대한 샹카라의 주석을 보라.

〔원주34〕『타잇티리야 아란야카』, vi.13.27.12. "Ṛtam satyam param brahma."

〔원주35〕 타고르(Rabindranath Tagore)의 언급과 비교하라. "이 다르마와 우파니샤드의 브

「아갓나 숫탄타」(Agañña Suttanta)에서는 세계의 전개와 그것을 구성하는 존재의 등급은 다르마의 원리에 의하여 규정된다고 말해진다.[원주36] 범륜(梵輪, Brahmacakra)은 법륜(法輪, dharmacakra)이 된다. 브라흐만의 길은 다르마의 길이라고 말해진다.[원주37] 팔정도는 무차별적으로 브라흐마야나(Brahmayāna) 혹은 다르마야나(dharmayāna)라고 불린다. 여래는 브라흐만 혹은 다르마를 자기의 몸으로 지닌다. 그는 브라흐만 혹은 다르마와 하나된다고 말해진다.[원주38] 팔리 경전에는 우리가 다르마에 경의를 표하고 공경해야 한다고 말하는 여러 구절들이 있다.[원주39] 『밀린다 팡하』에서 다르마는 정의의 신으로 의인화된다.[원주40] 다르마는 최고의 실재이며, 세계의 모든 사물은 궁극적 원리의 현현이므로 낱낱의 사물은 다

____

라흐만은 본질적으로 동일하다…… 불교의 다르마는 인간이 자기 최고의 공경, 자기의 삶 그 자체를 바칠 수 있는 평화와 선(善)과 사랑의 영원한 실재이다. 이 다르마는 인간에게 자기 포기의 초인적인 힘이 일어나게 하며, 이를 통하여 그가 자기 존재의 궁극 목표, 즉 이 세계에서 우리가 아는 어떤 것과도 비교될 수 없는 상태에 이르게 한다. 게다가 우리가 그것은 소멸의 길을 통해서가 아니라 무한한 사랑을 통하여 이를 수 있다는 것을 알게 될 때, 우리는 적어도 이에 대한 어렴풋한 관념을 지닐 수 있다. 그래서 붓다는 무한한 사랑의 끊임없는 의식 속에 사는 것을 '브라흐만 속에서 움직임'(Brahmavihāra)이라고 부른다"(*Viśvabhā-ratī Quarterly*, 1924, pp.385~386).

[원주36] 『상윳타 니카야』, iii.88 ff.

[원주37] 같은 책, i.141 ; v.5 ;『테라가타』(*Theragātha*, 長老偈), 689.

[원주38] 붓다가 열반을 얻었을 때, '다르마의 요체를 그 본질적 속성으로 하는'(dharmadhātu-svabhāvātmaka) 자가 된다고 말해진다.

[원주39] 『상윳타 니카야』, ii.138 ;『앙굿타라 니카야』, ii.20.

[원주40] 『샤타파타 브라흐마나』, xiii.4.3.14를 참조하라. 푸생(Poussin)은 말한다. "만일 불교도들이 심판자도 창조자도 인정하지 않는다면, 적어도 그들은 존엄 · 무오한 정의, 즉 놀라운 통찰과 적응 가능성의 정의—그것이 아무리 기계적으로 작용한다 할지라도—를 인정한다…… 나의 견해로는 불교를 무신론이라고 비난하는 것은 중상모략이다. 그들은 어쨌든 신성의 한 측면을 충분히 인식하고 있다"(*Buddha's Way of Virtue*, p.13). 사운더스(Saunders) 씨는 말한다. "의(義)와 보이지 않는 무형의 가치들에 대한 그(붓다)의 고매한 믿음은 종교적이라고 불릴 수 있을 것이다. 그의 추종자들과 종교에 대한 그들의 성향을 안다면, 그가 그들에게 자기의 인과율에 대한 종교적인 해석을 안전하게 맡겼을 것이라고 믿는 것은 당연할 것이다." 사운더스 씨는 업설과 다르마에 대한 붓다의 강조가 '윤리적 유신론에 대한 지대한 공헌'이라고 생각한다(*Epochs of Buddhist History*, p.3).

르마이다.

  신체 형태, 지각, 느낌, 성향, 지성은 영원한 것이 아니라는 것을 근거로, 붓다는 이러한 요소들이 자아의 속성이라는 것을 부정한다.[원주41] 경험적 자아의 변화 가능성은 불의 비유나 물의 흐름에 대한 비유로써 설명된다. 바라나시의 설교는 변화하는 경험적 오온(五蘊)과 구별되는 자아의 존재를 부정한다. 붓다는 밧차곳타(Vacchagotta)와의 대화에서 영원한 자아의 실재에 대한 부정을 거부한다. 불멸 후 수세기가 지난 다음에 기록된 『랑카바타라 수트라』는, 붓다가 자아 이론을 받아들인 것은 단지 설법을 듣는 회중에게 위안을 주기 위한 것이었다고 주장한다. 다른 설명이 가능한데도 붓다가 방편으로 자기의 기준을 낮추었다고 생각할 필요는 없다. 붓다가 열반은 성자의 육체적인 죽음 이전에도 정상적으로 얻을 수 있다고 주장하며, 그것을 모든 재생의 소멸에 대한 의식을 동반하는 최고 차원의 행복과 동일시할 때, 그는 말없는 가운데 자아의 실재를 받아들이고 있다. 그가 깨달은 자의 속성은 자연 만물을 초월한다고 선언할 때, 또 그가 궁극적 실재의 파괴를 가르친다는 비난에 이의를 제기할 때,[원주42] 그는 오온의 파괴가 참된 자아를 어쩌지 못한다는 것을 인정한다. 『담마파다』는 자아를 자아의 주인 혹은 자아의 선악에 대한 증인으로 간주한다.[원주43][역주1] 상키야 및 베단타 철학에서, 우리는 우파니샤드와 불교의 정신으로 자아에서 비아에 속하는 모든 것을 배제하는 것을 본다.

  그러나 붓다는 경험적 증거에서 자아의 실재를 긍정할 수 없었다. 그러므로 그는 비(非)현상적 자아에 대한 질문, 즉 그것이 오온과 같은가 아니면 다른가에 대해서는 대답을 거부한다.[원주44] 그는 영원한 자아를 부정했

[원주41] 『마하박가』, i.6.38 ; 『맛지마 니카야』, 35 ; 『디가 니카야』, ii.66, 「마하니다나 숫타」(Mahānidāna Sutta).
[원주42] 『맛지마 니카야』, i.140, 「알라갓두파마 숫타」(Alagaddūpama Sutta).
[원주43] 160.
[역주1] "자기야말로 자신의 주인이니, 어떤 다른 주인이 새삼 있을까? 자기를 잘 다룸으로써 구하기 힘든 주인을 얻는다."

다기보다는 그것에 대한 사색을 거부했다. 자아의 본질에 대한 여섯 가지 공론을 언급하면서 붓다는 말한다. "비구들아, 이것은 단지 소견에 불과한 것에 빠져드는 것이며, 단지 견해에 불과한 것들에 의지하는 것이며, 소견들에 대한 무익한 낭비, 소견들에 대한 공허한 나열이다."[원주45] 영원한 자아에 대한 믿음(pudgalavāda)은 붓다의 초기 제자들 가운데 한 부파에 의해서 주장된다. 『캇타밧투』(Kathāvattu)는 그것을 정량부(正量部, Sammitiya)와 독자부(犢子部, Vajjiputtaka)에 귀속시킨다. 우리는 『상윳타 니카야』에서 짐진 자의 비유를 본다.[원주46] 붓다고샤, 바수반두, 찬드라키르티, 야쇼미트라 등과 같이 붓다의 가르침에 대한 부정적 해석에 중점을 두는 불교 주석가들은——비록 변화하는 오온이 '짐'인 동시에 '그 짐을 진 자'라는 것을 믿기 어렵다 할지라도——그것을 해명하여 빠져나간다.

오늘날 열반을 '영원한 무(無)'와 동일시하는 것은 옳지 않다고 하는 것은 일반적으로 받아들여지고 있는 사실이다. '니르바나'라는 말은 문자적으로 소멸을 의미하며, 소멸되는 것은 '욕망과 슬픔과 재생'[원주47]이다. 니르바나에 대한 최초의 개념은, 그것이 갈애(taṇhā)와 마음의 오염을 완전히 제거함으로써 지금 여기에서도[원주48] 얻어질 수 있는 설명 불가능한 상태라는 것이다.[원주49] 그것은 윤회가 끝나고 말로 표현할 수 없는 평화가 얻어지는 실재 상태이다.[원주50] 「아팟느카 숫타」(Apaṇṇka Sutta)는 우파니샤드의 해탈(mokṣa)을 시사하는 용어로 열반을 설명한다. "스스로 괴로워하지

[원주44] 『맛지마 니카야』, i.256.

[원주45] Sīlācāra, *Dialogues of Buddha*, vol. i, p.6.

[원주46] iii.25.

[원주47] 『마하박가』, vi.31.7 ; The Sacred Books of the East, vol. xiii.

[원주48] 『디가 니카야』, i, 「브라흐마잘라 숫타」를 보라.

[원주49] 『숫타 니파타』, 1109. "세상 사람들은 환희에 속박되어 있다. 생각이 그들을 움직이게 한다. 갈애를 끊음으로써 열반이 있다고 말한다"(Nandī saṁyojano loko vitakkasa vicāranā Taṇhāya vippahānena nibbānam ity ucyati). 또한 같은 책, 1087을 보라.

[원주50] 『맛지마 니카야』, 139. 키스 교수는 말한다. "열반은 실재적이며…… 의심할 여지 없이 경전 자체의 일반적인 논조와 일치한다"(*Buddhist Philosophy*, p.83).

않으며, 남을 괴롭히지 않으며, 이미 이승에서 더 이상 배고픔이 없고, 갈애를 없애고, 침착해지며, 스스로에 민감하며, 그는 브라흐만과 하나된 자아로 산다."[원주51] 『테라가타』와 『테리가타』의 아름다운 시가는 열반의 자유와 기쁨의 관념에 의하여 고무된다.

열반은 논리적 지식의 대상이 아니므로, 우리는 그것의 본질을 적절하게 묘사할 수 없다. 그것은 비록 그것을 얻은 자에게는 아주 긍정적이고 적극적인 것으로 느껴진다 할지라도, 개념적으로 그것은 부정적인 상태이다. 열반은 업의 법칙 혹은 윤회에 의하여 속박된 경험적 존재의 부정이다. "비구들아, 흙도 없고 물도 없으며, 불도 없고 바람도 없으며, 무한한 공간도 없고 무한한 의식도 없으며, 무(無)도 없고 지각도 없으며, 이승도 저승도 없으며, 태양도 없고 달도 없다." "생사가 없고, 이승이나 저승 혹은 그 중간도 없는 곳, 그것은 슬픔과 고통의 끝이다."[원주52] 그러나 그것은 비존재가 아니다. "태어나지 않고, 생성되지 않으며, 만들어지지 않고, 합성되지 않은 어떤 것이 있다. 만일 그와 같은 것이 없다면, 태어나고, 생성되며, 만들어지고, 합성되는 것으로부터 벗어남이란 있을 수 없을 것이다."[원주53] 그러므로 열반을 다른 것에 의해 창조되지 않은 영원한 어떤 것,[원주54] 혹은 무상한 세계와는 다른 비합성적인 요소[원주55]로 해석하는 것은 근거를 지닌다.

『우다나』는 열반을 얻은 각자(覺者)의 숙명을 암시하고 있다. 불이 꺼지

[원주51] 『맛지마 니카야』, i.412. "Anattantapo aparantapo diṭṭhe ve dhamme nicchāto nibbuto sītibhūto sukhapaṭisaṁvedī brahmabhūtena attanā viharati."

[원주52] 『우다나』, viii.1 ; ii.10 ; 『이티붓타카』를 보라.

[원주53] 『우다나』, viii.3.10. 『찬도기야 우파니샤드』, viii.13.1을 참조하라. 여기서 완성된 자가 들어가는 범계(梵界)는 다른 것에 의해 창조된 것이 아닌 것(akṛtam)으로 말해진다. 『문다카 우파니샤드』, i.2.12에서도 해방의 상태는 다른 것에 의해 창조된 것이 아닌 것(akṛtaḥ)으로 묘사된다.

[원주54] 『밀린다 팡하』, p.271.

[원주55] 『심리학적 윤리』(*Psychological Ethics*), pp.367 ff를 보라.

면 흔적 없이 사라지듯이, 완전히 자유롭게 된 자들의 흔적 또한 추적될 수 없다. 우파니샤드[원주56]는 지고한 자아를 연료가 다 소모된 불에 비유한다. 단지 연료가 다 소모된다고 해서 그것이 보이지 않게 된 불을 소멸시키는 것은 아니다.[원주57] 우파니샤드가 궁극적 해방을 천계(svarga)에 이르는 것과 구별하듯이, 붓다는 열반을 극락에 존재하는 것과 구별하며, 제자들에게 무형 세계(arūpaloka)에서 행복한 존재가 되고자 하는 것은 열반의 획득을 방해하는 속박의 하나라고 경고한다.

붓다는 명백하게 열반의 긍정적인 본질을 인정했다. 사리푸트라(Sāriputra)는 열반을 무(無)의 밤으로 해석하는 야마카(Yamaka)의 견해를 외도(外道)로 규정한다.[원주58] 코살라국의 파세나디(Pasenadi) 왕과 케마(Khemā) 비구니 간의 재미있는 대화에서, 열반은 경험적인 묘사에 포착되지 않는 설명 불가능한 상태라는 것이 인정된다. 여래의 심오한 본질은 측량될 수 없다. 이것은 마치 갠지스 강의 모래알이나 대양의 물방울을 셀 수 없는 것과 같다.[원주59] 붓다는 열반의 본질에 대한 모든 질문에 대답을 거부했다. 왜냐하면 그러한 질문은 도덕적 진전을 방해하며,[원주60] 열반은 인지(人智)를 초월하기 때문이다. "그것에 대하여 우리는 말할 수 없고, 그것에 대하여 우리는 침묵해야 한다."[원주61]

[원주56] 『슈웨타슈와타라 우파니샤드』.

[원주57] 키스(Keith)는 말한다. "'타는 불의 꺼짐'에 대한 인도인의 관념은 우리에게 완전한 소멸이 일어난다는 것이 아니라, 그 불이 보이는 불의 형태로 현현되기 이전에 존재했던 상태, 즉 원초적이고 순수하며 보이지 않는 상태로 다시 돌아가는 것이다"(*Buddhist Philosophy*, pp.65~66).

[원주58] 『상윳타 니카야』, iii.109.

[원주59] 같은 책, iv.374 ; 『맛지마 니카야』, i.487.

[원주60] 『상윳타 니카야』, ii.223 ; 『맛지마 니카야』, 63.

[원주61] 아우로빈도 고슈(Aurobindo Ghosh)는 말한다. "열반의 이상은 단지 베단타 최고의 영적 경험에 대한 부정적·배타적 표현일 뿐이다"(*Ārya*, vi, p.101). 프리드리히 하일러(Friedrich Heiler)에 의하면, "역설로 들리겠지만, 열반은 개념적인 모든 부정에도 불구하고, 단지 전세계를 통하여 종교적인 열망을 지닌 사람들이 추구하는 '영원한 구원'이다"(*New Pali-English Dictionary*). 열반을 보편적 붓다(universal Buddha)와의 의식적인 합일 혹은 인간의 가슴에 붓다 자아(Buddha-self)가 일깨어지는 것으로 해석하는 후

578

8. 과학적 성향의 학자들은 붓다의 가르침을 부정적 합리주의로 해석하는 경향이 있다. 형이상학적 체계를 확립하려는 현대적인 시도의 무익을 절감하는 사람들은 붓다의 교의를 불가지론의 하나로 해석하려는 경향이 있으며, 불가지론으로 보기 어려운 구절에 대해서는, 그것은 붓다 자신의 언급이 아니라 제자들의 서술이라고 선언한다. 키스 교수는 절대자, 자아, 열반의 실재성을 인정하는 적극적이고 긍정적인 철학이 경전에 나타나고 있다는 것을 인정하지만, 그것을 붓다 자신의 것으로 돌리는 것이 아니라, '어쨌든 초기 제자들 가운데 한 부파'의 것으로 돌린다.[원주62] 붓다의 침묵에 대한 다양한 해석은 다양한 형태의 믿음에 의하여 동기 부여된다.[원주63]

공평무사한 역사가는 자신의 서술에 있어서의 정확성뿐만 아니라, 자기의 평가에 있어서의 공정성을 위하여 노력해야 한다. 하나의 사상체계에서 일관되지 못한 점을 인지하는 것은 그의 당연한 의무이며, 만일 그의 해석이 결실있는 유익한 것이고자 한다면 그는 그러한 모순이 우연적인 것인지 아니면 본질적인 것인지를 가려서 설명하려고 노력하지 않으면 안된다. 다른 해석이 가능할 뿐만 아니라 그것이 초기 경전의 가르침에 보다 더 일치된다고 보이는 입장을 단지 부정주의 혹은 불가지론이라고 주장하는 것은 공정하지 않다. '불가지론적' 해석가는 붓다의 침묵을 무지의 가면으로 만들며, '부정적' 해석가들은 그것을 비겁한 행위로 간주한다. 전자의 견지에 의하면, 붓다는 진리를 몰랐으나 모든 질문을 회피하고 그것을 불필요한

기 불교학파들은, 그것을 모든 존재의 소멸로 보는 사람들보다 붓다의 가르침에 더욱 가깝다.
[원주62] *Buddhist Philosophy*, pp.63~64.
[원주63] 우리가 전적으로 문헌——대개 단편적이며 종종 간접적이거나 권위가 의심스러운——에 의존할 수밖에 없는 초기의 철학에 대한 해석에서 믿음의 여지에 대하여 언급하면서, 버닛 (Burnet) 교수는 말한다. "고대의 철학자들과 공감하며 자기의 삶을 영위하고자 하는 사람은 때로는 단지 각주의 수많은 언급에 의하여 지극히 불완전하게 밝혀지는 것일 뿐인 직접적인 확신을 발견하게 된다. 만일 그 확신에 대한 구절들의 목록이 완전하지 않다면——그것은 결코 완전할 수 없다——그리고 낱낱의 구절이 언제나 정확히 동일한 의미로 해석되지 않는다면, 이른바 문증(文證)이라는 것은 어떤 두 마음에 동일한 결과를 낳을 수 없을 것이다"(*Greek Philosophy*, pp.1~2).

것이라고 주장함으로써 면목을 지켰다. 후자의 입장에 의하면 그는 분명한 견해를 지니고 있었으나, 기존의 견해들에 맞서서 대항할 용기가 없었기 때문에 다른 사람들에게 말하지 않았다.

붓다를 세계의 가장 위대한 성인들——플라톤이 대화편 『파이돈』에서 소크라테스에 대하여 말했던 것이 틀리지 않는——가운데 하나로 간주하는 사람들에게, 그가 '당시의 가장 수승하고 가장 지혜로우며 가장 의로운' 성자였다는 것은 그들이 '불가지론적', '부정적' 해석자들의 가정을 받아들이지 않을 때 설명될 수 있을 것이다. 만일 우리가 붓다의 철학적 역량과 도덕적 위대성을 손상시키는 것을 원하지 않는다면, 우리는 반드시 긍적적이고 적극적인 해석을 받아들여야 할 것이다. 오직 그것만이 붓다의 형이상학적 장단점과 이로부터 연역되는 그의 윤리적 가르침을 바르게 설명한다. 그것은 붓다를 그 자신의 정신적인 배경과 연관지우며, 그의 사상을 우파니샤드의 사상과 연속성을 지니게 만든다. 한 나라의 사상사는 유기적인 성장이며, 단순히 변화에 변화가 이어지는 연속이 아니다.

9. 만일 붓다가 우파니샤드의 형이상학적 관점을 받아들인다면, 불교가 힌두교 사상가들에 의하여 외도(外道)로 간주되는 것은 왜 그런가? 종교와 문화에 있어서 힌두교와 불교 사상체계 간에 있는 차이는 어떻게 설명할 것인가?

힌두교인들이 문제삼는 것은 붓다의 형이상학적 개념들에 대한 것이라기보다는 그가 제시하는 실천적인 삶과 관련된 것들이다. 사유에 있어서의 자유와 실천에 있어서의 엄격함은 애초부터 힌두교의 특징적인 모습이었다. 상키야학파와 푸르바 미망사(Pūrva Mīmāṁsā)학파는 불교와 마찬가지로 유신론에 대하여 냉담하다. 그럼에도 불구하고 힌두교인들은 앞의 두 학파를 정통 학파로 간주하지만, 강한 윤리적·정신적 성격의 불교는 외도로 간주한다. 그 이유는 간단하다. 전자는 사회적인 생활과 체제를 간섭하거나 방해하지 않음에 비하여, 후자는 그 교의를 사람들의 삶에 직접 연관시켜 실천해야 한다고 주장하기 때문에, 전자는 정통으로 후자는 외도로 간주되는 것이다.

　비길 데 없는 미(美)와 논리를 담고 있는 우파니샤드 철학의 결론들을 연역하면서, 붓다는 우파니샤드에 단지 형식적으로 충실했던 사람들의 표리부동한 믿음과 실천을 명백히 밝혔다. 우파니샤드의 솔직대담한 사색가들은 절대자의 적나라한 절정을 주저없이 말했음에 비하여, 대부분의 사람들은 군소신들에 대한 숭배가 허용되고 이에 필요하다고 생각되는 온갖 희생제의를 행했다. 정교한 절차로 굳어진 제의 종교는 붓다 시대의 사려 깊은 사람들에게는 더 이상 설득력을 지닐 수 없게 되었다. 사실 숲에 은거하는 자와 탁발수행자의 경우에는 이러한 제의식이 면제되고 있었으므로, 자연히 가장의 삶을 사는 사람들도 이와 같이 복잡하고 비용이 많이 드는 제의식을 행하지 않아도 되는 것이 아닌가 하는 의문이 일어났다. 붓다는 여전히 문자에 얽매여 있는 사람들에 대항하였으며, 구원이란 외적·형식적인 것이 아니라, 내적·영적인 것임을 선언했다.

　우파니샤드는 불살생(ahiṁsā)의 원리를 옹호하였지만, 기탄없이 그렇게 한 것은 아니었다. 베다적인 조망이 굳건히 확립되어 있었기 때문에, 우파니샤드는 베다의 관례──설사 이것이 우파니샤드의 주요 정신에 어긋난다 할지라도──를 허용할 수밖에 없었다. 예를 들어 『찬도기야 우파니샤드』는 해탈을 추구하는 자는 어떤 거룩한 곳, 즉 동물 희생제의를 드리는 경우를 제외하고는 다른 모든 창조물에게 고통을 주어서는 안된다고 선언한다.[원주64] 그러나 붓다의 경우 동물 살해는 가장 중요한 범죄 행위이며, 따라서 그는 동물 희생제의를 철저하게 불허했다.[원주65]

─────────

〔원주64〕 viii.15.1. "Ahimsan sarvabhūtāny anyatra tīrthebhyaḥ."

〔원주65〕『디가 니카야』. i.127, 「쿠타단타 숫타」(Kūṭadanta Sutta)를 보라. 비록 붓다는 수행자를 위한 종교적 실천 수행을 주장했다 할지라도, 그는 제자들의 행위가 자기의 핵심적인 원리와 모순되지 않는 한, 그들의 사회·종교적인 실천에 대해서는 간섭하지 않았다. 그는 브라흐민이었던 쿠타단타가 동물 살해를 포함하지 않는 제사를 드리는 것을 허락했다. 붓다의 직제자 쿠마라 캇사파(Kumāra Kassapa)는 파야시(Pāyāsi) 왕자에게 잔인한 행위를 포함하지 않는 제사가 그것을 포함하는 제사보다 낫다고 가르친다.『디가 니카야』, ii, 「파야시 숫탄타」(Pāyāsi Suttanta)를 보라. 붓다에 의하면, 최고의 제사는 인류에 대한 사랑

우파니샤드는 비록 카스트 제도를 권장하지는 않았다 할지라도, 그것을 허용했다. 이에 비하여 붓다의 사상적 입장은 철저하게 카스트 제도를 침식했다. 그는 개개인이 자기의 출생에 따라서가 아니라 그 품성에 따라서 귀하고 천하게 된다고 선언한다.[원주66] 브라흐민들은 거룩한 경전들의 가르침을 상위 세 계급, 즉 재생족에 국한시키는 데 비하여, 붓다는 이러한 모든 제한들을 폐지한다. 브라흐민들의 지적인 탁월함을 인정하지만, 붓다는 그들을 사문(沙門)과 동등한 위상으로 보며, 사문 집단은 슈드라와 찬달라(Caṇḍāla)에게도 개방되어 있었다. 청소부 수니타(Sunīta)는 쾌히 상위 카스트의 브라흐민으로 사문 집단에 받아들여졌다.[원주67]

그가 선도하고자 했던 개혁에도 불구하고 붓다는 존귀한 아리아(Aryan) 신앙의 원리들을 복귀하고 있었다는 믿음으로 살다가 죽었다. 그는 비록 바라문적 힌두교를 정화하고 침체된 사회에 새로운 활력을 불어 넣고자 고심했다 할지라도, 그는 스스로 새로운 종교의 창시자로 여기지는 않았다. 그러나 한 시대의 새로운 진전을 주도하는 선구자들은 어떤 의심없이 반항과 반역의 투사로 간주된다. 세습적인 성직 대신에 영성에 토대한 수행자 집단, 출생에 따른 신분 차별 대신에 개인적인 능력, 베다의 계시 대신에 논리적인 이성, 제의식상의 경건 대신에 도덕적인 삶, 그리고 베다의 신 위에 완성된 성자를 놓음으로써, 붓다는 힌두교 사제들을 격노하게 했다. 그들은 붓다를 반(反)사회적인 세력으로 간주했다. 붓다와 그의 추종자들을 바라문 사제들의 눈에 용서받을 수 없는 이교도로 비치게 한 것은,

---

과 도덕적인 삶이다. 『찬도기야 우파니샤드』, iii.16과 17을 보라.

[원주66] 『디가 니카야』, iii, 「아갓냐 숫탄타」(Agañña Suttanta) ; 『상윳타 니카야』, ii.138 ; 『앙굿타라 니카야』, ii.20.

[원주67] 「캇사파시하나다 숫타」(Kassapasīhanāda Sutta) ; 「사만나팔라 숫타」(Samannaphala Sutta), 14 ; 기르니르(Girnir)와 사하바즈가르(Sahavajgar)에 있는 아쇼카 왕의 명문(銘文). 또한 율장(律藏), vol.ii와 「마두라 숫타」(Madhurā Sutta)를 보라. 「암밧타 숫타」(Ambatta Sutta)에서 다음의 말을 참조하라. "크샤트리야는 혈통을 신뢰하는 이 사람들 가운데 최상이다. 그러나 지혜와 의(義)에 있어서 완전한 자, 그는 신들과 인간 가운데 최상이다."

그들이 설파했던 사회 개혁이었다. 붓다의 교의 가운데 힌두교 사상과 조화될 수 없는 것은 아무것도 없다고 할 수 있지만, 바라문 계급의 우월성을 토대로 한 사회체제와 그것을 부정하는 체제 간의 갈등은 근본적이고도 심각했다.

흔히 과열되기 쉬운 신학적인 논의에 있어서, 반대 입장에 서 있는 모든 사람은 무신론자로 몰린다. 만일 어떤 사람이 우리의 미망을 공유하지 않는다면, 그는 이교도가 된다. 만일 그가 윤리에 관한 다른 기준을 채택한다면, 그는 비도덕적인 사람이 된다. 베다의 제의 종교를 옹호하는 자들은 붓다를 신앙의 적으로 간주했다. 불에 대한 제사를 드리고 있는 브라흐민 바라드와자(Bhāradvāja)에게 붓다가 다가갔을 때, 그는 말한다. "오 삭발한 자여, 거기 섯거라, 거기 오 사마나카(Samanaka)여, 거기 천민 그대여."[원주68] 베다 종교에 대한 반발이 있을 때마다, 이른바 정통 힌두교도들은 이와 유사한 태도를 보였다. 만다나 미슈라(Maṇḍana Miśra)는 샹카라가 베다의 종교적인 경건을 절대자에 대한 지식에 종속시킨다는 이유로 비난했다.[원주69] 붓다의 반감은 우파니샤드의 형이상학에 대한 것이 아니라, 바라문적 힌두교에 대한 것이다. 붓다의 추종자들이 새로운 가르침으로 신앙 고백자들의 열정적인 성격을 띠게 됨에 따라 분열이 점차 확대되었으며, 베단타의 전통에 반대되는 교의를 발전시켰다. 붓다의 가르침에 대한 부정적 해석은 대·소승의 고전들뿐만 아니라, 『카타밧투』와 『밀린다 팡하』에서도 구체화된다. 베단타의 주석학자들이 다양한 유형의 불교를 심각하게 비판하는 것은 조금도 이상하지 않다.

[원주68] "Tatr'eva muṇḍaka tatr'eva samanaka, tatr'eva vasalaka, tiṭṭhāhi."

[원주69] Ānandagiri, 『샹카라비자야』(Saṁkaravijaya). "그때, 살라그라마(Sālagrāma)의 기도로 모든 신들을 청한 만다나 미슈라가 손에서 다르바(darbha) 풀을 씻어내고 있는 중에, 정화된 원 안에 있는 샹카라차리야(Saṁkarācārya)의 발을 보았다. 발의 주인을 쳐다본 만다나 미슈라는 그가 산야신(sannyāsin, 遊行者)이라는 것을 알았고, 바로 그 순간에 화가 나서 외쳤다. '어디서 이 삭발한 자가 나타났는가?'(Kuto muṇḍi)."

10. 불교의 4부파는 존재의 요소(dhammā)들, 이들의 인과적 연쇄, 그리고 이들의 영향력을 영원히 잠재우는 방법을 발견했던 붓다의 가르침을 따른다고 말한다. 과거는 사라져버렸으며 불가역적이므로, 현재에 대한 과거의 영향력은 부정되어야 한다고 주장했던 아지바카(Ājīvaka)교도들에 대하여, 비록 모든 존재는 잠재력의 조합(saṁskārasamūha)으로 간주된다 할지라도, 붓다는 "낱낱의 모든 것이 존재한다"고 주장한다. 붓다는 도덕적 삶을 위하여 모든 것의 존재를 주장했다. 일체유설을 따르는 유부와 경량부는 다원론적 실재론을 주장한다.

우파니샤드의 명칭과 형태(nāmarūpa)는 불교도들에 의하여 물질(rūpa, 色)과 4종의 정신적 요소(nāma), 즉 수(受), 상(想), 행(行), 식(識)으로 정교해진다. 감각 자료 혹은 감각 여건은 물질이며, 그외의 4요소는 영혼을 구성한다. 종종 존재의 요소들은 6종의 감수 기관 및 의근(意根, manas), 그리고 이에 대한 6종의 대상으로 분류된다.[원주70] 의근의 대상은 비감각적이며, 64종이 있다. 때로는 오관, 의근, 그리고 6종의 대상에 부가하여 6종의 인식[역주2]이 언급되며, 이로써 우리는 18계(界, dhātu)를 지닌다.

이러한 개념들이 일반적으로 사용되고 있지만, 엄격히 말하여 내적인 것과 외적인 것 간의 어떤 구분이나 분리된 요소들 간의 상호작용은 있을 수 없다. 물질과 정신은 계속적으로 이어지는 분리된 순간들로 변형된다. 물질의 경우에는 무감각한 재료의 연속적인 순간들로 변형되며, 정신의 경우에는 의식의 연속적인 순간들로 변형된다. 이러한 감각 자료들과 마음의 요소들은 인과율에 따르는 것으로 간주된다. 그러나 단지 나타났다 사라질 뿐 움직임도 변화도 없는 순간적인 실체들과 관련하여 인과관계는 새로운 의미를 지니게 된다. 그것은 단지 연기(緣起)일 뿐이다. 하나의 상태가 잇

〔원주70〕요소들은 온(蘊, skandha), 처(處, āyatana), 계(界, dhātu)로 분류된다. 『테라가타』, 1255를 보라.

〔역주2〕6종의 감수 작용과 이에 대한 6종의 대상을 합하여 12처(處)라고 하며, 이 12처로부터 6종의 인식이 생겨난다.

584

따라서 일어난다. 하나의 상태가 다른 하나의 상태를 생성한다는 것은 의심의 여지가 없다.

다원론적 실재론에 따르면, 지식은 의식과 대상의 접촉에 지나지 않는다. 이런 취지에서 체르밧스키 교수는 말한다. "긴밀하게 인접하여 동시에 일어나는 색(rūpa)의 한 순간, 시각(cakṣuḥ)의 한 순간, 그리고 순수 의식(citta)의 한 순간이 이른바 색에 대한 감각(sparśa)을 구성한다."[원주71] 그것은 의식의 요소가 대상에 의하여 한정되며, 감관에 의하여 지탱된다는 것을 의미한다. 의식은 감관을 파악하지 않으며, 단지 대상을 파악할 뿐이다. 왜냐하면 양자 간에는 특수한 공동 작용의 관계가 있기 때문이다. 빛이 움직인다고 말해지는 것처럼, 이와 마찬가지로 의식은 파악한다고 말해진다.

『아비다르마코샤』는 말한다. "등불은 일련의 섬광들이 끊임없이 나타나는 결과에 대한 일반적·비유적인 지칭이다. 이 결과가 그 위치를 바꿀 때, 우리는 등불이 움직였다고 말한다. 이와 마찬가지로, 의식은 의식적 순간들의 연쇄에 대한 통칭이다. 그것이 그 위치를 바꿀 때(즉 다른 대상적 요소와 공동 작용의 관계로 나타날 때), 우리는 그것이 그 대상을 파악한다고 말한다."[원주72] 단지 잇따라 일어나는 의식의 순간적인 섬광들을 지닐 뿐이며, 인식하는 자는 결코 없다. 의식적 순간들의 연속에서 선행하는 순간은 후속하는 순간의 원인이다.

이 견해로부터 단지 한 걸음만 더 나아가면 유가행파의 유식설, 즉 모든 요소를 장식(藏識, ālayavijñāna)의 수많은 측면으로 해석하는 입장에 이른다. 존재의 요소(dharma)들은 사유의 산물이다. 대상들은 우리의 과거 경험의 결과로서 의식 속에 일어난다. 외부 세계는 우리가 이름과 관념을 부여하는 우리 사유의 창조물이다.[원주73] 선행하는 순간이 후속되는 것의

〔원주71〕 'Trayāṇām sannipātah sparśah'(*The Central Conception of Buddhism*, p.55).

〔원주72〕 ix ; 체르밧스키, *The Central Conception of Buddhism*, p.57을 보라.

〔원주73〕 『랑카바타라 수트라』, p.85. 'Nāmasaṁjñāvyavahāra.'

원인이며, 그 둘이 단지 즉각적으로 인접하는(samanantaratva) 관계에 의하여 묶여 있는 사유의 끊임없는 흐름에 대한 이론은 실체적·보편적 의식(ālaya)의 교의에 대한 여지를 제공한다. 정신적 상태들은 이 아뢰야식의 전변(轉變, pariṇāma)이다.

비실재성의 등급에 대한 개념은 절대적 실재에 대한 무언의 긍정이다. 개개의 관념은 비실재적이다(niḥsvabhāva). 왜냐하면 첫째로 그것은 정신적인 영역 외부에 이와 상응하는 실재를 지니지 않는 논리적 구성물(parikalpita)이기 때문이며, 둘째로 그것은 단지 의존적으로 실재적(paratantra)이기 때문이다. 셋째로 그것은 모두 절대자(tathatā)의 한 실재(pariniṣpanna) 속으로 귀입되기 때문이다. 개개의 요소들은 그 자체로는 실재적이 아니며, 절대자 속에서 그들의 실재를 지닌다. 절대자는 주객의 구분이 없는(grāhya grāhaka rahita) 순수 의식이다.[원주74] 절대자는 세계에 내재적이므로, 열반을 얻기 위하여 필요한 것은 관점의 변화이다. 요가의 신비력은 영원한 상(相)에 있어서 낱낱의 사물을 볼 수 있게 한다. 깨닫지 못한 자에게 윤회는 깨달은 자에게 열반이다.

그러나 유가행파는 개별 의식과 보편 의식을 신중하게 구별하지 않는다. 이 학파가 인식자, 인식의 대상, 인식 간의 구별이 실재적인 것이 아니라, 단지 의식에 있어서 무시(無始)의 오염 때문이라고 이해할 때, 보편 의식에 대한 개별 의식 상태의 관계를 바다에 대한 하나의 파도에 비유할 때, 진여(眞如)의 영원한 실재를 인정하고, 그것을 유일한 비합성적 실재(asaṃskṛtadharma)로 간주하며 그외의 모든 존재는 유일한 근본 실재의 양태로 해석할 때, 이 학파는 암묵적으로 절대 의식을 받아들이고 있다.

중관학파는 유가행파의 이론을 면밀하게 검토한다. 중관학파는 우리가 어떤 자의식(svasaṃvitti)을 지니는 것은 불가능하다고 주장한다. 왜냐하면 어떤 것이든 그 자체로서 행위할 수 없기 때문이다. 손가락은 그 자체

[원주74] ʻAdvayalakṣaṇam vijñaptimātram.ʼ 체르밧스키, *The Conception of Buddhist Nirvāṇa*, pp.32~33을 보라.

를 만질 수 없으며, 칼은 그 자체를 벨 수 없다. 중관학파는 모든 존재의 요소들을 상호 우연적이며, 따라서 세계는 실재의 공(空)이라고 주장한다. 공은 또한 모든 존재의 근본 진리라고도 말해진다. 나가르주나의 중관학을 연구하는 대부분의 학자들은 그의 형이상학을 허무주의적인 것으로 본다.[원주75] 그것에 대한 나의 설명에서,[원주76] 나는 그것을 일반적으로 평가되고 있는 것보다 긍정적이고 적극적인 것으로 해석했다. 나는 나가르주나가 궁극적 실재──단지 모든 경험적 제한을 벗어나 있다는 의미에서 공이라 할 수 있는──를 믿었다고 주장한 바 있다. 나가르주나의 궁극적 실재가 과연 거대한 공이거나 순전한 부정에 불과한 것인지 검토해보기로 하자.

11. 세계가 공이라는 나가르주나의 개념에 대해서는 의심의 여지가 없다. 우리는 '실재'라는 말로써 그 자체의 본질(svabhāva)을 지니며, 원인들에 의하여 생성되지 않으며(akṛtaka), 다른 것에 의존하지 않는(paratra nirapekṣa) 어떤 실체를 의미한다.[원주77] 상대적이거나 의존적인 모든 것은 비실재적이며, 공(svabhāva-śūnya)이다. 실재는 원인을 지니지 않는 독립적인 존재이다.[원주78] 경험의 세계는 주관과 객관, 실체와 속성, 행위자와 행위, 존재와 비존재, 생성, 지속과 파괴, 일(一)과 다(多), 전체와 부분, 속박과 해방의 관계들에 의하여 제한되며, 또한 시간의 관계 및 공간의 관계들에 의하여 한정된다.

나가르주나는 이 모든 관계들을 검토하며, 이러한 관계들이 지니는 자체의 모순을 밝힌다.[원주79] 만일 비(非)모순이 실재에 대한 검증이라면, 경험의 세계는 실재가 아니다. 세계는 순수 존재도 아니고 순수 비존재도 아니

[원주75] Kern, *Manual*, p.126 ; Jacobi, *A.O.J.*, xxxi. p.1 ; Keith, *Buddhist Philosophy*, p.237, p.239, p.247, p.261.
[원주76] 이 책의 523쪽을 보라.
[원주77] 『중론송』, xv.2.
[원주78] 『마디야미카브릿티』, 403. 'Aśunyam …… apratītyasamutpannam.'
[원주79] 이 책의 525~527쪽을 보라.

다. 순수 존재는 세계 과정의 한 존재 혹은 한 항목이 아니며, 순수 비존재
는 타당한 개념이 아니다. 만일 그것이 타당한 개념이라면 절대무(絶對無)
는 하나의 실체일 것이며, 정의에 의하면 모든 존재에 대한 부정인 것이 하
나의 존재가 될 것이다. 무(無)는 실체가 아니다. 존재는 생성이다. 세계의
모든 존재는 언제나 단지 생성인 것은 아니다. 낱낱의 존재는 끊임없이 새
로운 생성으로 대체된다. 그것은 자존하는 것도 아니고 자존하지 않는 것
도 아니다. 왜냐하면 그것은 지각되고 행위를 유발하며 결과를 생성하기
때문이다. 『랄리타비스타라』는 말한다. "존재하는 대상도 없고, 존재하지
않는 어떤 대상도 없다. 조건적인 존재의 연쇄를 아는 자는 그 둘을 초월한
다."[원주80]

　　나가르주나는 자기의 『중론송』 서두에서 모든 존재는 영속적인 것도 아
니고 단절되는 것도 아니며, 생성하는 것도 아니고 파괴되는 것도 아니며,
동일하지도 않고 다르지도 않으며, 오는 것도 아니고 가는 것도 아니라고
말한다.[원주81] 실재적인 생성(samutpāda)은 없으며, 단지 조건적(pratī-
tya)이고 상대적이며 가현적인 생성이 있을 뿐이다. 실재적인 파괴는 없으
며, 단지 현상적인 파괴(pratītya-samuccheda)가 있을 뿐이다. 나머지
개념들도 이와 같이 부정된다. 우주의 모든 존재는 조건지어져 있으며 단
지 상대적일 뿐이라는 것이다. 공(空)은 세계의 조건적인 속성을 가리키기
위하여 나가르주나에 의하여 사용되는 용어이다.[원주82] 만일 어떤 존재가
실재적이고 무조건적이라면, 그것은 반드시 생성과 소멸로부터 자유로워야
한다.[원주83] 세계에서 변화를 겪지 않는 존재는 아무것도 없으며, 따라서 세

〔원주80〕 "Na ca punar iha kaścid asti dharmaḥ. So'pi na vidyati yasya nāsti
　　　　bhāvaḥ. Hetukriyāparaṁparā ya jāne. Tasya na bhotiha astināstibhāvaḥ"(제x
　　　　xv장).

〔원주81〕 "Anirodham anutpādam anucchedam aśāśvatam. Anekārtham
　　　　anānārtham anāgamam anirgamam."

〔원주82〕 『중론송』, xxiv. "상의적인 생성, 그것을 우리는 공성(空性)이라고 말한다"(Yaḥ
　　　　pratītyasamutpādaḥ śūnyatām tām pravakṣyate). 『반야경』. "모든 존재는 무자성
　　　　(無自性)으로 인하여 공(空)이다"(Śūnyāḥ sarvadharmāḥ niḥsvabhāvayogena).

계는 공이다.

중도(中道)를 주장하는 나가르주나는 세계를 단순한 환영으로 부정해버리지 않는다. 그의 논박은 사물의 자존에 관한 이론이며, 결코 사물의 조건적인 존재를 손상시키는 것은 아니다. 나가르주나를 주석하면서 찬드라키르티는 말한다. "대상들이 자존하지 않는다는 우리의 주장은, 대상들의 자존을 받아들이는 너희의 경우에는 세계의 실재성에 반대되는 결과를 가져온다. 대상들이 자존하지 않는다는 견해는 대상들의 조건적인 존재에 대한 우리의 이론에는 아무런 영향도 미치지 않는다."[원주84]

그러나 나가르주나가 세계를 비실재적인 것으로 간주하면서, 그럼에도 불구하고 그외의 다른 실재를 믿지 않았다는 것은 있을 수 없다. 만일 모든 사고가 그릇된 왜곡이라면, 왜곡되는 어떤 실재가 있음에 틀림없다. 왜냐? 만일 진실이 없다면, 거짓도 그 의미를 잃어버리기 때문이다. 상대적인 지식에 내재하는 절대적인 지식이 없다면, 결코 상대적인 지식은 있을 수 없다. 초월자를 드러내지 않는 경험적인 것은 아무것도 없다. "오 수부티 (Subhūti)야, 모든 존재는 자기의 귀의처로 공성(空性)을 지닌다. 그들은 그 귀의처를 떠나지 않는다."[원주85] 만일 사물들이 독립적인 것으로 보인다

〔원주83〕『중론송』, xxiv. "만일 모든 것이 공(空)이라면, 생성도 파괴도 없을 것이다"(Yady aśūnyam idam sarvam udayo nāsti na vyayaḥ).

〔원주84〕『마디야미카브릿티』, iii. "Bhavatas tu svabhāvavādinaḥ, svabhāvasya bhāvānam vaidhuryāt sarvabhāvāpavādaḥ sambhāvyate ; vayam tu pratītyotpannatvāt sarvabhāvānām svabhāvam evam nopalabhāmahe, tat kasyāpavādam kariṣyāmaḥ." 절대적 환영의 이론을 시사하는 구절들도 있다. xviii에서 나가르주나는 세계의 사물들을 공중에 있는 꿈의 성(城) 등에 비유한다. "온갖 번뇌, 업, 육신, 행위자, 그리고 행위의 과보들은 허공에 걸린 공상적인 도시, 신기루, 혹은 꿈과 같은 것이다"(Kleśāḥ karmāṇi dehāśca phalāni ca. Gandharvanagarākārā marīcisvapnasannibhāḥ).
　　찬드라키르티는 세계의 사물들이 이처럼 특징이 없지만 환영은 아니라고 주장한다. "Gandharvanagarākārādivan niḥsvabhāvā veditavyāḥ." 찬드라키르티는 말한다. "우리는 상대론자이며, 부정론자가 아니다"(『마디야미카브릿티』, 368).

〔원주85〕"Śūnyatāgatikā hi, subhūte, sarvadharmāḥ, te tām gatim na vyativartante."

면, 그것은 마야(māyā, 幻力) 때문이다.[원주86] "오 사리푸트라(Sāriputra)
야, 존재하지 않는 사물, 그것이 존재하는 것으로 긍정될 때, 마야라고 불
린다."[원주87] 만일 우리가 현상 세계를 본체적 실재로 오해한다면, 그것은
무지(avidyā)의 경우이다. 그러나 우리는 경험의 세계를 통하지 않고는 초
월적 실재를 이해할 수 없으며, 궁극적 실재에 대한 이해를 통하지 않고는
열반을 얻을 수 없다.[원주88]

『중론송』의 목적은 열반의 본질을 가르치는 것이다. 열반은 전체 세계의
소멸에 놓여 있으며, 그것은 환희를 본질로 한다.[원주89] 사물들에 대한 비인
식인 열반은 절대적 진리이다.[원주90] 그것은 저명한 『샤타카』(Śataka)에
서 공성(空性)과 동일시된다.[원주91] 열반과 공성은 모두 마찬가지의 부정적
인 방식으로 특징지어진다. 열반은 존재도 아니고 비존재도 아니며, 그 둘
을 초월한다.[원주92] 공성은 진리 혹은 '증가도 없고 감소도 없는 진여'(眞如,
tathatā)이다.[원주93] 『팔천송반야』에서 공성은 심오한 것으로 말해진다.
"오 수부티야, '심오하다'는 말은 원인이 없는 것, 생각을 초월하여 있는 것,

[원주86] "Dharmataiṣā sarvadharmāṇām māyādharmatām upādāya……."

[원주87] "Yathā, sāriputra, na samvidyante tathā samvidyante evam avidya-
   mānās tenocyante avidyeti."

[원주88] 『중론송』, xxiv. "일상적인 언어관습에 의지하지 않는다면 절대적인 진리는 전달될 수
   없다. 절대적인 진리에 이르지 않고서는 열반이 증득될 수 없다"(Vyavahāram anāśritya
   paramārtho na deśyate. Paramārtham anāgamya nirvāṇam nādhigamyata
   iti).

[원주89] 『마디야미카브릿티』. "일체의 허망분별을 여읜 적정을 특징으로 하는 열반이 경전의 목
   적이다"(Sarvaprapañcopaśamaśivalakṣaṇam nirvāṇam śāstrasya prayojanam).
   또한 『만두키야 우파니샤드』, 7과 12를 보라. 찬드라키르티의 『마디야미카브릿티』, xxiv를 참
   조하라. "Bhāvābhāvāntardvayarahitatvāt sarvasvabhāvānutpattilakṣaṇā śūnyatā."

[원주90] "Yo'nupalambhaḥ sarvadharmāṇām sā prajñāpāramitety ucyate."

[원주91] 『마디야미카브릿티』, xviii. "Śūnyatām eva nirvāṇam kevalam tad ihobhayam."

[원주92] 『라트나발리』(Latnāvali). "Na cābhāvopi nirvāṇam kuta evāsya bhāvatā,
   Bhāvābhāvaparāmārśakṣayo nirvāṇam ucyate."

[원주93] 하라프라사드 샤스트리(M.M. Haraprasād Śāstri)는 말한다. "이 모든 부정적인 묘
   사 한가운데는 공(空)이라는 인지(人智)를 초월한 적극적인 것이 있다"(Journal of the
   Buddhist Text Society, vol. ii, pt. iii, p. vi).

590

개념을 초월해 있는 것, 생성되지 않는 것, 비존재·체념·억제·소멸·죽음의 소산이 아닌 것의 동의어이다."[원주94] 나가르주나에게 열반, 붓다, 그리고 공성은 동일한 실재에 대한 다른 이름들이다. 만일 열반이 세계의 중단으로 해석된다면 그것은 상대적인 개념, 즉 원인들에 의하여 생겨나는 어떤 것이 될 것이다. 세계가 열반 이전에는 존재하다가 열반 이후에는 비존재가 된다고 상정하는 것은 비논리적 개념이다. 그러므로 나가르주나는 절대자와 현상적인 것, 열반과 윤회 간에 실재적인 차이란 있을 수 없다고 주장한다.

나가르주나는 말한다. "원인들 혹은 조건들을 고려할 때, 우리는 이 세계를 현상 세계라고 부른다. 이 똑같은 세계는 원인들과 조건들이 무시될 때, 절대자라고 불린다."[원주95] 나가르주나가 궁극적 실재를 불생불멸(不生不滅)이며, 불상부단(不常不斷)이라고 묘사할 때, 그는 실재가 모든 경험적 속성들을 초월하여 있다는 것을 의미한다. 그는 우파니샤드에서 무속성(nirguṇa) 브라흐만이 특징지어지는 바로 그 언어로 자신의 공성을 묘사한다.[원주96] 그것은 일(一)도 아니고 다(多)도 아니며, 존재도 아니고 비존재도 아니다.[원주97] 공(空), 즉 궁극적 실재는 사유작용에 의하여 파악될 수 없으며, 언설에 의하여 묘사될 수 없다.[원주98]

샨티데바(Śāntideva)에 의하면, 궁극적 실재는 지성(buddhi)의 범위 내에 들어와 상대성의 영역에 한정되지 않는다. 중관학파는 산만한 사유

[원주94] xviii.

[원주95] 『중론송』, xxv.9.

[원주96] 『케나 우파니샤드』, iii.11 ; 『브리하드아란야카 우파니샤드』, ii.5.19 ; iii.8.8 ; 『카타 우파니샤드』, iii.15 ; 『이샤 우파니샤드』, 9~10 ; 『문다카 우파니샤드』, i.6 ; 『만두키야 우파니샤드』, 7.

[원주97] 『아리야라트나발리』. "그것을 비존재라고 주장하는 자는 고통을 얻지만, 그렇게 생각하지 않는 자는 행복을 얻는다. 그러나 해탈은 존재도 아니고 비존재도 아닌 실재에 대한 참된 지식을 지니는 자의 것이다"(Nāstiko durgatim yāti, sugatim yāti anāstikaḥ, Yathābhūtaparijñānam mokṣam advaya niśritā).

[원주98] *Bodhicaryāvatāra*, ix.2.

작용이 궁극적 진리를 확립할 수 있다는 것을 부정한다. "학식이 있는 자는 공성을 모든 개념들의 소멸이라고 부른다. 심지어 그것을 공성으로 간주하는 자들도 앞의 경우보다 우수한 점이 없다고 말해진다."[원주99] "문자에 의하여 묘사될 수 없는 어떤 대상에 대하여 무슨 묘사 혹은 지식이 주어질 수 있겠는가? 더욱이 이것 ──문자에 의한 표현의 여지가 없는 것 ──에 대한 묘사나 지식은 대개 미혹에 사로잡힌 귀속시킴에 의해 만들어진다.[원주100] '미혹에 사로잡힌 귀속시킴'에서 우리는 심사숙고된 대상에 가장 근접한 개념을 사용하지만, 그것은 그 내용에 부적절하므로 즉시 철회한다.[원주101]

공을 아는 것은 모든 것을 아는 것이다. 만일 우리가 그것을 모른다면, 우리는 아무것도 모른다.[원주102] 유일무이하며 설명 불가능한(anirvacanī-ya) 존재는 실재들 중의 실재(dharmāṇām dharmatā), 본질적인 개성원리(idaṁtā), 진여(眞如, tathatā), 모든 존재의 진여(bhūtatathatā), 여래장(如來藏, tathāgatagarbha)이라고 말해진다. 만일 우리가 나가르주나의 공관(空觀)이 지니는 절대론적 함축을 인정하지 않는다면, 그의 형이상학을 설명하는 것이나, 신애(信愛, bhakti)에 대한 그의 강조를 설명하는 것은 어렵다.[원주103]

[원주99] 『중론송』, xiii. "여러 승자(勝者)들은 모든 견해를 여의는 것이 공성(空性)이라고 설했다. 그러나 공성에 대한 견해를 지니는 자들은 구제불능이라고 말해진다"(Śūnyatā sarvadṛṣṭinām proktā niḥsaraṇam jinaih, Yeśām tu sūnyatādṛṣṭis tān asādhyān vabhāṣire).

[원주100] 『마디야미카브릿티』, xv. "Ana kṣarasya dharmasya śrutih kā deśanā ca kā, Śrūyate yasya taccāpi samāropād anakṣara."

[원주101] 『베단타사라』(Vedāntasāra), p.8(Jacobi's ed.)을 보라.

[원주102] 『중론송』, xxiv ;『브리하드아란야카 우파니샤드』, ii.4.5.7~9 ; iii.2.1 ; iv.4.21 ; v.1.1 ;『문다카 우파니샤드』, i.3을 참조하라.

[원주103] 오토(Rudolf Otto)는 말한다. "우리 신비가들의 불가사의한 무(無)에 대하여 진실인 것은, 불교 신비가들의 공(空, śūnyam)과 공성(空性, śūnyatā)에 대해서도 마찬가지로 타당하다. 서양 신비가의 무(無)처럼, 동양 신비가의 공(空)은 '절대 타자'(wholly other)에 대한 신성한 표의 문자이다. 그것은 생각될 수 있는 모든 것과 절대적·본질적으로 다르며, 또한 반대되기 때문에, 그것에 대해서는 아무것도 말할 수 없다.

592

12. 대부분의 혼동은 다의적인 용어, '공'(空)에서 기인된다. 그것은 궁극적 실재에 대해서뿐만 아니라, 경험의 세계에도 적용된다. 지성에 의하여 틀이 형성되는 온갖 관계들로 세워지는 경험의 세계는 이해할 수 없다. 계속하여 나가르주나는 자신이 방어를 위한 어떤 명제를 지니고 있다는 것을 부정한다. 왜냐하면 모든 지적 논증은 똑같은 약점을 지닐 수밖에 없기 때문이다. 만일 지성이 경험의 세계에서 절망적인 이율배반을 발견하기 때문에 그것을 설명할 수 없다면, 궁극적 실재에 대해서도 그 이상의 성공을 기대하는 것은 불가능하다. 하나는 다른 하나와 마찬가지로 불가해하며, 나가르주나는 양자와 관련하여 동일한 용어 공(空)을 채택한다. 진리는 긍정도 부정도 아닌 침묵이다. 경험의 세계와 궁극적 실재는 존재 혹은 비존재로서의 묘사를 허용하지 않는다. 만일 우리가 궁극적 실재를 참된 존재로 받아들인다면, 세계는 참된 존재가 아닐 것이다. 만일 우리가 세계를 참된 존재로 받아들인다면, 궁극적 실재는 참된 존재가 아닐 것이다. 의미는 다르지만, 둘 다 공이다.

나가르주나의 철학에 대한 논의를 마치면서, 나는 공관(空觀)과 불이론(Advaita) 베단타 간의 어떤 유사점들을 제시했다.[원주104] 이 둘은 모두 세계를 변화에 지배되며 따라서 비실재적인 것으로 간주한다.[원주105] 경험과 지식의 모든 구별을 초월하는 실재는 둘 다에게 받아들여지지만,[원주106] 나가르주나는 단지 그것을 시사하고 있을 뿐이며, 불이론 베단타의 경우처럼 충분히 밝히지는 않는다. 마야(māyā, 幻影)와 아비디야(avidyā, 無明)

[원주104] 이 책의 553~554쪽을 보라.

[원주105] 샹카라는 다음의 구절을 시인할 것이다. "모든 존재는 예외없이 늙고 죽기 마련인데, 늙고 죽음이 없는 존재들이 어떤 것에 머물러 있을 것인가?"(Jarāmaraṇadharmeṣu sarvabhāveśu sarvadā, Tiṣṭhanti katame bhāvāḥ jarāmaraṇam vinā)(『중론송』, vii).

[원주106] 찬드라키르티가 "Sarvakalpanājālarahitajñānajñeyanivṛittisvabhāvam, sivam, paramārthasvabhāvam"라고 말한 것은 해탈과 실재에 대한 샹카라의 개념에 대해서도 타당할 것이다. 또한 『베단타 수트라』, iii.2.17에 대한 샹카라의 주석 및 『바가바드 기타』, xiii.12를 보라.

에 대한 교의는 불이론 베단타에 받아들여져서 상당할 정도로 발달하였다. 양자 모두의 경우, 덕행과 악행은 윤회의 세계에서 높고 낮은 단계에 이르게 하는 수단으로 간주되지만, 궁극적인 해방은 이러한 행위들에 의하여 좌우되지 않는다.[원주107]

불이론 베단타에 합리적인——영적인 것과는 다른——토대를 확립하는 과정에서, 가우다파다(Gauḍapāda)는 중관학보다 더 유용한 것은 아무것도 없다는 것을 알게 된다. 그의 『카리카』 가운데 상당 부분은 나가르주나의 저술[원주108]을 상기시킨다. 바차스파티(Vācaspati)가 공관을 옹호하는 자들에 대해서는 고등 사상(prakṛṣṭamati)을 추구하는 자들로 간주하는 반면에, 다원론적 실재론자(有部)들은 저급한 사상(hīnamati)의 소유자, 그리고 유가행파는 중간 정도의(madhyama) 철학적 역량을 지닌 자들로 간주하는 데에는 이유가 없지 않다.[원주109]

〔원주107〕『중론송』, viii. "법(法)과 비법(非法)이 없다면, 거기서 생겨나는 과보 또한 있을 수 없다"(Dharme ca satyadharme ca phalam tasya na vidyate).『브리하드아란야카 우파니샤드』, iv.3.21~22 ;『카타 우파니샤드』, ii.14를 참조하라.
〔원주108〕가우다파다의『카리카』(Kārikā), ii.32 ; iv.22 ; iv.88을 참조하라.
〔원주109〕『바마티』(Bhāmatī), ii.2.18.

● 참고문헌

제5장

Madhva, *Sarvadarśanasaṁgraha*, tr. by Cowell and Gough, chap. i .

Śaṁkarācārya, *Sarvasiddhāntasārasaṁgraha*, tr. by M. Raṅgācārya, chap. ii .

Kṛṣṇamiśra, *Prabodhacandrodaya*, Act ii .

Colebrooke, *Miscellaneous Essays*, i , pp.402 ff.

Muir, *Journal of the Royal Asiatic Society*, 1862, vol.19, pp.299 ff.

제6장

Sacred Books of the East, vols. xxii 와 xlv.

Jacobi, "Articles on Janism and Jaina Atomic Theory" in *Encyclo-paedia of Religion and Ethics*, vol.vii.

Umāsvāti, *Tattvārtha Sūtra*(Sacred Books of the Jains).

Nemicandra, *Dravyasaṁgraha*(Sacred Books of the Jains).

Kundakundācārya, *Pañcāstikāyasamayasāra*(Sacred Books of the Jains).

Jaini, *Outlines of Jainism*.

Mrs. Stevenson, *The Heart of Jainism*.

Barodia, *History and Literature of Jainism*.

Madhavacarya, *Sarvadarśanasaṁgraha*, chap. iii.

제7장

Buddhist Suttas, S.B.E., vol. xi.

The Dhammapada and Sutta Nipāta, S.B.E., vol. x.

The Questions of King Milinda, S.B.E., vols. xxxv and xxxvi.

Warren, *Buddhism in Translations*.

Rhys Davids, *Buddhism*.

______, *Buddhist India*.

______, *The Dialogues of Buddha*.

Mrs. Rhys Davids, *Buddhism*.

______, *Buddhist Psychology*.

Mrs. Rhys Davids and Aung, *Anuruddha's Compendium of Philosophy*.

Mrs. Rhys Davids and Maung Tin, *The Expositor*.

Poussin, *The Way to Nirvāṇa*.

Kern, *Manual of Indian Buddhism*.

Hopkins, *The Religions of India*, chap. xiii.

Holmes, *The Creed of Buddha*.

Coomaraswamy, *Buddha and the Gospel of Buddhism*.

Keith, A.B., *Buddhist Philosophy*.

제8장

Telang, *Bhagavadgītā, Anugītā*, etc., S.B.E., vol. viii.

Hopkins, *The Great Epic of India*, chap. iii.

C.V. Vaidya, *Epic India*, chap. xvii.

R.G. Bhandarkar, *Vaiṣṇavism, Śaivism*, etc.

Hem Chandra Ray Chaudhuri, *Early History of the Vaiṣṇava Sect*.

Bühler, *The Laws of Manu*, S.B.E., vol. xxv.

제9장

Telang, *Bhagavadgītā*. S.B.E., vol. viii.

Tilak, *Gītārahasya*.

Aurobindo Ghosh, *Essays on the Gītā*.

제10장

Saddharma Puṇḍarīka, S.B.E., xxi.

Buddhist Mahāyāna Texts, S.B.E., 1.

Suzuki, *Mahāyāna Buddhism*.

_______, *The Awakening of Faith*.

Coomaraswamy, *Buddha and the Gospel of Buddhism*.

Saunders, K.J., *Epoches in Buddhist History*.

Eliot, Charles, *Hinduism and Buddhism*.

Pratt, J.b., *The Pilgrimage of Buddhism*.

제11장

Sarvadarśanasaṁgraha, chap. ii.

Sarvasiddhāntasārasaṁgraha.

Śaṁkara's *Commentary on the Vedānta Sūtras.*

Nāgārjuna's *Mādhyamika Sūtras.*

Yamakami Sogen, *Systems of Buddhistic Thought.*

Keith, A.B., *Buddhist Philosophy.*

McGovern, *A manua of Buddhist Philosophy.*

Stcherbatsky, *The Central Conception of Buddhism.*

______, *The Conception of Buddhist Nirvāṇa.*

Pratt, J.B., *The Pilgrimage of Buddhism,* chap.xii.

● 찾아보기

ㄷ

HANGIL GREAT BOOKS 4

인도철학사 II

지은이 라다크리슈난
옮긴이 이거룡
펴낸이 김언호

펴낸곳 (주)도서출판 한길사
등록 1976년 12월 24일
주소 10881 경기도 파주시 광인사길 37
홈페이지 www.hangilsa.co.kr
전자우편 hangilsa@hangilsa.co.kr
전화 031-955-2000~3 **팩스** 031-955-2005

인쇄 오색프린팅 **제책** 경일제책사

제1판 제1쇄 1999년 11월 15일
제1판 제7쇄 2022년 8월 18일

값 32,000원

ISBN 978-89-356-3084-4 94150
ISBN 978-89-356-3087-5(전4권)

● 잘못 만들어진 책은 구입하신 서점에서 바꿔드립니다.

한길그레이트북스 인류의 위대한 지적 유산을 집대성한다

●한길그레이트북스는 계속 간행됩니다.